AF397588

verlag
der
criminale

Herausgegeben von Angelika Jockers
unter Mitarbeit von Reinhard Jahn

Lexikon der deutsch-sprachigen Krimi-Autoren

Unter Mitarbeit der aufgenommenen Autorinnen und Autoren

Zweite, aktualisierte und erweiterte Ausgabe

Weitere Informationen über den Verlag und sein Programm unter:
www.verlag-der-criminale.de

Bibliographische Information der Deutschen Bibliothek

Die Deutsche Bibliothek verzeichnet diese Publikation
in der Deutschen Nationalbibliographie; detaillierte bibliographische Daten
sind im Internet über <http://dnb.ddb.de> abrufbar.

Zweite, aktualisierte und erweiterte Ausgabe
April 2005
Verlag der Criminale
Ein Books on Demand-Verlag der Buch&media GmbH, München
© 2005 Buch&media GmbH, München (Druckausgabe)
© 2005 Reinhard Jahn (Internetausgabe)
Umschlaggestaltung: Kay Fretwurst, Freienbrink
Herstellung: Books on Demand GmbH, Norderstedt
Printed in Germany · ISBN 3-86520-093-1

Zu diesem Lexikon

In der vorliegenden zweiten Auflage des *Lexikons der deutschsprachigen Krimi-Autoren* sind die Lebens- und Werkdaten von über 600 deutschsprachigen Kriminalschriftstellerinnen und -schriftstellern dokumentiert. Der Schwerpunkt liegt dabei auf den zeitgenössischen Autoren, mit deren Romanen, Kriminalerzählungen, Hörspielen und Fernsehfilmen der Leser, Hörer und Zuschauer täglich Kontakt hat, wenn er sich für das Genre interessiert. Die erste Auflage, die im Jahr 2002 erschien, wurde mit Hilfe der aufgenommenen Autoren neu durchgesehen und um biografische und bibliografische Daten ergänzt. Zahlreiche neue Autoren wurden aufgenommen.

Wer Näheres über den Verfasser eines Kriminalromans, eines Hörspiels oder eines Fernsehdrehbuches wissen möchte, muss oft detektivischen Spürsinn entwickeln. Gängige Literatur- und Autorenlexika schweigen sich über die Verfasser von Kriminalliteratur meist aus. Autoren, die überwiegend für die elektronischen Medien arbeiten, sind in kaum einem Nachschlagewerk erfasst. Verlage und Sendeanstalten geben in Klappentexten oder Programmankündigungen nur spärliche Informationen über einen Autor preis. Eine weitere Informationslücke ist nach der deutschen Wiedervereinigung offensichtlich geworden: Sowohl in den alten als auch in den neuen Bundesländern war wenig über die Krimi-Autoren und -Autorinnen der jeweils anderen Ländergruppe bekannt.

Das *Lexikon der deutschsprachigen Krimi-Autoren* versucht deshalb, einen möglichst umfassenden Überblick über die Krimi-Schriftsteller/innen im deutschsprachigen Raum zu geben. Das *Lexikon der deutschsprachigen Krimi-Autoren* enthält in der vorliegenden Druckfassung die Lebens- und Werkdaten sämtlicher Mitglieder der Krimi-Autorenvereinigungen *Das Syndikat* und *Sisters in Crime* (German Chapter) bis Ende 2004, in denen die meisten Krimi-Autorinnen und -Autoren Mitglied sind. Soweit das biografische und bibliografische Material weiterer Autoren zugänglich war, wurden auch diese aufgenommen.

Das Lexikon ist autorenalphabetisch geordnet. Die Autorinnen und Autoren werden jeweils mit dem Haupteintrag unter dem Namen geführt, unter dem sie publizieren. Handelt es sich dabei um ein Pseudonym, findet sich unter ihrem bürgerlichen Namen ein Verweis auf den Haupteintrag. Pseudonyme sind nur gelüftet, soweit der bürgerliche Name öffentlich bekannt ist oder vom Autor aufgedeckt wurde.
Das Lexikon enthält über jeden Verfasser folgende Angaben: Name und Vorname, welche Pseudonyme die Autorin oder der Autor benutzt, einen kurzen biografischen Abriss mit den wichtigsten Lebensdaten und, soweit möglich, eine kurze Einordnung der Arbeiten.

Bei der Wiedergabe der Lebensdaten stützt sich das Lexikon bis auf wenige Ausnahmen auf Selbstauskünfte des Autors oder der Autorin. Die Bearbeiter des Lexikons schulden deshalb allen Autorinnen und Autoren Dank für ihre Unterstützung.

Bei Autoren, die keine Auskünfte gaben und bei Verstorbenen wurden die Lebens- und Werkdaten aus Archivmaterial zusammenstellt, soweit öffentlich zugänglich.

Bei den *Werkdaten* wurde die möglichst vollständige Erfassung aller selbstständigen Arbeiten angestrebt, die ins Krimi-Genre fallen. Dazu zählen neben Romanen und Erzählungen auch Hörspiele oder Funkbeiträge von mehr als 15 Minuten Länge und im Bereich Fernsehen Drehbücher zu Fernsehfilmen und Serienepisoden von mehr als 15 Minuten. Kriminalerzählungen wurden aufgenommen, soweit sie in Buchpublikationen (Anthologien und Sammlungen) erschienen sind. In Einzelfällen wurden auch Essays und Sachliteratur zum Thema Krimi aufgenommen.

Buchpublikationen wurden unter folgenden Angaben verzeichnet: Jahr der Originalausgabe, Titel, Untertitel, Verlag, bei Taschenbüchern soweit vorhanden Verlag und Reihennummer. In Fällen, in denen Neuausgaben des Titels in einem anderen Verlag oder unter anderem Titel oder anderem Autorennamen erschienen, wird eine dieser späteren Ausgaben nach der Nennung der Originalausgabe aufgeführt. Nicht im Einzelnen aufgeführt werden: Nach- und Neuauflagen, Taschenbuch-Lizenzausgaben, Buchclub-Ausgaben, Sonderausgaben, Billigausgaben, Zeitschriftenabdrucke etc.

Kriminalerzählungen und Kurzkrimis werden mit dem Jahr des Ersterscheinens in einer Buchpublikation mit ihrem Titel, dem Titel der Anthologie oder Sammlung, dem oder den Herausgebern und der Verlagsangabe aufgenommen.

Funkarbeiten sind unter folgenden Angaben aufgenommen: Jahr der Erstsendung, Titel, Untertitel, Gattungsbezeichnung, produzierende(r) Sender, Länge in Minuten. Nicht angegeben werden Übernahme-Ausstrahlungen durch andere Sendeanstalten und Stab-Angaben der Produktion.

Fernseharbeiten sind unter folgenden Angaben aufgenommen: Jahr der Erstausstrahlung, Serientitel, wenn es sich um eine Episode einer TV-Serie handelt, Einzeltitel/Episodentitel, Gattungsbezeichnung, produzierende Anstalt und/oder Firma, Sendelänge, Drehbuchautor, gegebenenfalls Romanvorlage oder Hinweis auf Filmroman, Regisseur, Datum der Erstausstrahlung. Diese Angaben erheben nicht den Anspruch der Vollständigkeit, da sie auch mit Hilfe der Autoren oft nicht in jedem Detail zu ermitteln sind.

Filmarbeiten werden analog zu den Einträgen bei Fernseharbeiten behandelt, statt der produzierenden Anstalt wird das Produktionsland angegeben.

Sonstige Veröffentlichungen, die nicht in das Genre Kriminalliteratur fallen, konnten aus Umfangsgründen nur summarisch aufgenommen werden, um wenigstens die Breite des schriftstellerischen Œuvres der Autorin oder des Autors anzudeuten.

Mitgliedschaften: Die Mitgliedschaft einer Autorin oder eines Autors in schriftstellerischen Interessen- oder Berufsverbänden ist ebenso aufgeführt wie die Möglichkeit, über E-Mail mit ihm Kontakt aufzunehmen.

Kontakt: Grundsätzlich wird nur die Kontaktaufnahme über die Website oder die E-Mail-Adresse ermöglicht, um die Privatsphäre zu schützen. Bei Autoren, die auf diese Möglichkeit verzichten wollten, sind Anfragen an den Verlag zu richten.

Bei der Erhebung der Daten und der Erstellung der Lexikonartikel wurde mit größter Sorgfalt vorgegangen. Für die absolute Richtigkeit der Angaben kann jedoch keine Haftung übernommen werden. Für Korrekturen und Berichtigungen sowie Nachmeldungen noch nicht erfasster Autoren an den Verlag sind die Bearbeiter dankbar.

Den Bearbeitern des Lexikons, vor allem Reinhard Jahn, der den Bestand seines Internetlexikons zur Verfügung gestellt hat, den Damen der *Sisters in Crime* und der Herausgeberin Angelika Jockers sei herzlich gedankt. Angelika Jockers hat die mühevolle Kontrolle der redaktionell bearbeiteten Artikel und die Endkorrektur übernommen, Reinhard Jahn stand dem Verlag jederzeit mit Rat und Hinweisen zur Verfügung. Dank gilt ebenso allen aufgenommenen Autorinnen und Autoren, die kollegial ihre Daten zur Verfügung gestellt haben.

München, im April 2005   *Verlag der Criminale*

Verwendete Abkürzungen

Ariadne	Ariadne Krimis im Argument-Verlag, Hamburg
ARD	Arbeitsgemeinschaft der Rundfunkanstalten Deutschlands
Bastei	Taschenbücher im Bastei Lübbe Verlag, Bergisch Gladbach
BoD	Books on Demand, Norderstedt
BR	Bayerischer Rundfunk, München
detebe	Diogenes Taschenbücher, Zürich
DFF	Deutscher Fernsehfunk, Berlin/DDR (bis 1991)
DIE	Reihe Delikte Indizien Ermittlungen im Verlag Das Neue Berlin
DLB	Deutschlandradio Berlin (ab 1994)
DLF	Deutschlandfunk, Köln (bis 1994)
DLK	Deutschlandradio Köln (ab 1994, davor DLF)
DRS	Schweizer Radio und Schweizer Fernsehen (deutschsprachig), Basel
DS Kultur	Deutschlandsender, Berlin (1990–1993)
DW	Deutsche Welle, Köln
EA	Erstausstrahlung
Emons	Emons-Verlag, Köln
Fischer	Fischer Taschenbuch Verlag, Frankfurt
Gmeiner	Gmeiner-Verlag, Meßkirch
Goldmann	Wilhelm Goldmann Verlag, München (vormals Leipzig)
Grafit	Grafit-Verlag, Dortmund
Haffmans	Haffmans Taschenbücher, Zürich
Ha/Heyne	Haffmans Kriminalromane im Heyne Verlag (von 1995 bis 1997)
Heyne	Heyne Taschenbuch Verlag, München
HR	Hessischer Rundfunk, Frankfurt
KBV	Klein und Blechinger Verlag, Köln, seit 2001 KBV Verlag und Mediengesellschaft mbH, Hillesheim
Krim.-Erz.:	Kriminalerzählung, Kurzkrimi, Shortstory
MDR	Mitteldeutscher Rundfunk, Leipzig
NDR	Norddeutscher Rundfunk, Hamburg
ORB	Ostdeutscher Rundfunk Brandenburg, Potsdam (1991–2003, dann RBB)
ORF	Österreichischer Rundfunk, Wien
P.E.N.	P.E.N.-Zentrum Deutschland
RB	Radio Bremen, Bremen
RBB	Rundfunk Berlin-Brandenburg (Fusion aus SFB und ORB, ab 2003)
RIAS	Rundfunk im amerikanischen Sektor, Berlin/BRD (bis 1994)
rororo	Rowohlts Rotations Romane im Rowohlt Taschenbuch Verlag, Reinbek
RTL	RTL Televison, Köln
SDR	Süddeutscher Rundfunk, Stuttgart (bis 1998, dann SWR)
SFB	Sender Freies Berlin, Berlin/BRD (bis 2003, dann RBB)
SR	Saarländischer Rundfunk, Saarbrücken
SinC	Sisters in Crime, Deutsche Sektion (German Chapter) »Die Mörderischen Schwestern«
SWF	Südwestfunk, Baden-Baden (bis 1998, dann SWR)
SWR	Südwestrundfunk, Baden-Baden (ab 1998, Zusammenlegung von SDR und SWF)
Syndikat	Das Syndikat, Autorengruppe deutschsprachige Kriminalliteratur
Ullstein	Ullstein Taschenbuch Verlag, Berlin/Frankfurt-Main
VdC	Verlag der Criminale, München
VS	Verband deutscher Schriftsteller, Fachgruppe in der Gewerkschaft ver.di
WDR	Westdeutscher Rundfunk, Köln
ZDF	Zweites Deutsches Fernsehen, Mainz

A.B.S.
Pseud. für: Astrid und Bernt Schumacher
Biografie: Dr. A. Schumacher *1948 in Mölln, B. Schumacher *1947 in Hamburg. A. Schumacher hat Biologie und Psychologie studiert, war Professorin an der Universität Hamburg und arbeitet als Lehrerin. B. Schumacher hat Wirtschaftswissenschaften und Pädagogik studiert, er ist Diplomkaufmann und -handelslehrer. Das Autorenpaar lebt in Reinbek bei Hamburg. Unter dem Kürzelpseudonym A.B.S. schreiben A. und B. Schumacher gemeinsam Kriminalromane und Kriminalerzählungen.

Kriminalromane: 1985 Ole Dole Doff, Soldi Verlag, 1987 Heyne 2213; 1987 Double Feature, Heyne 2199; 1988 Déja vu, Heyne 2240; 1990 Im Umfeld der Sympathie, Heyne 2294; 1992 Außer Kontrolle, Heyne 2362; 1994 Kalaschnikow, Ha/Heyne 66; Handicap: Tod, Schwarze Reihe Ha, 1999
Krim.-Erz.: (als A.B.S.): 1988 Kurz und schmerzlich. Kriminalstories, Heyne 2226; 1988 *Drittes Programm* und *Bratkartoffeln*, in: Heyne Krimi-Jahresband, Hrsg. Bernhard Matt, Heyne; 1988 *Den Schlaf der Gerechten*, in: Mordlust Band 3, Hrsg. V. Iafrate, Heyne; 1989 Tiefe Spuren. Kriminalstories, (gem. mit Frank Göhre), Heyne 2257; 1989 *Gewaltige Gefühle*, in: Mordliebe, Hrsg. Bernhard Matt, Heyne; 1989 *Kraftprobe* und *Gemischtes Doppel*, in: Heyne Krimi-Jahresband 1989, Hrsg. Bernhard Matt, Heyne; 1990 *Katzenjammer*, in: Killerladies, Hrsg. Bernhard Matt, Heyne; 1991 *Jackpot*, in: Heyne Krimi-Jahresband 1991, Hrsg. Bernhard Matt, Heyne; 1991 *Essen für Mombassa*, in: Das Syndikat, Hrsg. Uwe Friesel, Heyne; 1992 *La vie en rose*, in: Heyne Krimi-Jahresband 1992, Hrsg. Bernhard Matt, Heyne; 1992 *Mordsideen*, in: Good Bye, Brunhilde, Hrsg. Leo P. Ard, Grafit; 1993 *Das Ragoût-fin-Komplott*, in: Der Mörder ist immer der Gärtner, Hrsg. Leo P. Ard, Grafit; 1993 *Unentschieden*, in: Der Mörder zieht die Turnschuhe an, Hrsg. Leo P. Ard, Grafit; 1993 *Kindergeburtstag*, in: Der Mörder bläst die Kerzen aus, Hrsg. Leo P. Ard, Grafit; 1994 *Letzter Sommer Linksverkehr*, in: Heyne Krimi-Jahresband 1994, Hrsg. Bernhard Matt, Heyne; 1994 *Kaltgestellt*, in: Der Mörder schwänzt den Unterricht, Hrsg. Leo P. Ard, Grafit; 1994 *Notaufnahme*, in: Der Mörder kommt auf Krankenschein, Hrsg.

Leo P. Ard, Grafit; 1995 *Salto Mortale*, in: Haffmans Krimi-Jahresband 1995, Hrsg. Gerd Haffmans u. Bernhard Matt, Heyne; 1995 *Essen für Mombassa*, in: Süßer Schüsse nie klingen, Hrsg. Dorothee Sager, Heyne; 1996 *Liebe Gäste*, in: Haffmans Krimi-Jahresband 19968, Hrsg. Gerd Haffmans u. Bernhard Matt, Heyne; 1996 *Absolute Sicherheit*, in: Der Mörder würgt den Motor ab, Hrsg. Leo P. Ard, Grafit; 1997 *Grüße aus der Nachbarschaft*, in: Haffmans Krimi-Jahresband 1997, Hrsg. Gerd Haffmans u. Bernhard Matt, Heyne; 1998 *Erster Versuch*, in: Der Bär schießt los. Criminale-Geschichten aus der Hauptstadt, Hrsg. Karl-Michael Stöppler, Ullstein
Sonstige Publ.: A. Schumacher: *Neue ostdeutsche Krimis*, (Hrsg.), Berlin 1994, ein Roman, wissenschaftliche Publikationen und Fachbücher, Übersetzung von Lars Molins Drehbuch *Sommermord*. B. Schumacher: wissenschaftliche Beiträge, Fachbücher, Kinderbuch
Mitglieder: Syndikat

Abercrombie, Brian Martins, Toby

Adam, Max
Pseud. für: Dr. Gerd Müller
Biografie: *2.8.1952 in Chemnitz. M. Adam hat in Leipzig Journalistik studiert. Er schrieb für mehrere Zeitungen und war für verschiedene Pressestellen tätig. 1989 promovierte er zum Thema Öffentlichkeitsarbeit. M. Adam lebt in Berlin und Potsdam. Er arbeitet freischaffend publizistisch sowie nebenberuflich für einen Lohnsteuerhilfeverein.

Kriminalromane: 1992 Yeti sei tot, DIE 155; 1994 Stirb du für mich, DIE 170; 1995 Mörder und Gendarm, DIE 181; 1997 Mord für Mord, DIE 201; 2001 Die Weihnachtshütte, BoD
Kontakt: max.adam@t-online.de

Adams, Karen
Biografie: *12.1.1948 in Sharon/Connecticut. K. Adams ist in den USA aufgewachsen. Sie studierte englische Literatur in New York und England und promovierte in American Studies in Atlanta. Sie arbeitete an der Smithsonian Institution in Washington und an der University of Texas in Austin. Seit 1978 lebt sie in Karlsruhe, wo sie Englisch

unterrichtet und sich ehrenamtlich um die Amerikanische Bibliothek (Stadtbibliothek Karlsruhe) kümmert.

KRIMINALROMANE: 2003 Straßenfeger, Heyne 01/13756
MITGLIED: SinC; Syndikat

Adrienne, Kim → Dreyer, Sabine

Aechtner, Uli
Biografie: *6.8.1952 in Bonn. U. Aechtner studierte Germanistik, Philosophie und Kunstwissenschaften. Sie war Reporterin beim französischen Fernsehen TF1 in Bonn und Redakteurin beim SWF in Mainz. Nach der Geburt ihrer beiden Söhne arbeitete sie als freie Mitarbeiterin für eine Filmproduktion und für verschiedene Redaktionen bei ZDF und ARD. U. Aechtner würzt ihre Krimis, in die teilweise eigene TV-Erfahrungen der Autorin einfließen, mit einem guten Schuss Satire.

KRIMINALROMANE: 1995 Too much TV, Rotbuch 1024; 1998 Talk Show Down, Rotbuch Krimi 1074; 2001 Programmschluss, Fischer 14959; 2002 Meine erste Million, Fischer 15487; 2003 Liebe Frau Senta, Fischer 15704
KRIM.-ERZ.: 2000 Wallensteins Wehr, in: Dunkle Wassermänner, Hrsg. Thea Dorn, Uta Glaubitz u. Lisa Kuppler, Eichborn; 2000 Die Bettnachbarin, in: Mordkompott, Hrsg. Peter Gerdes, Leda; 2001 Spuren im Schnee, in: Wer will schon einen Weihnachtsmann, Hrsg. Ingeborg Mues, Fischer 15191; 2002 One Night Stand, in: Abrechnung, bitte!, Hrsg. Peter Gerdes, Rowohlt
MITGLIED: SinC; Syndikat
KONTAKT: Aechtner@t-online.de

Ahrens, Barbara
Biografie: *26.3.1945 auf Schloss Lehsen/ Mecklenburg (auf der Flucht). B. Ahrens wuchs in Hannover auf und lebte anschließend in Süddeutschland, davon längere Zeit in München, Freiburg und Ulm, seit 1995 in Berlin. Ausbildungen als Fremdsprachenkorrespondentin, Lehrerin und Journalistin. Langjährige Mitarbeit an autonomen Frauenprojekten (Café, Zeitung). 1995 Arbeits-

stipendium vom Förderkreis des VS Baden-Württemberg.

KRIM.-ERZ.: 1994 Die Nackten von Las Monjas, in: Der Mörder bricht den Wanderstab, Hrsg. Leo P. Ard, Grafit; 1995 Brinkmann, wir kriegen dich, in: Der Mörder bittet zum Diktat, Hrsg. Leo P. Ard, Grafit; 1996 Die Wette, in: Der Mörder kennt die Satzung nicht, Hrsg. Leo P. Ard, Grafit; 1996 Ein Bunny für Manni, in: Bloody Bunny, Hrsg. Peter M. Hetzel, rororo 43161; 1996 Das Nikolausturnier, in: Bloody Christmas 3, Hrsg. Peter M. Hetzel, rororo 43243; 1999 Papa kommt bald, in: Politeia: Szenen aus der Geschichte, Hrsg. Anne Jüssen, Diametric; 2000 Neues Spiel – neues Glück, in: Alter schützt vor Morden nicht, Hrsg. Anke Cibach, Gerstenberg; 2001 Fabrikant sucht Traumfrau, in: Tödliche Beziehungen, Hrsg. Ina Coelen u. Ingrid Schmitz, Emons; 2002 Meine schöne Prinzessin, in: Criminalis, Hrsg. Dorothea Puschmann, Capricorn; 2003 Das Berblinger-Projekt, in: Donauleichen, Südost-Verlag
MITGLIED: SinC; Syndikat
KONTAKT: barbahrens@gmx.de

Alberts, Jürgen
Biografie: *4.8.1946 in Kirchen/Sieg. J. Alberts studierte nach dem Abitur in Tübingen und Bremen Germanistik, Politik und Geschichte und promovierte 1973 mit einer Arbeit über die BILD-Zeitung am Fachbereich Kommunikation und Ästhetik der Universität Bremen. Er arbeitete als freier Mitarbeiter für WDR und ZDF und lebt heute als Schriftsteller in Bremen. Er verfasste zahlreiche Drehbücher, Hörspiele sowie die Romane Nokasch (1969) und Die zwei Leben der Maria Behrens (1981) bevor er begann, sich mit Kriminalgeschichten zu beschäftigen.
Gemeinsam mit Fritz Nutzke (Pseudonym für Sven Kuntze) veröffentlichte er 1984 den mit Science-Fiction-Elementen durchsetzten Kriminalthriller Die Gehirnstation, im Jahr darauf folgte die Fortsetzung Die Entdeckung der Gehirnstation. In seinen späteren Romanen Der Spitzel, Die Chop-Suey-Gang und Die Falle befasste sich J. Alberts immer eingehender mit dem Innenleben der Bremer Polizei und ihrer Führung, bis schließlich

1996 mit *Kriminelle Vereinigung* der zehnte Roman der später so bezeichneten Serie »Bremenpolizei« vorlag. 1987 veröffentlichte Alberts den semi-dokumentarischen Roman *Landru*. Von 1990 bis 1991 war Jürgen Alberts Vorstandsmitglied des Syndikats. 2001 wurde er erneut zu einem der drei Sprecher der Autorengruppe gewählt.

KRIMINALROMANE: 1984 Die Gehirnstation, (gem. mit Fritz Nutzke), Heyne 2089; 1985 Die Entdeckung der Gehirnstation, Heyne 2115; 1985 Tod in der Algarve, (gem. mit Marita Kipping), Heyne 2147; 1987 Bremenpolizei 1: Das Kameradenschwein, Heyne 2210; 1987 Landru, Klett-Cotta, HC; 1988 Entführt in der Toskana, (gem. mit Marita Alberts), Fischer 8284; 1988 Bremenpolizei 2: Der Spitzel, Heyne 2230; 1989 Bremenpolizei 3: Die Chop-Suey-Gang, Heyne 2263; 1989 Gestrandet auf Patros, (gem. mit Marita Alberts), Grafit; 1990 Bremenpolizei 4: Die Falle, Heyne 2297; 1990 Zielperson unbekannt, Steidl Verlag, HC; 1990 In der Gehirnstation, Heyne 2285; 1991 Bremenpolizei 5: Die Selbstmörder, Heyne 2331; 1992 Bremenpolizei 6: Der Tiermörder, Heyne 2366; 1993 Bremenpolizei 7: Tod eines Sesselfurzers, Ha/Heyne 5; 1994 Bremenpolizei 8: Die Geiselnehmer, Ha/Heyne 70; 1995 Bremenpolizei 9: Mediensiff, Ha/Heyne 105; 1996 Bremenpolizei 10: Kriminelle Vereinigung, Ha/Heyne 136; 1996 Der große Schlaf des J. B. Cool, Haffmans, HC; 1998 Eine böse Überraschung, (Kettenroman, gem. mit Gisbert Haefs, Frank Göhre, Janwillem van de Wetering, D. B. Blettenberg, Uta-Maria Heim, Helmut Ziegler, Peter Zeindler, Gunter Gerlach, Peter Schmidt, Robert Lynn, -ky, Tatjana Kruse, Robert Brack, Daniel Douglas Wissmann, Karr & Wehner, Frank Goyke, Regula Venske, Thea Dorn, Georg M. Oswald, Ann Camones, Hartmut Mechtel, Virginia Doyle und Norbert Klugmann), rororo 43296; 1999 Sieben Rosen im Atlantik, (gem. mit Marita Alberts), HC; 1999 J. B. Cool meets Jesus Christ, Edition Temmen; 2000 Das Gipfeltreffen, (Kettenroman, gem. mit Doris Gercke, Ingrid Noll, Edith Kneifl, Regula Venske, Frank Göhre, Gisbert Haefs, Karr & Wehner und Robert Hültner), Heyne, HC; 2000 J. B. Cool und der König von Bremen: Neues vom bekifften Bremer Detektiv, (Geschichten), Ed. Temmen; 2000 Cappucino zu dritt, (gem. mit Marita Alberts), HC; 2000 Sabotage – Der Expothriller, (unter dem Pseudonym Mike Jaeger), rororo 43374; 2002 J. B. – Extra Dry, Ed. Temmen, HC; Erbsensuppe flambiert, (gem. mit Maj Sjöwall), Europaverlag

KRIM.-ERZ.: 1989 *Nachruf auf Mehmet Ö.*, in: Die Meute von Hörde, Hrsg. Leo P. Ard u. a, Grafit; 1991 *J. B. Cool und der Baurat*, in: Heyne Krimi-Jahresband 1991, Hrsg. Bernhard Matt, Heyne; 1991 *Sein letzter Auftrag*, in: Im Namen des Guten, Hrsg. Heidemarie Schmidt; 1992 *J. B. Cool und das goldene Nadelkissen*, in: Heyne Krimi-Jahresband 1992, Hrsg. Bernhard Matt, Heyne 2365; 1994 *J. B. Cool und das kleine Schwein*, in: Heyne Krimi-Jahresband 1994, Hrsg. Bernhard Matt, Heyne; 1995 *Gestank*, in: Stadt in Angst, Hrsg. Bernhard Matt, Ha/Heyne 131; 1995 Wut im Bauch, in: Heute Tanz, Hrsg. Detlef Michelers, Edition Temmen; 1995 *J. B. Cool und der spitze Roland*, in: Bremen lang und breit, Hrsg. Nils Aschenbeck, Atelier im Bauernhaus; 1995 J. B. Cool und die unerträgliche Leichtigkeit des Verschwindens, in: Heyne Krimi-Jahresband 1995, Hrsg. Bernhard Matt, Ha/Heyne; 1996 *J. B. Cool sucht geilen Zahn*, in: Draculas Rückkehr, Hrsg. Arno Löb, Edition Weitbrecht, HC; 1997 *J. B. Cool und der Tor des Monats*, in: Heyne Krimi-Jahresband 1997, Hrsg. Bernhard Matt, Heyne; 2000 *J. B. Cool und das Ende der Demokratie*, in: Der Pott kocht, Hrsg. U. Land, Arka-Verlag; 2000 *J. B. Cool und das verschwundene Image*, in: Mörderische Löwen, Hrsg. Thea Dorn, Uta Glaubitz u. Lisa Kuppler, Eichborn; 2000 *J. B. Cool und die Saalschlacht*, in: Mordkompott, Hrsg. Peter Gerdes, Leda; 2000 *Gipfeltreffen*, (2. Kapitel des Kettenromans), Heyne; 2000 *Teneriffas tödlicher Preis*, in: Bei Ankunft Mord, (gem. mit Marita Alberts), Hrsg. Busch/Heuner, Gerstenberg; 2000 *Endstation Terminal 1*, in: Alter schützt vor Morden nicht, (gem. mit Marita Alberts), Hrsg. Anke Cibach, Gerstenberg; 2000 (als Hrsg. gem. mit Jürgen Ehlers, Mord und Steinschlag, Leda; 2001 *Keine besonderen Vorkommnisse*, (gem. mit Marita Alberts), in: Hotel Graiffenstein, Hrsg. Tatjana Kruse u. Anneli von Könemann, KBV; 2001 *J. B. Cool und der spitze Roland*, in: Von Mord zu Mord, Hrsg. Ralf Kramp, Scherz; 2001 *Der Stich*, in: Mord mit Biss, (gem. mit Marita Alberts), Hrsg. Anke Cibach, Hannah Verlag; 2002 *J. B. Cool und die Wette*, in: Abrechnung, bitte!, Hrsg. Peter Gerdes, rororo 231447; 2002 *Zum fröhlichen Gipfel*, in: Männer-Geschichten zum Rotwerden, Hrsg. Sabine Blau, Piper; 2002 *The last smoker*, (gem. mit Maj Sjöwall), in: Die 7 Todsünden, Hrsg. Bernhard Matt, Heyne; 2003 *Der Ehebrecher*, in: Du sollst

nicht töten, Hrsg. Regula Venske, OA Piper; 2003
J. B. Cool und die Weinfluten, in: Weinleichen,
Hrsg. Angela Eßer, OA Scherz; 2003 *J. B. Cool
und das Ende der Hafenstadt*, in: Mordsjubiläum,
Hrsg. Volker Albers, OA Scherz
FUNK: 1971 Schnelles Geld, (gem. mit Sven Kuntze,
60 Min., WDR); 1972 Der Spitzel, (gem. mit Sven
Kuntze, 60 Min., WDR); 1981 Freund und Helfer,
(Hörspiel, 65 Min., RB); 1996 Die Alte und der
Richter, (15 Min., RB); 1998 Kreuzverhör. Zur Ge-
schichte des deutschsprachigen Kriminalromans,
(gem. mit Frank Göhre, 12 Teile, je 30 Min., RB)
TV: 1974 Ermittlungen gegen Unbekannt, (Fernsehspiel, 97 Min., ZDF), Drehbuch: Günter
Wallraff und J. Alberts, Regie: Roland Gall, EA
29.3.1974 ZDF; 1981 Der Aufsteiger, (Fernsehspiel,
105 Min., Infofilm für ZDF), Drehbuch: J. Alberts,
Regie: Bernd Fischerauer, EA 5.10.1981 ZDF
SONSTIGE PUBL.: Mehrere historische und touristische Romane; 1999 *Kreuzverhör. Zur Geschichte
des deutschsprachigen Kriminalromans*, (gem.
mit Frank Göhre), Gerstenberg, HC, basierend
auf der gleichnamigen Feature-Reihe bei Radio
Bremen; sowie Übersetzungen ins Polnische, Ungarische, Französische und Spanische; 1995 *Stadt
der Angst*, (als Hrsg.), Ha/Heyne 131; 1996 *Das
Geheimnis der Giftmüllfässer*, (Kinderhörspiel-
Cassette); 1996 *Die Brücke*, (Theaterstück, gem.
mit Marita Alberts), Reibekuchen-Theater, Duisburg; 1999 *Sieben Rosen im Atlantik*, (gem. mit
Marita Alberts), KiWi; 2000 *Der Violinkönig: aus
dem Leben eines Abenteurers*; Steidl, HC; 2002
Cappuccino zu dritt, (gem. Marita Alberts), KiWi:
2003 *Familienfoto – Der Aufbruch*, Teil 1 einer
hanseatischen Trilogie, Heyne, HC; 2003 *Die Farben des Fado*, (gem. mit Marita Alberts), KiWi,
HC; 2005 *Familiengeheimnis – Der Verdacht*,
Teil 2 einer hanseatischen Trilogie, Heyne, HC
ÜBERSETZUNGEN: 1996 Paco Taibo II: *Das Fahrrad
des Leonardo*, (gem. mit Cristián Cortés); 1996 Da-
niel Chavarría: *Die Wunderdroge*, (gem. mit Cris-
tián Cortés), Heyne; 2000 Daniel Chavarría: *Die
Radfahrerin*, (gem. mit Cristián Cortés), Heyne
PREISE: 1988 Glauser-Preis für *Landru*; 1990 CI-
VIS-Preis des WDR und der Freudenbergstiftung
für *Eingemauert*; 1994 Deutscher Krimi-Preis für
Tod eines Sesselfurzers; 1997 Philip-Marlowe-
Preis der Deutschen Raymond-Chandler-Gesell-
schaft für *Der große Schlaf des J. B. Cool*
MITGLIED: Syndikat
KONTAKT: jrmalberts@aol.com;
www.juergen-alberts.de

Albrecht, Brigitt

Biografie: *1.3.1956 in Solothurn in der
Schweiz. B. Albrecht studierte Deutsch,
Englisch und Französisch in Bern. Anschließend arbeitete sie als Sprachlehrerin
in der Schweiz und in England. Nach ihrer
Rückkehr in die Schweiz führte die Faszination Buch sie zur Arbeit in einer Bibliothek,
später in einem Verlag. B. Albrecht lebt seit
1996 in Wien und schreibt Krimis und Artikel für die Kriminalpolizei, die Zeitschrift
der Vereinigung Österreichischer Kriminalisten. Darüber hinaus engagiert sie sich
im Projekt Polizei und Afrikaner/innen der
Bundespolizeidirektion Wien. Zum Ausgleich jobbt sie gelegentlich für die »Unterwelt« und leitet Fackeltouren durch den
Wienflusskanal.

KRIMINALROMANE: 2002 Jeschek und Jones – Wiener Blut, Ariadne 1144; 2004 Jeschek und Jones –
Schwarz Weiß Schwarz, Ariadne 1152

Albrecht, Johannes

Pseud. für: Johann-Albrecht Keiler
Biografie: *12.8.1929 in Breslau. J. Albrecht
lebte während der Kriegsjahre in Hirschberg
im Riesengebirge, danach in Ilmenau in Thüringen. Das Studium der Chemie in Berlin
schloss er mit Diplom und Promotion zum
Dr. rer. nat. ab, Habilitation 1971. Albrecht
arbeitete zunächst in der Filmfabrik AGFA
Wolfen, dann im Wissenschaftlich-Techni-
schen Forschungsinstitut der DEFA (zuletzt
als dessen Direktor); zahlreiche Publikationen und Patente. Von 1990 bis 2000 Berliner
Geschäftsführer einer Münchner AG zur
Produktion von Geräten für Fernsehstudios.
In seinen vier Krimis dominiert die psychologische Motivation von Tätern und Opfern,
zur Lösung trägt aber stets auch ein technischer Effekt bei. Die Geschehnisse spielen
in realistischen Milieus der DDR, sind aber
reine Fiktion.

KRIMINALROMANE: 1979 Die todbringende Madonna, Mitteldeutscher Verlag; 1982 Gift im Glas,
Mitteldeutscher Verlag, NA VdC 2000; 1989 Lich-

tenberg Bahnsteig E, Reihe DIE; 1989 Der Tod des Guru, Reihe DIE
MITGLIED: Syndikat

Albrod, Gisela → **Guggenheim, Alexandra**

Altura, Nessa
Pseudonym
Biografie: *in Nürnberg. N. Altura hat in Tübingen Germanistik, Amerikanistik und Geografie studiert und arbeitete als Lehrerin am Bodensee, in Hamburg und Köln. Heute lebt sie als freiberufliche Autorin in Böblingen. Sie hat sich spezialisiert auf Kurzgeschichten krimineller und anderer Natur und versendet einen literarischen Newsletter.

KRIMINALERZÄHLUNGEN: 2001 *Der Burschl aus Tirol*, in: Tatort Berg, Hrsg. Ann E. Hacker, Vertigo; 2002 *Mein ist die Rache*, in: Die Stunde des Vaters, Ulmer Manuskripte; 2003 *Maximilianstraße*, in: Tatort München, Hrsg. Billie Rubin, Vertigo; 2003 *Der Blankeneser Damenschneider*, in: Tatort Hamburg, Hrsg. Anna Wolf, Vertigo; 2003 *Kalkar kann kalt sein*, in: Mord am Niederrhein, Hrsg. Jürgen Kehrer, Grafit 285; 2004 *Cargo Cult*, in: Verdächtige Freunde, Hrsg. Nadine Barth, Cordelia Borchardt, Scherz 0700; 2004 *Ausgelebt*, in: Mord ist die beste Medizin, Hrsg. Monika Buttler und Alexandra Guggenheim, Scherz; 2004 *Finale in Holzwickede*, in: Mehr Morde am Hellweg, Hrsg. H. P. Karr, Herbert Knorr, Grafit 294; 2004 *Der Burschl aus Tirol*, in: Brilliante Morde, Hrsg. Mischa Bach u. Ina Coelen, Leporello; 2004 *Terror Silvae* und *Requiem für einen Musikstudenten*, in: Angst, Hrsg. Robert Herbig, Marco Frohberger, U-books; 2004 *Der letzte Lenin*, in: Tödliches Berlin, Hrsg. Anna Wolf, Vertigo
SONSTIGE PUBL.: 2002 Die schönsten Sagen aus Mittelfranken, Prolibris; 2003 Nacht über Oberstdorf. Ungeheuerliche Geschichten, Prolibris
PREISE: 2002 Kurzkrimi-Glauser für *Der Burschl aus Tirol*, 2004 Nominierung für den Agatha-Christie-Preis, 2004 Prosapreis der Kulturfabrik Fürstenwalde
MITGLIED: Syndikat
KONTAKT: www.nessaaltura.de; info@nessaaltura.de

Ammon, Meret
Pseudonym
Biografie: *7.2.1963 in Köln. M. Ammon verbrachte den größten Teil ihrer Kindheit im Bergischen Land. Sie begeisterte sich schon früh für Kriminalgeschichten und begann im Alter von zwölf Jahren zu schreiben. M. Ammon studierte Sozialarbeit in Köln, danach war sie langjährige Referentin für Gewalt und Präventionsfragen in Köln. 1997 entdeckte sie ihre Freude am Schreiben wieder, die sie seitdem nicht mehr loslässt. Sie lebt und arbeitet freiberuflich in Köln.

KRIM.-ERZ.: 2001 *Die seltsame Geschichte der Florentina Gast*, in: Teuflische Nachbarn, Hrsg. Ina Coelen u. Ingrid Schmitz, Scherz; 2003 *Am Weihnachtsbaum die Lichter brennen*, in: Leise rieselt der Schnee …, Hrsg. Gisa Klönne, Ullstein; 2004 *Die Samariterinnen*, in: Mord ist die beste Medizin, Hrsg. Monika Buttler u. Alexandra Guggenheim, Scherz
MITGLIED: SinC
KONTAKT: meretammon@web.de

Anatol, Andreas → **Fröba, Klaus**

Anden, Richard → **Cziffra, Geza von**

Anderle, Helga
Biografie: *1.9.1939. Aufgewachsen in Wien und Valencia. Nach dem Abitur mehrjährige Aufenthalte in Spanien, der Französischen Schweiz und Frankreich. Sie arbeitete für mehrere internationale Organisationen in Genf und Wien. Seit den 70er-Jahren ist sie als Journalistin bei verschiedenen Medien in München und Wien tätig. Seit 1989 ist sie freie Journalistin, Autorin und Übersetzerin (Englisch und Spanisch). H. Anderle lebt in Wien.

KRIM.-ERZ.: 1991 *Der Traummann*, in: Da werden Weiber zu Hyänen, Hrsg. Helga Anderle, Milena; 1995 Einen Tod muss man sterben, Knaur; 1992 *Eine Kugel zum Frühstück*, in: Mit Zorn, Charme und Methode, Hrsg. Pieke Biermann, Fischer; 2002 Wenn Frauen zu sehr morden, Hrsg. Gisela Eichhorn, Scherz; 1993 *Cindy, oder die Prinzessin mit den Erbsen*, in: Der Mörder ist immer der Gärtner, Grafit; 1995 Sag beim Abschied leise Servus, Fischer; 1993 *Die Sandlerin*, in: Der Mörder bläst die Kerzen aus, Grafit, Hrsg. Leo P. Ard; 1995 *Die*

Sandlerin, in: Sag beim Abschied leise Servus, Fischer; 1994 *Verlierer*, in: Der Mörder schwänzt den Unterricht, Hrsg. Leo P. Ard, Grafit, NA 1995, in: Sag beim Abschied leise Servus, Fischer; 1995 *Canaima*, in: Der Mörder bricht den Wanderstab, Hrsg. Leo P. Ard, Grafit, NA 1994, in: Sag beim Abschied leise Servus, Fischer; 1994 *Lektion gelernt*, in: Still und starr ruht der See, Hrsg. Gabriele Wolff, Fischer; 1995 *Für eine Handvoll Knochen*, in: Der Mörder kommt auf sanften Pfoten, Hrsg. Leo P. Ard, Grafit; 1994 *Saturday Night Fever*, in: Weltkrimis-Krimiwelten, Hrsg. Helga Anderle u. Jürgen Alberts, HC, NA 1995, in: Sag beim Abschied leise Servus, Fischer, NA 1998, in: Hamlets Dilemma, Piper; 1995 *Der Rosenkavalier, Die Sandlerin, Bitte keine Reklame!, Fünf Minuten vor Linz, Die neue Wohnung, Wenn der Inspektor zweimal klingelt, Saturday Night Fever, Wiener Blut, Männer, hört die Signale!, Verlierer, Canaima, Cindy*, Fischer 2859; 1995 *Der Kommissar geht um*, in: Blut in der Bassena, Hrsg. Michael Horwath, dtv 12018; 1997 *Liebe Mami*, in: Der kleine Mord zwischendurch, Hrsg. Manuela Kessler, Scherz, HC; 1998 *Der Tod und das Mädchen*, in: Der Bär schießt los, Hrsg. Karl-Michael Stöppler, Ullstein, NA 2002, in: Roter Klee, Ulmer Manuskripte; 1998 *Horch mal wer da stöhnt*, in: Die Phantasie ist eine Frau, Hrsg. Ingeborg Mues, Fischer 13945, NA 2000, in: Killing him softly, Hrsg. Julia Peters, Knaur 61707; 2000 *Tod einer Langstreckenfresserin*, in: Eiskalte Jungfrauen, Hrsg. Thea Dorn, Uta Gaubitz, Lisa Kuppler; 2001 *Wer hat Angst vorm Weihnachtsmann*, in: Wer will schon einen Weihnachtsmann, Hrsg. Ingeborg Mues, Fischer 15191; 2003 *Die Rivalin*, in: Ingeborgs Fälle, Fischer 15810; 2004 *Auf dem Flusse*, in: Winterreise, Hrsg. Martina Bick, Gerstenberg; 2004 *Kubanisch zaubern*, in: Tatort Wien, Hrsg. Edith Kneifl, Milena
FUNK: 1996 Wiener Blut, (Ö1); 1997 Der Tod und das Mädchen, (Ö1)
SONSTIGE PUBL.: Gem. mit Jürgen Alberts: Weltkrimis-Krimiwelten, Stories von AIEP Autoren, Übersetzungen von Prosa und Lyrik aus dem Englischen und Spanischen; 1992 tschech. Ausgabe von *Da werden Weiber zu Hyänen*, Allan Verlag; 1992 *The Agatha Christie of ... Women Crime Writers Abroad*, in: Border Patrol, USA; 1996 *Saturday Night Fever*, in: Women on the Case, Delacorte Press, USA, HC 1996 *Hier schreibt man Krimis mit ana schwoazn Tintn, Wort und Totschlag*, Criminale; 1996 Bekenntnisse einer Lustmörderin, Warum ich Krimis schreibe, Buchkultur# 3; 1997 *Such is a Lady Dick's Life*, in: Mordsbuch, Hrsg. Nina Schindler, Claasen, HC; 1997 *Canaima*, in: Crimen Internacional, Ayuntamiento; 1998 *Canaima*, in: Hayakawa's Mystery Magazine, Japan; 2004 *Die Rivalin*, in: The World's Finest Mystery and Crime Stories, Tekno Books; 2004 *Kubanisch zaubern*, tschechische Ausgabe 1992 Allan Verlag
PREISE: 2003 Nominierung der Story *Die Rivalin* beim internationalen Attanas Mandajiev-Wettbewerb; 2004 erster Preis für *Auf dem Flusse* beim internationalen Attanas Mandajiev-Wettbewerb
MITGLIED: AIEP; SinC; IG-Autoren; Drehbuch-Forum

Anders, Bo → Michalewsky, Nikolai von

Andreas, Fred

Biografie: *1935. Über den Autor konnten bisher keine Lebensdaten ermittelt werden.

KRIMINALROMANE: 1927 Flucht ins Dunkle, Ullstein, NA 1941 Aufwärts Verlag, Aufwärts Kriminalromane Nr. 10; 1929 Das Schiff ohne Liebe, Merkur; 1933 Die alte Rechnung – Roman einer Schuld und einer Liebe, Ullstein; 1934 Ein Mann will nach Deutschland – Roman einer Irrfahrt, Ullstein; 1936 Die gelbe Flagge, Merkur; 1938 Hinter dieser reinen Stirn, Deutscher Verlag; 1938 Die fremde Geliebte, Deutscher Verlag; 1941 Ein Schritt zuviel, Deutscher Verlag; 1943 Arm, häßlich, böse, Springer Verlag; 1943 Liebe kann lügen, Hammerich & Lesser; 1944 Der Gott der Diebe, Hammerich & Lesser; 1944 Das vollkommene Verbrechen, Verlag Hermann Hillger KG; 1944 Einer zuviel an Bord, Hammerich & Lesser; 1952 Die Hexe, Südverlag München; 1952 Das schöne Fräulein Schragg, Meissner-Verlag; 1953 Tödlicher Carneval, Südverlag München; 1966 Das fremde Ich, Heyne 1226, NA 1984 Deutscher Literatur-Verlag Nr. 122
FILM: 1935 Einer zuviel an Bord, (Kriminalfilm), Drehbuch: Phillip Lothar Meyring, Kurt Heuser, F. Andreas nach einem Roman von F. Andreas, Regie: Gerhard Lamprecht; 1938 Dreizehn Mann und eine Kanone, (WK-I-Krimi), Drehbuch: Peter Francke, F. Andreas, Regie: Johannes Meyer; 1941 Alarmstufe V, (Spionagefilm), Drehbuch: F. Andreas, Alois J. Lippl, Regie: Alois J. Lippl
SONSTIGE PUBL.: Zahlreiche Romane sowie Drehbücher für Unterhaltungs-, Abenteuer- und Lie-

besfilme. Mehrere Romane wurden ins Englische und Schwedische übersetzt.

Andresen, Thomas

auch unter dem Pseud.: Chris Martin

Biografie: *19.9.1934 in Flensburg, †20.1.1989 in Flensburg. Th. Andresen war Facharzt für innere Medizin und arbeitete als Oberarzt an einer Flensburger Klinik. Bereits während des Studiums schrieb er Kurzgeschichten für Zeitungen und Zeitschriften, nebenbei verfasste er auch zwei Kriminalromane, die er 1961/62 unter dem Pseudonym Chris Martin in einem kleinen Leihbuch-Verlag (Goldring) veröffentlichte, später aber als »unseriös« einstufte. Th. Andresen war freier Mitarbeiter beim SIMPLICISSIMUS. Ab 1969 erschienen seine Romane in der Krimireihe des Goldmann-Verlags. Außerdem schrieb Th. Andresen zahlreiche Hörspiele, besonders für den WDR. Mehrere Kriminalromane wurden erfolgreich vom Fernsehen verfilmt. Th. Andresen gehörte zu den Pionieren des neuen deutschen Kriminalromans und zu den ersten Mitgliedern des Syndikats.

KRIMINALROMANE: 1961: Der Spielverderber, (als Chris Martin), Goldring; 1962 Der Leisetreter, (als Chris Martin), Goldring; 1969 Der Anonyme, Goldmann 3200; 1969 Hörst du den Uhu, Goldmann 3169; 1970 Der Nebel wird dichter, Goldmann 3282; 1971 Bis ich nicht mehr kann, Goldmann 4310; 1972 Der Schrei, Goldmann 4139; 1972 Schmutziger Herbst, Goldmann 4303; 1972 Die Spur des bösen Bruders, Goldmann 4153; 1972 Geisterstunde, Goldmann 4226; 1972 Wachs in den Händen, Goldmann Verlag, HC; 1973 Großartig wie der Teufel, Goldmann 4306; 1975 Wer badet nachts in meinem Swimming Pool, rororo 2350; 1976 Nur über Meiners Leiche, rororo 2375; 1977 Eine Tote früh um fünf, rororo 2431; 1978 Fünf Herren, einander belauernd, rororo 2449; 1982 Die zweite Chance, rororo 2587; 1983 Herr Struxdorf und die Hierarchie der Morde, Goldmann 5635; 1984 Herr Struxdorf und das Spiel mit Blut, Goldmann 5644; 1987 Träume von Liebe und Mord, Bastei 16513; 1988 Die Klinge im Haus, Bastei 19518; 1988 Das Lächeln über Revolvermündung, Bastei 19522; 1988 Der Kuß der Klapperschlange, Bastei 19522; 1989 Nachts sind alle Mörder grau, Bastei 19534 posthum

KRIM.-ERZ.: 1967 *Bommi ist tot und Tim hat Geburtstag*, in: Bommi ist tot und Tim hat Geburtstag, (Kriminalerzählungen für Jugendliche), Hrsg. Hansjörg Martin, C. Bertelsmann

FUNK: 1972 Interview mit einem Schatten, (52 Min., WDR/SFB) ; 1973 Schuß auf ein Zahnrad, (44 Min., WDR); 1974 Ein schwarzer und ein weißer Mord, (51 Min., WDR); 1974 Max schläft heute aber fest, (55 Min., WDR/SFB); 1975 Fünf Männer mit Maske, (5 Teile, nach dem Roman *Fünf Herren, einander belauernd*, WDR), EA; 1976 Der Bauchredner, (58 Min., BR/WDR); 1976 Sterben und sterben lassen, (53 Min., WDR); 1977 Absturz von der Marmortreppe, (60 Min., WDR); 1977 Mit den Augen einer Eule, (60 Min., WDR); 1978 Mord im Sonderangebot, (48 Min., WDR); 1978 Katertöter, (48 Min., WDR); 1979 Tödliche Proben, (2 Teile, 56 und 52 Min., WDR); 1981 Verfall eines Römers, (55 Min., WDR/SDR); 1982 Ein typischer Mörder, (48 Min., WDR); 1982 Pech mit Porzellan, (54 Min., WDR); 1983 Noch einmal wie vor 18 Jahren, (55 Min., WDR); 1986 Früh übt sich, (57 Min., SDR)

TV: 1979 Tödlicher Ausgang, (Fernsehfilm, 105 Min., ZDF), Drehbuch: Stanislav Barabas u. Heinrich Carle nach dem Roman von Th. Andresen, Regie: Stanislav Barabas, EA 11.8.1979 ZDF; 1982 Es muß nicht immer Mord sein – Endstation Habermoor, (Serienepisode, 25 Min., ZDF), Drehbuch: Th. Andresen, Regie: Kai Borsche

Ani, Friedrich

Biografie: *7.1.1959 in Kochel am See. F. Ani schrieb seine ersten Hörspiele und Theaterstücke bereits kurz nach dem Abitur, als er nach München zog. Er absolvierte die Drehbuchwerkstatt an der Hochschule für Fernsehen und Film und verfasste anschließend einige Skripte für Serien wie *Faust, Ein Fall für Zwei* und *Tatort*. Mit seinem Roman *German Angst*, in dem F. Ani nach einem realen Vorbild eine Geschichte von Fremdenfeindlichkeit in einer deutschen Großstadt erzählt, wurde der Autor für den Glauser-Preis des Syndikats nominiert ebenso für *Gottes Tochter*.

KRIMINALROMANE: 1996 Killing Giesing, München Krimi 1, Emons; 1997 Abknallen, München

Krimi 2, Emons; 1998 Brennender Schnee, Heyne 10609; 1998 Die Erfindung des Abschieds, Heyne, HC; 2000 German Angst, Droemer-Knaur, HC; 2001 Süden und das Gelöbnis des gefallenen Engels, Knaur 61999; 2002 Süden und der Straßenbahntrinker, Knaur 62068; 2002 Süden und das Geheimnis der Königin, Knaur 62073; Süden und die Frau mit dem harten Kleid, Knaur 62072; 2003 Gottes Tochter, Droemer-Knaur, HC; 2003 Süden und das Lächeln des Windes, Knaur 62074; 2003 Süden und der glückliche Winkel, Knaur 62384; 2003 Süden und der Luftgitarrist, Knaur 62075; 2004 Süden und das verkehrte Kind, Knaur 62387; 2005 Süden und das grüne Haar des Todes, Knaur 62386

KRIM.-ERZ.: 1995 *Nackter Mann, der brennt*, in: Haffmans Krimi-Jahresband 1995, Hrsg. Gerd Haffmans u. Bernhard Matt, Ha/Heyne; 1996 *Ermordung*, in: Haffmans Krimi-Jahresband 1996, Hrsg. Gerd Haffmans u. Bernhard Matt, Ha/Heyne; 1997 *Das Glockenbach-Geheimnis*, in: Haffmans Krimi-Jahresband 1997, Hrsg. Gerd Haffmans u. Bernhard Matt, Ha/Heyne 154; *Abknallen II*, in: Köln Kurzkrimis, Emons; 1999 *In einem Zimmer am anderen Ende des Weltalls*, in: Schamlos, Droemer-Knaur 61243; 2002 *Sag Danke, Ludwig*, in: Die 7 Todsünden, Hrsg. Bernhard Matt, Heyne

TV: 1995 Ein Fall für Zwei: Weißes Land, (Serienepisode, 60 Min., ZDF), Drehbuch: F. Ani, Regie: Markus Bräutigam, EA 14.6.1995 ZDF; 1996 Faust: Diebin des Feuers, (Serienepisode, 60 Min., ZDF), Drehbuch: F. Ani und Markus Bräutigam, Regie: Markus Bräutigam, EA 19.7.1996 ZDF; 1997 Faust: Tote weinen nicht, (Serienepisode, 60 Min., ZDF), Drehbuch: F. Ani, Regie: Martin Enlen, EA 25.4.1997 ZDF; 1999 Tatort: Das Glockenbachgeheimnis, (Serienfilm, 90 Min., BR), Drehbuch: F. Ani, Regie: Martin Enlen, EA 3.10.1999 ARD; 1999 Federmann, (Fernsehfilm, 76 Min., ZDF), Drehbuch: F. Ani, Regie: Christian Diedrichs, EA 21.6.1999 ZDF; 2001 Stahlnetz: Das gläserne Paradies, (Serienfilm, 90 Min., ZDF), Drehbuch: F. Ani, Regie: René Heisig, EA 27.5.2001; 2001 Tatort: Und dahinter liegt New York, (Serienfilm, 90 Min., ZDF), Drehbuch: F. Ani, Regie: Friedemann Fromm, EA 18.11.2001; 2004 21 Liebesbriefe, (Fernsehfilm, 90 Min., ZDF), Drehbuch: F. Ani und Nina Grosse, Regie: Nina Grosse; 2005 Rosa Roth: Das Licht der Welt, (Serienfilm, 90 Min., ZDF), Drehbuch: F. Ani, Regie: Carlo Rola

FUNK: 1989 Der Mann, der Olsdorfer erschoß, (Hörspiel; 50 Min., DRS); 2001 German Angst, (Mitschnitt einer Autorenlesung im Rahmen des Bremer Krimifestivals »Crime Time – Prime Time 4«)

SONSTIGE PUBL.: Theaterstücke, Romane, Geschichten und Gedichte sowie zahlreiche Hörspiele und Features für den Rundfunk

PREISE: 1997 Staatlicher Förderungspreis des Landes Bayern für Literatur für *Das geliebte süße Leben*; 2. Preis für die Geschichte *In einem Zimmer am Ende des Weltalls*; 2001 1. Radio-Bremen-Krimipreis für *German Angst*; 2002 Deutscher Krimi-Preis für *Süden und das Gelöbnis des gefallenen Engels*; 2003 Deutscher Krimi-Preis für *Süden und die Frau mit dem harten Kleid, Süden und das Geheimnis der Königin, Süden und der Straßenbahntrinker*

Anthony, Albert → **Cziffra, Geza von**

Appel, Liselotte → **Fortride, L. A.**

Ard, Leo P.

Pseud. für: Jürgen Pomorin

Biografie: *15.1.1953 in Bochum. J. Pomorin arbeitete als Bankkaufmann, ehe er Journalist wurde. Er schrieb zunächst das *Tagebuch eines Wehrpflichtigen* und veröffentlichte später allein und gemeinsam mit Reinhard Junge, Georg Biemann und H. P. Bordien Sachbücher und Buchreportagen über alte und neue Nazis in der Bundesrepublik, die er teilweise recherchierte, indem er sich getarnt in rechtsradikale Organisationen einschleuste. Mit dem Berliner Autor Michael Illner veröffentlichte J. Pomorin Romane und Drehbücher. In den folgenden Jahren schrieb Pomorin entweder unter seinem Namen, als Leo P. Ard oder gemeinsam mit Birgit Grosz zahlreiche Drehbücher für Kriminalfilme oder satirische Gesellschaftskomödien. In seiner journalistischen Arbeit entwickelte er Ende der 80er-Jahre die Stilform der »fiktiven Reportage« als Mittel der Satire. Seine Texte erschienen in zahlreichen Stadtillustrierten und Satirezeitschriften.

KRIMINALROMANE: 1984 Roter Libanese, Weltkreis; 1985 Fotofalle, Weltkreis; 1987 Bonner Roulette, (gem. mit Reinhard Junge), Weltkreis; 1988 Das Ekel von Datteln, (gem. mit Reinhard Junge), Grafit; 1990 Das Ekel schlägt zurück, (gem. mit Reinhard Junge), Grafit; 1991; 1991 Die Waffen des Ekel, (gem. mit Reinhard Junge), Grafit; 1992 Meine Niere, deine Niere, (gem. mit Reinhard Junge), Grafit; 1992 Gemischtes Doppel, (gem. mit Michael Illner), Grafit; 1993 Flotter Dreier, (gem. mit Michael Illner), Grafit; 1995 Der Witwenschüttler, (gem. mit Reinhard Junge), Grafit

TV: 1994 Einsatz für Lohbeck, (Serie, 13 Teile, je 50 Min., ARD Werbung), drei Episoden; 1994 Polizeiruf 110: Totes Gleis, (Serienfilm, ORB/SFB, 90 Min.), Drehbuch: L. P. Ard u. Michael Illner, Regie: Bernd Böhlich; 1994 Polizeiruf 110: Opfergang, (Serienfilm, 90 Min., ORB), Drehbuch: L. P. Ard u. Michael Illner, Regie: Carlo Rola, EA 20.11.1994 ARD; 1995 Zappek: Tanz der kleinen Schwäne, (Serienepisode, 50 Min., ARD Werbung, ORB), Drehbuch: L. P. Ard u. Michael Illner, Regie: Jürgen Bretzinger, EA 15.3.1995 ARD; 1995 Balko: Gotcha – Ich hab dich, (Serienstart-Episode, 50 Min., RTL), Drehbuch: L. P. Ard u. Michael Illner, Regie: Nico Hofmann, EA 19.3.1995 RTL; in dieser Reihe Serienepisoden à 46 Minuten, Drehbücher gemeinsam mit Michael Illner: 1995 Balko: Die Bürgerwehr, Regie: Nico Hofmann, EA 4.4.1995; 1995 Balko: Das Schweigen der Hämmer, Regie: Wolfgang Henschel, EA 18.4.1995; 1995 Balko: Grand mit Viren, Regie: Wolfgang F. Henschel, EA 25.4.1995; 1995 Balko: Krieg der Sterne, Regie: Wolfgang F. Henschel, EA 2.5.1995; 1995 Balko: Ein Cop aus Moskau, Regie: Manfred Stelzer, EA 9.5.1995; 1995 Balko: Keine müde Mark, Regie: Manfred Stelzer, EA 16.5.1995; 1995 Balko: Killerehre, Regie: Manfred Stelzer, EA 23.5.1995; 1995 Balko: Steakhouse-Tango, Regie: Manfred Stelzer, EA 30.5.1995; 1995 Balko: Die Angst des Torwarts, Regie: Manfred Stelzer, 6.6.1995; 1995 Balko: Die Unschuld vom Lande, Regie: Manfred Stelzer, EA 13.6.1995; 1995 Balko: Hotline, Regie: Nico Hofmann, EA 20.6.1995; 1995 Balko: Bon voyage, Regie: Nico Hofmann, EA 18.4.1995 verschoben auf 27.6.1995 bzw. 3.12.1996; 1995 Balko: Sterne lügen nicht, Regie: Wolfgang F. Henschel, EA 4.7.1995; 1995 Zappek: Dunkle Kanäle, (Serienepisode, 50 Min., ARD), Drehbuch: L. P. Ard u. Michael Illner, Regie: Jürgen Bretzinger, EA 22.3.1995 ARD; 1995 Zappek: An Nasenbluten stirbt man nicht, Drehbuch: L. P. Ard u. Michael Illner, Regie: Stephan Meyer, EA 5.4.1995 ARD; 1995 Zappek: Broker, Drehbuch: L. P. Ard u. Birgit Grosz, Regie: Jürgen Bretzinger, EA 19.4.1995

ARD; 1995 Zappek: Über'n Jordan, Drehbuch: L. P. Ard u. Michael Illner, Regie: Bernd Böhlich, EA 26.4.1995 ARD; 1995 Zappek: Tod im Stau, Drehbuch: L. P. Ard u. Michael Illner, Regie: Stephan Meyer; 1995 Zappek: Strahlende Grüße, Drehbuch: L. P. Ard u. Michael Illner, Regie: Stephan Meyer, EA 10.5.1995 ARD; 1995 Zappek: Der U-Bahn Killer, Drehbuch: L. P. Ard u. Michael Illner, EA 7.6.1995 ARD; Zappek: Berlin bleibt sauber, Drehbuch: L. P. Ard u. Michael Illner; Zappek: Alte Bekannte, Drehbuch: L. P. Ard u. Michael Illner; 1996 Balko: Blutige Hochzeit, Regie: O.-A. Jahrreis, EA 5.11.1996; 1996 Balko: Ein Toter zuwenig, Regie: Wilhelm Engelhardt, EA 12.11.1996; 1996 Balko: Der falsche Mann, Regie: Wilhelm Engelhardt, EA 19.11.1996; 1996 Balko: Der Robin Hood von Wambel, Regie: Manfred Stelzer, EA 17.12.1996; 1996 Balko: Deine Augen im Gefrierfach, Regie: Manfred Stelzer, EA 7.1.1997; 1996 Balko: Zoom, Regie: Manfred Stelzer, EA 14.1.1997; 1996 Balko: Ein Mann für gewisse Stunden, Regie: Manfred Stelzer, EA 21.1.1997; 1996 Balko: Der Baron, Regie: Otto-Alexander Jahrreis, EA 11.2.1997; 1996 Balko: Die Zeugin, Regie: Otto-Alexander Jahrreis, EA 18.2.1997; 1996 Balko: Der falsche Hase, Regie: Manfred Stelzer, EA 28.1.1997; 1996 Balko: Tödliche Neugier, Regie: O.-A. Jahrreis, EA 25.2.1997; Jonas, Regie: Jan Ruzicka, EA 11.3.1997; 1996 Balko: Gelegenheit macht Diebe, Regie: Jan Ruzicka, EA 18.3.1997; Balko: Kampf der Hähne; Balko: Filmriss; Balko: Headhunter; Balko: Pitt der Bär; Balko: Tödliche Verbindung; 1996 Polizeiruf 110: Die Gazelle, (Serienepisode, 90 Min., NDR/ORB), Drehbuch: J. Pomorin u. Michael Illner, Regie: Bodo Fürneisen, EA 17.11.1996 ARD; 1996 Die Stimme des Mörders, (Fernsehfilm, 90 Min., RTL), Drehbuch: L. P. Ard u. Birgit Grosz, Regie: Otto-Alexander Jahrreis, EA 18.12.1996 RTL; 1996 Polizeiruf 110: Der Fremde, (Serienepisode, 90 Min., NDR), Drehbuch: L. P. Ard u. Rainer Butt, Regie: Manfred Stelzer, EA 30.12.1996 NORD 3; 1997 Polizeiruf 110: Das Wunder von Wustermark, (Serienepisode, ORB), Drehbuch L. P. Ard u. Michael Illner, Regie Bernd Böhlich; 1998 Balko: Kalte Rache, (Serienepisode, 45 Min., RTL), Regie: Heino Kronberg, EA 26.2.1998; 1998 Balko: Der Söldner, Regie: Heino Kronberg, EA 5.3.1998; 1998 Balko: Hochzeitsüberraschungen, Regie: Wilhelm Engelhardt, EA 12.3.1998; 1998 Balko: Amok, Regie: Wilhelm Engelhardt, EA 19.3.1998; 1998 Balko: Der Drachentöter, Regie: Wilhelm Engelhardt, EA 26.3.1998; 1998 Balko: Der sechste Tag, Regie: Heino Kronberg, EA 2.4.1998; 1998 Balko: Stahldschungel, Regie: Ernst Josef Lauscher, EA 9.4.1998; 1998 Balko: Die Neue, Regie: Samir, EA 23.4.1998; 1998 Balko: Terror im OP, Regie: M. Tieffenbacher, EA 30.4.1998; 1998 Balko: Zwei auf einen Streich, Regie: Samir, EA 7.5.1998; 1998 Balko: Bring mir den Kopf von Balko, Regie: Ernst Josef Lauscher, EA 14.5.1998; 1998 Balko: Blutige Beute, Regie: Carl Lang, EA 18.6.1998; 1998 Balko: Knastkoller, Regie: Ernst Josef Lauscher, EA 25.6.1997; 1998 Balko: Der Todeskandidat, EA 2.7.1998; 1998 Balko: Karneval in Ketten, EA 9.7.1998; 1998 Balko: Taxidriver, EA 12.11.1998; 1998 Balko: Biker des Todes, EA 6.5.1999; Balko: Balko rettet die Welt; Balko: Null Toleranz; Balko, Der Clown; Balko: Knochenjob; Balko: Jagd auf die Jäger; Balko: Augen in der Nacht; Balko: Zugzwang; Balko: Verkaufte Unschuld; Balko: Dinojagd: Balko: Der Mönch mit der Todeskralle; Balko: Erst erben, dann sterben; Balko: Tödliche Nachbarschaft; Balko: Mord unter Palmen; Balko: Gefährliche Vaterschaft; Balko: Höllenfahrt; Balko: Killer-Rap; Balko: Nur einer kommt durch; Balko: Werben und Sterben; Balko: Der Baumarkt des Grauens; Balko: Der Wolf jagt die Meute; Balko: Die Schlangenfarm; Balko: Kassensturz; Balko: Opa und der Serienkiller; Balko: Geliebte Mumie; Balko: Vorfahrt für den Mörder; Balko: Krapp, du bist tot; Balko: Ball der toten Herzen; Balko: Der Chef sieht rot; Balko: Das Blutbad; Balko: Die Mördertauben von Eving; Balko: Bis zum letzten Mann; Balko: Freier Fall; Balko: Krapp, verschollen in Berlin; Balko: Der Schweinemann; Balko: Für ein paar Dollar mehr; Balko: Der Campingplatzmörder; Balko: Der Aufstand; Balko: Wer tötete Marilyn Monroe; Balko: Ein Bulle im Frauenknast; 1998 Team Berlin, (Fernsehfilm, 90 Min., ZDF), Drehbuch: L. P. Ard u. Birgit Grosz, Regie: Gregor Schnitzler, EA 18.4.1998 ZDF; 1998 Sperling und der falsche Freund, (Fernsehfilm, 90 Min., ZDF/Arte), Drehbuch: J. Pomorin, Regie: Guido Peters, EA 24.4.1998 Arte; 1999 Ein starkes Team: Im Visier des Mörders, (Fernsehfilm, 90 Min., ZDF), Drehbuch: L. P. Ard u. Birgit Grosz, Regie: Georg Schiemann, EA 27.3.1999 ZDF; 1999 Die letzte Chance, (Fernsehfilm, 90 Min., ZDF), Drehbuch: J. Pomorin, Regie: Erwin Keusch, EA 17.5.1999 ZDF; 1999 Team Berlin: Tödlicher Wind, (Fernsehfilm, 90 Min., ZDF), Drehbuch: L. P. Ard u. Birgit Grosz, Regie: Gregor Schnitzler, EA 1.5.1999 ZDF; 1999 Polizeiruf 110: Über den Dä-

chern von Schwerin, (Serienepisode, 90 Min., ORB), Drehbuch: L. P. Ard, Rainer Butt und Hans E. Viet, Regie: Hans E. Viet, EA 18.7.1999 ARD; 2000 Ein starkes Team: Tödliche Rache, (Fernsehfilm, 90 Min., ZDF), Drehbuch: L. P. Ard, Birgit Grosz und Ljubisa Ristic, Regie: Konrad Sabrautzky, EA 8.4.2000, ZDF; 2000 Team Berlin: Der Kreuzzug, (Fernsehfilm, 90 Min., Phoenix für ZDF), Drehbuch: L. P. Ard u. Birgit Grosz, Regie: Peter Fratzscher, EA 20.5.2000 ZDF; 2000 Ein starkes Team: Der Todfeind, (Serienepisode, 90 Min., ZDF), Drehbuch: L. P. Ard u. Birgit Grosz, Regie: Jakob Schäuffelen, EA 9.9.2000 ZDF; 2001 Ein starkes Team: Lug und Trug, (Serienepisode, 90 Min.), Drehbuch: L. P. Ard u. Birgit Grosz, Regie: Peter F. Bringmann, EA 6.1.2001 ZDF; 2001 Denninger – Der Mallorcakrimi: Der Mann mit den zwei Gesichtern, (Fernsehfilm, 90 Min., ZDF), Drehbuch: L. P. Ard, Regie: Gloria Behrens, EA 7.4.2001 ZDF; 2001 Ein starkes Team: Verraten und verkauft, (Fernsehfilm, 90 Min., ZDF), Drehbuch: L. P. Ard u. Birgit Grosz, Regie Johannes Grieser; Denninger – Der Mallorcakrimi: Der Tod des Paparazzi, (Fernsehfilm, 90 Min., ZDF), Drehbuch: L. P. Ard, Regie: Daniel Helfer

Krimi-Sammlungen: Herausgegeben von Leo P. Ard, jeweils auch mit eigenen Texten: 1993 Der Mörder bläst die Kerzen aus, (Geburtstagskrimis), Grafit; 1993 Der Mörder zieht den Turnschuh an, (Sportkrimis), Grafit; 1993 Der Mörder packt die Rute aus, (Weihnachtskrimis), Grafit; 1993 Der Mörder ist immer der Gärtner, (Gemüsekrimis), Grafit; 1994 Der Mörder bricht den Wanderstab, (Urlaubskrimis), Grafit; 1994 Der Mörder schwänzt den Unterricht, (Schulkrimis), Grafit; 1994 Der Mörder kommt auf Krankenschein, (Gesundheitskrimis), Grafit; 1995 Der Mörder kommt auf sanften Pfoten, (Tierkrimis), Grafit; 1995 Der Mörder bittet zum Diktat, (Bürokrimis), Grafit; 1996 Der Mörder würgt den Motor ab, (Autokrimis), Grafit,; 1997 Der Mörder kennt die Satzung nicht, (Vereinskrimis), Grafit

Sonstige Publ.: Fernsehbeiträge über Reisen, Essen und Kultur u. a. für WDR, NDR, DFF sowie Satiren und »fiktive Reportagen« in diversen Illustrierten und Satirezeitschriften

Preise: 1995 Adolf-Grimme-Preis in Gold für den Film *Totes Gleis* aus der Serie Polizeiruf 110 zusammen mit Co-Autor Michael Illner und dem Regisseur Bernd Boehlich

Kontakt: pomorin@compuserve.com

Arjouni, Jacob

Biografie: *1964 in Frankfurt/M. J. Arjouni lebte nach dem Abitur einige Jahre in Frankreich, wo er sich mit Gelegenheitsjobs durchschlug und mit dem Schreiben begann. Nach einem kurzen Besuch der Schauspielschule in Berlin studierte er an der Freien Universität. Als J. Arjounis Krimis *Happy Birthday Türke!* und *Mehr Bier* im Diogenes Verlag erschienen, galt ihr Autor sofort als der Shootingstar der deutschen Krimiszene. Mit seiner gewagten Konstruktion seines Helden, des in Frankfurt lebenden türkischen Privatdetektivs Kemal Kayankaya, gelang J. Arjouni ein weit über das Hammett-Pastiche hinausgehendes eigenständiges Werk – und das, obwohl in beinahe jeder Zeile der Romane Sprache und Personenzeichnung, Handlungsstruktur und Stimmung von Chandlers und vor allem Hammetts schwarzen Schnüffler-Romanen präsent sind und Arjouni auch vor direkten Zitaten nicht zurückschreckt. Wilhelm Roth schrieb dazu in der FRANKFURTER RUNDSCHAU: »Der Held Kemal ist eine aktualisierte, frankfurterisch-türkische Ausgabe von Philip Marlowe. Die Geschichten (...) stammen aus dem klassischen Krimirepertoire, sind nur regional verändert, auf heutige Verhältnisse zugeschnitten. (...) Beeindruckend aber, wie frech, souverän Arjouni mit dem Material umgeht. Die Klischees der Geschichten werden nie versteckt oder psychologisch verfeinert, sondern brutal ausgespielt, auch gegenüber dem Melodram hat Arjouni keine Berührungsangst.«

Mit seinem dritten Krimi *Ein Mann, ein Mord* errang Arjouni schließlich den ersten Platz des Deutschen Krimi-Preises 1992. Mit dem Buch, das gleichzeitig mit Doris Dörries Verfilmung von *Happy Birthday Türke* erschien, festigte Arjouni endgültig seinen Platz in der Spitzengruppe deutscher Krimi-Autoren.

KRIMINALROMANE: 1985 Happy Birthday, Türke!, Buntbuch, NA 1987 detebe 21544; 1987 Mehr Bier, Diogenes, detebe 21545; 1991 Ein Mann, ein Mord, Diogenes HC; 1996 Magic Hoffmann, Diogenes HC; 2001 Kismet, Diogenes, HC

FUNK: 1989 Happy Birthday, Türke!, (Hörspiel, 59 Min., SWF), Regie: Ulrich Heising. Sprecher: Wolf Aniol, Joost Siedhoff und Kristina van Eyck, 1997 auch als Hörbuch, Der Hörverlag; 2000 Kismet, (Hörspiel, SWR), Bearbeitung und Regie: Leonard Koppelmann

SONSTIGE PUBL.: Geschichten und Theaterstücke. Seine Kriminalromane wurden in verschiedene Sprachen übersetzt. *Happy Birthday, Türke!* (109 Min., BRD) wurde 1991 von Doris Dörrie (Regie und Drehbuch) verfilmt.

PREISE: 1992 Deutscher Krimi-Preis für *Ein Mann, ein Mord*

Arnau, Frank

Pseud. für: Heinrich Schmitt

Biografie: *9.3.1894 Wien, †11.2.1976 in München. F. Arnau wurde nach eigenen Angaben 1894 in einem Eisenbahnabteil des Orientexpress auf der Fahrt von Paris nach Konstantinopel geboren. Er wuchs in der Schweiz und in Frankreich auf. 1910 verließ er die Schule ohne Abschluss und trampte quer durch Europa. In Wien begann er seine journalistische Karriere als Berichterstatter für verschiedene deutsche Zeitungen. Schon zu dieser Zeit beherrschte er perfekt das Geschäft des »Nachrichtenhändlers«. Nebenbei studierte er als Gast Physik, Chemie, Recht, Gerichtsmedizin und Kriminalpsychologie. 1920 lebte F. Arnau in Frankfurt, wo er als Journalist, Theaterdramaturg und Werbeagent arbeitete, 1929 siedelte er nach Berlin über und wurde »Vorstands-Berater« der Daimler Benz AG und »anderer Unternehmen, die der Deutschen Bank nahe standen«. Als »aufrechter Antifaschist« (Bernt Engelmann) stand Arnau dem Kommunismus nahe und beobachtete mit wachsender Sorge den Aufstieg der Nationalsozialisten.

Neben seinen tagesjournalistischen Arbeiten hatte er bereits eine Reihe von Romanen zu aktuellen Themen wie dem Abtreibungsverbot und der Todesstrafe geschrieben und in seinen Büchern meist die Früchte seiner Reportertätigkeit fiktionalisiert.

1933 emigrierte F. Arnau zunächst nach Frankreich, von wo aus er mit den Nationalsozialisten in seinem Roman *Die braune Pest* abrechnete, und verlegte schließlich 1939 sein Exil nach Brasilien. Nach dem Ende des Zweiten Weltkrieges galt er deutschen Industrieunternehmen als »Südamerika-Spezialist« und vermittelte verschiedene Industrieansiedlungen in Brasilien.

1952 kehrte er nach Deutschland zurück, arbeitete ein Jahr für den Stern und machte sich dann wieder als Nachrichtenhändler selbstständig. Er schrieb in den folgenden Jahren zahlreiche Sachbücher und mehr als zwei Dutzend Kriminalromane. F. Arnau profilierte sich mit seiner Arbeit als Justizkritiker und gesellschaftskritischer Journalist. Er beschaffte unter anderem die Belege für die Beteiligung des damaligen Bundespräsidenten Heinrich Lübke am Bau von Konzentrationslagern und demontierte im Mordprozess Hans Hetzel einen Gerichtsgutachter.

1974 zog sich Arnau, der bis dahin in München gelebt hatte, auf seinen Altersruhesitz in Bissone bei Lugano zurück, wo er 1976 starb.

F. Arnau war einer der ersten eigenständigen deutschen Krimiautoren der Nachkriegszeit. Seine insgesamt rund 100 Bücher erschienen – nicht zuletzt wegen seiner Geschäftstüchtigkeit – stets in mehreren Auflagen und Ausgaben, Vor- und Nachdrucken und erreichten eine Gesamtauflage von mehr als 3,4 Millionen Exemplaren. Das Erscheinungsjahr seines letzten Kriminalromans, *Das verbrannte Gesicht* (1968), wurde zugleich mit dem Erscheinen von Michael Molsners ... *und dann hab ich geschossen* zum Geburtsjahr des »neuen« deutschen Krimis.

KRIMINALROMANE: (mit folgenden Figuren: IB = Inspektor Brewer; GL = Gaston Lamont; KR = Kriminalrat Reyder) 1929 Der geschlossene Ring, Merlin, Neufassung 1957; 1931 Lautlos wie sein Schatten, Knaur, Knaur Bücher 47; 1932 Das verschlossene Zimmer, (gem. mit Alfred Döblin, Richard Hülsenbeck, Erich Ebermeyer, Manfred

Hausmann, Kurt Heuser, Edlef Koeppen, Gabriele Tergit; 1933 Männer der Tat, Steegmann), NA Hrsg. Armin Arnold, Bouvier; 1953 Auch sie kannten Felix Umballer, Lehning 23; 1956 Pekari Nr 7, (IB), Ullstein 104; 1957 Tanger nach Mitternacht, (GL), Ullstein 142; 1957 Verwandlung nach Mitternacht, Frankfurter Societätsdruckerei; 1957 Mordkommission Hollywood, Ullstein 149; 1957 Der geschlossene Ring, Neufassung Frankfurter Societätsdruckerei; 1958 Nur tote Zeugen schweigen, (IB), Ullstein 777; 1958 Jenseits aller Schranken, Ullstein 748; 1958 Heißes Pflaster Rio, (GL), Ullstein 763; 1959 Nur tote Zeugen schweigen, Ullstein 777; 1959 Lautlos wie sein Schatten, (IB), Ullstein 786; 1960 Der perfekte Mord, Aktueller Buchverlag; 1960 Der letzte Besucher, (IB), Ullstein 800; 1960 Das andere Gesicht, (IB), Ullstein 825; 1961 Das Rätsel der Monstranz, Ullstein 831; 1961 Die Dame im Chinchilla, (IB), Ullstein 849; 1962 Heroin AG, (IB), Ullstein 870; 1962 Im Schatten der Sphinx, (IB), Ullstein 899; 1963 Der Mord war ein Regiefehler, Ullstein 954; 1963 Schuß ohne Echo, (KR), Neufassung von Der perfekte Mord, 1960; 1963 Verwandlung nach Mitternacht, Heyne 229; 1964 Der Mord war ein Regiefehler, (KR); 1965 Mit heulenden Sirenen, (IB), Ullstein 1081; 1968 Das verbrannte Gesicht, (IB), Ullstein 1219

SONSTIGE PUBL.: Zahlreiche Theaterstücke, Gedichte, Novellen und Sachbücher

Arnhold, Cornelia

Biografie: 1943 in Frankfurt/M. C. Arnold schrieb zunächst Reportagen über Pferdesport und war dann Redakteurin beim FRANKFURTER FRAUENBLATT. Zusammen mit drei anderen Frauen gründete sie das Kabarett »Die Nacht der LiteratHuren«. Mit eigenen Texten trat das Kabarett im gesamten deutschsprachigen Raum auf. 1993 zog C. Arnhold nach Berlin-Lichtenberg, wo auch ihre Krimis angesiedelt sind.

KRIMINALROMANE: 1999 Rififi, Rotbuch 1108; 2001 Pitbull-Ballade, Rotbuch 1117

KRIM.-ERZ.: 2000 Zwillinge sind nie allein, in: Gefährliche Zwillinge, Hrsg. Thea Dorn, Uta Glaubitz u. Lisa Kuppler, Eichborn; 2003 Montag im KaDeWe, in: Obsession bizarre, Europa Verlag

SONSTIGE PUBL.: Zahlreiche Kurzgeschichten

MITGLIED: SinC; Syndikat

Artmeier, Hildegunde

Biografie: *1.12.1964 in Mühldorf. H. Artmeier hat in Regensburg Biologie studiert, wo sie seither lebt. Nach dem Diplomabschluss war sie in der pharmazeutischen Industrie tätig, hat in Nürnberg eine Ausbildung zur sprachlichen Wirtschaftskorrespondentin abgeschlossen und war anschließend im Exportbereich tätig. Seit 2000 schreibt sie Kriminalromane und Kurzkrimis.

KRIMINALROMANE: 2004 Drachenfrau, Gmeiner-Verlag; 2004 Schlangentanz, Gmeiner-Verlag
KRIM.-ERZ.: 2004 *Hexenzauber. Über den Dächern von Regensburg*, in: Regensburger Rundschau
MITGLIED: Syndikat; SinC

Arz, Martin

Biografie: *3.7.1963 in Würzburg. M. Arz hat Theaterwissenschaft, Völkerkunde und Kunsterziehung studiert, war erst freier Journalist für verschiedene Medien und dann PR-Berater. Seit 1995 arbeitet er als freischaffender Autor und Redakteur in München. Er ist außerdem als bildender Künstler tätig, seine Arbeiten sind auf Ausstellungen im In- und Ausland zu sehen.

KRIMINALROMANE: 1999 Es ist hingerichtet!, Bruno Gmünder Verlag; 2000 Sieben Tuben Leichenblut, Bruno Gmünder Verlag; 2000 Mords Rummel, Bruno Gmünder Verlag; 2004 Das geschenkte Mädchen. Ein Fall für Pfeffer, Leda; 2004 Tod eines Luders, Bruno Gmünder Verlag; 2005 Reine Nervensache, Pfeffers zweiter Fall, Leda
KRIMI-ERZÄHLUNGEN: 2002 *Homolulu Wohnungsblues*, in: Queer Crime, Hrsg. Lisa Kuppler, Quer Verlag; 2003 *Blaue Zipfel*, in: Bayrisches Mordkompott, Hrsg. Billie Rubin, Leda; 2003 *Der Tote vom Glockenbach*, in: Tatort München, Hrsg. Billie Rubin, Vertigo
SONSTIGE PUBL.: Beiträge in verschiedenen Anthologien
MITGLIED: Syndikat
KONTAKT: www.martin-arz.de

Aukes, Ocke

Pseud. für: Unetta Steemann
Biografie: *8.4.1956 in Leer. Aufgewachsen auf der Insel Borkum, bis heute dort wohnhaft. Gelernte Verwaltungsangestellte. Sie arbeitete im öffentlichen Dienst, bei einem Architekten und in einem Baubüro. Seit 1996 ist sie selbstständige Geschäftsfrau.

KRIMINALROMANE: 2000 Gott segne unseren Strand, Sollermann; 2003 Kommissar Busboom … und die Tote von Borkum, Sollermann
SONSTIGE PUBL.: Kurzgeschichten
MITGLIED: SinC; Syndikat
KONTAKT: unetta.steemann@freenet.de

Bach, Michaela → **Bach, Mischa**

Bach, Mischa
Pseud. für: Dr. Michaela Bach
Biografie: *29.4.1966 in Neuwied/Rhein. M. Bach lebt in Essen. Sie arbeitet als Dramatikerin, Autorin, Dramaturgin, Journalistin und Übersetzerin. Schon in der Kindheit begann sie mit dem Schreiben, seit 1982 veröffentlicht sie in verschiedenen Tages- und Wochenzeitungen und in einem Online-Dienst. Neben journalistischen Texten schrieb M. Bach zunächst TV-Drehbücher, ab 2000 auch Kriminalerzählungen.

KRIMINALROMANE: 2004 Der Tod ist ein langer, trüber Fluss, Brandes & Apsel Verlag
KRIM.-ERZ.: 2000 *Rhein in Flammen*, in: Rheinleichen, Hrsg. Ina Coelen u. Ingrid Schmitz, Emons; 2001 *Vollmond*, in: Teuflische Nachbarn, Hrsg. Ina Coelen u. Ingrid Schmitz, Scherz; 2001 *Filmriss*, in: Tödliche Beziehungen, Hrsg. Ina Coelen u. Ingrid Schmitz; 2002 *Striking Distance*, in: Die vielen Todes des Herrn S., Hrsg. Mischa Bach, Ina Coelne u. Ingrid Schmitz, Emons; 2003 *Kleiner Grenzverkehr*, in: Tödliche Touren, Hrsg. Ina Coelen, Leporello; *Bühnentod*, in: Mörderische Mitarbeiter, Hrsg. Ina Coelen u. Ingrid Schmitz; *O Du Föhliche*, in: Leise rieselt der Schnee …, Hrsg. Gisa Klönne, Ullstein; 2004 *Duisburger Stille*, in: Mord am Niederrhein, Hrsg. Jürgen Kehrer, Grafit; *Der Lindenbaum*, in: Die Winterreise, Hrsg. Martina Bick, Gerstenberg; *Vollmond*, in: Brillante Morde, Hrsg. Mischa Bach u. Ina Coelen
TV: 1993 Polizeiruf 110: In Erinnerung an, (Serienepisode, Saale-Film für MDR), Drehbuch: M. Bach und J. Schade, EA 3.10.1993, ARD; 1995 Polizeiruf 110: Schwelbrand, (Episodenfilm, Saale-Film für MDR), Drehbuch: M. und J. Schade, EA 11.6.1995, ARD
THEATER: *Das 13. Opfer*, Jugendstück zusammen mit J. Schade, Uraufführung 10. März 2004, Theater Die Tonne, Reutlingen
SONSTIGE PUBL.: Filmwissenschaftliche Beiträge sowie Übersetzungen
PREISE: 2001 Martha-Saalfeld-Förderpreis für Literatur für *Der Tod ist ein langer, trüber Fluss*; 2001 Nominierung für den Glauser-Preis in der Kategorie Kurzkrimi für *Vollmond*
MITGLIED: SinC; Syndikat

KONTAKT: mischa_bach@gmx.de; www.hsverlag.com

Bacher, Christina
Biografie: *3.1.1973 in Kaiserslautern. Chr. Bacher ist nach Studien- und Lehrjahren in Bonn, Prag und Montpellier seit Januar 2000 in der Marburger Agentur Mediakontakt Laumer für die Pressearbeit zahlreicher Krimiverlage zuständig und zur Zeit in Elternzeit. Sie fungierte bereits zwei Mal als Herausgeberin des Krimikalenders im Verlag éditions trèves sowie als Autorin der zweiwöchentlichen Minikrimi-Reihe *Bolle und die Bolzplatzbande* für hr2 DOMINO.

SONSTIGE PUBL.: Studien und Aufsätze zu Film- und Literaturgeschichte; Glossen in diversen Tageszeitungen, Rezensionen
MITGLIED: SinC
KONTAKT: bacherc@gmx.de

Baecker, Heinz-Peter
auch unter dem Pseud.: Peter Brighton
Biografie: *1945 in Trier. H.-P. Baecker erhielt eine Ausbildung als Fotografenmeister, Kameramann und Journalist und arbeitete viele Jahre wechselweise in allen drei Berufen. Dabei schrieb er Veranstaltungskonzepte. So u.a. für McDonald's »Das größte Kinderfest der Welt«, für die deutsche, österreichische und belgische Post anlässlich der gemeinsamen 500-Jahr-Post-Feier den »Historischen Postkurs 1990«, den er auch organisierte und medial betreute, die »Deutsche Vorsorge-Woche« und »500 Jahre Amerika«. Außerdem drehte er etliche Filmbeiträge für die ARD, das ZDF, verschiedene Ministerien und große Industriekonzerne und moderierte Radiosendungen und Großveranstaltungen. Während 30 Jahren sammelte er Stoffe für Romane und Drehbücher, denen er sich – nach 25 Jahren Aufenthalt in München wieder in seine Heimat, den Hunsrück, zurückgekehrt – seit 1997 widmet. Seine Thriller, Krimis und Satiren basieren überwiegend auf tatsächlichen Begebenheiten, die er präzise recherchiert und in seine Plots ein-

baut. Darüber hinaus spricht H.-P. Baecker in seinen Krimis auch immer ein aktuelles oder allgemein interessantes Problem an.

KRIMINALROMANE: 1998 Der Tod des Lächelns (als Peter Brighton), Econ, NA 1999, Econ & List; 1999 Herzflimmern in Simmern, Pandion; 2000 Koblenzer Schängel jagt Hunsrücker Bengel, Pandion; 2000 Das Kleid der Lüge, Kontrast; 2001 Mädchenleiche unter der Hunsrückeiche, Pandion; 2001 Schwarze Konten – Rote Köpfe – Gold'nes Schweigen, Kontrast; 2002 Der Zirkusclown von Kastellaun, Pandion; 2002 Heut fall ich über Linda her, Kontrast; 2002 In die Falle gehen alle, Pandion; 2003 Der Mann meiner Mutter, Pandion; 2004 Diana – Das Komplott; 2004 Das Fleisch-Kartell, Kontrast; 2005 Rachegelüste, Gmeiner; 2005 Tödliche Träume, Pandion
SONSTIGE PUBL.: 1999 The Death of a Smile, Simon & Schuster; Filme, Drehbücher
KONTAKT: www.heinz-peter-baecker.de

Baldus, Hermann

Biografie: *1957 in Herne. H. Baldus studierte Pädadogik und machte seine Examen als Lehrer für Sport und Geschichte. Anschließend arbeitete er als Taxifahrer, Hafenarbeiter, Postbote, Fließbandarbeiter, Fußballtrainer und Volkshochschuldozent. Von 1984 bis 1990 war er Vorsitzender der Gesellschaft für freie Sozialarbeit e.V. Von 1988 bis 1990 leitete er das Projekt »Sport mit arbeitslosen Jugendlichen«. Darüber hinaus betrieb er zwischen 1985 und 1989 eine Veranstaltungskneipe in Wanne-Eickel und gründete 1988 den Verlag Banana Press, in dem neben anderen Veröffentlichungen auch sein erster Kriminalroman *Teufelskreis* erschien. Unter dem Pseudonym Ede Konarski publizierte er dort 1991 auch den als Romanheft aufgemachten satirischen Thriller *Die Hülsmann-Affäre*. Neben seiner Tätigkeit als Autor und Verleger arbeitet H. Baldus gelegentlich als Berichterstatter für private Fernsehsender und als Sportkommentator eines Lokalradios.

KRIMINALROMANE: 1988 Teufelskreis, Banana Press; 1991 Ede Konarski: Die Hülsmann-Affäre, Banana Press

Balke, Bärbel

Biografie: *2.11.1947 in Saalfeld/Thüringen. B. Balke studierte Ökonomie des Verkehrswesens und arbeitete von 1970 bis 1981 als Redakteurin, Kellnerin und Pressereferentin in Berlin. 1981 bis 1984 folgte ein weiteres Studium am Johannes-R.-Becher-Institut für Literatur in Leipzig. Seit 1982 ist sie als freie Autorin, Texterin, Moderatorin und Journalistin tätig. Zurzeit arbeitet sie als künstlerische Mitarbeiterin an einem Theater. 1993 erhielt B. Balke ein Jahresstipendium des Berliner Senats für das Forschungsprojekt *Betrachtungen zur weiblichen Gewalt*, aus dem das Sachbuch *Frauen töten einsam* entstand.

KRIMINALROMANE: 1982 Im Schwitzkasten, Das Neue Berlin, Berlin DDR, Blaulicht 219; 1991 Pas de deux in den Tod, Das Neue Berlin, DIE-Reihe; 1997 Berlin noir, (Episodenkrimi, gem. mit Thea Dorn, Heiner Lau, Frank Goyke, Carl Wille), Rotbuch 1064
KRIM.-ERZ.: 1990 *Das Mädchen mit den algengrünen Augen*, in: Eine glänzende Idee, Hrsg. Heinz Niemann, Reiher Verlag; 1991 *Herbstzeitlose*, in: Da werden Weiber zu Hyänen, Hrsg. Helga Anderle, Wiener Frauenverlag; 1992 *Die weiße Witwe*, in: Mit Zorn, Charme und Methode, Hrsg. Pieke Biermann, Fischer 10839; 1993 *Wer A sagt, muß auch Babette sagen*, in: Geburtstagskrimis, Hrsg. Leo P. Ard, Grafit; 1993 Eine verdammt anständige Frau, in: Gemüsekrimis, Hrsg. Leo P. Ard, Grafit; 1995 *Der Abrichter*, in: Tierkrimis, Hrsg. Leo P. Ard, Grafit; 2000 *Im Haus des Löwen*, in: Mörderische Löwen, Hrsg. Thea Dorn, Uta Glaubitz u. Lisa Kuppler, Eichborn
SONSTIGE PUBL.: Theaterstücke, Prosa, 1994 *Frauen töten einsam. True Crime Stories*, Das Neue Berlin; zahlreiche Chansontexte für verschiedene Interpreten
MITGLIED: Syndikat
KONTAKT: davo10@aol.com

Ballien, Tilo

Biografie: *1950 in Diemarden bei Göttingen/Niedersachsen. Nach Abitur und Zivildienst Studium der Germanistik und Publizistik in Göttingen. Ab 1973 Theaterarbeit als Dramaturg und in anderen Funktionen an verschiedenen Theatern, zuletzt als Geschäftsführer der Theatermanufaktur am Halleschen Ufer in Berlin. In den 80er- und 90er-Jahren mehrere Reisen nach Nicaragua und ehrenamtliche Organisation von Europa-Tourneen für nicaraguanische Theatergruppen. In den 90er-Jahren journalistische Arbeiten, vor allem zu Lateinamerika, Archivleiter beim SPANDAUER VOLKSBLATT und Mitarbeit an diversen Kulturprojekten. 1999–2003 hauptamtliche entwicklungspolitische Arbeit mit Schwerpunkt Armutsbekämpfung für den Verein zur Förderung der Städtepartnerschaft Kreuzberg – San Rafael del Sur e. V. (Nicaragua). Zurzeit Stadt- und Regionaleentwickler im »Unternehmen Neukölln«, einem Projekt zur Standortentwicklung dieses Berliner Bezirks.

KRIMINALROMANE: 2000 Die KlonFarm, Militzke; 2001 Tödlicher Mais, Militzke; 2002 Die Kinder der KlonFarm, Militzke
KRIM.-ERZ.: *In Schönheit sterben*, in: Mord ist die beste Medizin, Hrsg. Monika Buttler u. Alexandra Guggenheim, Scherz

Balsewitsch-Oldach, Ellen

Biografie: *7.3.1955 in Hamburg. E. Balsewitsch-Oldach studierte nach dem Abitur an der Fachhochschule für öffentliche Verwaltung. Sie ist als Diplomverwaltungswirtin bei der Freien und Hansestadt Hamburg tätig und seit 1992 beim Hamburger Rechnungshof, wo sie durch das Verfassen komplexer Berichte ihre Neigung zum Schreiben entdeckte. Die Grundlagen schriftstellerischen Arbeitens erschloss sie sich durch einen Fernlehrgang, durch Workshops und die Mitwirkung in zwei freien Autorengruppen. Gegenwärtig arbeitet sie an ihrem ersten Kriminalroman. Sie lebt mit ihrem Mann in Schierhorn, einem Dorf in der Nordheide südlich von Hamburg.

KRIM.-ERZ.: 2004 Mörderische Blumengrüße, (Stories), BoD
SONSTIGE PUBL.: Kurzgeschichten in einer Weihnachtsanthologie, Glossen und Artikel in einer örtlichen Vereinszeitung
MITGLIED: SinC

Banscherus, Jürgen

Biografie: *13.3.1949 in Remscheid-Lennep. J. Banscherus hat in Münster und Bonn Geistes- und Sozialwissenschaften studiert. Anschließend arbeitete er als Journalist, als wissenschaftlicher Mitarbeiter in der Forschung, als Verlagslektor und als Dozent in der Erwachsenenbildung. Seit 1989 ist er freier Schriftsteller mit dem Schwerpunkt Kinder- und Jugendliteratur.

JUGENDKRIMIS: 2001 Die Stille zwischen den Sternen, Oetinger Verlag, NA 2003 Arena-Tb 2842; 2002 Novemberschnee, Arena Verlag, NA 2003 Arena-Tb 2635; 2004 Das Lächeln der Spinne, Arena Verlag
KRIM.-ERZ. FÜR KINDER: 1995-2005 Ein Fall für Kwiatkowski (14 Bände), Arena Verlag; 2003 Der Smaragd der Königin, Arena Verlag; 2004 Das Gold des Skorpions, Arena Verlag
PREISE: 1996 Buch des Monats für *Ein Fall für Kwiatkowski* Bd. 4; 1997 Literaturpreis Ruhrgebiet für das Gesamtwerk; 2001 EMIL-Kinderkrimipreis für *Die Stille zwischen den Sternen*; 2003 Eule des Monats für *Novemberschnee*; 2003 *Novemberschnee* unter den 10 Bremer Besten; mehrfach auf der Nominierungsliste des Hans-Jörg-Martin-Preises
SONSTIGE PUBL.: Zahlreiche Übersetzungen ins Englische, Französische, Italienische, Spanische, Katalanische, Baskische, Mallorquinische, Flämische, Dänische, Polnische, Chinesische, Thailändische
MITGLIED: Syndikat; Internationaler PEN-Club

Barkawitz, Martin

auch unter dem Pseud.: Carla Jensen
Biografie: *22.2.1962 in Hamburg. M. Barkawitz studierte nach einer kaufmännischen Ausbildung und Berufstätigkeit in diesem Fach Germanistik und Soziologie. Mit seiner Abschlussarbeit über John Sinclair stellte er sich beim Bastei Verlag vor und bewarb sich gleichzeitig als Autor. Seit 1997 hat er ca. 50 Jerry-Cotton-Heftroman-Krimis sowie sieben Jerry-Cotton-Taschenbücher geschrieben, siehe auch: Artikel Jerry Cotton. Seit 2004 schreibt er unter dem Pseudonym Carla Jensen die Taschenheft-Serie *Kripo*

Hamburg – Ein Fall für Eva Blank für den Omnia-Verlag

Kontakt: Autorenkontor@t-online.de

Barr, Christopher

Pseud. für: Gamber, Hans (siehe dort) und Fischer, Claus Cornelius (siehe dort) Christopher Barr, so kündigte eine der ersten Verlagsinformationen an, signalisiere »das Auftreten eines neuen deutschen Autors. Seine Romane sind der harten amerikanischen Schule verpflichtet und haben internationales Thrillerflair.« Hinter dem Pseudonym verbergen sich der Münchner Verleger und Journalist Hans Gamber und der Schriftsteller Claus Cornelius Fischer. Ihr Debüt gaben sie 1981 mit *Soldato der Killer*. Auch in den darauf folgenden Romanen versuchen sie das Versprechen des »internationalen Thrillerflairs« zu halten.

Kriminalromane: 1981 Soldato, der Killer, Droemer-Knaur 4920; 1981 Zum Sterben zu schön, Droemer-Knaur 4923; 1986 Mago, Schneekluth, HC

Barren, Ken → Gronwald, Werner

Bastian, Till

Biografie: *1949 in München. T. Bastian absolvierte 1969 das humanistische Görres-Gymnasium in Koblenz/Rhein und studierte Humanmedizin in Mainz (Staatsexamen 1976, Promotion 1977). Bis 1982 arbeitete er als niedergelassener Arzt in einer eigenen Praxis, seither als freier Schriftsteller und als Psychotherapeut in einer Fachklinik. T. Bastian ist Redakteur der Fachzeitschrift Umwelt – Medizin – Gesellschaft. Seit 1989 wohnt er in Isny im württembergischen Allgäu. Neben zahlreichen Sachbüchern schreibt T. Bastian seit 1997 auch belletristische Werke, darunter eine Reihe von Krimis um den küchentechnisch versierten Münchner Kriminalkommissar Gebhard Otto und seine Freunde.

Kriminalromane: 1998 Eine Hand im Park, Knaur; 2000 Tödliches Klima. Ökothriller, Riemann; 2001 Sprung in die Tiefe, VdC; 2001 Die letzte Nacht, VdC; 2002 Tango Criminale, VdC; 2003 Nicht nur blaue Bohnen, VdC
Sonstige Publ.: Fachartikel, Sachbücher
Mitglied: Syndikat
Kontakt: info@buchmedia.de; www.verlag-der-criminale.de

Bauer, Dieter

Biografie: *14.9.1942 in Köln. D. Bauer studierte Zeitungswissenschaft, Germanistik, Philosophie, Psychologie, Abschluss mit der Promotion. Er arbeitete als Journalist und Redakteur bei Tageszeitungen und Zeitschriften und war Referent und Auslandsmitarbeiter der Friedrich-Ebert-Stiftung, wo er wo er zuletzt als Online-Redakteur arbeitete. Er lebt in Swisttal bei Bonn.
D. Bauer veröffentlichte neun Jugendbücher, darunter mindestens zwei Kriminalgeschichten, bevor sein erster Kriminalroman *Toter Macho – guter Macho* erschien. Der Band handelt nicht nur von dieser besonderen Spezies Mann, sondern auch von scheidungsruinierten anderen Männern und ihren kriminellen Eskapaden. Der zweite Krimi dreht sich um die süßen Früchte der Baukorruption und wie man/frau dabei auf der Strecke bleiben kann. Zuletzt schrieb D. Bauer eine Reihe kleiner Kriminalkomödien unter dem Sammeltitel *Tatwaffe: Eierlikör*, die zusammen abendfüllend sind.

Kriminalromane: 1987 Rätselhafter Fund im Landschulheim, (Jugendkrimi), Weichert; 1993 Ein Fall für Schnüffelnasen, (Jugendkrimi), Engelbert; 2001 Toter Macho – guter Macho, éditions trèves; 2002 Arsch auf Grundeis, éditions trèves
Theater: 2005 Tatwaffe: Eierlikör, 4 Komödien, Plausus Theaterverlag
Sonstige Publ.: Weitere sieben Jugendbücher; drei Theaterstücke, 1987–2000 Mitherausgeber der medienkundlichen Reihe *communication manual*, (ca. 15 Titel)
Mitglied: Syndikat; VS
Kontakt: heinz_dieter_bauer@web.de

Bauer, Heribert

auch unter dem Pseud.: Frank Moorfield, Harry Porter

Biografie: *22 1.1944 in Hobbach, Kreis Miltenberg, †1997 in Frankfurt/M. H. Bauer erlernte einen kaufmännischen Beruf und arbeitete anschließend in der Rechtsabteilung eines Energieversorgungsunternehmens. Ab 1992 war er als freier Autor tätig. Unter den Pseudonymen Harry Porter bzw. Frank Moorfield veröffentlichte er in den Reihen *Kommissar X* und *Die Seewölfe* mehr als 60 Romanhefte mit Kriminal- und Seeabenteuerromanen. Unter seinem bürgerlichen Namen veröffentlichte H. Bauer zahlreiche Kriminalerzählungen und Kurzromane in Tageszeitungen, Publikumszeitschriften und Anthologien.

KRIMINALROMANE: 1980 Don Sergio befahl den Mord, (anonym), Franco-Solo Nr. 172; 1980 Blutgeld für den Mörder-Boss, Kommissar X Nr. 1098, Erich Pabel; 1980 Killerjagd in Caracas, Kommissar X Nr. 1107, Erich Pabel; 1980 Duell um Mitternacht, Kommissar X Nr. 1113, Erich Pabel; 1980 Die Hyänen von Soho, Kommissar X Nr. 1117, Erich Pabel; 1980 Der Henker kam um Mitternacht, Kommissar X Nr. 1121, Erich Pabel; 1980 Stich ins Wespennest, Kommissar X Nr. 1134, Erich Pabel; 1980 Nachtexpress ins Jenseits, Kommissar X Nr. 1139, Erich Pabel; 1980 Der Psychokiller von Miami-Beach, Kommissar X 1143, Erich Pabel; 1981 In den Klauen einer Bestie, (anonym), Franco-Solo Nr. 249, Erich Pabel; 1981 Heiße Spur nach San Andres, Kommissar X TB Nr. 603, Erich Pabel; 1981 Der Hongkong-Coup, Kommissar X Nr. 1188, Erich Pabel; 1983 Die Todesgärten am Rio Parana, Kommissar X TB 617, PMS; 1983 Der lautlose Tod, Kommissar X Nr. 1287, PMS; 1986 Alle jagen Jerry Paine, Kommissar X Nr. 1418, PMS; 1987 Todestrip nach Afrika, Kommissar X 1466, PMS; 1987 Tochter der Hölle, Kommissar X 1488, PMS; 1994 Hänschen klein stirbt allein, DIE 171
KRIM.-ERZ.: 1991 Aus meinem Killerkabinett. Kriminalstories, Edition Crime Collection; 1987 *Die Nacht der dunklen Schatten*, in: Soweit die Netze reichen, Fachverlag Schiele und Schön; 1989 *Irrlichter*, in: Mordsliebe, Heyne 2245; 1990 *In der Hitze der Nacht*, in: Heyne Krimi-Jahresband 1990, Nr. 2293; 1991 *Dein ist mein ganzes Herz*, in: Heyne Krimi-Jahresband 1991, Nr. 2330; 1994 *Vier Herren in Schwarz*, in: Haffmans Krimi-Jahresband 1994, Ha/Heyne 65

SONSTIGE PUBL.: Zahlreiche Abenteuerromane und Kurzromane in Zeitungen und Zeitschriften

Baum, Beate
Biografie: *19.10.1963 in Dortmund. B. Baum studierte allgemeine und vergleichende Literaturwissenschaften, Neugermanistik und Politik an der Ruhr-Uni Bochum. Neben vielen anderen Jobs war sie für mehrere Regionalzeitungen tätig und absolvierte ein Volontariat bei einer Tageszeitung in Thüringen. Sie lebt seit 1998 als freischaffende Autorin in Dresden.

KRIMINALROMANE: 2001 Dresdner Silberlinge, Verlag Das Neue Berlin, DIE-Reihe; 2005 Dresdner Geschäfte, Aufbau Taschenbuch Verlag
SONSTIGE PUBL.: Kultur- und Reiseartikel für diverse Medien
PREISE: 1991 Stipendium der Bertelsmann-Stiftung für ein Krimiautoren-Seminar
MITGLIED: Syndikat

Baumberger, Nora → Buster, Dolly

Baumrucker, Gerhard
Biografie: *19.3.1929 in Prag, †14.7.1992 in München. G. Baumrucker lebte ab 1946 in München und arbeitete als Schriftsteller und Übersetzer. Nach dem Studium der Theater- und Literaturwissenschaft sowie der Romanistik an der Universität in München betätigte er sich ab 1954 als freier Schriftsteller. Er schrieb zahlreiche Hörspiele und Liedtexte für Funk, Film und Fernsehen, ab 1961 übersetzte er darüber hinaus Kriminalromane. Auf seine Initiative erschienen die ersten Romane des mexikanischen Autors Paco Ignacio Taibo II im Goldmann Verlag.

KRIMINALROMANE: 1964 Schwabinger Nächte, Goldmann 2003; 1965 Tödliches Rendezvous, Goldmann 2087; 1969 Mord im April, Goldmann 3240; 1971 Skandal, Goldmann 4130; 1974 Münchener Roulette, Goldmann 4373; 1981 Die Weise von Liebe und Mord, Goldmann 5612; 1983 Drei Namen, Goldmann 5627
FUNK: 1986 Die dritte Person, (Kriminalhörspiel, 58 Min., BR); 1985 Nächstes Jahr in Acapulco, (33 Min., WDR)

TV: 1975 Ein Fall für Sie – Sprechstunde nach Vereinbarung, (Kriminalspiel zum Mitmachen, 90 Min., ZDF), Drehbuch: G. Baumrucker, Regie: Kurt Ulrich, EA 26.10.1975 ZDF
THEATER: 1963 Brodrick, (Kriminalstück)
SONSTIGE PUBL.: Zahlreiche Theaterstücke sowie Übersetzungen aus dem Englischen, Tschechischen, Spanischen und Portugiesischen; außerdem Liedtexte für TV-Shows
PREISE: 1980/81 Edgar-Wallace-Preis für *Die Weise von Liebe und Mord*

Bay, Michael Leenders, Hiltrud/Leenders, Artur/Bay, Michael (Autorentrio)

Beck, Sinje
Biografie: *1969. S. Beck ist selbstständige Texterin und lebt in Betzdorf. Zuvor war sie u. a. als Bäckerin, Werbekauffrau, Produktionerin und Layouterin tätig. Zurzeit schreibt sie als freie Mitarbeiterin für Zeitungen und Magazine. Auf ihrer Homepage veröffentlicht sie Kurzgeschichten und Kurzkrimis.

KRIMINALROMANE: 2000 Deckname Werner, Fölbach Verlag; 2005 Einzelkämpfer, Armin Gmeiner Verlag
SONSTIGE PUBL.: Seit 2003 erscheinen Kurzgeschichten im Literaturmagazin *Der Federkiel*
MITGLIED: Syndikat
KONTAKT: www.becktext.de

Beck, Thorsten
Biografie: *28.4.1956 im Hamburg. Th. Beck studierte Rechts- und Politikwissenschaft in Hamburg. Anschließend arbeitete er als wissenschaftlicher Mitarbeiter und Lehrbeauftragter an mehreren Hamburger Hochschulen, später als Gewerkschaftssekretär beim Hauptvorstand einer Einzelgewerkschaft in Hannover. Seit 1993 ist er Richter am Arbeitsgericht Hamburg. Ende der 90er-Jahre begann er mit dem Schreiben von Kriminalromanen. Sein Debüt gab er mit dem Krimi *Harburg Blues*, der zu einem der erfolgreichsten Bücher aus der Reihe der Schwarzen Hefte des Verlages des Hamburger Abendblatts wurde. 2003 folgte der Kriminalroman *Ausgestempelt*, 2004

Der Chinesische Pfeil. Im Mittelpunkt seiner Veröffentlichungen steht der Anwalt und alleinerziehende Vater Tim Börne, der seine Fälle vor dem Hintergrund der Hansestadt und ihrer sozialen Probleme löst. Th. Beck lebt mit Lebenspartnerin und gemeinsamer Tochter im Hamburger Süden.

KRIMINALROMANE: 2000 Harburg Blues, Schwarze Hefte, Verlag Hamburger Abendblatt; 2003 Ausgestempelt, Verlag der Criminale, BoD; 2004 Der chinesische Pfeil, Schwarze Hefte 59, Verlag Hamburger Abendblatt

Becker, Rolf und Alexandra
auch unter dem Pseud.: Malcom F. Browne
Biografie: *Rolf Becker 25.11.1923 in London, *Alexandra Becker 10.7.1925, †1990. R. Becker wuchs in Erfurt auf und begann nach dem Krieg zu schreiben. Später arbeitete er als Aufnahmeleiter für verschiedene Filmproduktionen. Ab 1953 war er als freier Autor tätig. Während eines Gastvertrags als Rundfunkregisseur bei der BBC schrieb R. Becker die Krimiserie *Gestatten mein Name ist Cox*, die er, um dem Vorbehalt deutscher Rundfunkanstalten gegenüber deutschen Krimiautoren zuvorzukommen, zunächst unter dem Namen seines englischen Onkels Malcolm F. Browne veröffentlichte. Die Serie wurde vom NWDR produziert und entwickelte sich zu einem »Straßenfeger«.
Gemeinsam mit seiner Frau Alexandra veröffentlichte R. Becker später die ebenfalls sehr erfolgreiche Kriminalsatire *Dickie Dick Dickens*. Es folgten Buchbearbeitungen dieses Stoffes und auch der *Cox*-Serie. Daneben schrieben beide Unterhaltungsromane und Kriminalerzählungen für verschiedene Zeitschriften.

KRIMINALROMANE: 1959 Dickie Dick Dickens, Verlag Glock & Lutz, NA 1986 dtv; 1961 Dickie Dick Dickens gibt kein Fersengeld, Glock & Lutz, 1984 als Dickie Dick Dickens gegen Chicago, dtv 10359; 1961 Cox I: Gestatten, mein Name ist Cox, Sigbert Mohn, NA 2000, Gryphon, BoD; 1962 Cox II: Mord auf Gepäckschein 3311, Sigbert Mohn; 1968 Cox III: Frachtgut für die Hölle, Sigbert

Mohn/Signum; 1977 Rendezvous mit meinem Mörder, Bastei 37032; 1982 Pinkus, der Hochhausdetektiv, (Jugendbuch), Loewe; 1983 Pinkus und der einsame Wolf, (Jugendbuch), Loewe; 1986 Dickie Dick Dickens schlägt Wellen, dtv 10585; 1987 Geheimauftrag für Flinky, (Jugendbuch), Loewe; 1994 Der Mann vom Eaton Place, (TV-Roman nach der Serie *The Mixer* nach Motiven von Edgar Wallace), Heyne 8973; 2000 Gestatten meine Name ist Cox – Eben war die Leiche noch da, (Rolf A. Becker), Gryphon, BoD; 2001 Saldo Mortale, Gryphon, BoD

KRIM.-ERZ.: 1969 Spuren im Moos – Eine Auswahl der spannendsten Jagdkrimis aus der Fernsehserie *Lautlose Jagd*, Gersbach & Sohn; 1984 Kommissar Lamm ist in Bombenstimmung, (Stories), Loewe; 1984 Kommissar Lamm und das große Geheimnis, (Stories), Loewe; 1986 Kommissar Lamm kommt ins Stolpern, (Stories), Loewe; 2000 Bei Gangstern herrschen rauhe Sitten, (Rolf A. Becker), Kriminalerzählungen Bd. 1, Gryphon, BoD; 2000 Von Gangstern, Gaunern und Ganoven, (Rolf A. Becker, Kriminalerzählungen Bd. 2, Gryphon, BoD

FUNK: 1952 Gestatten, mein Name ist Cox, (Hörspielserie, basierend auf Cox II, 7 Teile je 30 Min., NWDR), Regie: S. O. Wagner; 1952 Gestatten, mein Name ist Cox, (Hörspielserie basierend auf Cox I, 8 Teile je 30 Min., NWDR), Regie: Hans Gertberg; 1957–1961 Dickie Dick Dickens, (Hörspielserie mit Folgen zwischen 20 und 55 Min., BR), Regie: Walter Netzsch; 1961 Die Stunde Null: Schlafen Sie vorsichtig, Mr. Morton, (5 Teile, je 30 Min., BR), Regie: Walter Netzsch; 1965 Schachmatt, (64 Min., BR); 1965 Wer ist Dr. Yllart, (3 Teile, insgesamt 130 Min., BR), Regie: Hellmuth Kirchammmer; 1968 Dickie Dick Dickens, (6 Teile, je 60 Min., SRG/Radio DRS); 1976 Dickie Dick Dickens & Co: Versprich mir nichts, (6 Teile, je 46–57 Min., BR), Regie: Peter Preissler; 1977 Gestatten, mein Name ist Cox – Mord ist strafbar, (Remake der 8-teiligen Produktion des NWDR von 1952, 3 Teile, je 49–55 Min., BR), Regie: Peter M. Preissler; 1978 Gestatten, mein Name ist Cox – Eben war die Leiche doch noch da, (3 Teile, je 43–52 Min., BR), Regie: Peter M. Preissler; 1980–1982 Die Experten, (8 Teile, je 48–58 Min., BR), Regie: Walter Netzsch; 1991 Wer denkt denn gleich an Mord, (Vario-Krimi, BR); 1998 Ach, Sie kennen Stanley Adler nicht?, (55 Min., MDR); 2001 Rauhe Sitten, (Rolf A. Becker), (6 Kriminalgrotesken, DRS)

TV: 1965 Das Kriminalmuseum: Die Spur führt nach Amsterdam, späterer Titel *Komplizen*, (Serienepisode, 71 Min., ZDF), Drehbuch: R. und A. Becker, Regie: Wolfgang Becker; 1961 Gestatten, mein Name ist Cox, (Serie, 13 Teile, je 20 Min., NDR), Drehbuch: R. und A. Becker, Regie: John Olden, EA 4.10.1961 wöchentlich ARD; 1963 Gestatten mein Name ist Cox, Serie, 13 Teile, NDR), Drehbuch: R. und A. Becker, Regie: Georg Tressler; 1966 Conan Doyle und der Fall Edalji, (Dokumentarspiel, ZDF), Drehbuch: R. und A. Becker, Regie: Karlheinz Bieber, EA 29.7.1966 ZDF; 1966 Die Halunken-Spelunke, (Fernsehfilm, ZDF), Drehbuch: R. und A. Becker, Regie: Kurt Wilhelm

FILM: 1954 Gestatten, mein Name ist Cox, Drehbuch: Joachim Wedekind, Georg Jacoby, Rolf Becker, nach dem gleichnamigen Hörspiel-Serial von R. und A. Becker, Regie: Georg Jacoby; 1963 Das Geheimnis der schwarzen Witwe, Drehbuch: R. und A. Becker, F. J. Gottlieb nach Louis Weinert-Wilton, Regie: F. J. Gottlieb

SONSTIGE PUBL.: Theaterstücke, Drehbücher zu Fernsehspielen und Filmen

Beckmann, Mani

Biografie: *26.12.1965 in Alstätte/Westfalen. M. Beckmann absolvierte 1984 sein Abitur in Ahaus und studierte anschließend Film- und Fernsehwissenschaft sowie Publizistik an der Freien Universität Berlin. Ab 1988 arbeitete er als freischaffender Journalist und Filmkritiker für Zeitschriften und Magazine, ab 1994 auch als freier Roman- und Drehbuchautor. Seit 1995 ist er Drehbuchlektor für die Abteilung Fernsehfilm des WDR in Köln.

KRIMINALROMANE: 1994 Die Kette, DIE 164; 1997 Tabu, KBV 54; 1999 Sodom und Gomera, Bastei 14200; 2001 Tödliche Vergangenheit, be.bra-Verlag; 2003 Filmriss, be.bra-Verlag/berlin.krimi.verlag

TV: 1996 Recycled, (Fernsehfilm, 93 Min., DOM Film und WDR), Drehbuch: Mani Beckmann, Mathias Dinter, Maria von Heland, Regie: Maria von Heland

SONSTIGE PUBL.: Historische Romane

KONTAKT: www.manibeckmann.de

Beetz, Dietmar

Biografie: *6.12.1939 in Neustadt am Rennsteig. D. Beetz studierte von 1957 bis 1963 Medizin in Leipzig und Erfurt, anschließend arbeitete er als Schiffsarzt, später als Facharzt für Hautkrankheiten bzw. als Betriebsmediziner. 1973 war er als Arzt in Guinea-Bissau tätig. Er lebt und arbeitet als Arzt und Schriftsteller in Erfurt.

Kriminalromane: 1982 Mord am Hirschlachufer, Greifenverlag; 1987 Gift für den Herrn Chefarzt, Mitteldeutscher Verlag; 1989 Abrechnung am Klosterfriedhof, Verlag Neues Leben; 1998 Der Alte und das Biest. Krimi-Etüden, Spotless-Verlag; 1998 Rhön-Flirt, Rhön-Verlag; 2000 Fahndung am Rennsteig, VdC München; 2001 Insel der Piraten, Edition D. B.

Sonstige Publ.: Zahlreiche Romane, Jugendbücher, Erzählungen, Gedichte, Aphorismen und Hörspiele (über 40 Titel in einer Gesamtauflage von rund 1 Million Exemplare)

Preise: 1998 Preis der Bundesärztekammer für *Rhinos Reise* (Jugendbuch), und *Kurzschluss im Hirnkasten* (Aphorismen)

Kontakt: info@beetz-dietmar.de; www.beetz-dietmar.de

Beinßen, Jan

Biografie: *30.1.1965 in Stadthagen. J. Beinßen arbeitet als Journalist. Er ist derzeit Leiter der Lokalredaktion der Abendzeitung in Nürnberg. 1997 debütierte er als Krimiautor mit dem Roman *Zwei Frauen gegen die Zeit.*

Kriminalromane: 1997 Zwei Frauen gegen die Zeit, Reclam Nr. 1576; 1998 Die Genfalle, Reclam Nr. 1639; 2001 Messers Schneide, VdC

Sonstige Publ.: Zwei Theaterstücke: *Das Gummiboot, Tramp*

Mitglied: Syndikat

Kontakt: Beinssen@gmx.de; www.Beinssen.gmxhome.de

Bekker, Alfred

auch unter den Pseud.: Neal Chadwick, Henry Rohmer, Robert Gruber, Jack Raymond, Leslie Garber, Janet Farell, Jerry Cotton, Chris Heller, Brian Carisi, Ashley Parker, Conny Walden

Biografie: *27.9.1964 in Borghorst. A. Bekker ist als Autor in fast allen Genres der Unterhaltungsliteratur tätig. Seinen ersten Roman, den er später auch bei einem Verlag unterbrachte, verfasste er mit 14. Unter seinem

bürgerlichen Namen und mehreren Pseudonymen veröffentlichte er bislang ungefähr 350 Romane, die zum Teil auch in mehrere europäische Sprachen übersetzt wurden und Nachauflagen erlebten. Zu den Serien, an denen er bisher mitschrieb bzw. noch immer schreibt, gehören u.a. *Kommissar X, Jerry Cotton, Jerry Cotton Taschenbuch, Quincy-Taschenbuch, Bastei Grusel Schocker, Raumschiff Promet Neue Abenteuer, Titan Sternenabenteuer, Bastei Wildwest-Roman, Bastei Western Hit, Bastei Colt 45, Bastei Western Express, Bastei Western Star, Mitternachtsroman, Jessica Bannister, Kelter Gaslicht, Meine Heimat, Geheimnisvolle Berge, Bastei Bergroman, Bastei Heimatroman, Kelter Fürstenkrone, Kelter Edelweiß, Redlight Ranch, Vampire, Commander John Coan Outerspace, Ren Dhark, Forschungsraumer Charr, Syndic, Bad Earth, Bastei Sternenfaust, Bastei Schattenreich, Bastei Special Force One* u. a. m. Er verwendete insgesamt etwa 20 verschiedene Decknamen. Unter dem Namen Janet Farell war A. Bekker Hauptautor der Gruselserie *Jessica Bannister* im Bastei Verlag. Darüber hinaus veröffentlichte er über tausend Kurzgeschichten und Erzählungen in Zeitungen, Zeitschriften, Illustrierten, Kalendern, Anthologien sowie im Rundfunk. Das Spektrum reichte dabei vom Feuilleton der renommierten Süddeutschen Zeitung über die Hörzu bis hin zu Kurzkrimis in so gut wie allen gängigen Illustriertentiteln. Seine Science-Fiction-Erzählung *Das Meer der Finsternis* wurde für den Kurd-Lasswitz-Preis nominiert.

Neben diversen Buchprojekten verfasst A. Bekker weiterhin regelmäßig Heftromane in allen Genres. Seine Erfahrungen in diesem Bereich schlugen sich u.a. in dem Kriminalroman *MÜNSTER-WÖLFE* nieder, in dem ein Western-Autor im Mittelpunkt des Geschehens steht. Darüber hinaus wandte sich Bekker verstärkt der Science Fiction und historischen Stoffen zu. So verfasste er unter dem Pseudonym Ashley Parker zusammen mit W. A. Hary den Roman *Fluch der Meere*. Unter dem Titel *Tatort Mittelalter* konzipierte und schrieb Bekker eine Buchserie von Kinder-Krimis, die im Mittelalter angesiedelt sind. Über laufende Projekte informiert B. im digitalen ALFRED-BEKKER-MAGAZIN, das monatlich erscheint und entweder auf der den Zeitschriften CD-Info und CD-Austria beiliegenden CD POWER FOR YOU oder unter http://www.harypro.de heruntergeladen werden kann.

KRIMINALROMANE: (Auswahl): 1993 Die namenlose Tote, (Pseudonym: Neal Chadwick), Flamingo-Kriminalroman, Paul Zsolnay; 1995 Der Hot Dog-Mörder, (Roman zur RTL-Serie *Quincy*, Pseudonym: Neal Chadwick), Zebulon; 1996 Stirb, Schnüffler! (und drei weitere Thriller), (Pseudonym: Neal Chadwick), Moewig, HC; 1998 Todesfalle Lincoln-Tunnel, Bastei Lübbe 31446; 1998 Der Killer wartet, Wartberg; 1998 Ein Oscar für den Killer, Bastei Lübbe 31447; 1999 Die Teufelin aus Bagdad, Bastei Lübbe 31457; 1999 Sterben soll New York, Bastei Lübbe 31459; 2000 Gnadenlose Wölfe und andere nette Leute, Bärenklau; 2000 Die Berlin-Verschwörung, (gem. mit Marten Munsonius), Bärenklau; 2001 Freund oder Feind?, Wilbert; 2005 Tatort Mittelalter 1: Verschwörung gegen Baron Wildenstein, Ueberreuter; 2005 Tatort Mittelalter 2: Der Hund des Unheils, Ueberreuter; 2005 Münster-Wölfe, Gmeiner-Verlag
SONSTIGE PUBL.: Zahlreiche Kurzgeschichten und Erzählungen in Zeitungen, Zeitschriften, Illustrierten, Kalendern, Anthologien sowie im Rundfunk
MITGLIED: Syndikat
KONTAKT: abekker@t-online.de; www.AlfredBekker.de

Bentele, Günther

Biografie: *24.3.1941 in Bietigheim. G. Bentele ist Lehrer am Christoph-Schrempf-Gymnasium in Besigheim, wo er die Fächer Deutsch, Geschichte, Ethik und Philosophie unterrichtet. Seit einigen Jahren ist er vielfach ausgezeichneter Jugendbuchautor, der sich vor allem mit seinen historischen Jugendromanen einen Namen gemacht hat.

KRIMINALROMANE: 1999 Schwarzer Valentinstag; 2001 Dunkle Zeichen, 2002 Blutiges Pergament, (Jugendkrimi); 2003 Das Große Spiel des Herrn Trabac
SONSTIGE PUBL.: Weitere historische Jugendromane
PREISE: 1998 Friedrich-Gerstäcker-Preis für *Wolfsjahre*; 2000 Hans-Jörg-Martin-Preis für *Schwarzer Valentinstag*; mehrfach das Prädikat Buch des Monats der Volkacher Akademie für Jugendliteratur, verschiedene Nominierungen
MITGLIED: Syndikat

Berg, Alex → Reinecker, Herbert

Berg, Lothar

Biografie: *23.1.1951 im Ruhrgebiet. L. Berg arbeitete nach der Ausbildung zum Industriekaufmann in den unterschiedlichsten beruflichen Bereichen, Gerüstbau, Schlachthof, Kirmes, auf einem Schiff, in Bars und Etablissements und vielen anderen Tätigkeiten, wo er sich mit den unterschiedlichsten Milieus vertraut machen konnte. Nach einigen Arbeiten im Tiefbau machte er sich 1983 als Kurierfahrer selbstständig und gründete 1988 ein Güterkraftverkehrsunternehmen. Erste schriftstellerische Arbeiten stammen aus dem Jahr 1998. Seitdem arbeitet L. Berg an zahlreichen Projekten für Theater, Film und Fernsehen.

KRIM.-ERZ.: 2003 Fenster der Gewalt. 26 Kurzgeschichten von der Straße, dem Kiez und aus dem Knast, Eskapis-Verlag, auch als Hörbuch
SONSTIGE PUBL.: 2000 *Ohne Kompromiss. Das Leben des Ausbrecherkönigs Ekkehard, »Ekke« Lehmann*, BoD; Drehbücher, Theaterstücke, Treatments
MITGLIED: Syndikat
KONTAKT: lotharberg.transport@snafu.de; www.lotharberg.de

Berger, Karl-Heinz

auch unter den Pseud.: K. Heinz, Charles P. Henry
Biografie: *28.7. 1928 in Köln, †25.11.1994 Berlin. K.-H. Berger studierte Germanistik, Geschichte und Anglistik an der Humboldt-Universität in Berlin. Von 1952 bis 1957 arbeitete er als Verlagslektor in Berlin, 1957/58

folgte ein Studium am Literaturinstitut in Leipzig. Ab 1958 arbeitete er als freier Schriftsteller, Herausgeber, Übersetzer und Kritiker.

KRIMINALROMANE: 1969 Die Mörder werden alt, Union; 1972 Wein für ehrenwerte Männer, DIE 379; 1977 Getünchte Gräber, DIE 316, NA 1983 als *Vergangenheit geteilt durch drei*, rororo 2658; 1980 Premiere in N., DIE 430; 1982 Geschäftsrisiko, DIE 542; 1984 Sirenengesang, DIE; 1987 Die Spuren schrecken, DIE; 1989 Verjährt, aber nicht vergessen, DIE; 1991 Was ich weiß, macht mich heiß, DIE 149

TV: 1985 Polizeiruf 110: Außenseiter, (Serienepisode, 85 Min., Fernsehen der DDR), Drehbuch: K.-H. Berger und Günter Karl, nach dem Roman *Getünchte Gräber* von K.-H. Berger, Regie: Peter Vogel, EA 27.1.1985 DDR1

SONSTIGE PUBL.: Mehrere Biografien, Kinderbücher, Erzählungen und Übersetzungen (u.a. sämtlicher Sherlock-Holmes-Geschichten von Sir Arthur Conan Doyle, Kiepenheuer, Leipzig)

Berndorf, Jacques

Pseud. für: Michael Preute

Biografie: *22.10.1936 in Duisburg. M. Preute studierte zunächst Medizin, wandte sich dann aber dem Journalismus zu. Er arbeitete als Polizeireporter und als Redaktionsleiter, Chef vom Dienst und Chefredakteur bei verschiedenen Zeitschriften und Zeitungen. Seit 1968 ist er freier Autor und Journalist. 1989 veröffentlichte M. Preute unter seinem Pseudonym Jacques Berndorf (nach seinem Wohnort in der Eifel), den Roman *Eifel-Blues*, den ersten Thriller um den Journalisten Sigi Baumeister. Es folgten bald weitere Romane um den Top-Journalisten, die meist im Bereich der Sicherheitspolitik und der Geheimdienste angesiedelt sind. (MP = als Michael Preute; JB = als Jacques Berndorf)

KRIMINALROMANE: 1970 MP: Magnetfeld des Bösen, C. Bertelsmann, HC; 1971 MP: Der Reporter, C. Bertelsmann, HC; 1973 MP: Der Verführer mit dem goldenen Herzen, Bastei; 1989 JB: Eifel-Blues, Grafit, Hörbuch 2003, LIDO; 1990 JB: Requiem für einen Henker, Bastei 13251; 1990 JB: Der General und das Mädchen, Bastei 13286; 1993 JB: Die Reise nach Genf, Goldmann 5824; 1993 JB: Der letzte Agent, Bastei 13331; 1993 JB: Eifel-Gold, Grafit 35; 1995 JB: Eifel-Filz, Grafit 48; 1996 JB: Eifel-Schnee, Grafit 62; 1996 MP: Der Kurier, Ullstein; 1996 JB: Eifel-Feuer, Grafit 69, Hörbuch 2004, LIDO; 1997 JB: Eifel-Rallye, Grafit 201; 1998 JB: Eifel-Jagd, Grafit 217; 1999 JB: Eifel-Sturm, Grafit 227; 2000 JB: Eifel-Müll, Grafit 245; 2001 JB: Eifel-Wasser, Grafit 261, Hörbuch 2003, LIDO; 2002 JB: Eifel-Liebe, Grafit 270, Hörbuch 2003, LIDO; 2003 JB: Die Raffkes, Grafit 283; 2004 JB: Eifel-Träume, Grafit 295; 2005 JB: Der letzte Agent, KBV-Verlag

FUNK: 2002 Eifel-Liebe, (2 Teile je 55 Min., WDR), Bearbeitung: Maria Schüller; 2004 Eifel-Feuer, (2 Teile), Bearbeitung: Maria Schüller

TV: 2000 Brennendes Schweigen, (Fernsehfilm, 90 Min., ZDF/Arte), Drehbuch: Christian Jeltsch, nach dem Roman *Eifel-Schnee* von J. Berndorf, Regie: Friedemann Fromm, EA 1.12.2000 Arte; 2004 Eifel-Feuer, (2 Teile, WDR)

SONSTIGE PUBL.: Zahlreiche Reportagen, Sachbücher sowie populäre Serien in Publikumszeitschriften

MITGLIED: Syndikat

Bernuth, Christa von

Biografie: *5.3.1961 in München. Chr. v. Bernuth ist seit vielen Jahren Autorin der Zeitschrift ELLE. Ihr erster Roman erschien 1999. Es folgten drei Thriller um Kriminalhauptkommissarin Mona Seiler, die alle mit Mariele Millowitsch in der Hauptrolle verfilmt wurden. Ihr fünfter Roman wird 2006 bei Piper erscheinen.

KRIMINALROMANE: 1998 Die Frau, die ihr Gewissen verlor, Goldmann; 2001 Die Stimmen, Goldmann, HC; 2002 Untreu, Goldmann, HC; 2005 Damals warst du still, Goldmann, HC

MITGLIED: SinC; Syndikat

KONTAKT: bernuth@gmx.de

Berres, Georg K.

Biografie: *11.2.1951 in Köln. G. K. Berres studierte Theater-, Film- und Fernsehwissenschaften, Germanistik und Kunstgeschichte an der Universität in Köln und arbeitete anschließend als Journalist. Von 1977 bis 1989 war er als Regie-Assistent für den WDR tätig, seit 1983 ist er Herausgeber, Texter und Zeichner von ZEBRA – DAS ANSPUCHSVOLLE DEUTSCHE COMIC-MAGAZIN. Seit 1990 schreibt G. K. Berres als freier Autor Satiren und Kindergeschichten für Funk und für den Buchmarkt. Sein Hauptwerk besteht aus Kriminalhörspielen und Ratekrimis für den Hörfunk.

FUNK: 1980 Papiertiger, (Psychokrimi, 53 Min., WDR), EA 11.10.1980; 1982 Der Biber schweigt, (Krimikomödie, gem. mit Tom Blaffert, 47 Min., SWF), EA 19.12.1982; 1983 Karussell der Träume, (Psychokrimi, gem. mit Tom Blaffert, 55 Min., WDR), EA 21.5.1983; 1984 Tote Kekse krümeln nicht, (Krimikomödie, gem. mit Tom Blaffert, 32 Min. SWF), EA 1.1.1984; 1985 Künstliche Sonnen, (RateKrimireihe »Wer ist der Täter?«, gem. mit Tom Blaffert, 12 Min., BR), EA 28.3.1985; 1985 Hauptseminar: Mord, (Ratekrimi, gem. mit Tom Blaffert, 18 Min., BR), EA 28.3.1985; 1985 Offermanns Brief, (Psychokrimi, gem. mit Tom Blaffert, 48 Min., SWF), EA 7.7.1985; 1985 Hunde-Paradies, (Ratekrimi, gem. mit Tom Blaffert, 13 Min., BR), EA 26.9.1985; 1986 Rationalisierung, (Ratekrimi, gem. mit Tom Blaffert, 19 Min., BR), EA 26.9.1985; 1986 Feuerprobe, (Ratekrimi, gem. mit Tom Blaffert, 19 Min., BR), EA 20.3.1986; 1986 Foulspiel, (Ratekrimi, gem. mit Tom Blaffert, 15 Min., BR), EA 20.3.1986; 1986 Karambolage, (Ratekrimi, gem. mit Tom Blaffert, 19 Min., BR), EA 25.9.1986; 1986 Mördergrube, (Ratekrimi, gem. mit Tom Blaffert, 19 Min., BR), EA 25.9.1986; 1986 Kalk um Kalk, (Krimikomödie, gem. mit Tom Blaffert, 52 Min., SWF), EA 14.12.1986; 1987 Zimmer-Service, (Ratekrimi, gem. mit Tom Blaffert, 15 Min., BR), EA 24.2.1987; 1987 Schiffbruch, (Ratekrimi, gem. mit Tom Blaffert, 15 Min. BR), EA 19.5.1987; 1987 Nächstendiebe, (Krimifarce, gem. mit Tom Blaffert, 33 Min., SWF), EA 12.7.1987; 1987 Knastbrüder, (Ratekrimi, gem. mit Tom Blaffert, 15 Min., BR), EA 3.11.1987; 1988 Rezeptpflicht, (Ratekrimi, gem. mit Tom Blaffert, 16 Min. BR), EA 1.3.1988; 1988 Raubtier, (Ratekrimi, gem. mit Tom Blaffert, 15 Min., BR), EA 26.4.1988; 1989 Lackschäden, (Ratekrimi, gem. mit Tom Blaffert, 15 Min., BR), EA 26.1.1989; 1989 Abteil 15, (Ratekrimi, 13 Min., BR), EA 27.7.1989; 1990 Postraub, (Ratekrimi, 15 Min., BR), EA 29.3.1990; 1991 Alt-Lasten, (Ratekrimi, 16 Min., BR), EA 31.1.1991; 1991 Ruhe – Aufnahme!, (Ratekrimi, 16 Min., BR), EA 23.5.1991; 1991 Bombenstimmung, (Ratekrimi, 17 Min., BR), EA 28.11.1991; 1992 Der Käsekuchen-Mord, (Ratekrimi, 17 Min., BR), EA 23.1.1992; 1992 Schnäppchen, (Ratekrimi, 11 Min., BR), EA 26.3.1992; 1992 »La Princesse«, (Ratekrimi, 15 Min., BR), 26.3.1992; 1992 Alleingang – Single-Club, (Ratekrimi, 18 Min., BR), EA 24.9.1992; 1993 Ad maiorem dei gloriam, (histor. Ratekrimi, 17 Min., BR), EA 28.1.1993; 1993 Legiones et Barbari, (histor. Ratekrimi, 18 Min., BR), EA 27.5.1993; 1993 »Bon voyage!«, (histor. Ratekrimi, 17 Min., BR), EA 25.11.1993; 1994 Pizzicato, (histor. Ratekrimi, 16 Min., BR), EA 29.9.1994; 1995 Pyramide 2000, (histor. Ratekrimi, 18 Min., BR), EA 18.5.1995; 1995 Irrfahrt durch die Finsternis, (Psychokrimi, gem. mit Tom Blaffert, 55 Min., HR), EA 21.5.1995; 1996 Der Traum vom Fliegen, (histor. Ratekrimi, 20 Min., BR), 25.1.1996; 1996 Räuberhauptmann Himmelsratte, (histor. Ratekrimi, 20 Min., BR), EA 26.9.1996; 1997 Dschungelfieber, (histor. Ratekrimi, 19 Min., BR), EA 20.3.1997; 1997 Zug-Zwang, (histor. Ratekrimi, 16 Min., BR), EA 25.9.1997; 1997 Harem Aleÿkum, (histor. Ratekrimi, 21 Min., BR), EA 27.11.1997; 1998 Ratzeputz ist einfach weg!, (kriminelle Gutenachtgeschichten f. Kinder, 7 Teile je 8 Min., SFB), 12.–18.1.1998; 1998 Klondike 1898, (histor. Ratekrimi, 18 Min., BR), EA 26.3.1998; 1998 Marodeure, (histor. Ratekrimi, 18 Min., BR), EA 24.9.1998; 1999 Geisha-Schule, (histor. Ratekrimi, 19 Min., BR), EA 25.3.1999; 1999 Salon Mortale, (histor. Ratekrimi, 19 Min., BR), 30.9.1999; 2000 Wettkampf, (histor. Ratekrimi, 23 Min., BR), EA 30.3.2000; 2000 Vorhang auf, (histor. Ratekrimi, 20 Min., BR), EA 30.3.2000; 2000 Kaffernkorn, (histor. Ratekrimi, 17 Min., BR), EA 30.11.2000; 2001 Überfall auf den »Pony-Express«, (histor. Ratekrimi, 20 Min., BR), EA 31.5.2001; 2001 Der Säulenheilige, (histor. Ratekrimi, 20 Min., BR), EA 29.11.2001

SONSTIGE PUBL.: Comics (Texte und Zeichnungen), Satiren und Kindergeschichten

KONTAKT: GoGer@web.de

Beyersdörfer, Helga

Biografie: *9.5.1950 in Erlensee, Hessen. H. Beyersdörfer studierte Germanistik an der Universität Frankfurt/M. Es folgte eine Ausbildung zur Journalistin und anschließend die Arbeit als Redakteurin bei FRANKFURTER RUNDSCHAU, STERN und SAT 1. Während zwei Babypausen war H. Beyersdörfer für Zeitungen und Rundfunk freiberuflich tätig, seit 1996 arbeitet sie ausschließlich als freischaffende Autorin. Sie lebt mit ihrem Mann in Hamburg und Berlin.

KRIMINALROMANE: 1998 Mitten im Wort, rororo, NA VdC 2002; 1999 Mit geschlossenen Augen, rororo, NA VdC 2002; 1999 Asams Pfeil, rororo, 2001 als Hörbuch, NA 2002, VdC; 2003 Emmilys Geheimnis, Brückenverlag
SONSTIGE PUBL.: Kriminalerzählungen, Features und Reportagen in diversen Jahrbüchern und Anthologien
MITGLIED: Syndikat
KONTAKT: mail@helga-beyersdoerfer.de; www.helga-beyersdoerfer.de

Bick, Martina

Biografie: *1956 in Bremen. M. Bick studierte Historische Musikwissenschaft, Neuere deutsche Literatur und Gender Studies und arbeitet als Referentin der Gleichstellungsbeauftragten in der Hochschule für Musik und Theater Hamburg. Sie war lange in verschiedenen Berufen tätig und schrieb zahlreiche Kriminalromane und Romane sowie Kurzgeschichten und Gedichte für Anthologien und den Rundfunk. Im Sommer 2001 war sie Krimi-Stadtschreiberin in Flensburg.

KRIMINALROMANE: 1995 Tödliche Ostern/Mörderischer Advent, Knaur 67093; 1996 Die Tote am Kanal, Knaur 67077; 1996 Tödliche Prozession, Knaur 67106; 1997 Mordsee, Knaur 61770; 1999 Puppen lügen nicht, Knaur 65147; 2001 Die Spur der Träume, Ullstein; 2001 Blutsbande, Ariadne 1130; 2002 Heute schön, morgen tot, Ariadne 1138
SONSTIGE PUBL.: 2000 Mordsgewichte, (Anthologie), hrsg. gem. mit Tatjana Kruse, Piper 2992; 2004 Die Winterreise, (Anthologie), Gerstenberg; Kurzgeschichten, Romane
MITGLIED: Syndikat; VS/Ver.di
KONTAKT: Martina.Bick@gmx.de

Bieber, Horst

Biografie: *12.1.1942 in Essen. H. Bieber studierte Geschichte, Philosophie und Germanistik und promovierte zum Dr. phil. Sein journalistisches Handwerk lernte er bei einer Essener Tageszeitung. H. Bieber lebt in Hamburg und gehört zur Redaktion der ZEIT, bei der er bis 1997 Chef vom Dienst war. Neben seiner journalistischen Tätigkeit schrieb er zunächst historische Sachbücher. 1982 veröffentlichte er dann mit *Sackgasse* seinen Krimi-Erstling. Der Roman zählt zu den wenigen Darstellungen der Arbeit eines Privatdetektivs in der Bundesrepublik. In seinen weiteren Romanen beschäftigt er sich überwiegend mit gesellschaftlichen und politischen Themen wie etwa die Debatte um den Datenschutz, das Nebeneinander der Geheimdienste oder die Probleme polizeilicher Ermittlungsarbeit. 1986 war H. Bieber Mitbegründer des Syndikats.

KRIMINALROMANE: 1982 Sackgasse, rororo 2598; 1985 Wrozecks Meineid, rororo 2704; 1986 Sein letzter Fehler, rororo 2756; 1987 Jede Wahl hat ihren Preis, rororo 2820; 1988 Scherenschnitte, rororo 2881; 1990 Zeus an alle, rororo 2948; 1990 Schnee im Dezember, rororo 2994; 1991 Fehlalarm, rororo 3028; 1993 Der Lauscher an der Wand, rororo 3111; 1994 Auf Anraten meines Anwaltes, rororo 3128; 1996 Kaiserhof, Grafit 68; 1999 Eckhoffs Fall, Grafit 229; 2001 Der Abstauber, Grafit 260; 2002 Das graue Loch, Grafit 269; 2003 Beas Beute, Grafit 279
KRIM.-ERZ.: 1989 *Unsere Anja*, in: Schwarze Beute, Hrsg. Klugmann/Mathews, rororo-thriller-Magazin 2933; 1987 *Das Geschäft zu zweit*, in: Mordslust, KrimiMagazin 2, Hrsg. Virgilio Iafrate, Westarp; 1987 *Wohnungssuche*, in: Mordslust, KrimiMagazin 5, Westarp; 1988 *Proben macht den Meister*, in: Mordslust, KrimiMagazin 7, Westarp; 1992 *Auf jeden Fall Drillinge*, in: Good bye, Brunhilde. Kriminalgeschichten, Hrsg. Christiane Wolf, Grafit; 1994 *Der arme Erpel*, in: Dagobert, Hrsg. -ky, Argon-Verlag; 2002 *Die tote Tante aus Marienthal*, Schwarze Hefte 41, Verlag Hamburger Abendblatt
FUNK: 1986 Der Irrtum, (Kriminalhörspiel, 50 Min., WDR), EA 3.6.1986; 1987 Alter schützt vor Scharfsinn nicht, (Kriminalhörspiel, 58 Min., WDR), EA 11.4.1987; 1988 Ein mörderischer Ruf, (Kriminalhörspiel, WDR), EA 30.1.1988; 1988 Gefunden und verschwunden, (Kriminalhörspiel, 58 Min., WDR), EA 25.2.1989; 1991 Alter schützt vor Scharfblick nicht, (Kriminalhörspiel, 60 Min., SDR); 1993 Und ich habe zurückgeschlagen, (Kriminalhörspiel, 54 Min., WDR), EA 2.1.1993; 1996 Tödliches Vertrauen, (Kriminalhörspiel,

51 Min., WDR), EA 3.8.1996; 1997 Onkels Erben, (Kriminalhörspiel, 52 Min., WDR), EA 4.1.1997; 1998 Kaltschnäuzig, (Kriminalhörspiel, 46 Min., WDR), EA 7.2.1998
TV: 1991 Tatort: Tod eines Mädchens, (Serienepisode, 90 Min., NDR), Drehbuch: H. Bieber, Regie: Jürgen Roland, EA 4.8.1991 ARD; 1992 Gerichtstag, (Fernsehfilm, 85 Min., NDR/ORF), Drehbuch: H. Bieber; Regie: Eberhard Itzenplitz, EA 12.2.1992 ARD
Sonstige Publ.: 1998 *Von Noten und Toten*. Krimipuzzle, Ravensburger Spieleverlag, historische Sachbücher
Preise: 1987 Deutscher Krimi-Preis für *Sein letzter Fehler*
1993 DAG-Fernsehpreis für *Gerichtstag*

Biebricher, Rolf

Biografie: *26.1.1931 in Wiesbaden. R. Biebricher ist seit 1949 als Journalist tätig, er arbeitete als Redakteur für verschiedene deutsche Tages- und Wochenzeitungen und beim Rundfunk. Als freier Journalist schrieb er mehrere Reportagen über Jugend- und sozialpolitische Themen und veröffentlichte unter verschiedenen Pseudonymen Reportagen und Kurzgeschichten.

Kriminalromane: 1963 Mord! Schauplatz Zürich, Goldmann 1265; 1982 Die bewußte Geschichte, Goldmann 5622; 1984 Schade, daß Sie eine Leiche sind, Goldmann 5645
Funk: 1969 Besuche am Abend, (40 Min., SR); 1969 Angst im Schloß, (37 Min., SR); 1971 Hier bedient sie John MacNelly, (5 Teile); 1972 Man wird von Ihnen hören, (35 Min., SR); 1972 Mit den besseren Tricks, (28 Min., SR); 1972 Ein Haus mit Vergangenheit, (30 Min.); 1973 Schöne Ferien Mrs Taylor, (33 Min.); 1973 Der Zeuge, (29 Min., SR); 1973 Das Glashaus, (33 Min., SR); 1973 Doppelstreife, (33 Min., SR)
Theater: 1971 Verzeihen Sie, daß ich schieße; 1971 Gefährliche Gäste
Preise: 1963 Edgar-Wallace-Preis für *Mord! Schauplatz Zürich*

Biehl, Joachim → Vrowenstein, Elka

Bienert, Christine

Biografie: *10.2.1955 in Bad Sachsa/Harz. Ch. lebt mit ihrer Familie in Garbsen bei Hannover. Sie war in verschiedenen Berufen tätig, u. a. als Erzieherin, Dozentin und Journalistin. Zurzeit arbeitet sie auch als Herausgeberin und Fotografin. Unter dem Kurznamen Chris Bienert schreibt sie hauptsächlich Kriminalromane.

Kriminalromane: 2003 Kein Lolli für den Mörder, Schmöker Verlag. C.B., OA
Sonstige Publ.: Lyrik- und Kurzgeschichten in Anthologien, Herausgeberin mehrerer Anthologien
Preise: Krimiförderpreis der Stadt Seelze
Mitglied: SinC
Kontakt: www.chrisbienert.de

Biermann, Pieke

Biografie: *22.3.1950 in Stolzenau/Weser. P. Biermann ging in Hannover zur Schule, wo sie an der Universität Deutsche Literatur und Sprache (bei Hans Mayer) studierte. Anglistik und Politik studierte sie an der TH Hannover, ging dann für ein Jahr Scienze Politiche an die Universität Padua und schloss 1975 ihr Studium mit dem Magister Artium ab (*Das Herz der Familie – über unbezahlte Hausarbeit*). Ihre Dissertation *Der Besen biegt sich, aber die Hexe nicht* über weibliche politische Organisationsformen am Beispiel der »Hexen« von gestern und der »Huren« von heute stellte sie nicht fertig.
P. Biermann verdiente ihr Geld von frühester Jugend an mit verschiedensten Jobs selbst und war politisch aktiv, u.a. 1980 bis 1988 als »Frontfrau« der bundesdeutschen Hurenbewegung. Sie lebt und arbeitet seit 1976 in Berlin als freischaffende Schriftstellerin, Übersetzerin und Journalistin – mit einer zweijährigen Unterbrechung (1980–1982) als angestellte Lektorin.

Kriminalromane: 1987 Potsdamer Ableben, Rotbuch Krimi, NA 1998 (in der Originalfassung des Manuskripts), Goldmann; 1990 Violetta, Rotbuch Krimi, NA Goldmann 1999; 1993 Herzrasen, Rotbuch Krimi, NA Goldmann 2000; 1997 Vier, Fünf, Sechs, Goldmann Manhattan, NA Goldmann 1999
Krim.-Erz.: 1992 Mit Zorn, Charme und Me-

thode, (Hrsg:, eine der Stories und Nachwort von P. Biermann), Fischer 10839; 1994 Wilde Weiber GmbH, (als Hrsg.; eine der Stories und Nachwort von P. Biermann), Fischer; 1997 Berlin, Kabbala, (Erzählungen), Transit, Goldmann 2000; 2002 Herta & Doris, Goldmann, (teilweise Kriminalistisches)

FUNK: 1989 1. Eine Frau steigt ein, 2. Ein Mann steigt aus, (Hörspielfassung des Romans *Potsdamer Ableben*, 2 Teile à 55 Min., SFB), EA 1990; 1998 Vier, Fünf, Sechs, (5-teilige Lesefassung des gleichnamigen Romans, insgesamt 300 Min., SFB), EA 1998

SONSTIGE PUBL.: Sachbücher, Essays, Radio- und Fernsehfeatures, Kolumne Satire, Interviewporträts; seit 1994 Reportagen über Polizei und andere Themen der »inneren Sicherheit«

PREISE: 1990 3-SAT-Stipendium für Auszug aus *Violetta* (Ingeborg-Bachmann-Wett-bewerb, Klagenfurt); 1991 Deutscher Krimi-Preis für *Violetta* (1. Platz); 1994 Deutscher Krimi-Preis für *Herzrasen* (1. Platz); 1997 Reinickendorfer Krimifuchs, Berliner Krimi-Preis; 1998 Deutscher Krimi-Preis für *Vier, Fünf, Sechs* (2. Platz)

KONTAKT: PiekeBiermann@web.de; www.mountmedia.de/pieke_biermann/ Bibliographie.html

Bierschenck, Burkhard P.

Pseudonyme: Peter Hardcastle, Burkhard Schenck, Peter Erfurt, Scher Wachtang
Biografie: *30.3.1950 in Bocholt/Westfalen. B. P. Bierschenck verbrachte in seiner Jugend fast neun Jahre in Afghanistan und Indonesien, kam dann in ein Internat am Bodensee und übersiedelte danach in die Nähe von München. 1970 ließ er sich dauerhaft in München nieder. Er studierte Geschichte und Neuere Deutsche Literaturgeschichte und besuchte die Deutsche Journalistenschule in München. Während des Studiums arbeitete er bei der TZ und beim Süddeutschen Rundfunk, außerdem verfasste er Feuilletons für verschiedene regionale bayrische Tageszeitungen. Ab 1979 arbeitete er als Redakteur für verschiedene Fach- und Special-Interest-Zeitschriften. Nach Tätigkeiten als Chefredakteur, Redaktionsdirektor, Verlagsleiter und Geschäftsführer bei verschiedenen – auch internationalen – Verlagen erwarb er 1998 einen alteingesessenen Fachzeitschriften- und Fachbuchverlag in München und machte sich als Verleger selbstständig. 2002 gründete er zusätzlich den belletristischen Bookspot Verlag.

Unter dem Pseudonym Peter Hardcastle veröffentlichte er 2002 seinen ersten Kriminalroman, *Fitzmorton und der lächelnde Tote*, in dem der hinkende Scotland-Yard-Inspektor Phileas Fitzmorton einen klassischen Herrenhaus-Mordfall aufklärt. Neben weiteren Büchern und Anthologiebeiträgen publizierte er zahlreiche Kurzgeschichten in verschiedenen deutschen Tageszeitungen.

KRIMINALROMANE: 2002 Fitzmorton und der lächelnde Tote, Bookspot, OA; 2005 Fitzmorton und der sprechende Tote, Bookspot, OA

KRIM.-ERZ.: 2003 *Das 13. Mal*, in: Die Axt im Haus, Bookspot, OA; 2004 *Aber Leo!*, in: Mord zur besten Zeit, Bookspot, OA; 2004 *Du sollst nicht*, in: Das dunkle Mal, Bookspot, OA

SONSTIGE PUBL.: Lyrik, zahlreiche Romane und Sachbücher

KONTAKT: www.bierschenck.de

Birkefeld, Richard

Biografie: *8.6.1951 in Hannover. Nach Mittlerer Reife, einer Schriftsetzerlehre und dem Studium an der Akademie für Absatzwirtschaft arbeitete er in mehreren Druckereien und Werbeagenturen. Über den zweiten Bildungsweg begann er ein Studium der Geschichts- und Politikwissenschaften an der Universität Hannover mit dem Schwerpunkt Kultur- und Sozialgeschichte des frühen 20. Jahrhunderts. Anschließend übte er mehrere berufliche Tätigkeiten an verschiedenen universitären Instituten, Museen und Kultureinrichtungen sowie Lehrtätigkeiten in unterschiedlichen Bereichen und Organisationen der Erwachsenenbildung aus. Nach der Erarbeitung einer Konzepts für eine zusammenhängende Reihe über Auswirkungen politischer Kriminalität im Deutschland des 20. Jahrhunderts, veröffentlichte er 2002 zusammen mit Göran Hachmeister den Kriminalroman *Wer übrig bleibt, hat Recht*. R.

Birkefeld ist verheiratet und lebt als freier Historiker und Autor in Hannover.

KRIMINALROMANE: 2002 Wer übrig bleibt, hat Recht, Eichborn, HC, NA dtv 20734 2004
SONSTIGE PUBL.: Zahlreiche wissenschaftliche und feuilletonistische Veröffentlichungen in Buchform, Anthologien, Fachzeitungen und Kulturzeitschriften
PREISE: 2003 Glauser-Preis, Krimipreis der Autoren und Deutscher Krimi-Preis für *Wer übrig bleibt, hat Recht*

Birnstein, Uwe

Biografie: *9.2.1962 in Bremen. U. Birnstein studierte an der Evangelischen Theologie in Hamburg. Von 1986 bis 2003 arbeitete er als freier Journalist für Fernsehen, Hörfunk und Print, darunter u.a. für DIE ZEIT und die TAGESZEITUNG. Zu seinen Themengebieten gehören Religion, Kirchen, Theologie, Kultur. Seit 2003 ist er als Redakteur einer Talkshow für die ARD tätig. U. Birnstein lebt und arbeitet in Oberbayern.

KRIMINALROMANE: 2003 Göttliches Gift, Gütersloher Verlagshaus, OA; 2003 Tödliches Abendmahl, Gütersloher Verlagshaus OA
SONST. PUBL.: Zahlreiche Geschichtsbücher sowie Veröffentlichungen zum Thema religiöser Fundamentalismus
MITGLIED: Syndikat
KONTAKT: www.birnstein.de

Blaffert, Tom

Biografie: *28.11.1953 in Kiel. T. Blaffert studierte Theater-, Film- und Fernsehwissenschaften, Germanistik und Philosophie in Köln. Daneben schrieb er Lieder für die Studenten-Revue »Studentenreport« der Universität Köln. Seit 1977 arbeitet T. Blaffert als Journalist beim KÖLNER STADTANZEIGER, wo er seit 1991 als Redakteur tätig ist. Einen großen Teil seiner Kriminalkomödien und Ratekrimis für den Hörfunk schrieb er zusammen mit Georg K. Berres (vgl. auch dort).

FUNK: 1982 Der Biber schweigt, (Krimikomödie, gem. mit Georg K. Berres, 47 Min., SWF); 1983 Karussel der Träume, (Psychokrimi, gem. mit Georg K. Berres, 55 Min., WDR; 1984 Tote Kekse krümeln nicht, (Krimikomödie, gem. mit Georg K. Berres, 32 Min., SWF); 1985 Offermanns Brief, (Psychokrimi, gem. mit Georg K. Berres, 48 Min., SWF); 1985 Hauptseminar: Mord, (Ratekrimi, gem. mit Georg K. Berres, 18 Min., BR); 1986 Kalk um Kalk, (Krimikomödie, gem. mit Georg K. Berres, 52 Min., SWF); 1986 Rationalisierung, (Ratekrimi, gem. mit Georg K. Berres, 19 Min., BR); 1986 Feuerprobe, (Ratekrimi, gem. mit Georg K. Berres, 19 Min., BR); 1986 Foulspiel, (Ratekrimi, gem. mit Georg K. Berres, 15 Min., BR); 1986 Mördergrube, (Ratekrimi, gem. mit Georg K. Berres, 19 Min., BR); 1987 Nächstendiebe, (Krimifarce, gem. mit Georg K. Berres, 33 Min., SWF); 1987 Zimmer-Service, (Ratekrimi, gem. mit Georg K. Berres, 15 Min., BR); 1987 Schiffbruch, (Ratekrimi, gem. mit Georg K. Berres, 15 Min., BR); 1987 Knastbrüder, (Ratekrimi, gem. mit Georg K. Berres, 15 Min., BR); 1988 Rezeptpflicht, (Ratekrimi, gem. mit Georg K. Berres, 16 Min., BR); 1988 Raubtier, (Ratekrimi, gem. mit Georg K. Berres, 15 Min., BR); 1989 Lackschäden, (Ratekrimi, gem. mit Georg K. Berres, 15 Min., BR); 1989 Schnüffeleien, (Ratekrimi, 15 Min., BR); 1991 Schularbeiten, (Ratekrimi, 15 Min., BR); 1991 Neue Nachbarn, (Ratekrimi, 16 Min., BR); 1992 Schnappschüsse, (Ratekrimi, 19 Min., BR); 1992 Schwertträger, (Hörspiel, 16 Min., BR); 1993 Cosa Nostra, (Hörspiel, 20 Min., BR); 1993 Satisfaction, (Hörspiel, 20 Min., BR); 1994 Verhext, (Hörspiel, 26 Min., BR); 1995 Denkfehler, (Hörspiel, 17 Min., BR); 1995 Inquisition, (Hörspiel, 21 Min., BR); 1996 1382, (Hörspiel, 21 Min., BR); 1996 Regatta Veneziana, (Hörspiel, 20 Min., BR); 1997 Unter Druck, (Hörspiel, 18 Min., BR); 1997 Locus delicti, (Hörspiel, 18 Min., BR); 1997 Tod in Petrograd, (Hörspiel, 16 Min., BR); 1998 Rendezvous im Moulin Rouge, (Hörspiel, 17 Min., BR); 1999 Die Gunst der Stunde, (Hörspiel, 21 Min., BR); 1999 Schwerterrasseln, (Hörspiel, 21 Min., BR); 2000 Nebel über Berrisham Manor, (Hörspiel, 18 Min., BR); 2001 Schicksalsfahrt mit der Mayflower, (Hörspiel, 18 Min., BR); 2001 Alte Fehler in der Neuen Welt, (Hörspiel, BR)
SONSTIGE PUBL.: Sketche und Lieder, interaktives Kriminal-»Hörspiel« für die Bühne

Blau, Urban

Pseud. für: Andreas Peter
Biografie: Geboren auf Sylt. U. Blau verbrachte seine Kinderjahre hinter den Ku-

lissen der Marionettenwanderbühne seines Vaters. Er studierte Deutsche Literatur, Philosophie und Kunsthistorik in München und Münster. Nach seinem Examen arbeitete er in München als Lektor und Dramaturg beim film, als redaktioneller Mitarbeiter beim Fernsehen sowie als Assistent am Theater. Der Autor ist Absolvent der Drehbuchwerkstatt München. Als Dozent leitet U. Blau Schreibwerkstätten für Jugendliche und Erwachsene.

Kriminalromane: 1997 Vatermörder, Goldmann 5963; 1998 Salomes letzter Sommer, Goldmann 5971; 1999 Engelherz und Nachtteufel, Goldmann 44454; 2002 Max Heller und der schöne Schein, berlin-krimi-verlag
Sonstige Publ.: Eine Erzählung
Mitglied: Syndikat
Kontakt: info@urban-blau.de; www.urban-blau.de

Blettenberg, D(etlef) B(ernd)

Biografie: *13.10.1949 im Westerwald. D. B. Blettenberg absolvierte eine Industrielehre als technischer Zeichner, leistete seinen Wehrdienst als Bordfunker bei der Marine und arbeitete danach als Konstrukteur in der Industrie, bevor er 1972 zur Entwicklungshilfe ging und dort bis 1994 in verschiedenen Funktionen für den Deutschen Entwicklungsdienst (DED) tätig war. Seit 1994 arbeitet er als freier Autor.

Kriminalromane: 1981 Weint nicht um mich in Quito, Goldmann 5611; 1982 Agaven sterben einsam, Goldmann 5631; 1984 Barbachs Bilder, Ullstein 10280; 1987 Siamesische Hunde, Ullstein, HC; 1988 Farang, Ullstein, HC; 1994 Blauer Rum, Schweizer Verlagshaus, HC; 1995 Harte Schnitte, Schweizer Verlagshaus, HC; 1997 Null Uhr. Managua, Volk und Welt, HC; 1998 Eine böse Überraschung, (Kettenroman, gem. mit Gisbert Haefs, Frank Göhre, Janwillem van de Wetering, Uta-Maria Heim, Jürgen Alberts, Helmut Ziegler, Peter Zeindler, Gunter Gerlach, Peter Schmidt, Robert Lynn, -ky, Tatjana Kruse, Robert Brack, Daniel Douglas Wissmann, Karr & Wehner, Frank Goyke, Regula Venske, Thea Dorn, Georg M. Oswald, Ann Camones, Hartmut Mechtel, Virginia

Doyle und Norbert Klugmann), rororo 43296; 2003 Berlin, Fidschi-Town, Pendragon, HC
Krim.-Erz.: 1989 Brutaler Charme, in: Heimlich, still und mörderisch, Hrsg. Bernd Jost, Rowohlt, HC; 1990 Schwarz auf Weiß, in: Schwarze Beute 5, Hrsg. N. Klugmann/Mathews, rororo 2969; 1996 Der Spezialdotter, in: Bloody Bunny, Hrsg. Janwillem van de Wetering, rororo thriller 3161; 1997 Wie neugeboren, in: Eine Leiche zum Geburtstag, Hrsg. Janwillem van de Wetering, rororo thriller 43273; 1997 Finale Rettung, in: Der kleine Mord zwischendurch, Hrsg. Manuela Kessler, Scherz, HC
TV: Die Straßen von Berlin: Blutwurst und Weißwein, (Serienepisode, 90 Min., novamedia für Pro 7), Drehbuch: D. B. Blettenberg, Regie: Werner Masten, EA 12.10.1999 Pro 7; 2002 Edgar Wallace – Whiteface, (Fernsehfilm, 75 Min., Rialto Film für RTL), Drehbuch: D. B. Blettenberg nach Motiven von E. Wallace, Regie: Wolfgang Henschel, EA 4.5.2002 SuperRTL
Sonstige Publ.: Diverse Reportagen und Erzählungen in Zeitschriften und Magazinen sowie Essays zur Kriminalliteratur
Preise: 1980/81 Edgar-Wallace-Preis für Weint nicht um mich in Quito; 1989 Deutscher Krimi-Preis für Farang; 1995 Deutscher Krimi-Preis für Blauer Rum
Kontakt: info@melleragency.com

Blomeyer, Rüdiger → Winter, Marcus

Boas, Horst

Biografie: *16.12.1928 in Dessau. H. Boas musste seine Kaufmannslehre abbrechen, weil er im Frühjahr 1945 zur Wehrmacht einberufen wurde. Nach Kriegsende reiste er durch Westdeutschland, Frankreich, Belgien und die Niederlande, wo er sich als Bergmann, Landarbeiter, Zeitungsverkäufer und im Schaustellergewerbe verdingte. 1955 kehrte er in die damalige DDR zurück und arbeitete als Zimmermann auf Baustellen. 1959 machte er auf Anregung der Bitterfelder Konferenz »Greif zur Feder Kumpel« seine ersten Schreibversuche und veröffentlichte in der Folge einige Kriminalromane und -erzählungen. Nach dem Scheitern des Prager Frühlings 1968 startete er »diverse Bemühungen zum Verlassen der DDR« und konnte schließlich 1973 nach Westdeutschland übersiedeln. Er arbeitete zunächst als Anlagenfahrer bei einem Chemiekonzern und schrieb nebenbei weiterhin Kriminalromane, vor allem aber Kurzkrimis für Publikumszeitschriften.

KRIMINALROMANE: 1962 Spuren im Gras, Greifenverlag, HC; 1964 Stadtpark 22.15 Uhr, Das neue Abenteuer Nr 224, Neues Leben; 1968 Die verhängnisvolle Faser, Erzählerreihe 143, Militärverlag; 1968 Die Tote am Mühlenwehr, Greifenverlag, HC; 1970 Scherben-Augusts letzte Tour, Das neue Abenteuer Nr. 293, Neues Leben; 1971 Der Mörder kam aus dem Toten Mann, Greifenverlag, HC; 1981 Verbrechen zu zweit, Bastei 36047; 1982 Visa für den Tod, Bastei 36 055; 1982 Der Fluchtexperte, Bastei 36 061; 1983 Damentausch, Bastei 37005; 1983 Steig aus, wenn du kannst, Bastei 37010; 1984 Das Verräterspiel, Bastei 37017; 1984 Westbesuch, Bastei 37023; 1985 Unser Mann in Heidelberg, Bastei 37035; 1986 In der Hitze des Sommers, Bastei 37041; 1986 Ihr war jedes Mittel recht, Bastei 37048; 1987 Die Rechnung für ein langes Schweigen, Bastei 19503
PREISE: 1961 Auszeichnung als *Ausgezeichneter Volkskünstler der Arbeiterfestspiele Dessau*; 1980 Jerry-Cotton-Preis für *Verbrechen zu Zweit*

Bock, Gisela L.

Biografie: *1950 in Weiden/Oberpfalz. G. Bock ist die Tochter einer Filmvorführerin und eines Zollbeamten. 1968 wurde sie in einem Café auf der Münchener Leopoldstraße als Model entdeckt. Sie arbeitete zehn Jahre lang für viele internationale Modezeitschriften und Firmen in aller Welt; zwischendurch war sie Cutterassistentin, unter anderem beim *Amerikanischen Freund* von Wim Wenders. Sie nahm Schauspielunterricht und es folgten einige TV- und Filmrollen. Seit 1999 verfasst sie Drehbücher und Kurzkrimis.

KRIM.-ERZ.: 2002 *Stadt, Land, Fluss*, in: Krimi-Kalender 2003: Metropolis in Crime, Hrsg. Christina Bacher, Rainer Breuer, Ursula Dahm u. Ralf Laumer, éditions trèves; 2002 *Happy Birthday, Willi*, in: Criminalis, Hrsg. Dorothea Puschmann, Capricorn; 2003 *Blumen im Schnee*, in: Donauleichen, Südost-Verlag; 2003 *Mäusekuchen*, in: Bayerisches Mordkompott, Hrsg. Billie Rubin,

Leda; 2003 *Chez Bruno*, in: Tatort München, Hrsg. Billie Rubin, Vertigo
MITGLIED: SinC

Bödeker, Wolfgang

Biografie: *2.7.1959 in Dortmund. W. Bödeker hat Geschichte, Philosophie und Politik in Bochum studiert. Nach dem Abschluss seines Studiums übte er fünf Jahre eine freie Tätigkeit am Kaiserswerther Institut für Xenologie (Fremdheitsforschung) aus, anschließend folgte eine Tätigkeit in der Unternehmenskommunikation eines großen Dortmunder Unternehmens. Mit *Kleine Geschäfte* schuf W. Bödeker einen Gesellschaftsroman mit philosophischen Untertönen. Adam Engel, der Protagonist des Romans, ist ein kleiner Angestellter, der seinen Chef, Dr. Hübner, erpressen will, sich aber nicht so recht traut. Zu Hilfe nimmt er Paul Groddeck, einen Kleinkriminellen, der für sich das große Geld wittert. Ein Happyend kann es nicht geben. Mit *Auf dem Rücken des Tigers* eröffnet er eine Reihe von Kriminalromanen um Kommissar Hans Klein und die Psychologin Lea Freud, in der Spannung, Action und ein psychologisches Verwirrspiel im Vordergrund stehen. Auch hier dominieren die charakterlichen Deformationen der Personen die Handlung.

KRIMINALROMANE: 2003 Kleine Geschäfte, éditions trèves; 2004 Auf dem Rücken des Tigers, éditions trèves
KRIM.-ERZ.: 2003 *Der Aufhocker*, in: Der Aufhocker. Anthologie zum Schreibwettbewerb Horror 2003
SONSTIGE PUBL.: 2004 Die Nacht des Ta-Urt, (Horror-Roman), Ubooks sowie zahlreiche wissenschaftliche Fachpublikationen, phantastische Erzählungen philosophische Essays
MITGLIED: Syndikat
KONTAKT: www.boede.de

Bögle, Brigitte → Stern, Lara

Böhm, Michael

Biografie: *13.10.1947 im Taunus. Nach der Ausbildung zum Schriftsetzer und der Weiterbildung zum Meister war M. Böhm mehrere Jahre als Ausbilder tätig. Mit der zunehmenden Umorientierung seines Berufes vom Handwerk zur Elektronik wechselte er in die Datenverarbeitung und ist heute in einem Rechenzentrum der Automobilindustrie tätig. M. H. Böhm schreibt seit seiner Jugendzeit. Zuerst erschienen von ihm zwei Kurzromane unter dem Titel *Hirtmoor-Chronik*, danach die beiden Kriminalromane um den Hobbydetektiv Albert Kreitmayer alias Homer. Seine Figuren agieren in und um Dachau, wo er mehr als drei Jahrzehnte wohnte. Heute lebt und arbeitet er an der Bergstraße.

Kʀɪᴍɪɴᴀʟʀᴏᴍᴀɴᴇ: 1999 Homer und der Tote vom Schloßberg, Triga; 2002 als überarb. NA, VdC; 2002 Homer und ein Freund aus alten Tagen, VdC
Sᴏɴsᴛɪɢᴇ Pᴜʙʟ.: Hirtmoor-Chronik, Triga
Mɪᴛɢʟɪᴇᴅ: Syndikat
Kᴏɴᴛᴀᴋᴛ: michriboe@t-online.de

Borcherding-Witzke, Ruth

Biografie: *1959 in Hamburg. R. Borcherding-Witzke lebt seit zehn Jahren bei Chemnitz. Sie ist gelernte Juristin, jetzt Hausfrau und Mutter.

Kʀɪᴍ.-Eʀᴢ.: 2003 *Peau d'Orange*, in: Mord à la carte, Hrsg. Andreas May, Edition Ponte Nuvo; 2004 *Henkersmahlzeiten*, in: Die allerletzte Diät, Hrsg. André Restau. Edition Ponte Nuvo; 2004 *Zauberlehrlinge*, in: Wirbel um Harry P., Hrsg. Andreas May, Edition Ponte Nuvo
Mɪᴛɢʟɪᴇᴅ: SinC

Borell, Alexander

Biografie: *um 1914, †September 1998 in Geretsried. A. Borell verfasste eine Vielzahl von Unterhaltung- und Fortsetzungsromanen für die Publikumspresse. In den 70er-Jahren arbeitete er auch als Lebensberater bei einer Programmzeitschrift und bei einer Rundfunkstation.

Kʀɪᴍɪɴᴀʟʀᴏᴍᴀɴᴇ: 1958 Die Tote im roten Packard, Moewig Kriminalroman Großband 21, (möglicherweise ident. mit 1962 *Die Tote im roten Cadillac* von 1962); 1958 Der versoffene Papagei, Moewig Kriminalroman Großband 28, NA 1962, Heyne Nr. 1063; 1959 Hibiskusblüten, Heyne Nr. 19, NA 1962 Heyne 1003; 1960 Der Engel von Santa Marguerita, Heyne 54, NA 1962, Heyne 1011; 1962 Die Tote im roten Cadillac, Heyne 1049; 1963 Der Mord in Issy, Heyne 1111; 1963 Auch ein Waschbär kann sich irren, Heyne 1099; 1964 Mord in h-moll, Heyne 1120; 1965 Die blonde Witwe, Heyne 1173, NA 1981, Heyne Nr. 1953; 1967 Das einsame Haus, Heyne 1251; 1969 Der Teufel mit den blonden Haaren, Bastei Brokat 53; 1974 Anruf aus Nizza, Kelter 210
Sᴏɴsᴛɪɢᴇ Pᴜʙʟ.: Zahlreiche Unterhaltungs- und Fortsetzungsromane

Bosetzky, Horst Otto Oskar → -ky

Böttcher, Sven

Biografie: *24.8.1964 in Buchholz in der Nordheide. S. Böttcher machte nach seinem Abitur in Hamburg unterschiedlich lange Karrieren als Tiefbau-Hilfskraft, Buchhalter, Werbetexter und Konzeptioner. Er studierte Betriebswirtschaftslehre in Hamburg und ist heute freier Schriftsteller, Comedy-Autor und Medienberater. Darüber hinaus arbeitet er als Übersetzer (Englisch/Amerikanisch) und übertrug unter anderem den von Robert P. Parker nachgeschriebenen Raymond-Chandler-Roman *Poodle Springs* (*Einsame Klasse*) sowie Groucho Marx, die Hörspiele der Marx Brothers und Douglas Adams ins Deutsche.

Gemeinsam mit Kristian Klippel kreierte S. Böttcher in dem Krimi *Störmer im Dreck* (1989) den Hamburger Privatdetektiv Karl-Heinz Störmer, eine aktualisierte nord- und neudeutsche Nachempfindung von Chandlers Philip Marlowe. Böttchers Trilogie um den Hamburger Werbetexter Roland Kant *Gefährliche Aura*, *Der Auslöser* und *Alte Freunde* wurde von der ᴛᴀᴢ zur »Pflichtlektüre für Sprachsoziologen« erhoben.

Kʀɪᴍɪɴᴀʟʀᴏᴍᴀɴᴇ: 1989 Störmer im Dreck, (gem. mit Kristian Klippel), Kellner; 1991 Mord zwischen den Zeilen, (gem. mit Kristian Klippel), Haffmans 111; 1991 Gefährliche Aura, Goldmann 5139; 1992 Der Auslöser, Goldmann 5175; 1993 Alte Freunde, Goldmann 5171; 1994 Held, (TV-

Novel, gem. mit Dieter Wedel), Wunderlich; 1994 Sherman schwindelt, Goldmann 42671; 1997 Wal im Netz, Goldmann 43521
Sonstige Publ.: Satiren, Grotesken, Parodien und Rezensionen, TV-Sketchserien (*ran fun, Comedy Club, Die Zeit ist reif für Ernst Eiswürfel* u.a.) sowie ca. 600 »Funny Dubbings« (Comedy-Synchronstücke) für *ran SAT 1 Sport*
Kontakt: mail@sven-boettcher.de;
www.sven-boettcher.de;
www.psychopathos.de

Bottini, Oliver

Pseud. für: Oliver Neumann
Biografie: *21.4.1965 in Nürnberg. O. Neumann studierte Neuere deutsche Literatur, Italianistik sowie Markt- und Werbepsychologie in München. Seit 1995 ist er als freiberuflicher Autor und Redakteur tätig. 1999 erhielt er ein Literaturstipendium der Stadt München, 2001 war er Mitglied der Literaturstipendien-Jury, 2001/2002 nahm er am *textwerk*-Romanseminar der Bertelsmann Stiftung teil. Von 2001 bis 2003 absolvierte O. Neumann berufsbegleitend eine Ausbildung zum Familien- und Wirtschaftsmediator. 2004 erschien der erste Kriminalroman um die Freiburger Hauptkommissarin Louise Bonì. O. Neumann ist verheiratet und lebt in München.

Kriminalromane: 2004 Mord im Zeichen des Zen, Scherz, HC
Sonstige Publ.: Zahlreiche Sachbücher über Buddhismus
Kontakt: www.bottini.de

Bracharz, Kurt

Biografie: *1947 in Bregenz. K. Bracharz war von 1972–1990 Berufsschullehrer für kaufmännische Fächer und Englisch, übte kurzfristig andere Berufe aus und ist seit 1997 freier Schriftsteller, Kolumnist und Übersetzer in Bregenz.

Kriminalromane: 1986 Pappkameraden, detebe 21475, NA Deuticke HC 1995; 1990 Höllen-Engel, Bastei Schwarze Serie 19142; 1993 Die grüne Stunde, Edition Falter/Deuticke, HC; 1994 Cowboy Joe, Edition Falter/Deuticke, HC

Sonstige Publ.: Kinderbücher, Romane, Kolumnen, Rezensionen und Artikel für verschiedene Zeitungen und Zeitschriften, Übersetzungen von SF- und Kriminalromanen
Preise: 1991 Deutscher Krimi-Preis für *Höllen-Engel*
Mitglied: Syndikat
Kontakt: kbracharz@bracharz.vol.at;
www.art-core.net

Brack, Robert

Pseud. für: Ronald Gutberlet, auch unter dem Pseud.: Virginia Doyle
Biografie: *4.5.1959 in Fulda, lebt seit 1981 in Hamburg. Nach dem Studium der Soziologie arbeitete R. Brack als freier Autor. Früher widmete er sich sehr viel dem Journalismus, heute fast ausschließlich Buchprojekten. Neben Romanen und Erzählungen schreibt Brack auch Sachbücher, übersetzt im Krimibereich aus dem Englisch/Amerikanischen (u.a. Robert B. Parker und Jerry Oster), schreibt Krimirezensionen (monatliche Kolumne »schwarze taz« in der TAZ) und betreut gelegentlich Anthologie-Projekte.
1988 erschienen mit *Blauer Mohn* und *Die Spur des Raben* seine ersten beiden Kriminalromane, die auf Anhieb durch ihr ungewöhnliches Sujet und die gekonnte erzählerische Verarbeitung auf sich aufmerksam machten: Angesiedelt im Polen während der beginnenden Demokratisierung Ende der Achtzigerjahre zeichnete Brack die Geschichte des in Hamburg gestrandeten Exil-Polen Jerzy Pakula nach. Mit *Die siebte Hölle* schloss R. Brack die Trilogie ab.
In *Rechnung mit einer Unbekannten* begann R. Brack eine Reihe von Romanen, in deren Mittelpunkt der etwas heruntergekommene Journalist Tolonen steht, der sich seinen Lebensunterhalt zunächst als Klatschschreiber bei einer dubiosen Hamburger Presseagentur verdient. In seinen nächsten Romanen (*Das Gangsterbüro* und *Nachtkommando*) stellte R. Brack seinen neuen Helden Ruger in den Mittelpunkt, darüber hinaus entwickelte er ab 1998/99 mit Peter M. Hetzel die Agen-

ten- und Action-Reihe *Das Omega-Team*, in der die Einzelromane von verschiedenen Autoren unter dem Pseudonym »Mike Jaeger« nach Exposés von P. M. Hetzel und R. Brack geschrieben wurden. Neben Romanen und Erzählungen verfasst Brack auch Sachbücher sowie Übersetzungen aus dem Englischen/Amerikanischen im Bereich des Krimigenres.

KRIMINALROMANE: 1988 Blauer Mohn, rororo 2886; 1988 Die Spur des Raben, rororo 2906; 1989 Rechnung mit einer Unbekannten, rororo 2927; 1990 Die siebte Hölle, rororo 2941; 1991 Schwere Kaliber, rororo 2967; 1992 Das Mädchen mit der Taschenlampe, Edition Nautilus; 1993 Psychofieber, rororo 3058; 1995 Das Gangsterbüro, Edition Nautilus; 1997 Nachtkommando, Edition Nautilus; 1999 Virginia Doyle: Die schwarze Nonne, rororo 43321; 1999 Virginia Doyle: Das Blut des Sizilianers, rororo 43356; 1999 Virginia Doyle: Kreuzfahrt ohne Wiederkehr, rororo 43352; 2000 Virginia Doyle: Tod im Einspänner, rororo 43368; 2000 Virginia Doyle: Das giftige Herz, rororo 22859; 2000 Virginia Doyle: Die Burg der Geier, rororo 22809; 2002 Virginia Doyle: Das Totenschiff von Altona, rororo 23153; 2002 Blutgericht in Altona, Verlag Hamburger Abendblatt; 2003 Lenina kämpft, Edition Nautilus

KRIM.-ERZ.: 1988 *Glaubensfragen*, in: Schwarze Beute Nr. 3, Hrsg. Norbert Klugmann, Peter Mathews, rororo 2888; 1991 *Trompeten für Max Jericho*, in: Literarischer Taschenkalender 1991, Hrsg. Lutz Schulenburg/Peter M. Hetzel, Edition Nautilus, 2000 überarbeitete Fassung in: Magazin Nr. 5; 1991 *Sex Killer*, in: Die dritte Generation, Hrsg. Peter M. Hetzel, rororo 2957; 1991 *Das Denkmal*, in: Das Buch der geheimen Leidenschaften, Hrsg. Julia Bachstein, Frankfurter Verlagsanstalt; *Siegesparade Roter Platz A.D: 2001*, in: Die Aktion, Hrsg. Lutz Schulenburg, Edition Nautilus; 1992 *Kurze Unterbrechung (aus den Memoiren eines Berichterstatters)*, in: Literarischer Taschenkalender 1992, Hrsg. Lutz Schulenburg, Edition Nautilus; 1993 *Schwarze Panther* unter dem Titel *In Memoriam Spielbudenplatz/Reeperbahn*, in: Die Aktion, Hrsg. Lutz Schulenburg, Edition Nautilus; 1994 *Ich bin kein Eskimo*, in Literarischer Taschenkalender 1994, Hrsg. Lutz Schulenburg 1994, Edition Nautilus; *23rd Street*, in: Literarischer Taschenkalender 1995, Hrsg. Lutz Schulenburg, Edition Nautilus; 1994 *Aufgegriffen*, in: Bloody Christmas 2, Hrsg.

Peter M. Hetzel, rororo 3180; 1994 *Ausgetrickst!*, in: Mörderisches Hamburg, Hrsg. Michael Koglin, Georg Simader; 1995 *Die Jalousie*, in: Schwarze Beute Nr. 10, Hrsg. Martin Schuppke, rororo 3188; 1996 *Das Osterhasen-Wochenende*, in: Bloody Bunny, Hrsg. Peter M. Hetzel, rororo 3161; 1996 *Freiheitskämpfer*, in: Bloody Christmas 3, Hrsg. Peter M. Hetzel, rororo 3243; 1997 *Eine Leiche zum Geburtstag*, in: Eine Leiche zum Geburtstag, Hrsg. R. Brack, rororo 43273; 1998 Eine böse Überraschung, (Kettenroman, gem. mit Gisbert Haefs, Frank Göhre, Janwillem van de Wetering, D. B. Blettenberg, Uta-Maria Heim, Jürgen Alberts, Helmut Ziegler, Peter Zeindler, Gunter Gerlach, Peter Schmidt, Robert Lynn, -ky, Tatjana Kruse, Daniel Douglas Wissmann, Karr & Wehner, Frank Goyke, Regula Venske, Thea Dorn, Georg M. Oswald, Ann Camones, Hartmut Mechtel, Virginia Doyle und Norbert Klugmann), rororo 43296; 1999 *Die Feinschmecker-Morde*, in: Schwarze Hefte 7, Verlag Hamburger Abendblatt, NA in: Sturzflug, Hrsg. Volker Albers, Scherz 2001; 2000 *Wir waren Cops*, in: Kaltblütige Steinböcke, hrsg. Thea Dorn, Uta Glaubitz u. Lisa Kuppler, Eichborn; 2000 *Der blutrote Chevrolet*, in: Schwarze Hefte 16, Verlag Hamburger Abendblatt; 2001 *Todestropfen*, in: Schwarze Hefte, Verlag Hamburger Abendblatt; 2002 *Brandnacht*, in: Schwarze Hefte 30, Verlag Hamburger Abendblatt; 2001 *Das Fenster zum Fleet*, (als R. Gutberlet) in: Europa Verlag; 2002 Blutgericht in Altona, Schwarze Hefte 42, Verlag Hamburger Abendblatt

SONSTIGE PUBL.: 1997 *Von Chandler lernen (und dem Volke dienen)*, in: Raymond-Chandler-Jahrbuch Nr. 2; Essays, zahlreiche Übersetzungen sowie fünf Exposés für Mike-Jaeger-Actionthriller

PREISE: 1993 Philip-Marlowe-Preis der Deutschen Raymond-Chandler-Gesellschaft für *Das Mädchen mit der Taschenlampe*

MITGLIED: Syndikat

KONTAKT: gutbrack@aol.com

Brandis, Mark → Michalewsky, Nikolai von

Breest, Jürgen

Biografie: *1.7.1936 in Karlsruhe. J. Breest wuchs in Mecklenburg und Niedersachsen auf. Er studierte Geschichte und Germanistik in Hamburg und Marburg. Ab 1959 arbeitete er schriftstellerisch für Hörfunk und Fernsehen. Von 1963 bis 1969 war er Fernsehspiel-redakteur bei Radio Bremen/Fernsehen, von 1969 bis 1999 war er dort Leiter der Abteilung Fernsehspiel/Unterhaltung. Er betreute unter anderem zahlreiche Loriot-Unterhaltungssendungen, die Kabarett-Reihe *Jonas* und diverse Fernsehspiele.

Mit *Das Mädchen, das nicht nein sagen konnte* legte er 1987 nach einer Reihe von anderen belletristischen Veröffentlichungen in der thriller-Reihe des Rowohlt-Verlages seinen ersten Kriminalroman vor. J. Breests Geschichten sind zumeist psychologisch orientierte Milieustudien, in denen das Verbrechen als zwangsläufige Folge psycho-sozialer Prozesse dargestellt wird.

KRIMINALROMANE: 1987 Das Mädchen, das nicht nein sagen konnte, rororo 2781; 1987 Kennwort Pinguin, rororo 2804; 1987 Der Spatzenmörder, rororo 2819; 1988 Der Dreckfleck, rororo 283; 1988 Böses Blut, rororo 2876; 1989 In memoriam Vincent, rororo 2892; 1990 Schade, daß du ein Miststück bist, rororo 2966 1991 Doppeltes Leben, doppelter Tod, rororo 2986; 1992 Treppenstürze, rororo 3044; 1993 Eine offene Rechnung, rororo 3063; 1994 Großes Finale, rororo 3109
TV: 1989 Der Spatzenmörder, (Fernsehfilm, 100 Min., ZDF), Drehbuch: J. Breest, nach seinem gleichnamigen Roman, Regie: Wolf Gremm, EA 13.2.1989 ZDF
SONSTIGE PUBL.: Zahlreiche Hörspiele, Fernsehspiele, Erzählungen, Features, Dokumentationen für den Hörfunk sowie verschiedene Erzählungen, Romane und ein Jugendbuch
PREISE: 1991 Glauser-Preise für *Schade, daß du ein Miststück bist*

Breinersdorfer, Fred

Biografie: *1946 in Mannheim. F. Breinersdorfer studierte in Mainz und Tübingen Jura und Soziologie und promovierte über *Gleichheit der Bildungschancen in Deutschland*. 17 Jahre praktizierte er in Stuttgart als Anwalt, spezialisiert auf Hochschulrecht, besonders Numerus-Clausus-Prozesse. 1980 erschien sein erster Abel-Krimi bei Rowohlt: *Reiche Kunden killt man nicht*. Nicht nur bei der Wahl des Titels kam ihm seine anwaltliche

Erfahrung zu Gute. Weitere Krimis folgten. Als Drehbuchautor startete er mit dem Tatort-Klassiker *Zweierlei Blut*. Jeder erinnert sich an den Film, in dem Rocker Schimanski nackt auf den Anstoßkreis des Wedaustadions legten. Mitautor war Felix Huby, Regie führte Hajo Gies.

Es folgten zahlreiche Spielfilme, meist Krimis, aber nicht ausschließlich, darunter *Der Hammermörder*, eine Verfilmung seines gleichnamigen Romans oder *Notwehr, Quarantäne, Angst, Duell der Richter* oder die Zweiteiler *Das tödliche Auge* und *Der Mann mit der Maske*. 1986 startete das ZDF mit F. Breinersdorfers *Anwalt Abel* eine lose Reihe von Spielfilmen mit Günter Maria Halmer in der Titelrolle; 20 Folgen entstanden bis 2000. Tatort-Produktionen des SWR (alle Filme mit dem Wort »Fieber« im Titel) und des MDR stammen von ihm. Seine Drehbücher wurden von Regisseuren wie Peter Schulze-Rohr, Roland Suso Richter, Nico Hofmann, Marc Rothemund, Christian Görlitz und anderen inszeniert, seine Rollen haben Schauspieler wie Bruno Ganz, Iris Berben, Gert Voss, Dieter Pfaff, Susanne von Borsody, Jürgen Hentsch, Christian Redl, Uwe Ochesenknecht, Nina Petri und viele andere verkörpert.

Nach einem Gastspiel in der Politik (Kandidatur für den Bundestag in Stuttgart für die SPD) hängte F. Breinersdorfer 1994 den Anwaltsberuf an den Nagel und widmete sich ganz der Schriftstellerei. Seine Romane und Erzählungen wurden vielfach in andere Sprachen übersetzt. Seit 1999 lebt er in München. 1986 gründete F. Breinersdorfer mit einigen befreundeten Krimiautoren die »Autorengruppe deutschsprachige Kriminalliteratur Das Syndikat«, deren Sprecher er bis 1989 war. F. Breinersdorfer ist Vorsitzender des VS und Mitglied des P.E.N.-Zentrums Deutschland. Später wurde er zum Vorsitzenden des VS gewählt.

KRIMINALROMANE: 1980 Reiche Kunden killt man nicht, rororo 2517; 1980 Das kurze Leben des Kurt Rusinski, rororo 2538; 1981 Der Schlangenbiß, (gem. mit Felix Huby), Droemer-Knaur 4921; 1981 Frohes Fest, Lucie, rororo 2562; 1983 Noch Zweifel, Herr Verteidiger?, rororo 2621; 1984 Der Dienstagsmann, rororo 2685; 1986 Der Hammermörder, Factor, NA, 1988 rororo 12178 und 2000 VdC; 1986 Notwehr, rororo 2750; 1988 Desperados Kinder, (Jugendkrimi), Thienemann; 1992 Höhenfluch, (Dokument.: G. Friedrichsen), Haufe, HC; 1997 Das Biest, Eichborn, HC

KRIM.-ERZ.: 1982 *Kaiserwetter*, in: Der moderne deutsche Kriminalroman, Ernst Klett, Überarbeitung in: Dieter Schwanitz u.a., Amoklauf im Audimax, rororo 1998; 1983 Das Netz hat manchmal weite Maschen, rororo 2642; 1983 *Bruderliebe*, in: Heyne Krimi-Jahresband 1983; 1984 *Ich hatt einen Kameraden*, in: Heyne Krimi-Jahresband 1984; 1984 *Die Orellis*, in: Das Rowohlt Lesebuch der Morde; 1985 *Drei elegante Herren*, in: Volle Pulle, ein Kneipenbuch, Erb; 1985 *Ein klarer Fall von Bewährung*, in: Heyne Krimi-Jahresband; 1985 *Pack schlägt sich*, in: Schwarze Beute, Hrsg. Norbert Klugmann und Peter Mathews, Rowohlt Taschenbuch; 1986 *Schweres Wetter*, in: Heyne Krimi-Jahresband 1986; 1987 *Saujud*, in: Schwarze Beute, Hrsg. Norbert Klugmann und Peter Mathews, Rowohlt Taschenbuch; 1987 Schlemihl und die Narren. Erzählungen von Verbrechen, rororo 2792; 1988 *Liebe Marie*, in: Heyne Krimi-Jahresband; 1988 *Der Hackerbub*, in: Soweit die Netze reichen, Fachverlag Schiele und Schön; 1989 *Wenn man Fremden traut*, in: Heyne Krimi-Jahresband; 1990 Big City in Gefahr, (Comic), Text: F. Breinersdorfer und Hans Peter Archner, Zeichnungen: Thilo Rothacker, Delphie/Comicland; 1991 Sisyphos sieben, in: Die tolle Kiste, Edition Weitbrecht; 1991 *Der Fall Elly Hut*, in: Heyne Krimi-Jahresband 1991; 1991 Bruderliebe, (Comic), Text: F. Breinersdorfer, Zeichnungen: Martin Frei, Delphi/Comicland; 1991 Ein klarer Fall von Bewährung, (Comic), Text: F. Breinersdorfer, Zeichnungen: Stefan Hiller, Delphi/Comicländ; 1992 Zweierlei Blut, (Comic), Text: F. Breinersdorfer und Felix Huby, nach dem gleichnamigen Tatort-Drehbuch, Zeichnungen: Martin Frei, Ehapa; 1998 *Tote geraten nicht in Verdacht*, in: Der Bär schießt los. Criminale-Geschichten aus der Hauptstadt, Hrsg. Karl-Michael Stöppler, Ullstein; 2001 *Die Idee mit der Schlange und dem Cabrio*, in: Gong 9/2000, NA 2001 die horen 2004; 2002 *Auf der anderen Seite des Hofes*, in: Männer-Geschichten zum Rotwerden. Über die wichtigste Sache der Welt, in: Piper; 2004 Hirngespinste, in: Reader's Digest 7/8

FUNK: 1993 Wenn Wagner zahlt, (Hörspiel nach *Der Hammermörder*, SDR), 11.10.1993
TV: 1984 Tatort: Zweierlei Blut, (90 Min., WDR), Drehbuch: F. Breinersdorfer gem. mit Felix Huby, EA 22.7.1984 ARD; 1988 Notwehr, (Serienfilm, 90 Min., SWF), Drehbuch: F. Breinersdorfer nach seinem gleichnamigen Roman, Regie: Peter Schulze-Rohr, EA 26.10.1988 ARD; 1988 Anwalt Abel: Der Dienstagsmann, (90 Min., ZDF), Drehbuch: F. Breinersdorfer nach seinem Roman, Regie: Frank Guthke, EA ZDF 4.9.1988 oder 5.12.1988; 1990 Der Hammermörder, (90 Min., ZDF), Drehbuch: F. Breinersdorfer nach seinem gleichnamigen Roman, Regie: Bernd Schadewald, EA 3.9.1990 ZDF; 1990 Alles Paletti: Paraguay läßt grüßen, (Serienepisode, 50 Min., SWF), Drehbuch: F. Breinersdorfer, Regie: Roland Suso Richter, EA 19.8.1990 ARD; 1990 Alles Paletti: Erste Klasse, einfach, (Serienepisode, 50 Min., SWF), Drehbuch: F. Breinersdorfer, Regie: Nico Hofmann, EA 26.8.1990 ARD; 1991 Anwalt Abel: Noch Zweifel, Herr Verteidiger?, (Serienfilm, 95 Min., ZDF), Drehbuch: F. Breinersdorfer nach seinem gleichnamigen Roman, Regie: Frank Guthke, EA 8.7.1991 ZDF; 1991 Anwalt Abel: Reiche Kunden killt man nicht, (Serienfilm, 90 Min., ZDF), Drehbuch: F. Breinersdorfer nach seinem gleichnamigen Roman, Regie: Frank Guthke, EA 14.10.1991 ZDF; 1992 Frohes Fest, Lucie!, (Fernsehfilm, 90 Min., SWF), Drehbuch: F. Breinersdorfer nach seinem gleichnamigen Roman, Regie: Roland Suso Richter, EA 30.9.1992 ARD; 1992 Anwalt Abel: Kaltes Gold, (Serienfilm, 90 Min., ZDF), Drehbuch: F. Breinersdorfer, Regie: Frank Guthke EA 14.12.1992 ZDF; 1993 Anwalt Abel: Sprecht mir diesen Mörder frei, (Serienfilm, 90 Min., ZDF), Drehbuch: F. Breinersdorfer, Regie: Frank Guthke, EA 21.6.1993 ZDF; 1993 Das tödliche Auge, (2-teiliger Fernsehfilm, je 90 Min., ARD), Drehbuch: F. Breinersdorfer, Regie: Detlef Rönfeldt, EA 20./24.1.1993 ARD; 1994 Anwalt Abel: Ihr letzter Wille gilt, (2-teiliger Fernsehfilm, je 90 Min., ZDF), Drehbuch: F. Breinersdorfer, Regie: Frank Guthke, EA 29. und 31.1.1994 ZDF; 1994 Der Mann mit der Maske, (2-teiliger Fernsehfilm, je 90 Min., SWF), Drehbuch: F. Breinersdorfer, Regie: Peter Schulze-Rohr, EA 15.4. und 17.4.1994 ARD; 1994 Angst, (Fernsehfilm, 90 Min., ZDF), Drehbuch: F. Breinersdorfer und Bernd Schadewald, Regie: Bernd Schadewald, EA 24.7.1994 ZDF; 1994 Anwalt Abel: Rufmord, (Serienfilm, 90 Min., ZDF), Drehbuch: F. Breinersdorfer, Re-

gie: Carlo Rola, EA 12.11.1994 ZDF; 1995 Zauber-girl, (Fernsehfilm, 90 Min., WDR), Drehbuch: F. Breinersdorfer, Regie: Vivian Naefe, EA 20.9.1995 ARD; 1996 Anwalt Abel: Ihre Zeugin, Herr Abel, (Serienfilm, 90 Min., ZDF), Drehbuch: F. Brei-nersdorfer, Regie: Josef Rödl, EA 20.1.1996 ZDF; 1996 Tatort: Schneefieber, (Serienfilm, 90 Min., SWF), Drehbuch: F. Breinersdorfer, Regie: Peter Schulze-Rohr, EA 18.2.1996 ARD; 1995 Operation Medusa, (2-teiliger Fernsehfilm, 90 Min., SDR), Drehbuch: Thorsten Näter und F. Breinersdorfer, Regie: Thorsten Näter, EA 3./10.12.1995; 1996 Anwalt Abel: Ein Richter in Angst, (Serienfilm, 90 Min., ZDF), Drehbuch: F. Breinersdorfer, Re-gie: Josef Rödl, EA 26.1.1996 Arte; 1997 Anwalt Abel: Erpresserspiel, (Serienfilm, 90 Min., ZDF), Drehbuch: F. Breinersdorfer, Regie: Josef Rödl, EA 29.3.1997 ZDF; 1997 Anwalt Abel: Ein schmutzi-ges Dutzend, (Serienfilm, 90 Min., ZDF), Dreh-buch: F. Breinersdorfer, Regie: Jösef Rödl, EA 12.4.1997 ZDF; 1997 Der Kindermord, (Fernseh-film, 90 Min., RTL 2), Drehbuch: F. Breinersdor-fer, Regie: Bernd Böhlich, EA 15.4.1997 RTL2; 1997 Jagd nach CM 24, (Deutsch-englisch-schwei-zerischer Fernsehfilm, 90 Min., WDR), Dreh-buch: F. Breinersdorfer. Regie: Peter Ristau, EA 18.6.1997 ARD; 1998 Mein ist die Rache, (Fern-sehfilm, 90 Min., ZDF), Drehbuch: F. Breiners-dorfer, Regie: Thomas Jauch, EA 19.1.1998 ZDF; 1998 Anwalt Abel: Todesurteil für eine Dirne, (Serienfilm, 90 Min., ZDF), Drehbuch: F. Brei-nersdorfer, Regie: Marc Rothemund, EA 7.3.1998 ZDF; 1998 Anwalt Abel: Die Spur des Mädchen-mörders, (Serienfilm, ZDF, 90 Min.), Drehbuch: F. Breinersdorfer, Regie: Marc Rothemund, EA 14.3.1998 ZDF; 1998 Tatort: Jagdfieber, (Serien-film, 90 Min., SWF), Drehbuch: F. Breinersdorfer, Regie: Peter Schulze-Rohr, EA 29.3.1998 ARD; 1998 Tatort: Money Money, (Serienfilm, 90 Min., MDR), Drehbuch: F. Breinersdorfer. Regie: Peter Ristau, EA 9.8.1998 ARD; 1998 Anwalt Abel: In tödlicher Gefahr, (Serienfilm, 90 Min., SWF), Drehbuch: F. Breinersdorfer, Regie: Olaf Krein-sen, EA 3.4.1999 ZDF; 1999 Anwalt Abel: Die Mörderfalle, (Fernsehfilm, 90 Min., ZDF), Dreh-buch: F. Breinersdorfer, Regie: Olaf Kreinsen, EA 24.4.1999 ZDF; 1999 Beckmann und Markowski – Gehetzt, (Fernsehfilm, 90 Min., ZDF), Dreh-buch: F. Breinersdorfer, Regie: Thomas Jauch, EA 26.6.1999 ZDF; 1999 Duell der Richter, (Fernseh-film, 90 Min., ARD), Drehbuch: F. Breinersdorfer, Regie: Jobst Oetzmann, EA 4.8.1999 ARD; 1999 Alphamann, (2-teiliger Fernsehfilm, je 90 Min., ARD), Drehbuch: F. Breinersdorfer, Regie: Tho-mas Jauch, EA 8.10.1999/15.10.1999 ARD; 2000 Todesflug, (Fernsehfilm, 90 Min., ARD/NDR), Drehbuch: F. Breinersdorfer, Regie: Peter Schulze-Rohr, EA 19.4.2000 ARD; 2000 Tatort: Einsatz in Leipzig, (Serienfilm, 90 Min., MDR), Drehbuch: F. Breinersdorfer, Regie: Thomas Freudner, EA 2.1.2000 ARD; 2000 Anwalt Abel: Das Geheimnis der Zeugin, (Serienfilm, 90 Min., ZDF), Dreh-buch: F. Breinersdorfer, Regie: Martin Weinhart, EA 22.4.2000 ZDF; 2000 Anwalt Abel: Der Voy-eur und das Mädchen, (Serienfilm, 90 Min., ZDF), Drehbuch: F. Breinersdorfer, Regie: Martin Wein-hart, EA 13.5.2000 ZDF; 2001 Anwalt Abel: Zu-ckerbrot und Peitsche, (Serienfilm, 90 Min., ZDF), Drehbuch: F. Breinersdorfer, Regie: Christian Görlitz, EA 28.8.2001 ZDF; 2001 Anwalt Abel: Sa-lut Abel, (Serienfilm, 90 Min., ZDF), Drehbuch: F. Breinersdorfer, Regie: Christian Görlitz, EA 5.5.2001 ZDF; 2001 Tatort: Gewaltfieber, (Serien-film, 90 Min., ARD/SWR), Drehbuch: F. Breiners-dorfer, Regie: Martin Eickler; 2002 Die Hoffnung stirbt zuletzt, (90 Min., ARD/NDR), Drehbuch: F. Breinersdorfer, Regie: Marc Rothemund; 2003 Tatort: Rotkäppchen, (Serienfilm, 90 Min., ARD/ MDR), Drehbuch: F. Breinersdorfer, Regie: Hajo Gies; 2003 Nachts, wenn der Tag beginnt, (ARD/ SWR/ARTE), Drehbuch: F. Breinersdorfer, Regie: Christina Görlitz; 2003 Tatort: Sonne und Sturm, (Serienfilm, 90 Min., ARD/NDR), Drehbuch: F. Breinersdorfer, Regie: Thomas Jauch; 2003 Tat-ort: Der Schächter, (Serienfilm, 90 Min., ARD/ SWR), Drehbuch: F. Breinersdorfer, Regie: Jobst Oetzmann; 2004 Tatort: Teufelskreis, (Serienfilm, 90 Min., ARD/MDR), Drehbuch: F. Breinersdor-fer u. Hans Werner Honert, Regie: Hans Werner Honert; 2005 Tatort: Die Spieler, (Serienfilm, 90 Min., ARD/SWR), Drehbuch: F. Breinersdor-fer, Regie: Michael Verhoeven

THEATER: 1993 Der Hammermörder, (Theaterstück für zwei Personen), UA 6.10.1993, Württembergi-sche Landesbühne Esslingen, 2.12.1993 Mainzer Kammerspiele

SONSTIGE PUBL.: 1983 *Zur Typologie des moder-nen Kriminalromans*, (Essay), in: Buch und Bibli-othek Nr. 7/8; 1985 *Wider den Polizistenroman*, (Essay), in: Der neue deutsche Kriminalroman. Beiträge zur Darstellung, Interpretation und Kri-tik des populären Genres, Loccumer Kolloquien, Band 5, Evangelische Akademie Loccum; 1986 *Er-zählungen von Verbrechen*, (Essay), in: die horen,

Band 4/1986; darüber hinaus zahlreiche Sachbücher, Fernsehspiele und juristische Fachbücher
PREISE: 1985 Walter-Serner-Preis für *Pack schlägt sich*; 1991 Adolf-Grimme-Preis in Silber für die Verfilmung von *Der Hammermörder*, (ZDF 1990, Regie Bernd Schadewald); Ehren-Glauser des Syndikats
MITGLIED: P.E.N.; Syndikat; VS
KONTAKT: fred@breinersdorfer.com; www.breinersdorfer.com

Brennecke, Wolf D(ieter)

Biografie: *28.9.1922 in Magdeburg, †3.6.2002 Halberstadt. W. D. Brennecke absolvierte eine kaufmännische Lehre und wurde 1941 zur Wehrmacht eingezogen und 1944 durch Granatsplitter schwer verwundet. Ab 1949 lebte er als freiberuflicher Schriftsteller in der damaligen DDR. Von 1958 bis 1963 war er Vorsitzender des Schriftstellerverbandes des Bezirks Magdeburg. Darüber hinaus arbeitete er als Leiter der Magdeburger Arbeitsgemeinschaft Junger Autoren. Später widmete er sich als künstlerischer Betreuer Zirkeln schreibender Schüler, Studenten und Arbeiter in verschiedenen Orten.

KRIMINALROMANE: 1965 Der gute Onkel Arthur, Vlg. Das Neue Berlin, Blaulicht Nr. 57; 1986 Mándola, Mitteldeutscher Verlag
KRIM.-ERZ.: 1990 Meine Flitterwochen mit Mr. Spotny, (Detektivgeschichten)

Brenner, Wolfgang

Biografie: *12.11.1954 in Quierschied im Saarland. W. Brenner studierte Germanistik und Philosophie in Trier und Berlin und ist seit dem Abschluss seines Studiums als Journalist, Autor und Filmemacher in Berlin und im Hunsrück tätig.
Von 1987 bis 1991 war er Kino-Redakteur beim BERLINER TIP und arbeitete später als Journalist für verschiedene deutsche Tages- und Wochenzeitungen. Als Krimiautor debütierte er 1993 mit *Welcome Ossi*, einer Geschichte, die die Wiedervereinigung thematisiert und in mehrere Sprachen übersetzt wurde. In *Der Patriot* verwendete W. Brenner die reale Geschichte des bundesdeutschen Verfassungsschutzchefs John als Grundlage für einen zeitgeschichtlichen Politthriller. In *Die Exekution* bilden Spekulationen über den Tod der RAF-Häftlinge in Stammheim die Grundlage für eine ironisch überspitzte Farce.

KRIMINALROMANE: 1993 Welcome Ossi, Diogenes, HC; 1997 Stieber, Eichborn, HC; 1998 Der Patriot, Eichborn, HC; 2000 Die Exekution, Eichborn, HC; 2003 Der Adjutant, dtv 24355
FUNK: 1992 Mord in Mexiko, (Feature, 30 Min., SWF); 1994 The Big Radio Sleep, (Hörspiel, SR); 1995 Ein alter Mord – Der Fall Corday, (Feature, 30 Min., SWF); 1998 Der Biedermann als Spion – der Fall Stieber, (Feature, 2 Teile je 60 Min., SWF)
TV: 1995 Polizeiruf 110: Grawes letzter Fall, (Serienfilm, 90 Min., MDR), Drehbuch: W. Brenner, Regie: Christian Steinke, EA 29.10.1995 ARD; 1996 Unschuldig verbrannt, (Fernsehfilm, 90 Min., SAT 1), Drehbuch: W. Brenner, Regie: Detlev Rönfeldt, EA 22.2.21997 SAT 1; 1997 Tatort: Brüder, (Serienfilm, 90 Min., WDR), Drehbuch: W. Brenner, Regie: Hartmut Griesmayr, EA 23.3.1997 ARD; 1999 Lautlose Schreie – Eine Frau in Gefahr, (Fernsehfilm, 90 Min., SAT 1), Drehbuch: W. Brenner, Regie: Erwin Keusch, EA 22.6.1999
SONSTIGE PUBL.: Dokumentarfilme, Fernsehfilme, Radioerzählungen, Features, Erzählungen
PREISE: 1984 Preis beim 1. Berliner Stückewettbewerb für sein Theaterstück *Katzenjammer*, Emil-Decker-Theater-Verlag Berlin
KONTAKT: www.brennerhome.de

Bresser, Michael

Biografie: *26.05.1971 in Gladbeck. M. Bresser studierte Germanistik und Philosophie in Essen und Finanzmanagement an der Universität von Cardiff in Wales. Er lebt in Bottrop und ist Betriebsleiter eines Bauunternehmens. Nach einer NLP-Trainerausbildung in Berlin, London weitete er seine Interessengebiete auf Magie und Schamanismus aus. Gemeinsam mit Martin Springenberg schreibt er Kriminalromane und Kriminalerzählungen.

KRIMINALROMANE: 2002 Schafe & Killer (gem. mit Martin Springenberg), BoD; 2005 Schwein gehabt (gem. mit Martin Springenberg, Ullstein;

2006 Die Sau ist tot (gem. mit Martin Springenberg), Ullstein
SONSTIGE PUBL.: Ein Fachbuch
MITGLIED: Syndikat

Breuckmann, Manfred

Biografie: *11.6.1951 in Datteln. M. Breuckmann studierte von 1972 bis 1978 in Bochum und Marburg Jura. Anschließend arbeitete er drei Jahre als Beamter beim Bundespresseamt und machte sich als Sportreporter des WDR einen Namen. Unter anderem kommentierte er bei den Fußballweltmeisterschaften 1982 und 1986. Seit 1981 ist er Redakteur im Landesstudio Düsseldorf des WDR und für die landespolitische Berichterstattung zuständig. Mit *Rote Karte für Pommes* veröffentlichte er 1988 seinen ersten Kriminalroman, in dem es um rechtsradikale Fußballfans im Ruhrgebiet geht.

KRIMINALROMANE: 1988 Rote Karte für Pommes, Emons

Breuer, W. Arnold

Biografie: *17.8.1957 in Heidenheim/Brenz. W. Arnold Breuer war von 1974 bis 1980 Regierungsinspektoranwärter bzw. Regierungsinspektor z.A. bei der Oberfinanzdirektion Stuttgart. Er schied auf eigenen Wunsch aus der Beamtenlaufbahn aus, arbeitete als Filmstatist in Berlin und war und ist nebenberuflich bei verschiedenen Hamburger Theatern (Deutsches Schauspielhaus, Thalia Theater u.a.) tätig.

KRIMINALROMANE: 1993 Interview mit einer Toten, Haffmans, HC
KRIM.-ERZ.: 1985 *Eisenbahnfahrt*, in: Der Rabe 11, Haffmans; 1994 *Die Prostituierte und ihr Freier*, in: Haffmans Krimi-Jahresband, Ha/Heyne 65; 1996 *Juristin in Grün*, in: Hamburg total verliebt, Rotbuch; 1997 *Die Pistole des Galeristen*, in: Haffmans Krimi-Jahresband, Ha/Heyne
SONSTIGE PUBL.: Ein Roman und mehrere Erzählungen

Brezina, Thomas

Biografie: *10.1.1963 in Wien. Th. Brezina war zunächst Marionettenspieler, Redakteur, Regisseur und schließlich Präsentator für Kinder- und Jugendsendungen beim ORF. Er übersetzte internationale Zeichentrickserien und schrieb mehr als 350 Hörspiele. Seit 1990 ist er im ORF mit eigenen Radio- und TV-Shows vertreten und schreibt Kinder- und Jugendbücher. Th. Brezina gehört zu den erfolgreichsten Kinder- und Jugendbuchautor im deutschsprachigen Raum. In wenigen Jahren schrieb Th. Brezina mehr als 150 Kinder- und Jugendbücher, von denen weltweit rund 20 Millionen Exemplare verkauft wurden. Übersetzungen gibt es mittlerweile in 32 Sprachen.

Th. Brezinas spannende Abenteuer- und Detektivgeschichten wurden fürs Kino und Fernsehen verfilmt, für die Bühne als Theaterstück und Musicals bearbeitet und als Hörspiele sowie interaktive CD-ROM-Spiele umgesetzt. Th. Brezina schreibt aber auch Sachbücher für Kinder und arbeitet mit an der Konzeption von Lehrbüchern und Videos über berühmte Komponisten für den Unterricht. Für seine Werke wurden Th. Brezina zahlreiche österreichische und internationale Preise und Auszeichnungen verliehen. Er ist Präsentator und Autor von zwei Kinder-TV-Sendungen im ORF und seit Oktober 2001 einer Spieleshow auf Super RTL. Seit 1996 ist Th. Brezina UNICEF-Botschafter Österreichs.

KINDERKRIMIS: Th. Brezinas Rätsel-Geschichten sind in folgenden Buchreihen erschienen: Die Knickerbocker-Bande (seit dem ersten Erscheinen 1990 inzwischen 57 Bände, Ravensburger); Geheimhund Bello Bond; Sieben Pfoten für Penny; Grusel-Club (inzwischen 21 Bd., Franz Schneider; Geheimauftrag für dich, Mark Mega und Phantom (inzwischen 18 Bd., Franz Schneider); Ein Fall für dich und das Tiger-Team (inzwischen 32 Bd., Franz Schneider); Ein Superfall für dich und das Tiger-Team (inzwischen 8 Bd., Franz Schneider); Tom Turbo; Unser Geheimnis; Psst – Unser Geheimnis; Drachenherz; Die Schatzsucher-Drillinge
TV: Kinderdetektivquiz Tom Turbo im ORF 1 (mittlerweile 220 Folgen)
PREISE: 1993, 1995 und 1997 Steirische Leseeule; 1994 Das Goldene Buch für 13 seiner Bücher; 1996 Hauptpreis »Jan zonder Vrees« des Jugendfilmfes-

tivals Antwerpen für *Das sprechende Grab*; 1998 Das große Goldene Buch des österreichischen Buchhandels
KONTAKT: www.thomasbrezina.com

Brighton, Peter → Baecker, Heinz-Peter

Brodde, Dagmar
Biografie: *3.8.1941 in Dortmund. D. Brodde arbeitete im Lehramt (in NRW und Ägypten), in der Forschung (TU Berlin) und in der Weiterbildung und Beratung (Berlin). Nach jahrzehntelangem Verfassen von Gutachten, Berichten, Entwurf von Konzepten und Durchführung von Projekten in den Feldern Organisationsentwicklung, Innovations- und Qualitätsmanagement lebt sie seit 1999 »ihre naturgegebene Bosheit und die angesammelten mörderischen Gefühle auf dem Papier aus«.

KURZKRIMIS: 2001 *Toby Rattentöter*, in: Mord mit Biss, Hrsg. Anke Cibach, Hannah; 2002 *Partner*, in: Roter Klee, Verlag Ulmer Manuskripte; 2003 *Der Chefin rechte Hand*, in Criminalis Nr. 2, Hrsg. Puschmann, Capricorn Literaturverlag; 2003 *Ägyptische Weihnacht*, in: Schlaf in himmlischer Ruh, Hrsg. Rodik u. Wissdorf, Friedrich Wittig Verlag
MITGLIED: SinC
KONTAKT: d.brodde@snafu.de

Brömme, Bettina
auch unter dem Pseud.: Chris Winterberg
Biografie: *15.1.1965 in Karlsruhe. B. Brömme machte nach dem Abitur ein Zeitschriftenvolontariat beim Burda Verlag in Offenburg und studierte dann Germanistik, Journalistik sowie Kunstgeschichte in Bamberg. Seit 1992 lebt sie in München, wo sie als Cutterin, Produktionsassistentin (NDF und Bavaria) und Fernsehredakteurin der BR-Unterhaltung tätig war. Seit 2000 lebt sie als freie Autorin für Printmedien, Hörfunk und Fernsehen in München. Für die Reihe *Mit Kramer und Gefühl* schreibt sie unter dem Pseudonym Chris Winterberg.
KRIMINALROMANE: 2000 Durchgedreht, Filmkrimi, avedition, Reihe art&crime, HC; (als Chris Winterberg) 2004 Mit Kramer und Gefühl: Wer zuerst stirbt …, Band 2, Egmont Horizont Verlag, HC

TV: 1999 Soko 5113: Abschiedsfeier, (Serienepisode, 45 Min., ZDF), Drehbuch: B. Brömme u. Thomas Endl, EA Februar 1999
SONSTIGE PUBL.: Diverse Geschichten in Anthologien, ein Roman, Herausgeberin von zwei Anthologien
KONTAKT: www.szenator.de

Bromund, Dieter
Biografie: *9.4.1938 in Bromberg/Westpreußen. D. Bromund wuchs in der Nähe von Stade an der Niederelbe auf. Er studierte Germanistik und Anglistik und ist seit 1964 in der Werbebranche tätig. Schon als Schüler und Student schrieb er Reportagen und Storys. *Die erste Reise war angenehm* ist sein Krimi-Erstling. In dieser Story, wie auch in *Die Korsischen Freunde* und *Schatten über dem Golf* beschäftigt er sich mit seinem Serienhelden, dem Skipper Heiko Husmans. Die Romane von D. Bromund leben von ihrer gut durchdachten Handlung und ganz besonders von dem nautischen Ambiente, das der Autor ausgezeichnet vermitteln kann.

KRIMINALROMANE: 1982 Die erste Reise war angenehm, Goldmann 5624; 1983 Tod für die Startbahn West, Goldmann 5637; 1983 Die korsischen Freunde, Goldmann 5640; 1984 Schatten über dem Golf, Goldmann 5646; 1988 Mord ist nichts für feine Nasen, Goldmann 5044; 2002 Die Frau aus der Brandung, Leda; 2002 Die wandernden Sände, Leda; 2003 Kein Schnaps für den Zaren, Leda; 2003 Die Heiligen des Störtebeker, Leda.
SONSTIGE PUBL.: Zahlreiche Sachbücher, Hörspiele, Rundfunk-Features und Übersetzungen historischer Marineromane aus dem Englischen
PREISE: 2002 Nominierung für den Glauser-Preis für die Kurzgeschichte *Die Geschichte des Alan Macleod …*
KONTAKT: Dieter.Bromund@netsurf.de

Browne, Malcolm F. → Becker, Rolf und Alexandra

Buchholz, Manfred
Pseudonym: Hombre Mabuis
*in Iserlohn. M. Buchholz war als Elektroingenieur bei der Stadt Düsseldorf beschäftigt, zugelassener Heilpraktiker und geprüfter

Fremdsprachen-Korrespondent für Spanisch. Seit er in Rente ist schreibt er Lyrik und Prosa. M. Buchholz lebt in Iserlohn.

KRIMINALROMANE: 2003 Die Reise endet auf Gleis 2, Wortspiel Literatur e. V.
PREISE: 2000 Literaturwettbewerb »Apostroph« der Stadt Herne
MITGLIED: Autorenforum Hemer 2000
KONTAKT: E-Mail: hombremabuis@cityweb.de

Bücker, Trixi Maraile → Flügel, Trixi Maraile

Burger, Wolfgang

Biografie: *1952 in Oberwihl/Görwihl im Südschwarzwald. W. Burger wuchs in Bad Säckingen auf und studierte Elektrotechnik in Karlsruhe. Er ist promovierter Ingenieur und zurzeit Leiter eines Forschungslabors an der Universität Karlsruhe. W. Burger schreibt seit 1995 Kriminalromane und veröffentlichte einige satirische Kurzgeschichten und Kurzkrimis in verschiedenen Tageszeitungen, sein Krimidebüt gab er 1998 mit dem Roman *Mordsverkehr*. Er ist 2001 Vorsitzender des Fördervereins für deutschsprachige Kriminalliteratur.

KRIMINALROMANE: 1998 Mordsverkehr, Zebulon Krimi 8, NA 2001 Espresso Es 918; 2000 Marias Sohn, Elefanten Press, EP 914; 2001 Projekt Dark Eye, Espresso ES 921, NA 2004 unter dem Titel: Flächenbrand; 2003 Der Mord des Hippokrates, Leda; 2003 Abgetaucht, Emons; 2004 Heidelberger Requiem, Piper
MITGLIED: Syndikat; VS
KONTAKT: Wolfgang-Burger@hotmail.com; www.wolfgang-burger.com

Burgers, Tarja

Biografie: *1947 in Helsinki. T. Burgers, von Beruf Fremdsprachensekretärin, ist aus persönlichen Gründen in Elten am Niederrhein gelandet. Anfang der 70er-Jahre schrieb sie in ihrer Muttersprache einige Kurzgeschichten über Herz und Schmerz, 2000 unternahm sie den ersten Versuch, auf Deutsch zu schreiben, wobei der erwachsene Sohn als Korrektor fungierte.

KRIM.-ERZ.: 2000 Eltener Spargel und andere Spezialitäten, in: Mord vor Ort 2, Hrsg. Th. Hesse und Th. Niermann, Emons; 2001 Die Enkelinnen, in: Familienbande, Weltbild
MITGLIED: SinC

Burkert-Sauer, Ilse

Biografie: *8.1.1963 in Ilshofen. I. Burkert-Sauer ist ausgebildetet Jugend- und Heimerzieherin, studierte bis 1991 Sozialpädagogik in Esslingen und arbeitete anschließend mehrere Jahre in der Gemeinwesenarbeit in Kornwestheim. Mit ihrer Familie lebt sie seit 1992 in Brackenheim, einer malerischen Kleinstadt im Zabergäu. Die imposanten Schauplätze vor Ort bilden auch den Rahmen ihrer kriminalistischen Erzählungen.

KRIM.-ERZ.: 2000 Der alte Apotheker, in: Schauplatz Apotheke, AgentK Verlag; 2000 Greifbar nah, in: Schauplatz Apotheke, AgentK Verlag; 2003 Absprung, in: Streifschüsse, Hrsg. Diane Kopp, Gmeiner
MITGLIED: SinC
KONTAKT: www.agentk.de

Burschik, Karin

Biografie: *24.6.1958. K. Burschik war u.a. Bankkauffrau und Journalistin, Marktforscherin, Karatetrainerin und Physikstudentin, ehe sie das Schreiben zu ihrem Beruf machte. In ihren ersten drei Kriminalromanen stellte sie ihre Detektivin Olga Sinzig vor, im vierten die Viertelchinesin Mari Wong aus Köln.

KRIMINALROMANE: 1995 Ein Mord ist schnell passiert, Bastei Lübbe 19591; 1995 Endspurt oder Der Tod des Marathonläufers, Bastei Lübbe 19596; 1996 Letzte Grüße von Papa, Bastei Lübbe 19604; 1997 Kölner Sommer, Bastei Lübbe 13874; 2002 Schuldig oder nicht schuldig? Gerichtskrimis, Moewig
SONSTIGE PUBL.: Verschiedene Romane, Geschichten, Liedtexte und ein Hörspiel
MITGLIED: Syndikat
KONTAKT: kaburschik@netcologne.de

Busch, Andrea C.

Biografie: *22.6.1963 in Darmstadt. A. C. Busch schloss 1989 ihr Studium als Diplomübersetzerin für Englisch und Niederländisch an der Universität Mainz/Germersheim ab. Von 1989 bis 1993 arbeitete sie als Sekretärin, Sachbearbeiterin und Übersetzerin im Vertrieb medizinischer Produkte. Von 1993–2001 war sie als freie Übersetzerin und Autorin tätig, seit Mitte 2001 arbeitet sie an der Technischen Universität Darmstadt im Fachbereich Biologie.

Sie debütierte 1996 mit dem an ihrem Wohnort Groß-Zimmern angesiedelten Whodunnit *Mord stinkt zum Himmel* als Krimi-Autorin, veröffentlichte in den folgenden Jahren diverse Kurzgeschichten und betreute mehrere Anthologien als Herausgeberin.

KRIMINALROMANE: 1996 Mord stinkt zum Himmel, Econ 25130
KRIM.-ERZ.: 1998 *Morgen bringe ich sie um*, in: Mordsweiber, Hrsg. Anneli von Könemann, Elefanten Press 1998; 1999 *Schwimmen*, in: Jürgen würgen, Hrsg. Jacques Berndorf, Weiss, HC; 2000 *Kalt erwischt auf Orkney*, in: Bei Ankunft Mord, Hrsg. A. C. Busch, gem. mit Almuth Heuner, Gerstenberg, HC; 2000 *Nach Diktat verreist*, in: Tückische Krebse, Hrsg. Thea Dorn, Uta Glaubitz u. Lisa Kuppler, Eichborn, HC; 2000 *Crashdiät*, in: Mordsgewichte, Hrsg. Martina Bick u. Tatjana Kruse, Piper; 2001 *Der Rosenkrieg*, in: Mord im Grünen, Hrsg. A. C. Busch gem. mit Almuth Heuner, Gerstenberg, HC; 2001 *Der Mann von nebenan*, in: Teuflische Nachbarn, Hrsg. Ingrid Schmitz u. Ina Coelen, Scherz; 2003 *Aschermittwoch*, in: Mord zum Dessert, Gerstenberg; 2005 *Ostseetörn*, in: Mord in der Kombüse, Hrsg. Almuth Heuner, Gerstenberg, HC
SONSTIGE PUBL.: 1999 Mord zwischen Messer und Gabel, Hrsg. A. C. Busch, Gerstenberg, HC; 2000 Bei Ankunft Mord, Hrsg. A. C. Busch, (gem. mit Almuth Heuner), Gerstenberg, HC; 2001 Mord im Grünen, Hrsg. A. C. Busch, (gem. mit Almuth Heuner), Gerstenberg, HC; 2003 Mord zum Dessert, Hrsg. A. C. Busch, (gem. mit Almuth Heuner), Gerstenberg
MITGLIED: SinC; Syndikat; Bücherfrauen
KONTAKT: acb@w4w.net;
www.andreacbusch.de

Buslau, Oliver

Biografie: *21.6.1962 in Gießen. O. Buslau wuchs in Koblenz auf, studierte Musikwissenschaft, Germanistik und Bibliothekswissenschaft in Köln und Wien. Daneben schrieb er seit seiner Schulzeit als freier Mitarbeiter für die RHEIN-ZEITUNG und den KÖLNER STADTANZEIGER und betätigte sich als Komponist. Nach dem Studium 1990 arbeitete er im Produktmanagement von EMI Classics in Köln, später als Redakteur beim Greven's Adressbuch-Verlag in Köln. O. Buslau lebt seit 1992 in Bergisch Gladbach, ist seit 1993 freier Autor und Musikjournalist. Im September 2000 gründete er als Mitherausgeber und Chefredakteur die Zeitschrift TEXTART – MAGAZIN FÜR KREATIVES SCHREIBEN.

2000 debütierte er als Krimi-Autor mit dem Bergischen Krimi *Die Tote vom Johannisberg* und führte dabei seinen ich-erzählenden Wuppertaler Detektiv Remigius Rott ein, der seitdem insgesamt in vier Krimis von O. Buslau mitwirkte.

KRIMINALROMANE: 2000 Die Tote vom Johannisberg, Emons, Der Bergische Krimi 5; 2001 Flammentod, Emons, Der Bergische Krimi 5; 2002 Rott sieht Rot, Emons, Der Bergische Krimi 8; 2003 Schängels Schatten, Emons, Rheintal-Krimi 2; 2004 Bergisch Samba, Emons, Der Bergische Krimi 9
SONSTIGE PUBL.: Kurzgeschichten, Beiträge für Musikzeitschriften, Weltbild-Sammelwerk *Klassik – alles, was man kennen sollte*
MITGLIED: Syndikat
KONTAKT: info@oliverbuslau.de;
www.oliverbuslau.de

Buster, Dolly

Pseud. für Nora Baumberger
Biografie: *23.10.1969 in Prag. D. Buster wurde in der Tschechoslowakei geboren und floh mit ihrer Familie 1983 nach Deutschland. Wenn sie etwas aus ihrer Zeit in der damaligen Tschechoslowakei mitgenommen hat, dann ihre unverklemmte Einstellung zum Thema Sex. Mit 19 Jahren drehte sie in Deutschland ihren ersten Pornofilm. Sie sagt dazu: »Porno war für mich Revolution«. Mit 20 Jahren gründete sie ihre eigene Produktionsfirma, die binnen eines Jahres zum

Marktführer in Deutschland wurde. Seit 1997 steht sie nur noch hinter der Kamera, wenn man von unzähligen Fernsehauftritten und Kino-Gastrollen absieht. Die beiden Krimis *Hard Cut* und *Tiefenschärfe* um die Protagonistin Lilly DeLight sind in der Porno- und Medienszene angelegt.

Kriminalromane: 2001 Hard Cut, Knaur; 2003 Tiefenschärfe, Knaur
Sonstige Publ.: 2000 Alles echt, Anekdotensammlung, Knaur; 2004 Und damit: Buster, Ratgeber, Schwarzkopf & Schwarzkopf

Buttler, Monika

Biografie: *6.5.1939 in Berlin. M. Buttler wuchs in Detmold auf. Nach Abitur und Studium in Hamburg (Literaturwissenschaft, Germanistik und Philosophie, Abschluss M.A.) war sie langjährig als Redakteurin bei der Zeitschrift Zuhause wohnen tätig, übersetzte Thriller aus dem Dänischen und veröffentlichte zwei Sachbücher. Seit dem Frühjahr 2001 ist sie freiberufliche Krimiautorin.

2004 war sie für *Trio Infernal* für den »International Crime Short Story Competition«-Preis nominiert. 2004 gehörte sie der Jury für den Glauser-Kurzkrimipreis an.

Kriminalromane: 2004 Herzraub, Gmeiner; 2005 Heimtücke, Gmeiner; 2005 Abendfrieden, Gmeiner
Krim.-Erz.: 2001 *Im Garten der Lüste*, in: Mord im Grünen, Hrsg. Andrea C. Busch u. Almuth Heuner, Gerstenberg, HV; 2001 *Tödliches Gastspiel*, in: Verhängnisvolle Affären, Hrsg. Gisela Eichhorn, Scherz; 2002 *Das letzte Mahl*, in: Flossen hoch!, Hrsg. Peter Gerdes, Leda; 2002 *Bei Lesung Mord*, in: Schwarze Hefte, Verlag Hamburger Abendblatt, Hrsg. Volker Albers, Springer Verlag; 2003 *Die Rache trägt Schwarz*, in: Liebestöter, Hrsg. Anke Cibach, Scherz; 2003 *Der letzte Tanz*, in: Donauleichen, o. Hrsg., SüdOst; 2003 *Spätlese*, in: Weinleichen, Hrsg. Angela Eßer, Scherz; 2003 *Tod in der Speicherstadt*, in: criminalis 2, Hrsg. Dorothea Puschmann, Capricorn Literaturverlag; 2003 *Nicht kroß genug*, in: Mord à la carte, Hrsg. Andreas May, Edition ponte novu; 2003 *Giftiges Glück*, in: Mordsjubiläum, Hrsg. Volker Albers, Scherz; 2003 *Das letzte Mahl* (Nachdruck), in: Tatort Hamburg, Hrsg. Anna Wolf, Vertigo; 2004 *Sie oder ich*, in: Mörderisches Wiesbaden 2, Hrsg. Regina Voit, Societäts Verlag; 2004 *Der Liebesdienst*, in: Mord ist die beste Medizin, Hrsg. Monika Buttler u. Alexandra Guggenheim, Scherz; 2004 *Die Freundin*, in: Tatort FloraFarm, Hrsg. Gesine Wischmann, Juwi MacMillan Group
Mitglied: SinC; Syndikat
Kontakt: monika.buttler@web.de

Cahn, Peter → Schmidt, Peter

Cappello, G. R. → Huth, Günter

Carels, Maeve
Biografie: *4.5.1956 in Jever. M. Carels volontierte zunächst beim Jeverschen Wochenblatt und zog dann nach Düsseldorf, um Sozialarbeit zu studieren. Während dieser Zeit begann sie, Kriminalgeschichten zu schreiben, und »als eine dieser Geschichten unvorhergesehenerweise eine Länge von 200 Seiten erreichte«, brach sie das Studium ab und finanzierte ihre schriftstellerische Arbeit bis zu ihren ersten Erfolgen unter anderem als Briefträgerin, Schreibkraft, Fließbandarbeiterin, Redakteurin des Computerinformationsdienstes einer Nachrichtenagentur und als Wahrsagerin.
Sie debütierte als Krimiautorin mit *Arnies Welt*, dem Auftakt zu einer Serie von fünf Romanen, die in der fiktiven friesischen Kleinstadt Geverensand spielen. Der letzte Titel der Geverensand-Reihe, *Raphaels Frauen*, wurde für den Frauenkrimipreis nominiert. Ihr Roman *Chat'n'Kill* (bei der Erstveröffentlichung unter dem Titel *hot line* für den Glauser-Preis nominiert) wird häufig als Unterrichtsmaterial zum Thema Gewalt in der Schule verwendet.
M. Carels lebt inzwischen wieder in Jever, wo sie eine Krimireihe um den jungen Kriminaloberkommissar Johannes Papinga schreibt, der unter dem Bühnennamen John Percival als Stepptänzer auftritt und unter seiner Maske aus Coolness, Machismo und grimmigem Humor die Narben einer Vergangenheit versteckt, die ihn fast umgebracht hätte.

Kriminalromane: 1996 Arnies Welt, Bastei Lübbe 19613; 1997 Rabenkind, Bastei Lübbe 13879; 1997 Julias Orakel, Bastei Lübbe 19616; 1997 hot line, Bastei Lübbe 13920, NA 2000 unter dem Titel: Chat'n Kill, Leda; 1998 Lieb Töchterlein, Bastei Lübbe 13979; 1999 Hannahs Morde, (Dreierband der ersten drei Geverensand-Romane Arnies Welt, Rabenkind, Julias Orakel), Bastei 14259; 1999 Das Kuckucksnest, Bastei 14194; 1999 Schneewittchens Unschuld, Bastei 14220; 2000 Raphaels Frauen, Bastei Lübbe 14328; 2000 Blondes Gift, Leda; 2004 Wintereinbruch, rororo 23543; 2005 Das Amulett des Toten, rororo
Krim.-Erz.: 1999 *Schade*, in: Zum Morden in den Norden, Hrsg. Peter Gerdes, Leda; 2000 *Süßes Gift* und *Feierabend – oder: Ostfriesland ist überall*, in: Der schwarz-bunte Planet, Hrsg. Peter Gerdes u. Bernd Flessner, SKN; 2000 *Mein Freund Herb*, in: Blutrünstige Stiere, Hrsg. Thea Dorn, Uta Glaubitz u. Lisa Kuppler, Eichborn; 2001 *Der falsche Film*, in: Mordlichter, Hrsg. Peter Gerdes, Leda; 2002 *Die Heilkraft der Steine*, in: Mord und Steinschlag, Hrsg. Jürgen Ehlers und Jürgen Alberts, Leda; 2002 *Erzengel Raphael und die Sache mit der Austernsuppe – wie es wirklich war*, in: Abrechnung, bitte!, Hrsg. Peter Gerdes, rororo 23144
Mitglied: Syndikat
Kontakt: MaeveCarels@aol.com

Carisi, Brian → Bekker, Alfred

Carsten, Christian → Fröba, Klaus

Cartier, L. T.
Biografie: Unter dem Pseudonym L(ouis und) T(aina) Cartier erschien bislang nur ein Titel in der Krimireihe des Knaur-Verlages. Hinter dem Decknamen sollte sich laut Verlagslegende ein deutsches Autorenpaar verbergen, »das in vielen Teilen des heutigen Europas zuhause ist.« Sie erzählen ihre Krimis in einer Sprache, die sie selbst als Euro-Deutsch bezeichnen.

Kriminalromane: 1981 Ein mittelmäßiger Mord, Knaur 4918

Chadwick, Neal → Bekker, Alfred

Chaplet, Anne
Pseud. für: Cora Stephan, die Annes Biografie viel spannender findet als die eigene:
Biografie: *7.4.1951 in Norddeutschland geboren (Anne ist jünger!), Studium der Politikwissenschaften und Geschichte (Anne hat sich an Mathematik und Theologie gewagt!), Promotion 1976, danach Betätigung

als Übersetzerin, Lektorin, Lehrbeauftragte, Rundfunkmoderatorin sowie als Redakteurin bei Pflasterstrand, Hessischer Rundfunk und Spiegel (Anne war immerhin Barfrau, Fitnesstrainerin und Börsenbrokerin!).
C. Stephan ist seit 1987 freie Autorin und hat insgesamt zehn Bücher zu historischen und politischen Themen veröffentlicht, bevor sie als A. Chaplet entdeckte, dass das Romanschreiben viel schwieriger ist und ungleich mehr Spaß macht. Beide kennen das Dorfleben in Oberhessen ganz gut, leben in Frankfurt und in Südfrankreich, gemeinsam mit Rudolf Westenberger und drei Katzen.

KRIMINALROMANE: 1998 Caruso singt nicht mehr, Antje Kunstmann, HC, NA 2000 Goldmann 44327; 1999 Wasser zu Wein, Antje Kunstmann, HC, NA 2001 Goldmann 44647; 2000 Nichts als die Wahrheit, Antje Kunstmann, HC, NA 2002 Goldmann 45028; 2002 Die Fotografin, Antje Kunstmann, HC, NA 2003 Goldmann 45466; 2003 Schneesterben, Antje Kunstmann, HC, NA 2005 Goldmann 45767; 2004 Russisch Blut, Piper 27072
PREISE: 2001 Deutscher Krimi-Preis für *Nichts als die Wahrheit*; 2003 Radio-Bremen-Krimipreis; 2004 Deutscher Krimi-Preis für *Schneesterben*
MITGLIED: SinC; Syndikat
KONTAKT: anne@anne-chaplet.de; www.anne-chaplet.de

Chevallier, Sonja

auch unter dem Pseud.: Sonja Lasserre
Biografie: *22.08.1946 in Hamburg. S. Chevallier studierte Medizin in Hamburg und Düsseldorf, Approbation 1976. Anschließend war sie als Assistenzärztin tätig, reiste, studierte ein bisschen Archäologie und engagierte sich stark in der Frauenbewegung. Von 1985–1993 führte sie eine Hausarztpraxis in Lübeck. Seit 1993 lebt sie als Autorin, freie Journalistin, Publizistin in Hamburg.
Die Krimis entstanden in ihrer Zeit als praktische Ärztin, inspiriert von Hausbesuchsfahrten in Schleswig-Holstein. Inzwischen ist sie als medizinische Gutachterin tätig.

KRIMINALROMANE: (als Sonja Lasserre) 1991 gestern, heute und kein morgen, Ariadne; (als Sonja Lasserre) 1995 Rapsblüte, Zebulon; (als Sonja Lasserre) 1997 alles blendend, Zebulon
SONSTIGE PUBL.: Eine Biographie, ein Sachbuch
KONTAKT: www.sonja-chevallier.de

Chilvers, Carin

Biografie: *Breslau. C. Chilvers lebt nach längeren Aufenthalten in England und USA in Stuttgart und arbeitet als freie Übersetzerin.

KRIMINALROMANE: 2003 Irezumi, Betzel Verlag
KRIM.-ERZ.: 2003 *Nachts*, in: Das Spinnentier und andere Horrorgeschichten, Ulmer Manuskripte; 2004 *Die Annonce*, in: Das dunkle Mal, Hrsg. Burkhard P. Bierschenck, Bookspot
SONSTIGE PUBL.: Kriminal- und phantastische Kurzgeschichten
MITGLIED: SinC; Syndikat

Christiansen, Mathias

Biografie: *29.9.1968 in Berlin. M. Christiansen erlernte zunächst den Beruf des Elektromonteurs, war dann in der Materialwirtschaft tätig, verdingte sich eine Zeit lang als Friedhofsgärtner und nahm dann eine juristische Ausbildung auf, die ihn schließlich in die Verwaltung eines Amtsgerichts führte. M. Christiansen war zwar nie der Klassenkasper, aber seine schon während der Schulzeit zahlreich verfassten Geschichten und (Schul-)Reportagen versetzten seine Mitschüler und Lehrer nicht selten in heftige Heiterkeitsausbrüche. Der Schritt an die Öffentlichkeit begann mit dem humorvollen Roman *Wotte in Leimar*.
2002 schuf M. Christiansen schließlich für seinen ersten Kriminalroman *Der dritte Fehler* mit Kriminalhauptkommissar Brodersen einen Protagonisten, dem der Leser auch in den folgenden Krimis begegnen sollte. M. Christiansens Bücher zeigen einen großen regionalen Bezug zu Berlin.

KRIMINALROMANE: 2002 Der dritte Fehler, KBV 102; 2003 Die dünne Linie, KBV 116; 2004 Der falsche Feind, KBV 128; 2004 Das Geheimnis des alten Bahnhofs, (Kinderkrimi), KBV-Krimi-Kids
SONSTIGE PUBL.: 2001 Wotte in Leimar – Eine

ostdeutsche Geschichte, Edition Q; 2003 *Der Tannensammler*, in: Weihnachtsgeschichten am Kamin Band 18, Hrsg. Ursula Richter, Rowohlt
Sonstige Publ.: Zahlreiche Kurzgeschichten in Zeitungen; ein längerer Fortsetzungsroman
Mitglied: Syndikat
Kontakt: krimiautor@t-email.de

Cibach, Anke

Biografie: *19.12.1949 in Hamburg. A. Cibach hat Psychologie und Anthropologie studiert und ist freiberuflich als Diplompsychologin und Autorin tätig. Sie lebt und arbeitet in Stade. Ihr Motto: Krimis sind Schokolade für die Seele.

Kriminalromane: 2003 Stumme Schreie auf dem Dom, Reihe Schwarze Hefte, Springer Verlag; 2004 Rat der Raben, Prolibris Verlag; 2004 Das Phantom vom Fischmarkt, Reihe Schwarze Hefte, Springer Verlag
Krim.-Erz.: 1998 *Trüffelschnäuzchen*, in: Mordsweiber, Hrsg. Anneli von Könemann, Elefanten Press, EP 904; 1999 *Klabusterbeeren*, in: Mord zwischen Messer und Gabel, Hrsg. Andrea C. Busch, Gerstenberg, HC; 2000 *Ich möcht' so gerne Witwe sein*, in: Mordsgewichte, Hrsg. Martina Bick u. Tatjana Kruse, Piper 1490; 2000 *Gummibäume küsst man nicht*, in: Alter schützt vor Morden nicht, Hrsg. Anke Cibach, Gerstenberg, HC; 2000 *Nur der Pudel war Zeuge*, in: Mordkompott, Hrsg. Peter Gerdes, Leda; 2001 *Wenn der böse Weingeist*, in: Wein & Leichen, Hrsg. Angela Eßer u. Ingrid Fackler, Plöger; 2001 *Bis dein Auge bricht*, in: Teuflische Nachbarn, Hrsg. Ina Coelen u. Ingrid Schmitz, Scherz 1793; 2001 *Holzauge, sei wachsam*, in: Mord mit Biss, Hrsg. Anke Cibach, Hannah, HC; 2001 *Zicke, zacke, Hühnerkacke*, in: Tierisch tot, Hrsg. Anke Cibach, Hannah, HC; 2003 Liebestöter – Morde mit und ohne Strapse, (als Hrsg.) Scherz; 2001 *Wie Pech und Schwefel*, in: Tödliche Beziehungen, Hrsg. I. Coelen und I. Schmitz, Emons, OA; 2001 *Vollmond über Greiffenstein*, in: Greiffenstein, Hrsg. T. Kruse und A. v. Könemann, KBV, OA; 2002 *Hexenritt*, in: Abrechnung, bitte! Eine mörderische Kneipentour, Hrsg. P. Gerdes, rororo 23144; 2002 *Wo das wilde Wollgras wuchert*, in: Mord und Steinschlag, Hrsg. J. Ehlers und J. Alberts, Leda, OA; 2002 *Pfui Spinne*, in: Flossen hoch!, Hrsg. P. Gerdes, Leda, OA; 2003 *Cave canem*, in: Liebestöter. Leidenschaftliche Morde mit und ohne Strapse, Hrsg. A. Cibach, Scherz; 2003

Suche Leiche, biete Mord, in: Letzte Worte, Hrsg. N. Barth und S. Kriesel, Scherz; 2003 *Der Club der Blauen Witwen*, in: Mordsjubiläen, Hrsg. V. Albers, Scherz; 2003 *Kalt erwischt in Kranenburg*, in: Krimineller Reiseführer vom Niederrhein, Hrsg. I. Coelen und I. Schmitz; Leporello-Verlag; 2003 *Die Parasitin*, in: Mörderische Mitarbeiter, Hrsg. I. Coelen und I. Schmitz, Scherz; 2004 *Pension zum offenen Herzen*, in: Mord ist die beste Medizin, Hrsg. M. Buttler und A. Guggenheim, Scherz; 2004 *Der Rächer von Rheinberg*, in: Mord am Niederrhein, Hrsg. Jürgen Kehrer, Grafit; 2004 *Maden werden dein Bett sein*, in: Tatort Kanzel, Wittig Verlag; 2004 *Aber bitte mit Ginseng*, in: Tatort Florafarm, Juwi MacMillan group
Sonstige Publ.: Verschiedene Sachbücher und Fachartikel zur Psychologie und Schulbücher, zwei Kinderbücher
Mitglied: SinC; Syndikat
Kontakt: apc3000@t-online.de

Clasen, Carola

Biografie: *1950 in Köln. C. Clasen arbeitete nach dem Sprachenstudium in Belgien, veröffentlichte Kurzgeschichten im Rundfunk und schrieb 1998 ihren ersten Kriminalroman

Kriminalromane: 1998 Atemnot, Emons; 2001 Novembernebel, Emons; 2002 Das Fenster zum Zoo, KBV; 2003 Tot und Begraben, KBV; 2004 Auszeit, KBV
Krim.-Erz.: 2001 *Survival Training*, in: Der Tod klopft an, Hrsg. Ralf Kramp, Grenz-Echo; 2001 *Ich und er oder sie*, in: Tödliche Beziehungen, Hrsg. Ina Coelen u. Ingrid Schmitz, Emons; 2001 *Unser Dorf* soll schöner werden, in: Abendgrauen II, Hrsg. Ralf Kramp, KBV; 2002 *Am Ende des Weges*, in: Der Tod tritt ein, Hrsg. Ralf Kramp, Grenz Echo; *Elvis*, in: Frühling, Sommer, Herbst und Mord, Hrsg. Ralf Kramp, Grenz Echo; 2004 *Ein starker Partner*, in: Mordseifel, Hrsg. Jacques Berndorf, KBV; 2004 *Waterzooi*, in: Flossen höher! – Kriminelles zwischen Fisch und Pfanne, Hrsg. H. und P. Gerdes, Leda
Mitglied: SinC; Syndikat
Kontakt: carolaclasen@surfeu.de

Classen, Rita

Biografie: *1949 bei Aachen. R. Classen wuchs in Herzogenrath bei Aachen auf und studierte in Bonn, Tübingen sowie Aix-en-

Provence Romanistik, Anglistik und Philosophie. Sie arbeitete als Gymnasiallehrerin für Englisch und Französisch, bis 1996 ihr erster Roman *Ich bin die Herrin des Hauses* erschien. Die Autorin lebt heute am Niederrhein und arbeitet an ihrem vierten Roman.

KRIMINALROMANE: 1996 Ich bin die Herrin des Hauses, Knaus, HC; 2001 Bei mir bist du schön, btb
SONSTIGE PUBL.: Gedichte, Erzählungen, Roman *Jessicas Brüder*

Coburn, Martin → Maasberg, Jens

Coelen, Ina
Biografie: *21.6.1958 in Vorst. I. Coelen studierte Visuelle Kommunikation und arbeitet seit 1984 mit ihrem Mann in einem eigenen Werbeatelier. Seit über 16 Jahren zeichnet sie Cartoons für eine regionale Zeitung und schreibt Kindertexte und Geschichten für ihr Marionettentheater, für das sie auch Puppen und Kulissen baut. I. Coelen lebt mit ihrer Familie in Krefeld.

KRIM.-ERZ.: 2000 *Der Albtraum*, und *Eine fast perfekte Köchin*, in: Rheinleichen, Hrsg. Ina Coelen u. Ingrid Schmitz, Emons 182, 2001 *Alles für die Katz*, in: Teuflische Nachbarn, Hrsg. hrsg. gem. mit Ingrid Schmitz, Scherz 1793; 2001 *Die Ziege frisst*, in: Mord mit Biss, Hrsg. Anke Cibach, Hannah, HC; 2001 *Alte Bekannte*, und *Oh du fröhliche*, in: *Tödliche Beziehungen*, Hrsg. Ina Coelen u. Ingrid Schmitz, Emons 213
MITGLIED: SinC; Syndikat
KONTAKT: Coelen@aol.com

Cölfen, Hermann
Biografie: *1.10.1959 in Duisburg. H. Cölfen war Einzelhandelskaufmann und Milchsammelfahrer. Er hat Germanistik, Philosophie und Theologie studiert und war rund zehn Jahre als Linguist an der Universität Essen tätig. Heute arbeitet er als freier Autor, Schreib- und Computercoach sowie als wissenschaftlicher Berater für Verlage. H. Cölfen lebt und schreibt zusammen mit Sabine Walther in Duisburg. Seit 2001 veröffent-

lichen die beiden gemeinsam Kriminalgeschichten rund ums Krankenhaus.

KRIMINALROMANE: 2001 Abgeführt, Verlag Hans Huber (Care & Crime Serie); 2003 Bettflüchtig, Verlag Hans Huber (Care & Crime Serie)
KRIM.-ERZ.: 2001 *Wilde Herzen*, in: Pflege 2001, (Pflegekalender), Hrsg. Jürgen Georg, Hans Huber; 2002 *Ein traumhafter Job*, in: Pflege 2002, (Pflegekalender), Hrsg. Jürgen Georg, Hans Huber
SONSTIGE PUBL.: Fachbücher und wissenschaftliche Publikationen
MITGLIEDSCHAFT: Syndikat
KONTAKT: www.hermann-coelfen.de

Collani, Eva
Biografie: E. Collani ist Journalistin und arbeitete in der Kölner Redaktion einer Programmzeitschrift. Ihren Kriminalroman *Mord ist nichts für kleine Mädchen* verfasste sie für den Jerry-Cotton-Wettbewerb 1977.

KRIMINALROMANE: 1978 Mord ist nichts für kleine Mädchen, Bastei 36017

Conrath, Martin
Biografie: *4.12.1959 in Neunkirchen/Saar. Nach dem Abitur machte M. Conrath eine Ausbildung zum Schlagzeuger und war mehrere Jahre als Musiker und Schauspieler tätig. Ab 1990 arbeitete er publizistisch als freier Mitarbeiter bei Funk und Presse (SAARBRÜCKER ZEITUNG, TABOU, Saarländischer Rundfunk u.v.a.). 1991 bis 1993 absolvierte er ein Volontariat beim Saar-Lor-Lux-Magazin TABOU (Luxembourg). Ab September 2002 unterrichtete er als Dozent an der Fachschule für medizinische Heilberufe der SHG in Saarbrücken-Brebach die Fächer Kommunikation, Teamtraining, wissenschaftliches Arbeiten, Sprache und Stilistik. Er ist bestellter Prüfer der Landesregierung des Saarlandes für das Lehrinstitut für Gesundheitsberufe in den Fächern: Kommunikation, Teamtraining, wissenschaftliches Arbeiten, Sprache und Stilistik. Seit 2003 ist er selbstständiger PR-Berater und Trainer. M. Conrath lebt mit seiner Frau in Lisdorf bei Saarlouis.

KRIMINALROMANE: 2004 Stahlglatt, Emons
SONSTIGE PUBL.: Theaterstücke, Rundfunkfeatures, Kinderbücher, zahlreiche Artikel in Zeitungen und Magazinen

Cordts, Georg und Renate → Kristan, Georg R.

Cotton, Jerry

Pseud. für: Walter Appel, Kurt Brand, Rolf A. Bürkle, Edmund Diedrichs, Günter Dönges, Uwe Erichsen, Paul Ernst Fackenheim, Wolfgang Fechtner, Holger Friedrichs, Horst Friedrichs, Horst Gehrmann, Karl Heinz Günther (alias C. H. Guenther), Karl Heinz Hackmann, Fritjof Haft, Uwe Haft, Helmut Hartmann, Gerhart Hartsch, Peter Hebel, P. S. Henseler, Eugen Hobein, Heinz Werner Höber (siehe dort), Wolfgang E. Hohlbein, Theodor Horschelt, Horst W. Hübner, Rolf Kalmuczak, Albrecht Peter Kann (alias Al Cann), Uwe Karsten, Hans Joachim von Koblinski, Helmut Kobusch (siehe dort), Gerhard Koch, Hans E. Ködelpeter, Dietrich Köhr, Peter Krämer, Klaus Kunkel, Werner Kurtze, Bert Ledwoch, Jürgen E. List, Rolf Lohmeyer, Walter G. Mauckner, Helmut Neubert, Werner Niehaus, Walter Nutz, Hans Olbrich, Peter Perkins, Hermann Peters, Hasso Plötze, Lothar Rausch, Helmut Rellergerd, Torsten Reschke, Wolfpeter Ritter, Irene Rodrian, Rolf Schmitz, Willi Schoenebeck, Günter Seddig, Eberhard Seitz, Hans Wolf Sommer, Hans Jürgen Spürkel, Friedrich Tenkrat, Fritz Turban, Karl Voigt, Willi Voss, H. H. Weber, Susanne Wiemer, Hans Werner Wienand, Richard Wunderer jun. (und andere)
Biografie: *1954 in Bergisch-Gladbach. J. Cotton hatte seinen ersten Auftritt im März 1954 in Band 68 der Reihe Bastei-Kriminalromane (Titel: *Ich suchte den Gangster-Chef*). Der angebliche FBI-Beamte aus New York berichtet allwöchentlich von seinen spektakulären Abenteuern im Kampf gegen das Verbrechen. Ab 1956 ging die Reihe unter dem Titel *G-man Jerry Cotton* als eigene Serie an den Markt und wurde zur Grundlage für den wirtschaftlichen Erfolg des Bastei Verlags. Vor allem in den ersten Jahren wurden die »Berichte« für authentisch gehalten, Jerry Cotton erhielt Zuschriften, die sowohl in Bergisch-Gladbach (beim Verlag) als auch in New York (beim FBI) ordnungsgemäß zugestellt wurden. Unterstützt wurde dieser Effekt durch die Verlagspolitik, keine Autorennamen bekannt zu geben. Erst in den letzten Jahren wurde diese Strategie aufgegeben. Mittlerweile gehört Jerry Cotton gehört zu den erfolgreichsten Krimiserien der Welt: Sie wurde in mindestens 19 Sprachen übersetzt und in 52 Ländern vertrieben.
Literatur über den langjährigen »Cotton«-Autor Heinz Werner Höber: 1996 Jan Eik: Der Mann, der Jerry Cotton war (Biografie), Das neue Berlin.

KRIMINALROMANE: 1956ff: Jerry Cotton Romanheftserie (Erste Auflage), bis 2002 mehr als 2300 Hefte; 1963ff: Jerry Cotton Taschenbuch (Erste Auflage), bis 2002 etwa 500 Bände
FILM: 1965 Schüsse aus dem Geigenkasten, (89 Min., BRD), Drehbuch: G. Hurdalek nach einem Jerry Cotton-Roman, Regie: Fritz Umgelter
1965 Mordnacht in Manhattan, (89 Min., BRD), Drehbuch: Alex Berg (Herbert Reinecker) nach einem Jerry Cotton-Roman, Regie: Harald Philipp
1966 Die Rechnung eiskalt serviert, (98 Min., BRD/F), Drehbuch: G. Hurdalek nach einem Jerry Cotton-Roman, Regie: Helmut Ashley
1966 Der Mörderclub von Manhattan, (96 Min., BRD), Drehbuch: Alex Berg (Herbert Reinecker) nach einem Jerry Cotton-Roman, Regie: Werner Jacobs
1967 Dynamit in grüner Seide, (89 Min., BRD/I), Drehbuch: Rolf Schulz, Christa Stern, Regie: Harald Reinl
1968 Der Tod im roten Jaguar, (La morte in Jaguar rossa), (91 Min., BRD/I), Drehbuch: Alex Berg (Herbert Reinecker), Regie: Harald Reinl
1968 Todesschüsse am Broadway, (89 Min., BRD), Drehbuch: Rolf Schulz, Christa Stern nach einem Jerry Cotton-Roman, Regie: Harald Reinl

Cueni, Claude

Pseud. für: Marcel Schwarz
Biografie: *13.1.1956 in Basel. C. Cueni brach seine Schulausbildung ab und reiste per An-

halter durch Europa. Zwischen 1974 und 1982 nahm er immer wieder Gelegenheitsarbeiten an, die stets auch zur Stoffbeschaffung für seine schriftstellerische Arbeit dienten. So war er unter anderem Kellner, Briefträger, Magaziner, Bahnhofsarbeiter, Verkäufer in einem Waffengeschäft, Privatsekretär eines iranischen Händlers, Kanzleiassistent an einem Strafgericht, Archivar einer Versicherungsgesellschaft und Werbetexter. Seit 1982 ist er freier Schriftsteller. 1991 gründete er die Medienagentur Black Pencil AG. 2000 verkaufte er Black Pencil an die Moorhuhn-Schmiede Phenomedia AG und ist seit 2001 wieder ausschließlich als Krimiautor tätig.

KRIMINALROMANE: 1987 Schneller als das Auge, detebe 21542; 1989 Der vierte Kranz, Benziger, HC; 1998 Caesars Druide, Heyne, HC

FUNK: 1982 Ohne Preis kein Fleiß, (Hörspiel, SRG/NDR/WDR); 1982 Das andere Land, (Hörspiel, 60 Min., WDR); 1983 Die Klon-Affäre, (Hörspiel, SRG); 1986 Parkgarage, (Hörspiel, SRG); 1990 Fax, (Miniserie, 20 Folgen, SRG); 1990 Die Hörbriefe von Crazy Horse, (SRG); 1993 Tie-Break für Crazy Horse, (SRG)

TV: 1986 Der Millionenfund, (Kriminalkomödie, 80 Min., SRG), Drehbuch: C. Cueni, Regie: Jean Pierre Heizmann, EA 16.11.1986 DRS; 1988 Kampf ums Glück, (TV-Film, 80 Min., SRG), Drehbuch: C. Cueni, Regie: Bernhard Giger; 1988 Eurocops: Tote reisen nicht, (Serienepisode, 52 Min., SRG), Drehbuch: C. Cueni, Regie: Jean Pierre Heizmann, EA 6.11.1988; 1988 Eurocops: Freiheit für King Kong, (Serienepisode, 52 Min., SRG), Drehbuch: C. Cueni und Annemarie Cueni, Regie: Jean Pierre Heizmann; 1988 Eurocops: Honig der Nacht, (Serienepisode, 52 Min., SRG), Drehbuch: Annemarie und C. Cueni, Regie: Jean Pierre Heizmann; 1988 Eurocops: Falken auf Eis, (Serienepisode, 52 Min., SRG), Drehbuch: Annemarie und C. Cueni, Regie: Jean Pierre Heizmann; 1989 Lucas läßt grüßen, (TV-Film, 90 Min., SRG/WDR), Drehbuch: C. Cueni nach seinem Roman *Der vierte Kranz*, Regie: Beat Kuert; 1989 Peter Strohm: Die Mondscheinmänner, (Serienepisode, 45 Min.), Drehbuch: C. Cueni, Regie: Urs Egger; 1989 Peter Strohm: Strohms Partner, (Serienepisode, 45 Min., SFB/ORF), Drehbuch: C. Cueni, Regie: Sigi Rothemund; 1990 Eurocops: Taxi ins Jenseits, (Serienepisode, 60 Min., SRG), Drehbuch: Annemarie und C. Cueni, Regie: Erwin Keusch; 1990 Eurocops: Gerechtigkeit für Elisa, (Serienepisode, 60 Min., SRG), Drehbuch: Annemarie und C. Cueni, Regie: Erwin Keusch; 1990 Eurocops: Die Ratte, (Serienepisode, 60 Min., SRG), Drehbuch: Annemarie und C. Cueni, Regie: Markus Fischer; 1990 Eurocops: Desperados, (Serienepisode, 60 Min., SRG), Drehbuch: Annemarie und C. Cueni, Regie: Markus Fischer; 1991 Peter Strohm: Roulette, (Serienepisode, 50 Min., SFB), Drehbuch: C. Cueni, Regie: Pete Ariel, EA ARD 3.6.1991; 1993 Tatort: Tod einer alten Frau, (Serienfilm, 100 Min., SFB), Drehbuch: C. Cueni nach einer Idee von Günter Lamprecht, Regie: Matti Geschonnek, EA 25.4.1993 ARD; 1993 Peter Strohm: Fair Play, (Fernsehfilm, 60 Min., SFB), Drehbuch: C. Cueni, Regie: Sylvia Hofmann; 1993 Peter Strohm: Babuschka, (Serienepisode, 60 Min., WDR), Drehbuch: M. Schwarz (= C. Cueni), Regie Franz Novotny; 1996 Alarm für Cobra 11: Die Autobahnpolizei – Bomben bei Kilometer 92, (Pilotfilm zur Fernsehserie, 90 Min., Polyphon für RTL), Drehbuch: C. Cueni, Regie: Leo Zahn, EA 12.3.1996 RTL; 1996 Der Clown, (Fernsehfilm, 90 Min., RTL), Drehbuch: C. Cueni, Konzept gemeinsam mit Hermann Joha, Regie: Hermann Joha, EA 3.11.1996 RTL

FILM: 1988 Quicker than the eye, (CH/USA/F, Co.-Prod. SRG/ZDF/ORF), Drehbuch-Vorlage: C. Cueni nach seinem Roman *Schneller als das Auge*, Regie: Nicolas Gessner

SONSTIGE PUBL.: Mehrere Romane und Theaterstücke

KONTAKT: claude@cueni.ch; www.cueni.ch

Cyrus, Anna

Pseud. für: Anette Lippert

Geboren 1971 in Berlin. A. Cyrus wuchs in München auf. Sie studierte am Imperial College, London, Abschluss: Bachelor of Science für Biologie und Management, Master of Science für Umwelttechnologie. Danach stieg sie in München in die Internetszene ein und baute als Geschäftsführerin die Niederlassung eines ausländischen Unternehmens auf. Sie ist noch in der Branche tätig, verheiratet; leidenschaftliche Krimileserin und schreibt an ihrem ersten Kriminalroman. Sie wirkte in der SOKO Criminale 2002 in München mit.

KRIM.-ERZ.: 2003 *Natürliche Selektion*, in: Donauleichen, Südost-Verlag
MITGLIED: SinC; Syndikat

Cziffra, Geza von

auch unter den Pseud.: Peter Trenk, Richard Anden, Albert Anthony
Biografie: *19.12.1900 in Arad/Ungarn, †28.4.1989 in Dießen am Ammersee. G. von Cziffra wuchs zu Zeiten der österreichisch-ungarischen Doppelmonarchie auf. Aus dem k.u.k.-Offizier wurde 1918 ein Journalist, der in Wien das Regiehandwerk lernte. Nach dem ersten Weltkrieg arbeitete er als Regieassistent bei Alexander Korda bei der Wiener Sascha-Produktion, dann als Journalist, später als Pressechef und Dramaturg bei verschiedenen Filmgesellschaften. G. von Cziffra war mit vielen Größen der Zeit bekannt: Erich Kästner, Albert Einstein, Marlene Dietrich, Greta Garbo, aber auch Adolf Hitler und Joseph Goebbels. Er schrieb und inszenierte insgesamt mehr als 100 Filme, darunter viele Musikfilme und Komödien, aber auch zahlreiche Kriminalfilme. Nach dem Krieg gründete G. von Cziffra eine eigene Produktion in Wien und drehte einige erfolgreiche Revuefilme. Später inszenierte er insgesamt 12 Komödien mit Peter Alexander in der Hauptrolle. Meist verfasste er die Drehbücher zu seinen Filmen unter einem seiner Pseudonyme.

KRIMINALROMANE: 1974 Der Tod schießt die Tore, Kelter 840
FILM: 1943 Frauen sind keine Engel, (Kriminalkomödie, Österreich), Drehbuch: G. von Cziffra, Regie: Willi Forst; 1949 Lambert fühlt sich bedroht, (auch: *Das Haus im Nebel*), Drehbuch und Regie: G. von Cziffra; 1949 Gefährliche Gäste, (Kriminalkomödie), Drehbuch und Regie: G. von Cziffra, 1960 Remake *Kriminaltango*; 1950 Gabriela, Drehbuch und Regie: G. von Cziffra; 1950 Der Mann, der sich selber sucht, (Musikalisches Krimilustspiel), Drehbuch und Regie: G. von Cziffra; 1955 Banditen der Autobahn, Drehbuch: Robert T. Thoeren, G. von Cziffra, Wolfgang Neuß
TV: 1974 Das Spukschloß von Baskermore, (auch: Käpt'n Senstakes Abenteuer – Das Spukschloß von Baskermore, Fernsehfilm/Serienfilm, 77 Min.), Drehbuch: G. von Cziffra, Rolf Olsen, Regie: Rolf Olsen EA 23.3.1974 ARD
SONSTIGE PUBL.: Romane sowie zahlreiche Komödien, Revue- und Musikfilme fürs Fernsehen.

Dahm, Ursula

KRIM.-ERZ.: 2000 Schwarze Bräute leben länger.
18 AutorInnen, 18 mal fiese Tricks und gnaden-
lose Rache, Hrsg. U. Dahm, zusammen mit Rainer
Breuer, éditions trèves; 2001 Killing you softly.
Wieder einmal lassen die AutorInnen beseitigen,
was stört, Hrsg. U. Dahm, zusammen mit Rainer
Breuer, éditions trèves
MITGLIED: SinC
KONTAKT: www.treves.de

Deitmer, Sabine

Biografie: *21.10.1947 in Jena/Thüringen.
S. Deitmer wuchs in Düsseldorf auf und
studierte in Bonn und Konstanz Anglistik,
Romanistik und Literaturwissenschaften.
Ihre Magisterarbeit schrieb sie über die Dar-
stellungstrategie des Detektivromans. Nach
»Lehr- und Wanderjahren« in Brighton,
Bristol, Berlin und am Bodensee lebt sie seit
mehr zwanzig Jahren im Ruhrgebiet. Hauptberuflich arbeitet sie in der Erwachsenenbildung. Von 1990-2000 war sie beurlaubt und
arbeitete als Autorin.
S. Deitmer veröffentlichte ihre ersten Texten in sog. Frauenverlagen. Gemeinsam mit
der Autorinnen-Gruppe »Frauen schreiben
verlegte sie die Bücher *Mitten ins Gesicht
– weiblicher Umgang mit Wut und Haß*,
1984 und *Venus wildert, wenn Frauen lieben*, 1985 im Selbstverlag. Mit ihren Mordgeschichten, in denen Frauen lästige Machos
lässig und ungestraft ins Jenseits befördern,
war sie auf Anhieb erfolgreich und schuf ein
Sub-Genre, das in der Folge viele Autorinnen variierten. In ihrem ersten Roman *Kalte
Küsse* entwickelte sie die Figur der Kommissarin Beate Stein, privat bindungsscheu und
verletzlich, im Beruf kompetent und cool.
Nach längerer Pause erschien 2004 der vierte
Roman mit Beate Stein.

KRIMINALROMANE: 1993 Kalte Küsse, Fischer
11449, 1994 Dominante Damen, Fischer 12094;
1995 Neon Nächte, Fischer; 2004 Scharfe Stiche,
Krüger, HC
KRIM.-ERZ.: 1988 Bye-bye, Bruno, (Stories), Fischer 4714; 1990 Auch brave Mädchen tun es,
(Stories), Fischer 10507; 1997 Die schönsten Män-

ner der Stadt, (Stories), Fischer 13620, Veröffentlichungen einzelner Geschichten in ca. 50 Anthologien
FUNK: 1995 Kalte Küsse, (2 Teile); 1998 Dominante
Damen, (BR)
SONSTIGE PUBL.: Literaturwissenschaftliche Beiträge, u. a. 1977 Der Detektivroman und sein
literarischer Wert – Versuch zur Neubewertung
einer Gattung, in: anglistik & englischunterricht,
2, Trivialliteratur; 1997 Bekenntnisse einer Trieb-
täterin, (Essay), in: Das Mordsbuch. Alles über
Krimis, Hrsg. Nina Schindler, Claassen, HC; 2001
Anna, Bella & Co.: Der Erfolg der deutschen Kri-
mifrauen, in: Frauen auf der Spur, Kriminalauto-
rinnen aus Deutschland, Großbritannien und den
USA, Hrsg. Birkle u. a., Stauffenberg Verlag
TV: 1997 Kalte Küsse, (Fernsehfilm, 90 Min.,
RTL), Drehbuch: Thomas Reuter, Alex Sokoloff
und Kimball Greenough nach dem gleichnamigen
Roman von Sabine Deitmer, Regie: Carl Schenkel,
EA 8.5. 1997 RTL; Neonnächte – Der U-Bahn-
Schlitzer, (Fernsehfilm, 90 Min., RTL), Dreh-
buch: Thomas Reuter u. Peter Ily Huemer nach
dem gleichnamigen Roman von Sabine Deitmer,
EA 5.1.2000 RTL
PREISE: 1995 Deutscher Krimi-Preis für *Domi-
nante Damen*
MITGLIED: SinC; Syndikat
KONTAKT: deimodo@aol.com

de Luxe, Carlo

Pseudonym
Biografie: *28.2.1965 in Kirchheimbolanden.
C. de Luxe lebt in Berlin.

KRIMINALROMANE: 1997 Latex letal, Verlag rosa
Winkel; 1998 Tödliches Tarot, Verlag rosa Win-
kel; 2000 Mord in Mitte, Verlag rosa Winkel
KRIM.-ERZ.: 2002 *Yin-Yang Gang Bang*, in: Queer
Crime, Hrsg. Lisa Kuppler, Querverlag; 2003 *Der
weiße Fleck*, in: Affaire provocante, Hrsg. Lisa
Kuppler, Europa
MITGLIED: SinC; Syndikat
KONTAKT: carlo.deluxe@snafu.de

Degener, Volker W.

Biografie: *12.6.1941 in Berlin. V. Degener
absolvierte 1960 bis 1966 eine Berufsausbil-
dung zum Polizeikommissar und Diplom-
Verwaltungswirt in Münster, Wuppertal,
Bochum und Hiltrup. Anschließend war er

als Fachlehrer, Wachleiter, Pressesprecher des Polizeipräsidenten Bochum sowie als Erster Polizeihauptkommissar Kommissariatsleiter. Danach wurde er freier Schriftsteller. Seit 1972 veröffentlicht er Kinder- und Jugendbücher, darunter auch Kriminalgeschichten für junge Leute.

Krim.-Erz.: 1982 Gefährliche Kundschaft und andere Kriminalerzählungen, (gem. mit R. Bottländer), Jugendbuch, Engelbert-Verlag, HC; 1998 Benni, der Fensterspringer, Kriminalgeschichten, Patmos-Verlag, Düsseldorf, HC, NA 2002 BoD
TV: 1984 Der Schrei des Shi-Kai, (Fernsehfilm, ARD/SFB), nach dem Jugendbuch *Geht's uns was an?*
Sonstige Publ.: Zahlreiche Hörspiele im WDR, SDR, Radio Brüssel, Radio Dänemark, Radio Helsinki, 1981 *Mit Blaulicht und Martinshorn*, (gem. mit R. Bottländer), Jugendbuch, Engelbert-Verlag
Preise: 1976 Literatur-Förderpreis des Landes Nordrhein-Westfalen für junge Künstler; jeweils 1973, 1978 und 1990 Literatur-Arbeitsstipendium des Kultusministers NRW
Kontakt: www.volkerdegener.de

Dewes, Klaus

Auch unter den Pseud.: Klaus von Wiese (f. Kinderbücher), Claus-Axel Ruwe (f. Kindererzählungen), Claus de Wes (f. Bücher in niederländischer Sprache)
Biografie: *25.2.1940 in München. K. Dewes wuchs im Rheinland auf. Er arbeitete sieben Jahre als Lehrer und war dann 20 Jahre als Kulturredakteur beim WDR. Anschließend leitete er fünf Jahre den Bereich Unternehmenskommunikation einer AG. Heute lebt er als freier Autor und wohnt im Bergischen Land sowie in den Niederlanden. Er war zwei Jahre in der Jury für den Deutscher Jugendliteraturpreis, 2002/3 gehörte er der Jury für den Kurzkrimi-Glauser an und 2004/5 der Jury für den Glauser-Preis Debut, Roman und den Ehrenglauser.

Kriminalromane: 1995 Die verräterische 16, (Kinderkrimi), Hölker + Coppenrath, HC, Buch/Hörspiel, CD, NA 2005, Gronenberg Verlag, HC; 1995 Pferdediebe auf Gut Glück, (Kinderkrimi), Hölker + Coppenrath, HC, Buch/Hörspiel, CD, NA 2005 Gronenberg Verlag, HC; 1995 Dunkle Wolken über Gut Glück, (Kinderkrimi), Hölker + Coppenrath, HC, Buch/Hörspiel, CD, NA 2005 Gronenberg Verlag, HC; 1997 Die Tote von Cadzand, Haifischzahnverlag; 1998 Mord im Linienbus, Haifischzahnverlag; 2000 Mord am Gummersbach, Gronenberg Verlag; 2000 Der Mörder vom Veerse Meer, Haifischzahnverlag; 2001 Mord im Parkhotel, Gronenberg Verlag; 2001 Der Drachenmörder von Sluis, Haifischzahnverlag; 2002 Das Geheimnis der Britannia, Gronenberg Verlag; 2003 Zu Risiken und Nebenwirkungen, Gronenberg Verlag, HC; 2003 Tödlicher Etat, Gronenberg Verlag; 2003 Von Null auf Hundert, Gronenberg Verlag, HC; 2003 Tödliche Bilanz, Gronenberg Verlag, HC; 2004 Mord im Dorint, Gronenberg Verlag; 2004 Engel auf Rädern, Gronenberg Verlag, HC; 2004 Tödliches Pyramidenspiel, Gronenberg Verlag, HC; 2004 Kein Samstag wie jeder andere, Gronenberg Verlag, HC; 2005 Mord am 7. Loch, Gronenberg Verlag, HC; 2005 Im Rückspiegel, Gronenberg Verlag, HC

Krim.-Erz.: 2004 *Der Klostermörder von Kamp*, in: Mord am Niederrhein, Hrsg. Jürgen Kehrer, Grafit; 2002 *Reiner aus Rheine*, In: Roter Klee, Verlag Ulmer Manuskripte
Sonstige Publ.: Sachbücher, zahlreiche Hörspiele, 2 Kinderopern, über 4.000 Glossen für die Kölnische Rundschau, 2 Sachbücher auch in niederländischer Sprache; regelmäßig Krimi-Erzählungen in Tageszeitungen, Zeitschriften, Internet
Mitglied: Syndikat; Genootschap van Nederlandstalige Misdaatauteurs

Diedrichs, Edmund

Sammelpseudonym: Jerry Cotton
Biografie *18.2.1951 in Witzenhausen/Nordhessen. E. Diederichs absolvierte eine Einzelhandelslehre, Bundeswehr-Dienstzeit bei der Bundesmarine (u. a. Gorch Fock) und anschließend ein BWL-Studium, das er wegen Überlastung nicht abschloss. Es folgten mehrere Jahre in Führungspositionen bei verschiedenen Kaufhaus-Unternehmen und im Telefonmarketing. Seit rund 20 Jahren ist er als als Vertriebsleiter in einem Dienstleistungsunternehmen im Raum Niedersachsen und Hamburg tätig. E. Diederichs lebt in Pattensen bei Hannover.

KRIMINALROMANE: ca. 90 Romane für die Serie Butler Parker, Pabel; rund 50 Titel für Jerry Cotton, Bastei
SONSTIGE PUBL.: Zahlreiche Krimi-Kurzgeschichten für TV-Zeitschriften (z. B. Hören und Sehen)

Diefenbach, Ramona
Biografie: R. Diefenbach debütierte 2000 mit ihrem Roman *Das Spiegelhaus* als Krimiautorin.

KRIMINALROMANE: 2000 Das Spiegelhaus, Büchergilde Gutenberg, HC; Die Schneckenspur, Büchergilde Gutenberg, HC
SONSTIGE PUBL.: Ein Jugendbuch

Dietrich, Wolf S.
Pseud. für: Wolf-Dietrich Schumacher
Biografie: 19.5.1947 in Bad Grund im Harz. W. S. Dietrich verbrachte seine Kindheit und Jugend auf dem Land bei Hameln. Er studierte Germanistik und Theologie in Göttingen. Anschließend arbeitete er als Lehrer und war wissenschaftlicher Mitarbeiter an der Universität Göttingen. Heute lebt er in Göttingen und ist Didaktischer Leiter einer Gesamtschule. Neben seiner Arbeit als Pädagoge schreibt er Kurzprosa und Romane; die Handlungen seiner Kriminalromane knüpfen an aktuelle politische und wirtschaftliche Ereignisse an.

KRIMINALROMANE: 1995 Das Berlin Komplott, Jahn & Ernst; 1996 Auf Herz und Nieren, Jahn & Ernst; 2000 Schattenwelt, VdC; 2001 Grobecks Grab, Prolibris; 2002 Letzter Abflug Calden, Prolibris Verlag, OA; 2003 Die Tote im Leinekanal, Prolibris Verlag OA; 2004 Die Tränen des Herkules, Prolibris
SONSTIGE PUBL.: Ein biografischer Roman, Kurzprosa in verschiedenen Zeitungen und Zeitschriften sowie pädagogische Fachpublikationen
MITGLIED: Syndikat
KONTAKT: w.d.schumacher@t-online.de; www.literatur-aktuell.de

Dillner, Sabine
Biografie: *1948 im Ostseebad Boltenhagen. S. Dillner ist gelernte Buchhändlerin und lebt mit ihrem Ehemann, der jüngsten Tochter, einem Hund und drei Katzen in einem kleinen, alten Cottage im Nordwesten Irlands, »in the middle of nowhere«. Seit 1998 ist sie hauptberuflich Autorin und schreibt für Kinder und Erwachsene Geschichten über den fantastischen, skurrilen und manchmal auch kriminellen Alltag im Nordwesten Irlands.

KRIMINALROMANE: 2001 Morgen bringe ich sie um, (gem. mit Timo Dillner), Neues Leben
KRIM.-ERZ.: 2001 *Abendfrieden*, in: Tödliche Beziehungen, Hrsg. Ina Coelen u. Ingrid Schmitz, Emons
MITGLIED: SinC
KONTAKT: sabinedillner@yahoo.co.uk

Dillner, Timo
Biografie: *20.12.1966 in Wismar. T. Dillner studierte Pädagogik, Kunstwissenschaft und Germanistik. Von 1989 bis 1998 arbeitete er als Museumsassistent. Seit 1998 lebt er als als Autor, Illustrator, freier Journalist und Straßenhändler in Portugal.

KRIMINALROMANE: 2001 Morgen bringe ich sie um, (gem. mit Sabine Dillner), Neues Leben
MITGLIED: SinC
KONTAKT: timodill@netc.pt

Döbrich, Annette
Biografie: *3.11.1949 in Würzburg. A. Döbrich war bis 1995 als Buchhändlerin tätig, seitdem arbeitet sie als freiberufliche Autorin. Sie lebt in München. A. Döbrich ist verheiratet und hat drei erwachsene Kinder.

KRIMINALROMANE: 1995 Am Abgrund der Träume, rororo 3225; 1996 Abendfrieden, rororo 3261; 1997 Domina, rororo 3290; 1998 Das Ritual des Schweigens, rororo 43329; 1999 Die Last der Engel, rororo 43367; 2001 Der lange Atem des Todes, rororo 22871
KRIM.-ERZ.: 1997 *Wolfs Geschenk*, in: Eine Leiche zum Geburtstag, Hrsg. R. Brack, rororo 43273; 1999 *Wie ein Traum von der Unsterblichkeit zerplatzt und wo der Dolch beim Reichstag zu Augsburg steckt*, in: Der Dolch des Kaisers, Hrsg. Wolfram Hämmerling rororo 43362; 1999 *Modell Venus*, in: Zehn mörderische Wege zum Glück, Hrsg. Irma Vep, rororo 43360 und eBook-Edition, VdC; 2000 *Küchengeheimnis*, in: Mordsgewichte, Hrsg. Mar-

tina Bick u. Tatjana Kruse, Piper 2992; 2001 *Ganz sanft entschlafen*, in: Mysteriöse Skorpione, Hrsg. Thea Dorn, Uta Glaubitz u. Lisa Kuppler, Eichborn; 2001 *Bruno in love*, in: Mord mit Biss, Hrsg. Anke Cibach, Hannah; 2002 *Nichts Neues unter der Sonne*, in: Tierisch tot, Hrsg. Anke Cibach, Hannah; 2003 *Hannah tanzt*, in: Du sollst nicht töten, Hrsg. Regula Venske, Scherz
Sonstige Publ.: Lyrik, 1998 Essay *Pathologie* in: Kreuzwege: Ungefragte Frauen antworten, Hrsg. Heidelinde Hein, Kirsten Kleine, Attempto; Kurzgeschichten; 2003 *Lichter am Weihnachtshimmel*, in: Weihnachts Wunder Geschichten
Preise: 1995 Literaturförderpreis der Stadt München für *Am Abgrund der Träume*; 2000 Philip-Marlowe-Preis für *Modell Venus*, in: *Zehn mörderische Wege zum Glück*; 2001 Förderung des Drehbuches zu *Die Last der Engel* durch den FilmFernsehFond Bayern
Mitglied: Raymond-Chandler-Gesellschaft; Syndikat
Kontakt: Adoebrich@aol.com; www.annette-doebrich.de

Döhmen, Marita

Biografie: *8.2.1965 in Viersen. M. Döhmen hat eine Ausbildung zur Bäckerin, Bürokauffrau und Tennistrainerin absolviert. Zurzeit arbeitet sie in einer Gärtnerei. Die Autorin lebt in Willich, in der Nähe von Düsseldorf.

Kriminalroman: 1999 Du, mein Bruder!, Fischer Verlag
Preise: 2004 Gewinn des Wettbewerbs der Festspiele Schloss Neersen mit dem Märchen *Die naschhafte Prinzessin*
Mitglied: SinC
Kontakt: Marita.Doehmen@t-online.de

Dörpinghaus, Eva

Biografie: *28.3.1956. E. Dörpinghaus wuchs in Kempen am Niederrhein auf, ging mit 18 nach München und absolvierte dort ihre Ausbildung zur Redakteurin an der Deutschen Journalistenschule. Gleichzeitig machte sie ihren Magister Artium in Politologie, Kommunikationswissenschaften und Soziologie. Danach arbeitete sie als freiberufliche Journalistin und Sachbuchautorin. Heute ist sie Pressesprecherin am Landratsamt Freising und lebt mit Mann, Sohn, Trommeln und Motorrad in Neufahrn bei Freising. Sie schreibt Krimi-Kurzgeschichten und arbeitet an ihrem ersten Kriminalroman.

Krim.-Erz.: 2001 *Hoppe Reiter*, in: Tödliche Beziehungen, Hrsg. Tina Coelen u. Ingrid Schmitz, Emons; 2002 *Wie du mir*, in: Die vielen Tode des Herrn S., Hrsg. Mischa Bach, Ina Coelen u. Ingrid Schmitz, Emons; 2003 *Lammfromm*, in: Bayerisches Mordkompott, Hrsg. Billi Rubin, Leda; 2004 *Lachs-Käthe*, in: Flossen höher!, Hrsg. Heike u. Peter Gerdes, Leda
Mitglied: SinC

Dorn, Thea

Pseudonym
Biografie: *23.7.1970 in Offenbach. Th. Dorn studierte Gesang, Theaterwissenschaft und Philosophie. Nach ihrem Magister im Fach Philosophie an der FU Berlin war sie von 1995 bis 2000 dort als Dozentin tätig. Seit 2003 moderiert sie mit Dirk Schümer im SWR-Fernsehen die Sendung »Schümer und Dorn – Der Büchertalk«.

Kriminalromane: 1994 Berliner Aufklärung, Rotbuch Krimi 1000, 2002 NA Goldmann; 1996 Ringkampf, Rotbuch 1051, 2002 NA Goldmann; 1998 *Eine böse Überraschung*, (Kettenroman, gem. mit Gisbert Haefs, Frank Göhre, Janwillem van de Wetering, D. B. Blettenberg, Uta-Maria Heim, Jürgen Alberts, Helmut Ziegler, Peter Zeindler, Gunter Gerlach, Peter Schmidt, Robert Lynn, -ky, Tatjana Kruse, R. Brack, Daniel Douglas Wissmann, Karr & Wehner, Frank Goyke, Regula Venske, Georg M. Oswald, Ann Camones, Hartmut Mechtel, Virginia Doyle und Norbert Klugmann), rororo 43296; 1999 Die Hirnkönigin, Rotbuch, HC, NA 2001 Goldmann; 2004 Die Brut, Goldmann Manhattan
Krim.-Erz.: 2001 Ultima Ratio. Gesammelte Erzählungen und Kolumnen, Rotbuch, HC; 2002 *Blowjob*, in: Queer Crime, Hrsg. Lisa Kuppler, Querverlag
Funk: 1999 Ringkampf, (Kriminalhörspiel, 63 Min., DLB), Hörspielbearbeitung: Regina Ahrem, EA 1999. 2001 CD im Audioverlag
TV: 2003 Tatort: Der Schwarze Troll, (Serienfilm, 90 Min., RB), Drehbuch: Thea Dorn, Regie: Vanessa Jopp, EA 25.5.2003 ARD
Sonstige Publ.: 2000 Hrsg. der Astrokrimis: *Tödliche Widder, Erbarmungslose Stiere, Ge-*

fährliche Zwillinge, Tückische Krebse, Mörderische Löwen, Eiskalte Jungfrauen, Rätselhafte Waagen, Mysteriöse Skorpione, Geheimnisvolle Schützen, Kaltblütige Steinböcke, Dunkle Wassermänner, Skrupellose Fische, Eichborn, HC, NA Ullstein 2001; Theaterstücke, Drehbücher (u.a. für die Reihe Tatort)
PREISE: 1995 Philip-Marlowe-Preis für *Berliner Aufklärung*; 2000 Deutscher Krimi-Preis für *Die Hirnkönigin*
MITGLIED: SinC; Syndikat
KONTAKT: www.theadorn.de

Dörr, Joachim

Biografie: *1946 in Baden-Baden. J. Dörr hat in Freiburg, Heidelberg und Trier Anglistik und Romanistik studiert und mit dem Magistergrad abgeschlossen. Er arbeitet als Journalist beim SWR Baden-Baden (früher SWF), hat Kurzhörspiele und Kriminalschriftstellerporträts fürs Radioprogramm gemacht, verschiedene Kriminalromane aus dem Englischen oder Amerikanischen übersetzt und Rezensionen bzw. Autorenporträts für Tageszeitungen und Fachpublikationen (Kriminal-Journal, Lexikon der Kriminalliteratur) geschrieben, Vorträge über Kriminalliteratur gehalten.

SONSTIGE PUBL.: 1992 Schlag nach bei Shakespeare ... wenn's ums Morden geht. Spurensuche im englischen und amerikanischen Kriminalroman 1975–1990, WVT, 1989 Nachgefragt: Jürgen W. Möllemann, Zirngibl Verlag; 1985 Des Lebens dernier cri. Ein Lauf- und Lesebuch über Pariser Friedhöfe, gem. mit Peter Stephan Elster Verlag, NA 1996 Reclam; Übersetzungen von Dan J. Marlowe, John D. McDonald, Jerry Kennealy, Benjamin Schutz, Jane Jakeman
MITGLIED: Jury Deutscher Krimi-Preis; Syndikat; Deutsche Shakespeare-Gesellschaft

Douglas, James

Pseud. für Dr. Ulrich Kohli
Biographie: *31.12.1947 in Schwarzenburg/Bern. U. Kohli lebt in Zürich und New York. Er begann seine Schreibkarriere als Zeitungsreporter, studierte die Rechte, betätigt sich in der Kriminalistik und war an Gerichten tätig, bevor er sich als prominenter Wirtschaftsanwalt in Zürich etablierte. Er diente als Oberst der Panzertruppen im Schweizer Milizheer und spezialisierte sich später auf Sicherheitsfragen. Seine mehrjährige Tätigkeit als Referent für die naturwissenschaftliche Fakultät im Hochschulrat der Universität Zürich kam seiner Affinität für wissenschaftliche Innovation entgegen. Dieser Background macht ihn zum Spezialist für packende Polit-Thriller. Seine Werke liegen auf der Linie des populären amerikanischen Thriller-Genre und wurden zum Teil auch in New York publiziert.

KRIMINALROMANE: 1994 Brennpunkt Philadelphia, Ullstein, NA 1997 Ullstein Taschenbuch, 1997 amerik. Übers.: Zero Philadelphia, Marlow & Co. New York; 1996 Goldauge, Langen Müller, NA 1999 Bastei; 1998 Der Sintfluter, Herbig, 2001 Bastei; 2000 Atemlos nach Casablanca, Herbig, 2002 amerik. Übers.: Breathless to Casablanca, Welcome Rain, New York, N.Y.; 2004 Des Teufels Botschafter, Herbig
KRIM.-ERZ.: 2001 *Die Entführung*, in: Im Morgenrot. Die besten Kriminalgeschichten aus der Schweiz, Scherz
SONSTIGE PUBL.: Als Ulrich Kohli: Terrorabwehr beginnt mit Vorstellungskraft, in: Neue Zürcher Zeitung vom 9.10.2001; Wie gewinnt die Armee Vertrauen zurück, in: NZZ vom 17.2.04; 1983 Manifest zur Verteidigung des Rechtsstaats, Schulthess, Zürich; 1975 Handeln auf Befehl im schweizerischen Militärstrafrecht, Diss. Lang, Bern/Frankfurt
MITGLIED: Syndikat
KONTAKT: www.james-douglas.com

Drake, John → -ky

Dreyer, Sabine

Pseudonyme: Gina Wulf, Kim Adrienne
Biographie: *13.7.1965 in Hanau. S. Dreyer erwarb den Gesellenbrief zur Bäckerei-Fachverkäuferin, anschließend war sie einige Jahre als Fabrikarbeiterin tätig. 1992 wechselte sie in die Krankenpflege. 1992 heiratete sie, 1993 und 1997 folgte die Geburt der beiden Kinder. 1999 machte sie eine Umschu-

lung zur Informatikkauffrau (IKF), danach arbeitete sie selbstständig als Werbetexterin und Lektorin. Durch die Teilnahme an verschiedenen Literatur-Ausschreibungen gelang ihr 2003 die erste Veröffentlichung in einer Anthologie. S. Dreyer lebt mit ihrer Familie in Biedenkopf/Hessen.

KRIM.-ERZ.: 2004 *Die kleine Oma*, in: Mordsfälle 2, Kontrastverlag; 2004 *Die Schuld*, in: Krimifestival Gießen-Marburg, Verlag der Ferber'schen Universitäts-Buchhandlung
SONSTIGE PUBL.: Märchen, Fantasystories, erotische und unterhaltende Kurzgeschichten und Erzählungen (im Rahmen von Literaturwettbewerben und Ausschreibungen, die in Anthologien veröffentlicht wurden)
PREISE: 2004 Gewinn des Krimi-Wettbewerbs der Oberhessischen Presse
MITGLIED: SinC

Drews, Manfred

Biografie: *4.10.1935 in Berlin. M. Drews studierte Sport in Chemnitz und war dann als Lehrer und Fachberater Sport zunächst in Bitterfeld, dann als Lehrer in Berlin-Treptow tätig. Von 1961 bis 1976 war er in verschiedenen Funktionen Mitarbeiter der DEUTSCHEN LEHRERZEITUNG und absolvierte zugleich ein Fernstudium im Fach Geschichte an der Pädagogischen Hochschule Potsdam, später ein Fernstudium in Journalistik an der Karl-Marx-Universität Leipzig. Von 1978 bis 1979 war er Mitarbeiter der kulturpolitischen Wochenzeitung SONNTAG. Ab 1976 war er als freier Schriftsteller und Publizist tätig. Von 1990 bis 1992 gab M. Drews gemeinsam mit Thomas Wörtche das Internationale Krimi-Magazin UNDERGROUND heraus.

TV: 1979 Polizeiruf 110: Barry schwieg, (Serienfilm, 74 Min., Fernsehen der DDR), Drehbuch: M. Drews, Regie: Hans Knötzsch, EA 14.10.1979 DDR1
SONSTIGE PUBL.: 1979 Kriminalisten im Verhör, (Dokumentar-Prosa), Neues Berlin; 1983 Kriminalisten im Einsatz, (Dokumentar-Prosa), Neues Berlin; 1990 Merkwürdigkeiten, (Krimianekdoten), Brandenburgisches Verlagshaus; 1991 Der Tote im Keller, (Dokumentar-Prosa), Reiher

Driest, Burkhard

Pseudonym
Biografie: * 28.4.1939 in Stettin. B. Driest studierte Jura. Nach der Verfilmung seines Romans *Die Verrohung des Franz Blum* schrieb er zahlreiche Drehbücher in Deutschland und den USA. Als Schauspieler spielte er an deutschen und Schweizer Bühnen. Er übernahm zahlreiche Film- und Fernsehrollen im In- und Ausland. Er schrieb und produzierte den Fassbinder-Film *Querelle* und arbeitete als Autor/Schauspieler mit vielen renommierten Regisseuren. Er ist als Dozent der Drehbuchklasse an der Deutschen Film- und Fernsehakademie in Berlin tätig.

KRIMINALROMANE: 2003 Der rote Regen, Ullstein, HC; 2005 Liebestod, Heyne, HC
SONSTIGE PUBL.: Zahlreiche Film- und TV-Drehbücher, Musicals; Romane
PREISE: 1996 Die silberne Nymphe als bester Schauspieler für *Private Life Show*, Monte Carlo; 2000 Nominierung für *Schande* bei den Baden-Badener Tagen des Fernsehspiels; 2000 Prix Italia in der Kategorie Fiction Single Play für *Schande*; 2000 Nominierung in der Kategorie TV Movie auf dem TV-Festival in Banff/Kanada; 2001 1. Preis von Die Musicalkritik für das Rockmusical *Falco meets Amadeus*

Dührkopp, Herbert → Reinecker, Herbert

East, Carol → Hary, Wilfried A.

Ebeling, Karin

Biografie: 17.1.1965 in Hamburg. K. Ebeling ist aufgewachsen im ländlichen Nordhessen und führt ein weitgehend nomadisches Erwachsenenleben. Sie ist Literaturwissenschaftlerin (M.A.) und lebt von diversen Brotjobs. Sie wohnt derzeit in Aachen.

KRIMINALROMANE: 1999 Alles, alles geht vorbei, (gem. mit Sabine Pachali), Fischer 14123
KRIM.-ERZ.: 2000 *Zwei Punks,* in: Rheinleichen, Hrsg. Ina Coelen u. Ingrid Schmitz, Emons; 2001 *Voll der Versager,* in: Tödliche Beziehungen, Hrsg. Ina Coelen u. Ingrid Schmitz, Emons; 2003 *Es kommt ein Schiff geladen,* in: Leise rieselt der Schnee …, Hrsg. Gisa Klönne, Ullstein
MITGLIED: SinC; Syndikat
KONTAKT: karin.ebeling@web.de

Ebert, Günter

Biografie: *19.2.1925 in Meerane in Sachsen. G. Ebert ist gelernter Kaufmann und Buchhändler. Von 1945 bis 1947 war er in amerikanischer und britischer Kriegsgefangenschaft. Anschließend arbeitete er 1948/49 als Redakteur der VOLKSSTIMME GLAUCHAU, war 1950/51 Leiter einer Volksbuchhandlung und wandte sich 1951/52 als Redakteur des Sonntag wieder dem Journalismus zu. Ab 1952 war G. Ebert in der DDR freiberuflich als Literaturkritiker tätig (SONNTAG, NEUES DEUTSCHLAND, WELTBÜHNE). 1957 und 1958 studierte er am Johannes-R.-Becher-Institut in Leipzig. Neben seinen anderen belletristischen Veröffentlichungen schrieb er nur einige wenige Kriminalromane und -erzählungen, machte sich aber als Kritiker – auch für Krimis – einen Namen. Seine Sammlung *Männer, die im Keller husten. Ansichten zur Kriminalliteratur,* eine durchgängige Analyse von DDR-Krimis, galt lange Zeit als Standardwerk für den DDR-Kriminalroman.

KRIMINALROMANE: 1988 Ein Mann ist verschwunden, Mitteldeutscher Verlag; 2000 Der Sheriff bin ich, (Kinderkrimi), Ritschel Gladenbach

KRIM.-ERZ.: 1980 Die seltsamen Fälle des Kommissars R., Militärverlag Berlin/DDR
SONSTIGE PUBL.: *Männer, die im Keller husten. Ansichten zur Kriminalliteratur.* Das Neue Berlin 1987, Kinderbücher, Essays und Sachbücher sowie Drehbücher für Film und Fernsehen
MITGLIED: Syndikat
KONTAKT: guenterebert@aol.com

Ebertowski, Jürgen

Biografie: *30.7.1949 in Berlin. J. Ebertowski wuchs im Wedding auf, vor und nach dem Abitur war er längere Zeit in England, danach studierte er Japanologie und Sinologie an der FU Berlin. Anschließend arbeitete er sechs Jahre als Sprachenlehrer am Goethe-Institut Tokio und machte in dieser Zeit eine Ausbildung zum Aikidolehrer (Hombu-Dojo, Tokio). Die beiden letzten Jahre in Japan lebte er in Kamakura. Nach seiner Rückkehr war er Dozent für Aikido an der Hochschule der Künste Berlin (Fachbereich Schauspiel) und gründete 1986 das Aikidozentrum Aikikan in Kreuzberg. Seit 1993 lebt er als freier Schriftsteller in Berlin, von 1991–1994 unternahm er regelmäßige Reisen nach Malta.

KRIMINALROMANE: 1993 Esbeck und Mondrian, édition trèves; 1994 Aikido Speed, Edition Monade; 1994 Maltagold, Haffmans; 1998 Kelim-Connection, Ullstein
KRIM.-ERZ.: 1995 *Dagobert-san,* in: Phantastische Wahrheiten über Dagobert, Hrsg. -ky, Argon; 1995 Crime Time. Acht Stories, (als Hrsg.), Edition saab bei Schwarzkopf & Schwarzkopf; 1995 *Sweet Rita,* in: Crime Time, (s.o.); 1996 *Sushi for two,* in: Haffmans Krimi-Jahresband 1996, Heyne; 1998 *Bleibe im Lande und nähre dich redlich,* in: Der Bär schießt los, Hrsg. Karl-Michael Stöppler, Ullstein; 1999 *Üb immer Treu und Redlichkeit.* Beitrag zu: Die allerletzte Fahrt des Admirals, (Kettenkrimi), Ullstein
FUNK: 1995 Esbeck und Mondrian, (Hörspiel, SFB), Bearbeitung: J. Ebertowski und Joy Markert nach dem gleichnamigen Roman (auch ins Dänische übersetzt)
SONSTIGE PUBL.: Romane, Kurzgeschichten
PREISE: 1994 Stipendiat der Arno-Schmidt-Stiftung; 1996 Stipendiat der Stiftung Preussische Seehandlung

MITGLIED: Syndikat
KONTAKT: Ebertowski@t-online.de

Ecke, Wolfgang

Biografie: *26.11.1927 in Radebeul, †3.11.1983 in Murnau. W. Ecke kam mit 13 in ein »militärisches Internat«, nach dem Zweiten Weltkrieg studierte er an der Dresdner Hochschule für Musik und Theater. 1946 wurde er nach zwei Semestern dort relegiert (weil er »kein Arbeiter- und Bauern-Student« war) und übersiedelte in den Westen, wo er sich als Dolmetscher, Seemann, Schmuggler, Kellner, Schlagzeuger, Reporter, Werbemanager und Behördenangestellter betätigte. 1955 veröffentlichte er sein erstes Hörspiel. Es folgten Hunderte von Funkerzählungen, Hörspielen etc. Einer seiner Serienhelden ist der Londoner Warenhausdetektiv Perry Clifton, eine spätere Figur der Detektiv Balduin Pfiff.

1964 ließ er sich überreden, Bücher zu schreiben, »weil man Hörspiele schlecht verschenken kann«. Seine sieben Perry-Clifton-Romane hatten 1977 eine Gesamtauflage von 250.000 Exemplaren erreicht. Trotz seiner zahlreichen Buchveröffentlichungen blieb W. Ecke auch weiterhin dem Medium Rundfunk treu. Er publizierte seine Kinderkrimis oft im Medienverbund als Fernsehstücke und Hörspiele, in Bühnenfassungen und als Storysammlungen in Buchform sowie teilweise auch als Hörspielschallplatten. Sein Werk umfasst mehr als 600 Hörspiele und mehr als 50 Bücher. In seinen Kriminalgeschichten verband Wolfgang Ecke stets fantasiereich geplottete Rätselgeschichten mit einem realistisch anmutenden Ambiente.

KRIMINALROMANE: RAV = Ravenburger Taschenbücher Otto Maier Verlag
1964 Der Mann mit dem roten Zylinder, Loewes, RAV 251; 1965 Die Jagd nach dem gelben Krokodil, Loewes, RAV 292; 1966 Perry Clifton: Die Dame mit dem schwarzen Dackel, Loewes; 1966 Perry Clifton: Das Geheimnis der weißen Raben, Loewes, HC; 1969 Perry Clifton: Die Insel der blauen Kapuzen, Loewes, HC; 1969 Notlandung auf Ta-

kanawe, NA 1975 RAV 342; 1969 Perry Clifton: Der Herr mit den grauen Beinkleidern, RAV 144; 1975 Perry Clifton: Das unheimliche Haus von Hackston, Loewes, HC; 1976 Perry Clifton: Das geheimnisvolle Gesicht, Loewes, HC; 1976 Balduin Pfiff: Das Geheimnis der Spieluhr; 1976 Balduin Pfiff: Spuk nach Mitternacht, RAV 736; 1976 Balduin Pfiff: Eine Handvoll Diebe, RAV 790; 1976 Tom Knall und die Libelle: Die Schatzjäger, Herold, RAV 604; 1977 Balduin Pfiff: Die Bronzeräuber, RAV 842; 1977 Tom Knall und die Libelle: Das Tal der Affen, Herold; 1977 Perry Clifton: Der silberne Buddha, Loewes, HC; 1977 Hände hoch, oder ich lache; 1977 Balduin Pfiff: Der Schrecken aller Geister, Loewes; 1978 Club der Detektive, Otto Maier; 1978 Tom Knall und die Libelle: Das Schloß der dicken Geister, Herold; 1979 Perry Clifton: Spionagering Rosa Nelke, (Stories), Loewes, HC; 1981 Perry Clifton: Perry Clifton und das ungewöhnliche Vermächtnis, RAV 689; 1983 Lange Finger flinke Beine, RAV 888

KRIM.-ERZ.: 1966 Wer knackt die Nuß I, (6 Rätselhörspiele), RAV 96; 1966; Wer knackt die Nuß I, Ratekrimis, RAV 86; 1968 Wer knackt die Nuß II, (6 Ratekrimi-Hörspiele), RAV 131; 1971 Kriminalgeschichten; 1971 Club der Detektive 1: Das Schloß der rote Affen, RAV 208; 1972 Club der Detektive 2: Der Mann in Schwarz, RAV 214; 1972 Club der Detektive 3: Das Gesicht an der Scheibe, RAV 221; 1972 Club der Detektive 4: Solo für Melodica, RAV 227; 1973 Club der Detektive 5: Das Geheimnis der alten Dschunke, RAV 264; 1974 Club der Detektive 6: Das Haus der 99 Geister, RAV 306; 1975 Wer knackt die Nuss III, RAV 336; 1975 Kichergeschichten, RAV 337; 1976 Club der Detektive 7: Schach bei Vollmond, (Stories), RAV 365; 1977 Club der Detektive 8: Der unsichtbare Zeuge, RAV 403; 1978 Das große Wolfgang Ecke Buch, (Sammelband), Loewes; 1979 Perry Clifton: Spionagering Rosa Nelke, Loewes, HC; 1979 Kriminalistisches Schmunzelkabinett, RAV 500; 1980 Hände hoch oder ich lache, RAV 640, (Kompilation); 1981 Club der Detektive 9: Ein Gauner spielt Mundharmonika, (Ratekrimis), RAV 650; 1983 Club der Detektive 10: Keine Spur von Paul Crabbley, (10 Stories), RAV 861; 1986 Club der Detektive 11: Das Geheimnis der 13 Diamanten, RAV 1539; 1987 Gauner, Gangster, Geistesblitze, (Kompilation), RAV

ALS HERAUSGEBER: 1974 Club der Detektive: Erben auf schottisch, (40 Ratekrimis), RAV 315; 1976 Wolfgang Eckes Kriminalmagazin Nr. 1,

RAV 348; 1976 Wolfgang Eckes Kriminalmagazin Nr. 2, RAV 387; 1977 Wolfgang Eckes Kriminalmagazin Nr. 3, RAV 425; 1978 Wolfgang Eckes Kriminalmagazin Nr. 4 RAV 480; 1981 Wolfgang Eckes Kriminalmagazin Nr. 5, RAV 704

FUNK: 1963 Der Herr in den grauen Beinkleidern, (4 Teile, WDR); 1964 Die Dame mit dem schwarzen Dackel, (4 Teile, WDR); Der silberne Buddha, (Krimi-Hörspiel-Serial); Das Geheimnis der weißen Raben, (Krimi-Hörspiel-Serial); Die Insel der blauen Kapuzen, (Krimi-Hörspiel-Serial); Perry Clifton und das unheimliche Haus, (Krimi-Hörspiel-Serial); Der Mann mit dem roten Zylinder, (Krimi-Hörspiel-Serial); Die Jagd nach dem gelben Krokodil, (Krimi-Hörspiel-Serial); Das Geheimnis des Dr. X, (utopisches Hörspiel-Serial); Wo bleibt 2 x 15, (utopisches Hörspiel-Serial); 2 x 16 ruft auf Welle 1-4-1, (utopisches Hörspiel-Serial); Raumkontrollschiff Wega I, (utopisches Hörspiel-Serial); Mein schwarzer Enkel Jacky; Flucht. Die Geschichte einer Reise von Deutschland nach Deutschland; 1969 Notlandung auf Takanawe; Ein Luftballon aus Varnäs; Wie Cisko zweimal zu seinem Esel kam; Natascha und die Diebe; Jacques, der Dieb; Ein geheimnisvoller Fluggast; Spuk im Miami; Ein Fall für Archibald Trix; Überfall im Tulpen-Express; Der blaue Karton; Die Sache mit den Briefmarken; Mann mit Cello gesucht; Clarissa soll nicht starten; Perlen aus Hokkaido; Ein ungebetener Gast; Nur ein Posten Wecker; Eine Frist von 24 Stunden; Eine unheimliche Nacht; Geisterstunde; Ein Fall für Perry Clifton; Zwischenfall in Istanbul; 90.000 Franc gesucht; Eine Handvoll Töne; Privatdetektiv Balduin Pfiff, (Krimi-Hörspiel-Serial); Pimboddy reiste 1. Klasse; Zwei kleine Gefälligkeiten; Solo für Melodica; Weihnachtsmann gesucht; Sein Freund, der Kaiser; Luftagentur Tom Knall, (Abenteuer-Hörspiel-Serial); Roberto und der Leierkastenmann; Was stimmt nicht bei Napoleon; John MacLeans Weihnachtsbaum; Die Reise nach White Horse; Die Märchenreise, (phantastisches-Hörspiel-Serial); Die List des Abdul Hammed; Das Tal der tauend Bäume; Vier rote und vier weiße Kugeln, (phantastisches-Hörspiel-Serial); Mohammed, der Pferdejunge; Tao Chang, der Geizhals; Reisebegleiter Teddy Poppke; Das unheimliche Haus von Hackston, (Krimi-Hörspiel-Serial); Das geheimnisvolle Gesicht, (Krimi-Hörspiel-Serial); Das Duell; Das dritte Ohr; Tödliches Rendezvous; Der Geniestreich; Tom Knall und die Libelle

TV: Wer knackt die Nuß, (8 TV-Filme); *Aufgepasst mitgemacht,* (8 TV-Rätsel)

THEATER: 1968 Das Geheimnis der weißen Raben; 1974 Das Geheimnis der alten Dschunke; 1974 Das Gesicht an der Scheibe; 1976 Das unheimliche Haus von Hackston; 1976 Der silberne Buddha; 1976 Die Insel der blauen Kapuzen; 1976 Der Mann mit dem roten Zylinder; 1976 Tom Knall und die Libelle I; 1977 Tom Knall und die Libelle II; Balduin Pfiff I und II

SONSTIGE PUBL.: Club der Detektive: Der Schokoladendieb, (6 Krimis, Schallplatte), Schwann Verlag; Club der Detektive: Die Kleeblatt-Bande, (6 Krimis, Schallplatte), Schwann Verlag

Eckert, Horst

Biografie: *7.5.1959 in Weiden. H. Eckert wuchs in Pressath bei Weiden auf. Er studierte Politische Wissenschaft in Erlangen und Berlin (Abschluss: Diplom). Von 1987 bis 2001 arbeitete er als Fernsehjournalist (Stationen: Regionalfernsehen des WDR, Tagesschau-Reporter, Chef vom Dienst in der Magazin- und Nachrichtenredaktion von VOX, freier Reporter für WDR und RTL-Nachtjournal). Heute lebt er als Schriftsteller in Düsseldorf.

Seit 1994 schreibt H. Eckert Kriminalromane. In seinen Büchern beschreibt er die Arbeit der Polizei an der Schnittstelle zwischen Recht und Verbrechen, die bei ihm oft als Grauzone erscheint, in der sich seine Figuren zwischen den Anforderungen von Behörde und Öffentlichkeit, den vielfältigen Verlockungen der kriminellen Gegenseite und dem eigenen Streben nach Anerkennung und Gerechtigkeit schicksalhaft verstricken. Drei seiner Romane wurden ins Tschechische übersetzt, ein Roman erschien 2003 auf Französisch in der Série Noire des Gallimard-Verlags. 1998/99 nahm H. Eckert an einem einjährigen Drehbuch-Lehrgang der Internationalen Filmschule Köln teil. Von Mai 2001 bis Mai 2005 fungierte er als einer der drei Sprecher des Syndikats.

KRIMINALROMANE: 1995 Annas Erbe, Grafit Krimi 53; 1996 Bittere Delikatessen, Grafit Krimi 59; 1997 Aufgeputscht, Grafit Krimi 78; 1998 Finstere Seelen, Grafit Krimi 219; 2000 Die Zwillingsfalle, Grafit Krimi 238; 2002 Ausgezählt; Grafit Krimi 265;

2003 Purpurland, Grafit 284; 2004 Hotel Terminus, (Kettenroman gem. mit R. Venske, S. Kafke, H. P. Karr, E. Kneifl, R. Kramp, C. Lehmann, B. Hölscher, R. Fiedler, P. Zeindler, J. und W. Wehner), Aufbau Verlag; 2005 617 Grad Celsius, Grafit; KRIM.-ERZ.: 2001 *Ausgegolzt*, in: Von Mord zu Mord, Hrsg. Ralf Kramp, Scherz-Krimi 1797; 2002 *In Lünen stirbst du schneller*, in: Mord am Hellweg, Hrsg. H. P. Karr, J. Kehrer u. H. Knorr, Grafit 271; 2003 *Ex und hopp*, in: Mordsjubiläum, Hrsg. Volker Albers, Scherz-Krimi 1952; 2004 *Bye-bye, Neukirchen-Vluyn*, in: Mord am Niederrhein, Hrsg. Jürgen Kehrer, Grafit; 2004 *Juwelen am Hellweg*, in: Mehr Morde am Hellweg, Hrsg. H. P. Karr, J. Kehrer u. H. Knorr, Grafit 294
SONSTIGE PUBL.: Zahlreiche Fernsehfeatures
PREISE: 1998 Philip-Marlowe-Preis der Raymond-Chandler-Gesellschaft für *Aufgeputscht*; 2001 Glauser-Preis für *Die Zwillingsfalle*
MITGLIED: Syndikat
KONTAKT: Eckert.Horst@t-online.de; www.horst-eckert.de

Eger, Harald → Mohr, Steffen

Eggers, Wilfried
Biografie: *9.2.1951 in Stade. W. Eggers studierte Rechtswissenschaften und skandinavische Sprachen in Kiel. Seit 1979 ist er als selbstständiger Rechtsanwalt tätig, seit 1982 auch als Notar. Er ist verheiratet und lebt mit seiner Familie in Drochtersen.

KRIMINALROMANE: 2000 Die Tote, der Bauer, sein Anwalt und andere, Grafit 2000, OA; 2003 Ziegelbrand, Grafit, OA

Ehlers, Ann-Kathrin
Biografie: *23.11.1984 in Hamburg. A.-K. Ehlers ist die Tochter von Jürgen Ehlers. Sie studiert an der University of Leeds Creative Writing.

KRIM.-ERZ.: 2004 *Fünf verdächtige Freunde*, in: Verdächtige Freunde, Hrsg. Nadine Barth u. Cordelia Borchardt, Scherz
KONTAKT: PapillionAKL@aol.com

Ehlers, Jürgen
Biografie: *2.5.1948 in Hamburg. J. Ehlers arbeitet im Geologischen Landesamt Hamburg (Behörde für Stadtentwicklung und Umwelt). Er ist zuständig für die Geologische Landesaufnahme, befasst sich darüber hinaus mit Fragen der Eiszeit- und Küstenforschung. Er hat zahlreiche wissenschaftliche Aufsätze und mehrere Fachbücher geschrieben.
Schon in der Schulzeit hat J. Ehlers Kurzkrimis zu Papier gebracht. Nach einer längeren Pause folgte 1992 mit *Flucht* die erste veröffentlichte Kriminalerzählung. Bis November 2001 sind 23 Krimi-Kurzgeschichten erschienen, fünf davon auf Englisch. 2000 und 2004 erschienen beim Verlag der Criminale Sammelbände mit 19 bzw. 11 Kriminalerzählungen.
Da weder Ehlers noch Jürgen besonders seltene Namen sind, gibt es mehrere Doppelgänger! Am häufigsten stößt man bei Datenbank- und Katalogrecherchen auf Prof. Dr. Jürgen Ehlers, geboren 1929 in Hamburg (nicht verwandt), international bekannter Spezialist für Astrophysik.

KRIM.-ERZ.: 1992 *Flucht*, in: Heyne Krimi-Jahresband 1992, Hrsg. Bernhard Matt, Heyne; 1994 *Herzversagen*, in: Der Mörder schwänzt den Unterricht, Hrsg. Leo P. Ard, Grafit; 1994 *Gesund*, in: Der Mörder kommt auf Krankenschein, Hrsg. Leo P. Ard, Grafit; 1995 *Das Huhn*, in: Der Mörder kommt auf sanften Pfoten, Hrsg. Leo P. Ard, Grafit; 1995 *Erstarrte Lava*, in: Haffmans Krimi-Jahresband 1995, Hrsg. Gerd Haffmans u. Bernhard Matt, Heyne; 1996 *Die Gunst der Lage*, in: Der Mörder kennt die Satzung nicht, Hrsg. Leo P. Ard, Grafit; 1997 *Moorleiche*, in: Haffmans Krimi-Jahresband 1997, Hrsg. Gerd Haffmans u. Bernhard Matt, Heyne; 1999 *Bankräubermärchen*, in: »Jürgen würgen ...«, Hrsg. Jacques Berndorf, Weiss; 1999 *»Wangeroog de Schone ...«*, in: Death by Espionage, Hrsg. Martin Cruz-Smith, Cumberland House Publishing; 2000 *Dick als Doof*, in: Mordsgewichte, Hrsg. Tatjana Kruse u. Martina Bick, Serie Piper; 2000 Die Moorleiche. Kriminalerzählungen, VdC; 2000 *Ente mit Sanddorn*, in: Mordkompott, Hrsg. Peter Gerdes, Leda; 2000 *Golden Gate Bridge – A View From Below*, in: Scenes of Crime, Hrsg. Martin Edwards, Constable & Robinson; 2000 *Unsettled Scores*, in: Murder through the Ages, Hrsg. Maxim Jakubowski, Headline; 2000 *Dreadnoughts*, in: Faszination

See, Hrsg. Peter Gerdes, Leda; 2000 *Kein Glück, Traumhaus, Süßwasser, Tragischer Unglücksfall, Ein Glas Wasser, Kleine Abendandacht, Soapy Cove* und *Unterkühlung* in: Die Moorleiche. Kriminalerzählungen, VdC; 2001 *Zwei Enten*, in: Mord mit Biss. Hrsg. Anke Cibach, Hannah; 2001 *Zimmerwechsel*, in: Greiffenstein. Hrsg. Tatjana Kruse u. Anneli von Könemann, KBV; 2002 *Strandrecht*, in: Alte Götter sterben nicht, Hrsg. David Kenlock, Scherz; 2002 *Bank Holiday in Cambridge*, in: Crime in the City, Hrsg. Martin Edwards, The Do-Not Press; 2002 *Spitzbergen*, in: Mord und Steinschlag, Hrsg. Jürgen Ehlers u. Jürgens Alberts, Leda; 2002 *Wal steht nicht auf der Speisekarte*, in: Flossen hoch!, Hrsg. Peter Gerdes, Leda; 2002 *Russengold am Möhnsee*, in: Mord am Hellweg, Hrsg. H. P. Karr, Jürgen Kehrer u. Herbert Knorr, Grafit; 2003 *Nie wieder aufgetaucht*, in: Letzte Worte, Hrsg. Nadine Barth u. Stephanie Kriesel, Schwerz; 2003 *Eine traurige Geschichte*, in: Liebestöter, Hrsg. Anke Cibach, Scherz; 2002 *Föhrer Weinstube – Zimmer frei!*, in: Weinleichen, Hrsg. Angela Eßer, Scherz; 2004 *Der Halbbruder*, in: Mord ist die beste Medizin, Hrsg. Monika Buttler u. Alexandra Guggenheim, Scherz; 2004 *Positiv denken in Hamminkeln*, in: Mord am Niederrhein, Hrsg. Jürgen Kehrer, Grafit; 2004 *Bankraub mit dem Neuen Steuerungsmodell, Waldfriedhof, Die Strandleiche* und *Bodensee-Felchen*, in: Golden Gate Bridge von unten, Kriminalerzählungen, VdC

Sonstige Publ.: Zahlreiche wissenschaftliche Aufsätze und Fachbücher
Mitglied: Syndikat
Kontakt: jehlersqua@aol.com;
www.members.aol.com/EhlersKrimi

Ehry, Norbert

auch unter dem Pseud.: Hans Riesling
Biografie: *1948 in Frankfurt/M. N. Ehry besuchte die Filmhochschule in München, studierte Theaterwissenschaft und arbeitete in verschiedenen Filmberufen. Die Produktion *Amok*, in der N. Ehry das Abgleiten eines Normalbürgers in den Rechtsextremismus zeigte und mit dem er – ob gewollt oder ungewollt –die Ausländerfeindlichkeit in Deutschland angestachelt hätte, wurde durch ein Veto des SWF-Programmdirektors Kurt Rittig in letzter Minute 1992 im Hauptabendprogramm abgesetzt und erst 1994 im dritten Programm des Südwestfunk gezeigt, gekoppelt mit einer Diskussion und in einer Reihe, in der zu einem späteren Zeitpunkt auch Ulrike Meinhofs Fernsehspiel *Bambule* gesendet wurde, das für mehr als zehn Jahre im »Giftschrank« gelegen hatte.

Seine Neigung zu kritischen und realitätsnahen Stoffen stellte N. Ehry auch mit dem preisgekrönten Fernsehspiel *Der große Abgang* unter Beweis, für das er den Selbstmord des St.-Pauli-Killers Pinzner als Vorlage verwendete.

Kriminalromane: 2000 Die Neue, (TV-Novel nach dem gleichnamigen Tatort-Film), Emma Haug und Norbert Ehry, Weltbild; 2000 Bluthunde, (TV-Novel nach dem gleichnamigen Tatort-Film), Martin Baresch und N. Ehry, Weltbild TV: 1979 Tatort: Ende der Vorstellung, (Serienfilm, 90 Min., BR), Drehbuch: H. Riesling, Regie: Georg Marischka, EA 6.5.1979 ARD; 1982 Am Anfang war Schrott, (Fernsehfilm, ZDF); 1983 Tatort: Peggy hat Angst, (Serienfilm, 90 Min., SWF), Drehbuch: N. Ehry, Regie: Wolfgang Becker, EA 23.5.1983 ARD; 1985 Hautnah, (Fernsehfilm, 110 Min., SWF), Drehbuch: N. Ehry, Regie: Peter Schulze-Rohr, EA 8.12.1985 ARD; 1986 Tatort: Aus der Traum, (Serienfilm, 90 Min., SWF), Drehbuch: N. Ehry, Regie: Hansgünther Heyme, EA 15.6.1986 ARD; 1987 Kein Glück mit Frauen, (Fernsehspiel, 65 Min., SWF), Drehbuch und Regie: N. Ehry EA 9.11.1987 S3; 1989 Tatort: Die Neue, (Serienfilm, 90 Min., SWF), Drehbuch: N. Ehry, Regie: Peter Schulze-Rohr, EA 29.10.1989 ARD; 1990 Alles paletti: Das Schlitzohr, (Serien-Pilotfilm, 80 Min., SWF), Drehbuch: N. Ehry, (gem. mit Friedhelm Werremeier), Regie: Roland Suso Richter; 1990 Alles paletti: Timos Flucht, (Serienepisode, 60 Min., SWF), Drehbuch: N. Ehry, (gem. mit Friedhelm Werremeier), Regie: Roland Suso Richter; 1990 Alles paletti: Ritas Freund, (Serienepisode, 60 Min., SWF), Drehbuch N. Ehry, (gem. mit Friedhelm Werremeier), Regie: Lienhard Wawrzyn; 1990 Alles paletti: Laura und der Spion, (Serienepisode, 60 Min., SWF), Drehbuch: N. Ehry, Regie: Roland Suso Richter; 1990 Alles paletti: Äffchen scheren, (Serienepisode, 60 Min., SWF), Drehbuch: N. Ehry, Regie: Nico Hofmann, EA 2.9.1990 ARD; 1992 Tatort: Die Neue, (Serienfilm, 100 Min., SWF),

Drehbuch: N. Ehry, Regie: Peter Schulze-Rohr, EA 24.8.1992 ARD; 1985 Hautnah, (Fernsehfilm, 111 Min., SWF), Drehbuch: N. Ehry, Regie: Peter Schulze-Rohr, EA; 1992 Tatort: Unversöhnlich, (Serienfilm, 90 Min., WDR), Drehbuch: N. Ehry, Regie: Ilse Hofmann, EA 4.10.1992 ARD; 1992 Amok, (Fernsehfilm, 105 Min., SWF), Drehbuch: N. Ehry, Regie: Peter Schulze-Rohr, EA 1.2.1994; 1994 Faust: Inkasso, (Serienepisode, 60 Min., ZDF), Drehbuch: N. Ehry, Regie: Ulrich Stark, EA 25.11.1994 ZDF; 1995 Faust: Todesangst, (Serienepisode, 60 Min., ZDF), Drehbuch: N. Ehry, Regie: Martin Enlen, EA 7.4.1995 ZDF; 1995 Der große Abgang, (Fernsehfilm, 90 Min., SWF), Drehbuch: N. Ehry, Regie: Nico Hofmann, EA 30.4.1995 ARD; 1995 Verbotene Zone, (Fernsehfilm, 90 Min., ARTE/ZDF), Drehbuch: G. Jones und N. Ehry, Regie: Markus Fischer, EA 26.8.1995 ARTE; 1997 Gesprengte Ketten, (Fernsehfilm, 90 Min., SWF), Drehbuch: N. Ehry, Regie: Martin Gies, EA 21.5.1997; 1997 Gewagtes Spiel, (Fernsehfilm, 85 Min., SWF), Drehbuch: N. Ehry. Regie: Martin Gies, EA 16.7.1997 ARD; 1997 Tatort: Bluthunde, (Serienfilm, 90 Min., BR), Drehbuch: N. Ehry, Regie: Peter Schulze-Rohr, EA 21.12.1997 ARD; 1999 Die Entführung, (Fernsehfilm, 90 Min., Telefilm Saar für SAT 1), Drehbuch: N. Ehry, Regie: Peter Patzak, EA 6.4.1999 SAT 1; 1999 Todsünden – Die zwei Gesichter einer Frau, (Fernsehfilm, 90 Min., RTL), Drehbuch: N. Ehry und Werner Thal, Regie: Carlo Rola, EA 8.12.1999 RTL; 1999 Tatort: Offene Rechnung, (Serienfilm, 90 Min.), Drehbuch: Norbert Ehry, Regie: Connie Walther; 2000 Sperling und das letzte Tabu, (Fernsehfilm, 90 Min., ZDF), Drehbuch: Norbert Ehry, Regie: Peter Schulze-Rohr; 2001 Tatort: Bestien, (Serienfilm, 90 Min.), Drehbuch: Norbert Ehry, Regie: Kaspar Heidelbach; 2002 Tatort: Das Phantom, (Serienfilm, 90 Min.), Drehbuch Norbert Ehry; 2003 K3 – Kripo Hamburg: Auf dünnem Eis, (Serienfilm, 90 Min., NDR), Drehbuch: Norbert Ehry, Regie: Friedemann Fromm; 2003 Sperling und der kleine Zeh im Glas, (Fernsehfilm, 90 Min., ZDF), Drehbuch: Norbert Ehry, Regie: Marcus Rosenmüller

PREISE: 1995 Fernsehspielpreis der Deutschen Akademie der Darstellenden Künste für das Fernsehspiel *Der große Abgang*, (gem. mit dem Regisseur Nico Hofmann)

Eik, Jan

Pseud. für: Helmut Eikermann; auch unter dem Pseud.: Helmut E. Günter

Biografie: *16.8.1940 in Berlin. H. Eikermann war nach dem Abitur zunächst Studioassistent, nach dem Studium in Mittweida und Dresden bis 1987 Diplomingenieur für Informationstechnik beim Rundfunk.

Seit 1961 veröffentlichte er in Zeitschriften, hauptsächlich in Die Weltbühne, schrieb Glossen, Feuilletons, Reportagen und Rezensionen, Prosa in Anthologien, Kinderhörspiele, Features und Jazzsendungen für den Rundfunk, Beiträge zur Medien- und Berlin-Geschichte und zur Kriminalliteratur.

Seit 1987 ist er freiberuflicher Autor und Publizist, Gründungsmitglied der Sektion Kriminalliteratur im Schriftstellerverband der DDR und war 1989 Vertreter beim A.I.E.P.-Kongress in Mexiko. 1991/93 und 1994/98 war er Herausgeber des Informationsblattes Secret Service.

KRIMINALROMANE: 1975 Das lange Wochenende, Neues Leben, Kompass 194; 1986 Poesie ist kein Beweis, Das Neue Berlin, DIE; 1989 Der siebente Winter, Das Neue Berlin, DIE, NA 2000 VdC; 1990 Dann eben Mord, Das Neue Berlin, DIE; 1991 Wer nicht stirbt zur rechten Zeit, Das Neue Berlin, DIE 142; 1998 Der Geist des Hauses. Ein Friedrichstadtpalast-Krimi, Ullstein 24268; 1998 Ausschreibung für einen Mord, avedition, HC; 1999: Kamera läuft, Herr Kommissar, (gem. mit Friedel Freiherr von Wangenheim), Ullstein; 2000 Shooting. Ein Fotografenkrimi, avedition, HC; 2001 Der Schein trügt, krimi.verlag; 2002 Auf Mord gebaut, TB berlin.krimi; 2002 Kurisches Gold, Verlag Die Hanse

KRIM.-ERZ.: 1978 Ferien in Vietkevitz, Neues Leben, Das neue Abenteuer 385; 1983 Ein Bett für eine Nacht, Das Neue Berlin, Blaulicht Nr. 225; 1986 (als Helmut Günter) Ein betäubender Duft, Blaulicht Nr. 253; 1990 Goldene Hände, Das neue Berlin, Blaulicht Nr. 279; 1991 *Nichts geht mehr*, in: Eine glänzende Idee, Reiher; 1993 *Der andere*, in: Im Namen des Guten, Heyne; *Das verlorene Gesicht*, in: Goodbye, Brunhilde, Grafit; *Zum ewigen Angedenken*, in; Der Mörder ist immer der Gärtner, Grafit; 1993 *Neun zu Eins*, in: Der Mörder bläst die Kerzen aus, Grafit; *Weihnachtsüberraschung*, in: Der Mörder packt die Rute aus, Grafit 1993; 1994 *Paulchens Tod* und *Wie du mir …*, in: Neue ostdeutsche Krimis, Eisbär; 1995 *eNDe gut, alles gut*, in:

Deutschland einig Mörderland, Neues Berlin; 1995 *Viel leichter als gedacht*, in: Crime Time, Schwarzkopf & Schwarzkopf; 1996 *Michele ma belle*, in: die horen Nr. 182; 1998 *Auf Sand gebaut*, in: Der Bär schießt los, Ullstein; *Auf Freiersfüßen*, in: Die allerletzte Fahrt des Admirals, Ullstein; 1999 *Unabwendbar*, in: Schicke neue Welt, Ullstein; 2000 *Ein typischer Krebs*, in: Tückische Krebse, Hrsg. Thea Dorn, Uta Glaubitz u. Lisa Kuppler, Eichborn; 2002 *Letzte Ausfahrt Schwerte*, in: Mord am Hellweg, Hrsg. H. P. Karr, J. Kehrer, H. Knorr, Grafit 271; 2003 *Mad Mission*, in: Liebestöter, Hrsg. A. Cibach, Scherz; 2003 Der Name des Herrn, in: Letzte Worte, Hrsg. Nadine Barth, Scherz

Funk: 1975–1989 etwa 20 Kriminalhörspiele; 1989 Der letzte Anruf, (Kriminalhörspiel, 55 Min.); 1990 Heimkehr, (Kriminalhörspiel, 55 Min.); 1991 Bis zur Silberhochzeit, (Kriminalhörspiel); 1991 Mark und Penny – Der Rest ist Schweigen, (Kriminalhörspiel, Sachsenradio, 50 Min.); 1993 Jerry Cotton – Born in Bärenstein, (Radiofeature, Deutschlandradio); 1994 Tatort Eisenbahnunterführung, (Radiofeature, gem. mit Wolfgang Mittmann, MDR); 1995 Das Funkhaus brennt, (Radiofeature, MDR und SFB); 1996 Die Todesschüsse von Uckro, (Radiofeature, gem. mit Wolfgang Mittmann, MDR); 1997 Der Dessauer Prozess, (Radiofeature, gem. mit Wolfgang Mittmann, MDR); 1997 Hier spricht Berlin, (Radiofeature, Radio Kultur); Alarm im Zirkus, (gem. mit Wolfgang Mittmann); 2004 Erwins Ende, (Rätsel-Kriminalhörspiel, 17. Min., rbb)

TV: 1982 Der Staatsanwalt hat das Wort: Gefährliche Freundschaft, (Serienfilm, 85 Min., Fernsehen der DDR), Szenarium: J. Eik, Drehbuch und Regie: Bodo Fürneisen, EA 23.11.1982 DDR 1

Sonstige Publ.: 1994 ff. *Lexikon der Kriminalliteratur*, Meitingen; 1995 *Besondere Vorkommnisse. Politische Affären und Attentate*, Kriminal-Report, Das Neue Berlin; 1996 *Der Mann, der Jerry Cotton war. Erinnerungen des Bestsellerautors Heinz Werner Höber*, Biographie, Das Neue Berlin. Außerdem weitere Sachbücher, zahlreiche publizistische Beiträge, Feuilletons, Reportagen und Rezensionen, Drehbücher und eine Komödie

Preise: 1990 Handschellen-Preis der Sektion Kriminalliteratur für *Der siebente Winter*; 1999 Berliner Krimi-Preis *Krimifuchs*

Mitglied: Syndikat; Kurt-Tucholsky-Gesellschaft; VS

Eikermann, Helmut → **Eik, Jan**

Eilers, Reimer

Biografie: *15.12.1957. R. Eilers wuchs auf Helgoland auf. Sein Großvater war Leuchtturmwärter, ein Onkel Haifischer. Er studierte Wirtschaftswissenschaften und lebt als freier Schriftsteller in Hamburg und an der Ostsee. In den 80er-Jahren war er Mitbegründer der Autorengruppe PENG (literarische Performances), seit 1991 ist er Landesvorsitzender des VS in Hamburg. 1984 wurde er beim »Hungertuch«-Wettbewerb um das beste literarische Debüt auf der Buchmesse 1984 in Frankfurt ausgezeichnet und erhielt seitdem zahlreiche weitere Auszeichnungen.

Kriminalromane: 1985 Cranz. Hochsicherheit; 1990 Die schwarze Prinzessin, NA 1994; 2002 High Fish. Der kleine Trauerfall zum großen Mauerfall

Sonstige Publ.: Kriminalerzählungen in Anthologien und Magazinen, Essays, mehrere Gedichtbände sowie Erzählungen und Novellen, wissenschaftliche Publikationen, Sachbücher

Preise: 1984 Auszeichnung beim Hungertuch-Wettbewerb für das beste literarische Debüt auf der Buchmesse in Frankfurt; 1985 und 1991 Förderpreis Literatur der Stadt Hamburg

Mitglied: Syndikat

Kontakt: eilers@autorengruppe.de; www.reimereilers.de

Eis, Egon und Eis, Otto

Pseud. für: Egon Eisler und Otto Eisler; auch unter den Pseud.: Egon van Eyss, Osso van Eyss, Osso Eis

Biografie: Egon Eis: *6.10.1910 in Wien, †6.9.1994 in München. Otto Eis: *19.3.1903 in Budapest, †14.1.1952 in Hollywood. O. Eis, Sohn eines Bauunternehmers, begann seine literarische Tätigkeit mit Humoresken, Erzählungen und Magazinartikeln. Ende der 20er-Jahre folgte er seinem Bruder Egon nach Berlin und veröffentlichte mit ihm gemeinsam mehrere Kriminalromane. Darüber hinaus lieferten die beiden in Zusammenarbeit mit Rudolf Katscher eine Reihe von Ideen, Storys und Drehbücher für die ersten deutschen Kriminalfilme. E. Eis war daneben noch Mitarbeiter bei den *Lustigen Blättern*.

1933 gingen die Brüder nach Wien zurück, wo sie bald auch als Theaterautoren reüssierten. In Zusammenarbeit mit Hans J. Rehfisch und Gina Kaus entstanden in dieser Zeit mehrere Bühnenstücke, darunter *Wasser für Canitoga* (1936), das in 56 Städten Europas und Südamerikas mit Erfolg lief. Um die Aufführung auch in Deutschland zu ermöglichen, musste zur Genehmigung durch die Berliner Schrifttumskammer ein Tarnautor vorgeschoben werden, der Wiener Georg Turner. Das Bühnenstück lieferte später die Vorlage für das Drehbuch des gleichnamigen Films mit Hans Albers.

Nach der Besetzung Österreichs gelang den Brüdern die Flucht nach Paris, wo sie trotz Arbeitsverbots weiterhin als Filmautoren tätig waren. Eines ihrer Theaterstücke lieferte die Vorlage für Arnold Pressburgers *Prison sans Barreaux* (1938), der auch in einer englischen Fassung hergestellt wurde.

1940 trennten sich die Brüder. E. Eis gelangte 1940 zunächst nach Marokko dann 1941 nach Kuba und schließlich 1942 nach Mexiko, wo er bis 1945 lebte und sich als Autor bei spanischsprachigen Filmen durchschlug. Nach zwei Abstechern 1947 und 1948 nach Hollywood, wo er mit seinem Bruder ergebnislos über die Möglichkeit einer weiteren Zusammenarbeit sprach, kehrte er 1953 nach Deutschland zurück, wo er als Autor zahlreiche Dokumentarspiele und Fernsehspiele verfasste.

O. Eis kam 1942 über Kuba in die USA, wo er in Hollywood den Namen Osso van Eyss annahm. Er arbeitete zunächst für die Columbia, die 1943 nach einem Treatment der Eis-Brüder *I was a prisoner on devil's island* produzierte, ab 1943 MGM.

In den Achtzigerjahren wurden einige der Kriminalromane, die die beiden Brüder um 1930 in Berlin geschrieben hatten, in der Reihe der *Crime Classics* des Heyne Verlags veröffentlicht. Die Romane stehen in der klassischen englischen Tradition des mit Action-Elementen durchsetzten Salonkrimis.

(Biografische Angaben teilweise nach: Rudolf Ulrich: Österreicher in Hollywood)

Kriminalromane: 1957 Duell im Dunkel, (E. Eis), Ullstein 139, NA 1958 Ullstein 739; 1932 Wer ist Chester Sullivan,(Osso und E. Eis), NA1982 Gesucht wird Chester Sullivan, Heyne Crime Classic 2012; 1931 Die letzte Frau von London, (Osso und E. Eis), NA 1985 Heyne Crime Classic 2143

TV: 1969 Im Auftrag der schwarzen Front, (Fernsehfilm, SDR), Drehbuch: E. Eis und Carl Merz, Regie: Ludwig Cremer); 1974 Die Kugel war Zeuge, (Dokumentarspiel, ZDF), Drehbuch: E. Eis, Regie: Rainer Söhnlein, EA 12.3.1974 ZDF; 1975 Zwei Finger einer Hand, (Dokumentarspiel, ZDF), Drehbuch: E. Eis, Regie: Georg Marischka, EA 9.12.1975 ZDF; 1981 Kennwort Schmetterling – Verbrechen in Hypnose, (Fernsehspiel, 88 Min., Stern TV für ZDF), Drehbuch: E. Eis, Regie: Claus Peter Witt, (gem. mit Dieter Laser), EA 22.6.1981 ZDF; 1983 Der Fall Sylvester Matuska, (Fernsehfilm, ZDF), Drehbuch: E. Eis, Regie: Sandor Simo, EA 11.3.1987 ZDF; 1984 Ein Mann namens Parvus, (Fernsehfilm, ZDF), Drehbuch: E. Eis, Regie: Rudolf Nussgruber; 1987 Der Fall des Leon Bisquet, (Fernsehfilm, ZDF), Drehbuch: E. Eis, Regie: Lutz Büscher, EA 30.7.1987 ZDF

Film: Zahlreiche Drehbücher zu Kriminal- und Abenteuerfilmen ab 1930; 1930 Der Tiger, (Deutschland), Drehbuch: Rudolf Katscher und Egon Eis, Regie: Johannes Meyer); 1930 Der Schuß im Tonfilmatelier, (Deutschland, 72 Min.), Drehbuch: Kurt Siodmak, Rudolf Katscher und E. Eis nach einer Idee von Kurt Siodmak, Regie: Alfred Zeisler; 1930 Der Greifer, Drehbuch: Rudolf Katscher und E. Eis, Dialoge: Curt J. Braun und Max Ehrlich, nach einer Idee von Victor Kendell, Regie: Richard Eichberg, deutsche Version der englischen Produktion Night Birds, (Remake 1957 unter dem gleichen Titel); 1931 Der Zinker, Drehbuch: O. und E. Eis nach dem Roman von Edgar Wallace, Regie: Carl Lamac und Fric Mac; 1932 Teilnehmer antwortet nicht, (Deutschland), Drehbuch: E. und O. Eis gem. mit Rudolf Katscher nach einer Idee von Mühlfriedl, Regie: Rudolf Katscher; 1939 Wasser für Canitoga, (119 Min.), Drehbuch: Walter Zerlett-Olfenius nach dem Bühnenstück von G. Turner Krebs, für den Film bearbeitet von Emil Burri und Peter Francke, Regie: Herbert Selpin, EA 10.3.1939; 1957 Der Greifer, (Deutschland), Drehbuch: Curt J. Braun, (möglicherweise auch E. Eis), Regie: Eugen York, Remake von 1930; 1962

Er kann's nicht lassen, Drehbuch: E. Eis und Carl Merz nach G. K. Chesterton, Regie: Axel von Ambesser

Eis, Osso → **Eis, Egon und Eis, Otto**

Eisenkolb, Gerhard
auch unter den Pseud.: G. E., Knut Krause
Biografie: *13.1.1945 in Karlsbad. G. Eisenkolb war von 1968 bis 1970 Polizeireporter bei Bild-Berlin und arbeitete u. a. an einer Serie *Agentendrehscheibe Berlin* mit, aus der er, wie er behauptet, die Grundidee für seinen Roman-Erstling *Die 14 Stunden des Pater David* schöpfte. Mit dem Manuskript beteiligte er sich an einem Preisausschreiben des Wiener Molden-Verlags, in dem nach einem neuen deutschen Erzähler (vom Schlage einer Vicki Baum) gesucht wurde. Er erhielt den Preis für sein in aller Eile geschriebenes Manuskript gemeinsam mit anderen Autoren zugesprochen.
G Eisenkolbs Bücher handeln von dem von seiner Umwelt manipulierten einsamen Menschen, der versucht auszubrechen. Sie erzählen in einer schnörkellosen, effektsicheren Reporterprosa zeitnahe und aktuelle Geschichten aus der Welt der Geheimdienste und des internationalen Terrorismus. Aus »rechtlichen Gründen« erschienen seine weiteren Kriminalromane in der Heyne-Reihe unter den Initialen »G. E.«.

KRIMINALROMANE: 1973 Die Abrechnung oder Die 14 Stunden des Peter David Molden, HC; 1975 München Shalom, Molden, NA als *Das Kommando*, Molden Tb 13, 1976; 1976 Schmutz auf weißer Weste, (G. E.), Heyne 1682; 1977 Der Strandläufer, (G. E.), Heyne 1741; 1978 Als die Sonne nicht mehr unterging, Molden, HC; 1978 Mord am Bahnübergang, (G. E.), Heyne 1790; 1979 Gute Freunde von drüben, (G. E.), Heyne 1869; 1981 Jagdunfall, (G. E.), Heyne 1932; 1982 Als die Sonne nicht unterging, Heyne; 1986 Geliebte Spionin, Goldmann 8611; 1987 Blumen in der Wüste, Goldmann 8792; 1996 Das Medienkomplott, Mitteldeutscher Verlag, HC
SONSTIGE PUBL.: Romane, Jugendbücher, Reportagen

Eisler, Egon → **Eis, Egon und Eis, Otto**

Eisler, Otto → **Eis, Egon und Eis, Otto**

Elgers, Paul
Pseud. für: Paul Schmidt-Elgers
Biografie: *23.3.1915 in Berlin. P. Schmidt-Elgers, der unter dem Namen Paul Elgers veröffentlicht, absolvierte von 1933 bis 1936 eine Lehre als Drogist, anschließend arbeitete er von 1934 bis 1940 als Angestellter im pharmazeutischen Großhandel. Von 1940 bis 1944 war er Soldat, im September 1944 geriet er in sowjetische Kriegsgefangenschaft, aus der er 1948 zurückkehrte. Danach arbeitete er als Korrespondent bei der Täglichen Rundschau in Berlin. Von 1957 bis 1959 war er Direktionsassistent der Deutschen Konzert- und Gastspieldirektion in Erfurt, von 1961 bis 1965 zunächst Lektor, später Cheflektor im Greifenverlag, wo später fast alle seine Bücher erschienen. Nach der Überführung des Verlags in »Volkseigentum« wurde er 1966 freier Schriftsteller. In seinen beiden Kriminalromanen schuf P. Elgers einen westdeutschen Detektiv, da es im »sozialistischen Wirtschaftsgebiet« den Beruf des Detektivs nicht gab: »Es sollte doch immer der Genosse Volkspolizist dominieren ...«

KRIMINALROMANE: 1974 Die Katze mit den blauen Augen, Greifenverlag; 1985 Tödliches Geschäft, Mitteldeutscher Verlag
SONSTIGE PUBL.: 1976 *Der Fall Caspar Trümpy*, (Historischer Kriminalfall), Greifenverlag; 1980 *Der Unbekannte von Collegno*, (Historische Kriminalerzählung), Greifenverlag; 1989 *Der vorgetäuschte Mord – Vier historische Kriminalfälle*; zahlreiche Erzählungen und Romane

Elkin, Ed → **Klein, Edwin**

Endres, Brigitte → **Endres, Odile**

Endres, Odile
Pseud. für Brigitte Endres
Biografie: *8.3.1957 in Jettingen-Scheppach/Bayern. B. Endres studierte Germanis-

tik, Romanistik und Computerlinguistik an den Universitäten Aix-en-Provence und Heidelberg. Als Linguistin arbeitete sie in unterschiedlichen computerlinguistischen Projekten. Literarisch debütierte sie 1995 mit *Rendezvous mit Künzle*. Es folgten weitere Veröffentlichungen von Lyrik und Prosa. Ihre WORD-ART-Arbeiten waren in mehreren Ausstellungen zu sehen. Im Zentrum ihrer Arbeit steht die Internet-Literatur, in der sich Prosa, Poesie, Bild und Ton zu multimedialen Kunstwerken verbinden. Seit vielen Jahren veröffentlicht sie »Cykus« (Haiku im Cyberspace) und andere Gedichte im Internet. Die Autorin übersetzt außerdem Gedichte des amerikanischen Dichters Jack Hirschman, die sie zusammen mit ihm erstmals 2003 am Deutsch-Amerikanischen Institut Heidelberg im Rahmen des Poesie-Festivals Poets One präsentierte. Bei diesem Festival war sie auch an einem Live-Haiku-Wettbewerb beteiligt.

Zurzeit arbeitet sie an der Ernst-Moritz-Arndt-Universität in Greifswald als Dozentin für Schriftkompetenz. Am Studio Literatur und Theater der Universität Tübingen unterrichtete sie Cyberprosa. B. Endres lebt in Heidelberg und Greifswald.

Krim.-Erz.: 1995 *Rendezvous mit Künzle*. Kurz-Krimis, Lösch Verlag; 1999 *Die Falltür*, in: Fichtners Erbe. Der Kurpfalz-Krimi, Teil 16, Hrsg. Klaus Haag, Barbara Mattes & Klaus Spindler, C&C Verlag
Sonstige Publ.: Internet-Literatur (Cyberprosa), wissenschaftliche Artikel zur Lingustik, Cykus (Haiku im Cyberspace, täglich neu), Kurzgeschichten und Gedichte in Anthologien
Kontakt: http://www.odile-endres.de; http://www.cyberprosa.de/

Engelke, Kai

Biografie: *1.4.1946 in Göttingen, aufgewachsen in Hildesheim, Berlin und Wyk auf Föhr. Nach dem Abitur absolvierte er ein Redaktionsvolontariat bei der dpa in Frankfurt am Main. Danach arbeitete er als freier Mitarbeiter für die Hildesheimer Presse, die Hildesheimer Allgemeinen Zeitung, die der taz/Bremen und den NDR/Hannover. Nach einem Lehramtsstudium in Hildesheim widmete er sich mehrere der Lyrik und Kurzprosa. Erst in jüngerer Zeit gilt sein Interesse vorrangig der Kriminalliteratur. K. Engelke lebt mit seiner Familie in Surwold im Emsland als Schriftsteller, Maler, Musikant und (Teilzeit-)Grundschullehrer.

Kriminalromane: 2005 Der Totdenker, Leda 2005
Krim.-Erz.: 2002 Der Vollzeit-Erschrecker, Kriminalgeschichten, Leda 2002; 1998 *Der Grabredner, Die toten Augen der Frau Hippenstiehl, Der Umzug* und *Das war's also*, in: Detlef, ruf deine Mutter an!, Geschichten, Satiren, Prosaskizzen, Hrsg. K. Engelke, Klaus Bielefeld Verlag; 1999 *Die Umarmung*, in: Zum Morden in den Norden, Hrsg. P. Gerdes, Verlag Soltau-Kurier-Norden; 2001 *Tödliche Freiheit*, in: Mordlichter, Hrsg. von P. Gerdes, Leda; 2001 *Ich will nicht sein wie er*, in: Tod eines Satanisten und andere phantastisch-morbide-skurrile Stories, Hrsg. M. Wunderlich, VirPriV Verlag; 2002 *Reine Privatsache*, in: Abrechnung bitte! – Eine mörderische Kneipentour, Hrsg. P. Gerdes, Rowohlt; 2004 *Butter bei die Fische!*, in: Flossen höher! – Kriminelles zwischen Fisch und Pfanne, Hrsg. H. und P. Gerdes, Leda; 2004 *Familienbande*, in: Tatort FloraFarm, Hrsg. G. Wischmann, Juwi MacMillan Group
Sonstige Publ.: Mehrere Lyrikbände, Kurzprosasammlungen und Sachbücher, Hrsg. verschiedener Anthologien und Dokumentationen, zwei Musik- und Literatur-CDs sowie zahlreiche Artikel, Reportagen, Rezensionen in den Printmedien
Mitglied: Syndikat; VS
Kontakt: www.kaiengelke.de

Erfurt, Peter → Bierschenck, Burkhard P.

Erichsen, Uwe

auch unter den Pseud.: Jerry Cotton, Andrew McKay, Jim Sheridan, Gil Hammon
Biografie: *9.8.1936 in Rheydt. U. Erichsen war bereits während seiner Schulzeit journalistisch tätig, später schrieb er als Ausgleich zu seinem kaufmännisch-technischen Beruf, den er erlernt hatte. Als sich die ersten Erfolge einstellten, beschloss er, aus seinem Hobby ei-

nen Beruf zu machen. Seit 1974 arbeitet er als freier Schriftsteller und verfasste ca. 240 Romanhefte und Taschenbuchromane, darunter Western, Agententhriller und Jerry-Cotton-Romane, sowie zahlreiche Kurzgeschichten und Fortsetzungsromane für Zeitschriften. Schließlich wandte er sich schwerpunktmäßig dem Kriminalroman zu. In den folgenden Jahren veröffentlichte U. Erichsen regelmäßig jeweils einen oder zwei neue Romane. Darüber hinaus arbeitete er als Autor für die ARD-Vorabendserien *Der Fahnder*, *Großstadtrevier*, *Auf Achse* und andere. 1987 schließlich verfasste Erichsen gemeinsam mit Christoph Fromm nach seinem Roman *Das Leben einer Katze* (später unter dem Titel: *Die Katze*) das Drehbuch zu dem Götz-George-Film *Die Katze* (Regie: Dominik Graf).

U. Erichsens Romane sind Männergeschichten im besten Sinn, Stories von Bewährungsproben und Krisen, die konsequent in eine aktionsreiche und spannende Handlung aufgelöst werden.

KRIMINALROMANE: 1978 Todesfalle Nizza, Bastei 36005; 1978 Ein Mann kommt raus, Bastei 36015; 1979 Schlafende Hunde, Bastei 36023; 1980 Schnee von gestern, Bastei; 1981 Was heißt denn hier Freundschaft, Bastei 36044; 1981 Das Weiße im Auge des Feindes, Bastei 36050; 1982 Rote Karte für Törtemeyer, Bastei 36060; 1982 Feine Freunde, Bastei 37004; 1983 Überrollt, Bastei 37009; 1984 Höhenrausch, Bastei 37019; 1984 Das Leben einer Katze, Bastei 37026, NA 1988 Die Katze; 1985 Ein Eisen im Feuer, Bastei 37032; 1985 Schade um Maria, Bastei 37038; 1986 Lockvogel, flieg, Bastei 37044; 1987 Wie Gift im Blut, Bastei 19505; 1988 Das Gesicht des Schattens, Bastei 19523; 1989 Ihr Auftrag, Travers, (6 Spionagethriller; Taschenbuch-Neuausgabe von Heftromanen), Bastei 19532; 1989 Eine Katze hat zwei Leben, Bastei 13179

TV: 1980 Tatort: Schönes Wochenende, (Serienfilm, 86 Min., WDR), Drehbuch: U. Erichsen und Martin Gies, Regie: Wolfgang Staudte, EA 16.11.1980 ARD; 1982 Tatort: So ein Tag …, (Serienfilm, 84 Min., HR), Drehbuch: U. Erichsen und Jürgen Roland, Regie: Jürgen Roland, EA 7.2.1982 ARD; 1985 Tatort: Acht, neun, aus!, (Serienfilm, 90 Min., HR), Drehbuch: Jürgen Roland, unter Mitarbeit von U. Erichsen, Regie: Jürgen Roland, EA 10.2.1985 ARD; 1988 Der Fahnder; Schmutzige Geschäfte, (Serienepisode, 50 Min., Bavaria für WWF), Drehbuch: U. Erichsen, Regie: Wolfgang Panzer; 1988 Der Fahnder: Ottos Alptraum, (Serienepisode, 50 Min., Bavaria für WWF), Drehbuch: U. Erichsen, Regie: Werner Masten; 1989 Bavaria für WWF: Ausermittelt, (Serienepisode, 45 Min., Bavaria für WWF), Drehbuch: U. Erichsen und Axel Götz, Regie: Wolfgang Panzer; 1989 Tatort: Katjas Schweigen, (Serienfilm, 90 Min., WDR), Drehbuch: U. Erichsen, Regie: Hans Noever, EA 3.12.1989 ARD; 1990 Der Fahnder: Das schwarze Schaf, (Serienepisode, Bavaria für WWF), Drehbuch: U. Erichsen, Regie: Michael Mackenroth; 1990 Tatort: Schimanskis Waffe, (Serienfilm, 90 Min., WDR), Regie: Hans Noever, Drehbuch: Hans Noever, Wolfgang Hesse, U. Erichsen, EA 2.9.1990 ARD; 1994 Einsatz für Lohbeck: Der King von Ruhrort, (Serienepisode, 50 Min., ARD Werbung), Drehbuch: U. Erichsen, Regie: Helmut Krätzig, EA 19.4.1994; 1994 Einsatz für Lohbeck: Oliver, (Serienepisode, 50 Min., ARD Werbung), Drehbuch: U. Erichsen, Regie: Helmut Krätzig, EA 26.4.1994; 1994 Der Fahnder: Solos Bluff, (Serienepisode, 45 Min., ARD), Drehbuch: U. Erichsen, Regie: Michael Mackenroth, ARD; 1994 Einsatz für Lohbeck: Einmal Hawaii, (Serienepisode, ARD Werbung, 50 Min.), Drehbuch: U. Erichsen, Regie: Pete Ariel, EA 24.5.1994 ARD; 1995 Der Fahnder: Die Tochter des Polizisten, (Serienepisode, 50 Min., ARD Werbung), Drehbuch: U. Erichsen und Jürgen Starbatty, Regie: Markus Imboden; 1995 Der Fahnder: Ganz in Weiß, (Serienepisode, 50 Min., ARD Werbung), Drehbuch: U. Erichsen nach einer Idee von Georg Heinzen, Regie: Markus Imboden; 1995 Julie Lescaut: Die Spitze des Dreiecks, (Serienfilm, 90 Min., ARD), Drehbuch: U. Erichsen, Bearbeitung und Dialoge: Michael Arnal und Alexis Lecaye, basierend auf Charakteren von Alexis Lecaye, Regie: Bettina Woernle, EA 15.2.1995 ARD; 1996 Die Partner: Die Falle, (Serienepisode, 50 Min., Colonia für WWF/ARD Werbung), Drehbuch: Richard Reitinger nach einer Idee von U. Erichsen, Regie: Joseph Rusnack; 1996 Die Partner: Berufsehre, (Serienepisode, 50 Min., Colonia für WWF/ARD Werbung), Drehbuch: Richard Reitinger nach einer Idee von U. Erichsen, Regie: Joseph Rusnack; 1996 Der Fahnder: Jäger und Gejagte, (Serienepisode, 50 Min., Colonia für ARD-Werbung), Drehbuch: U. Erichsen und Jürgen Starbatty, Regie:

Hans Werner Honert; 1997 Schimanski: Hart am Limit, (Fernsehfilm, 90 Min., WDR), Drehbuch: U. Erichsen, Regie: Hajo Gies, EA 23.11.1997 ARD; 1999/2000 Im Fadenkreuz : Die Feuertaufe, (Krimi, 90 Min., ZDF), EA 15.4.2000
FILM: 1987 Die Katze, (BRD, 118 Min.), Drehbuch: U. Erichsen und Christoph Fromm nach dem Roman Das Leben einer Katze von U. Erichsen, Regie: Dominik Graf, EA 21.1.1988, TV: ZDF 6.1.1991
FUNK: 1998 Das 52. Wochenende, (BR, 48 Min.); 1999 Jens Hagen
PREISE: 1977 Zweiter Platz im Jerry-Cotton-Preis für *Todesfalle Nizza*
MITGLIED: Syndikat
KONTAKT: Uwe.Erichsen@t-online.de

Ericsson, Claude → Waldhoff, Werner

Erler, Rainer

Biografie: *26.8.1933 in München. R. Erler arbeitete schon während und nach seiner Schulzeit bei Schul- und Studiobühnen, bevor er seine ersten Fernseh- und Filmerfahrungen als Assistent bei Rudolf Jugert, Harald Braun, Paul Verhoeven, Franz Peter Wirth und anderen sammelte.
Daneben schrieb er Theaterstücke, Filmkritiken und auch einige Drehbücher. Das Produzieren von Filmen lernte R. Erler, der später die meisten eigenen Werke mit seiner eigenen Firma »pentagramma« produzierte, bei Eric Pommer. Von 1961 bis 1972 war R. Erler freier Autor und Produzent bei der Bavaria, ab 1973 schrieb, produzierte und inszenierte er seine eigenen Filme.
Erlers Filme, zu denen er später meist auch eine Romanfassung vorlegte, bzw. deren Romanfassung parallel zum Drehbuch entstand, gehören in die Kategorie der »Science Thriller«, indem sie aktuelle Themen aus der gesellschaftlichen und politischen Diskussion in einer packend inszenierten Action-Geschichte präsentieren.
Oft lange bevor die Brisanz der Themen erkannt wurde, befasste R. Erler sich beispielsweise mit Themen wie Organhandel (*Fleisch*) oder Atomverbrechen (*Plutonium*), bzw. Atommüllentsorgung (*Das schöne Ende dieser Welt*). Doch auch Stoffe mit reinem SF-Anklang gehörten zu seinen Themen, die er in einer für damalige deutsche Fernsehverhältnisse oftmals spektakulären Art umsetzte, wie etwa *Die Delegation* oder *Operation Ganymed*. In seiner Fernsehserie *Das blaue Palais* befasste R. Erler sich mit dem Risiken und Chancen moderner Naturwissenschaft und Medizin, ohne dabei auf die gewohnten Spannungselemente zu verzichten. In einem weiteren Teil seines Werkes erwies sich Erler als versierter Autor von Fernsehkomödien und Satiren auf die verschiedensten Bereiche der modernen Gesellschaft
So trivial und unrealistisch – »unterhaltsam« würde Erler sagen – die Rahmenhandlungen seiner Filme mitunter sind, seine Krisen-Szenarien trafen häufig ins Schwarze. So krass er sie ausmalte, nahmen sie die Bedeutung und Schärfe des Problems nur vorweg. »Global« gedacht hat der mahnende Prophet schon 20 Jahre, bevor das Wort in Mode kam. Man müsse doch nur »extrapolieren«, erklärt der Sohn eines Studiendirektors seine Methode. »Wer sich informiert, die Facts kennt und dann hochrechnet, kommt zu solchen Ergebnissen.«
Die Akademie der Künste in Berlin hat für das Gesamtwerk des Autors und Regisseurs R. Erler ein Archiv mit seinen sämtlichen Filmen (auf VHS), Romanen, Erzählungen, Theatermanuskripten, Interviews, Fotos und Kritiken eingerichtet.

KRIMINALROMANE: 1973 Die Delegation, C. Bertelsmann, HC; 1974 Die Delegation : ein Bericht, Fischer; 1979 Fleisch, Goldmann 3727; 1978 Das blaue Palais: Das Genie, Goldmann 3743; 1979 Das blaue Palais: Das Medium, Goldmann 3767; 1979 Das blaue Palais: Unsterblichkeit, Goldmann 3858; 1979 Das blaue Palais: Der Verräter, Goldmann 3757; 1980 Das blaue Palais: Der Gigant, Goldmann 3909; 1981 Die letzten Ferien, Goldmann 6310; 1982 Delay – Verspätung, Goldmann, HC, NA 1984 Goldmann 6762; 1983 Plutonium: ein fiktives Dokumentar-Spiel, Eichborn; 1984 Das schöne Ende dieser Welt: ein Film von R. Er-

ler, Mirapuri, 1984; 1985 Das blaue Palais, (fünf Romane in einem Band), Bertelsmann Buchclub, Gütersloh, (Remake der gleichnamigen Romanreihe in einem Band, NA 1987 Bastei-Lübbe); 1986 Reise in eine strahlende Zukunft, Gustav Lübbe, HC, NA Bastei-Lübbe; 1989 Zucker: Roman einer süßen Katastrophe, Herbig, HC; 1991 Die Kaltenbach-Papiere, Edition Weitbrecht, HC; 1992 Ein Feuerzeichen, Edition Weitbrecht, HC;
TV: 1961 Das veilchenblaue Auto, (Fernsehfilm, 30 Min., SDR), Drehbuch: R. Erler nach J. R. Sills, Regie: R. Erler, EA 30.8.1961; 1962 Marke Lohengrin, (Fernsehfilm, 55 Min., SDR), Drehbuch und Regie: R. Erler, EA 22.3.1962; 1962 Die Rache, (Fernsehfilm, 65 Min., SDR), Drehbuch: Theodor Schübel, Regie: Rainer Erler, EA 9.8.1962; 1962 Seelenwanderung, (Spielfilm, 90 Min., WDR/ Kino), Drehbuch: R. Erler nach einer Parabel von Karl Wittlinger, Regie: R. Erler, EA 2.10.1962; 1962 Sonderurlaub, (Fernsehfilm, 90 Min., ZDF), Drehbuch: Gerd Oelschlegel, Regie: R. Erler, EA 17.10.1963; 1963 Orden für die Wunderkinder, (Fernsehfilm, 90 Min., WDR), Drehbuch: R. Erler nach einer Idee von Werner P. Zibaso, Regie: R. Erler, EA 29.8.1963 ARD; 1963 Lady Lobsters Bräutigam, (Fernsehfilm, 55 Min., WDR), Drehbuch und Regie: R. Erler, EA 30.12.1963; 1963 Der Hexer, (Fernsehfilm, 90 Min., ZDF), Drehbuch: R. Erler, Gottschalk und Wirth nach Edgar Wallace, Regie: R. Erler, EA 23.6.63; 1964 Lydia muß sterben, (Fernsehfilm, 85 Min., WDR), Drehbuch: R. Erler nach Stephen Ransome, Regie: R. Erler, EA 15.9.1964; 1967 Endkampf, (Fernsehfilm, 75 Min., SDR), Drehbuch und Regie: R. Erler, EA 8.5.1968; 1969 Bahnübergang, (Fernsehfilm, 77 Min., ZDF), Drehbuch: R. Erler nach Freeman Wills Croft, Regie: R. Erler, EA 12.3.1969; 1969 Der Attentäter, (Fernsehfilm, SDR), Drehbuch: R. Erler u. Gottschalk, Regie: R. Erler; 1970 Die Delegation, (Fernsehfilm, 110 Min., ZDF), Drehbuch und Regie: R. Erler, EA 9.9.1970; 1972 Der Amateur, (Fernsehfilm, 120 Min., ZDF), Drehbuch und Regie: R. Erler, EA 30.11.1972; 1974–76 Das blaue Palais, (5 Teile, Fernsehfilm, je 90 Min., Bavaria für ZDF), Drehbuch und Regie: R. Erler. Das blaue Palais: Das Genie; Das blaue Palais: Das Medium; Das blaue Palais: Unsterblichkeit; Das blaue Palais: Der Verräter; Das blaue Palais: Der Gigant; 1975 Die letzten Ferien, (Fernsehfilm, 90 Min., ZDF), Drehbuch und Regie: R. Erler, EA 12.12.1975; 1975 Die Halde, (Fernsehfilm, 100 Min.), Drehbuch und Regie: R. Erler,

EA 22.9.1975; 1977 Operation Ganymed, (Spielfilm, 120 Min., Coprod. mit ZDF), Drehbuch und Regie: R. Erler, EA 11.12.1977; 1978 Plutonium, (Fernsehfilm, 90 Min., pentagramma für ZDF), Drehbuch und Regie: R. Erler, EA 26.6.1978 ZDF; 1978 Die Quelle, (Fernsehfilm, 90 Min., pentagramma für BR), Drehbuch und Regie: R. Erler, EA 4.4.1979; 1979 Fleisch, (Kinofilm, 120 Min., pentagramma für ZDF u.a.), Drehbuch und Regie: R. Erler, (US- und Video-Titel: Spare Parts), EA 21.5.1979; 1981 Der Spot oder Fast eine Karriere, (Fernsehfilm, 90 Min., ZDF), Drehbuch und Regie: R. Erler, EA 30.11.1981; 1983 Das schöne Ende dieser Welt, (Fernsehfilm, 97 Min., ZDF), Drehbuch und Regie: R. Erler, EA 10.1.1984; 1986 News – Reise in eine strahlende Zukunft, (Kinofilm, 126 Min., Coprod: ZDF/ORF/SRG), Drehbuch und Regie: R. Erler, EA 25.5.1986 ZDF, (Internationaler Kinotitel: The Nuclear Conspiracy, DDR-Titel: News – Ein Bericht über eine strahlende Zukunft); 1989 Zucker – Eine wirklich süße Katastrophe, (Spielfilm, 109 Min., ZDF), Drehbuch und Regie: R. Erler, EA 15.10.1989; (Internationaler Kinotitel Sugar – The Sweet Desaster Comedy); 1991 Die Kaltenbach-Papiere, (2 Teile, jeweils 98 Min., Premiere/ZDF), Drehbuch und Regie: R. Erler, EA 6.3.1991 Premiere
Sonstige Publ.: Mehrere Theaterstücke
Kontakt: info@rainer-erler.com; www.rainer-erler.com

Eßer, Angela

Biografie: *25.1.1960 in Krefeld. A. Eßer studierte Theaterwissenschaft und war als Pädagogische Mitarbeiterin bei der Volkshochschule München und am Theater tätig. Unter dem Titel »Mordshunger« gibt sie mörderische Kochseminare, in denen die Ess- und Trinkvorlieben von berühmten Privatdetektiven und Kriminalkommissaren aufgedeckt werden. Sie lebt jetzt mit ihrer Familie in der Nähe von Augsburg und ist Mit-Organisatorin des Krimifestivals München.

Krim.-Erz.: 2001 *Krimibaukasten 1*, in: Wein & Leichen, Hrsg. Eßer/Fackler, Plöger; 2001 *Krimibaukasten 2*, in: Wein & Leichen, Hrsg. Eßer/Fackler, Plöger; 2001 *Peterle*; in: Wein & Leichen, Hrsg. Eßer/Fackler, Plöger; 2002 *Ein kurzes Telefongespräch*, in: Flossen hoch, Hrsg. P. Gerdes, Leda; 2003 *... aber bitte mit Sahne!*, in: Bayerisches Mordkompott, Hrsg. B. Rubin, Leda; 2003 *It's Abba-time*, in: Tatort München, Hrsg. B. Rubin, Vertigo; 2003 *Ein Glas zuviel*, in: Weinleichen, Hrsg. A. Eßer, Scherz; 2003 *Ordnung muss sein*, in: Mörderische Mitarbeiter, Hrsg. I. Schmitz u. I. Coelen, Scherz; 2004 *Böses Blut*, in: Mord ist die beste Medizin, Hrsg. M. Buttler u. A. Guggenheim, Scherz; 2004 *Wir treffen uns in Wachtendonk*, in: Mord am Niederrhein, Hrsg. J. Kehrer, Grafit; 2005 *In Mer-ching leben Tote länger*, in: Tatort Bayern, Hrsg. A. Eßer, Grafit

Mitglied: SinC; Syndikat

Kontakt: krimi-marketing@t-online.de; www.krimi-marketing.de; www.krimifestival-muenchen.de; www.tatortbayern.de

Eyss, Egon van → Eis, Egon und Eis, Otto

Eyss, Osso van → Eis, Egon und Eis, Otto

Fackler, Ingrid
Biografie: *1954. I. Fackler studierte Pädagogik, Psychologie und Kommunikationswissenschaft. Sie war als freie Mitarbeiterin beim BR und verschiedenen Tageszeitungen tätig und ist jetzt Redakteurin bei einem Fachmagazin.
KRIM.-ERZ.: 2001 *In vino spiritus*, in: Wein & Leichen, Hrsg. Angela Eßer u. Ingrid Fackler, Plöger
MITGLIED: SinC
KONTAKT: ingrid.fackler@t-online.de;
www.weinleichen.de

Faist, Frieder
Biografie: *10.6.1948 in Augsburg. F. Faist ist gelernter Industriekaufmann und Lochkartentabellierer. Nach Zivildienst und Tätigkeiten als kaufmännischer Angestellter und als Verwaltungsangestellter sowie als Wirt arbeitet er seit 1980 als freiberuflicher Schriftsteller und lebt in Augsburg.

KRIMINALROMANE: 1984 Schattenspiele, Haffmanns; 1986 Nebenrollen, Haffmans; 1991 Der Ersatzmann, Haffmans; 1993 Ehrensache, Ha/Heyne; 1995 Doppelt oder tot, Ha/Heyne 104; 1997 Einer will's gewesen sein, Ha/Heyne 157
FUNK: 1998 Arbeitskampf – ein Gangsterstück, (SDR/MDR 1998)
SONSTIGE PUBL.: Romane, zahlreiche Hörspiele, Herausgeber einer Anthologie mit Gedichten und Geschichten
PREISE: 1985 Deutscher Krimi-Preis für *Schattenspiele*; 1987 Kunstförderpreis der Stadt Augsburg

Faktorowitsch, Jewgenij
Biografie: *9.5.1940 in Kiew. J. Faktorowitsch wurde als Sohn eines Journalisten und einer Oberschullehrerin geboren und wuchs in Kiew auf. Nach dem Abitur folgte eine Lehre als Handsetzer, anschließend ab 1958 ein Studium an der Übersetzerfakultät der Pädagogischen Hochschule für Fremdsprachen in Moskau mit Diplomabschluss; von 1964 bis 1972 war er bei verschiedenen Verlagen und Zeitschriften beschäftigt.

J. Faktorowitsch ist Mitglied des Russischen Schriftstellerverbandes. Er erhielt mehrere Literaturpreise in Moskau, darunter den Übersetzerpreis »Die goldene Feder« (1985). J. Faktorowitsch lebt als freier Schriftsteller in Moskau (seit 1972) und in Berlin.
J. Faktorowitsch gehört zu den wichtigsten Übersetzern deutscher Kriminalromane ins Russische. Er hat Werke von Gert Prokop, Wolfgang Schreyer, Leo Perutz, F. Braun, Johannes Mario Simmel, Gerhard Scherfling, Heinz G. Konsalik und -ky, aber auch von Friedrich Dürrenmatt, Hermann Hesse, Anna Seghers und Karl May ins Russische übersetzt. Außerdem hat er zahlreiche Texte und Essays verfasst und eine dreibändige Anthologie des deutschen Kriminalromans (auch als Übersetzer) herausgebracht.
MITGLIED: Syndikat; VS

Falkenhain, Jens → Plötze, Hasso

Farell, Janet → Bekker, Alfred

Fauser, Jörg
Biografie: *16.7.1944 bei Frankfurt, †17.7.1987 in München. Nach Abitur, abgebrochenem Studium und Ersatzdienst hielt J. Fauser sich längere Zeit in Istanbul und London auf. Neben ersten literarischen Versuchen arbeitete er als Aushilfsangestellter, Flughafenarbeiter und Nachtwächter. J. Fausers erste schriftstellerische Arbeiten waren »Cut-ups«, die in Kleinverlagen oder alternativen Literaturzeitschriften wie z. B. Gasolin 23 erschienen, deren Mitherausgeber J. Fauser Anfang der 70er-Jahre war. Ab 1974 lebte er als freier Schriftsteller in München und Berlin.
Er schrieb zahlreiche Gedichte, Hörspiele, Funkessays und Drehbücher, übersetzte aus dem Englischen und verfasste eine Marlon-Brando-Biografie. Seinen literarischen Durchbruch hatte er 1981 mit dem Roman *Der Schneemann*, der später erfolgreich verfilmt wurde. In dieser Zeit siedelte Fauser auch nach Berlin über, wo er unter anderem redaktioneller Mitarbeiter bei einer Zeitschrift war, für die er Reportagen und Kolumnen schrieb, die später in dem Band *Blues für Blondinen* erschienen. J. Fauser

kehrte dann nach wieder nach München zurück, wo er weiter als Autor und Journalist arbeitete. In seinen Romanen *Schlangenmaul* und besonders in *Rohstoff* verarbeitete er viele autobiografische Elemente und verdichtete seine dunklen, atmosphärisch sehr dichten Geschichten zu treffenden Studien aus der »Unterwelt Deutschland«.

Am Morgen nach seinem 43. Geburtstag starb J. Fauser in München an den Folgen eines Verkehrsunfalls. In der FAZ schrieb Lutz Hagestedt am 20. Juni 1990: »Fausers Helden vertreten das Prinzip der ausgleichenden Gerechtigkeit, sie können austeilen und einstecken, sie nehmen die Frauen hart ran und vertragen einen kräftigen Schluck, sie kennen sich im Milieu aus, sind nicht auf die Klappe gefallen und haben Witz.«

Eine achtbändige Gesamtausgabe seiner Werke erschien 1990, Verlag Rogner & Bernhard bei zweitausendeins.

KRIMINALROMANE: 1981 Der Schneemann, Rogner & Bernhard, HC, NA 2000 VdC; 1984 Rohstoff, Ullstein, HC; 1985 Das Schlangenmaul, Ullstein, HC; 1987 Kant, Heyne Scene 62

FILM: 1985 Der Schneemann, (106 Min., BRD), Drehbuch: Matthias Seelig nach dem Roman von Jörg Fauser, Regie: Peter F. Bringmann, EA 22.3.1985; Das Frankfurter Kreuz, (Kino- und Fernsehfilm von Romuald Kornscher nach J. Fausers Hörspiel: Für eine Mark und acht)

SONSTIGE PUBL.: 1993 Jörg Fauser – Ich habe eine Mordswut, (Briefe an die Eltern 1956 bis 1987), Hrsg. Maria Fauser und Wolfgang Rüger, Paria, HC; 1997 Fauser O-Ton, Doppel-CD, Hrsg. Christian Lyra, Trikont; zahlreiche Gedichte, Hörspiele, Funkessays und Drehbücher, Texte für Achim Reichel (4 Platten), eine Marlon-Brando-Biografie, Übersetzungen aus dem Englischen

PREISE: 1988 Ehren-Glauser des Syndikats (posthum verliehen)

Feger, Barbara

KRIM.-ERZ.: 2001 Nie wieder S-Bahn, in: Mord mit Biss, Hrsg. Anke Cibach, Hannah; 2002 *Matar a saudade – die Sehnsucht stillen*, in: Die vielen Tode des Herrn S., Hrsg. Mischa Bach, Ina Coelen u. Ingrid Schmitz, Emons

MITGLIED: SinC

Feil, Georg

auch unter den Pseud.: Christopher Knock, Steffen Kent, Heinrich Niehaus

Biografie: *21.4.1943 in Dorsten. G. Feil promovierte nach seinem Studium der Germanistik, der Geschichte, der Politischen Wissenschaften und der Kommunikationswissenschaft in Münster, Paris und München 1972 über *Zeitgeschichte im deutschen Fernsehen*. Er arbeitete in der Kommunikationsforschung, veröffentlichte in diesem Bereich wissenschaftliche Arbeiten und war Lehrbeauftragter an der Universität München und der Hochschule für Fernsehen und Film.

Ab 1966 war G. Feil Produzent bei der Bavaria Film München, 1981 wurde er dort Leiter der Abteilung Serienproduktionen, ab 1991 Programmchef. Später gründete er die Tochtergesellschaft Colonia Media in Köln, die er bis heute leitet. Zu seinen erfolgreichsten Produktionen gehören die Krimiserien *Schimanski, Tatort* und *Der Fahnder*.

Während seiner Tätigkeit bei der Bavaria Film schrieb G. Feil zahlreiche Episoden für verschiedene Serien, u.a. den *Tatort*, und serienunabhängige Fernsehspiele. Er entwickelte die Konzepte zu mehreren erfolgreichen Vorabendserien, wie beispielsweise die Fernfahrerreihe *Auf Achse* (mit Manfred Krug) und die Serien *Cop & Co* und *Himmelfahrtskommando*. Für die Produktion der Vorabendserie *Der Fahnder* (mit Klaus Wennemann), die zu den erfolgreichsten deutschen Kriminalserien gehört, erhielt er 1989 den Adolf-Grimme-Preis und zahlreiche Nominierungen.

Sein Krimi-Erstling *Das Gesetz* erschien 1985 bei Rowohlt; weitere Krimis in dieser Reihe folgten. Daneben schrieb Feil Jugendkrimi-Serien (z.T. mit Co-Autoren), die als Buch und auch als Hörspielkassette erschienen, und verfasste die Romanversion der TV-Serie *Auf Achse*. 1987 produzierte er bei der Bavaria Film den Götz-George-Film *Die Katze* (Regie: Dominik Graf).

G. Feil gründete mit Dieter Kosslick die Schreibschule Köln und mit Patrick Hörl (u.a.) den »Discovery Campus« (1999). Seit 1997 leitet er die Abteilung Fernsehspiel und Film der Hochschule für Fernsehen und Film in München. 1996 wurde er in den Vorstand des Bundesverbandes der Deutschen Fernsehproduzenten gewählt, dessen stellvertretender Vorsitzender er ist. Seit 1998 ist er Mietglied des Aufsichtsrats der Verwertungsgesellschaft Film und Fernsehen (VFF). Über seine Arbeit als Produzent sagt Georg Feil: »Programme zu entwickeln ist so befriedigend, wie einen guten Krimi zu schreiben.«

KRIMINALROMANE: 1985 Das Gesetz, (als G. Feil), rororo 2722; 1986 Auf Achse – Rotterdam Connection, (als G. Feil, TV-Novel), Bastei 13071; 1987 Auf Achse – Grenzfälle, (als G. Feil, TV-Novel), Bastei 13075; 1987 Auf Achse – Durststrecke, (als G. Feil, TV-Novel), Bastei 13078; 1987 Todsicher, (als G. Feil), rororo 2803; 1989 Totgeschwiegen, (als G. Feil), rororo 2914

JUGENDKRIMIS: 1983 Edgar Wallace und der Fall Morehead – Sieben suchen in Soho, (als Ch. Knock), Thienemann, HC; 1984 Edgar Wallace und der Fall Blackburn – Wer bedroht den Lord mit Mord?, (als Ch. Knock), Thienemann; 1985 Captain Blitz und seine Freunde: Funkenflug, (als St. Kent), Tosa, HC; 1985 Captain Blitz und seine Freunde: Falsche Fracht, (als St. Kent), Tosa, HC; 1986 Cop & Co: Der fliegende Spion, (als G. Feil), Franckh'sche Verlagshandlung, HC; 1986 Cop & Co: Der Glöckner von St Paulus, (als G. Feil), Franckh'sche Verlagshandlung, HC; 1988 Cop & Co: Der Feuerteufel von Meersen, (als G. Feil), Franckh'sche Verlagshandlung; 1989 Cop & Co: Erfinderpech, (als G. Feil), Franckh'sche Verlagshandlung, HC; 1989 Cop & Co: Verflixt und zugekabelt, (als G. Feil), Franckh'sche Verlagshandlung, HC; 1990 Cop & Co: Wer andern eine Grube gräbt, (als G. Feil), Franckh'sche Verlagshandlung, HC

TV: 1976 Anton Keil. Der Specialkommissär: Die ungleichen Brüder, (50 Min., WWF Köln), Drehbuch: G. Feil nach dem Roman *Mathias Weber* von Tilman Röhrig, EA 1976; 1977 Die unsterblichen Methoden des Franz Josef Wanninger: Die letzte Flasche, (Serienepisode, 25 Min., WWF Köln); 1977 Die unsterblichen Methoden des Franz Josef Wanninger: Die schöne Helena, (Serienepisode, 25 Min., WWF Köln); 1977 Die unsterblichen Methoden des Franz Josef Wanninger: Wer zuletzt lacht, (Serienepisode, 25 Min., WWF Köln); 1977 Die unsterblichen Methoden des Franz Josef Wanninger: Zelle und Parzelle, (Serienepisode, 25 Min., WWF Köln); 1977 Die unsterblichen Methoden des Franz Josef Wanninger: Zwei Nummern zu groß, (Serienepisode, 25 Min., WWF Köln); 1978 Anton Keil. Der Specialkommissär, weitere Folgen, je 25 Min., Bavaria für WWF), Drehbuch: G. Feil, Regie: Michael Lähn, Peter Adam, Volker Vogeler; 1978 Die unsterblichen Methoden des Franz Josef Wanninger: Ein Toter zuviel, (Serienepisode, 25 Min., WWF Köln); 1978 Die unsterblichen Methoden des Franz Josef Wanninger: Ein Teufelsweib, (Serienepisode, 25 Min., WWF Köln); 1978 Die unsterblichen Methoden des Franz Josef Wanninger: Ein Teufelskerl, (Serienepisode, 25 Min., WWF Köln); 1978 Die unsterblichen Methoden des Franz Josef Wanninger: Glück muß der Mensch haben, (Serienepisode, 25 Min., WWF Köln); 1979 Die unsterblichen Methoden des Franz Josef Wanninger: Ein Findelkind mit Stammbaum, (Serienepisode, 25 Min., WWF Köln); 1979 Die unsterblichen Methoden des Franz Josef Wanninger: Blondie aus Linie 17, (Serienepisode, 25 Min., WWF); 1979 Achtung Zoll: Schmuggel auf Raten, (25 Min., SDR); 1979 Tatort: Die Kugel im Leib, (Serienfilm, 90 Min., WDR), Drehbuch: G. Feil, Regie: Wolfgang Staudte, EA 14.1.1979 ARD; 1980 Achtung Zoll: Das Pulverfaß, (Serienepisode, 25 Min., SDR Stuttgart); 1980 Die unsterblichen Methoden des Franz Josef Wanninger: Die Entführung, (Serienepisode, 25 Min., WWF Köln); 1980 Achtung Zoll: Der Jugendfreund, (SDR, 25 Min.); 1982 Der Androjäger, Fernsehserie, mehrere Folgen, je 25 Min., Bavaria für WWF), Drehbuch: G. Feil, Regie: Marcus Scholz, Wolfgang Glück; 1986 Himmelfahrtskommando: Serienkonzept für den SDR Stuttgart; 1987 Cop & Co: Serienkonzept für den SDR; 1987 Cop & Co: Das Geheimnis des Bankiers, (Serienepisode, 25 Min., SDR); 1988 Cop & Co: Wer die Yucca knackt, (Serienepisode, 25 Min., SDR), Drehbuch: G. Feil gem. mit Norbert Klugmann; 1988 Cop & Co: Einstein zwei, (Serienepisode, 25 Min., SDR), Drehbuch: G. Feil, (gem mit Peter Ertel); 1988 Cop & Co: Der Glöckner, (Serienepisode, 25 Min., SDR); 1988 Cop & Co: Wer andern eine Grube gräbt, (Serienepisode, 25 Min., SDR)

Sᴏɴsᴛɪɢᴇ Pᴜʙʟ.: zahlreiche wissenschaftliche Veröffentlichungen zu Film und Fernsehen, Drehbücher für Fernsehfilme und Fernsehserien, Kinderhörspielkassetten
Pʀᴇɪsᴇ: 1989 Adolf-Grimme-Preis für die Produktion der Vorabendserie *Der Fahnder*
Kᴏɴᴛᴀᴋᴛ: Dr.Fe@t-online.de; www.coloniamedia.de

Feix, Gerhard
auch unter den Pseud.: Gert Schönau, Gustl Rüdemann
Biografie: *21.4.1929 in Teplitz-Schönau, CSR. G. Feix war Waldarbeiter, Langhobler, Jugendfunktionär und Angehöriger der Kripo. Er studierte Jura, promovierte und habilitierte sich an der Humboldt-Universität Berlin/DDR zu kriminologischen Problemen der Sexualkriminalität in der DDR. Anschließend war er wissenschaftlicher Mitarbeiter am Institut für Kriminalistik der Humboldt-Universität. Im August 1968 erhielt er »Lehrverbot und Rausschmiss«. Danach arbeitete G. Feix als Angestellter, wissenschaftlicher Mitarbeiter und schließlich ab 1976 als Dozent für Strafrecht und Kriminologie an der Hochschule für Recht und Verwaltung und als Entwicklungshelfer für die Bereiche Justiz und Verwaltung in Afrika. Dr. habil. Gerhard Feix ist Rechtsanwalt.

Kʀɪᴍɪɴᴀʟʀᴏᴍᴀɴᴇ: 1969 Die Katze war dabei, Blaulicht 106; 1969 Der Don Juan von Zederndorf, Blaulicht 110; 1970 Sex-Ted unter Verdacht, Blaulicht 118; 1970 Die Brille, Blaulicht 116; 1971 Feuer im Kückenstall, Blaulicht 130; 1971 Am Telefon der Chef, Das Neue Berlin, DIE; 1988 Eine Dorfgeschichte, Blaulicht 265
Sᴏɴsᴛɪɢᴇ Pᴜʙʟ.: 1971 Das große Ohr von Paris – Fälle der Sûreté, Das Neue Berlin; 1979 Der Tod kam mit der Post – Aus der Geschichte der BRD-Kripo, Das Neue Berlin; ungefähr 80 wissenschaftliche Publikationen zu kriminalistischen, kriminologischen und strafrechtlichen Themen, darunter auch ein *Kleines Lexikon für Kriminalisten*, einen Abenteuerroman
Mɪᴛɢʟɪᴇᴅ: Syndikat

Feks, Leo
Pseud. für: Walter Foelske

Biografie: *1934 in Köln. L. Feks lebt in Köln. Seit 1980 veröffentlicht er – meist unter seinem richtigen Namen, Romane und Erzählungen sowie Hörspiele, Theaterstücke und Beiträge zu Anthologien. Sein Krimidebüt gab er mit *Die leere Mitte*.

Kʀɪᴍɪɴᴀʟʀᴏᴍᴀɴᴇ: 1998 Die leere Mitte, MännerschwarmSkript Verlag
Sᴏɴsᴛɪɢᴇ Pᴜʙʟ.: Mehrere Romane, Erzählungen sowie Hörspiele, Theaterstücke und Beiträge zu Anthologien
Pʀᴇɪsᴇ: 1985 Bertelsmann-Literaturpreis

Feldhaus, Hans-Jürgen
Biografie: *9.1.1966 in Ahaus. H.-J. Feldhaus machte 1982–1985 eine Ausbildung zum Druckvorlagenhersteller, anschließend folgten die Gesellenjahre und 1989–1994 ein Studium für visuelle Kommunikation an der FH Münster (Diplom). Seitdem arbeitet er als selbstständiger Dipl.-Designer mit dem Schwerpunkt Illustration für diverse Kinder-Jugend-Schul- und Sachbuchverlage, u. a. gestaltet er für dtv junior die Kinderkrimi-Serie *Kommissar Spaghetti* von Wolfgang Pauls.

Kɪɴᴅᴇʀᴋʀɪᴍɪs: 2001 Kommissar Spaghetti – Chaos in Rom, Comic, dtv junior, OA; 2001 Julchen, wo bist du? – Online-Gewinnspiel, dtv-junior; 2002: Lutz & Heinemann – Löst du den Fall?, Rätselkrimi, dtv junior, OA; 2003 Lutz & Heinemann – Knackst du die Nuss?, Rätselkrimi, dtv junior, OA; 2003 Lutz & Heinemann – Das Geheimnis der Turmstraße 10, Online-Gewinnspiel, dtv-junior und Kellogg; 2003–2004 Maxwell & Mauss – Rätselkrimi-Comic, Family Media GmbH, OA in: Mütze & Co., (Detektiv-Zeitschrift), Family Media GmbH & Co.KG; 2005 Lutz & Heinemann – Die Schulhofdetektive, Rätselkrimi, dtv junior, OA
Sᴏɴsᴛɪɢᴇ Pᴜʙʟ.: Zahlreiche Veröffentlichungen für diverse Kinder-Jugend-Schul- und Sachbuchverlage

Fentsch, Erna → **Wery, Ernestine**

Fiedler, Roger M.
Pseud. für: Roger Martin Skrzipczyk
Biografie: *9.11.1961 in Castrop-Rauxel.

R Fiedler ist Diplomphysiker und arbeitete als Programmierer, Messebauer, Sekretär im erzbischöflichen Jugendamt, bei der Weinlese, in der Pigmentchemie, als S-Bahn-Schaffner und als Reiseleiter für Andalusien. Er gab sein Krimidebüt 1997 mit *Sushi, Ski und Schwarze Sheriffs*. R. Fiedler veröffentlichte bei Rotbuch die Gorski-Trilogie rund um den schnodderigen Privatdetektiv Igor »Gorja« Gorski und entwickelte zusammen mit Jörg Juretzka den E-Mail-Krimi *Enzi@n*, ein Online-Experiment mit zwei Hauptfiguren, das im Internet unter dem Titel *krimimails* folgenweise veröffentlicht wurde.

KRIMINALROMANE: 1997 Sushi, Ski und Schwarze Sheriffs, Rotbuch, OA; 1998 Eisenschicht, Rotbuch, OA; 2000 Dreamin' Elefantz, Rotbuch, OA; 2001 Enzi@n, wels, OA; Pilzkriege, Rotbuch, OA
KRIM.-ERZ.: 1999 *Rheingold*, in: Skrupellose Fische, Hrsg. Thea Dorn, Uta Glaubnitz und Lisa Kuppler, Eichborn; 1999 *Handspiel*, in: Penthouse, 6/99; 2003 *Wenn man liebt*, in: Passion Criminelle, Hrsg. Lisa Kuppler; 2005 Kleine Fische, in: Hotel Terminus, Hrsg. H. P. Karr und Jürgen Alberts
PREISE: 1998 Deutscher Krimi-Preis für *Sushi, Ski und Schwarze Sheriffs*; 2001 Philip-Marlowe-Preis der Raymond-Chandler-Gesellschaft Ulm für *Dreamin' Elefantz*; 2003 Silver & Black Socks Award des Bonner Krimi Archivs für Sekundärliteratur
MITGLIED: Syndikat
KONTAKT: mail@Roger-M-Fiedler.de; www.roger-m-fiedler.de

Fiess, Martina

Biografie: *1964 in Pforzheim. M. Fiess studierte Kunstgeschichte, Philosophie und Politologie. 1997 promovierte sie in Philosophie. Sie arbeitete viele Jahre als Lektorin im Bereich Sachbuch und als Texterin für Werbe- und PR-Agenturen. Heute lebt sie als freie Autorin in Stuttgart. Sie ist Präsidentin der Sisters in Crime, Baden-Württemberg.

KRIM.-ERZ.: 2001 *Frauensolidarität*, in: Das Verbrechen lauert überall, VdC, NA 2001, in: Teuflische Nachbarn, Hrsg. Ina Coelen u. Ingrid Schmitz, Scherz; 2001 *Schwarze Ritter küsst man nicht*, in: Greiffenstein, Hrsg. Tatjana Kruse u. Anneli von Könemann, KBV; 2003 *Grüne Träume*, in: Crime Session, Wortwelten Verlag; 2003 *Kleine Fische leben länger*, in: Schlaf in himmlischer Ruh, Hrsg.: Belinda Rodik u. Reinhard Rael Wissdorf, Wittig Verlag; 2004 *Am Anfang war das Wort*, in: Tatort Kanzel, Hrsg. Tatjana Kruse u. Billie Rubin, Wittig Verlag; 2004 *Wer nicht hören will*, in: Mord isch hald a Gschäft, Hrsg. Lisa Kuppler, Ariadne
SONSTIGE PUBL.: Journalistische und wissenschaftliche Beiträge, Sachbücher, Erzählungen
MITGLIED: SinC
KONTAKT: Dr.Martina.Fiess@z.zgs.de

Fischer, Claus Cornelius

auch unter den Pseud.: Cornelius Fischer, Christopher Barr (Pseudonym gem. mit Hans Gamber)
Biografie: *8.6. 1951 in Berlin. C. C. Fischer besuchte eine Journalistenschule und arbeitete anschließend mehrere Jahre als Reporter und freier Mitarbeiter für verschiedene Magazine, eher er sich als freier Schriftsteller niederließ. Sein erster Roman *Der Caid* erschien 1981. C. C. Fischer schreibt sehr sauber gebaute Geschichten mit Abenteuercharakter und internationalem Thrillerflair. Dieses Prädikat gilt auch für die mehrfach ausgezeichneten Romane und Thriller, die er gemeinsam mit dem Münchner Verleger und Journalisten Hans Gamber unter dem Pseudonym »Christopher Barr« schrieb.

KRIMINALROMANE: 1981 Der Caid, (als C. Fischer), Erb, HC, NA 1983 als *Mit dem Auge des Tigers*, Bastei 10209; 1983 Schwerter des Lichts, (als C. Fischer), Lübbe, HC; 1985 Tulpen aus Amsterdam, (als C. Fischer), Heyne 2123; 1986 Davids Rio Bar, (als C. Fischer), Heyne 2156; 1986 Der Sicherheitsmann, (als C. Fischer), Heyne 2170; 1986 Das Messer, (als C. Fischer), Lübbe, HC; 1988 Die Haut der Schlange, (als C. Fischer), Heyne 2246
TV: 1986 Der Fahnder: Der Fighter, (Serienepisode, 50 Min., Bavaria), Drehbuch: C. Fischer, Regie: Volker Maria Arend; 1991 Der Gorilla/Le Gorille und die Operation Poker, (Serienepisode, 80 Min., ORF/SAT 1), Drehbuch: C. Fischer nach Antoine Dominique, Regie: Peter Patzak; 1994 Der Fahnder: Unter Verdacht, (Serienepisode, 55 Min., ARD), Drehbuch: C. Fischer, Regie: Mi-

chael Mackenroth, EA 17.2.1994 ARD; 1997 Mein Papa ist kein Mörder, (Fernsehfilm, 90 Min., SAT 1), Drehbuch: C. Fischer, Regie: Nikolaus Müllerschön, EA 8.12.1997 SAT 1; 2001 Boran, (Spielfilm, 80 Min.), Drehbuch: Claus Cornelius Fischer, Regie: Alexander Berner
SONSTIGE PUBL.: Zahlreiche Romane, darunter *Die Wälder des Himmels, Goyas Hand, Elmsfeuer*; Fernsehfilme, darunter *Zärtliche Sterne, Das Schicksal der Lilian H., Das Ende aller Tage*

Fischer, Cornelius → **Fischer, Claus Cornelius**

Fischer, Erno → **Hary, Wilfried A.**

Fischer, Katrin
Biografie: *20.12.1973 in Marienberg/Sachsen. K. Fischer studierte Anglistik, Amerikanistik und Germanistik an der TU Chemnitz und der University of Sheffield (GB). Sie war als wissenschaftliche Mitarbeiterin der Anglistik/Amerikanistik an der TU Chemnitz tätig und promoviert gegenwärtig über »indianische« Kriminalromane an der Universität Paderborn.

SONSTIGE PUBL.: 2000 Artikel zu Tony Hillermann, Raymond Chandler, Dashiell Hammett, in: Lexikon amerikanischer Autoren, Hrsg. Bernd Engler und Kurt Müller, Metzler; sowie Artikel und Aufsätze zur Kriminal- und Detektivliteratur in verschiedenen Zeitschriften
MITGLIED: SinC
KONTAKT: webmaster@katrinfischer.de; www.katrinfischer.de

Fischer, Monika
Biografie: *6.7.1962 in Düsseldorf. M. Fischer lebt nach drei Ausbildungen und einem BWL-Studium als »ungelernte Autorin« in Berlin und schreibt für die verschiedensten Medien: Veröffentlichungen im Rundfunk (SDR), in der Yellow Press, in Literaturzeitschriften und Anthologien.

KRIM.-ERZ.: 1999 *Richtig einfach – einfach richtig*, in: Heißes Pflaster Waiblingen, Hrsg. R. Neubohn, Selbstverlag; 2000 *Ein mörderisch heißer Sommer*, in: Kriminelle Grüße aus Waiblingen, Hrsg. R. Neubohn, Selbstverlag; 2000 *Görlitzer Bahnhof*, in: Heiligabend mit Cher, Hrsg. M. Wunderlich, VirPriV Verlag; 2001 *Tatort*, in: Mörderisch gut, Hrsg. R. Neubohn, Zwiebelzwerg; 2001 *Ein Fall für Luzie*, in: Teuflische Nachbarn, Hrsg. Ina Coelen u. Ingrid Schmitz, Scherz; 2001 *Montag Marie*, in: Tödliche Beziehungen, Hrsg. Ina Coelen u. Ingrid Schmitz, Emons
MITGLIED: SinC; Syndikat
KONTAKT: fischermon@aol.com

Flessenkemper, Gabriele → **Valerius, Gabriele**

Flessner, Bernd
Biografie: *24.11.1957 in Göttingen. B. Flessner studierte Theater- und Medienwissenschaft, Germanistik und Geschichten in Erlangen und promovierte 1991 bei Theo Elm über Arno Schmidt und Stanislaw Lem. Seit 1991 lehrt er an der Universität Erlangen-Nürnberg und ist als Kritiker und Essayist für verschiedene Zeitungen und Zeitschriften tätig. B. Flessner arbeitet außerdem als Rundfunk-Autor und Ausstellungsmacher. Die Kriminalliteratur ist nur eines von vielen Genres, in denen er sich als Autor bewegt. In seinen Kriminalerzählungen steht seltener die Aufklärung eines Verbrechens im Vordergrund, als vielmehr der Konflikt verschiedener individueller Wirklichkeiten, der nur durch ein Verbrechen gelöst werden kann.

KRIMINALROMANE: 2002 Die Gordum-Verschwörung, Leda; 2005 Greetsieler Glockenspiel, Leda
KRIM.-ERZ.: 2000 *Die Fratze*, in: Mordkompott, Hrsg. Peter Gerdes, Leda; 2001 Lemuels Ende. Mysteriöse Geschichten, Erzählungen, Leda; 2001 *Matjestage*, in: Mordlichter, Hrsg. Peter Gerdes, Leda; 2002 *Kurpfuscher & Dilettanten*, in: Flossen hoch! Kriminelles und Kulinarisches zwischen Aal und Zander, Hrsg. Peter Gerdes, Leda; 2002 *Das lassen wir kristallisieren*, in: Mord und Steinschlag, Hrsg. Jürgen Ehlers & Jürgen Alberts, Leda; 2004 *Flambeau*, in: Tatort Kanzel, Hrsg. Tatjana Kruse u. Billie Rubin, Wittig
SONSTIGE PUBL.: Zahlreiche wissenschaftliche Publikationen, Kinderbücher, Kindermusicals, Erzählungen unterschiedlicher Genres in Anthologien

MITGLIED: Syndikat; Inklings; Internationale Vereinigung für Germanistik (IVG); Arbeitskreis Ostfriesischer Autorinnen und Autoren; Netzwerk Zukunft
KONTAKT: 091638526-0001@t-online.de

Flieger, Jan
Biografie: *10.12.1941 in Berlin. J. Flieger arbeitete nach dem Abitur als Kipper und Schriftsetzer. Später studierte er einige Semester Theaterwissenschaft und machte schließlich einen Abschluss als Ingenieur-Ökonom im Abendstudium. Ab 1973 war er als Ingenieur in Leipzig tätig.
Von 1990 bis 1992 war er zusammen mit Horst Bosetzky Vorsitzender des Syndikats.

KRIMINALROMANE: 1985 Der Sog, Mitteldeutscher Verlag, NA 1989 unter dem Titel »Ein tödliches Ultimatum«, Fischer 8317; 1986 Tatort Teufelsauge, Mitteldeutscher Verlag, NA 1988, Fischer 8285; 1987 Neuntöter, Blaulicht Nr. 259, Verlag Das Neue Berlin; 1988 Der graue Mann, Mitteldeutscher Verlag; 1995 Satans tötende Faust, DIE 188; 1996 Im Höllenfeuer stirbt man langsam, DIE 192
KRIM.-ERZ.: 1987 Die Hölle hat keine Hintertür, (Stories), Mitteldeutscher Verlag; 1987 Eine Stadt sucht einen Mörder, (Stories), Militärverlag
TV: Alles umsonst, (Fernsehfilm, 85 Min., Fernsehen der DDR), Drehbuch nach Motiven des Romans *Der Sog* von Jan Flieger, Dramaturgie: Jutta Kleeberg, Regie: Udo Witte, EA 16.10.1988 Fernsehen der DDR
SONSTIGE PUBL.: Zahlreiche Kurzgeschichten und Hörspiele

Flügel, Trixi Maraile
Pseud. für: Trixi Maraile Bücker
Biografie: *11.6.1966 in Hamburg. T. M. Flügel wuchs als begeisterte Krimileserin (auf Deutsch und Englisch) in Hamburg auf. Sie studierte Anglistik, Amerikanistik und Neuere Deutsche Literatur, arbeitet als Übersetzerin – seit 1999 auch auf kriminalistischem Gebiet – und ist Mitglied im VS – Bundessparte Übersetzer.

ÜBERSETZUNGEN: 1999 Penny Warner, *Körpersprache einer Toten*, Signum, (Originaltitel: *Dead Body Language*); 2000 Penny Warner, *Mordsgebärde*, Signum, (Originaltitel: *Sign of Foul Play*); 2001/2003 Penny Warner, *Schweigen ist Gold*, Signum, (Originaltitel: *Right to Remain Silent*).
SONSTIGE PUBL.: Eine Veröffentlichung zu eine Filmmusical, außerdem Übersetzungen wissenschaftlicher Artikel und Sachbücher
MITGLIED: SinC; VS
KONTAKT: trixi.fluegel@erdferkel.info; www.literaturuebersetzer.de/pages/uverz/eintr/ Buecker_Trixi_Maraile.htm

Foelske, Walter → Feks, Leo

Fortride, L. A.
Pseud. für: Liselotte Appel
Biografie: *10.10.1921 in Frankfurt. L. A. Fortride, die in Wirklichkeit Liselotte Appel geheißen haben soll, war Dolmetscherin, Sekretärin und Korrespondentin, bevor sie sich der Schriftstellerei zuwandte. Mit ihrem Kriminalroman *Die Wohnung gegenüber* schrieb sie den ersten einer Reihe von Kriminalromanen im deutschen Ambiente, in denen traditionelle Krimimuster und Motive aus Gesellschaftsromanen zu unterhaltsamer Genreliteratur verarbeitet sind.

KRIMINALROMANE: 1959 Palais-Hotel, Bethke; 1963 Die Wohnung gegenüber, Goldmann 1262; 1964 Todesangst, Goldmann 2020; 1965 Mord im Sanatorium, Goldmann 2067; 1965 Der Ozelot, Goldmann 2101; 1966 Nichts für junge Mädchen, Goldmann 2193; 1966 Der Mann auf dem Vulkan, Goldmann 2211; 1967 Kennzeichen Rosa, Goldmann 3022; 1969 Unter Mordanklage, Goldmann 3154; 1969 Der große Fischzug, Goldmann 3241; 1971 Der Westend-Mörder, Goldmann 4041; 1971 Zahle jeden Preis für Mord, Goldmann 4125; 1973 Der Mann mit dem Löwenhaupt, Goldmann 4251; 1977 Dr. Chrysanthemen-Mörder, Goldmann 4694
SONSTIGE PUBL.: Mehrere Romane
PREISE: 1963 Edgar-Wallace-Preis für *Die Wohnung gegenüber*

Frahm, Klaus-Joachim
auch unter dem Pseud.: Blindschleich
Biografie: *27.3.1954 in Kiel. K.-J. Frahm war unter anderem als Blumenhändler, Lumpen-

sammler, Fensterputzer, Gärtner, Taxifahrer und Werbetexter tätig. Er studierte Philosophie, Literatur- und Musikwissenschaften in Gießen und machte seinen Abschluss über aktuelle Humortheorien. Gegenwärtig arbeitet er als freier Journalist für verschiedene Medien, sein Schwerpunkt sind Musik- und Literaturkritik. K.-J. Frahm wohnt mit seiner Familie in Eisemroth.

KRIM.-ERZ.: 2003 *Reiner Europawein,* in: Weinleichen. Von mörderischen Winzern und tödlichen Kellermeistern, Hrsg. Angela Eßer, Scherz 1949; 2003 *Aschaffenburger Feinschmecker,* in: Bayrisches Mordkompott, Hrsg. Billie Rubin, Leda; 2004 *Kristallklar,* in: Tatorte Hessen, Hrsg. Karl-Michael Stöppler, Societäts-Verlag
SONSTIGE PUBL.: Kurzkrimis in Zeitschriften, Zeitungen und Anthologien; historische und touristische Veröffentlichungen über Gießen und den Landkreis Gießen; unter dem Pseudonym »Blindschleich« Gedichte in Zeitungen
KONTAKT: www.klaus-j-frahm.de

Franke Christiane
Biografie: *1.9.1963 in Sande. Ch. Franke ist gelernte Bankkauffrau, lebt mit Mann und zwei Söhnen in Wilhelmshaven und arbeitet derzeit an einem Regionalkrimi. 2003 gehörte ihr Kurzkrimi *Schlafes Schwester* zu den sechs nominierten Krimis für den deutschen Kurzkrimipreis »Tatort Eifel«.

KRIMINALROMANE: 2002 Eine Mordsehe, SKN-Verlag
KRIM: ERZ.: 2004 *In aller Stille* in: Mord ist die beste Medizin; Hrsg. Monika Buttler u. Alexandra Guggenheim, Scherz; *Schlafes Schwester,* in: Kurzgeschichten 03/04
SONSTIGE PUBL.: 2000 Gar nicht mein Typ, Snayder Verlag; *Farben meiner Stadt,* (Kurzgeschichte), in: Schiefer als Pisa, Hrsg. Arbeitskreis ostfriesischer Autoren, Leda
MITGLIED: Syndikat; SinC; Arbeitskreis ostfriesischer Autoren, dort zweite Vorsitzende der Fördergemeinschaft Literatur

Franz, Andreas
Biografie: *12.1.1954 in Quedlinburg/Sachsen-Anhalt. A. Franz siedelte 1955 mit seinen

Eltern nach Helmbrechts in die oberfränkische Provinz über. Nach der Trennung seiner Eltern kam er mit seiner Mutter 1967 nach Frankfurt/M., wo er bis zu seinem sechzehnten Lebensjahr das Gymnasium besuchte. Er wechselte auf eine Sprachenschule, machte mit siebzehn sein Diplom in Wirtschaftsenglisch und -französisch, verdingte sich danach aber lieber als Schlagzeuger in einer Tanzcombo, wo er mehr Geld verdienen konnte. Neben verschiedenen Aushilfsjobs, Übersetzungen und einer kaufmännischen Ausbildung blieb sein eigentlicher Beruf jahrelang das Schlagzeugspielen. Anfang der 80er Jahre begann er, graphologische Gutachten vornehmlich für Firmen zu erstellen und arbeitete in der Verwaltung einer amerikanischen Kirche, bevor er sich 1990 als Übersetzer und Graphologe selbstständig machte. Er debütierte als Krimiautor mit *Jung, blond, tot,* einem Polizeithriller nach amerikanischem Vorbild.

In seinen Kriminalromanen, in denen zumeist Kommissarin Durant und ihre Frankfurter Kollegen vom dortigen Polizeipräsidium ermitteln, schreibt er über das Extreme in unserer Gesellschaft, übt oftmals herbe Kritik an der so genannten High Society und zeigt soziale Missstände unverblümt auf. Dabei behandelt er Themen wie Kindesmissbrauch, organisiertes Verbrechen und Mord mit einer Direktheit und Schonungslosigkeit, die bisweilen erschreckend ist.

KRIMINALROMANE: 1996 Jung, blond, tot, Droemer-Knaur 60508; 1997 Der Finger Gottes, Droemer-Knaur 60616; 1998 Die Bankerin, Droemer-Knaur 60805; 1999 Das achte Opfer, Droemer-Knaur 61037; 2000 Letale Dosis, Knaur 66171; 2001 Der Jäger, Knaur 61741; 2002 Das Syndikat der Spinne, Knaur 61904
SONSTIGE PUBL.: Sachbuch zur Graphologie
MITGLIED: Syndikat
KONTAKT: novelist98@aol.com

Franzinger, Bernd
Biografie: *12.8.1956. B. Franzinger hat Pädagogik, Psychologie, Soziologie und Phi-

losophie studiert und in Erziehungswissenschaft promoviert. Er war lange Jahre in verschiedenen pädagogischen Arbeitsfeldern tätig u. a. an einer Ganztagsschule und in der Erwachsenenbildung. Er lebt mit seiner Familie in Mölschbach bei Kaiserslautern.

KRIMINALROMANE: 2003 Pilzsaison – Tannenbergs erster Fall, Gmeiner-Verlag; 2004 Goldrausch – Tannenbergs zweiter Fall, Gmeiner-Verlag; 2004 Ohnmacht – Tannenbergs dritter Fall, Gmeiner-Verlag; 2005 Dinotod – Tannenbergs vierter Fall, Gmeiner-Verlag; 2005 Wolfsfalle – Tannenbergs fünfter Fall, Gmeiner Verlag
SONSTIGE PUBL.: Diverse fachwissenschaftlich Veröffentlichungen und kleinere belletristische Texte
MITGLIED: Syndikat

Freed, Cecil V. → Roecken, Kurt W.

Freitag, Ingo
Biografie: *20.2.1964 in Frankfurt/Main. I. Freitag leistete nach dem Abitur seinen Wehrdienst im damaligen Rundfunk-Bataillon 850, mit einer Zusatzausbildung im Orts- und Häuserkampf ab. Danach war er zunächst Lkw-Fahrer im Güternahverkehr, dann Transporteur für die der Fleisch- und Wurstwarenfabrik Herta war. Ende der 80er-Jahre kündigte er bei Herta, konvertierte zum Islam und übersiedelte als freier Militärberater nach Algerien. Nach dem Ausbruch der Unruhen floh er in die Republik Niger, wo er Mitinhaber eines Gebraucht-Lkw-Handels mit guten Verbindungen zum Militärregime und zu den Touareg-Rebellen war. Nach dem »Rücktritt« des Diktators Ali Saibou kehrte er nach Deutschland zurück. Anschließend gründete er eine Detektei mit dem Schwerpunkt »deutsch-arabische Familienzusammenführungen« und den Sicherheitsdienst SOS in Herten. Nach der Verwicklung in mehrere Strafprozesse Mitte der 90er-Jahre begann er das Studium der Rechts-, Politik- und Sozialwissenschaften und der Journalistik (in Bochum und Dortmund). Neben dem Studium war er journalistischer Mitarbeiter bei verschiedenen Verlagen. Seit 2002 ist er freier Nachrichtenredakteur beim WDR (Hörfunk). Nebenberuflich wurden seit 1998 unter Klarnamen und mehreren Pseudonymen insgesamt zehn Auftragsarbeiten als Bücher realisiert.

KRIM.-ERZ.: 1999 *Pizza vertraulich*, in: Pizza mafiosa, Tomus
MITGLIED: Syndikat
KONTAKT: ingo.freitag@hertenweb.de

Friedrichs, Antje
Pseud. für: Antje Telgenbüscher
Biografie: *23.9.1944 in Frankfurt/Oder. A. Friedrichs wuchs in Quakenbrück (Kreis Osnabrück) auf. Sie studierte Germanistik, Anglistik und Philosophie in Münster und York und promovierte mit einer Arbeit über Ilse Aichinger. Bis zum 30. Lebensjahr arbeitete sie an Schule und Hochschule sowie in einem Verlag. Sie lebt heute mit ihrer Familie in Paderborn und arbeitet freiberuflich als Lehrerin und Autorin. Unter ihrem Ehenamen Antje Telgenbüscher veröffentlicht sie Gedichte, Kurzgeschichten und Sachbücher, unter anderem über Frauen- und Alltagsgeschichte.

KRIMINALROMANE: 2000 Letzte Lesung Langeoog, Prolibris
KRIM.-ERZ.: 1997 *Der Mord zum Sonntag*, in: Frühstück und Gewalt, Hrsg. Marlene Streeruwitz und Jürgen Wertheimer, Konkursbuch
SONSTIGE PUBL.: Gedichte, Sachbücher
MITGLIED: SinC
KONTAKT: drantje44@web.de

Friesel, Uwe
Biografie: *10.2.1939 in Braunschweig. U. Friesel erhielt von 1956 bis 1957 ein USA-Stipendium, anschließend studierte er von 1961 bis 1965 Germanistik, Anglistik und Philosophie und arbeitete 1965 als Lektor beim Claassen Verlag, von 1966 bis 1967 als Hörspieldramaturg beim NDR, anschließend von 1970 bis 1971 als Theaterdramaturg bei der Freien Volksbühne Berlin und dem Grips-Theater. Er war einer der Mitbegründer der

AutorenEdition im C. Bertelsmann-Verlag und lebte seit 1969 freier Autor in Hamburg, Olevano Romano und Stockholm, von wo aus er in den Jahren 1992 bis 2001 die beiden internationalen Autorenzentren in Visby und Rhodos mit aufbaute.

Der vielfach ausgezeichnete U. Friesel (Rompreis Villa Massimo, Berlin-Stipendium im Literarischen Kolloquium, Stadtteilschreiber von Hamburg Eppendorf, Großes Niedersächsisches Kunststipendium, Schreyahn-Stipendium) wurde 1989 zum Vorsitzenden des *Verbandes deutscher Schriftsteller* (VS) gewählt und 1991 für eine zweite Amtszeit in der Position des Vorsitzenden des nunmehr gesamtdeutschen VS in der IG Medien bestätigt.

Zunächst in Kurzgeschichten, später in Hörspielen und dann in Romanen entwickelte U. Friesel seit 1970 die Figur des aus dem Polizeidienst ausgeschiedenen Guido Blankenhorn, der sich als freier Ermittler niedergelassen hat. *Sein erster freier Fall* ist der erste Roman um Guido Blankenhorn und erschien 1983. Blankenhorn ist eine nachdenklich-kritische Synthese von Dürrenmatts Kommissar Bärlach, Martin Walsers Thassilo S. Grübel und Simenons Kommissar Maigret. Blankenhorns Fälle sind in der Regel an der Schnittstelle zwischen privaten und öffentlichen Verbrechen angesiedelt. Ironie und Selbstzweifel behindern seine Karriere.

KRIMINALROMANE: 1983 Sein erster freier Fall, C. Bertelsmann, HC, NA Heyne 2138, NA 2001 Revonnah; 1984 Spiegel verkehrt, Heyne 2079; 1988 Das gelbe Gift, Heyne 2191, NA 2000 VdC; 2005 Blut für Eisen, Nymphenburger, HC
KRIM.-ERZ.: 1983 Lauenburg Connection, Heyne 2050; 1991 Das Syndikat, Anthologie (als Hrsg. und Beiträger), Heyne 2356; 2002 *Gutnachbarliche Beziehungen*, in: Mord und Steinschlag, Leda, OA; 2004 *Gute Nacht, Der greise Kopf*, in: Die Winterreise, Gerstenberg, HC
FUNK: 1980 Blankenhorn – Sein erster freier Fall, (Hörspiel in zwei Teilen, 49 und 53 Min., NDR), EA 17.5.1980 und 18.5.1980; 1985 Lauenburg Connection, (Kriminalhörspiel 74 Min., NDR), EA

20.1.1985; 1995 Blankenhorn und der Blaumörder, (Kriminalkomödie, 54 Min., NDR), EA 11.3.1995
SONSTIGE PUBL.: Romane, Erzählungen, Kinder- und Jugendbücher, Gedichte, Übersetzungen aus dem Englischen (u.a. Vladimir Nabokov, John Updike, Ben Jonson) sowie Dokumentarfilme und Hörspiele
KONTAKT: mailto:u.friesel@chello.se

Fröba, Klaus
auch unter den Pseud.: Andreas Anatol, Matthias Martin, Christian Carsten
Biografie: *9.10.1934 in Ostritz/Oberlausitz. K. Fröba, der unter mindestens drei verschiedenen Pseudonymen Jugendbücher und Kriminalromane publiziert, verfasste sein erstes Buch 1956 während seiner Schulzeit in einem Jesuitenkolleg. In den folgenden Jahren entstanden dann mehr als 40 Jugendbücher (zumeist unter »Matthias Martin«) und Unterhaltungsromane sowie eine heitere Mythologie der Griechen und Germanen. 1981 veröffentlichte Fröba schließlich in der thriller-Reihe bei Rowohlt seinen ersten »Andreas Anatol«-Krimi. Es folgte eine Reihe weiterer Titel unter diesem Pseudonym, bis Fröba als »Matthias Martin« zum regelmäßigen Mitarbeiter der deutschen Krimireihe des Bastei Verlags wurde.

KRIMINALROMANE: 1982 Ein Traum namens Nadine, (als A. Anatol), rororo 2606; 1983 Das Vermächtnis das Ramon Amador, (als A. Anatol), rororo 2627; 1984 Nach einem lasterhaften Leben, (als A. Anatol), rororo 2695; 1986 Der Schlußstrich, (als M. Martin), Bastei Lübbe 19500; 1987 Briefe an Hortenbach, (als M. Martin), Bastei Lübbe 19507; 1988 Wölfe in Bindling, (als K. Fröba), Fischer 8293; 1988 Mit Kinderaugen, (als M. Martin), Bastei Lübbe 19516; 1988 Tinglers letzter Fall, (als M. Martin), Bastei Lübbe 19520; 1989 Jasmins Millionen, (als M. Martin), Bastei Lübbe 19533; 1989 Kaltes Geld, (als M. Martin), Bastei Lübbe 19530; 1992 Gaunerballade, (als M. Martin), Bastei Lübbe 19566; 1992 Blüten für Madame, (als M. Martin), Bastei Lübbe 19575; 1993 Eisfieber, (als M. Martin), Bastei Lübbe 19581), Remake von: K. Fröba: *Wölfe in Bindling*
SONSTIGE PUBL.: Zahlreiche Drehbücher für Fernsehfilme und -serien sowie viele Jugendbücher

Frohriep, Ulrich

Biografie: *18.11.1943 in Rostock. U. Frohriep arbeitete nach seinem Hochschulabschluss als Verlagslektor und freier Autor. Nach 1989 war er Geschäftsführer eines Wohlfahrtsverbandes, Vorsitzender eines sozialen Vereins und Mitbegründer eines Books-on-Demand-Verlages (auch E-Books). Er lebt und schreibt in Klein Bisdorf in Mecklenburg-Vorpommern

FUNK: 1982 Kramer, Oberleutnant, (Kriminalhörspiel, 30 Min., Radio DDR); 1983 Ein höchst attraktives Frauenzimmer, (Krimi, 30 Min., Radio DDR); 1988 Der Maler und das Mädchen, (Kriminalhörspiel, 20 Min., Radio DDR); 1989 Zwei Frauen, (Kriminalhörspiel, 30 Min., Radio aktuell); 1990 Ich habe getötet, (Kriminalhörspiel 30 Min., Radio aktuell)
TV: 1986 Polizeiruf 110: Kein Tag wie jeder andere, (Serienepisode, 85 Min., DFF), Drehbuch/Szenarium: U. Frohriep, Regie: Thomas Jacob, EA 16.11.1986 DDR1; 1989 Polizeiruf 110: Katharina, (Serienepisode, 90 Min., DFF), Drehbuch/Szenarium: U. Frohriep, Regie: Georg Schiemann; 1990 Polizeiruf 110: Das Duell, (Serienepisode, 90 Min., DFF), Drehbuch/Szenarium: U. Frohriep, Regie: Thomas Jacob

SONSTIGE PUBL.: Zwei Hörspiele, zahlreiche Kinderhörspiele, ein historischer Abenteuerroman, ein Kinderbuch
MITGLIED: Syndikat
KONTAKT: frohriep@t-online.de; www.mvweb.de/kdb/autoren/frohriep/

Frost, Niklas

Pseud. für Schuster, Egon
Biografie: *5.1.1963 in Kronstadt/Rumänien. E. Schuster siedelte 1973 nach Deutschland über und wuchs in Düsseldorf auf. Er hat Publizistik, Romanistik und Sprachpsychologie in Bochum studiert, währenddessen hat er als Taxifahrer in Düsseldorf gearbeitet. E. Schuster ist Journalist und lebt in Duisburg. Unter dem Pseudonym Niklas Frost schreibt er Kriminalromane, in denen es seine Hauptfigur, Magazin-Reporter Hans Stamm, mit politisch brisanten Fällen zu tun bekommt.

KRIMINALROMANE: 1998 Extra-Tour, Emons; 2001 Zwielicht, Emons; 2004 Crash, Emons
SONSTIGE PUBL.: Eine wissenschaftliche Untersuchung der deutschen Zeitung NEUER WEG in Rumänien

Gablé, Rebecca

Pseud. für: Ingrid Krane-Müschen
Biografie: *25.9.1964 in Mönchengladbach.
I. Krane-Müschen arbeitete zunächst als Bankangestellte; nachdem sie 1990 ihren ersten Roman geschrieben hatte, gab sie ihren Beruf auf, begann ein Literaturstudium in Düsseldorf, dessen Schwerpunkt sich mehr und mehr zur Mediävistik verlagerte. Sie beendete ihr Studium 1996 und lebt seitdem als freie Schriftstellerin und Literaturübersetzerin in Mönchengladbach. Dem Syndikat stand I. Krane-Müschen von 2000 bis 2003 als Sprecherin vor.
1995 debütierte sie mit dem Thriller *Jagdfieber*. Der Protagonist der temporeich und spannend erzählten Geschichte – der allein erziehende Sicherheitsexperte Mark Malecki – stand auch im Mittelpunkt ihres 1999 erschienenen Romans *Das Florians-Prinzip*. Sowohl in diesen beiden Thrillern als auch in ihren anderen bislang erschienenen Kriminalromanen zeigte I. Krane-Müschen, dass sie mit ihrem ausgeprägten, in der angelsächsischen Tradition stehenden Erzähltalent zu den besten deutschen Krimiautorinnen gehört.

Kriminalromane: 1995 Jagdfieber, Bastei Lübbe 19601; 1996 Die Farben des Chamäleons, Bastei Lübbe 19606; 1998 Das letzte Allegretto, Bastei Lübbe 13948; 1999 Das Florians-Prinzip, Bastei-Lübbe 14185
Sonstige Publ.: Historische Romane
Mitglied: Syndikat; VS; VDÜ; Quo Vadis
Kontakt: rebecca@gable.de;
www.gable.de

Gabriel, Gabriele

Biografie: *20.4.1946 in Potsdam. G. Gabriel machte nach dem Abitur Ausbildungen als Lebensmittelchemielaborantin und chemisch-technische Assistentin und studierte von 1967–1969 fakultativ Chemie an der Pädagogischen Hochschule Potsdam. Von 1970–1979 arbeitete sie als Kriminalistin bei der Kripo Potsdam und studierte von 1974–1978 Kriminalistik an der Fachschule Aschersleben. Am Johannes-R.-Becher-Institut in Leipzig studierte sie von 1979 bis 1982 Literatur, seit 1982 ist sie freiberufliche Schriftstellerin.

Kriminalromane: 1988 Schuldschein gegen Totenschein, Reihe DIE
TV: 1983 Polizeiruf 110: Eine nette Person, (Serienepisode, ca. 90 Min., DDR-FS), Regie: Gunter Friedrich; 1995 Polizeiruf 100: Der zersprungene Spiegel, (Serienepisode, ca. 90 Min.), Regie: Hans Werner Honert; 1988 Polizeiruf 100: Der Kreuzworträtsel-Fall, (Serienepisode, ca. 90 Min., ARD), Regie: Thomas Jacob; Polizeiruf 110: Der Pferdemörder, (Serienepisode, 90 Min. ARD), Regie: Matti Geschonek
Sonstige Publ.: Lyrik, Drehbücher für Funk- und Fernsehsendungen
Mitglied: Syndikat; VS

Gamber, Hans → Barr, Christopher

Gansner, Hans Peter

Biografie: *20.3.1953 in Chur, Graubünden. H. P. Gansner, deutschsprachiger Schweizer, studierte Germanistik, Romanistik, Kunstwissenschaft und Philosophie an der Universität Basel, später in Aix-en-Provence Theater- und Filmwissenschaft. Bis 1984 arbeitete er als Gymnasiallehrer und Theaterkritiker in Basel und Liestal, seither ist er als freier Schriftsteller, Publizist und Übersetzer tätig. *Die Stunde zwischen Hund und Wolf* lehnt sich von seinen Romanen am deutlichsten an das Muster eines Psychothrillers an. *Die Presse*, Wien, schrieb zu diesem Titel: »Der in Frankreich lebende Schweizer des Jahrgangs 1953 zeichnet hier ein fulminantes Gruppenportrait der Altachtungsechziger. Gewitzt und sprachversiert dringt der Autor durch den Dunst der Klischees, wenn er die Identitätskrisen der Linken in den Siebzigerjahren beschreibt (...)«

Kriminalromane: 1981 Desperado, rotpunktverlag; 1991 Die Stunde zwischen Hund und Wolf, Amann, HC; 1999 Sechs Fälle für Pascal Fontaine, Karin Kramer Verlag; 2001 Mein ist die Rache, Karin Kramer Verlag

KRIM.-ERZ.: *Ein Fall für Hanna Härter*, Krimiserie in der Zeitschrift zeit.punkt, Solothurn/Schweiz; 2004 *Hanna Härter*, Kurzkrimi-Serie bei www.portabook.com
SONSTIGE PUBL.: Zahlreiche Gedichte, Romane, Erzählungen, Essays, Hörspiele und Bühnentexte

Garber, Leslie → Bekker, Alfred

Garski, Peter
Pseud. für: Arno Löb
Biografie: *3.4.1953 in Niederhatzkofen. P. Garski studierte Gestaltung und Kommunikationsdesign an der Fachhochschule. Er war Texter und Stimme bei der Pop-›n‹-Punk-Combo Impotenz. Später jobbte P. Garski als Aushilfspförtner im Wiener Bestattungsmuseum, als Sexshop-Dekorateur und als Leiter eines Survival-Hotels in Jamaika. 1999 schrieb der das Drehbuch zum Roy-Black-Musical. P. Garski lebt als freier Autor in Augsburg. In seinen beiden Kriminalromanen recherchieren der ehemalige Polizeipressesprecher Klaus Kessler und dessen Freund und Kollege Helle. Auf den Spuren der Perlachmorde veranstaltet P. Garski Krimi-Führungen durch Augsburg und ist Erfinder des »Blutigen Pinsels« für die besten Krimicover.

KRIMINALROMANE: 2001 Der Perlachmord, A-Crime-Verlag; 2002 Der Intendant stirbt dramatisch, A-Crime-Verlag; 2003 Der Plärrer-Killer, A-Crime Verlag; 2004 Das Fuggerei-Phantom, A-Crime Verlag
SONSTIGE PUBL.: Romane, verschiedene Lexika (als Hrsg.), Liedtexte, Drehbücher, Libretti
MITGLIED: Syndikat
KONTAKT: kultur-marketing@web.de; www.garski.krimis.page.ms

Gärtner, Regina
Biografie: *9.12.1964 in Dinslaken, R. Gärtner wuchs am Niederrhein auf und studierte Germanistik und Politikwissenschaften in Aachen. Während der Schul- und Studienzeit arbeitete sie bei verschiedenen Zeitschriften als freie Mitarbeiterin. Nebenbei war sie stark in verschiedenen gesellschaftspoliti-

schen Initiativen engagiert. Ihren Lebensunterhalt während des Studiums verdiente sie sich als Discjockey in einem Jazzclub. Neben ihrem Studium war sie lange Jahre als Modedesignerin tätig. Heute ist sie Anzeigenleiterin in einem Kölner Verlag. Sie lebt in Köln in einem Haus am See.
Im Herbst 2000 debütierte sie mit ihrem ersten Krimi *Tödliche Schöpfung*. Die Story spielt vor dem aktuellen Hintergrundthema: Chancen und Risiken der Gentechnologie. Derzeit stellt sie ihren zweiten Kriminalroman fertig.

KRIMINALROMANE: 2000 Tödliche Schöpfung, Espresso
KRIM.-ERZ.: 2002 *Waschtag*, in Die vielen Tode des Herrn S., Emons; 2003 *Wo der Hund begraben ist*, im: Kriminellen Reiseführer vom Niederrhein: Tödliche Touren, Leporello Verlag
MITGLIED: SinC; Syndikat
KONTAKT: gaertnerreg@aol.com

Gebert, Anke
Biografie: 16.4.1960 in Halle/Saale. A. Gebert wuchs in Brandenburg und Mecklenburg-Vorpommern auf. Nach einem Literaturstudium am Johannes-R.-Becher-Institut war sie als Grundschullehrerin und Erzieherin tätig und arbeitete in einer Galerie. 1988 zog sie von Schwerin nach Hamburg und studierte dort Germanistik, Journalistik und Film mit dem Schwerpunkt Drehbuch. Seit einigen Jahren lebt sie als freie Buch- und Drehbuchautorin in Hamburg.

KRIMINALROMANE: 1995 Hunde, die bellen, Galgenberg 1995, NA 1999 Scherz 1708, HC; 2000 Ein Engel für Hotte, Abendblatt Schwarze Hefte; 2001 Das Treiben, Scherz 1807
KRIM.-ERZ.: 1999 *Draußen steht der Weihnachtsmann*, in: Die Leiche hing am Tannenbaum, Hrsg. Anne Enderlein u. Cornelie Kister, Ullstein 35938; 2000 *Ursula und Karl*, in: Alter schützt vor Morden nicht; Hrsg. Anke Cibach, Gerstenberg, HC; 2001 *Blind*, in: Teuflische Nachbarn, Scherz 1793; *Mit Nehbergs in einem Boot*, in: Der Ferienkrimi, Hrsg. Ralf Kramp, Scherz 1781; 2001 *Strafe muss sein*, in: Der Schnee deckt alles zu, Hrsg. Joachim Körber, Scherz 1805; 2003 *Nur

ein Spiel, in: Mordslüste, Hrsg. Paul Ott, Scherz 0700; 2004 *Tollwut*, in: Tatort FloraFarm, Hrsg. Gesine Wischmann, Juwi MacMillan Group; 2004 *Sie nannten ihn Fluppe*, in: Verdächtige Freunde, Scherz 0700
Sonstige Publ.: Roman, Drehbücher, Feature, Bildband, Sachbuch, Kinderbuch. Anke Gebert schrieb *Blind*, den vermutlich kleinsten Krimi der Welt
Preise: Förderpreis für Literatur der Hansestadt Hamburg für *Hunde, die bellen* und andere Texte; 1997 Drehbuchpreis der Medienstiftung Schleswig-Holstein für *Hunde, die schlafen*
Mitglied: Syndikat; VS; Hamburger Autorenvereinigung
Kontakt: ankegebert@gmx.de; www.ankegebert.de

Gebert, Daniela

Biografie: *3.10.1965 in Frankfurt. D. Gebert ist Ingenieurin für Verfahrenstechnik und war bis 1999 in der pharmazeutischen Industrie tätig. Sie lebt mit Mann und zwei Kindern in der Nähe von Frankfurt. Dem Wahn, dass der Erziehungsurlaub ideal ist, eine glorreiche schriftstellerische Karriere zu beginnen, frönt sie hartnäckig. Neben Krimis schreibt sie Horrorgeschichten und Realsatiren.

Krim.-Erz.: 2001 *Max nimmt Rache*, in: Mord mit Biss, Hrsg. Anke Cibach, Hannah
Mitglied: SinC
Kontakt: www.danielagebert.de

Geier, Monika

Biografie: *17.4.1970 in Ludwigshafen/ Rhein. M. Geier ist Bauzeichnerin für Tief-, Straßen- und Landschaftsbau und außerdem Diplomingenieurin für Architektur. Darüber hinaus jobbte sie in den verschiedensten Branchen und ist Mutter zweier Söhne. Seit 2000 arbeitet sie hauptberuflich als Autorin.

Kriminalromane: 1999 Wie könnt ihr schlafen, Argument; 2001 Neapel sehen, Argument; 2003 Stein sei ewig, Argument
Krim.-Erz.: 1999 *Im Bade*, in: Zehn mörderische Wege zum Glück, Hrsg. Irma Vep, Rowohlt;
Sonstige Publ.: 1999 Praktische Beiträge zum Krimischreiben. *Kein Chinese*, in: Das Wort zum

Mord, Hrsg. Anja Kemmerzell u. Else Laudan, Argument
Sonstige Publ.: Belletristische Beiträge in Tageszeitungen
Mitglied: SinC
Kontakt: RIP@geiers-mor.de; www.geiers-mor.de

Geiger, Jess

Biografie: *17.10.1965 in Wesel. J. Geiger wuchs in einem Haus auf, in dem kurz zuvor ein Amokläufer mehrere Menschen erschoss. Sie studierte Diplomsozialarbeit in Mönchengladbach, nebenbei arbeitete sie jahrelang im Büro und in diversen Jobs, zuletzt als Bookerin in einer Musikagentur. Heute ist sie in einem sozialen Brennpunkt tätig.

Krim.-Erz.: 2000 *Dienstuntauglich*, in: Mord vor Ort, Hrsg. Thomas Hesse u. Thomas Niermann, Emons; 2002 *Happy Halloween*, in: Die vielen Tode des Herrn S., Hrsg. Mischa Bach, Ina Coelen u. Ingrid Schmitz, Emons; 2002 *Der Putzteufel*, in: Die vielen Tode des Herrn S., Hrsg. Mischa Bach, Ina Coelen u. Ingrid Schmitz, Emons; 2003 *Tödlicher Blues*, in: Tödliche Touren, Hrsg. Ina Coelen u. Ingrid Schmitz, Leporello; 2003 *Totensonntag*, in: Mords-Appetit, Hrsg. Ina Coelen u. Ingrid Schmitz, Leporello
Mitglied: SinC

Gelbhaar, Dorle

Biografie: *19.4.1952 in Rostock. D. Gelbhaar studierte Kulturwissenschaft in Berlin, schrieb ihre Diplomarbeit zu Walter Benjamin und promovierte zum Thema DDR-Kriminalliteratur. Vier Jahre lang war sie in der Öffentlichkeitsarbeit der Kriminalpolizei tätig, wo sie unter anderem Nachrichten schrieb und den *Polizeiruf 110* beriet. 1989 wechselte sie ins Verlagsfach, wo sie eine eigene Krimireihe etablieren wollte. Das Ergebnis war im Gegensatz dazu ihre erste Kriminalerzählung *Der Tod des Cheflektors*. Von 1992–1996 arbeitete sie in der Erwachsenenbildung, im Anschluss wieder schreibend und redigierend. 1998 erschien ihr erster Kriminalroman, seitdem lebt sie als freischaffende Autorin in Berlin und ist seit

2000 Vorstandsmitglied des Berliner Schriftstellerverbandes.

KRIMINALROMANE: 1998 Der Fremde am Telefon, Elefanten Press
SONSTIGE PUBL.: *Warum Kriminalliteratur erforschen? …*, (Essay), in: Tatbestand. Ansichten zur Kriminalliteratur der DDR, Hrsg. Reinhard Hillich, Akademie; Kurzgeschichten, Rezensionen, Theaterprojekte und Arbeiten für Kinder sowie Kurzgeschichten; 2004 *Ahrenshooper Romanze*, edition bodoni
MITGLIED: Syndikat; VS
KONTAKT: dorle@gelbhaar.de; www.gelbhaar.de

Gellert-Diekmännken, Heike
Biografie: *1958. H. Gellert-Diekmännken ist ausgebildete Verwaltungsfachangestellte mit Stationen in Sport, Politik, Ordnungs- und Sozialwesen, zuletzt Kreispolizeibehörde. Zurzeit ist sie Mutter, Hausfrau, Ehefrau, Krankenschwester, Psychologin und Gärtnerin ohne Entgelt. In Schreibwerkstätten- und -seminaren stieß sie auf ihre humorvolle, satirische, kriminelle, skurrile Ader gestoßen. 1996 nahm sie an einem Romanwettbewerb; erste Veröffentlichungen folgten 1999 und 2000 im NATURREPORT.

KRIM.-ERZ.: 2003 *Gerdas Fürsorge*, in: Schlaf in himmlischer Ruh …, Hrsg. Belinda Rodik u. Reinhard Rael Wissdorf, Wittig
MITGLIED: SinC; Westfälisches Literaturbüro

George, Nina
Biografie: *1973 in Bielefeld. 1991 bricht N. George die Schule vor dem Abitur ab. Von 1991 bis 1993 folgen Mac Jobs. Von der Statistin bis zur Baimaid. Von 1993 bis 1995 arbeitet sie als Redakteurin für PENTHOUSE. Anschließend ist sie bis 1999 Redakteuerin, Produktionsleiterin/Chefin vom Dienst beim Axel-Springer-Verlag in Hamburg (Red. FAMILIE&CO., HAMBURGER ABENDBLATT). Seit dem 1.7.1999 ist sie freiberuflich als Journalistin und Kolumnistin für verschiedene Magazine und Zeitschriften wie COSMOPOLITAN, TV MOVIE, MISS – die JUNGE

WIENERIN tätig. Sie ist die rechte Hälfte des LiteraturKabarett-Duos »Böses Damen Doppel«. Unter dem Pseudonym »Anne West« veröffentlichte sie vier Erotikratgeber. N. George lebt als freie Autorin in Hamburg.

KRIMINALROMANE: 1999 Kein Sex, kein Bier und jede Menge Tote, Droeme; HC, NA 2001/02 Knaur Lemon; 2003 Bube, Dame, Karo, Tod, Schwarze Hefte des Hamburger Abendblatts
KRIM.-ERZ.: 1995 *Hände*, in: Der Blutfalter, Verlag Robert Richter; 2002 *Slipvisite*, in: Liebestöter – Dessous-Krimis, Scherz; 2003 *Plan B*, in: Mord am Kai, Rowohlt; 2003 *Mit der Liebe ganzer Härte*, in: Mordslüste, Scherz; 2004 *Law and Order in Dinslaken*, In: Mord am Niederrhein, Grafit; 2004 *Bitter Blues Bergkamen*, in: Mehr Morde am Hellweg, Hrsg. H. P. Karr, Herbert Knorr, Grafit 294; 2005 *Augsburger Schatten*, in: Tatort Bayern, Grafit
SONSTIGE PUBL.: Kurzgeschichten, Sachbücher, Beiträge in Magazinen
KONTAKT: www.ninageorge.de; www.annewest.de; www.boesesdamendoppel.de

Gercke, Doris
Biografie: *1937 in Greifswald. D. Gercke wuchs als Kind einer Arbeiterfamilie auf und heiratete, als sie 20 war. Mit 22, nach der Geburt ihres zweiten Kindes, gab sie ihren Beruf als Sachbearbeiterin auf und lebte als Ehefrau, Hausfrau und Mutter. 1980 machte sie das Begabtenabitur und studierte Jura. In dieser Zeit schrieb sie ihre ersten Kriminalromane, in denen sie ihre Hauptfigur Bella Block entwickelte. Bella Block ist eine ehemalige Polizistin, die jetzt private Ermittlungen durchführt. Sie liebt Wodka und Literatur – hier besonders die Gedichte ihres Großvaters Alexandr Blok – und geht nie ohne ein Buch in der Tasche los zur Beschattung von Verdächtigen.
Trotz aller Anspielungen auf die Privatdetektivrituale der amerikanischen Kriminalliteratur ist Bella Block doch in ihrer Konzeption George Simenons Kommissar Maigret näher verwandt, denn ebenso wie er löst sie ihre Fälle durch ein intensives Eintauchen in das jeweilige Milieu und das Erspüren von Stimmungen.

KRIMINALROMANE: 1988 Weinschröter, du mußt hängen, Verlag am Galgenberg, OC HC; 1989 Nachsaison, Verlag am Galgenberg, HC; 1989 Moskau, meine Liebe, Verlag am Galgenberg, HC; 1990 Der Krieg, der Tod, die Pest, Verlag am Galgenberg, HC; 1991 Die Insel, Verlag am Galgenberg, HC; 1991 Kinderkorn, Verlag am Galgenberg, HC; 1993 Kein fremder Land, Hoffmann & Campe, HC; 1994 Ein Fall mit Liebe, Hoffmann & Campe, HC; 1995 Versteckt, (Kinderkrimi), Elefanten Press; 1995 Auf Leben und Tod, Hoffmann & Campe, HC; 1996 Tschingis Khans Tochter, Hoffmann & Campe, HC; 1998 Für eine Hand voll Dollar, (Jugendkrimi), Elefanten Press; 1998 Der Tod ist in der Stadt, Hoffman & Campe, HC; 2000 Das Gipfeltreffen, (Kettenroman, gem. mit Ingrid Noll, Edith Kneifl, Regula Venske, Frank Göhre, Gisbert Haefs, Karr & Wehner, Robert Hültner und Jürgen Alberts) Heyne, HC; 2000 Die Frau vom Meer, Hoffmann & Campe; 2001 Die schöne Mörderin, Ullstein; 2001 Duell auf der Veddel, Reihe Schwarze Hefte, Hamburger Abendblatt; 2001 Die schöne Mörderin, Ullstein, HC; 2002 Bella Ciao, Ullstein, HC; 2002 (als Marie-Jo Morell): Milenas Verlangen, Ullstein, HC; 2002 Moskau meine Liebe, btb Verlag; 2003 (als Marie-Jo Morell): Berlingers Auftrag, Ullstein, HC; 2003 Schlaf, Kindchen, schlaf, Ullstein, HC; 2004 Für eine Hand voll Dollar, C. Bertelsmann Jugendbuch Verlag

FUNK: 1992 Am Hoffnungsberg, (Kriminalhörspiel, 55 Min., NDR); 1994 Horace McCoy: Schatten der Vergangenheit, (Hörspielbearbeitung von D. Gercke, 52 Min., NDR/HR/SWF); 1995 Niederlage, (Kriminalhörspiel, 49 Min., NDR); 1995 Tony Fenelly: Mord auf der Klappe, (Hörspielbearbeitung: D. Gercke, 55 Min., NDR); 1997 Das tote Haus, (Kriminalhörspiel, 55 Min., NDR); 2001 Wex, (Hörspiel, NDR)

TV: 1993 Bella Block, die Kommissarin, (Fernsehfilm, 100 Min., ZDF), Drehbuch: Max Färberböck unter Mitarbeit von Walter Weber nach Motiven des Romans *Weinschröter, du mußt hängen* von D. Gercke, Regie: Max Färberböck, EA 17.12.1993 ARTE; 1995 Bella Block: Liebestod, (Serienfilm, 90 Min., ZDF), Drehbuch: Max Färberböck und Daniel D. Wissmann unter Verwendung der Figur von D. Gercke, Regie: Max Färberböck, EA 18.11.1995 ZDF; 1997 Bella Block: Geldgier, (Serienfilm, 90 Min., ZDF), Drehbuch: Thomas Albers und Fabian Thaesler unter Verwendung der Figur Bella Block von D. Gercke, Regie: Erwin Keusch, EA 8.3.1997 ZDF; 1997 Bella Block: Tod eines Mädchens, (Serienfilm, 90 Min., ZDF), Drehbuch: Walter Weber und Verwendung der Figur von D. Gercke, Regie: Markus Imboden, EA 4.10.1997 ZDF; 1998 Bella Block: Auf der Jagd, (Serienfilm, 90 Min., ZDF), Drehbuch: Eva und Volker A. Zahn unter Verwendung der Figur von D. Gercke, Regie: Markus Imboden, EA 14.11.1998 ZDF; 2000 Bella Block: Abschied ins Licht, (Serienfilm, 100 Min., ZDF), Drehbuch: Richard Reitinger unter Verwendung der Figur von D. Gercke, Regie: Christian von Castelberg, EA 8.1.2000 ZDF; 2000 Bella Block: Geflüsterte Morde, (Serienfilm, 90 Min., ZDF/ARTE), Drehbuch: Regie: Christian Görlitz, EA 28.1.2000 ARTE; 2000 Bella Block: Blinde Liebe, (Serienfilm, 90 Min., ZDF), Drehbuch: Isolde Sammer, M. Albers, Sherry Hormann und Natalia Wörner, Regie: Sherry Hormann, EA 11.3.2000 ZDF; 2001 Bella Block: Schuld und Liebe, (Serienfilm, 90 Min., ZDF), Drehbuch und Regie: Sherry Hormann, EA 3.3.2001 ZDF

PREISE: 2000 Ehren-Glauser des Syndikats für ihr Gesamtwerk

MITGLIED: SinC

Gerdes, Peter

Biografie: *7.9.1955 in Emden. P. Gerdes fuhr schon mit 16 zur See, machte dann trotzdem Abitur und war zuächst Marinefunker, ehe er Germanistik und Anglistik studierte. Nebenbei jobbte er als Drucker, Lkw-Fahrer, Glashütten- und Tiefbauarbeiter, organisierte Fachkongresse und gab zwei Bücher zur Studienreform heraus. 1883 machte er sein Staatsexamen, absolvierte 1984 ein Redaktionsvolontariat, arbeitete von 1985 bis 2002 als Redakteur bei Tageszeitungen. Seit 2002 ist er als Lehrer tätig. Literarisch tätig ist P. Gerdes seit 1978; nach einer Schaffenspause von ca. 1988 bis 1995 wandte er sich vor allem der Kriminalliteratur zu und betätigte sich als Herausgeber. Sein Krimidebüt gab er 1997 mit *Ein anderes Blatt*. P. Gerdes war Organisator und künstlerischer Leiter der 35. Niedersächsischen Literaturtage 1998 in Aurich, der 41. Literaturtage 2004 in Peine und der alle zwei Jahre stattfindenden Ostfriesischen Krimi-Tage seit 1999. Seit Februar 2000 ist er auch Mitglied im VS-Landesvorstand für Niedersachsen/Bremen.

KRIMINALROMANE: 1997 Ein anderes Blatt, De Utrooper Leer, NA 2000 Leda; 1997 Thors Hammer, De Utrooper Leer, NA 2000 Leda; 1999 Ebbe und Blut, SKN, HC; 1999 Ebbe und Blut. SKN-Verlag, HC/OA; 2000 Das Mordsschiff. Leda-Verlag, OA; 2001 Der Etappenmörder. Leda-Verlag, OA; 2003 Stahnke und der Spökenkieker. Leda-Verlag, OA; 2004 Fürchte die Dunkelheit. Leda-Verlag, OA; 2005 Solo für Sopran. Leda-Verlag, OA

KRIM.-ERZ.: 1998 *Die Tat des Opfers*, in: Gezeitenwende, Hrsg. Arbeitskreis ostfr. Autoren, De Utrooper Verlag; 1999 *Amsel, Drossel*, in: Zum Morden in den Norden, Hrsg. Peter Gerdes, SKN; 1999 *Der Seelenbesorger*, in: Waterkant in Mörderhand, Hrsg. Karen Riefflin, Argument; 2000 *So viel steht fest, Drei Männer für jede Frau, Lauf, Macho, Lauf, Ein Mordsschiff, Killing Sophie, Stern schnuppe, Dichter an die Macht, Die Entscheidung, Schatten, Auf dem Parkplatz am Park, Tatort T-Modell*, alle in: Das Mordsschiff, Leda; 2000 *Blondes Gift*, in: Killing Him Softly, Hrsg. Julia Peters, Knaur; 2000 *Stahnkes erster Mord*, in: Ferien-Lesebuch, Hrsg. Petra Neumann, Heyne; 2000 *Der Macho-Mörder von M*, in: Der Macho-Guide. Hrsg. Petra Neumann, Hoffmann & Campe; 2000 *Verschleppte Ermittlung*, in: Faszination See, Hrsg. Lilo Heimann u.a., Leda; 2001 *Drei Brüder*, in: Wein & Leichen, Hrsg. Angela Eßer u. Ingrid Fackler, Plöger; 2002 *Wir spielen das Spiel der Liebe*, in: Abrechnung, bitte!, Hrsg. P. Gerdes, Rowohlt; 2002 *Wie die Borkumer ihre Frauen verhauen*, in: Ostfreesland 2002, Hrsg. Johann Haddinga, SKN; 2002 *Alles fließt*, in: Mord in Steinschlag, Hrsg. Jürgen Ehlers u. Jürgen Alberts, Leda; 2002 *Soviel steht fest*, in: Sport ist Mord. Hrsg. Ralf Kramp, Scherz; 2003 *Von Pappe*, in: Opus 2003, Hrsg. Ann E. Hacker. Singer-Verlag; 2003 *Grau, weiß, tot*, in: Liebestöter, Hrsg. Anke Cibach, Scherz; 2003 *Das Blinzeln des Automaten*, in: Mörderische Mitarbeiter, Hrsg. von Ingrid Schmitz u. Ina Coelen, Scherz; 2003 *Quallen*, in: Mords-Lüste, Hrsg. Paul Ott. Scherz; 2004 *Spökenkieker*, in: Mordsjubiläum, Hrsg. Volker Albers, Scherz; 2004 *Die Kreuzigung des Dr. Wohlmann*, in: Mord ist die beste Medizin. Hrsg. Monika Buttler u. Alexandra Guggenheim, Scherz; 2004 *Abgesang in Emmerich*, in: Mord am Niederrhein, Hrsg. Jürgen Kehrer, Grafit; 2004 *Galaktischer Ginseng*, in: Tatort FloraFarm, Verlag Juwi MacMillan; 2004 *Mut*, in: *Die Winterreise. 24 melancholische Geschichten zu Franz Schuberts Liederzyklus nach den Gedichten von* Wilhelm Müller, Hrsg. Martina Bick. Gerstenberg; 2004 *Schiefer als Pisa*, in: Tatort Kanzel. Hrsg. Tatjana Kruse u. Billie Rubin, Wittig Verlag; 2005 *Süßer Tod*, in: Berlin wie es lacht und lästert, Hrsg. Horst Besetzky, Jaron Verlag

KRIMISAMMLUNGEN: (als Herausgeber): 1999 Zum Morden in den Norden, SKN-Verlag; 2000 Mordkompott. Kriminelles zwischen Klütje und Kluntje, Leda; 2001 Mordlichter, Leda; 2002 Abrechnung, bitte! Eine mörderische Kneipentour, rororo; 2002 Flossen hoch! Kriminelles zwischen Aal und Zander, Leda; 2004 Flossen höher! – Kriminelles zwischen Fisch und Pfanne, Hrsg. mit Heike Gerdes, Leda, OA; 2005 Fiese Friesen, Leda, OA

Gerlach, Gunter

Biografie: *27.12.1941 in Leipzig. G. Gerlach studierte an der Hochschule für bildende Künste in Hamburg, schrieb anschließend Hörspiele und Kurzprosa und inszenierte literarische Performances. Nach einigen literarischen Veröffentlichungen debütierte er im Krimigenre mit seinem Roman *Kortison*. 1999 wurde er für sein Romanprojekt *Falsche Flensburger* als erster deutscher Krimi-Stadtschreiber von der Stadt Flensburg ausgezeichnet.

KRIMINALROMANE: 1994 Kortison, Rotbuch Krimi 1001; 1995 Katzenhaar und Blütenstaub, Rotbuch 1022; 1996 Neurodermitis, Rotbuch 1052; 1998 Verdächtige Geräusche, Schwarze Hefte 6, Verlag Hamburger Abendblatt; 1998 Eine böse Überraschung, (Kettenroman, gem. mit Gisbert Haefs, Frank Göhre, Janwillem van de Wetering, D. B. Blettenberg, Uta-Maria Heim, Jürgen Alberts, Helmut Ziegler, Peter Zeindler, Peter Schmidt, Robert Lynn, -ky, Tatjana Kruse, Robert Brack, Daniel Douglas Wissmann, Karr & Wehner, Frank Goyke, Regula Venske, Thea Dorn, Georg M. Oswald, Ann Camones, Hartmut Mechtel, Virginia Doyle und Norbert Klugmann), rororo 43296; 1999 Der Hammer von Wandsbek, Hamburger Abendblatt, Schwarze Hefte 13; 2000 Falsche Flensburger, Rotbuch 1112; 2000 Hamburger Verkehr, Hamburger Abendblatt, Schwarze Hefte 22; 2000 Die Allergie-Trilogie, Rotbuch 1115; 2001 Ich lebe noch, es geht mir gut, Rotbuch 1122; 2002 Pauli, Tod und Teufel, Schwarze Hefte, Hamburger Abendblatt; 2004 Irgendwo in Hamburg, Rot-

buch 1154; 2004 Bergedorfer Therapie, Schwarze Hefte 62, Hamburger Abendblatt
Sonstige Publ.: Hörspiele und Hörfunkserien, Romane
Preise: 1991 Hamburger Förderpreis für Literatur; 1995 Deutscher Krimi-Preis (3. Platz) für *Kortison*; 1999 Krimi-Stadtschreiber im Wettbewerb Nordfälle der Stadt Flensburg; 2003 Glauser-Kurzkrimi-Preis für *On the road: Von Lippstadt nach Unna*
Mitglied: Syndikat
Kontakt: www.gunter-gerlach.de

Giese, Madeleine

Biografie: *1960 in Lebach/Saar geboren. Nach dem Abitur besuchte M. Giese die Hochschule für Musik und darstellende Kunst, in Frankfurt am Main legte sie die Bühnenreifeprüfung ab. Es folgten Engagements als Schauspielerin in Saarbrücken, Memmingen, Bamberg, Bruchsal, Regensburg und Esslingen. Während dieser Zeit schrieb sie vor allem für das Theater, u. a. Kabarettexte, Kinderstücke. Seit 2002 ist sie freiberuflich als Autorin tätig.

Kriminalromane: 2004 Das Spiel heißt Mord, rororo; 2004 Die letzte Rolle, rororo
Krim.-Erz.: 2004 *Für's Ärschle*, in: Mord isch hald a Gschäft, Hrsg. Lisa Kuppler, Ariadne

Glauser, Friedrich Charles

Biografie: *4.2.1896 Wien, †8.2.1938 in Nervi bei Genua. F. Glausers Leben war geprägt vom ständigem Wechsel zwischen Internierung und Entlassung, Entziehungskuren und den Versuchen ein bürgerliches Leben zu führen. Seine Morphiumsucht, die ihn ungefähr seit dem 21. Lebensjahr begleitete, war zentrales Triebmittel seines Lebens, brachte ihn ständig in Konflikt mit den Behörden. Auf Initiative des Vaters wurde er 1917 wegen »liederlichen und ausschweifenden Lebenswandels« verbeiständet und 1918 entmündigt. Von 1921 bis 1923 war er Fremdenlegionär in Algerien und Marokko. Danach schlug er sich als Gelegenheitsarbeiter in Paris und Charleroi (Belgien) durch. Er versuchte als freier Schriftsteller zu leben, hatte ständig finanzielle Probleme. Am Vorabend der geplanten Hochzeit mit der Krankenschwester und treuen Gefährtin Berthe Bendel, die er seit 1933 kannte, brach er zusammen und starb in den ersten Stunden des 8. Dezember 1938 in Nervi bei Genua.

Zwischen Flucht und Internierung gab es in F. Glausers Leben eine Konstante: das Schreiben. »Es ist mir, auch wenn es mir schlecht gegangen ist, immer gewesen, als hätte ich etwas zu sagen, was außer mir keiner imstande wäre, auf diese Art zu sagen.« Sein Thema waren die »kleinen Leute«. Immer wieder zeichnete er Figuren, die keine Chance haben, als asozial abqualifiziert und durch Verwahr- und Internierungsmaßnahmen der Gesellschaft aus den Augen geschafft werden. Der Einzelne versucht »durchzukommen«, scheitert aber an den Machtstrukturen der Gesellschaft. F. Glauser war der erste deutschsprachige Schriftsteller, der sich ernsthaft mit dem Kriminalroman auseinander setzte. Mit seinem Konzept der Atmosphäre hat er das Genre grundlegend erweitert und ihm neue Tiefe gegeben. Seine Krimis stehen am Anfang der Entwicklung dieser Gattung im deutschsprachigen Raum und er wird zu Recht als der Vater des deutschsprachigen Kriminalromans bezeichnet.

F. Glauser hat neben seinen Romanen mehr als hundert Erzählungen, Essays, Aufsätze und autobiografische Aufzeichnungen verfasst. Die folgende Bibliografie beschränkt sich ausschließlich auf Kriminalromane und -erzählungen. Erfasst ist jeweils die erste Veröffentlichung in Buchform, zuvor sind seine Romane und Erzählungen jedoch meist mehrfach in Zeitungen und Zeitschriften abgedruck worden. F. Glausers Kriminalromane und -erzählungen sind beim Arche Verlag schienen, eine Neuedition des Gesamtwerks hat der Limmat Verlag ab 1992 herausgegeben. Seine Werke sind in die meisten europäischen Sprachen übersetzt.

Kriminalromane: 1936 Wachtmeister Studer, Morgarten-Verlag; 1936 Matto regiert, Jean-

Christophe-Verlag; 1938 Die Fieberkurve, als: Wachtmeister Studers neuer Fall, Morgarten-Verlag; 1939 Der Chinese, als: Wachtmeister Studers dritter Fall, Morgarten-Verlag; 1941 Die Speiche/ Krock & Co., als: Wachtmeister Studers vierter Fall, Morgarten-Verlag; 1941 Der Tee der drei alten Damen, Morgarten-Verlag

Krim.-Erz.: (in Klammern das Entstehungsjahr): 1945 Die Hexe von Endor, (1928), Verhör, (1933), Der alte Zauberer, (1933; geänd. Fassung), König Zucker, (1935; leicht geänd. Fassung), Totenklage, (1934; gekürzte Fassung), Kuik, (1937), in: Beichte in der Nacht. Gesammelte Prosastücke, Hrsg. Friedrich Witz, Artemis; 1986 Kriminologie (1934), Mord. Aus der französischen Fremdenlegion (1925), Pech (1935), Der Tod des Negers (1933), Das uneinige Liebespaar (1933), und Knarrende Schuhe (1938), in: Wachtmeister Studers erste Fälle. Kriminalgeschichten, Hrsg. Frank Göhre, Arche; 1992 Die Botschaft (1932/1933), in: Der alte Zauberer. Das erzählerische Werk, Bd. II, 1930–1933, Limmat; 1992 Rettung (1931), in: Der alte Zauberer. Das erzählerische Werk, Bd. II, 1930–1933, Hrsg. Bernhard Echte u. Manfred Pabst, Limmat

Funk: (Auswahl): 1943 Das Verhör, (Monodrama), nach einer Novelle von F. Glauser, Bearbeitung: Alfred Rösler, EA 4.8.1943; 1947 Der Chinese, (Kriminalhörspiel nach dem gleichnamigen Roman von F. Glauser), Bearbeitung: Werner Gutmann, Regie: Albert Rösler, EA 1.10.1947; 1954 Wachtmeister Studer greift ein, Radiobearbeitung nach Themen aus F. Glausers Krock & Co., Bearbeitung: Peter Lothar, Regie: Albert Rösler, EA 15.7.1954

Film: 1939 Wachtmeister Studer, (110 Min., s/w, Praesens-Film, Schweiz), Regie: Leopold Lindtberg; Buch: Richard Schweizer, Horst Budjuhn, Kurt Guggenheim nach dem gleichnamigen Roman von F. Glauser, mit Heinrich Gretler, Bertha Danegger, Anne-Marie Blanc u.a.; 1946/47 Matto regiert, (110 Min., s/w, Praesens-Film, Schweiz), Regie: Leopold Lindtberg; Buch: Alfred Neumann, Leopold Lindtberg nach dem gleichnamigen Roman von F. Glauser, mit Heinrich Gretler, Heinz Woester, Elisabeth Müller, Olaf Kübler, Adolf Manz u.a.; 1976 Krock & Co., (Bavaria-Atelier GmbH für DRS und SDR), Regie: Rainer Wolffhardt, Drehbuch: Helmut Pigge nach dem gleichnamigen Roman von F. Glauser, mit Hans Heinz Moser, Regina Lutz, Sigfrid Steiner u.a., EA 1977; 1978 Der Chinese, (Bavaria-Atelier GmbH für DRS), Regie: Kurt Gloor, Drehbuch: Helmut Pigge nach dem gleichnamigen Roman von F. Glauser, mit Hans Heinz Moser, Klaus Steiger u.a., EA 25.2.1979 DRS; 1980 Matto regiert, (Bavaria Atelier GmbH München u. SF/SRG im Auftrag des SDR), Regie: Wolfgang Panzer; Buch: Helmut Pigge nach dem gleichnamigen Roman von F. Glauser, mit Hans Heinz Moser, Fritz Lichtenhahn u.a., EA 14.9.1980 DRS

2001 Studers erster Fall, (TV-Krimi, 90 Min., dschoint Ventschr, Schweiz), Buch und Regie: Sabine Boss, adaptiert nach dem Roman Matto regiert von F. Glauser

Sonstige Publ.: 1988 Der Chinese, (Krimi-Comic), Gestaltung: Hannes Binder, basierend auf dem gleichnamigen Roman von F. Glauser, Arche; 1988 Matto regiert, (Kriminalhörspiel, 60 Min.), Sprecher: Peter Ehrlich, Heinz Bühlmann u. a., 1 CD Audio-Verlag; 1990 Krock & Co., (Kriminalhörspiel, 59 Min.), Sprecher: Peter Brogle, Heinz Bühlmann, Renate Steiger u. a., 1 CD, Audio-Verlag; 1990 Krock & Co., (Krimi-Comic), Gestaltung: Hannes Binder nach dem gleichnamigen Roman von F. Glauser, Arche; 1992 Knarrende Schuhe, (Bilder-Krimi), Zeichnungen: Hannes Binder, nach der gleichnamigen Erzählung von F. Glauser, Arche; 1999 Wachtmeister Studer, (Kriminalhörspiel, 59 Min.), Bearbeitung: Markus Michel, Regie: Martin Bopp, Audio-Verlag, 1 CD; 1999 Schlumpf Erwin Mord, (Kriminalhörspiel, 366 Min.), gelesen von 23 Autoren, (Felix Huby, Riger Graf, Jan Eik, Jochen Senf, Hansjörg Martin, Walter Wehner, Ingrid Noll, Jürgen Alberts, Helga Anderle u. a.), 6 CDs, Kein & Aber; 2000 Krock & Co., (Kriminalhörspiel, 58 Min.), Bearbeitung: Markus Michel, Regie: Martin Bopp, Audio-Verlag, 1 CD, 1 Booklet; 2000 Ein scheußlich einsames Leben, Originalaufnahme aus dem Jahre 1937 untermalt mit Musik- und Geräuschaufnahmen aus Marokko. Prolog Frank Göhre, 1 CD u. Booklet, Dittrich

Gilg, Franz

Biografie: *6.5.1963 in Osterhofen/Niederbayern. F. Gilg machte das Abitur am Gymnasium Niederaltaich 1983. Von 1983 bis 1987 war er bei der Bundeswehr, danach studierte er Physik. Es folgte ein Volontariat bei der Passauer Neue Presse, wo er seit 1996 als Lokalredakteur arbeitet. F. Gilg lebt in Eggenfelden.

KRIMINALROMANE: 2000 Die Schüsse von Öd, VdC (auch als Bühnenfassung UA April 2003 Mitterskirchen); 2001 Nebel am Cevedale, VdC
MITGLIED: Syndikat

Gödecke, August

Biografie: *6.8.1939 in Königsdahlum/Niedersachsen. A. Gödecke erlernte mehrere Berufe und erlangte seine Abitur- und Hochschulqualifikation auf dem zweiten Bildungsweg. Ein mehrjähriges Belletristikstudium ergänzte er um den Zusatz Drehbuchautor. Der ehemalige Fallschirmspringer, Sportflieger und Luftbildfotograf, Bürgermeister, Kommunalpolitiker seines Heimatorts und Verwaltungsdirektor einer Maßregelvollzugseinrichtung und eines psychiatrischen Krankenhauses schreibt seit 1996. A. Gödecke lebt mit seiner Familie in einem kleinen Dorf zwischen Hannover und Hildesheim.

KRIMINALROMANE: 1999 Die Pest der Gewalt, Diestel-Literaturverlag; 2002 Das Hochhaus an der Spree, VdC, BoD; 2003 Todesart mit vier Buchstaben, VdC, BoD; 2004 Ein fast perfektes Verbrechen, VdC; 2004 Tränende Herzen, Betzel-Verlag
KRIM.-ERZ.: 2002 *Eine grauenvolle Diagnose*, in: Roter Klee, Ulmer Manuskripte; 2003 *Ein gravierender Mord*, in: Magazin für Krimifreunde, Capricorn; 2004 *Rio muss warten*, MacMillan Group
SONSTIGE PUBL.: Zahlreiche Kurzgeschichten in Illustrierten, Dorfgeschichten, Weihnachtserzählungen in regionalen Zeitungen
MITGLIED: Syndikat
KONTAKT: august.goedecke@t-online.de

Göhre, Frank

Biografie: *16.12.1943 in Tetschen-Bodenbach/CSSR. F. Göhre verließ mit 15 das Gymnasium und machte eine Lehre als Großhandelskaufmann, anschließend eine Ausbildung zum Buchhändler. Erfahrungen und Erlebnisse aus dieser Zeit finden sich in seinem ersten Roman *Gekündigt* (1974) wieder, für den er mit dem Förderpreis für Literatur des Landes Nordrhein-Westfalen ausgezeichnet wurde.
Neben seiner beruflichen Tätigkeit in der Stadtbücherei Wattenscheid und ab 1976 für den Weismann/Frauenbuch-verlag schrieb er in den nächsten Jahren Hörspiele, Rundfunkbeiträge und weitere Romane. Meist befasste er sich in seinen Arbeiten mit den Erlebnissen und dem Leben Jugendlicher. Für seine Jugend-Stoffe, die sich allerdings nie als Jugendliteratur rubrizieren ließen, recherchierte Göhre stets intensiv, führte Interviews und verschaffte sich einen Einblick in den Lebenshintergrund seiner handelnden Personen.
Später siedelte F. Göhre nach Hamburg über und arbeitete mit dem Regisseur Carl Schenkel am Drehbuch zu dem Kinothriller *Abwärts*, zu dem er die Dialoge und den Filmroman schrieb. Nach intensiven Recherchen im Kiez-Milieu erschien in den folgenden Jahren die St. Pauli-Trilogie *Der Schrei des Schmetterlings*, *Der Tod des Samurai* und *Der Tanz des Skorpions*.
Schon nach der Veröffentlichung von *Der Schrei des Schmetterlings* wurde F. Göhre zur ersten Garde der deutschen Spannungsschreiber gezählt. Seine durch dichte, lebensnahe Dialoge charakterisierten Figuren der Kiez-Trilogie werden in alltägliche Verbrechen verwickelt, hinter denen F. Göhre stets die gesellschaftliche Dimension anzudeuten versteht.
Darüber hinaus gab F. Göhre im Arche-Verlag die Werke des klassischen Schweizer Kriminalautors Friedrich Glauser neu heraus und versah die Edition mit Vorworten. Seit 1996 unterrichtet F. Göhre beim Freiburger Drehbuch-Workshop und hält im Rahmen der Hamburger Medien und Kulturarbeit Seminare zum Drehbuchschreiben. Bis 1998 war er Tutor an der Drehbuch-Schreibschule in Köln und hat seitdem eine Dozentur an der Ludwigsburger Filmakademie in der Sparte Drehbuch.

KRIMINALROMANE: 1984 Abwärts, Heyne 6278; 1986 Der Schrei des Schmetterlings, rororo 2759; 1989 Peter Strohm – Agent für Sonderfälle, (nach einem Drehbuch vom Friedhelm Werremeier), Heyne 2248; 1989 Der Tod des Samurai, rororo 2832; 1990 Letzte Station vor Einbruch der Dunkelheit, rororo 2795; 1991 Der Tanz des Skorpions, rororo 3025; 1991 Frühstück mit Marlowe. Re-

zepte und Geschichten, Wunderlich Verlag, erweiterte NA, rororo 22186; 1993 St. Pauli Nacht, rororo 3069, NA als Filmbuch mit Fotos, rororo 53351; 1996 Ritterspiele, rororo 3171; 1998 Eine böse Überraschung, (Kettenroman, gem. mit Gisbert Haefs, Janwillem van de Wetering, D. B. Blettenberg, Uta-Maria Heim, Jürgen Alberts, Helmut Ziegler, Peter Zeindler, Gunter Gerlach, Peter Schmidt, Robert Lynn, -ky, Tatjana Kruse, Robert Brack, Daniel Douglas Wissmann, Karr & Wehner, Frank Goyke, Regula Venske, Thea Dorn, Georg M. Oswald, Ann Camones, Hartmut Mechtel, Virginia Doyle und Norbert Klugmann), rororo 43296; 1998 Rentner in Not, Hamburger Abendblatt, Schwarze Hefte Nr. 1; 1999 Tatort: Einzelhaft, (TV-Novel nach dem gleichnamigen Tatort-Film von F. Göhre), Weltbild; 1999 Tatort: Finale am Rothenbaum, (TV-Novel nach dem gleichnamigen Tatort-Film von F. Göhre), Weltbild; 1999 Grüne Hölle Hagenbeck, Hamburger Abendblatt. Schwarze Hefte 12; 2000 Das Gipfeltreffen, (Kettenroman, gem. mit Doris Gercke, Ingrid Noll, Edith Kneifl, Regula Venske, Gisbert Haefs, Karr & Wehner, Robert Hültner und Jürgen Alberts), Heyne, HC; 2000 Goldene Meile, Hamburger Abendblatt. Schwarze Hefte 19; 2001 Endstation Reinbek, Hamburger Abendblatt. Schwarze Hefte 29; 2003 Die toten Augen vom Elbstrand, Schwarze Hefte 50
FUNK: 1998 Kreuzverhör. Zur Geschichte des deutschsprachigen Kriminaromans, (Features, 12 Teile, 55 Min., RB)
TV: 1988 Tatort: Einzelhaft, (Serienfilm, 90 Min., WDR), Drehbuch: F. Göhre, Regie: Theodor Kotulla, EA 28.8.1988; 1989 Hard days, hard nights, (Kinofilm, 90 Min.), Drehbuch: F. Göhre und Horst Königstein, Regie: Horst Königstein, EA 16.8.1990; 1991 Tatort: Finale am Rothenbaum, (Serienfilm, 90 Min., NDR), Drehbuch: F. Göhre, Regie: Dieter Kehler, EA 20.1.1991 ARD; 1993 Stunde der Füchse, (Fernsehfilm, 90 Min., WDR), Drehbuch: Rainer Berg und F. Göhre nach dem Roman *Parteifreunde* von Wulf Schönbohm, Regie: Detlef Rönfeldt, EA 22.12.1993 ARD; 1995 Tot auf Halde, (Fernsehfilm, 90 Min., ZDF), Drehbuch: F. Göhre nach *Glückauf Kumpel oder Der große Beschiß* von Henry Jaeger, Regie: Theodor Kotulla, EA 23.1.1995; 1996 Alarm für Cobra 11 – Die Autobahnpolizei: Tod bei Tempo 100, (Serienepisode, 45 Min., RTL), Drehbuch: F. Göhre und Clemens Berger, Regie: Peter Vogel, EA 9.4.1996; 1996 Alarm für Cobra 11 – Die Autobahnpolizei: Endstation für alle, (Serienepisode, 45 Min., RTL), Drehbuch: F. Göhre und Clemens Berger, Regie: Peter Vogel, EA 7.5.1996 RTL; 1998 Der Pirat, (Fernsehfilm, 90 Min., ZDF/ARTE), Drehbuch: F. Göhre und Jürgen Dünnwald nach dem gleichnamigen Roman von Stefan Aust, Regie: Bernd Schadewald, EA 6.2.1998 ARTE
FILM: 1981 Schnelles Geld – Der lange Schatten des Morgens, (Regie und Drehbuch: Raimund Koplin und Renate Stegmüller nach dem Roman von F. Göhre, mit Karl Ghirardelli, Agnes Dünneisen, Willy Thomczyk, TV-EA 14.5.1984 WDR 3; 1984 Abwärts, (BRD, 87 Min.), Regie und Drehbuch: Carl Schenkel, Dialoge: F. Göhre, EA 1.7.1987 ARD; 1993 Die Ratte, (85 Min., BRD), Drehbuch: F. Göhre und Klaus Lemke, Regie: Klaus Lemke, EA Kino 28.1.1993; 1999 St. Pauli Nacht, (Deutschland 1999, Frabe, 95 Min.), Drehbuch: F. Göhre, Regie Sönke Wortmann, EA KINO 2.9.1999; 2000 Großstadtrevier: Erste Hilfe, (Serienepisode, 50 Min., NDR), Drehbuch: F. Göhre, Regie: Helmut Förnbacher; 2001 Verbotene Küsse, (Fernsehfilm, 90 Min. ZDF), Drehbuch: F. Göhre und Barbara Osleysek, Regie: Johannes Fabrick;
SONSTIGE PUBL.: 1999 Kreuzverhör. Zur Geschichte des deutschsprachigen Kriminalromans, (gem. mit Jürgen Alberts), Gerstenberg, HC, (basierend auf der gleichnamigen Feature-Reihe bei Radio Bremen); Romane, Erzählungen, Essays, Features, Drehbücher, Hörspiele, Herausgabe von Anthologien
PREISE: 1987 Deutscher Krimi-Preis für *Der Schrei des Schmetterlings*

Gold, King → Höber, Heinz Werner

Gordon, Gabriele → Wolff, Gabriele

Göttinger, Juliane

Biografie: *1962 im Ruhrgebiet. J. Göttinger ist seit mehr als zehn Jahren am Niederrhein heimisch. Nach Mittlerer Reife und Ausbildung entschied sie sich Kinder, Küche, Krimi: Sie mordet am Computer, schickt ihre Leichen durch den Drucker und serviert sie ihrem Mann zum Abendbrot.

KRIM.-ERZ.: 2003 *Busenfreundinnen*, in: Mords-Appetit, Hrsg. Ina Coelen u. Ingrid Schmitz, Leporello; 2003 *Hochzeitstag*, in: Frauen morden sanfter, Hrsg. Andreas May, Edition Ponte Novu;

2003 *Bis dass die Zuppa di cozze alla caprese uns scheidet*, in: Mord à la carte, Hrsg. Andreas May, Edition Ponte Novu; 2004 *Wo bleiben die Schnittchen*, in: Tore, Punkte, Leidenschaften, Hrsg. Andreas May, Edition Ponte Nuvo; 2004 *Vitalfasten mit Kafka*, in: Die allerletzte Diät, Hrsg. André Restau, Edition Ponte Nuvo
MITGLIED: SinC; Syndikat

Gottwald, Christoph

Biografie: *1954 in Köln. Chr. Gottwald studierte Germanistik, Soziologie und Philosophie und arbeitete zunächst von 1978 bis 1981 als Taxifahrer. 1980 inszenierte er an der Studiobühne der Universität Köln sein Theaterstück *Hephaistos oder Die Geburt der Halbgötter*. Im gleichen Jahr erschien sein erster Lyrikband, 1984 folgte sein Krimi-Erstling *Tödlicher Klüngel*, der mit anderen die Reihe der »Köln«-Krimis des Emons-Verlages eröffnete. In diesem Roman schuf er die Figur des Manni Thielen, der auch in seinem zweiten Köln-Krimi *Lebenslänglich Pizza* wieder auftaucht. Über das Ambiente der Romane urteilte das FAZ-MAGAZIN: »Das sonst gemütliche Köln erscheint hier im düsteren Flair jener amerikanischen Städte, durch die einst Humphrey Bogart wandelte. Das ist viel für einen deutsche Krimi.«
Chr. Gottwald arbeitet seither als freier Rundfunk- und TV-Journalist und Schriftsteller, seit 1987 ausschließlich als Drehbuchautor für Fernsehproduktionen.

KRIMINALROMANE: 1984 Tödlicher Klüngel, Emons; 1986 Lebenslänglich Pizza, Emons, NA Goldmann 5093; 1994 Marie, Marie, Emons; 1998 Endstation Palma, Kiepenheuer und Witsch
TV: 1987–89 Stahlkammer Zürich, (Fernsehserie, davon 13 Episoden, je 50 Min., Bavaria für WWF), Drehbuch: Karl Wittlinger, Jürgen Lehmann, Leonard Reinirkens, Celino Bleiweiß, Josef Ippers, Michael Feiler, Jürgen Reinhold, Chr. Gottwald, Regie: Celino Bleiweiss, Peter Fratzscher, Kai von Kotze; 1988/89 Kommissarin Anke Goedecke, (Vorabendserie, davon 3 Folgen, je 25 Min., WWF), Regie: Bettina Woernle, Ute Wieland; 1989 Vincent, Vincent der Detektiv auf dem Wasser, (Vorabendserie, davon 2 Folgen, je 50 Min., Phönix Film für WWF); 1993 Auf ei-gene Gefahr: Klatsch mit Folgen, (Serienepisode, 50 Min., ARD), Drehbuch: Chr. Gottwald unter Verwendung der Grundidee von Christine Grän, Regie: Dieter Berner, EA 12.10.1993 ARD; 1993 Auf eigene Gefahr: Der verlorene Sohn, (Serienepisode, 50 Min., ARD), Drehbuch: Chr. Gottwald unter Verwendung einer Grundidee von Christine Grän, Bearbeitung und Regie: Stefan Lukschy, EA 9.11.1993 ARD; 1994 Doppelter Einsatz: Der schöne Igor, (Serienepisode, 50 Min., RTL), Drehbuch: Chr. Gottwald und Renate Kampmann, Regie: Markus Bräutigam, EA 8.11.1994 RTL; 1997 Geisterjäger John Sinclair: Die Dämonenhochzeit, (Fernsehfilm, 90 Min., RTL), Drehbuch: Chr. Gottwald, nach Motiven und Charakteren der Romanheftserie von Jason Dark, Regie: Klaus Knoesel, EA 13.4.1997 RTL
SONSTIGE PUBL.: Lyrik, ein Sachbuch, Funksendungen, Fernsehspiele, ein Bühnenstück

Goergen, Ilse

Biografie: *17.1.1972 in Trier/Rheinland-Pfalz. I. Goergen hat eine kaufmännische Ausbildung und arbeitet als Verwaltungsangestellte. Seit 1999 schreibt sie Kriminalgeschichten und -romane. Sie lebt in Konz bei Trier.

KRIMINALROMANE: 2004 Genau sein Kaliber – Ein Krimi von Mosel und Saar, Bookspot Verlag, OA
KRIM.-ERZ.: 2002 *Auf eigene Faust*, in: Rendezvous mit dem Tod, Sammelband Krimi-Wettbewerb Maxi, BoD; 2003 *Teufelskreis Vergangenheit*, in: Frühling, Sommer, Herbst und Mord, Hrsg. Ralf Kramp, Grenz-Echo-Verlag; 2003 *Lichtblick* und *Blackout* und *Errare humanum est*, in: Die Axt im Haus, Hrsg. Burkhard P. Bierschenck, Bookspot Verlag; 2004 *Der Tote im Frack*, in: Criminalis – Jahresmagazin für Krimifreunde, Hrsg. Dorothea Puschmann, Capricorn Literaturverlag
PREISE: Telephos 2003
MITGLIED: Syndikat

Goyke, Frank

auch unter dem Pseud.: Hans von Gulden
Biografie: *24.11.1961 in Rostock. F. Goyke studierte von 1983 bis 1988 Theaterwissenschaften in Leipzig. Tätigkeiten als Redakteur und Lektor in Berlin. Von 1991 bis 1996 Dramaturg an einem Berliner Off-Theater. Seit 1997 freier Schriftsteller, Lektor und Herausgeber in Berlin.

Goykes Roman *Dummer Junge, toter Junge* wurde 1996 mit dem Philip-Marlowe-Preis der Raymond-Chandler-Gesellschaft als bester deutschsprachiger Kriminalroman ausgezeichnet. Mehrere seiner Krimis wurden ins Französische übersetzt und erschienen bei édition Fleuve noir, Paris.

KRIMINALROMANE: 1992 Der kleine Pariser, edition monade, Schwarzkopf & Schwarzkopf; 1992 Grüße vom Boss, Schwarzkopf & Schwarzkopf; 1993 Schneller, höher, weiter, Schwarzkopf & Schwarzkopf; 1993 Schöne Bürger, Schwarzkopf & Schwarzkopf; 1993 Amok und Koma, Schwarzkopf & Schwarzkopf; 1994 Ruf doch mal an, Schwarzkopf & Schwarzkopf; 1994 Tegeler Trauerspiel, Schwarzkopf & Schwarzkopf; 1995 Dummer Junge, toter Junge, Schwarzkopf & Schwarzkopf; 1995 Knaben Liebe, Schwarzkopf & Schwarzkopf, HC; 1996 Daniels Strafe, (gem. mit Torsten Schulz), Reihe DIE 195, neues berlin; 1997 Hexentanz, Schwarzkopf & Schwarzkopf; 1998 Mazze und Mensur, Schwarzkopf & Schwarzkopf; 2000 Getreu bis in den Tod, Reihe DIE 220, Neues Berlin; 2001 Heldenschlacht, Rake
SONSTIGE PUBL.: 1997 Horst Schimanski – Götz George im Tatort, Sachbuch, (gem. mit Andreas Schmidt), Schwarzkopf & Schwarzkopf, HC; ein Roman, Bücher zu Film und Fernsehen und zu Finanzthemen
MITGLIED: Syndikat
KONTAKT: www.schwarzkopf-schwarzkopf.de

Graf, Roger

Biografie: *27.11.1958 in Zürich. R. Graf schrieb bereits während seiner Ausbildung zum Sportartikelverkäufer erste Gedichte und Kurzgeschichten, erfand außerdem zwei Kartenspiele, verfasste Drehbücher und Filmkritiken und schrieb fürs Radio Satiren, Sketche, Spiele und Nonsense. Der Schöpfer von immer neuen radiophonen haarsträubenden Fällen des Philip Maloney lebt als Schriftsteller in Zürich. Die Hörfunkfigur des Philip Maloney hat ihn bekannt gemacht, bis Ende 2004 sind insgesamt 274 Folgen entstanden.

KRIMINALROMANE: 1992 Die haarsträubenden Fälle des Philip Maloney, Piper 1861; 1994 Ticket für die Ewigkeit, Piper 2302; 1995 Tödliche Gewissheit, Haffmans, HC; 1996 Zürich bei Nacht, Haffmans, HC; 1997 Tanz an der Limmat, Haffmans, HC; 1998 Kurzer Abgang, Haffmans, HC; 2000 Die Frau am Fenster, Ammann; 2001 Philip Maloney: Mord im Theater, Kein & Aber
KRIM.-ERZ.: 1995 *Die letzte Fahrt*, in: Banken, Blut und Berge, rororo; 1996 *Raumschiff Enterprise*, in: Der kleine Mord zwischendurch, Hrsg. Manuela Kessler, Scherz; 1999 *Admiral Nelson gespielt von Walter Matthau*, in: Rätselhafte Waagen, Hrsg. Thea Dorn, Uta Glaubitz u. Lisa Kuppler, Eichborn 2000; 2001 *Stimmen der Nacht*, in: Im Morgenrot, Scherz; 2000 Philip Maloney: 30 rätselhafte Fälle, Kein & Aber
FUNK: 1989–1998 Die haarsträubenden Fälle des Philip Maloney, (Hörspielserial, je ca. 25 Min., Produktion Radio DRS u. Roger Graf)
TV: 1993 Der Reporter, (Minutenkrimi in 20 Folgen, DRS), EA SF und DRS
SONSTIGE PUBL.: 1997 Die haarsträubenden Fälle des Philip Maloney, 1–5 (5 CDs und MCs), inhouse-music/Tudor; 1998 Die haarsträubenden Fälle des Philip Maloney, 6–10 (5 CDs), inhouse-music/Tudor; 2000 Die haarsträubenden Fälle des Philip Maloney, 11–15 (5 CDs), inhouse-music/Tudor; 2001 Die haarsträubenden Fälle des Philip Maloney, 16–20 (5 CDs); 2001 *Verrückte Helden*, Drehbuch; 2001 *Unter der Brücke*, Theaterstück, 2001 *Der große Wurf*, Komödie
PREISE: 1996 Burgdorfer Krimi-Preis für *Tödliche Gewissheit*
MITGLIED: Syndikat
KONTAKT: info@rogergraf.ch; www.rogergraf.ch

Grän, Christine

Biografie: *18.4.1952 in Graz. Die Bonner Journalistin Chr. Grän zog 1980 nach Botswana, wo sie fünf Jahre lebte und eine Lodge führte. Nach eigener Aussage hatte sie dort genügend Zeit, ihren Krimi-Erstling *Weiße sterben selten in Samyana* zu schreiben. Der 1986, nach ihrer Rückkehr nach Bonn veröffentlichte Roman spiegelt ihre Afrika-Erfahrungen wider. In den nächsten Jahren setzte Chr. Grän neben ihrer Tätigkeit als freie Journalistin ihre Arbeit als Autorin von unterhaltsamen Kriminalromanen fort, die sich durchwegs an traditionellen Krimimustern orientieren.

Mit ihrer Serienfigur Anna Marx, einer zu Übergewicht neigenden Klatschjournalistin aus Bonn, schuf sie dann eine Heldin, die sich zum Publikumsliebling entwickelte und schließlich 1993 als Heldin der Fernsehserie *Auf eigene Gefahr* auf die Bildschirme kam.

KRIMINALROMANE: 1986 Weiße sterben selten in Samyana, rororo 2777; 1988 Nur eine läßliche Sünde, rororo 2865; 1989 Ein Brand ist schnell gelegt, rororo 2901; 1990 Dead is beautiful, rororo 2944; 1992 Grenzfälle, rororo 3031; 1993 Marx ist tot, rororo 3081; 1995 Anna Marx, der Müll und der Tod, rororo 3192; 2000 Die drei Leben der Anna Marx, (Sammelband, enthält: Grenzfälle, Marx ist tot, Anna Marx, der Müll und der Tod), Goldmann 13132; 2001 Hurenkind, C. Bertelsmann, als Hörbuch 2002, Bearbeitung: Joy Markert, Regie: Klaus Wirbitzky, Random House; 2002 Villa Freud, C. Bertelsmann; 2004 Marx my Love, C. Bertelsmann

KRIM.-ERZ.: 1991 Ein mörderischer Urlaub, (Stories), rororo 2950; 1994 Mit Mord beginnt ein schöner Sommer, (Stories), rororo 3136; 2000 Liebe ist nur ein Mord, (Stories), Goldmann 44874

FUNK: 1990 Tod im Bundeshaus, (Krimihörspiel, SWF/NDR); 1990 Anna Marx und die Witwe, (Krimihörspiel, SWF); 1991 Anna Marx und der Kaviar, (Krimihörspiel, 42 Min., SWF); 1993 Anna Marx und der Staatssekretär, (Krimihörspiel, SWF/WDR); 1995 Anna Marx und der Zweifel, (Krimihörspiel, SWF); 1997 Anna Marx und das Berliner Kartell, (Krimihörspiel, SWF); 1999 Anna Marx und die Mörderin, (Krimihörspiel, 54 Min., SWR); 2001 Die Hochstaplerin, (2 Teile, Kriminalhörspiel, Bearbeitung: Joy Markert, 100 Min., WDR); 2002 Hurenkind, (2 Teile, 100 Min., WDR), Bearbeitung: Joy Markert

TV: 1993 Auf eigene Gefahr: Pech im Spiel-Glück in der Liebe, (Serienepisode, 90 Min., Pilotfilm, ARD), Drehbuch: Hilde Berger und Dieter Berner nach Motiven des Romans *Grenzfälle* von Chr. Grän, Regie: Dieter Berner, EA 10.10.1993 ARD; 1993 Auf eigene Gefahr: Klatsch mit Folgen, (Serienepisode, 50 Min., ARD), Drehbuch: Christoph Gottwald unter Verwendung der Grundidee von Chr. Grän, Regie: Dieter Berner, EA 12.10.1993 ARD; 1993 Auf eigene Gefahr: Im Wein liegt Wahrheit, (Serienepisode, 50 Min., WDR), Drehbuch: Marlies Ewald, unter Verwendung von Motiven von Chr. Grän, Regie: Markus Imboden, EA 19.10.1993 ARD; 1993 Auf eigene Gefahr: Die Frau aus Deutschland, (Serienepisode. 50 Min., WDR), Drehbuch: Regie: Dieter Berner, EA 26.10.1993 ARD; 1993 Auf eigene Gefahr: Schöne Konkurrenz, (Serienepisode, 50 Min., ARD), Drehbuch unter Verwendung von Motiven von Chr. Grän, EA 2.11.1993 ARD; 1993 Auf eigene Gefahr: Der verlorene Sohn, (Serienepisode, 50 Min., ARD), Drehbuch: Christoph Gottwald unter Verwendung von Motiven von Chr. Grän, Bearbeitung und Regie: Stefan Lukschy, EA 9.11.1993 ARD; 1993 Auf eigene Gefahr: Import aus Senegal, (Serienepisode, 50 Min., ARD), Drehbuch: unter Verwendung von Motiven von Chr. Grän, EA 16.11.1993 ARD; 1993 Auf eigene Gefahr: Die Eisprinzessin, (Serienepisode, 50 Min., WDR), EA 23.11.1993 ARD; 1993 Auf eigene Gefahr: Der Staatsbesuch, (Serienepisode, 50 Min., WDR), Drehbuch: Chr. Grän, Regie: Stefan Lukschy, EA 30.11.1993 ARD; 1993 Auf eigene Gefahr; Alte Feindschaft, (Serienepisode, 50 Min., WDR), Regie: Markus Imboden, EA 7.12.1993 ARD; 1993 Auf eigene Gefahr: Caviar Connection, (Serienepisode, 50 Min., WDR), Regie: Dieter Berner, EA 14.12.1993 ARD; 1993 Auf eigene Gefahr: Muttergefühle, (Serienepisode, 50 Min., WDR), Regie: Stefan Lukschy, EA 21.12.1993 ARD; 1993 Auf eigene Gefahr: Die Katze, (Serienepisode, 50 Min., WDR), Regie: Dieter Berner, EA 28.12.1993 ARD; 1996 Auf eigene Gefahr: Nachwuchssorgen, (Serienepisode, 50 Min., WDR), Drehbuch: Stefan Lukschy, Regie: Dieter Berner, EA 9.4.1996 ARD; 1996 Auf eigene Gefahr: Tod eines Richters, (Serienepisode, 50 Min., WDR), Drehbuch: Stefan Lukschy und Hans Dieter Ziesing, Regie: Dieter Berner, EA 16.4.1996 ARD; 1996 Auf eigene Gefahr: Belästigungen, (Serienepisode, 50 Min., WDR), Drehbuch: Matthias Herbert, Regie: Markus Imboden, EA 23.4.1996 ARD; 1996 Auf eigene Gefahr: Alles hat einen Anfang, (Serienepisode, 50 Min., WDR), Drehbuch: Marlies Ewald, Regie: Dieter Berner, EA 30.4.1996 ARD; 1996 Auf eigene Gefahr: Wer die Wahl hat, (Serienepisode, 50 Min., WDR), Drehbuch u. Regie: Markus Imboden, EA 7.5.1996 ARD; 1996 Auf eigene Gefahr: Alpträume, (Serienepisode, 55 Min., WDR), Drehbuch u. Regie: Wolfgang Panzer, EA 14.5.1996 ARD; 1996 Auf eigene Gefahr: Zu keiner Zeit, (Serienepisode, 55 Min., WDR), Drehbuch u. Regie: Markus Imboden, EA 21.5.1996 ARD; 1996 Auf eigene Gefahr: Bombengeschäfte, (Serienepisode, 50 Min., WDR), Drehbuch u. Regie: Dieter

Berner, EA 28.5.1996; 1996 Auf eigene Gefahr: Polizeiliche Beobachtung, (Serienepisode, 55 Min., WDR), Drehbuch u. Regie: Markus Imboden, EA 18.6.1996 ARD; 1996 Auf eigene Gefahr: Amateure, (Serienepisode, 50 Min., WDR), Drehbuch u. Regie: Wolfgang Panzer, EA 25.6.1996 ARD; 1996 Auf eigene Gefahr: Haustürgeschäfte, (Serienepisode, 50 Min., WDR), Drehbuch und Regie: Wolfgang Panzer, EA 2.7.1996 ARD; 1996 Auf eigene Gefahr: Mafia, (Serienepisode, 50 Min., WDR), Drehbuch und Regie: Wolfgang Panzer, EA 9.7.1996 ARD; 1996 Auf eigene Gefahr: Die Polizei, dein Freund und Helfer, (Serienepisode, 50 Min., WDR), Drehbuch u. Regie: Wolfgang Panzer, EA 16.7.1996 (letzte Folge 2. Staffel); 2000 Auf eigene Gefahr, (Fernsehserie, 3. Staffel), Drehbuch: Knut Boeser, (Folge 1 und 2), Axel Goetz, (Folge 3–5, 8 und 10), Wolfgang Panzer, (Folge 6, 7 und 9), Scarlett Kleint u. Roswitha Seidel, (Folge 11), Claus Werner, (Folge 12), Michael W. Esser, (Folge 13) unter Verwendung der Figur »Anna Marx« von Chr. Grän, Regie: verschiedene; 2000 Auf eigene Gefahr: Berliner Luft, (Serienepisode, 45 Min., WDR), Drehbuch: Knut Boeser, Regie: Frank Strecker, EA 6.6.3000; 2000 Auf eigene Gefahr: Das Kollier, (Serienepisode, 45 Min., WDR), Drehbuch: Knut Boeser, Regie: Frank Strecker, EA 13.6.2000; 2000 Auf eigene Gefahr: Ladendiebe, (Serienepisode, 45 Min., WDR), Drehbuch: Axel Götz, Regie: Frank Strecker, EA 20.6.2000; 2000 Auf eigene Gefahr: Maschas linke Hand, (Serienepisode, 45 Min., WDR), Drehbuch: Axel Götz, EA 27.6.2000 ARD; 2000 Auf eigene Gefahr: Ophelias Rache, (Serienepisode, 45 Min., WDR), Drehbuch: Axel Götz, Regie: Frank Strecker, EA 4.7.2000 ARD; 2000 Auf eigene Gefahr: Bis dass der Tod …, (Serienepisode, 45 Min., WDR), Drehbuch: Wolfgang Panzer, Regie: Bernd Böhlich, EA 11.7.2000; 2000 Auf eigene Gefahr: Alle hundert Jahre, (Serienepisode, 45 Min., WDR), Drehbuch: Axel Götz, Regie: Bernhard Stephan, EA 25.7.2000 ARD; 2000 Auf eigene Gefahr: Bei aller Liebe, (Serienepisode, 45 Min., WDR), Drehbuch: Wolfgang Panzer, Regie: Bernd Böhlich, EA 24.7.2000; 2000 Auf eigene Gefahr: Der V-Mann, (Serienepisode, 45 Min., WDR), Drehbuch: Regie: Bernd Böhlich, EA 1.8.2000 ARD; 2000 Auf eigene Gefahr: Tod eines Sheriffs, (Serienepisode, 45 Min., WDR), Drehbuch: Axel Götz, Regie: Bernhard Stephan, EA 8.8.2000 ARD

SONSTIGE PUBL.: Romane, Sachbücher, Fernsehspiele

PREISE: 1994 Philip-Marlowe-Preis der Raymond-Chandler-Gesellschaft für *Marx ist tot*
MITGLIED: Syndikat
KONTAKT: Christine.Graen@gmx.net

Greifenstein, Gina

Biografie: *10.7.1962 in Nürnberg. Ausbildung zur staatliche geprüften Hauswirtschafterin n Würzburg. Danach Pädagogikstudium in Würzburg. Seit 1998 als freie Autorin und Journalistin tätig. G. Greifenstein lebt derzeit in Barbelroth/Südpfalz.

KRIMINALROMANE: 2005 Tod macht erfinderisch, Piper, OA
SONSTIGE PUBL.: Vier Kinderbücher, vier Kochbücher (teilweise ins Amerikanische und Französische übersetzt)
MITGLIED: SinC

Greschitzek, Petra

Biografie: *13.2.1960 in Essen. P. Greschitzek wuchs in Wolfsburg auf und studierte nach dem Abitur Sozialwissenschaften in Göttingen. Während der Studienzeit und nach dem Diplom jobbte sie in einer Druckerei und einer Großküche, in einem namhaften Automobilwerk-Werk und im Krankenhaus; später war sie Bildungsreferentin und Dozentin in der Erwachsenenbildung, ehe sie sich zur Mediendesignerin ausbilden ließ und ein Frauen- und Mädchenprojekt in Göttingen aufbaute. Zurzeit ist sie Leiterin einer Begegnungsstätte mit intergenerativem Ansatz.

KRIM.-ERZ.: 2000 *Jojo-Effekt*, in: Mordsgewichte, Hrsg. Martina Bick u. Tatjana Kruse, Piper; in: Die vielen Todes des Herrn S., Hrsg. Mischa Bach, Ina Coelen u. Ingrid Schmitz, Emons
SONSTIGE PUBL.: Lyrik, Kurzgeschichten
MITGLIED: SinC
KONTAKT: kaliber.45@gmx.de

Grießer, Anne

Biografie: *1967. A. Grießer ist Diplombibliothekarin, Ethnologin, Volkskundlerin, Schriftstellerin und Mitglied einer Gruppe für interaktives Mordstheater.

KRIM.-ERZ.: 2004 *Das Umpfinger Blutwunder*, in: Tatort Kanzel, Hrsg. Tatjana Kruse u. Billie Rubin,

Wittig; 2004 *Matanza*, in: Verdächtige Freunde, Hrsg. Nadine Barth u. Cordelia Borchardt, Scherz
MITGLIED: SinC
KONTAKT: www.mordsdamen.de

Grömmer, Helmut

auch unter den Pseud.: Helgrö, Fritz Reinhold
Biografie: *23.3.1912 in Eisenach. Der Journalist und Autor H. Grömmer veröffentlichte vor allem Jugendbücher und verschiedene Sammlungen seiner Feuilletons. Er schrieb daneben noch Tierbetrachtungen, Kurzgeschichten und Sketche.
Mit seinem Krimi-Manuskript *Detektiv ist nichts für mich* beteiligte er sich am Wettbewerb um den Edgar-Wallace-Preis. Sein gepflegter, heiterer Stil fügte sich problemlos ins Erscheinungsbild des westdeutschen Kriminalromans der 60er-Jahre ein.

KRIMINALROMANE: 1965 Detektiv ist nichts für mich, Goldmann 2081; 1966 Zwei Drittel Liebe, ein Drittel Gift, Goldmann 2186
SONSTIGE PUBL.: Zahlreiche Jugendbücher und Feuilletons, Dialektstücke für den Funk, ein Fernsehspiel und ein Volksstück

Gronwald, Werner

Benutzte Pseudonyme: Ken Barren, Ben Warren
Biografie: *24.12.1917 in Königsberg. W. Gronwald war lange Zeit der Lektor der Krimi-Reihe im Heyne-Verlag und danach noch Herausgeber und Übersetzer der deutschen Ausgabe von ELLERY QUEENS MYSTERY MAGAZINE ebendort. Er übersetzte zahlreiche Kriminalromane, darunter Titel von Mickey Spillane, John D. MacDonald und Evan Hunter, aber auch Western und Unterhaltungsromane.
Als Autor veröffentlichte Gronwald in den 50er-Jahren einige Titel im AWA-Verlag, für den er auch SF-Romane und Western aus dem Amerikanischen übersetzte (und möglicherweise auch eigene Titel unter amerikanisch klingenden Namen veröfentlichte und selbst als »Übersetzer« auftrat). Später schrieb W.

Gronwald mit *Die Nacht hat viele Stunden* (1960) und *Ein letztes Lächeln vor dem Tode* (1963) selbst Kriminalromane und Thriller, die klassische Krimielemente mit den ihrer Zeit gemäßen Action-Elementen verbinden. Jörg Weigand führt in seinem Lexikon *Pseudonyme* den Namen »Ben Warren« als Decknamen von Werner Gronwald an. Unter diesem Namen erschienen einige Western-Romanhefte

KRIMINALROMANE: 1960 Die Nacht hat viele Stunden, Heyne 89; 1965 Visum ins Jenseits, Goldmann 2131, OA; 1969 Ein letztes Lächeln vor dem Tode; Moewig 47; 1984 River – 400 Karat; Heyne 2029, OA
TV: 1985 Es muss nicht immer Mord sein: Eine Nummer zu groß, (Serienepisode, 25 Min., ZDF), Drehbuch: Werner Gronwald, Regie: Michael Mackenroth
SONSTIGE PUBL.: Zahlreiche Romane und Erzählungen

Groß, Jürgen

Biografie: *24.6.1953 in Wetzlar. J. Groß arbeitete von 1969 bis 1990 als Polizist in Hessen. Nach seiner Ausbildung bei der Bereitschaftspolizei in Wiesbaden war er dort ab Mitte der 70er-Jahre Mitglied eines Sonderkommandos zur Bekämpfung von Drogenkriminalität und organisiertem Verbrechen. 1992 schied er aus dem Polizeidienst aus und ist seitdem freier Journalist und Autor von Romanen und Bühnenstücken.
Im Mittelpunkt der Reihe *Frankfurt Connection*, deren erster Band 1994 erschien, steht der Frankfurter Detektiv und Sicherheitsberater Bender. Neben seinen Kriminalromanen, die in der Tradition der Hardboiled Novels ein ungeschminktes Bild der Verzahnung von Verbrechen, Wirtschaft und Politik zeigen, schreibt J. Groß Volksstücke in der Mundart seiner Heimatregion und Theaterstücke (Komödien) in Hochdeutsch sowie Drehbücher.

KRIMINALROMANE: 1994 Frankfurt Connection, Solmser Buchverlag; 1995 Frankfurt Connection II: Die Fortsetzung, Solmser Buchverlag; 1996

Frankfurt Connection III: Tödliches Leder, Solmser Buchverlag; 1997 Frankfurt Connection IV: Der schwarze Pacu, Solmser Buchverlag; 1998 Frankfurt Connection V: Der letzte Sirtaki, Solmser Buchverlag; 1999 Frankfurt Connection VI: Gnadenlos Hart, Solmser Buchverlag
SONSTIGE PUBL.: Mundartliche Volksstücke, Theaterstücke
MITGLIED: Syndikat
KONTAKT: JuergenGross@t-online.de; wwwtransmit.de/solmser-Buchverlag

Gruber, Robert → Bekker, Alfred

Gruhl-Braams, Hans → Gruhl, Hans

Gruhl, Hans
Pseud. für: Hans Gruhl-Braams
Biografie: *25.12.1921 in Bad Altheide/Schlesien, †11.10.1966 in München. H. Gruhl promovierte zum Dr. med. und Dr. phil. und arbeitete als Röntgenfacharzt. In seiner Freizeit wandte sich dem Schreiben zu, verfasste zunächst Hundebücher und beschäftigte sich später mit dem Kriminalroman. Seine zahlreichen Krimis sind meist mit zeitgemäß heiterem Unterton verfasste realistische Geschichten aus dem Bürgertum und mitunter aus dem Medizinermilieu. Dort ist auch sein erfolgreichster und wahrscheinlich bester Roman *Das vierte Skalpell* angesiedelt, der zahlreiche Neuauflagen erlebte.

KRIMINALROMANE: 1957 Das vierte Skalpell, Moewig Großband 45; 1960 Fünf tote alte Damen, Nannen, NA rororo 1423; 1965 Tödlicher Cocktail, Heyne 1171, NA 1983 Bastei 37013; 1967 Nimm Platz und stirb, Heyne 1229, NA 1984 Bastei 37025; 1969 Der Feigling, kelter 784, NA 1982 Bastei 36058; 1969 Mit Mördern spielt man nicht, Heyne 1342, NA 1985 Bastei 37037; 1973 Die letzte Visite, Goldmann 4272, 1980 Bastei 36041; 1975 Die lange Spur, Bastei 37008; 1975 Nichts sprach für Mord, Bastei 37011; 1976 Die Boten des Todes, Bastei 37022
FUNK: 1964 Nimm Platz und stirb, (Hörspiel, bearbeitet von Hans G. Berthold, 187 Min., SFB); 1965 Fünf tote alte Damen, (Hörspiel, bearbeitet von H. G. Berthold, 234 Min., SWF/WDR); 1967 Das vierte Skalpell, (Hörspiel, bearbeitet von H. G. Berthold, 190 Min., SWF/WDR); 1969 Die letzte Visite, (Hörspiel, bearbeitet von H. G. Berthold, 190 Min., SWF/WDR)
SONSTIGE PUBL.: Drehbücher, Romane, Hundebücher

Grützbach, Frank
Biografie: *1943. F. Grützbach lebt seit 1964 in Köln. In bunter Folge ging er den Berufen eines Buchhändlers, Werbekaufmanns und Unterhaltungsredakteurs beim WDR nach, besuchte die Filmakademie in Berlin, war Sekretär bei Heinrich Böll und schrieb ein Drehbuch für ein TV-Spiel, machte Reportagen für Rundfunk und Fernsehen und arbeitete als Drehbuchautor und Regisseur. Mit *Der Schwarzgeldesser* veröffentlichte er seinen ersten Kriminalroman, der besonders durch die detailreiche Schilderung des Kölner Halbweltmilieus und die gekonnt inszenierte Spannungsdramaturgie besticht.
Nach verschiedenen Fernsehspielen, die Grützbach teilweise auch als Regisseur realisierte, arbeitete er ab 1998 als Mitautor bei den WDR-Serien *Die Anrainer* und *Lindenstraße* mit.

KRIMINALROMANE: 1989 Der Schwarzgeldesser, Emons Krimi 5
FUNK: 1985 Walkman, (Hörspiel, 43 Min., WDR)
TV: 1984 Trabanten, (Fernsehfilm, 90 Min., WDR), Drehbuch und Regie: F. Grützbach, EA 1.10.1984 WDR 3; 1994 Brandheiß – Adios, Amigo, (Fernsehspiel, 60 Min., WDR), Drehbuch: F. Grützbach, Regie: Peter Ristau, EA 2.6.1994 WEST 3; 1996 Tatort: Der Phoenix-Deal, (Serienfilm, 90 Min., SFB), Drehbuch: F. Grützbach, Regie: Peter Ristau, EA 28.7.1996 ARD
SONSTIGE PUBL.: Zahlreiche Drehbücher

Guenter, C. H.
auch unter dem Pseud.: Bert F. Island
Biografie: *1924. Der in Franken geborene C. H. Guenter (bzw. Günther) wurde im Zweiten Weltkrieg nach dem Notabitur zur Kriegsmarine eingezogen, war bis Kriegsende im Einsatz und floh 1945 aus britischer Gefangenschaft. Nach dem Krieg war er zunächst Kaufmann, fing dann aber seine literarische

Laufbahn als Schlagertexter und Drehbuchautor an. Ab 1956 begann er, Spannungsliteratur für Romanheftreihen zu verfassen. Er entwarf 1959 für den Pabel-Verlag die Figur des New Yorker Privatdetektivs Jo Walker alias Kommissar X für eine Romanheftserie, die als Konkurrenz zu *Jerry Cotton* aufgebaut werden sollte. C. H. Guenter schrieb die ersten *Kommissar X*-Romane, ehe die Serie von anderen Autoren weitergeführt wurde. Von 1959 bis 1964 schrieb er 58 Heftromane, es folgten 51 *Kommissar X*-Taschenbücher, die teilweise auch als Hardcover-Bände nachgedruckt wurden.

Als deutsches Pendant zum Superagenten James Bond kreierte C. H. Guenter 1965 *Mister Dynamit*, den Agenten Robert »Bob« Urban des Bundesnachrichtendienstes. Urban, der Agent mit dem Code 18, absolvierte seine ersten, eng an die Bond-Filme angelehnten Abenteuer in der *Krimi-Extra*-Taschenbuchreihe des Pabel-Verlages, später erhielt er eine eigene Reihe, in der zuletzt monatlich ein neuer Roman herauskam. Daneben erscheint seit 1974 eine Zweitauflage als *Mister Dynamit*-Erfolgsroman und eine *Dynamit-Classic*-Ausgabe.

C. H. Guenters Agentengeschichten beziehen sich meist auf aktuelle weltpolitische Ereignisse und sind dem Vorbild Bond entsprechend stets mit einer gehörigen Portion Sex durchsetzt. Agent Robert Urban hat sich im Lauf der Jahre vom kalten Krieger zum weltpolitischen Trouble Shooter gewandelt.

Über seine Arbeitsmethode sagte C. H. Guenter im der Zeitschrift WIENER (Nr 5/87): »An den Entwurftagen, wenn ich in Stimmung bin für die Geschichte und das jeweilige Land, setze ich mich hin: Da habe ich den Titel, da habe ich ungefähr den Aufhänger, mehr brauche ich nicht. Dann wird Kapitel für Kapitel entworfen, jedes Kapitel maximal vier Zeilen. Der ganze Romanentwurf muß auf ein Blatt passen, eng beschrieben. Das schreibe ich prinzipiell dreimal, an drei aufeinanderfolgenden Tagen. Dann steht die Geschichte. Anschließend setze ich mich morgens hin, nicht vor halb zehn, und schreibe etwa 15 bis 20 Druckseiten. Das sollte nach Möglichkeit – der Nachmittag schadet der Literatur, gleich welches Niveau sie hat – bis halb eins erledigt sein.«

KRIMINALROMANE: Mister Dynamit-Romane, ab 1965, Erich Pabel Verlag, Rastatt, Pabel-Taschenbuch, ab Nummer 357 als Reihe »Mister Dynamit« in fortlaufender Nummerierung: 1965 Morgen küßt euch der Tod, Pabel 212 (auch MD 386); 1965 Code 18 jagt Grauauge, Pabel 230, auch MD 388; Dreitausend Särge, Pabel 250, auch MD 400; Die grausamen Tage, Pabel 268, auch MD 396; Captain Montechristo, Pabel 285; Verrat am Nil, Pabel 298, auch MD 394; In Moskau ist es aus mit dir, (Pabel 309; Die unsichtbare Truppe, Pabel 314, auch MD 392; Mein Grab in Marokko. Pabel 322, auch MD 405; Kurier ins Dunkel, Pabel 327, auch MD 398; Mein Tod auf Jamaika, Pabel 333, auch MD 390; Stahlhand, Pabel 335, auch MD 403; Stirb mit mir heut Nacht, Pabel 338; Bis uns der Teufel holt, Pabel 340, auch MD 412; Duell in der Südsee, Pabel 342, auch MD 418 ; Land der tausend Henker, Pabel 345, auch MD 408; Das Loch im Kopf des Königs, Pabel 348, auch MD 415; Fisch im fremden Netz, Pabel 351, auch MD 424; Das kalte Gefühl im Nacken, Pabel 354, auch MD 421; Meuterei in der Hölle, Pabel 350, auch MD 426; Mein Kopf rollt in Rio, Pabel 356
Spätere Neuauflagen einzelner Titel in der Taschenbuch-Reihe Mr Dynamit Erfolgsnachdruck (ab 1974) mit eigener Nummerierung 1–128
Unter dem Pseudonym Bert F. Island veröffentlichte C. H. Guenter im Erich Pabel Verlag folgende Kommissar X-Heftromane: Nr. 1: Das Attentat; Nr. 5: Am ersten um vier; Nr. 7: Die Spur führt nach Las Vegas; Nr. 9: Einer namens Callas; Nr. 11: Tödliches Morgengrauen; Nr. 14: Der Killer mit den blauen Augen; Nr. 15: Henkersmahlzeit; Nr. 16: Mit einem kalten Lächeln; Nr. 17: Einer gegen New York; Nr. 18: Heißes Pflaster Hongkong; Nr. 20: Bonbons aus Monte Carlo; Nr. 21: Die Chance war gleich null; Nr. 24: Mörder in roter Seide; Nr. 26: Die Ganoven sind müde; Nr. 30: Im Namen des Henkers; Nr. 35: Broadway null Uhr null; Nr. 38: Mord auf Bestellung; Nr. 40: Lebenslänglich plus ein Tag; Nr. 44: Der Tod macht keine Pause; Nr. 46: Rache aus dem Jenseits; Nr. 48: Sherlock wollte nicht sterben; Nr. 50: Ich zähle langsam bis drei; Nr. 53: Der Einäugige;

Nr. 56: Um eine Zigarettenlänge; Nr. 59: Der Anfang vom Ende; Nr. 62: Der Tanz geht los; Nr. 64: Der tiefe Traum; Nr. 67: Revolvermanns Ende; Nr. 69: Angst in dunkler Nacht; Nr. 73: Drei gelbe Katzen; Nr. 79: Die Königin von Saba; Nr. 83: Mörderische Tiefen; Nr. 87: Morgen holt dich der Teufel; Nr. 91: Jagdhunde; Nr. 94: Wenn alle Puppen tanzen; Nr. 96: Der Einzelgänger; Nr. 100: Macht der Gewalt; Nr. 103: Der Zeiger stand auf Mord; Nr. 105: Der Unheimliche; Nr. 113: Ein Zimmer in der Hölle; Nr. 116: Der Mann aus dem Nichts; Nr. 121: Die Geier; Nr. 133: In Teufels Küche I und II (Neuausgabe dieses Doppelbandes als KX-Taschenbuch Nr. 162 *Das unsichtbare Netz*); Nr. 136: Der Weg ins Ungewisse; Nr. 139: Mitternacht und der Tote; Nr. 149: Mit Eddi Karussel gefahren; Nr. 150: Der Nächste bist du; Nr. 157: Schneller als eine Kugel; Nr. 164: Einer löscht die Spur; Nr. 168: Sie waren hinter ihm her; Nr. 173: Das letzte Haus am Strand; Nr. 180: Das Grauen hat zwei Augen; Nr. 186: Hexentanz; Nr. 193: Drei grüne Hunde, (verfilmt); Nr. 196: Mach dein Testament, Bimbo; Nr. 200: Sein letzter Fall; Nr. 250: Der Henker bin ich

Ebenfalls als Bert F. Island schrieb er für die Taschenbuch-Reihe des Pabel-Verlages Kommissar X-Romane, die teilweise als Hardcover Bücher im Rekord Verlag, Viersen, nachgedruckt wurden. Pabel-Taschenbücher, ab 1961. Ab Nummer 354 erschienen die Kommissar X-Romane als eigene Reihe mit eigener Nummerierung: Nr. 27: Einer weiß alles, (ins Französische übersetzt); Nr. 31: Verschwörung des Schweigens; Nr. 42: Spielplatz für flotte Mädchen; Nr. 44/A – 250 Der Dicke aus Ohio; Nr. 47: Der Killer mit der weichen Tour, (ins Französische übersetzt); Nr. 48: Mörderclub; Nr. 50: Den Mörder, nicht die Kugel; Nr. 54: … erledigt in San Franzisko; Nr. 60: Da war es aus mit Sullivan; Nr. 62: Ein Posten in der Hölle, (ins Französische übersetzt); Nr. 68: Das böse Wochenende, (ins Französische übersetzt); Nr. 71/A – 256: Du sollst mein Mörder sein; Nr. 76: Ein Herr aus Andorra; Nr. 80: Drei halten Gericht; Nr. 84: Mordkommando; Nr. 88/A – 262: Die Pause bis zum Sterben; Nr. 94: Dem Satan ins Gesicht; Nr. 100: Der Trick zum Hängen; Nr. 102/A – 262: (Das Schweißperlenspiel) Verdacht am Freitagabend; Nr. 106: Krieg des Chefs; Nr. 108/A – 254: Das heiße Ding von Manhattan; Nr. 109: Ein Mann mit Kanone (Rekord: Joe Amsterdam); Nr. 116: In Frisco kommt das Morden auf; Nr. 118/A – 260: Tod bei Dreiviertelmond; Nr. 124: Geld nach Methode vier; Nr. 126: Ein Killer ist kein Schmetterling; Nr. 130: (Der Schuss, der Luzifer galt) Morgen fressen dich die Geier; Nr. 134: Süß war der Tod in Jesolo, (ins Italienische übersetzt); Nr. 136: Haie muß man langsam kochen; Nr. 140; Coup in Frankreich; Nr. 146: Nummer eins in Chicago; Nr. 150: Mohammed schießt nur links; Nr. 152: Whisky in der Nacht; Nr. 158: Der Boss ist unauffindbar; Nr. 160: (Auf dem Weg nach Casablanca) Goldnase; Nr. 162: Das unsichtbare Netz, (NA der Kommissar X-Heftromane 133/I und II In Teufels Küche); Nr. 166: (Manche mögen's zart) Ein Boss stirbt selten allein; Nr. 170: Bei Mord hört der Spaß auf, (ins Rumänische übersetzt); Nr. 174: Da ging's abwärts mit Jack; Nr. 178: Der Letzte zahlt die Rechnung; Nr. 182: Gift von roten Blüten; Nr. 186: Aber die Nacht ist mein; Nr. 188: Mord nach System Callighan; Nr. 192: Es waren Killer in der Stadt; Nr. 196: Großer böser Bill; Nr. 202: Raubmord verjährt nie; Nr. 210: Gleich wenn du stirbst; Nr. 214: Ein Sarg aus Zuckerguss; Nr. 232: Ein Henker ist kein Blumenstrauß; Nr. 259: Der Rattenfänger mit dem Cadillac; Nr. 265: Drei Kugeln für den Chef

FILM: 1965 Kommissar X: Jagd auf Unbekannt, (92 Min., BRD/I.), Drehbuch: Gianni Simonelli, Frank Kramer, Werner Hauff nach einem Kommissar X-Roman von B. F. Island, Regie: Frank Kramer, mit Tony Kendall, Bard Harris, Maria Perschy; 1966 Mister Dynamit: Morgen küßt euch der Tod, (111 Min., BRD/Spanien/Italien), Drehbuch: F. J. Gottlieb nach dem Roman von C. H. Guenter, Regie: F. J. Gottlieb; 1966 Kommissar X: Drei gelbe Katzen, (95 Min., Österreich/I/F), Drehbuch: Rudolf Zehetgruber, nach einem Kommissar X-Roman von B. F. Island, Regie: Rudolf Zehetgruber, mit Tony Kendall, Brad Harris, Ann Smyrner; 1966 Kommissar X: In den Klauen des gelben Drachen, (96 Min., Österreich/I), Drehbuch: Stefan Gommermann, Frank Kramer, nach einem Kommissar X-Roman von B. F. Island, Regie: Frank Kramer), mit Tony Kendall, Brad Harris, Barbara Frey; 1967 Kommissar X: Drei grüne Hunde, (93 Min., BRD/I/F), Drehbuch Rudolf Zehetgruber, nach einem Kommissar X-Roman von B. F. Island, Regie: Rudolf Zehetgruber, mit Tony Kendall, Brad Harris, Dietmar Schönherr; 1967 Kommissar X: Drei blaue Panther, (89 Min., BRD/I), Drehbuch: Günter Rudorf, nach einem Kommissar X-Roman von Robert F. Atkinson, Regie: Frank Kramer, mit Tony Kendall, Corny Collins, Siegfried Rauch; 1968 Kommissar X: Drei

goldene Schlangen, (88 Min., BRD/I), Drehbuch: James Brewer, Robert F. Atkinson, Manfred R. Köhler nach einem Kommissar X-Roman von B. F. Island, Regie: Roberto Mauri, mit Tony Kendall, Monica Pard; 1971 Kommissar X jagt den roten Tiger, (89 Min., BRD/I/Pakistan), Drehbuch: Werner Hauff, Klaus E. R. von Schwarze, Werner P. Zibaso, nach einem Kommissar X-Roman von Manfred Wegener, Regie: Harald Reinl, mit Tony Kendall, Brad Harris, Gisela Hahn
Sonstige Publ.: 2000 U-Kreuzer Nowgorod, Ullstein 24774; 2000 Geheimauftrag für Flugschiff Do-X, Ullstein 25079; 2001 U-136 Flucht ins Abendrot, Ullstein 25207; Duell der Admirale, Ullstein; Der Titanic Irrtum, Ullstein; Kriegsfolger 29, Ullstein; Der Schwarze Baron, Ullstein; Das letzte Boot nach Avalon; Atlantikliner, Ullstein; Das St. Lucia-Rätsel, Ullstein

Guggenheim, Alexandra
Pseud. für: Gisela Albrod
Biografie: A. Guggenheim ist gebürtige Rheinländerin und gelernte Kunsthistorikerin. Nach einigen Jahren universitärer Forschung lebt sie heute als freie Autorin und Herausgeberin. Seit 2001 schreibt sie Krimis.

Krim.-Erz.: 2001 *Fischers Fritze fischte frische Fische*, in: Tierisch tot, Hrsg. Anke Cibach, Hannah; 2004 *Anatomie des Grauens*, in: Mord ist die beste Medizin, Hrsg. M. Buttler und A. Guggenheim, Scherz; 2004 *Das Bildnis des Giovanni-Battista di Lampedusa*, in: Flossen höher!, Hrsg. Heike und Peter Gerdes, Leda; 2004 *Die Überlebenskünstlerinnen*, in: Tatort Flora Farm, Juwi MacMillan Group
Sonstige Publ.: Zahlreiche Fachpublikationen zur Archäologie, Medizin, Kunst-, Kultur- und Theatergeschichte
Mitglied: Syndikat; SinC

Günter, Helmut E. → Eik, Jan

Güsken, Christoph
Biografie: *1958 in Mönchengladbach. Chr. Güsken studierte Theologie, arbeitete als Museumswärter und Buchhändler. Seit 1995 lebt er als freier Autor in Münster. In den meisten seiner Kriminalromane erzählt er die Abenteuer der beiden Privatschnüffler Bernie Kittel und Henk Voß und des Kripo Duos Jungbluth und Bukowski.

Kriminalromane: 1996 Kittel und Voß: Bis dann, Schnüffler, Grafit 63; 1997 Kittel und Voß: Schaumschlägers Ende, Grafit 74; 1997 Kittel und Voß: Mörder haben keine Flügel, Grafit 211; 1998 Kittel und Voß: Spiels nicht noch mal, Henk, Grafit 215; 1998 Angsthase, Pfeffernase, Grafit 222; 1999 Kittel und Voß: Pommes Rot-Weiss, Grafit 228; 2000 Alptraum in Blau, Grafit 235; 2000 Kittel und Voß: Niemals stirbt man so ganz, Grafit 239; 2001 Der Untergang des Hauses K., Grafit 247; 2001 Kittel und Voß: Screamhild Rache, Grafit 259; 2002 Jungbluth und der Fastnachtsmord, Grafit 266; 2003 Kittel und Voß: Lambertis Fluch, Grafit 275; 2004 Kittel und Voß: Der Papst ist tot, Grafit 288; 2004 Die ohne Sünde sind, Grafit 292
Funk: 1995 Einer lacht zuletzt, (52 Min., WDR); 1996 Du stirbst nur zweimal, (55 Min., WDR); 1997 Strawinskis rechte Hand, (55 Min., SWF); 1998 Geisterfahrer, (57 Min., WDR); 1999 Ganz schön mutig, (55 Min., WDR); 2000 Wyatt Earp auf Mallorca, (38 Min., WDR); 2004 Blaubarts Gärtner, (50 Min., DLR Berlin)
Sonstige Publ.: Hörspiele und Kurzgeschichten
Mitglied: Syndikat
Kontakt: creoguesken@ts-net.de

Gutberlet, Ronald → Brack, Robert

Haas, Wolf

Biografie: *1960 in Maria Alm. W. Haas studierte Linguistik und arbeitete anschließend zwei Jahre als Uni-Lektor in Swansea, Südwales. Seit 1990 lebt er als Werbetexter in Wien. In Österreich wurde er unter anderem durch seine Mazda-Werbung sowie die Kampagne »Lichtfahrer sind sichtbarer« bekannt.

KRIMINALROMANE: 1996 Auferstehung der Toten, rororo 3244; 1997 Der Knochenmann, rororo 3258; 1998 Ausgebremst: Best of foul play – der Roman zur Formel 1, rororo 43325; 1998 Komm, süßer Tod, rororo 43287; 1999 Silentium, rororo 43346
HÖRBÜCHER: 1999 Auferstehung der Toten, (Hörkrimi, 2 Cassetten), gelesen von Gregor Seberg und W. Haas, BMG WORT 1999; 1999 Der Knochenmann, (Hörkrimi, 2 Cassetten), gelesen von Gregor Seberg und W. Haas, BMG WORT 1999; 1999 Komm, süßer Tod, (Hörkrimi, 2 Cassetten), gelesen von Gregor Seberg und Wolf Haas, BMG WORT 1999; 2001 Wie die Tiere, Rowohlt, HC; 2003 Das ewige Leben, HoCa, HC
FUNK: 1999 Auferstehung der Toten, (ORF Wien/ WDR), Hörspielbearbeitung und Regie: Götz Fritsch; 2002 Komm, süßer Tod, (ORF/WDR), Hörspielbearbeitung und Regie: Götz Fritsch
FILM: 2001 Komm, süßer Tod, (107 Min., Österreich), Drehbuch: Wolf Haas, Josef Hader, Wolfgang Murnberger nach dem gleichnamigen Roman von W. Haas, Regie: Wolfgang Murnberger
SONSTIGE PUBL.: Erzählungen, Sprech-Cassetten, Hörbücher
PREISE: 1999 Deutscher Krimi-Preis für *Komm, süßer Tod*

Haase, Wolf → Rönsch, Rainer

Hacker, Ute → Rubin, Billie

Haefs, Gisbert

auch unter dem Pseud.: Oskar T. Sahm (für eine Übersetzung)
Biografie: *9.1.1950 in Wachtendonk am Niederrhein. G. Haefs studierte Sprachen an der Universität Bonn, wo er 1976 das Staatsexamen in Spanisch und Englisch ablegte. Seit 1970 Komponist und Interpret makabrer Chansons, Auftritte bis 1982. Seither arbeitet G. Haefs als freier Schriftsteller und Übersetzer. Er schrieb nicht nur einen Zyklus von SF-Romanen und den hochgelobten historischen Roman *Hannibal*, sondern machte sich auch einen Namen als Übersetzer und Herausgeber der Werke von Jorge Luis Borges und Rudyard Kipling. Darüber hinaus übersetzte und betreute er die Neuausgabe der Sherlock-Holmes-Geschichten von Sir Conan Doyle.

KRIMINALROMANE: 1981 Mord auf dem Millionenhügel, Goldmann 5613; 1983 Und oben sitzt ein Rabe, Goldmann 5628; 1984 Das Doppelgrab in der Provence, Goldmann 5643; 1985 Mörder & Marder, Goldmann 5653; 1989 Die Schattenschneise, Goldmann 5046 ; 1994 Traumzeit für Agenten, Haffmans, HC; 1995 Matzbachs Nabel, Goldmann 05884; 1996 Das Kichern des Generals, Haffmans HC; 1996 Kein Freibier für Matzbach, Goldmann 43376; 1998 Eine böse Überraschung, (Kettenroman, gem. mit Frank Göhre, Janwillem van de Wetering, D.B. Blettenberg, Uta-Maria Heim, Jürgen Alberts, Helmut Ziegler, Peter Zeindler, Gunter Gerlach, Peter Schmidt, Robert Lynn, -ky, Tatjana Kruse, Robert Brack, Daniel Douglas Wissmann, Karr & Wehner, Frank Goyke, Regula Venske, Thea Dorn, Georg M. Oswald, Ann Camones, Hartmut Mechtel, Virginia Doyle und Norbert Klugmann), rororo 43296; 1998 Schmusemord, Goldmann Manhattan; 1999 Hamilkars Garten, Heyne, HC; 2000 Das Gipfeltreffen, (Kettenroman, gem. mit Doris Gercke, Ingrid Noll, Edith Kneifl, Regula Venske, Frank Göhre, Karr & Wehner, Robert Hültner und Jürgen Alberts) Heyne, HC; 2000 Andalusischer Abgang, rororo 22816; 2001 Roma – Der erste Tod des Marc Aurel, Diana Verlag, HC, auch als Hörbuch: 2002, Regie: Margrit Osterwold, Heyne/Ullstein Hörbuch, 4 CDs; 2003 Ein Feuerwerk für Matzbach, Goldmann 45568
KRIM.-ERZ.: 1987 *Das Triumvirat*, (nach dem gleichnamigen Hörspiel), *Das Triumvirat denkt*, (nach dem gleichnamigen Hörspiel, *Matzbach fährt nach Schweden, Mamis Liebling*, in: Das Triumvirat und andere kriminalistische Geschichten, Goldmann 5035; 1996 Auf der Grenze, Goldmann 05944
SONSTIGE PUBL.: 1987 Jorge Luis Borges – Chronik

von Leben und Werk, in: Der mythische Bibliothekar, Hanser; 1987 Kipling Companion, Haffmans, HC; weitere Fachliteratur, Liedtexte, Musik-Feature für den Hörfunk, historische Romane, Übersetzungen;

Sekundärarbeiten: Übersetzungen (= Ü), Herausgeber (= H), Bearbeiter (= B): 1981 J. L. Borges: Erzählungen I, Hanser (Ü+B); 1981 J. L. Borges: Erzählungen II, Hanser (Ü+B); 1981 J. L. Borges: Essays 1952–1979 Hanser (teilweise); 1982 J. L. Borges: Borges und Ich, Hanser (Ü und Ü+B); 1982 J. L. Borges: Einhorn, Sphinx und Salamander, Hanser (Ü +B); 1982 J. L. Borges: Gedichte 1923–1965, Hanser (H+Ü); 1983 J. L. Borges + A. B. Casares: Gemeinsame Werke I, Hanser (H+Ü+B); 1984 A. C. Doyle: Der Hund der Baskervilles, Haffmans (Ü); 1984 A. C. Doyle: Die Abenteuer des Sherlock Holmes, Haffmans (Ü); 1984 A. C. Doyle: Eine Studie in Scharlachrot, Haffmans (Ü); 1985 J. L. Borges + A. B. Casares: Gemeinsame Werke II, Hanser (H+Ü); 1985 Heberto Padilla: In meinem Garten grasen Helden, Hanser (Ü); 1986 Ambrose Bierce: Des Teufels Wörterbuch (H+Ü); 1987 Suzy Clemens: Mein Papa Mark Twain, Insel (Ü); 1987 J. L. Borges: Die letzte Reise des Odysseus, Hanser (H+Ü); 1987 Flaubert: Wörterbuch der übernommenen Ideen, Haffmans, (Teil-Ü); 1987 Rudyard Kipling: Das Dschungelbuch, Haffmans, (H+Ü); 1987 Rudyard Kipling: Das zweite Dschungelbuch, Haffmans (H+Ü); 1987 Rudyard Kipling: Kim, Haffmans (H+Ü); 1987 Rudyard Kipling: Vielerlei Schliche, Haffmans (H+Ü); 1988 Rudyard Kipling: Stalky und Co, Haffmans (H+Ü); 1988 J. L. Borges: Blaue Tiger und andere Geschichten, Hanser (H); 1988 R. Shelton: Bob Dylan – Sein Leben und seine Musik, Goldmann (Ü); 1988 Ambrose Bierce: Lügengeschichten und Fantastische Fabeln, Haffmans (Ü); 1988 A. Bierce: Horrorgeschichten, Haffmans (H+Ü); 1988 Georg Christoph Lichtenberg: Sudelbrevier, Haffmans (H); 1989 A. Bierce: Geschichten aus dem Bürgerkrieg, Haffmans (H); 1989 G. V. Higgins: Der Anwalt, Goldmann, (Ü als Oskar T. Sahm); 1990 J. L. Borges + O. Ferrari: Lesen ist denken mit fremdem Gehirn, (Ü); 1990 Rudyard Kipling: Reisebriefe aus Japan, List (Ü); 1990 Rudyard Kipling: Die Vielfalt der Geschöpfe, Haffmans (H+Ü); 1990 Rudyard Kipling: Genau so Geschichten, Haffmans (H+Ü); 1990 Juan Goytisolo: Landschaften nach der Schlacht (Ü); 1990 Camilo José Cela: Neunter und letzter Wermut, Wagenbach (Ü); 1991 Die Ballade von Ost und West, Haffmans, (H+Ü); 1991f. J. L. Borges: Werke in 20 Bänden, Fischer Taschenbuch (H+B+Ü); 1995 Ross Thomas: Die im Dunkeln (Ü)

HÖRSPIELBEARBEITUNGEN und ÜBERSETZUNGEN: 1987 A. C. Doyle: *Eine Studie in Scharlachrot*, SWF; 1988 Leo Goldman: *Ein gutes Herz*, SDR; 1988 Henry Myers: *Sam*, SWF; 1988 Adriana Genta: *Live dabei*, WDR (Übersetzung); 1989 Maximiliano Mariotti: *Besuch und Gegenbesuch*; 1999 Lisa Schlesinger: *Ende der festen Fahrbahn*, WDR 1999 (Übersetzung)

PREISE: 1980/81 Edgar-Wallace-Preis für *Mord auf dem Millionenhügel*; 1991 Deutscher Krimi-Preis für *Die Schattenschneise*; 1990 Kurd-Lasswitz-Preis für *Wanderlust*; 1995 Auszeichnung vom Science Fiction Club Deutschland für *Traumzeit für Agenten*; 1999 Rheinischer Literaturpreis der Stadt Siegburg für *Hamilkars Garten*

MITGLIED: Syndikat

Haenel, Gerd

auch unter dem Pseud.: G. G. Walther
Biografie: *1946. G. Haenel ist Filmemacher, Drehbuchautor, Flugkurier, Taxifahrer.

KRIMINALROMANE: 1998 Über die volle Distanz, Elefanten Press

Hagemann, Karola → Hyde, Malachy

Hagen, Jens

Biografie: *12.3.1944 in Steinhöring, †11.6.2004 in Mechernich bei Köln. J. Hagen wuchs in Dinslaken am Niederrhein auf und lebte ab 1964 in Köln. Er begann mit 16 Jahren für Zeitungen zu schreiben, war u. a. Lokal-, Gerichts- und Polizeireporter, profilierte sich als Kenner der Rock-, Blues- und Song-Szene, studierte – neben seiner journalistischen Arbeit – Theaterwissenschaft, Philosophie und Germanistik und gehörte dem Kollektiv der ersten alternativen Kölner Stadtzeitung ANA&BELA an. Ab Ende der 6oer Jahre arbeitete er auch für Rundfunk und Fernsehen. Ab 1980 schrieb er vor allem Hörspiele, Gedichte, Poeme, Satiren, Erzählungen und arbeitete auch bildnerisch (Objekte, Fotografie, copy-art, Konkrete Poesie). Als Krimi-Autor wurde er vor allem durch seine Hörspielreihe um den Ganoven Brunx und durch seine poetischen Krimi-Dreizeiler, die *Haiku Kriminale*, bekannt.

KRIMIGEDICHTE: 1977 Haiku Kriminale, Verlag Landpresse
FUNK: 1983 Brunx, (Kriminalhörspiel, 53 Min., WDR); 1984 Siebenrübens neuer Fall, (45 Min., WDR); 1985 Tarzan wird naß, (gem. mit Gerd Wollschon, 65 Min., SWF/RB); 1987 Bist eine ehrliche Haut. Schade, (Krimi, 24 Min., SDR); 1987 Wegelagerer, (Kriminalhörspiel, 57 Min., WDR), 1994 Goldmann/Primo Hörspielkassette; 1990 Die Belohnung, (Kriminalhörspiel, 55 Min., WDR); 1992 Hände weg von meinem Grab, (Kriminalhörspiel, 35 Min., SDR); 1993 Rechnung mit Brunx, (Kriminalhörspiel, 55 Min., WDR); 1994 Kein Absprung ohne Anlauf, (Krimi-Groteske, 50 Min., NDR); 1995 Der Libero. (Kriminalhörspiel, 51 Min., WDR), als Hörspielkassette 1997 Goldmann/Primo; 1996 Kein Brunx für Meyer Zwo, (Kriminalhörspiel, WDR); 1997 Das zweiundfünfzigste Wochenende, (Kriminalhörspiel, gem. mit U. Erichsen, 50 Min., BR);
TV: 1989 Drehbücher für die Krimiserie Vincent Vincent: Krapplack-Komplott, Vincent und die Vasen, Das Deckweiß-Dilemma (je 52 Minuten, WWF); 1997 Drehbuch für die Krimiserie Der Fahnder: Die Schöne und das Wissen (50 Minuten, WWF)
SONSTIGE PUBL.: Zahlreiche Hörspiele und Kinderhörspiele; Gedichte, Satiren, Reportagen, erotische Romane, Erzählungen, ein Fotobuch, Hörbilder, Features, Portraits, Kollagen, Kritiken, Kommentare, Kurzprosa
PREISE: 1977 Arbeitsstipendium des Landes NRW; 1980 Förderstipendium der Stadt Köln; 1990 *Total real* Hörspiel des Monats durch die Akademie der darstellenden Künste; 1993 und 1996 Arbeitsstipendien (Hörspielförderung) der Filmstiftung NRW

Hahn, Nikola

Biografie: *8.11.1963 in Wehrda/Rödermark in Hessen. N. Hahn absolvierte eine Ausbildung für den mittleren Polizeidienst und tat bis 1990 Dienst in der Bereitschaftspolizei. Nach ihrem Wechsel zur Kriminalpolizei schlug sie 1991 die Kommissarslaufbahn ein. Bis 2004 war sie im Polizeipräsidium Südosthessen (Offenbach) tätig, zunächst im Bereich Betrug/Wirtschaftdelikte, ab 1999 als stellvertretende Sachgebietsleiterin im Kommissariat für Kapitaldelikte, Sachgebiet Raub und Erpressung. Seit Mai 2004 arbeitet die Kriminalhauptkommissarin als Fachlehrerin für Kriminalistik an der Hessischen Polizeischule in Wiesbaden (Schwerpunkt: Die polizeiliche Vernehmung).
Neben ihrer Polizeilaufbahn absolvierte N. Hahn von 1985 bis 1988 ein Fernstudium in Belletristik, Sachliteratur und Lyrik, arbeitete danach mehrere Jahre nebenberuflich für eine Tageszeitung, in der Redaktion der Hessischen Polizeirundschau und für eine Literaturzeitschrift. Seit 1986 ist sie Deutschland-Repräsentantin der weltweit tätigen Vereinigung International Penfriends.

KRIMINALROMANE: 1998 Die Detektivin, München: Marion von Schröder, HC; 2000 Die Wassermühle, Ullstein 24819; 2002 Die Farbe von Kristall, Marion von Schröder, HC
SONSTIGE PUBL.: Gedichte, Prosa, Sachtexte
MITGLIED: Syndikat; Interessengemeinschaft deutschsprachiger Autoren; Deutsche Gesellschaft für Polizeigeschichte
KONTAKT: nikola-hahn@t-online.de; www.nikola-hahn.de

Hahnfeld, Ingrid

Biografie: *19.9.1937 in Berlin. I. Hahnfeld studierte an der Schauspielschule Berlin und war 11 Jahre Schauspielerin an den Landesbühnen in Dresden und in Greifswald. Sie spielte Rollen wie die Emilia Galotti, die Luise in *Kabale und Liebe* und die Polly in der *Dreigroschenoper*. Seit 1971 ist sie freiberufliche Schriftstellerin und lebt in Magdeburg, einige Jahre verbrachte sie in der Nähe von Hannover. Für ihren Roman *Villa Ruben* erhielt I. Hahnfeld 1989 das Worpswede-Stipendium. Während des neunmonatigen Studienaufenthalts in Worpswede entstanden ihr Kinderbuch *Das unsichtbare Lächeln der Giraffe* und Kriminalerzählungen.

KRIMINALROMANE: 1988/1992 Schwarze Narren, Reihe DIE Fischer; 1989/1996 Brot für Schwäne, Reihe DIE Fischer; 2000 Niemandskinder, Militzke; 2001 Die schwarze Köchin, Militzke

Krim.-Erz.: 1991/1994 *Die graue Dogge*, DIE; 1991/1994 *Blaue Katzen*, Fischer
Sonstige Publ.: Romane, Kinderbücher, Hörspiele, Lyrik
Mitglied: Syndikat

Hall, Ernst

Pseud. für: Ernst Hassler
Biografie: *20.9.1922 in Komotau/Sudetenland. E. Hall wurde mit 18 Soldat und war als Kriegsgefangener in Russland Wolgaflößer, Holzfäller, Eisenbahnarbeiter und Kolchosenarbeiter. Nach Rückkehr aus der Gefangenschaft absolvierte er ein Volontariat und wurde Journalist. Unter verschiedenen Pseudonymen veröffentlichte er Gerichtsreportagen, Feuilletons, Glossen und satirische Plaudereien in Tageszeitungen und Zeitschriften. Seit 1955 arbeitet er als freier Journalist und Schriftsteller.

Kriminalromane: 1963 Die Glocken des Todes, Goldmann 1263; 1965 Höllenflug, Goldmann 2099; 1978 Das Ohr, rororo 2455, NA 1987 Goldmann 5031; 1981 Galgenfrist, rororo 2553; 1981 Sie werden sagen, es war Mord, rororo 2571; 1983 Es lohnt sich nicht mehr, rororo 2649; 1986 Die Radikalkur, Goldmann 4999; 1987 Scheidung auf fränkisch, Goldmann 5038
Funk: 1964 Glocken des Todes, (6 Teile, 242 Min., Bearbeitung: Wolfgang Nied, nach dem gleichnamigen Roman von E. Hall, WDR)
Preise: 1963 Edgar-Wallace-Preis für *Die Glocken des Todes*
Mitglied: Syndikat

Hammesfahr, Petra

Biografie: *1951. P. Hammesfahr ist gelernte Einzelhandelskauffrau und schrieb neben ihrem Beruf, bis sie 1991 ihren ersten Thriller veröffentlichte, dem in rascher Folge weitere Kriminalromane folgten. Ab Mitte der 90er Jahre wandte sich P. Hammesfahr mit ihren Arbeiten auch dem Fernsehen zu und schrieb zwei Episoden für die Serie *Der Fahnder*, verfasste das Drehbuch zur Verfilmung ihres Romans *Der stille Herr Genardy* und entwickelte den Film und Buchstoff *Heiß und Kalt*.

Kriminalromane: 1991 Die Frau, die Männer mochte, Bastei Lübbe 19554; 1991 Wer zweimal lebt, ist nicht unsterblich, Bastei Lübbe 19560; 1991 Marens Lover, Bastei Lübbe 19563, NA 2004 als *Mit den Augen eines Kindes*, rororo 23612; 1991 Das Geheimnis der Puppe, Herbig, HC, NA 2000 rororo 22881; 1992 Am Ende eines Sommers, Bastei Lübbe 19568; 1992 Geschwisterbande, Bastei Lübbe 19572, NA 2001 als *Roberts Schwester*, rororo 23156; 1992 Der Engel mit den schwarzen Flügeln, Herbig, HC; 1993 Merkels Tochter, Bastei Lübbe 19578; 1993 Brunos große Liebe, Bastei Lübbe 17101; 1993 Der stille Herr Genardy, Gustav Lübbe, HC; 1993 Die Augen Rasputins, Bastei Lübbe 13436; 1995 Betty, Bastei 17124, überarbeitete NF 2001 als *Die Chefin*, rororo 23132; 1995 Der gläserne Himmel, Gustav Lübbe, HC; 1994 Verbrannte Träume, Bastei Lübbe 19589; 1997 Heiß und kalt, TV-Novel, Bastei Lübbe 12717; 1999 Die Sünderin, Wunderlich, HC; 1999 Der Puppengräber, rororo 22528; 2000 Die Mutter, Wunderlich, HC; 2000 Lukkas Erbe, rororo 22742; 2001 Meineid, rororo 22941; 2001 Das Medium, rororo 23339; 2002 Das letzte Opfer, rororo; 2003 Belas Sünden, rororo 23168; 2003 Die Lüge, Wunderlich, HC
Krim.-Erz.: 2000 Der Ausbruch, Rowohlt, HC; 2004 Die Freundin, Rowohlt
Hörbuch: 2000 Das Geheimnis der Puppe, (4 Tonkassetten), gelesen von Mathias Kahler, Die Langen Müller Audio books
TV: 1997 Der Fahnder: Sprinter, (Serienpisode, 50 Min., ARD), Drehbuch: P. Hammesfahr, Regie: Markus Imboden, EA 15.1.1997; 1997 Der Fahnder: Post für Mike, (Serienepisode, 50 Min., ARD), Drehbuch: P. Hammesfahr, Regie: Hans Werner Honert, EA 12.2.1997; 1996 Der stille Herr Genardy, (Fernsehfilm, 90 Min., RTL/Premiere), Drehbuch: P. Hammesfahr nach ihrem gleichnamigen Roman, Regie: Carlo Rola, EA Premiere; 1997 Post Mortem – Der Nuttenmörder, (Fernsehfilm, 90 Min., RTL), Drehbuch: P. Hammesfahr, Regie: Wolfgang F. Henschel, EA 29.4.1997 RTL; 1997 Heiß und kalt, (2 Teile, je 90 Min., ZDF), Drehbuch: P. Hammesfahr, Regie: Rolf von Sydow, EA 17./24.5.1997 ZDF; 2001 Die Cleveren: Der Todesengel, (Serienepisode, 45 Min., RTL), Drehbuch: Petra Hammesfahr, Regie: Bernhard Stephan, EA 24.4.2001 RTL; 2002 Die Cleveren: Im Namen der Liebe, (Serienepisode, 45 Min., RTL), Drehbuch: Johannes W. Betz u. Petra Hammesfahr, Regie: Bernhard Stephan, EA 19.3.2002

RTL; 2002 Die Mutter, (Fernsehfilm, 90 Min., WDR), Drehbuch: Hannah Hollinger nach dem gleichnamigen Roman von P. Hammesfahr, Regie: Matti Geschonneck, EA 10.2002 ARD; 2003 Der Puppengräber, (Fernsehfilm, 90 Min., WDR), Drehbuch: Christoph Busch nach dem gleichnamigen Roman von P. Hammesfahr, Regie: Claudie Prietzel; EA 24.9.2003 ARD

SONSTIGE PUBL.: Stories in Anthologien; Übersetzungen ihrer Werke u.a. ins Tschechische und Litauische

MITGLIED: Syndikat

KONTAKT: Petra.Hammesfahr@gmx.de

Hammon, Gil → Erichsen, Uwe

Harder, Corinna

auch unter dem Pseud.: Mrs. X

Biografie: *15.7.1970 in Erbach im Odenwald. Bereits 1979 gründete sie ihren ersten Detektivclub. Nach einer Lehre zur Elfenbeinschnitzerin studierte die Kinder- und Jugendbuchautorin Kommunikations-Design an der FH Darmstadt. 1996 gründete sie den Underground Junior-Detektiv-Klub. Seit 2001 ist sie geschäftsführende Gesellschafterin der Underground GmbH. Für ihr Projekt www.detektiv-klub.de wurde sie 2002 mit dem Kinderkulturpreis des Deutschen Kinderhilfswerks ausgezeichnet. Seit 2003 schreibt sie gemeinsam mit dem Mainzer Autor Jens Schumacher.

RATE-KRIMIS (alle gem. mit Jens Schumacher): 2004 Prof. Berkley und die Katze der Baskervilles (1), HC, KeRLE im Verlag Herder; 2004 Prof. Berkley und die Nebel von London (2), HC, KeRLE im Verlag Herder; 2004 Prof. Berkley und die Juwelen von Doningcourt Castle (3), HC, KeRLE im Verlag Herder; 2004 Prof. Berkley und die Schmuggler vom Hochmoor (4), HC, KeRLE im Verlag Herder; Die unheimliche Villa und 17 weitere Rätsel-Krimis, HC, moses; 2005 Prof. Berkley und die Türme von Oxford (5), HC, KeRLE im Verlag Herder; 2005 Prof. Berkley und das Geheimnis der Bakerstreet (6), HC, KeRLE im Verlag Herder; 2005 Prof. Berkley und der Hexer von Winfield (7), HC, KeRLE im Verlag Herder; 2005 Prof. Berkley und das Lächeln der Mona Lisa (8), HC, KeRLE im Verlag Herder

SONSTIGE PUBL.: 1996–2001 Underground Magazin, Redaktion: Corinna Harder, Underground; 2001 Handbuch für Junior-Detektive, TB, Omnibus; 2001 Underground. Detektiv-Office. CD-ROM Win/Mac, Tivola; 2003 Streng geheim! Das große Buch der Detektive, (gem. mit Jens Schumacher), HC, moses; 2003–2004 Mütze & Co. Detektivmagazin, redaktionelle Mitarbeit: C. Harder, Velber im OZ-Verlag; 2003 Underground. Verschlüsselte Botschaften, Omnibus

PREISE: 2002 Kinderkulturpreis des Deutschen Kinderhilfswerks

KONTAKT: www.kreativwerk.de

Hampel, Bruno

auch unter dem Pseud.: Heinz Glogau

Biografie: *23.12.1920 in Berlin, †16.9.1996 in München. B. Hampel arbeitete nach Abitur und Kriegsdienst von 1954 bis 1960 als Redakteur und wurde anschließend freier Autor. Er veröffentlichte Reportagen, Erzählungen, Romane, Hörspiele, Kinderbücher, Volksstücke und Stücke für das Jugendtheater. Mit mehr als 300 Drehbüchern wurde er vor allem als Autor von Fernsehspielen und Serien bekannt. Er arbeitete unter anderem bei *Das Kriminalmuseum*, *Tatort*, *Der Alte* und *Die fünfte Kolonne* (mit. Außerdem schrieb er als Alleinautor die TV-Serien *Kommissar Freytag*, *Fußballtrainer Wulff*, *Privatdetektiv Kross*. Daneben verfasste er historische Dokumentarspiele, Theaterstücke und juristische Serien.

KRIMINALROMANE: 1972 Privatdetektiv Kross: Lass die Finger von dem Fall, (TV-Novel), Franz Schneider (Jubu); 1980 Die stummen Zeugen, Moewig 2106; 1981 Vergiß deinen Namen, Moewig 2121; 1981 Mit größter Diskretion, Moewig 2179; 1981 Tochter der goldenen Muschel, Moewig 2156; 1983 Lockvogel Jessica W., Knaur 1045; 1984 Es darf nie wahre Liebe sein, Droemer Knaur 1153

FUNK: 1967/68 Kommissar Freytag, (5 und 4 Teile je 30 Min., BR)

TV: 1963–66 Kommissar Freytag, (Fernsehserie, 39 Teile, je 25 Min., HR), Drehbuch: Bruno Hampel, Regie: Michael Braun, Folge 1: Indiz im Schulterblatt, Folge 2: Nur ein Verkehrsunfall; Folge 3: Mit Bewährungsfrist; Folge 4: Feuer im Büro;

Folge 5: Ein Sergeant greift ein; Folge 6: Vergangenheit gegen bar; Folge 7: Weißer Marmor aus Athen (Folge 8: Treffpunkt Rolltreppe; Folge 9: Der Lodenmantel, EA 1964, Wh. 3.9.1998 NORD 3; Folge 10: Teurer Umzug; Folge 11: Spur nach Berlin; Folge 12: Der Schatten, Wh. 8.10.1998 NORD 3; Folge 13: Achtung, Reifenstecher, EA/Wh. 22.10.1998 NORD 3; Folge 14: Am Abgrund; Folge 15: Nachtleerung Null Uhr dreißig, EA 1964, Wh. 29.10.1998 NORD 3; Folge 16: Hunde, die bellen (Regie: Michael Braun) WH 5.11.1998 NORD 3; Folge 17: Briefe aus Sydney, Wh. 12.11.1998 NORD 3; Folge 18: Hundert Limousinen Wh. 19.11.1998 NORD 3; Folge 19: Einkauf nach Mitternacht, Regie: Hans Stumpf; Folge 20: Schließfach 1026, Regie: Hans Stumpf; Folge 21: Fahrerwechsel; Folge 22: Silberknauf und Elfenbein, Regie: Hans Stumpf; Folge 23: Tod auf Rentenbasis; Folge 24: Hunderstel Blende acht, Regie: Hans Stumpf; Folge 25: Sechs Pfund süße Träume, Wh. 17.9.1998 NORD 3; Folge 26: Feuer, Wasser, Kohle; Folge 27: Die Augenzeugin, Wh. 26.11.1998 NORD 3; Folge 28: Damals in Leverkusen; Folge 29: Frau Tanners Testament; Folge 30: Rendezvous am Rabenkopf, Regie: Hans Stumpf; Folge 31: Schmutzige Dollars, Regie: Hans Stumpf, Wh. 17.12.1998 NORD 3; Folge 32: 1:0 für Frankfurt, Regie Hans Stumpf, Wh. 3.12.1998 NORD 3; Folge 33: Blüten aus Las Vegas; Folge 34: Der rettende Stempel, Wh. 30.7.1998 NORD 3; Folge 35: Dora tanzt, Richard hängt; Folge 36: Ein schwarzer Germane, Wh. 1.10.1998 NORD 3; Folge 37: Zompo der Gerechte, Regie: Hans Stumpf; Folge 38: Grauer Wollhandschuh links, Wh. 10.9.1998 NORD 3; Folge 39: Sieben Tropfen Wermut, Regie: Hans Stumpf; 1965 Das Kriminalmuseum: Der Brief, (Serienepisode, 60 Min., ZDF), Drehbuch: Bruno Hampel, Regie: Jürgen Goslar, EA 23.2.1965 ZDF; 1965 Das Kriminalmuseum: Die Brille, ((Serienepisode, 60 Min., ZDF), Drehbuch: Bruno Hampel, Regie: Dieter Lemmel, EA 14.12.1965 ZDF; 1967 Das Kriminalmuseum: Die Kiste, (Serienepisode, 60 Min., ZDF), Drehbuch: Bruno Hampel, Regie: Wolfgang Becker, EA 3.3.1967 ZDF; 1967 Das Kriminalmuseum: Die rote Maske, (Serienepisode, 60 Min., ZDF), Drehbuch: Bruno Hampel, Regie: Helmuth Ashley, EA 12.3.1967 ZDF; 1967 Das Kriminalmuseum: Die Briefmarke, (Serienepisode, 60 Min., ZDF), Drehbuch: Bruno Hampel, Regie: Georg Tressler, EA 26.5.1967 ZDF; 1967 Das Kriminalmuseum: Die Kamera, (Serienepisode, 60 Min., ZDF), Drehbuch: Bruno Hampel, Regie: Helmuth Ashley, EA

7.7.1967 ZDF; 1967 Das Kriminalmuseum: Die Zündschnur, (Serienepisode, 60 Min., ZDF), Drehbuch: Bruno Hampel, Regie: Erich Neureuther, EA 4.8.1967 ZDF; 1968 Das Kriminalmuseum: Das Goldstück, (Serienepisode, 60 Min., ZDF). Drehbuch: Bruno Hampel, Regie: Dietrich Haugk, EA 12.1.1968 ZDF; 1966–69 Polizeifunk ruft, (Fernsehserie, 20 Teile, je 25 Min.), Drehbücher für die 3. u. 4. Staffel; 1970 Wer klingelt schon zur Fernsehzeit, (Dokumentarspiel, ZDF), Drehbuch: Bruno Hampel, Regie: Georg Tressler, EA 7.8.1970 ZDF; 1970 Auftrag Mord, (Dokumentarspiel, 90 Min., Televersal für ZDF), Drehbuch: Bruno Hampel, Regie: Dieter Lemmel, EA 25.9.1970 ZDF; 1972 Tatort: Wenn Steine sprechen, (Serienfilm, 90 Min., WDR), Drehbuch: Bruno Hampel, Regie: Erich Neureuther, EA 13.2.1972 ARD; 1972 Privatdetektiv Frank Kross, (13 Folgen, je 25 Min., HR), Drehbuch: Bruno Hampel, Regie: Erich Neureuther, Folge 1: Tod in Neapel, EA 4.4.1972; Folge 2: Gefüllte Pralinen, EA 11.4.1972; Folge 3: Sieben Uhr Dreißig Nordfriedhof, EA 18.4.1972; Folge 4: Der Offenbarungseid, EA 25.4.1972; Folge 5: Das Hochzeitsfoto, EA 2.5.1972; Folge 6: Kopf der Cleopatra, EA 9.5.1972; Folge 7: Erbin gesucht, EA 15.5.1972; Folge 8: Dollar hin – Dollar her, EA 23.5.1972; Folge 9: Kopftausch in Tunis, EA 30.5.1972; Folge 10: Der Amazonasbericht, EA 6.6.1972; Folge 11: Fast ein Meineid, EA 13.6.1972; Folge 12: Der Ersatzmann, EA 20.6.1972; Folge 13: Der stille Teilhaber, EA 27.6.1972; 1973 Tatort: Das fehlende Gewicht, (Serienfilm, 90 Min., SR), Drehbuch: Bruno Hampel, Regie: Rolf von Sydow, EA 30.9.1973 ARD; 1973 Nerze nachts am Straßenrand, (Dokumentarspiel, nach einem Roman von Hansjörg Martin, ZDF), Drehbuch: Bruno Hampel, Regie: Wolfgang Staudte, EA 24.8.1973 ZDF; 1973 Steig ein und stirb, (Fernsehspiel, ZDF), Drehbuch: Bruno Hampel, Regie: Günter Gräwert; 1976 Notarztwagen 7, (Fernsehserie, 13 Teile, je 25 Min., HR), Drehbuch: Bruno Hampel, Regie: Helmut Ashley; 1977 Rubens letzte Runde, (Volksstück, BR), Buch: Bruno Hampel, Regie: Kurt Wilhelm; 1977 Eichholz und Söhne, (Fernsehserie, 13 Teile je 25 Min., HR), Drehbuch: Bruno Hampel, Regie: Michael Braun; 1978 Der Alte: Die Kolonne, (Serienepisode, 60 Min., ZDF), Drehbuch: Bruno Hampel, Regie: Günter Gräwert, EA 8.9.1978 ZDF; 1978 Der Alte: Marholms Erben, (Serienepisode, 60 Min., ZDF), Drehbuch: Bruno Hampel, Regie: Alfred Vohrer, EA 29.12.1978 ZDF; 1979 Der Alte: Pensionstod, (Serienepisode, 60 Min., ZDF), Drehbuch: Bruno Hampel, Regie: Zbynek Brynych, EA 15.6.1979 ZDF; 1979 Der Alte: Ein Parasit, (Serienepisode, 60 Min., ZDF), Drehbuch: Bruno Hampel, Regie: Helmuth Ashley, EA 4.9.1979 ZDF; 1979 Tatort: 30 Liter Super, (Serienfilm, 90 Min., SR), Drehbuch: Bruno Hampel, Regie: Hans Jürgen Tögel, EA 8.4.1979 ARD; 1980 Achtung Zoll: Hundegeld, (Serienepisode, 25 Min., HR), Drehbuch: Bruno Hampel, Regie: Heinz Schirk, EA 29.9.1980; 1980 Achtung Zoll: Gold aus Zürich, (Serienepisode, 25 Min., HR), Drehbuch: Bruno Hampel, Regie: Heinz Schirk, EA 6.10.1980; 1980 Achtung Zoll: Eulen aus Athen, (Serienepisode, 25 Min., HR), Drehbuch: Bruno Hampel, Regie: Heinz Schirk, EA 13.10.1980; 1980 Achtung Zoll: Ohne Waffenschein, (Serienepisode, 25 Min., HR,), Drehbuch: Bruno Hampel, Regie: Heinz Schirk, EA 20.10.1980; 1980 Krelling, (Fernsehserie, 6 Teile, je 45 Min., Bavaria für SDR), (Drehbuch, je 2 Folgen: Karl Wittlinger, Bruno Hampel, Horst Pillau, nach eine Idee von Alexander May, EA ab 8.4.1980 2x wöchentlich ARD; 1980 Der Alte: Mord nach Plan, (Serienepisode, 60 Min., ZDF), Drehbuch: Bruno Hampel, Regie: Theodor Grädler, EA 6.6.1980 ZDF; 1980 Der Alte: Bruderliebe, (Serienepisode, 60 Min., ZDF), Drehbuch: Bruno Hampel, Regie: Helmuth Ashley, EA 8.8.1980 ZDF; 1982 Der Alte: Tod eines Aussteigers, (Serienepisode, 60 Min., ZDF), Drehbuch: Bruno Hampel, Regie: Jürgen Goslar, EA 8.1.1982 ZDF; 1983 Tatort: Blütenträume, (Serienfilm, 90 Min., HR), Drehbuch: Bruno Hampel, Regie: Claus Peter Witt, EA 1.5.1983 ARD; 1984 Der Alte: Brennweite Tausend, (Serienepisode, 60 Min., ZDF), Drehbuch: Bruno Hampel, Regie: Dietrich Haugk, EA 21.9.1984 ZDF; 1984 Der Alte: Reihe sieben, Grab 11 (Serienepisode, 60 Min., ZDF), Drehbuch: Bruno Hampel, Regie: Theodor Grädler, EA 4.5.1984 ZDF; 1984 Der Alte: Zwei Särge aus Florida (Serienepisode, ZDF, 60 Min) (Drehbuch: Bruno Hampel, Regie: Günter Gräwert) EA 3.2.1984 ZDF; 1985 Der Alte: Die Angst des Apothekers, (Serienepisode, 60 Min., ZDF), Drehbuch: Bruno Hampel, Regie: Günter Gräwert) EA 6.12.1985 ZDF; 1985 Der Alte: Die Tote aus der Sauna, (Serienepisode, 60 Min., ZDF), Drehbuch: Bruno Hampel, Regie: Günter Gräwert, EA 30.8.1985 ZDF; 1985 Der Alte: Eine Tote auf Safari, (Serienepisode, 60 Min., ZDF), Drehbuch: Bruno Hampel, Regie: Günter Gräwert, EA 5.1.1985 ZDF; 1985 Der Alte: Flüstermord, (Serienepisode, 60 Min., ZDF), Drehbuch: Bruno Hampel, Regie: Dietrich Haugk, EA 15.3.1985 ZDF; 1985 Der Alte: Gemischtes Doppel, (Serienepisode, 60 Min., ZDF), Drehbuch: Bruno Hampel, Regie: Günter Gräwert, EA 26.4.1985 ZDF; 1986 Der Alte: Der Mord auf Zimmer 49, (Serienepisode, 60 Min., ZDF), Drehbuch: Bruno Hampel, Regie: Günter Gräwert, EA 21.3.1986 ZDF; 1986 Der Alte: Die Blutgoldspur, (auch unter dem Titel: Terzett in Gold, (Serienepisode, 60 Min., ZDF), Drehbuch: Bruno Hampel, Regie: Wolfgang Becker, EA 23.5.1986 ZDF; 1986 Der Alte: Falsch verbunden, (Serienepisode, 60 Min., ZDF), Drehbuch: Bruno Hampel, Regie: Wolfgang Becker, EA 24.10.1986 ZDF; 1986 Der Alte: Floßfahrt ins Jenseits, (Serienepisode, 60 Min., ZDF), Drehbuch: Bruno Hampel, Regie: Dietrich Haugk, EA ZDF; 1988 Der Alte: Schweigen für immer, (Serienepisode, 60 Min., ZDF), Drehbuch: Bruno Hampel, Regie: Theodor Grädler; EA 12.2.198 ZDF; 1988 Tatort: Pleitegeier (Serienfilm, 100 Min., NDR), Drehbuch: Bruno Hampel, Regie: Pete Ariel, EA 7.8.1988 ARD; 1988 Der Alte: Schweigen für immer, (Serienepisode, 60 Min., ZDF), Drehbuch: Bruno Hampel, Regie: Theodor Grädler; 1989 Der Alte: Bahnhofsbaby, (Serienepisode, 60 Min., ZDF), Drehbuch: Bruno Hampel, Regie: Alfred Weidenmann) EA 23.6.1989 ZDF; 1990 Der Alte: Ein Schuß zuwenig, (Serienepisode, 60 Min., ZDF), Drehbuch: Bruno Hampel, Regie: Helmut Ashley, EA 31.8.1990 ZDF; 1990 Der Alte: Die Braut ohne Gedächtnis, (Serienepisode, 60 Min., ZDF), Drehbuch: Bruno Hampel, Regie: Alfred Weidenmann, EA 16.2.1990 ZDF; 1990 Der Alte: Mörderisches Inserat, (Serienepisode, 60 Min., ZDF), Drehbuch: Bruno Hampel, Regie: Zbynek Brynych, EA 16.11.1990 ZDF

SONSTIGE PUBL.: Zahlreiche historische Dokumentarspiele, Theaterstücke und juristische Serien

Hardcastle, Peter → Bierschenck, Burkhard P.

Harris, Will → Hary, Wilfried A.

Hartmann, Edith → Zinth, Sirmione

Hartmann, Luisa
Pseud. für: Ute Hacker, auch unter dem Pseud.: Billie Rubin
Biografie: siehe unter Rubin, Billie

KRIMINALROMANE: 2004 *Holiday Job: Detective!/ Ferienjob: Detektiv! An Adventure in English*, Langenscheidt; 2005 *The Haunted Castle of Loch Mor/Das Spukschloss von Loch Mor, An Adventure in English*, Langenscheidt
KRIM.-ERZ.: 2003 *Erklaute Freundschaft, Das Geheimnis der Garage, Der rosarote Elefant, Geräusche im Nebel, So ein Zirkus*, alle in: Hits4Kids, Krimigeschichten, Gondrom
SONSTIGE PUBL.: Kurzgeschichten für Reader's Digest
MITGLIED: SinC
KONTAKT: www.luisahartmann.de; mail@luisahartmann.de

Hartmann, Sabine

Biografie: *11.5.1962 in Berlin. S. Hartmann hat in Berlin und Hildesheim studiert, sie arbeitete als Dolmetscherin und Übersetzerin und ist nun als Lehrerin an einer Hauptschule tätig. Sie lebt in einem kleinen Dorf und leitet seit 1999 einen offenen Autorenkreis und bietet Schreibwerkstätten für Kinder und Erwachsene an. Neben Krimis schreibt sie für Kinder und Jugendliche und entwirft Unterrichtsmaterialien.

KRIM.-ERZ.: 2001 *Doch nicht bei uns*, in: Teuflische Nachbarn, Hrsg. Ina Coelen und Ingrid Schmitz, Scherz; 2002 *Martha*, in: Criminalis, Hrsg. Dorothea Puschmann, Capricorn
SONSTIGE PUBL.: Kurzkrimis in Zeitschriften
PREISE: Zweimal Gewinnerin des Krimi-Förderpreises der Stadt Seelze; Ochtersumer Literaturpreis
MITGLIED: SinC

Hary, Wilfried A.

auch unter den Pseud.: Will Harris, W. A. Travers, Erno Fischer, Carol East u.a.m.
Biografie: *27.10.1947 in St. Ingbert/Saar. W. A. Hary ist als Autor in fast allen Genres der Unterhaltungsliteratur und außerdem als Fachautor im Bereich Fitness/Ernährung tätig. Darüber hinaus fungiert er als Herausgeber und Verleger. Dabei begann er mit journalistischen Arbeiten im Alter von 14 Jahren. Seinen ersten Roman, den er später auch bei einem Verlag unterbrachte, verfasste er mit

23. Unter seinem bürgerlichen Namen und mehreren Pseudonymen veröffentlichte er bislang ungefähr 400 Romane, die zum Teil auch in mehrere europäische Sprachen übersetzt wurden und Nachauflagen erlebten. Zu den Serien, an denen er bisher mitschrieb bzw. noch immer schreibt, gehören u. a. *Mark Baxter, Die Terranauten, Professor Zamorra, Damona King, Gespenster-Krimi, Grusel-Krimi, Geister-Krimi, Geister-Killer, Geister-Thriller, Gemini, Star Gate, Zauberkreis-SF, Terra Astra, Atlan, Erde 2000, Vampir-Horror-Romane, Dr. No, Callgirl-Krimi, Raumschiff Promet Neue Abenteuer, Bastei Western Star, Kelter Große Western, Kelter Gaslicht, Kelter Irrlicht, Kelter Irrlicht Exclusive* u.a.m. Er verwendete insgesamt über 20 verschiedene Decknamen. Unter dem Namen W. A. Hary war und ist er alleiniger Autor der Gruselkrimi-Serie *Teufelsjäger Mark Tate* u. a. im Kelter Verlag. Darüber hinaus veröffentlichte er über 2.000 journalistische Arbeiten, Kurzgeschichten und Erzählungen in Zeitungen, Zeitschriften, Illustrierten, Anthologien. Das Spektrum reichte dabei vom Feuilleton der ehemaligen Saarbrücker Landeszeitung, wo er mit dem Schreiben begann, über TV Hören und Sehen bis hin zu Beiträgen (inklusive Kurzkrimis, Ratekrimis und so genannte *True Storys*) in so gut wie allen gängigen Illustriertentiteln.
Neben diversen Buchprojekten und Veröffentlichungen in seinem eigenen verlegerischen Umfeld verfasst W. A. Hary weiterhin für diverse Verlage regelmäßig Krimis, Grusel/Horror, Science-Fiction, Fantasy und Western. Über laufende Projekte informiert Hary u. a. im von ihm selbst herausgegebenen digitalen Diskoman-Magazin, das monatlich erscheint und z. B. unter http://www.harypro.de heruntergeladen werden kann. Alle von ihm herausgegebenen Publikationen enthalten eine aktuelle Monatsinfo und Listen über erhältliche Romane.

KRIMINALROMANE: (Auswahl): 1975 Blondes Gift für schwarze Seelen (erster Beitrag in der Serie

Callgirl-Krimi), Kelter; 1975 Im Banne des Teufelsmoors (erster Beitrag in der Serie Geister-Krimi), Kelter; 1979 Aktion Dunkelmord (erster Beitrag in der Krimiserie Mark Baxter), Bastei; 1979 Der Sensenmann (Pseudonym Mike Shadow, sein erster Beitrag in der Serie Gespenster-Krimi), Bastei; 1981 Mord und Sabotage (erster Beitrag in der Reihe Action-Krimi), Kelter; 1983 Der eiskalte Tod (erster Beitrag zur Reihe Thriller), Kelter; 2004 Fahr zur Hölle (gem. mit Alfred Bekker), Cassopeia-Press; 2004 Dr. No – der Mann aus dem Nichts, Red Book, Hary-Production
SONSTIGE KRIMI-PUBL.: Zahlreiche Kurzgeschichten, Ratekrimis und Erzählungen in Zeitungen, Zeitschriften, Illustrierten.
KONTAKT: info@hary.li
www.hary-production.de

Hassel, Anne

Biografie: *7.5.1946. A. Hassel ist gelernte Bankkauffrau und Erzieherin. Seit 1998 ist sie als freie Autorin tätig und lebt in Miltenberg am Main.

KRIMINALROMANE: 1998 Auf leisen Flügeln, dolata; 2004 Grüningers Tod, Königshausen & Neumann
KRIM.-ERZ.: 2001 *Blauer Portugieser*, in: Wein & Leichen, Hrsg. Angela Eßer u. Ingrid Fackler, Plöger; 2001 *Nette Nachbarn*, in: Teuflische Nachbarn, Hrsg. Ina Coelen u. Ingrid Schmitz; Scherz; 2002 *Tödliche Liebe*, in: Die vielen Tode des Herrn S., Hrsg. Mischa Bach, Ina Coelen u. Ingrid Schmitz, Emons; 2003 *Ruhe für Karl-Friedrich*, in: Tatort Niederrhein, Hrsg. Ina Coelen u. Ingrid Schmitz, Leporello; 2003 *Trauerbriefe*, in: Criminalis 2, Hrsg. Dorothea Puschmann, Capricorn
SONSTIGE PUBL.: Ein Kinderbuch, ein Märchenbuch, Kindergeschichten
MITGLIED: Syndikat; SinC

Hassler, Ernst → Hall, Ernst

Hasso, Hecht → Plötze, Hasso

Haug, Gunter

Biografie: *5.8.1955 in Stuttgart-Bad Cannstatt. G. Haug studierte Landesgeschichte, empirische Kulturwissenschaft und Neuere Geschichte an der Universität Tübingen. Von 1980–2001 war er Radio- und Fernsehredakteur beim Südwestfunk und Südwestrundfunk. Wegen einiger weniger Passagen im Kriminalroman *Höllenfahrt* wurde er am 19.1.2001 vom SWR fristlos entlassen.

KRIMINALROMANE: 1998 Tiefenrausch, Gmeiner; 1999 Riffhaie, Gmeiner; 2000 Sturmwarnung, Gmeiner; 2001 Todesstoß, Gmeiner; 2001 Höllenfahrt, Gmeiner; 2002 Tauberschwarz, Gmeiner; 2002 Finale, Gmeiner; 2003 Hüttenzauber, Gmeiner; 2004 Gössenjagd, Gmeiner
SONSTIGE PUBL.: Veröffentlichungen zur Landesgeschichte, Sachbücher, Theaterstück, vier historische Romane, Bildbände
MITGLIED: Syndikat

Hebel, Peter

auch unter Sammelpseudonym: Jerry Cotton
Biografie: *2.5.1942 in Herford. Bevor P. Hebel sich als Autor von zahlreichen Heftromanen und Taschenbuchkrimis einen Namen machte, arbeitete er (nach eigenen Angaben) als Seemann, Legionär und Journalist. Er verfasste unter anderem eine Reihe von Jerry-Cotton-Romanheften und Taschenbüchern und kreierte mit der Figur Peter Mattek die Hauptfigur einer Romanheftereihe, die von 1990 bis 1992 unter seinem Autorennamen erschien. Peter Mattek war damit neben dem langlebigen Mister Dynamit eine der wenigen »deutschen« Heldenfiguren im Unterhaltungsbereich.

KRIMINALROMANE: 1980 Rache schimmelt nicht, Kelter 1162, OA; 1981 Die Patentlösung, Bastei 36039, OA; 1981 Die Todesreportage, Bastei 36049, OA; 1982 Mord ist eine Kunst für sich, Bastei 36062, OA; 1983 Der weiße Fleck, Bastei 37006, OA; 1983 Ein Kind reicher Eltern, Bastei 37011, OA; 1984 Einem Profi wär das nicht passiert, Bastei 37018, OA; 1985 Schöne Tage in Benidorm, Bastei 37036, OA; 1986 Anitas Tagebuch, Bastei 37042, OA; 1986 Die Pechsträhne, Bastei 37049, OA; 1987 Die Stunde der Tigerin, Bastei 19508, OA; 1988 Kemperts Erzählungen, Bastei 19515, OA; 1989 Peter Mattek – Der Mann für Sonderfälle, Bastei Lübbe 19543, OA; 1989 Amsterdam Blues, Bastei 19528, OA; 1989 Malkowski und die tote Zeugin, Bastei 19535, OA; 1990 Adieu Jeanette, Bastei 37024, OA; 1990 Ein Fall von Fahrerflucht, Bastei 19542, OA; 1990 Malkowski und die Stunde Null, Bastei 19550; 1991 Die Beichte des Schweigers, Bastei 19562, OA; 1991 Peter Hebels Mördergrube – 3 Kriminalromane (Kompilation), Bastei 19555; 1994 Schwarze Kohle, Bastei 19579, OA; 1995 Mainhattan Cocktail, Bastei 19592; OA; 1996 Rattenkönig, Bastei 19605, OA; 1996 Mölrdersommer: drei Krimi-Leckerbissen für heiße Tage (Kompilation), Bastei 19608; 1998 Main Morde – vier Frankfurt Kirmis in einem Band (Kompilation), Bastei 13942

Jerry Cotton (Auswahl): 1990 Jerry Cotton: Donnas Todesliste, Bastei 31354, OA; 1990 Jerry Cotton: Tödliches Verräterspiel, Bastei 31351, OA; 1990 Jerry Cotton: Bastei 31532;OA; 1990 Jerry Cotton Sterben wie Hiroshima; Cotton TB 360; 1990 Jerry Cotton: Der Schrei des schwarzen Killers, Cotton TB 362; 1990 Jerry Cotton: Lass mich leben, Jerry Cotton, TB 368;1990 Jerry Cotton: Der Kamikaze aus Jerusamlen, Cotton TB 371; 1990 Jerry Cotton: Die Geiseln vom Empire State, Cotton TB 375

1990-1992 Romanheftreihe Peter Mattek – Der Mann für Sonderfälle; Erscheinungsweise: Band 1 (16.1.1990) bis Band 75 (1.12.1992) 14-tägig, Bastei-Verlag, Autorenname Peter Hebel
Nr. 1: Todesspur nach Amsterdam; Nr. 2: Feuerhölle Beirut; Nr. 3: Bomben für Dortmund; Nr. 4: Blüten aus Korfu; Nr. 5: Hände weg von Susan; Nr. 6: Malteser Roulette; Nr. 7: Blutige Peseten; Nr. 8: Todesdrogen für Paris; Nr. 9: Rosen aus Bangkok; Nr. 10: Todeskuß am Bosporus; Nr. 11: Endstation Mallorca; Nr. 12: Killer aus Antwerpen; Nr. 13: Entführung aus italienisch; Nr. 14: Wiener Blut; Nr. 15: Wer stirbt schon genr in Tunis; Nr. 16: Die Todesnacht von Lissabonn; Nr. 17: Der Killer-Boß aus Tanger; Nr. 18: Casablanca Vorhof zur Hölle; Nr. 19: Gran Canarias Todesengge; Nr. 20: Der Massenmörder von Amsterdam; Nr. 21: Todesgondeln; Nr. 22: Nach der zweiten Runde Mord; Nr. 23: Mörderjagd nach Salzburg; Nr. 24: Der Schakal von Salzburg; Nr. 25: Teneriffas Todesküste; Nr. 26: Der Corporal aus Marseille; Nr. 27: Die Katze von St. Pauli; Nr. 28: Verrat in Tripolis; Nr. 29: In der Hölle von Kuweit; Nr. 30: Das Mädchen von Rostock; Nr. 31: Miß Stasi; Nr. 32: Die Schlange aus Macao; Nr. 33: Die Nacht als Aphrodite starb; Nr. 34: Ein Kerl namens Hammer; Nr. 35: Der Killer aus Wien; Nr. 36: Brennende

Cote d'Azur; Nr. 37: Angentensterben in Cannes; Nr. 38: Die Teufelsbrut von Gran Canaria; Nr. 39: Todesgrüße aus Madrid; Nr. 40: ... noch eine Leiche in Berlin; Nr. 41: Endstation in Weissensee; Nr. 42: Der Colonel; Nr. 43: Hinrichtung in Belfast; Nr. 44: Mordsaison in Benidorm; Nr. 45: Der Superbulle aus Paris; Nr. 46: Ruhe sanft in Straßburg; Nr. 47: Tod eines Nacktstars; Nr. 48: Mattek muß nach Singapur; Nr. 49: Die Tote aus Pattaya; Nr. 50: Der »Prinzessin« von Hammamet; Nr. 51: Der Coup des Sizilianers; Nr. 52: Die Blut-Sphinx aus Kairo; Nr. 53: Der Korse; Nr. 54: Palermo sehen und nicht sterben; Nr. 55: Heiße Blüten aus Athen; Nr. 56: Palermo sehen und nicht sterben; Nr. 57: Rache auf sizilianisch; Nr. 58: Schnee aus Brüssel; Nr. 59: Der Rambo vom BND; Nr. 60: Abrechnung auf hanseatisch; Nr. 61: Todesgrüße aus Belfast; Nr. 62: Verfluchtes Amsterdam (1. Teil); Nr. 63: Mit dem Kopf durch die Wand (2. Teil); Nr. 64: Die Leiche vom Alex; Nr. 65: Das Bombenweib von Ulster; Nr. 66: Der Boxer; Nr. 67: Die Ratten von Mallorca; Nr. 68: Der tote Freund aus Liverpool; Nr. 69: Der lange Arm der Mafia; Nr. 70: Der Ex-Bulle aus Hamburg; Nr. 71: Haie in Benidorm; Nr. 72: Das blonde Gift der ETA, Nr. 73: Die Killer aus Palermo; Nr. 74: Bahamas – mörderisches Paradies; Nr. 75: Requiem für einen Bullen (letzter Band) Dezember 1992

2000 bis 2001 Romanheftserie *Der Bundesbulle – Ein-Mann-Soko Peter Mattek*. Hier erschienen gemischt Reprints der Reihe *Peter Mattek* mit neuen Romanen 29 Hefte, von 28.11.2000 bis 12.06.2001 wöchentlich, ohne Autorennennung
01 Heißer Koffer für Berlin; 02 Todesspur nach Amsterdam; 03 Bomben für Dortmund; 04 Blüten aus Korfu; 05 Der Tod aus Bombay; 06 Hände weg von Susan; 07 Malteser Roulette; 08 Blutige Peseten; 09 Todesdrogen für Paris; 10 Rosen aus Bangkog; 11 Der Bastard von Bologna; 12 Todeskuss am Bosporus; 13 Endstation Mallorca; 14 Killer aus Antwerpen; 15 Entführung auf italienisch; 16 Wiener Blut; 17 Wer stirbt schon gern in Tunis; 18 Todesnacht von Lissabon; 19 Der Killerboss aus Tanger; 20 Casablanca – Vorhof zur Hölle; 21 Gran Canarias Todesengel; 22 Meine schöne Todfeindin; 23 Der Massenmörder von Amsterdam; 24 Todesgondeln; 25 Nach der zweiten Runde Mord; 26 Mörderjagd nach Salzburg; 27 Der Schakal von Salzburg; 28 Teneriffas Todesküste; 29 Heißer Koffer für Berlin
TV: 1985 Tatort: Schmerzensgeld, (Serienfilm,

77 Min., HR), Drehbuch: Hans Kelch nach dem Roman *Die Patentlösung* von Peter Hebel, Regie: Wolfgang Luderer, EA 13.10.1985 ARD

Heer, Gerda → Möller, Jani

Hefner, Ulrich K.
Auch unter d. Pseud.: Ulrich Hofer, Ulrich K. Hofer
Biografie: *6.6.1961 in Bad Mergentheim. U. Hefner studierte Journalismus an der FU Darmstadt und besuchte die Autorenschule in Pfungstadt. Er arbeitet als Polizeibeamter und ist freier Autor und Journalist (Geschichte, Sport) für diverse Tagespresseorgane und Magazine. Er lebte in Coburg, Basel, Bonn, Ludwigsburg und Stuttgart, bis er schließlich in den Main-Tauber-Kreis zurückkehrte und zu schreiben begann.

KRIMINALROMANE: 2004 Der Tod kommt in Schwarz-Lila, Leda, Inselkrimi
SONSTIGE PUBL.: Diverse Kurzkrimis; ein historischer Roman, mehrere historische Beiträge in Fachpublikationen sowie Gedichte und Prosageschichten.
PREISE: 2002 ZDF-Drehbuchwettbewerb escript 4 für die Kurzgeschichte *Wilsberg und der letzte Anruf*
MITGLIED: Interessengemeinschaft deutschsprachiger Autoren (IgdA); Polizei-Poeten
KONTAKT: www.ulrichhefner.de; www.autorengilde.de

Heilmann, Peter
Biografie: *28.5.1946 in Mülheim an der Ruhr. Nach dem Abschluss der Volksschule erlernte P. Heilmann den Beruf eines Maschinenschlossers. Nachdem er zwei Jahre Straßenbahn gefahren hatte und ein Jahr bei der Bundesbahn in der Lokführerlaufbahn gewesen war, erlernte er den Beruf eines Kundendienstschreiners, da ihm der Werkstoff Holz besser lag als Stahl. Zu seinen Hobbys gehören Lesen, Schnitzen und Schreiben. 1975 ging er zur Polizei. Jetzt befindet er sich im Ruhestand. Seine unterschiedlichen beruflichen Tätigkeiten haben ihn umfangreiche Erfahrungen sammeln lassen, die er jetzt in seinen Erzählungen und Romanen als Fundament nutzt.

KRIMINALROMANE: 2003 Durchgeknallt, Lumen Verlag
SONSTIGE PUBL.: Romane, Kurzgeschichten
MITGLIED: Syndikat

Heim, Uta-Maria
Biografie: *14.10.1963 in Schramberg. U.-M. Heim studierte Literaturwissenschaft, Linguistik und Soziologie und veröffentlichte 1985 ihren ersten Gedichtband. Während ihres Studiums arbeitete sie als Kritikerin bei einer Stuttgarter Zeitung und schrieb erste Hörspiele und Rundfunkfeatures. 1991 veröffentlichte sie ihren Debüt-Krimi *Das Rattenprinzip*. Für ihren Roman *Engelchens Ende* erhielt sie den Glauser-Preis 2000. In ihrer Begründung schrieb die Jury: »Uta-Maria Heim erzählt in ihrem faszinierenden Psychothriller von der zerstörerischen Kraft in einer Familie. (…) In nur scheinbar kühler Distanz beschreibt die Autorin Ermittlungen zum Mord an einem achtjährigen Mädchen. Heim erzählt souverän, ohne Manierismen, klar und dennoch sinnlich, auch mit intelligentem Humor. Die Jury befand, daß mit *Engelchens Ende* ein sehr sensibler und kluger Beitrag zu einem schwierigen Themas geleistet wurde, der gleichzeitig dem Anspruch auf spannende Unterhaltung gerecht wird.« U.-M. Heim lebt und arbeitet als Schriftstellerin in Berlin.

KRIMINALROMANE: 1991 Das Rattenprinzip, rororo 3013; 1992 Der harte Kern, rororo 3045; 1993 Die Kakerlakenstadt, rororo 3068; 1994 Der Wüstenfuchs, rororo 3110; 1995 Bullenhitze, rororo 3176; 1996 Die Zecke, rororo 3237; 1998 Sturzflug, Schwarze Hefte 3, Hamburger Abendblatt; 1998 Eine böse Überraschung, (Kettenroman, gem. mit Gisbert Haefs, mit Frank Göhre, Janwillem van de Wetering, D. B. Blettenberg, Jürgen Alberts, Helmut Ziegler, Peter Zeindler, Gunter Gerlach, Peter Schmidt, Robert Lynn, -ky, Tatjana Kruse, Robert Brack, Daniel Douglas Wissmann, Karr & Wehner, Frank Goyke, Regula Venske, Thea Dorn, Georg M. Oswald, Ann Camones, Hartmut Mechtel, Virginia Doyle und Norbert Klugmann), rororo

43296; 1999 Engelchens Ende, Wunderlich 26150; 2000 Ihr Zweites Gesicht, Wunderlich 26218; 2000 Glücklich ist, wer nicht vergisst, rororo 22938; 2002 Ruth sucht Ruth, BVT, BerlinVerlag 76023
KRIM.-ERZ.: 1997 Bloody Mummy, (als Hrsg.), rororo 3253; 2000 Der Schuss im Kopf des Architekten, Krimigeschichten, (als Hrsg.), avedition, HC
FUNK: 1998 Tote Therapeuten, 48 Min., SDR; 1999 Die Moralkeule, (21 Min., SWR); 1999 John le Carré: Der Schneider von Panama, (3 Teile, 160 Min., WDR), Bearbeitung U.-M. Heim, auch als Hörbuch: Hörverlag 1999; 1999 Wellen über Andromeda, (Kriminalhörspiel, 55 Min., SWR); 2000 Arrivederci, Max, (25 Min., SWR); 2000 Mundtot, (56 Min., WDR); 2001 Beim nächsten Halt Mord, (Kriminalhörspiel, 30 Min., SWR); 2001 Dola Vera, (25 Min., SWR); 2001 Pressekonferenz, (25 Min., SWR); 2001 Das Labyrinth – Total Control, (Kriminalhörspiel, 2 Teile, 110 Min., WDR), auch als Hörbuch: Lübbe Audio 2002
SONSTIGE PUBL.: Gedichte, Romane, Novellen
PREISE: 1992 Deutscher Krimi-Preis für *Das Rattenprinzip*; 1994 Deutscher Krimi-Preis für *Die Kakerlakenstadt*; 2000 Glauser-Preis für *Engelchens Ende*
KONTAKT: Uta_Maria_Heim@compuserve.com

Heimann, Alexander

Biografie: *27.6.1937 in Ferenberg bei Bern, †28.5.2003 in Bern. A. Heimann lebte als Schriftsteller und Buchhändler in Bern.

KRIMINALROMANE: 1980 Lisi, Edition Erpf, HC; 1982 Die Glätterin, Edition Erpf, HC; 1984 Bellevue, Edition Erpf, HC; 1987 Nachtquartier, Edition Erpf bei Neptun, HC; 1990 Honolulu, Cosmos, HC; 1993 Wolfszeit, Cosmos, HC; 1996 Dezemberföhn, Cosmos, HC; 2001 Muttertag, Cosmos-Verlag, HC
KRIM.-ERZ.: 1986 Schattenhalb, in: Tödliche Umwelt, Diana, HC
FUNK: 1967 Em Bär sy Heiwäg, (Kriminalhörspiel, Schweizer Radio DRS)
THEATER: 1997 Höhenkoller, Theater an der Effingerstrasse Bern
PREISE: 1997 Deutscher Krimi-Preis für *Dezemberföhn*; 2003 Deutscher Krimi-Preis für *Muttertag*

Heimann, Lilo U.

Biografie: *16.4.1936 in Dresden. L. Heimann studierte Germanistik und Philosophie in Leipzig, Heidelberg und Hamburg. Sie war vorwiegend als Redakteurin bei Tageszeitungen und Fachzeitschriften tätig und lebt jetzt als Autorin in Leer/Ostfriesland.

KRIM.-ERZ.: 2000 *Matjesessen im Tapetenzimmer*, in: Mordkompott, Hrsg. Peter Gerdes, Leda; 2001 *Mörderaugen*, in: Mordlichter, Hrsg. Peter Gerdes, Leda; 2002 *Stacheltiere* in: Flossen hoch!, Hrsg. Peter Gerdes, Leda; 2002 *Cadavre exquis in: Abrechnung, bitte!*, Hrsg. Peter Gerdes, rororo; 2003 *Das Experiment*, in: Mordsappetit – Krimi-Leckerbissen vom Niederrhein, Hrsg. Ina Coelen, Ingrid Schmitz, Leporello Krimi; 2004 *Yildirim*, in: Paradies ist teuer, Hrsg. Josefine Rosalski, karo krimi 01; 2004 *Mangomadness*, in: Wedding Connections, Hrsg. Josefine Rosalski; karo krimi 02
SONSTIGE PUBL.: *Feuer im Schiff und Paradies auf See*, (Erzählung), in: Faszination See; Hrsg. Lilo Heimann u. Peter Gerdes; Eine Anthologie des Arbeitskreises Ostfriesischer Autorinnen und Autoren, Leda Verlag; *Auf Dichter-Tour in Jever und Obskure Kamera*, (Erzählung), in: Schiefer als Pisa – Besonderheiten zwischen Dollart und Jade, Hrsg. Lilo Heimann, Leda; *Und als sie ans Meer kamen …*, (Erzählung), in: meerumschlungen – 32 Preisträger der norddeutschen Büchertage 2004, Verlage zwischen den Meeren
PREISE: Arbeitsstipendien des Landes Niedersachsen; 2003 1. Kurzkrimipreis der Ostfriesen-Zeitung für *Kein Seehund am Holtgaster See*
MITGLIED: SinC; Syndikat; Arbeitskreis Ostfriesischer Autorinnen und Autoren

Heindorf, Heiner → Neumann, Gerhard

Heindorf, Heiner → Rank, Heiner

Heinichen, Veit → Schatten, Viola

Heinlein, U. A. O.

Pseud. für: Uwe Alfred Otto Heinlein
Biografie: *31.3.1955 in Hildesheim. U. A. O. Heinlein lebt seit 1960 in Köln. Er studierte Biologie und promovierte in Molekularer Genetik. Von 1991 bis 1995 war er Projektleiter des Spacelab-Experiments »23-D-Aggregates«. Er ist Professor für Genetik an der Heinrich-Heine-Universität in Düsseldorf. U. A. O. Heinlein schreibt seit gut zehn Jah-

ren und beleuchtet in seinen Thrillern die Risiken der modernen Bio- und Gentechnik im Zeitalter internationaler wirtschaftlicher Verflechtungen und politischer Krisen.

KRIMINALROMANE: 1998 Infekt, Middelhauve, HC; 1999 Eisprung, Middelhauve, HC; 2001 Besmet, Clavis, HC; 2004 Finale der Puppenspieler, Knaur
SONSTIGE PUBL.: Zahlreiche wissenschaftliche Fachpublikationen, Zeitungskolumnen, Komödien, Gedichte, Lieder- und Mundarttexte
MITGLIED: Syndikat
KONTAKT: uao@uaoh.de; www.uaoh.de

Heinlein, Uwe Alfred Otto → Heinlein, U. A. O.

Heinrich, Peter
Biografie: 8.9.1941 in Weiler bei Königsfeld/ Schwarzwald. P. Heinrich studierte Rechtswissenschaft (zwei Semester) und Psychologie. Nach dem Abschluss des Psychologiestudiums war er wissenschaftlicher Assistent an der TU Berlin und ist seit 1974 Professor für Psychologie an der Fachhochschule für Verwaltung und Rechtspflege Berlin. Gemeinsam mit Horst »-ky« Bosetzky verfasste er Fachliteratur und 1984 den Kriminalroman *Die Klette*. 1989 trat er in das Syndikat ein und war Mitorganisator der Berliner Criminale 1989. Von 1995 bis 2001 war er Vorsitzender des Fördervereins deutschsprachige Kriminalliteratur e.V.

KRIMINALROMANE: 1984 Die Klette, (gem. mit -ky), rororo 2659
FUNK: 1985 Die Klette, (nach dem gleichnamigen Roman von -ky & Co.)
SONSTIGE PUBL.: Zahlreiche Fachpublikationen, 1998 Mitherausgabe einer Festschrift für Horst Bosetzky
MITGLIED: Syndikat
KONTAKT: peterheinrich10@web.de

Heinrichs, Kathrin
Biografie: 8.2.1970 in Balve. K. Heinrichs studierte Germanistik und Anglistik in Köln und lebt seitdem mit ihrer Familie in Menden. Seit 1999 schreibt sie Kriminal-

romane, die im Sauerland angesiedelt sind. Protagonist aller Romane ist Vincent Jakobs, ein Rheinländer, der durch eine Lehrerstelle eher unfreiwillig ins Sauerland geraten ist.

KRIMINALROMANE: 1999 Ausflug ins Grüne, Blatt; 2000 Der König geht tot, Blatt; 2001 Bauernsalat, Blatt; 2003 Krank für zwei, Blatt; 2004 Sau tot, Blatt
KRIM.-ERZ.: 2000 *Lippstädter Liebeshäppchen*, in: Mehr Morde am Hellweg, Hrsg. H. P. Karr und Walter Wehner, Grafit; 2004 *Lobet den Herren*, in: Der Pott kocht, Grafit
SONSTIGE PUBL.: Kabarettistische Texte und Alltagssatiren
PREISE: 2004 vo:pa, Literaturpreis der Volksbank im Siegerland, für die Kurzgeschichte *Das Maß*
MITGLIED: SinC; Syndikat
KONTAKT: heinrichs.de@t-online.de; www.kathrin-heinrichs.de

Heinz, K. → Berger, Karl-Heinz

Heinzerling, Jürgen
auch unter dem Pseud.: Neil H. Zinger
Biografie: *10.3.1959 in Bottrop. J. Heinzerling wuchs im Ruhrgebiet und im Rheinland auf. Der notorische Studienabbrecher (u.a. Jura, Physik) ist seit 1986 endgültig überzeugter Autodidakt. 1983 veröffentlichte er erste fachjournalistische Texte, der Schwerpunkt lag auf Lautsprechertechnik und Computer. Zugleich schlug er sich gelegentlich auch als Erfinder und Illustrator durch. Ab 1993 erschienen, teils unter dem Pseudonym »Neil H. Zinger«, erste Kurzgeschichten (Science Fiction) und Satiren. Sein erster Roman wurde 1998 veröffentlicht. Seit 2001 lebt er hauptberuflich von der Schriftstellerei. Neben seinen historisch-biografischen Krimis schreibt er auch Abenteuer- und SF-Literatur, wobei beides Krimi-Elemente enthält. Typisch für ihn ist die Gratwanderung zwischen Humor und abgründigem Horror.

KRIMINALROMANE: 1998 Der Maestro, Econ TB; 2001 Karl May und der Wettermacher, Herbig HC
SONSTIGE PUBL.: Abenteuerromane, Science Fiction, Horror, Drehbücher, Übersetzungen

MITGLIED: Syndikat
KONTAKT: writer@juergenheinzerling.com;
www.juergenheinzerling.com

Helgrö → Grömmer, Helmut

Heller, Chris → Bekker, Alfred

Helmecke, Monika
Biografie: *1943 in Berlin. M. Helmecke
studierte Diplomwirtschaft, seit 1978 ist sie
freischaffende Autorin. Sie erhielt verschiedene Arbeitsstipendien, u.a. im Künstlerhaus
Schloss Wiepersdorf. 1996/97 und 2000/01
war sie zu Arbeitsaufenthalten in der Polar-
region Nordnorwegens.

KRIMINALROMANE: Versprochen ist versprochen,
Reihe DIE, Das Neue Berlin, NA 2000 VdC; 1998
Das letzte Fondue, Helmuth-Block-Verlag; 2000
Die Vase, S. Fischer
SONSTIGE PUBL.: Erzählungen, Fantasy-Roman,
Reisetagebuch, Kinderbücher, zahlreiche Hör-
spiele, Beiträge in Literaturzeitschriften und Le-
sebüchern des In- und Auslands
KONTAKT: monika@m-helmecke.de;
www.m-helmecke.de

Hemmer, Peter
Biografie: *1.6.1936 in Essen. P. Hemmer
studierte Jura und arbeitete anschließend
als Regieassistent an den Münchner Kam-
merspielen bei Hans Schweikart und August
Everding. Später machte er sich als Rechtsanwalt selbstständig. Als Autor arbeitete er
von Beginn in den elektronischen Medien
und schrieb neben einigen Hörspielen überwiegend Drehbücher zu Fernsehkrimi-Se-
rien. Als Vorlage zu dem zweiteiligen Film
Der Millionen-Coup diente ihm der Milli-
onenraub im Lufthansa-Terminal auf dem
New Yorker Flughafen. Bei seinem Fernsehfilm *Tod der Engel* orientierte er sich wahrscheinlich am spektakulären Fall »Monika
Weimar«.

FUNK: 1962 Teegespräch, (Hörspiel); 1963 Spät-
zug, (Kriminalhörspiel); 1965 Der Ausbruch,
(Kriminalhörspiel, 43 Min., WDR); 1972 Schlüs-
selszene, (Kriminalhörspiel, 40 Min., WDR/SFB);
1974 Der Vierte im Doppel, (Kriminalhörspiel,
55 Min., WDR); 1976 Roulette mit sechs Kugeln,
(Kriminalhörspiel, 54 Min., WDR); 1978 Mitwis-
ser, (52 Min., WDR), (1995 als Goldmann/Primo
Hörspielkassette)
TV: 1978 Tatort: Rechnung mit einer Unbekannten, (Serienfilm, 90 Min., WDR, Drehbuch: P.
Hemmer, Regie: Wolfgang Becker, EA 23.4.1978
ARD; 1978–1980 Jörg Preda berichtet, (Fernsehse-
rie, 26 Teile, je 25 Min., Bavaria für WWF), Drehbuch: Werner Kliess, P. Hemmer, Manfred D. Lis-
son, Wilfried Schröder, Hartmut Grund, Rudolfo
Kuhn, Dominik Graf, Bernd Schwamm, Regie:
Rudolfo Kuhn, Thomas Engel, Eberhard Schubert,
Diethard Klante, Hagen Mueller-Stahl, mit Pin-
kas Braun; 1980 Tatort: Schußfahrt, (Serienfilm,
90 Min., WDR, Bavaria, Drehbuch: P. Hemmer,
Regie: Wolfgang Staudte, EA 1.6.1980 ARD; 1981
Tatort: Im Fadenkreuz, (Serienfilm, 90 Min., BR),
Drehbuch: P. Hemmer, Regie: Thomas Engel, EA
15.11.1981 ARD; 1982 Ein Fall für Zwei: Kratzer im
Lack, (Serienepisode, 60 Min., ZDF), Drehbuch: P.
Hemmer, Regie: Wolfgang Storch, EA 19.4.1982;
1982 Ein Fall für Zwei: Partner, (Serienepisode,
60 Min., ZDF), Drehbuch: P. Hemmer, Regie:
Michael Lähn, EA 27.9.1982; 1983 Ein Fall für
Zwei: Zwielicht, (Serienepisode, 60 Min., ZDF),
Drehbuch: P. Hemmer, Regie: Eugen York, EA
17.1.1983; 1983 Tatort: Roulette mit sechs Kugeln,
(Serienfilm, 88 Min., BR), Drehbuch: P. Hem-
mer, Regie: Lutz Büscher, EA 16.10.1983 ARD;
1984 Der Millionen-Coup, (Fernsehfilm, 2 Teile,
je 90 Min., Objectiv-Film für ZDF), Drehbuch:
Wolfgang Storch, P. Hemmer, Regie: Wolfgang
Storch, EA 29./30.6.1984 ZDF; 1984 Ein Fall für
Zwei: Auf eigene Gefahr, (Serienepisode, 60 Min.,
ZDF), Drehbuch: P. Hemmer, Regie: Michael Mackenroth, EA 27.1.1984; 1984 Tatort: Gelegenheit
macht Liebe, (Serienfilm, 90 Min., NDR), Drehbuch: P. Hemmer, Regie: Pete Ariel, EA 19.8.1984
ARD; 1984 Tatort: Täter und Opfer, (Serienfilm,
89 Min. SWF), Drehbuch: P. Hemmer, Regie: Ilse
Hofmann, EA 27.5.1984 ARD; 1984 Tatort: Haie
vor Helgoland, (Serienfilm, 86 Min., NDR), Drehbuch: P. Hemmer, Regie: Hartmut Griesmayr, EA
23.4.1984 ARD; 1985 Ein Fall für Zwei: Scheidung
in Weiß, (Serienepisode, 60 Min. ZDF), Drehbuch:
P. Hemmer, Regie: Pete Ariel, EA 20.12.1985 ZDF;
1985 Ein Fall für Zwei: Fluchtgeld, (Serienepisode,
60 Min., ZDF), Drehbuch: P. Hemmer, Regie: Kaspar Heidelbach, EA 24.5.1985; 1985 Tatort: Irren

ist tödlich, (Serienfilm, 83 Min., NDR), Drehbuch: P. Hemmer, Regie: Wolfgang Storch, EA 14.4.1985 ARD; 1986 Ein Fall für Zwei: Countdown, (Serienepisode, 60 Min., ZDF), Drehbuch: P. Hemmer, Regie: Bernd Fischerauer, EA 21.11.1986; 1987 Ein Fall für Zwei: Lebenslänglich für einen Toten, (Serienepisode, 60 Min., ZDF), Drehbuch: P. Hemmer, Regie: Michael Mackenroth, EA 20.11.1987; 1988 Tatort: Programmiert auf Mord, (Serienfilm, 90 Min., BR), Drehbuch: P. Hemmer, Regie: Konrad Sabrautzky, EA 11.12.1988 ARD; 1988 Ein Fall für Zwei: Akte Kramm, (Serienepisode, 60 Min., ZDF), Drehbuch: P. Hemmer, Regie: Wolfgang F. Henschel, EA 16.9.1988; 1989 Eurocops: Zahltag bei Nacht, (Serienepisode, 52 Min., ZDF), Drehbuch: P. Hemmer, Regie: Bernd Fischerauer; 1989 Schuldig, (Fernsehspiel, 90 Min., ZDF), Drehbuch: P. Hemmer, Regie: Michael Mackenroth; 1991 Ein Fall für Zwei: Schleuderkurs, (Serienepisode, 60 Min., ZDF), Drehbuch: P. Hemmer, Regie: Jörg Grünler, EA 1.3.1991; 1991 Eurocops: Geständnis eines Toten, (Serienepisode, 60 Min., ZDF), Drehbuch: P. Hemmer, Regie: Jörg Grünler, EA 8.2.1991 ZDF; 1992 Tod der Engel, (Fernsehfilm, 90 Min., ZDF), Drehbuch: P. Hemmer, Regie: Rainer Wolffhardt, EA 9.11.1992 ZDF; 1993 Wolffs Revier: Toter Zeuge, guter Zeuge, (Serienepisode, 50 Min., SAT 1), Drehbuch: P. Hemmer, Regie: Michael Lähn, EA 9.12.1993 SAT 1; 1993 Eurocops: Sumpfblüten, (Serienepisode, 60 Min., ZDF), Drehbuch: P. Hemmer, Regie: Michael Mackenroth, EA 25.6.1993 ZDF; 1993 Ein Mord danach, (Fernsehfilm, 90 Min., ZDF), Drehbuch: P. Hemmer, Regie: Wolfgang Storch, EA 14.6.1993; 1993 Wolffs Revier: Reifenpanne, (Serienepisode, 50 Min., SAT 1), Drehbuch: P. Hemmer, Regie: Peter Fratzscher, EA 30.12.1993 SAT 1; 1994 Wolffs Revier: Die Geisel, (Serienepisode, 50 Min., SAT 1, Drehbuch: P. Hemmer, Regie: Michael Mackenroth, EA 9.6.1994 SAT 1; 1995 Ein Fall für Zwei: Konkurs, (Serienepisode, 60 Min., ZDF), Drehbuch: P. Hemmer, Regie: Frank Strecker, EA 30.6.1995 ZDF; 1995 Wolffs Revier: Rettungsschuss, (Serienepisode, 60 Min., SAT 1), Drehbuch: P. Hemmer, Regie: Bodo Fürneisen, EA 30.3.1995 SAT 1; 1995 Wolffs Revier: Das Interview, (Serienepisode, 50 Min., SAT 1), Drehbuch: P. Hemmer, Regie: Bodo Fürneisen, EA 20.4.1995 SAT 1; 1995 Wolffs Revier: Kopfgeld, (Serienepisode, 50 Min., SAT 1), Drehbuch: P. Hemmer, Regie: Michael Lähn; 1996 Ein Fall für Zwei: Der Köder, (Serienepisode, 60 Min., ZDF), Drehbuch:

P. Hemmer, Regie: Rolf Liccini, EA 24.5.1996 ZDF; 1996 Ein Fall für Zwei: Tödliches Erbe, (Serienepisode, 60 Min., ZDF), Drehbuch: P. Hemmer. Regie: Bodo Fürneisen, EA 27.12.1996 ZDF; 1996 Wolffs Revier: Schattenspiel, (Serienepisode, 60 Min., SAT 1), Drehbuch: P. Hemmer, Regie: Michael Mackenroth, EA 21.3.1996 SAT 1; 1997 Die letzte Rettung, (Fernsehfilm, 90 Min., ZDF), Drehbuch: P. Hemmer, Regie: Sigi Rothemund, EA 14.4.1997 ZDF; 1997 Faust: Abflug, (Serienepisode, 60 Min., ZDF), Drehbuch: P. Hemmer, Regie: Michael Mackenroth, EA 27.6.1997 ZDF; 1997 Rosa Roth: Die Stimme, (Fernsehfilm, 90 Min., ZDF), Drehbuch: P. Hemmer, Regie: Carlo Rola, EA 22.11.1997 ZDF; 1998 Wolffs Revier: Wallmann kommt raus, (Serienepisode, 60 Min., SAT 1), Drehbuch: P. Hemmer, Regie: Michael Mackenroth, EA 30.3.1998 SAT 1; 1998 Wolffs Revier: Im Namen des Vaters, (Serienepisode, 47 Min., SAT 1), Drehbuch: P. Hemmer, Regie: Michael Mackenroth, EA 25.5.1998 SAT 1; 1998 Ein Mord für Quandt: Betrogene Betrüger, (Serienepisode, 45 Min., SAT 1), Drehbuch: P. Hemmer, Regie: Michael Steinke, EA 23.9.1998; 1999 Ein Fall für Zwei: Kalt erwischt, (Serienepisode, 60 Min., ZDF), Drehbuch: P. Hemmer, EA 19.3.1999; 1999 Rosa Roth: Die Retterin, (Serienfilm, 90 Min., ZDF), Drehbuch: P. Hemmer, Regie: Carlo Rola, EA 4.12.1999 ZDF; 2000 Ein Fall für Zwei: Ertrunkene Träume, (Serienepisode, 60 Min., ZDF), Drehbuch: P. Hemmer, Regie: Rüdiger Nüchtern; 2001 Rosa Roth: Täusche deinen Nächsten wie dich selbst, (Serienfilm, 90 Min., ZDF), Drehbuch: P. Hemmer, Regie: Carlo Rola, EA 29.12.2001

Henn, Carsten Sebastian

Biografie: *29.10.1973 in Köln. C. S. Henn studierte Völkerkunde, Soziologie und Geographie, im Rahmen eines Auslandsaufenthaltes 1997 in Adelaide/Australien zudem auch Weinbau. C. S. Henn arbeitet als freier Weinpublizist und veröffentlicht Kriminalromane, Erzählungen sowie Gedichte. Er lebt in Hürth.

KRIMINALROMANE: 2002 In Vino Veritas, Emons; 2003 Nomen Est Omen, Emons; 2004 In Dubio Pro Vino, Emons

KRIM.-ERZ.: 2004 *Hohenlimburg stirbt am besten*, in: Mehr Morde am Hellweg, Hrsg. H. P. Karr u. H. Knorr, Grafit; 2004 *Schwarzbraun*

ist die Haselnusstorte, in: Mords-Eifel – Kriminelle Geschichten aus einem mörderischen Landstrich, Hrsg. J. Berndorf, KBV; 2002 *The future's so bright, I gotta wear shades*, in: Alte Götter sterben nicht, Hrsg. David Kenlock, Scherz; 2000 *Zu Besuch bei Madam, Akt 3*, in: Bin Feuer und Flamme – Erotische Lyrik und Prosa, Hrsg. Elmar Ferber, Ferber und Partner; 1999 *Kundenservice*, in: Liebe, Lust & Leichen, Hrsg. Elmar Ferber, Ferber und Partner
Sonstige Publ.: Ein Roman, mehrere Sachbücher zum Thema Wein
Preise: 1998 1. Gewinner des Jack-Gonski-Preises für Slam Poetry
Mitglied: Syndikat; VS; Autorenkreis Rhein-Erft
Kontakt: www.carstensebastianhenn.de

Henningsen, Jürgen

Biografie: *1933, †. J. Henningsen war Erziehungswissenschaftler und arbeitete von 1967 bis 1968 im Düsseldorfer Kultusministerium. Anschließend war er bis 1972 als Professor für Pädagogik an der Universität Münster tätig. Er schrieb mehrere Kurzgeschichten und Kriminalstorys, von denen *Die Leiche kam nicht auf dem Dienstweg* auf Wunsch seiner Witwe schließlich posthum und vollständig unverändert publiziert wurde.

Kriminalromane: 1994 Die Leiche kam nicht auf dem Dienstweg, Neues Literaturkontor

Henricks, Paul

Pseud. für: Edward Hoop
Biografie: *19.5.1925 in Rendsburg-Büdelsdorf. P. Henricks studierte in Kiel Geschichte und Deutsch, promovierte in Geschichte und war seit 1952 im Schuldienst. Er arbeitete als Studiendirektor und Kommunalpolitiker und übte acht Jahre lang das Amt des Bürgervorstehers in seiner Heimatgemeinde aus.
P. Henricks' Romane, die häufig im Schulmilieu spielen, erschienen zwar gemeinsam mit den Vertretern der Sozio-Krimi-Schule in der Thriller-Reihe des Rowohlt-Verlages, haben aber mit ihnen nur auf den ersten Blick die sozialwissenschaftlich-analytische Herleitung eines Verbrechens gemein. P. Henricks' Schwerpunkt liegt mehr im psy-chologischen Bereich. Seinen Roman *Eine Maßnahme gegen Franz* schrieb P. Henricks in Zusammenarbeit mit Schülern.

Kriminalromane: 1966 Sieben Tage Frist für Schramm, rororo 2096 (verfilmt); 1967 Der Toteneimer, rororo 2127; 1969 Der Ameisenhaufen, rororo 2170; 1971 Pfeile aus dem Dunkel, rororo 2230; 1977 Eine Maßnahme gegen Franz, rororo 2416; 1980 Keine Stimme für Krüss, rororo 2514; 1996 Viktors langer Schatten, rororo 3223; 1997 Ein Schlaflied für Corinna, rororo 43265; 1998 Venedig für immer, rororo 43297
Funk: 1974 Das Tabu, (Hörspiel, WDR)
Film: 1969 Sieben Tage Frist, Drehbuch: Ernst Flügel nach dem Roman von P. Henricks, Regie: Alfred Vohrer
Sonstige Publ.: Erzählungen, Sachbücher, Roman

Henry, Charles P. → Berger, Karl-Heinz

Henz, Fran

Biografie: *12.1.1963 in Wien. F. Henz besuchte die Handelsakademie. Nach dem Abbruch eines Übersetzerstudiums arbeitete sie in vielen Jobs, u.a. als Sekretärin, Reiseleiterin, Fremdenführerin sowie als Köchin in einem vegetarischen Imbiss. Nach mehreren Auslandsaufenthalten kehrte sie wieder in ihre Geburtsstadt zurück; sie treibt sich am liebsten in literarischen Gebieten herum, in denen die Mortalitätsrate von Haus aus leicht erhöht ist.

Krim.-Erz.: 2003 *Der Vampir von Wien*, in: Strahlende Helden?!, Wurdack; 2003 *Computerfreak*, in: Die Axt im Haus, Bookspot; 2003 *Jahrestag*, in: Mord à la carte, Hrsg. Andreas May, Edition Ponte Novu; 2003 *Konzepte*, in: Mord(s)fälle, Kontrast; 2004 *Anton*, in: Tatort Wien, Hrsg. Edith Kneifl, Milena; 2004 *Mord am Spittelberg*, in: Tatort Wien, Hrsg. Edith Kneifl, Milena; 2004 *Familiärer Trauerfall*, in: Das dunkle Mal, Bookspot
Mitglied: SinC; SL-Autoren
Kontakt: www.fran-henz.com

Heppekausen, Meinolf

Biografie: *1944 in Bochum. M. Heppekausen arbeitete zunächst als Regionalleiter eines großen deutschen Fremdsprachenverlags und betreibt heute eine Fremdsprachenbuchhandlung in Hannover. In seiner Freizeit unterrichtet er an der Volkshochschule und schreibt Kurzgeschichten und Kriminalromane.

KRIMINALROMANE: 1987 Hochmut kommt vor dem Fall, Bastei 19504; 1988 Scheidung auf deutsch, Bastei 19514; 1988 Aulock und der Gordische Knoten, Bastei 19526; 1989 Borkum Riff, Edition Collage

Herber, Jörg A(ndreas)

Biografie: *1963 in Hattingen. J. A. Herber arbeitete als Journalist für verschiedene Medien und war längere Zeit als Pressereferent tätig. Als Krimiautor debütierte 1999 mit seinem Politthriller *Das Kreisen der Raben*, einer weit ausholenden Komplott- und Verschwörungsstory in der Tradition von Robert Ludlum.

KRIMINALROMANE: 1999 Das Kreisen der Raben, Bastei 12985

Herbert, Matthias

Biografie: *1960 in Darmstadt. M. Herbert studierte Germanistik in Mainz und jobbte anschließend u.a. als Kraftfahrer, Bäcker und Buchclub-Werber. Erste Erfolge hatte er als Schreiber von Illustrierten-Krimis. Arbeiten für den Rundfunk und die Einladung zu einem Drehbuchseminar der Bertelsmann-Stiftung folgten nach. Seit 1988 ist M. Herbert freier Autor und Verfasser von inzwischen mehr als 100 Krimi- und Thrillerdrehbüchern.

TV: 1990 Eurocops: Besuch aus Wien, (Serienepisode, 50 Min., ZDF), Drehbuch: M. Herbert, Regie: Michael Mackenroth, EA 3.8.1990 ZDF; 1990 Ein Fall für Zwei: Eiskalt, (Serienepisode, 60 Min., ZDF), Drehbuch: M. Herbert, Regie: Frank Strecker, EA 21.12.1990; 1990 Ein Fall für Zwei: Blutiges Gold, (Serienepisode, 60 Min., ZDF), Drehbuch: M. Herbert, Regie: Gabriele Zerhau, EA 23.11.1990; 1990 Ein Fall für Zwei: Kopfgeld, (Serienfilm, 60 Min., ZDF), Drehbuch: M. Herbert, Regie: Jörg Grünler; 1994 Tod in Miami, (Fernsehfilm, 90 Min., RTL), Drehbuch: M. Herbert, Regie: Carlo Rola, EA 12.10.1994 RTL; 1994 Rosa Roth: In Liebe und Tod, (Fernsehfilm, 90 Min., ZDF), Drehbuch: M. Herbert nach einer Idee von Felix Huby, Regie: Carlo Rola, EA 5.11.1994 ZDF; 1994 Schwarz greift ein: Der Komplize, (Serienepisode, 45 Min., SAT 1), Drehbuch: M. Herbert und Christina Christoff, Regie: Bodo Fürneisen, EA 24.2.1994); 1994 Doppelter Einsatz: Angst, (Serienepisode, 50 Min., RTL), Drehbuch: M. Herbert, Regie: Markus Bräutigam, EA 22.11.1994 RTL; 1995 Doppelter Einsatz: Tödlicher Stoff, (Serienepisode, 50 Min., RTL), Drehbuch: M. Herbert, Regie: Michael Knof, EA 7.11.1995 RTL; 1995 Doppelter Einsatz: Ein Mittwoch, (Serienepisode, 50 Min., RTL), Drehbuch: M. Herbert, Regie: Michael Knof, EA 14.11.1995 RTL; 1995 Doppelter Einsatz: Keinen Widerstand, (Serienepisode, 50 Min., RTL), Drehbuch: M. Herbert, Regie: Michael Werlin, EA 28.11.1995; 1995 Doppelter Einsatz: Touristen, (Serienepisode, 50 Min., RTL), Drehbuch: M. Herbert, Regie: Michael Knof, EA 19.12.1995 RTL; 1995 Doppelter Einsatz: Wechselgeld, (Serienepisode, 45 Min., RTL), Drehbuch: M. Herbert, Regie: Michael Knof, EA 17.10.1995; 1995 Zappek: Jagd auf den Zeugen, (Serienepisode, 50 Min., ARD Werbung), Drehbuch: M. Herbert, Regie: Jürgen Bretzinger, EA 17.5.1995 ARD; 1995 Zappek: Schüsse im 3. Stock, (Serienepisode, 50 Min., ARD Werbung), Drehbuch: M. Herbert, Regie: Jürgen Bretziner, EA 24.5.1995 ARD; 1995 Doppelter Einsatz: Faustpfand, (Serienepisode, 50 Min., RTL), Drehbuch: M. Herbert, Regie: Andy Bausch, EA 19.9.1995 RTL; 1996 Auf eigene Gefahr: Belästigungen, (Serienepisode, 50 Min., WDR), Drehbuch: M. Herbert, Regie: Markus Imboden, EA 23.4.1996 ARD; 1996 Doppelter Einsatz: Adrenalin, (Serienepisode, 50 Min., RTL), Drehbuch: M. Herbert, Regie: Michael Werlin, EA 16.1.1996; 1996 Doppelter Einsatz: Mein Killer, dein Killer, (Serienepisode, 60 Min., RTL), Drehbuch: M. Herbert, Regie: Michael Knof, EA 12.11.1996 RTL; 1996 Doppelter Einsatz: Rallye mit Hindernissen, (Serienepisode, 50 Min., RTL), Drehbuch: M. Herbert, Regie: Georg Schiemann, EA 15.10.1996; 1997 Doppelter Einsatz: Familienbande, (Serienepisode, 60 Min., RTL), Drehbuch: M. Herbert, Regie: Thomas Jauch, EA 28.1.1997 RTL; 1997 Doppelter Einsatz: Der Mörder mit der Maske, (Fernsehfilm, 90 Min., RTL), Drehbuch: M. Herbert nach dem gleichnamigen Serienformat, Regie: Dror Zahavi, EA 7.10.1997 RTL; 1990 Ein Fall für Zwei: Der zweite Mann, (Serienepisode, 60 Min., ZDF), Drehbuch:

M. Herbert, Regie: Michael Zens; 1996 Doppelter Einsatz: Jagdzeit, (Serienepisode, 50 Min., RTL), Drehbuch: M. Herbert, Regie: Thomas Jauch, EA 1.10.1996 RTL; 1997 Doppelter Einsatz: Gebäudeschaden, (Serienepisode, 50 Min., RTL), Drehbuch: M. Herbert, Regie: Dror Zahavi, EA 25.2.1997; 1997 Doppelter Einsatz: Monster, (Serienepisode, 50 Min., RTL), Drehbuch: M. Herbert, Regie: Michael Knof, EA 14.1.1997; 1997 Alarm für Cobra 11 – Die Autobahnpolizei, (Fernsehserie, 2. Staffel, je 50 Min., Polyphon für RTL), Dramaturgie: M. Herbert; 1997 Alarm für Cobra 11 – Die Autobahnpolizei: Kindersorgen, Drehbuch: M. Herbert, Regie: Gabriele Heberling, EA 28.10.1997; 1997 Alarm für Cobra 11 – Die Autobahnpolizei: Bremsversagen, Drehbuch: M. Herbert, Regie: Pete Ariel, EA 11.11.1997; 1997 Alarm für Cobra 11 – Die Autobahnpolizei: Volley Stop, Drehbuch: Renate Kampmann und M. Herbert, Regie: Pete Ariel, EA 2.12.1997 RTL; 1997 Alarm für Cobra 11 – Die Autobahnpolizei: Sonnenkinder, Drehbuch: M. Herbert, Regie: Peter Vogel; 1997 Alarm für Cobra 11 – Die Autobahnpolizei: Schlag zu, Drehbuch: M. Herbert, Regie: Pete Ariel, EA 18.6.1998; 1997 Alarm für Cobra 11 – Die Autobahnpolizei: Kindersorgen, (Serienepisode, 45 Min., RTL), Drehbuch: M. Herbert, Regie: Gabriele Heberling, EA 28.10.1997; 1997 Alarm für Cobra 11 – Die Autobahnpolizei: Kurze Rast, Drehbuch: M. Herbert, Regie: Arend Aghte, EA 23.4.1998; 1998 Der Clown: Feindschaft, (Pilot, 90 Min., RTL), Drehbuch: M. Herbert, (Credit: Michael Birbaek), Regie: Hermann Joha, EA 21.4.1998; 1998 Der Clown: Dreckiges Geld, (Serienepisode, 45 Min., RTL), Drehbuch: M. Herbert, Regie: Sigi Rothemund und Hermann Joha, EA 28.4.1998; 1998 Der Clown: Die letzte Chance, (Serienepisode, 45 Min., RTL), Drehbuch: David Simmons und M. Herbert, Regie: Helmut Metzger und Hermann Joha, EA 8.10.1998 RTL; 1999 Doppelter Einsatz: Evas Tod, (Fernsehfilm, 90 Min., RTL), Drehbuch: M. Herbert nach dem gleichnamigen Serienformat, Regie: Hans Schönherr, EA 12.1.1999 RTL; 1999 Alarm für Cobra 11 – Die Autobahnpolizei: Der Richter, (Serienepisode, 45 Min., RTL), Drehbuch: M. Herbert, Regie: Christoph Eichhorn, EA 22.4.1999; 1999 Alarm für Cobra 11 – Die Autobahnpolizei: Taxi 541, (Serienepisode, 45 Min., RTL), Drehbuch: M. Herbert, Regie: Christoph Eichhorn, EA 15.4.1999; 1999 Alarm für Cobra 11 – Die Autobahnpolizei: Kurze Rast, (Serienepisode, 45 Min., RTL), Drehbuch: M. Herbert, Regie: Arend Aghte,

EA 18.2.1999; 2000 Doppelter Einsatz: Jagd nach Liebe, (Serienepisode, 90 Min., RTL), Drehbuch: M. Herbert, Regie: Hans Schönherr, EA 11.1.2000; 2000 Doppelter Einsatz: Bruderherz, (Serienepisode, 90 Min., RTL), Drehbuch: M. Herbert, Regie: Uwe Friesner, EA 9.1.2001 RTL; 2001 Doppelter Einsatz: Kopfjäger, (Serienepisode, 90 Min., RTL), Drehbuch: M. Herbert, Regie: Hans Schönherr, EA 30.1.2001 RTL; 2001 Drehkreuz Airport, Buch: M. Herbert, Regie: Werner Masten und Dieter Schlotterbeck, Produktion: novafilm Fernsehproduktion, Otto Meissner KG

Hermann, Peter

Biografie: *24.8.1959 in Hadamar. P. Hermann studierte in Köln Theater-, Film- und Fernsehwissenschaften, Germanistik und Soziologie. Danach arbeitete und jobbte er in den verschiedensten Branchen: vom Barkeeper bis zum angehenden Chefredakteur einer Anglerzeitung, über die Arbeit als Broker bei einer amerikanischen Investment-Bank zum Mädchen-für-alles in einem Ingenieurbüro. Heute arbeitet er als Redakteur für einen Internet-Informationsdienst.

P. Hermann schrieb in den vergangenen Jahren eine Reihe von Kriminalromanen, in denen sein bodenständiger, etwas kauziger Kommissar Buschmann im Westerwald die verschiedensten Fälle löst. Dabei geht es um Themen wie Wirtschaftskriminalität, Rechte Gewalt oder Kindesmissbrauch. P. Hermann schreibt zurzeit an seine Doktorarbeit über den deutschen Regionalkrimi bei Prof. Neuhaus an der Uni Köln. Er war Initiator und Organisator der Westerwald-*Criminale 2003*.

KRIMINALROMANE: 1997 Statt Luft, Verlag Fölbach; 1997 Luftikus, Verlag Fölbach; 1998 Landluft, Verlag Fölbach; 1999 Pressluft, Verlag Fölbach; 2001 Zugluft, VdC
MITGLIED: Syndikat
KONTAKT: phermann@ww-net.de; www.phermann.de

Hermanns, Hen

Biografie: *4.2.1953 in Düsseldorf. H. Hermanns ist gelernter Werbetexter. Mit einer seiner ersten literarischen Arbeiten wurde er

1992 für den Aspekte-Literaturpreis nominiert. Nach seinen ersten Erfolgen als Romanautor wandte sich Hermanns vorwiegend dem Fernsehen zu und verfasste neben Drehbüchern zu Fernsehfilmen auch die meisten Skripte der Serie *Echt Harder*, (RTL).

KRIMINALROMANE: 1992 Ciao Tao, Haffmans, HC; 1992 Max perplex, Haffmans, HC; 1993 Maximum Trouble, Haffmans, HC; 2001 Das große Gripschen, Emons; 2002 Max Hoch 3, Dreierband mit: *Ciao Tao, Max perplex, Maximum Trouble*, Emons
KRIM.-ERZ.: 1994 *Die verschwundene Dickmadame*, (Story) in: Haffmans Krimi-Jahresband 1994, Ha/Heyne 65
TV: 1994 Ein Fall für Zwei: Die letzte Präsentation, (Serienepisode, 60 Min., ZDF), Drehbuch: H. Hermanns, Regie: Peter Fratzscher, EA 4.11.1994 ZDF; 1995 Ein Fall für Zwei: Eine offene Rechnung, (Serienepisode, 60 Min., ZDF), Drehbuch: H. Hermanns, Regie: Kai Borsche, EA 1.9.1995 ZDF; 1995 Echt Harder, (Fernsehserie, Pilotfilm 90 Min., vier Teile je 60 Min., RTL), Drehbuch: H. Hermanns, Regie: Wolfgang F. Henschel; Pilot: Das Testament, (andere Angabe: Forever Young), Drehbuch: H. Hermanns, EA 25.6.1995; Blackout, Drehbuch: H. Hermanns, EA 29.6.1995; Tödliche Berührung, Drehbuch: H. Hermanns, EA 6.7.1995; Der Schrein, Drehbuch: H. Hermanns, EA 13.7.1995 (letzte Folge); 1997 Ein starkes Team – Roter Schnee, (Fernsehfilm, ZDF, 90 Min.), Drehbuch: H. Hermanns, Regie: Martin Gies, EA 25.10.1997 ZDF; 1997 Ein sauberer Mord – Tod in der Reinigungsfirma, (Fernsehfilm, 90 Min., RTL), Drehbuch: H. Hermanns nach dem Format *Martin Berg*, Regie: Gert Steinheimer, EA 30.12.1997 RTL; 2001 Soko Leipzig: Echte Profis, (Serienepisode, 40 Min., ZDF), Drehbuch: Hen Hermanns, Regie: Oren Schmuckler; 2002 Edgar Wallace: Die vier Gerechten, (Fernsehfilm, 75 Min., Rialto Film für RTL), Drehbuch: Hen Hermanns, Regie Wolfgang Henschel, EA 2002 SuperRTL
FUNK: 1995 Tigerjagd, (Kriminalhörspiel, WDR)

Herrmann, Horst

Biografie: *1.8.1940 in Schruns. H. Herrmann studierte Theologie und Rechtswissenschaften, 1968 promovierte er im Fachbereich Theologie. Seit 1970 ist er Professor für Kirchenrecht in Münster, seit 1981 hält er eine Professur für Soziologie. In einer Reihe von Kriminalerzählungen verarbeitete er Themen seiner Sachveröffentlichungen literarisch weiter.

KRIM.-ERZ.: 1989 *Ein Vatermord*, in: Heyne-Krimi-Jahresband 1989, Heyne; 1990 *Sieh, das Gute liegt so nah*, in: Heyne-Krimi-Jahresband 1990
SONSTIGE PUBL.: 1996 *Der Papst, die Prophezeitung und das Nest der Waschbären*, (Roman), Rütten & Loening; 1998 *Im Vatikan ist die Hölle los*, (Roman), Rütten und Loening, (beide Romane unter dem Pseudonym Peter Simon); zahlreiche Beiträge in Zeitungen und Magazinen sowie Buchveröffentlichungen zu kirchenpolitischen und gesellschaftskritischen Themen
MITGLIED: P.E.N.

Herz, Wilfried V(iktor) und Kreiss, Andrea

Biografie *1949 (Herz);*1962 (Kreiss). W. V. Herz ist Grafiker, Comicautor und -zeichner. Er ist seit 1992 TV-Autor. Seit 1997 arbeitet er mit A. Kreiss als Autorenteam im Bereich Krimi, Thriller und Drama zusammen. Zu ihren Arbeiten gehören u.a. zahlreiche Episoden für die Krimiserie *Ein Fall für Zwei*.

KRIMINALROMANE: 1998 Ein Fall für Zwei: Blutiges Geld, TV-Novel von W. V. Herz nach der Serienepisode *Ein Fall für Zwei: Schlechte Karten*, Moewig
TV: 1992 Ein Fall für Zwei: Gier, (Serienepisode, 60 Min., ZDF), Drehbuch: W. V. Herz, Regie: Michael Lähn, EA 2.10.1992 ZDF; 1993 Ein Fall für Zwei: Böses Erwachen, (Serienepisode, 60 Min., ZDF), Drehbuch: W. V. Herz, Regie: Michael Gutmann, EA 19.11.1993 ZDF; 1993 Ein Fall für Zwei: Eifersucht, (Serienepisode, 60 Min., ZDF), Drehbuch: W. V. Herz, Regie: Frank Strecker, EA 8.1.1993 ZDF; 1993 Ein Fall für Zwei: Rache, (Serienepisode, 60 Min., ZDF), Drehbuch: W. V. Herz, Regie: Helmut Krätzig, EA 26.3.1993 ZDF; 1994 Ein Fall für Zwei: Tödlicher Gewinn, (Serienepisode, 60 Min., ZDF), Drehbuch: W. V. Herz, Regie: Charly Weller, EA 1.7.1994; 1994 Ein Fall für Zwei: Der wahre Reichtum, (Serienepisode, 60 Min., ZDF), Drehbuch: W. V. Herz, Regie: Beat Lottaz, EA 18.2.1994 ZDF; 1994 Ein Fall für Zwei: Ein todsicheres Geschäft, (Serienepisode, 60 Min., ZDF), Drehbuch: W. V. Herz, Regie: Bernhard Stephan,

EA 23.9.1994 ZDF; 1995 Ein Fall für Zwei: Tod im Motel, (Serienepisode, 60 Min., ZDF), Drehbuch: W. V. Herz, Regie: Kai Borsche, EA 24.11.1995 ZDF; 1995 A.S.: Auf eigene Faust, (Serienepisode, 60 Min., SAT 1), Drehbuch: W. V. Herz, Regie: Ralph Bohn, EA 13.6.1995 SAT 1; 1997 Ein Fall für Zwei: Bis aufs Blut, (Serienepisode, 60 Min., ZDF), Drehbuch: W. V. Herz und A. Kreiss, Regie: Bodo Fürneisen, EA 24.1.1997 ZDF; 1997 Ein Fall für Zwei: Ende einer Täuschung, (Serienepisode, 60 Min., ZDF), Drehbuch: W. V. Herz und A. Kreiss, Regie: Bodo Fürneisen, EA 28.11.1997; 1997 Ein Fall für Zwei: Falsche Komplizen, (Serienepisode, 60 Min., ZDF), Drehbuch: W. V. Herz und A. Kreiss, Regie: Charly Weller, EA 14.2.1997 ZDF; 1998 Ein Fall für Zwei: Schlechte Karten, (Serienepisode, 60 Min., ZDF), Drehbuch: W. V. Herz und A. Kreiss, Regie: Ernst Josef Lauscher, EA 29.5.1998 ZDF; 1998 Einsatz Hamburg Süd: Eine Liebe im Winter, (Serienepisode, 45 Min., ARD Werbung), Drehbuch: W. V. Herz und A. Kreiss, Regie: Christian Görlitz, EA 8.12.1998 ARD; 1999 Ein Fall für Zwei: Terror aus dem Jenseits, (Serienepisode, 60 Min., ZDF), Drehbuch: W. V. Herz und A. Kreiss, Regie: Peter Fratzscher, EA 18.6.1999 ZDF; 1999 Einsatz Hamburg Süd: Die Geier, (Serienepisode, 45 Min., ARD Werbung), Drehbuch: V. Herz und A. Kreiss, Regie: Ilse Hofmann, EA 11.1.1999; 2000 Ein Fall für Zwei: Schmutzige Wäsche, (Serienepisode, 60 Min., ZDF), Drehbuch: W. V. Herz und A. Kreiss, Regie: Clemens Keiffenheim, EA 10.3.2000; 2001 Ein Fall für Zwei: Der verlorene Vater, (Serienepisode, 60 Min., ZDF), Drehbuch W. V. Herz und A. Kreiss, Regie: Rüdiger Nüchtern, EA 5.5.2001; 2001 Ein Fall für Zwei: Verbotene Gefühle, (Serienepisode, 60 Min., ZDF), Drehbuch W. V. Herz und A. Kreiss, Regie: Peter Adam, EA 19.10.2001 ZDF; 2001 Ein Fall für Zwei: Jagdfieber, (Serienepisode, 60 Min., ZDF), Drehbuch W. V. Herz und A. Kreiss, Regie: Michael Zens, EA Dez. 2001

Heuner, Almuth

Biografie: *9.3.1962 in Wanne-Eickel. A. H. studierte Russisch und Englisch in Germersheim (Uni Mainz) mit Abschluss Diplomübersetzerin; anschließend studierte sie Germanistik in Mannheim. Ab 1990 arbeitete sie in Frankfurt am Main, erst bei einer Wirtschaftsprüfungsgesellschaft, ab 1991 als Schlussredakteurin bei einer pharmazeutischen Wochenzeitschrift. Seit 1998 ist sie freie Schriftstellerin und Übersetzerin in Frankfurt am Main. Ihre erste Kriminalerzählung erschien 1999. Bei den Sisters in Crime war sie von 1999–2001 Präsidentin des German Chapter – Mörderische Schwestern.

KRIM.-ERZ.: 1999 *Inmitten des Lebens*, in: Mord zwischen Messer und Gabel, Hrsg. Andrea C. Busch, Gerstenberg; 2000 *Singapur Sling*, in: Bei Ankunft Mord, Hrsg. Andrea C. Busch und A. Heuner, Gerstenberg; 2000 *Innenrevision*, in: Kaltblütige Steinböcke, Hrsg. Thea Dorn, Uta Glaubitz, Lisa Kuppler, Eichborn; 2001 *In dunkler Nacht*, in: Mord im Grünen, Hrsg. Andrea C. Busch, A. Heuner, Gerstenberg; 2001 *Gelinkt*, in: Von Mord zu Mord, Hrsg. Ralf Kramp, Scherz 1797; 2002 *Serienmäßig*, (gem. mit Hertha Villbrandt), in: Abrechnung, bitte!, Hrsg. Peter Gerdes, Rowohlt 23144; 2003 *Silvesterball*, in: Mord zum Dessert, Hrsg. Andrea C. Busch u. A. Heuner, Gerstenberg; 2005 *Eine Leiche in der Kombüse*, in: Mord in der Kombüse, Hrsg. A. Heuner, Gerstenberg

SONSTIGE PUBL.: Krimiübersetzungen, (gem. mit Andrea C. Busch): 1990 P. M. Carlson: Vorspiel zum Mord, Ariadne 1012; 1991 Dolores Komo: Clio Browne, Privatdetektivin, Ariadne 1018; P. M. Carlson: Sicher ist nur Mord, Ariadne 1022; 1992 P. M. Carlson: Versuch mit Mord, Ariadne 1032; 1997 Timothy Findley: Liegt ein toter Mann am Strand, Ullstein 24210, NA 2000 unter *Im Herzen der Lüge*, Ullstein 24687; 1999 Lora Roberts: Der Mörder von nebenan, Ullstein 24524

MITGLIED: SinC; Syndikat

KONTAKT: almuth@heuner.de; www.heuner.de

Hey, Richard

Biografie: *15.5.1926 in Bonn, †4.9.2004 in Berlin. R. Hey arbeitete als Film-Regieassistent, Musikkritiker und Journalist. Seit 1952 ist er als Autor und Regisseur ständiger Mitarbeiter von zahlreichen Rundfunksendern. Gemeinsam mit Uwe Friesel, Uwe Timm und Hannelies Taschau war er von 1972 bis 1976 Mitherausgeber der AutorenEdition des Bertelsmann-Verlages. R. Hey war Mitglied der Medienabteilung der Akademie der Künste in Berlin.

KRIMINALROMANE: 1973 Ein Mord am Lietzensee, AutorenEdition C. Bertelsmann, HC; 1975 Engelmacher und Co, AutorenEdition C. Bertelsmann, HC, NA 2000 VdC; 1980 Ohne Geld singt der Blinde nicht, AutorenEdition, HC; 1984 Feuer unter den Füßen, AutorenEdition C. Bertelsmann, HC

KRIM.-ERZ.: 1975 Weihnachten, Auf Anhieb Mord, in: Hrsg. Klaus Konjetzky; 1995 Die Löwenbändigerin, Piper Spannung 5635

FUNK: 1952 bis 1962 rund 20 Halbstunden-Features für den SFB; Hörspielarbeiten: 1953 (mit Heinrich Böll:) 19. November 1828, (RIAS); 1954 Kein Lorbeer für Augusto, (NDR); 1955 Tod eines Nichtschwimmers, (SWF); 1955 Cauchu, (Hörspiel nach Vicki Baum, 4 Teile, WDR); 1956 Olga 17, (NDR/SWF); 1956 Der Marquis von Marne, (nach G. K. Chesterton, 56 Min., WDR); 1959 Jeden Abend Kammermusik, (84 Min., BR/SFB/RB); 1959 Die Brüder, (RB/SFB); 1960 Der Maestro, (SWF); 1961 Die Ordnung siegt, (RB/NDR); 1962 Der Klavierstimmer, (RB/NDR); 1964 Nachtprogramm, (NDR/SWF/SFB); 1965 Hochzeitsreport, (NDR/SWF/SFB); 1965 Plädoyer, (SFB); 1966 Ergänzungsbericht, (NDR/HR/SFB); 1967 Die Ballade vom Eisernen John, (Radio Strip mit Gesang, DLF); 1967 Kevin Hewster Zomola ..., (NDR/SFB; Neuprod. 1968 SDR, 1969 SRG); 1967 Abends Kammermusik, (54 Min., SWF, auch Regie); 1969 Rosie, Radio Spektakel, (RB/SWF, auch Regie); 1970 Reisenbeschreibung, (SF-Hörspiel, WDR/SFB); 1970 Mitbestimm-bestimmt – Stimmung. O-Ton-Stück mit Musik, (gem. mit Uwe Friesel, BR/HR/SDR, auch Regie); 1971 Das Wandesleben-Interview, (HR/SDR, auch Regie); 1971 Schlußwort I. Monolog mit Musik, (WDR/SDR, auch Regie); 1971 Schlußwort II. Monolog mit Musik, (WDR/SDR, auch Regie); 1972 Ende gut, alles schlecht, (SDR/WDR/RB, auch Regie); 1973 Heisterbach, (SF-Hörspiel, HR, auch Regie); 1973 Eine Liebesgeschichte, (gem. mit Lisa Kristwaldt, BR, auch Regie); 1975 Andromeda im Brombeerstrauch, (SF-Hörspiel, 41 Min., HR/SFB, auch Regie); 1975 Der Tag der Verkäuferinnen, (mit Lisa Kristwaldt, HR/NDR, auch Regie); 1975 Ballade von der Besetzung eines Hauses, (SDR/WDR/BR, auch Regie); 1976 Ein Mord am Lietzensee, (Romanbearb., 62 + 86 Min., RIAS/SWF); 1978 Die Ameise, die mit einer Fahne winkte oder Dr. John Federbaums Universum, (SF-Hörspiel, WDR/RIAS, auch Regie); 1979 Linda und Oco, (SDR/NDR/BR, auch Regie); 1979 Martinssons Fall, (SWF/NDR, auch Regie); 1979 Verschlossen und verriegelt, (nach dem Roman von Sjöwall/Wahlöö, 2 Teile, 48 + 47 Min., SWF/WDR); 1981 Alberts Jacke, (49 Min., SFB/SWF/HR, auch Regie); 1981 Die Türkin vom Ölberg, (41 Min., SFB/SWF/HR, auch Regie); 1981 Johnny Hilversums Frauen, (28 Min., SFB/SWF/HR, auch Regie); 1981 Schloß Schönau oder Liebe und Schweigepflicht, (Fotoroman fürs Radio, gem. mit Lisa Kristwaldt, SDR/SWF, auch Regie); 1983 Die Zeit vergeht unheimlich langsam, (Hörstück, gem. mit Lisa Kriswaldt, WDR/RIAS/BBC, auch Regie); 1983 Gipfelgespräch, (SF-Hörspiel, SDR/SFBV; 1985 Dr. John Federbaums Reise durch die Bundesrepublik im August des Jahres 2002 ... (SF-Hörspiel, SR, auch Regie); 1985 Ohne Geld singt der Blinde nicht, (Romanbearb., HR/SWF/RIAS; 1. Teil: Diensturlaub in Genua, 68 Min., auch Regie; 2. Teil: Sargfracht nach Berlin, 83 Min., auch Regie); 1986 Der Name der Rose, (nach Umberto Eco, 4 Teile BR/SWF/NDR, 1. Die Abtei über dem Abgrund, 88 Min.; 2. Der Gesang des Labyrinths, 86 Min.; 3. Der Sturz des Himmelgewölbes, 78 Min.; 4. Die Kraft von tausend Skorpionen, 89 Min.); 1990 Kelsterbachs Lieblinge, (55 Min., WDR/SDR/SFB, auch Regie); 1992 Der Flug des Managers durch Treppenhaus, (NDR/SWF); 1992 Familienglück, Radiodrama, (SWF/WDR, auch Regie)

TV/FILM: 1965 Abends Kammermusik, (Fernsehfilm, 63 Min., SDR), Drehbuch: R. Hey nach seinem Hörspiel *Und abends Kammermusik*, Regie: Ludwig Cremer, EA 8.7.1965 ARD; 1974 Sten Sievernich ..., (ARD/SFB, auch Regie); 1975 Die Witwe Ortner Schau, (gem. mit Lisa Kristwaldt, SFB, auch Regie); 1978 Ein Mord am Lietzensee, (Fernsehfilm, 90 Min., ZDF), Drehbuch: Lutz Büscher nach dem gleichnamigen Roman von R. Hey, Regie: Lutz Büscher, EA 12.8.1978 ZDF; 1978 Tatort – Der Mann auf dem Hochsitz, (Serienfilm, 90 Min., SWF), Drehbuch: R. Hey, Regie: Erich Neureuther, EA 29.1.1978 ARD; 1981 Es wäre nett, wenn Du vor mir stirbst, (Fernsehfilm, 55 Min., SFB), Drehbuch: R. Hey und Lisa Kristwald, Regie: R. Hey, EA 18.5.1981 N3; 1982 Feine Gesellschaft – beschränkte Haftung, (Fernsehfilm, Ganovenkomödie, 100 Min., ZDF), Drehbuch: R. Hey, Regie: Ottokar Runze, EA 1.5.1984 ZDF; 1984 Nachtzug nach Berlin, (Fernsehfilm, SFB), Drehbuch: R. Hey, Regie: Clemens Frohmann; 1988 Ekkehard, (TV-Vorabendserie, 6 Teile, je 50 Min., RB), Drehbuch: R. Hey, gem. mit Diethard Klante, nach Joseph Viktor von

Scheffel, Regie: Diethard Klante; 1993 Goldstaub, (Fernsehfilm, 90 Min., ZDF), Drehbuch: R. Hey, Regie: Ottokar Runze, EA 29.11.1993 ZDF; 1994 Tatort – Laura, mein Engel, (Serienfilm, 90 Min., MDR), Drehbuch: R. Hey, Regie: Ottokar Runze, EA 1.5.1994 ARD
Sonstige Publ.: Zahlreiche Bühnenstücke, Übersetzung der Komödien von Eduardo De Filippo aus dem Italienischen
Preise: 1955 Förderpreis des Schiller-Preises für *Thymian und Drachentod*; 1960 wurde er für *Der Fisch mit dem goldenen Dolch* mit dem Gerhart-Hauptmann-Preis, Berlin ausgezeichnet; 1965 Hörspielpreis der Kriegsblinden für Nachtprogramm; 1997 Ehren-Glauser des Syndikats

Heyberger, Renate → Marquardt, Udo

Hillich, Reinhard
Biografie: *15.10.1948 in Mösthinsdorf. R. Hillich studierte Germanistik und Anglistik und war ab 1972 wissenschaftlicher Mitarbeiter am Zentralinstitut für Literaturgeschichte der Akademie der Wissenschaften der DDR. 1978 wurde er mit einer Dissertationsschrift über das Frühwerk Erwin Strittmatters promoviert. Seit 1993 arbeitet er an der Berlin-Brandenburgischen Akademie der Wissenschaften.
Als Literaturhistoriker beschäftigte er sich u.a. mit der kontroversen Diskussion über Kriminalliteratur in der DDR, wozu er einen ausführlich kommentierten Sammelband publizierte. Gemeinsam mit Wolfgang Mittmann veröffentlichte er eine Biografie der in Buch- und Heftform erschienenen DDR-Kriminalliteratur.

Veröffentlichungen: 1989 *Tatbestand: Ansichten zur Kriminalliteratur der DDR. 1947–1986* (Hrsg, Vorwort), Akademie; 1991 *Die Kriminalliteratur der DDR 1949–1990*, (gem. mit Wolfgang Mittmann, Hrsg., Vorw.), Akademie; Herausgabe und Übersetzungen von Detektiv- und Abenteuergeschichten von Sir Arthur Conan Doyle; Funkessays
Mitglied: Syndikat
Kontakt: hillich@bbaw.de

Hillmann, Frank → Lens, Conny

Hinzmann, Silvija
Biografie: 1956 in Kroatien. S. Hinzmann lebt seit mehr als 30 Jahren in Stuttgart. Nach einer kaufmännischen Ausbildung war sie zuerst als Sekretärin tätig, daneben ab 1980 als Übersetzerin und Dolmetscherin. 1992 legte sie die staatliche Prüfung ab und ist seitdem als vereidigte Übersetzerin und Dolmetscherin für Kroatisch, Serbisch und Bosnisch tätig. Sie arbeitet für Gerichte und Justizbehörden, in der Wirtschaft und gelegentlich für Rundfunk und TV.

Krim.-Erz.: 2003 *Der Kinderfreund*, in: 24.12. – Ein Tag und seine Bedeutung, Hrsg. Beate Schütz, Edition Ponte Novu; 2003 *Begegnung in der Karlspassage*, in: Frauen morden sanfter, Hrsg. Andreas May, Edition Ponte Novu; 2004 *Suppengrün und saure Kutteln*, in: Mord isch halt a Geschäft, Hrsg. Lisa Kuppler, Argument; 2004 *Vergissmeinnicht. Die allerletzte Diät*, in: Criminalis, Hrsg. André Restau, Edition Ponte Nuvo
Mitglied: SinC; Bücher-Frauen
Kontakt: www.s.hinzmann.de.vu

Hitzbleck, Friedrich → Lens, Conny

Höber, Heinz Werner
Auch unter den Pseud.: Heinz Werner Müller, Karin van Zeyck, Sam Langster, King Gold
Sammelpseudonyme: Jerry Cotton, James Falker
Biografie: *20.5.1931 in Bärenstein/Fichtelgebirge, †15.5.1996 Berlin. H. W. Höber arbeitete als Gleisbauarbeiter und Buchhandlungsgehilfe. Nach dem Abitur schrieb er Theaterstücke und ab 1955 Romanhefte unter dem Pseudonym James Falker für den Bastei Verlag. Dort entwickelte er nach der Vorlage anderer Autoren die grundlegende Struktur der Jerry-Cotton-Reihe. Neben zahlreichen Cotton-Heften und -Taschenbüchern schrieb H. W. Höber auch Western- und weitere Kriminalromane für die Heftproduktion, bis er sich wegen einer Auseinandersetzung um die Abgeltung der Rechte mit dem Verlag überwarf und einen Rechtsstreit begann.

Ausführliche Schilderungen dazu finden sich in der Biografie *Der Mann, der Jerry Cotton war. Die Erinnerungen des Bestsellerautors H. W. Höber* von Jan Eik (1996).

KRIMINALROMANE: 1987 Mord – Made in Germany, Bastei 19502; 1988 Jürgen Rolands Großstadtrevier, Sammelband, Bastei 13191; 1989 Nun komm ich als Richter, rororo thriller; 1991 Soldat in Deutschland, (gem. mit Michael Kubejew), Reiher; SONSTIGE PUBL.: Zahlreiche Kriminal- und Western-Heftromane, Fortsetzungen in Zeitungen und Zeitschriften
PREISE: 1990 Glauser-Preis für *Nun komm ich als Richter*; 1990 Ehren-Glauser für das Lebenswerk

Hoffmann, Friedrich

Biografie: *1922 in Nusbaum. F. Hoffmann ist gelernter Maurer und Tiefenbauingenieur.

KRIMINALROMANE: 1963 Was geschah im Steinbruch, Goldmann 1264; 1965 Sie war erst zwanzig, Goldmann 2132
SONSTIGE PUBL.: Ein Roman
PREISE: 1963 Edgar Wallace Preis für *Was geschah im Steinbruch?*

Hofmann, Friedrich

Biografie: *1949 in Braunschweig. F. Hofmann arbeitet als Chemiker und Arbeitsmediziner Professor an der Bergischen Universität Wuppertal.

KRIMINALROMANE: 1999 Die Pest in Sankt Urban, Kilian-Verlag, Marburg; 2000 Schatten über Sankt Urban, Kilian-Verlag, Marburg
SONSTIGE PUBL.: Wissenschaftliche und populärwissenschaftliche Bücher

Hölscher, Birgit H.

Biografie: *1958 in Memphis, Tennessee/USA. B. H. Hölsch Lebt abwechselnd in Hamburg und in einem verwunschenen Forsthaus in Mecklenburg. Ihre jahrelangen Erfahrungen in Gefängnissen, in der Drogenszene und im Hamburger Rotlichtviertel mündete beinahe zwangsläufig in das Dasein als freie Autorin – wieder eine gesellschaftliche Randgruppe. Sie schreibt hardboiled, mit psychologischem Tiefgang und weitest gehend polizeifrei. Seit 1998 arbeitet sie als freie Autorin (Erzählungen, Kurzgeschichten, Romane, Buchrezensionen) und Künstlerin (experimentelle Fotografie und Fotoinstallationen, Bucheinbandgestaltung, Internetkunstprojekte, literarische Soundcollagen).

KRIMINALROMANE: 1998 Therapie mit Todesfolge, Espresso 907; 1999 Kaputtmacher, Espresso 912; 2000 Süßer Sumpf, Hamburger Abendblatt, Schwarze Hefte 27; 2001 Der Strohmann von Steilshoop, Hamburger Abendblatt, Schwarze Hefte 35; 2002 Last Exit Wilhelmsburg, Verlag Hamburger Abendblatt; 2003 Treibjagd an Bord, Scherz; 2003 Tod im Heuckenlock, Schwarze Hefte 51, Verlag Hamburger Abendblatt
KRIM.-ERZ.: 1999 *Der Koch, meine Schwester und das Schicksal*, in: Mord zwischen Messer und Gabel, Hrsg. Andrea. C. Busch, Gerstenberg Verlag, HC; 2000 *Fat is beautiful*, in: Mordsgewichte, Hrsg. Tatjana Kruse u. Martina Bick, Piper 2992; 2000 *Die Piste der toten Kängurus*, in: Bei Ankunft Mord, Hrsg. Andrea C. Busch u. Almuth Heuner, Gerstenberg Verlag, HC; 2000 *Ein altes Hausrezept*, in: *Alter schützt vor Morden nicht*, Hrsg. Anke Cibach, Gerstenberg, HC; 2001 *Cyber Park*, in: Mord im Grünen, Hrsg.: Andrea C. Busch u. Almuth Heuner, Gerstenberg, HC; 2001 *Mutti*, in: Teuflische Nachbarn – Mordgeschichten von nebenan, Hrsg. Ingrid Schmitz u. Ina Coelen, Scherz 1793; 2002 *Anröchter Bruchstück*, in: Mord am Hellweg, Hrsg. Karr, Kehrer, Knorr, Grafit 271; 2003 *Nackte Angst*, in: Liebestöter, Hrsg. A. Cibach, Scherz; 2003 *Die Mona war ihr Schicksal*, in: Tod am Kai, Hrsg. V. Albers, Rowohlt; 2003 *Thanksgiving 2084*, in: Festtagsmorde, Hrsg. A. C. Busch u. A. Heuner, Gerstenberg; 2003 *Willkommen daheim*, in: Mordsjubiläum, Hrsg. V. Albers, Scherz; 2004 *Bomben auf Kranenburg*, in: Mord am Niederrrhein, Grafit; 2004 *Zwei Fremde in Hamm*, in: Mehr Morde am Hellweg, Hrsg. H. P. Karr, Herbert Knorr, Grafit 294; 2004 *Die Täuschung*, in: Die Winterreise, Gerstenberg; 2004 *Nie wieder Mieder*, in: Hotel Terminus, (Kettenroman, gem. mit Silvia Kaffke, H. P. Karr, Edith Kneifl, Ralf Kramp, Christine Lehmann, Horst Eckert, Roger M. Fiedler, Peter Zeindler, Jürgen Alberts und Walter Wehner), Aufbau, OA
SONSTIGE PUBL.: Zahlreiche Erzählungen, Kurzgeschichten, Romane

Preise: 2000 Philip-Marlowe-Preis für die beste deutschsprachige Kriminalkurzgeschichte; Nominierung für den Wiesbadener Frauenkrimi-Preis 2001; Nominierung für den Agatha Christie-Krimipreis 2003
Mitglied: SinC; Syndikat; VS
Kontakt: verandalaguna@arcormail.de

Hombach, Dieter
Biografie: 28.2.1953 in Köln. D. Hombach studierte Philosophie und Germanistik in Düsseldorf und promovierte dort zum Dr. phil. über Jean-Paul Sartre. Zehn Jahre war er Angestellter in einem mittelständischen Unternehmen in Berlin, zuletzt mit Prokura, danach einige Jahre freischaffend. Seit September 2001 ist er Inhaber der Buchhandlung am Fellbacher Platz in Berlin-Hermsdorf.

Kriminalromane: 2000 Die Zahnfalle, Reihe DIE 217; 2001 Die Göttin vom Potsdamer Platz, Militzke
Sonstige Publ.: Sachbücher zu naturwissenschaftlichen Themen
Kontakt: buch-am-fellbacher@t-online.de

Höner, Peter
Biografie: 17.1.1947 in Eupen/Belgien. P. Höner studierte Schauspiel in Hamburg und arbeitete in seinem Beruf u. a. in Basel, Bremen und Berlin. Seit 1981 ist er freischaffender Schriftsteller, Schauspieler und Regisseur. Von 1986 bis 1990 hielt er sich in Afrika auf, von 2000 bis 2004 lebte er in Wien, seit 2004 in Zürich und auf dem Iselisberg.

Kriminalromane: 1990 Rafiki Beach Hotel, Limmat, HC; 1992 Das Elefantengrab, Limmat, HC; 1995 Seifengold, Limmat, HC; 2003 Wiener Walzer, Mord im Euronight 467, Limmat, HC
Sonstige Publ.: Kurzkrimis in Anthologien und Zeitschriften, Theaterstücke, Hörspiele und weitere Romane
Mitglied: Syndikat
Kontakt: peter.hoener@bluewin.ch

Hoop, Edward → Henricks, Paul

Horny, Hermine → Violan, Lo

Horowitz, Helmut → Ziegler, Thomas

Horst, Norbert
Biografie: *8.4.1956 in Bad Oeynhausen. N. Horst wuchs in Westfalen auf, nach der Schule trat er in den Dienst der Polizei NRW ein. Hier arbeitete er in unterschiedlichen Bereichen, unter anderem in zahlreichen Mord- und Ermittlungskommissionen sowie als Ermittler für Wirtschaftskriminalität. Heute ist er in der Fortbildung als Verhaltenstrainer für Konflikt- und Kommunikationsthemen tätig. Nach zahlreichen beruflichen Stationen im Rheinland und im Ruhrgebiet lebt er heute mit seiner Familie wieder in Ostwestfalen.

Kriminalromane: Leichensache, Goldmann 45230, OA; 2005 Todesmuster, Goldmann 45912, OA
Sonstige Publ.: Songtexte, verschiedene Veröffentlichungen in Anthologien
Preise: 2004 Glauser-Preis in der Sparte Debüt für *Leichensache*

Huby, Felix
Pseud. für: Eberhard Hungerbühler
Biografie: *21.12.1938 in Dettenhausen. F. Huby arbeitete als Tageszeitungsreporter und Redakteur, bevor er als Chefredakteur der Warentestzeitschrift DM und der naturwissenschaftlichen Zeitschrift X-Magazin nach Stuttgart ging. Von 1972 bis 1979 war er Korrespondent des Spiegel in Baden-Württemberg und hat dort mit verschiedenen Reportagen Aufsehen erregt. Anfang der Siebzigerjahre erschienen von F. Huby eine Reihe und 1977 sein erster Kriminalroman *Der Atomkrieg von Weihersbronn*. F. Huby schuf in seinen Kriminalromanen die Figur des Stuttgarter Kommissars Bienzle, der seine Fälle mit seinem typisch schwäbischen Sinn für Zusammenhänge löst. Mehrere Kriminalromane von F. Huby wurden vom Fernsehen verfilmt, unter anderem als Beiträge für die Tatort-Reihe. Seit Mitte der Achtzigerjahre gehört F. Huby zu den meistbeschäftigten Drehbuchautoren des deutschen Fernsehens. 1999 wurde F. Huby für sein Werk mit dem Ehren-Glauser der Au-

torengruppe deutsche Kriminalliteratur Das Syndikat ausgezeichnet.

KRIMINALROMANE: 1977 Der Atomkrieg von Weihersbronn, rororo 2411; 1977 Tod im Tauerntunnel, rororo 2422; 1978 Ach, wie gut daß niemand weiß, rororo 2446; 1979 Sein letzter Wille, rororo 2499; 1981 Der Schlangenbiß, (gem. mit Fred Breinersdorfer), Knaur 4921; 1982 Schade, daß er tot ist, rororo 2584; 1983 Bienzle stochert im Nebel, rororo 2638; 1985 Bienzle und die schöne Lau, rororo 2705; 1986 Schimanski, (gem. mit Götz George), Heyne 6686; 1987 Bienzles Mann im Untergrund, rororo 2786; 1988 Bienzle und das Narrenspiel, rororo 2872; 1992 Gute Nacht, Bienzle, rororo 3066 ; 1994 Bienzle und der Biedermann, rororo 3077; 1999 Bienzle und der Champion, rororo 43336; 2000 Bienzle und die lange Wut, rororo 22805; 2001 Bienzle und der Klinkenmörder, rororo 22939; 2002 Bienzle im Reich des Paten, rororo 23208; 2003 Van Dyk ermittelt: Schattenbilder, (gem. mit Werner Grimm), Berlin-Krimi-Verlag nach dem gleichnamigen Hörspiel
KRIM.-ERZ.: 1988 Jeder kanns gewesen sein, (Stories), Bleicher; 1990 Bienzle und der Sündenbock, (Stories), rororo 2958
JUGENDKRIMIS: 1976 Vier Freunde auf heißer Spur, Ueberreuther, (NA 1983 als: Felix & Co. auf heißer Spur, Knaur 2261); 1979 Vier Freunde sprengen den Schmugglerring, Ueberreuter; (NA 1980 als Felix & Co. jagen die Schmugglerbande, Dt. Bücherbund); 1979 Felix & Co. und der große Eisenbahnraub, Ueberreuter, (NA 1985 Knaur 2275; NA 2000 VdC); 1981 Felix & Co. und der Kampf in den Bergen, Ueberreuther; 1982 Felix & Co. und die Jagd im Moor, Ueberreuther; 1984 Paul Pepper und das schleichende Gift, Franckh; 1984 Paul Pepper und der schwarze Taucher, Franckh; 1984 Paul Pepper und der tödliche Sprung, Franckh; 1984 Paul Pepper und die tickende Bombe, Franckh; 1985 Paul Pepper und der Mann im Hintergrund, Franckh; 1985 Paul Pepper und der rote Baron, Franckh; 1985 Paul Pepper und der stumme Zeuge, Franckh; 1985 Paul Pepper und die rasende Jagd, Franckh; 1985 Paul Pepper und die sechs Dunkelmänner, Franckh; 1985 Paul Pepper und die Video-Piraten, Franckh; 1986 Paul Pepper und der Rote Baron, Franckh; 1986 Paul Pepper und der Brandstifter, Franckh; 1987 Paul Pepper und die lauernde Falle, Franckh; 1987 Paul Pepper und die Fluß-Mafia, Franckh; 1988 Paul Pepper und der weiße Tod, Franck; 1999 Die Kids von Berlin: TV-Novel, F. Huby und Chris Brohm, Dino

FUNK: 1981 Ein Toter hört nicht Radio, (60 Min., SWF); 1982 Geh nie mir leeren Händen, (37 Min., SWF/HR); 1983 Leiche in Öl oder Der Traum von Costa Rica, (53 Min., SWF); 1995 Dorothee räumt auf, (45 Min., SDR); 1998 Schattenbilder, (50 + 50 Min., WDR),
TV: 1981 Tatort: Grenzgänger, (Serienfilm, 93 Min., Bavaria für WDR), Drehbuch: F. Huby, Regie: Sylvia Hofmann, EA 13.12.1981 ARD; 1982 Es muß nicht immer Mord sein: Schwäbische Loyalität, (Serienepisode, 25 Min., ZDF), Drehbuch: F. Huby, Regie: Kai Borsche; 1982 Die Krimistunde, (Fernsehserie, je 25 Min., WDR), Drehbuch: F. Huby, Peter Bradatsch nach Kurzgeschichtenvorlagen von Herny Slesar, Jack Ritchie und anderen, Regie: Egon Günther; 1983 Gefährliches Spiel, (Fernsehfilm, 103 Min., SDR), Drehbuch: F. Huby, Regie: Theo Mezger, EA 1.6.1983 ARD; 1983 Tatort: Mord ist kein Geschäft, (Serienfilm, 90 Min., SDR), Drehbuch: F. Huby, Regie: Theo Mezger, EA 9.1.1983 ARD; 1984 Tatort: Zweierlei Blut, (Serienfilm, 90 Min., WDR), Drehbuch: Fred Breinersdorfer und F. Huby, Regie: Hajo Gies, EA 22.7.1984; 1984 Koeberle kommt, (Fernsehserie, SDR, 12 Teile, je 25 Min.), Drehbuch: F. Huby, Hans-Ludwig Enderle, Helmut Heinrichs, Gunther Scheuthle, Regie: Hans Jürgen Tögel, Dominik Graf), EA; 1985 In Amt und Würden, (Special, 60 Min., ZDF), Drehbuch: F. Huby, Rolf von Sydow, Regie: Rolf von Sydow, EA 10.11.1985 ZDF; 1986 Die Katze lässt das Mausen nicht, (Special, 60 Min., ZDF), Drehbuch: Chiem van Houweninge, F. Huby, Regie: Gero Erhardt, EA 13.11.1986 ZDF; 1985–1986 Stärker als Pferde: 1. Otto und der Motor, 2. Daimler und die Benzinkutsche, 3. Benz und die Überlandfahrt, (Fernsehreihe, 3 Teile, je 50 Min., Galaxy-Film für RFW), Drehbuch: F. Huby, Hans Gottschalk, Gunther Scheuthle, Regie: Peter Weck, EA 20.12.1985/27.12.1985/17.1.1986 SDR Vorabend; 1986 Was zu beweisen war, (Fernsehfilm, 90 Min., ZDF/ORF), Drehbuch: F. Huby und Marcus Conradt, Regie: Peter Weck, EA 9.10.1986 ZDF; 1986 Alles was Recht ist-1. Von Boxern und Bürgern, 2. Musik liegt in der Luft, 3. Scheidung tut weh, (Fernsehserie, ZDF/ORF, drei Teile, je 59 Min.), Drehbuch: F. Huby, Regie: Peter Weck, EA 18.3.1986/20.3.1986/23.3.1986 ZDF; 1985 Mission Terra: Da geht dem Schneemann der Hut hoch/Wetter, (Serienepisode, 30 Min., HR), Drehbuch: E. Hungerbühler, Werner Jany, Regie: 5.12.1985 ARD; 1986ff. Detektivbüro Roth, (Vorabendserie, NDR/SFB/

WDR, 35 Teile, je 50 Min.), Drehbuch: F. Huby, Raimund Weber, Lars Stromsdörfer, Dietrich Lange, Adolf Bollmann, Manfred Seide, Ralf Franz, -ky, Regie: Michael Meyer, Manfred Seide, Thomas Engel, Horst Flick, Jürgen Klauß, Dieter Kehler, Dieter Lemmer, Theo Mezger, mit Klaus Löwitsch, EA ab 24.4.1986 wöchentlich ARD Vorabend; 1986 Detektivbüro Roth: Roßtäuschertricks, (Serienepisode, 50 Min., NDR/SFB/WDR), Drehbuch: F. Huby, Regie: Thomas Engel; 1986 Detektivbüro Roth: 12.000 Jeans auf Termin, (Serienepisode, 45 Min., NDR/SFB/WDR), Drehbuch: F. Huby, Regie: Thomas Engel; 1986 Detektivbüro Roth: Der neue Stoff, (Serienepisode, 50 Min., WWF), Drehbuch: F. Huby, Regie: Thomas Engel; 1986 Detektivbüro Roth: Modus operandi, (Serienepisode, 50 Min., NDR/SFB/WDR), Drehbuch: E. Hungerbühler, Regie: Michael Meyer, EA; 1986 Detektivbüro Roth: Hase und Igel, (Serienepisode, 50 Min., NDR/SFB/WDR), Drehbuch: F. Huby, Regie: Michael Meyer; 1986 Detektivbüro Roth: Erben leben gefährlich, (Serienepisode, 50 Min., NDR/SFB/WDR), Drehbuch: F. Huby, Regie: Michael Meyer; 1987–1991 Der Hafendetektiv, (Fernsehserie, Idee: Arno Wolff und F. Huby, Serienidee von Michael Heinrich und Zlata Findeis, active Film für WWF, 24 Teile, je 45 Min.), EA 1. Staffel 1987, 2. Staffel ab 6.9.1988 wöchentlich ARD Vorabend; Der Hafendetektiv: Die marokkanischen Brüder, Drehbuch: F. Huby, Idee: Arno Wolff, Regie: Peter Fratzscher; Der Hafendetektiv: Der Doppelgänger; Der Hafendetektiv: Toffers V-Mann, Drehbuch: F. Huby, Regie: Peter Fratzscher; Der Hafendetektiv: Briefgeheimnis, Drehbuch: F. Huby, Regie: Stepan Meyer; Der Hafendetektiv: Abendsonne; Der Hafendetektiv: Der König von Ruhrort; Der Hafendetektiv: Falle für Stepanek; Der Hafendetektiv: Haie im Yachthafen, Drehbuch: F. Huby, Regie: Peter Adam; Der Hafendetektiv: Kalte Rache; Der Hafendetektiv: Der Tod des Schiffers, Drehbuch: F. Huby, Regie: Peter Adam; Der Hafendetektiv: Brillantenfieber; Der Hafendetektiv: Mamma mia; Der Hafendetektiv: Alles zu seiner Zeit; Der Hafendetektiv: Der Kurier; Der Hafendetektiv: Entsorgung, Drehbuch: F. Huby; Der Hafendetektiv: Schnee im Hafen, Drehbuch: F. Huby, Regie: Markus Bräutigam; Der Hafendetektiv: Die Spur der Steine, Drehbuch: F. Huby; Der Hafendetektiv: Mit gezinkten Karten; Der Hafendetektiv: Die doppelte Lotte, Drehbuch: F. Huby, Regie: Peter Adam; Der Hafendetektiv: Wasser marsch, Drehbuch: F. Huby, Regie: Pete Carpentier; Der Hafendetektiv: Sündenbock, Drehbuch: F. Huby, Regie: Pete Carpentier; Der Hafendetektiv: Eine nette Familie, Drehbuch: F. Huby, Regie: Markus Bräutigam; Der Hafendetektiv: Kemal, Drehbuch: F. Huby, Regie: Markus Bräutigam; 1987 Tatort: Spielverderber, (Serienfilm, 90 Min., WDR), Drehbuch: F. Huby, (gem. mit Hartmut Grund), Regie: Pete Ariel, EA 8.6.1987 ARD; 198 Der Eugen, (Serie); 1988 Ignaz der Gerechte, (Fernsehserie, 11 Teile, je 25 Min., WWF), Drehbuch: F. Huby: Marcus Scholz, Karin Hercher; 1988 Tatort: Salu Palü, (Serienfilm, 90 Min., ARD), Drehbuch: F. Huby nach seinem Roman *Bienzles Mann im Untergrund*, Regie: H. C. Blumenberg, EA 24.1.1988 ARD; 1988 Tatort: Sein letzter Wille, (Serienfilm, 90 Min., SDR), Drehbuch: F. Huby und Hartmut Grund, Regie: Hartmut Griesmayr, EA 4.4.1988 ARD; 1988 Ede und das Kind, (Fernsehfilm, 95 Min., ZDF), Drehbuch: F. Huby, Regie: Jörg Grünler, mit: Karlheinz Schroth, Heinz Reincke; 1989 Keine Gondel für die Leiche, (Fernsehspiel, 100 Min., ZDF), Drehbuch: F. Huby und Jacky Comforty nach dem Theaterstück *Kaviar und Linsen* von Giulio Scarnacci und Renzo Tarabusi, Regie: F. J. Gottlieb, mit Mario Adorf, EA ZDF 29.1.1989; 1989 Peter Strohm: Es muß doch mehr als alles geben, (Serienepisode, 45 Min., SR), Drehbuch: F. Huby, Regie: Hartmut Griesmayer, EA ARD 23.1.1989, 1990 Abenteuer Airport, (Serie, WDR, Pilotfilm 90 Minuten und 12 Teile à 50 Minuten), Drehbuch: F. Huby, Regie: Werner Masten, 1. Pilot: Doppeltes Spiel, EA 9.9.1990 ARD; 2. Der Coup, EA 10.9.1990; 3. Das Attentat, EA 17.9.1990; 4. Ein Koffer voller Dollar, EA 24.9.1990; 5. Mogadischu-Mann, EA 1.10.1990; 6. Weißes Gift, EA 8.10.1990; 7. Der letzte Flug, EA 15.10.1990; 8. Diamantenlady, EA 22.10.1990; 9. Alte Freundschaft, EA 29.10.1990; 10. Notlandung, EA 5.11.1990; 11. Die lange Nacht, 19.11.1990; 12. Rettungsflug, EA 26.11.1990; 1991 Oppen und Ehrlich, (Fernsehserie, 8 Teile, je 60 Min., WDR), Drehbuch: F. Huby, et al., Regie: Franz Peter Wirth; 1991 Liebe auf Bewährung, (Fernsehserie, 7 Folgen, je 50 Min., NDR), Drehbuch: F. Huby, Regie: Wilfried Dotzel), 1991 Rummel um den Skooter, (Fernsehserie, Pilotfilm und acht Teile je 25 Min., ORF/TDF), Drehbuch: F. Huby, Regie: Klaus Gendries; 1991 Peter Strohm: Amateure sterben schnell, (Serienepisode, 60 Min., BR), Drehbuch: F. Huby, Regie: Kurt W. Oehlenschläger; 1991 Peter Strohm: Einsteins Erbe, (Serienepisode, 50 Min., BR), Drehbuch: F. Huby, Regie: Sylvia Hofmann; 1992 Tatort: Bienzle und der Biedermann, (Serienfilm, 90 Min., SDR), Drehbuch: F. Huby und Dieter de Lazzer, Mitarbeit Peter Adam, Regie: Peter Adam, EA 6.12.1992 ARD; 1992 Der König von Bärenbach, (Fernsehserie, 13 Teile, je 50 Min., SDR), Drehbuch: F. Huby und Marilies Brommund, Regie: Wolfgang Panzer, Manfred Stelzer, EA 1992/ WH 1998 SWF3/WH SWR 1998, 1. Die Quelle, 4. Die Machtprobe, 6. Feuer und Flamme, 7. Der Schmierfink, 8. Ein Bär muss her, 9. Bennos Patzer, 10 Frühlingsgefühle, (Regie Manfred Stelzer), 12. Die Dichterlesung, 13. Die Rückkehr; 1993 Tatort: Bienzle und die schöne Lau, (Serienfilm, 80 Min., SDR), Drehbuch: F. Huby und Werner Zeindler nach dem gleichnamigen Roman von F. Huby, Regie: Hartmut Griesmayr, EA 28.3.1993 ARD; 1993 Die Trotzkis, (Fernsehserie, 12 Teile, je 25 Min., MDR), Drehbuch: Uwe Wilhelm unter Mitarbeit von F. Huby, Regie: Günter Meyer, EA 14.12.1993/wöchentlich ARD; 1994 Tatort: Bienzle und das Narrenspiel, (Serienfilm, 90 Min., SDR), Drehbuch: F. Huby, nach seinem gleichnamigen Roman, Regie: Hartmut Griesmayr, EA 23.1.1994 ARD; 1994 Cornelius hilft, (Fernsehserie, 13 Teile, ZDF), Drehbuch: F. Huby, Regie: Klaus Gendries, EA 15.4.1994 ZDF wöchentlich; 1994 Auto Fritze, (Fernsehserie, 14 Teile, ARD Werbung), Drehbuch: F. Huby, Regie: Stefan Bartmann, Rolf von Sydow, EA 30.5.1994 bis 5.11.1994 ARD wöchentlich; 1994 Rosa Roth, (Fernsehfilm, 90 Min., ZDF), Drehbuch: Matthias Herbert nach einer Idee von F. Huby, Regie: Carlo Rola, EA 5.11.1994 ZDF; 1994 Die Brüder, (später unter dem Titel. *Zwei Brüder*, Fernsehfilm, 90 Min., ZDF), Drehbuch: F. Huby, Mitarbeit: Dieter de Lazzer, Regie: Pete Ariel, EA 17.12.1994 ZDF; 1994 Der König von Dulsberg, (Fernsehspiel, 90 Min. NDR), Drehbuch: F. Huby, Regie: Petra Haffter, EA 26.12.1994 NORD 3; 1995 Zwei Brüder: Die lange Nacht, (Fernsehfilm, ZDF, 90 Min.), Drehbuch: F. Huby, Regie: Michael Braun, EA 30.9.1995 ZDF; 1995 Coswig und Sohn, (Fernsehfilm, 90 Min., ZDF), Drehbuch: F. Huby, Dieter de Lazzer, Günther Scheuthle, Regie: Michael Braun, EA 8.1.1995 ZDF; 1995 Der Fischerkrieg, (Fernsehfilm, 90 Min.), Drehbuch: F. Huby, Regie: Klaus Gietinger, EA 21.1.1998 ARD; 1995 Tatort: Bienzle und der Mord im Park, (Serienfilm, 90 Min., SDR), Drehbuch: F. Huby nach seinem Roman *Gute Nacht, Bienzle,* Regie: Dietrich

Schlotterbeck, EA 7.1.1995 ARD; 1995 Tatort: Bienzle und die Feuerwand, (Serienfilm, 90 Min., SDR), Drehbuch: F. Huby, Regie: Hartmut Griesmayr, EA 16.7.1995 ARD; 1996 Zwei Brüder: Die Quirini-Affäre, (Fernsehfilm, 90 Min., ZDF), Drehbuch: F. Huby und Marilies Brommund, Regie: Michael Braun, EA 10.2.1996 ZDF; 1996 Mona M.: Mit den Waffen einer Frau, (Serie, 13 Teile, Pilotfilm zur Serie, ZDF, 90 Min.), Drehbuch: F. Huby, Regie: Gunther Friedrich, EA 15.1.1996 ZDF; 1996 Mona M.: Todesfalle, Drehbuch: F. Huby, Regie: Gunter Friedrich, EA 10.4.1996; 1996 Mona M.: 1. Die Quelle, Drehbuch: F. Huby, Dieter de Lazzer, Regie: Gunter Friedrich, EA 17.1.1996; 1996 Mona M.: So nicht, Frau Staatsanwalt, Drehbuch: F. Huby, Regie: Gunter Friedrich, EA 24.1.1996; 1996 Mona M.: Was für ein Tag, Drehbuch: F. Huby, Regie: Gunter Friedrich, EA 3.4.1996; 1996 Mona M.: Mit den Waffen einer Frau, Drehbuch: F. Huby und Dieter de Lazzer, Regie: Franz Josef Gottlieb, EA 31.1.1996; 1996 Mona M.: Die verlorenen Eltern, Drehbuch: F. Huby und Dieter de Lazzer, Regie: Frank Josef Gottlieb, EA 14.2.1996; 1996 Mona M.: Kopf und Kragen, Drehbuch: F. Huby und Dieter de Lazzer, Regie: Fanz Josef Gottlieb, EA 13.3.1996 ZDF; 1996 Mona M.: Hasenjagd, Drehbuch: F. Huby und Dieter de Lazzer, Regie: Franz Josef Gottlieb, EA 20.3.1996; 1996 Tatort: Bienzles Traum vom Glück, (Serienfilm, 90 Min., SDR), Drehbuch: F. Huby, Regie: Dieter Schlotterbeck, EA 29.9.1996 ARD; 1996 Spiel des Lebens, (Fernsehserie, 11 Teile je 60 Min., ZDF), Drehbuch: F. Huby, Regie: Michael Günther, 1996 Spiel des Lebens: Das Geheimnis, EA 6.9.1996 ZDF; 1996 Zwei Brüder: In eigener Sache, (Serienfilm, 90 Min., ZDF), Drehbuch: F. Huby, Regie: Walter Weber, EA 26.10.1996 ZDF; 1996 Zwei Brüder: Der Gassenmörder, (Serienfilm, 90 Min., ZDF), Drehbuch: F. Huby, Regie: Walter Weber, EA 12.10.1996 ZDF; 1997 Zwei Brüder: Nervenkrieg, (Serienfilm, 90 Min., ZDF), Drehbuch: F. Huby und Dieter de Lazzer, Regie: Hans C. Blumenberg, EA 25.3.1997; 1997 Tatort: Bienzle und der tiefe Sturz, (Serienfilm, 90 Min., SDR), Drehbuch: F. Huby, Regie: Peter F. Bringmann, EA 6.7.1997 ARD; 1997 Zwei Brüder: Einzelgänger, (Fernsehfilm, 90 Min., ZDF), Drehbuch: F. Huby und Dieter de Lazzer, Regie: Marco Serafini, EA 27.9.1997 ZDF; 1997 Tödliche Spiele, (Pilot zur Fernsehserie, 90 Min., ZDF), Drehbuch: F. Huby und Rift Fournier, Regie: Dieter Berner, EA 29.10.1997 ZDF; 1997 Die Kids von Berlin: Der

Tod des Bruders, (Fernsehserie, 90 Min., ZDF), Drehbuch: F. Huby und R. Fournier, Regie: Markus Imboden, EA 5.11.1997; 1997 Die Kids von Berlin: Der falsche Mann, (Fernsehserie, 90 Min., ZDF), Drehbuch: F. Huby und R. Fournier, Regie: Markus Imboden, EA 12.11.1997; 1997 Die Kids von Berlin: Gefährliche Nähe, (Fernsehserie, 90 Min., ZDF), Drehbuch: F. Huby und R. Fournier, Regie: Markus Imboden, EA 19.11.1997; 1997 Die Kids von Berlin: Der verlorene Sohn, (Fernsehserie, 90 Min., ZDF), Drehbuch: Huby und Fournier, Regie: Markus Imboden, EA 26.11.1997; 1997 Die Kids von Berlin: Auf Biegen und Brechen, (Fernsehserie, 90 Min., ZDF), Drehbuch: F. Huby und R. Fournier, Regie: Markus Imboden, EA 3.12.1997; 1997 Die Kids von Berlin: Das tote Mädchen, (Fernsehserie, 90 Min., ZDF), Drehbuch: F. Huby und ?, Regie: Dieter Berner, EA 10.12.1997; 1998 Die Kids von Berlin: Schmutzige Geschäfte, (Fernsehserie, 90 Min., ZDF), Drehbuch: F. Huby und ?, Regie: Dieter Berner, EA 17.12.1997 verschoben auf 7.1.1998; 1998 Die Kids von Berlin: Geheimnisse, (Fernsehserie, 90 Min., ZDF), Drehbuch: F. Huby und?, EA 14.1.1998; 1998 Die Kids von Berlin: Aus Verzweiflung/Fatale Liebe, (Fernsehserie, 90 Min., ZDF), Drehbuch: F. Huby und R. Fournier, Regie: Dieter Berner, EA 21.1.1998 ZDF; 1998 Die Kids von Berlin: Unter Beschuß, (Fernsehserie, 90 Min., ZDF), Drehbuch: F. Huby und ?, Regie: Dieter Berner, EA 28.1.1998 ZDF; 1997 Der Prinzgemahl, (Fernsehfilm, 90 Min. ZDF), Drehbuch: Günter Scheuthle und F. Huby, Regie: Vera Loebner, EA 22.12.1997 ZDF; 1998 Zwei Brüder: Kaltes Herz, (Fernsehfilm, 90 Min., ZDF), Drehbuch: F. Huby und Dieter de Lazzer, Regie: Karin Hercher, EA 14.2.1998 ZDF; 1998 Zwei Brüder: Tödliche Träume, (Serienfilm, ZDF, 90 Min.), Drehbuch: F. Huby und Dieter de Lazzer, Regie: Karin Herrcher, EA 4.4.1998 ZDF; 1998 Tatort: Bienzle und der Champion, (Serienfilm, 90 Min., SDR), Drehbuch: F. Huby, Regie: Dieter Schlotterbeck, EA 23.8.1998 ARD; 1999 Zwei Brüder: Verschleppt, (Fernsehfilm, ZDF, 90 Min.), Drehbuch: F. Huby und Dieter de Lazzer, Regie: Martin Weinhart, EA 27.2.1999 ZDF; 1999 Zwei Brüder: Gift, (Serienfilm, 90 Min., ZDF), Drehbuch: F. Huby und Hans C. Blumenberg, Regie: Hans C. Blumenberg, EA 8.5.1999 ZDF; 1999 Ich bin kein Mann für eine Frau, (Fernsehfilm, 90 Min., novafilm für ZDF), Drehbuch: F. Huby und Günther Scheuthle, Regie: Michael Lähn, EA 19.5.1999 ZDF; 1999 Tatort:

Bienzle und der Zuckerbäcker, (Serienfilm, 90 Min., SWR), Drehbuch: F. Huby, Regie: Hans-Christoph Blumenberg, EA 15.8.1999 ARD; 1999 Zwei Brüder: Herztod, (Fernsehfilm, 90 Min., ZDF), Drehbuch: F. Huby und Chris Brohm, Regie: Marco Serafini, EA 2.10.1999 ZDF; 1999 Ein Mann steht auf, (2 Teile, Fernsehfilm, 2 x 90 Min., ARD), Drehbuch: F. Huby und Thomas Knauf, Regie: Michael Lähn, EA 6. und 7. 10 1999 ARD; 1999 Tatort: Bienzle und die blinde Wut, (Serienfilm, 90 Min., SWR), Drehbuch: F. Huby, Regie: Hartmut Griesmayr, EA 14.11.1999 ARD; 2000 Tatort: Bienzle und der Mann im Dunkeln, (Serienfilm, 90 Min., SWR), Drehbuch: Martina Brand unter Verwendung der Figur von F. Huby, Regie: Dieter Schlotterbeck EA 26.3.2000 ARD; 2000 Zwei Brüder: Mörderische Rache, (Fernsehfilm, 90 Min., ZDF), Drehbuch: Peter Kasper und F. Huby, Regie: Ulrich Stark, EA 18.3.2000 ZDF; 2000 Tatort: Bienzle und das Doppelspiel, (Serienfilm, 90 Min., SWR), Drehbuch: F. Huby und Joachim Nelson, Regie: Hartmut Griesmayr, EA 10.12.2000 ARD; 2000 Tatort: Der schwarze Skorpion, (Serienfilm, 90 Min., SWR), Drehbuch: F. Huby und Mohammed Ali Mohsenipour, Regie: Helmut Förnbacher, EA 15.10.2000 ARD; 2001 Tatort: Bienzle und der heimliche Zeuge, (Serienfilm, 90 Min., SWR), Drehbuch: F. Huby, EA 6.5.2001 ARD; 2001 Die Männer vom K3: Schatten der Vergangenheit, (Serienfilm, 90 Min., NDR), Drehbuch: F. Huby nach seinem Roman *Bienzle und der Klinkenmörder*

SONSTIGE PUBL.: Zahlreiche Sach-, Kinder- und Jugendbücher sowie Drehbücher für Fernsehserien

PREISE: Ehren-Glauser des Syndikats für sein Gesamtwerk

Hültner, Robert

Biografie: *4.6.1950 in Inzell. R. Hültner ist gelernter Schriftsetzer und hat an der Filmhochschule München studiert. Anschließend arbeitete er als Regieassistent, Dramaturg und Regisseur von Kurzfilmen und Dokumentationen, reiste mit einem Wanderkino durch kinolose Dörfer und rekonstruierte historische Filme für das Münchener Filmmuseum und das Bayerische Fernsehen.

Nach Beiträgen für den Hörfunk und verschiedenen Anthologien legte er 1993 mit

Walching seinen ersten Kriminalroman vor. Der Autor, dessen Romane vor dem Hintergrund der politischen und sozialen Spannungen in der Weimarer Republik spielen, experimentiert dabei mit Elementen populärer Erzähltradition und theatralisch-filmischer Dramaturgie. Zusammen mit Schauspielern und Musikern tourt er mit einer dramatisierten Auswahl seiner Texte durch Süddeutschland. Er hat bei der Stoffentwicklung für Fernsehfilme (u.a. ZDF, RTL) mitgearbeitet, verfasst Drehbücher (u. a. *Tatort*) und bespricht für die Münchner ABENDZEITUNG Krimi-Neuerscheinungen.

KRIMINALROMANE: 1993 Walching, Georg Simader; 1995 Inspektor Kajetan und die Sache Koslowski, Georg Simander; 1997 Die Godin, Eichborn, HC; 2000 Das Gipfeltreffen, (Kettenroman, gem. mit Doris Gercke, Ingrid Noll, Edith Kneifl, Regula Venske, Frank Göhre, Gisbert Haefs, Karr & Wehner und Jürgen Alberts), Heyne, HC; 2004 Inspektor Kajetan und die Betrüger, btb; 2004 Das schlafende Grab, btb
KRIM.-ERZ.: 2002 *Die 7 Todsünden,* Hrsg. Bernhard Matt, Heyne
FUNK: 1995 Walching, (Hörspiel, 2 Teile, 106 Min., BR), EA 14.12.1995 und 21.12.1995
SONSTIGE PUBL.: Weitere historische Romane, Theaterarbeiten, Rezensionen in diversen Tageszeitungen
PREISE: 1996 Deutscher Krimi-Preis für *Inspektor Kajetan und die Sache Koslowski;* 1998 Deutscher Krimi-Preis für *Die Godin;* 1998 Glauser-Preis für *Die Godin*
MITGLIED: Syndikat

Hummel, Hedi
Biografie: *1.2.1957 in Rüsselsheim. H. Hummel trat bis 1982 mit selbstverfassten Chansons im Rhein-Main-Gebiet und in Berlin auf. Nach Regieassistenz-Erfahrungen in Mainz und Wien, studierte sie in Berlin Allgemeine und Vergleichende Literatur- und Theaterwissenschaft (Magister Artium). Ihre Magister-Arbeit schrieb sie 1985 über die Mythenverarbeitung in Robert Musils *Der Mann ohne Eigenschaften* (Der verhinderte Dionysos). Darauf folgte 1986 ein dreimonatiger Aufenthalt in einem Zen-Tempel in Tokyo. Seit 1990 arbeitet Hedi Hummel als freie Redakteurin im Programmbereich Spielfilm beim ZDF. Sie lebt in Wiesbaden und schreibt Kriminalromane und Kurzgeschichten. Gerade hat sie ihren zweiten Krimi *Nachsaison* (Arbeitstitel) beendet.

KRIMINALROMANE: 2004 Pluto über Berlin. Eine kriminelle Liebesgeschichte, Alkyon-Verlag
SONSTIGE PUBL.: Wissenschaftliche Veröffentlichungen; 1989 Mitarbeit am Werkführer durch die utopisch-phantastische Literatur, Corian-Verlag Heinrich Wimmer; 2000 *Der Lemming-Saurier,* Arbeitsfreuden und Hanebüchen, in: Seitensprünge, Anthologie, hrsg. von der FH Wiesbaden; 1992–1994 gem. mit Chris Schön Herausgeberin der Kulturzeitung ars venti, Berlin/Wiesbaden.

Hungerbühler, Eberhard → Huby, Felix

Hünnebeck, Marcus
Biografie: *6.5.1971 in Bochum. Nach einem Studium der Wirtschaftswissenschaften lebt der Diplomökonom in Monheim am Rhein. M. Hünnebeck veröffentlichte 2001 seinen ersten Thriller *Verräterisches Profil* im Militzke Verlag.

KRIMINALROMANE: 2001 Verräterisches Profil, Militzke Verlag; 2003 Wenn jede Minute zählt, Betzel Verlag; 2004 Im Visier des Stalkers, Betzel Verlag
KRIM.-ERZ.: 2001 *Winter auf Winter,* in: Tatort Berg, (Anthologie), Vertigo Verlag; 2002 *Wellen der Angst,* in: Ein Schnitter namens Tod, Grenz-Echo Verlag; 2002 *Unter fremdem Einfluss,* in: Alte Götter sterben nicht, Scherz; 2003 Das doppelte Spiel, (gem. mit Kirsti Senftleben), in: Mords-Lüste. Erotische Kriminalgeschichten, Hrsg. P. Ott, Scherz 1945
MITGLIED: Syndikat
KONTAKT: www.marcushuennebeck.de

Hunder, Steffen
Biografie: *16.2.1957 in Waldheim/Sachsen. St. Hunder wuchs in Erkrath bei Düsseldorf auf. Von 1976–1982 studierte er Theologie und Geschichte an den Universitäten Bonn

und Göttingen. 1982 legte er das erste Theologische Examen und das erste Staatsexamen für das Lehramt an Gymnasien ab, von 1982–1984 war er Vikar in Göttingen und nach einer Pastorenstelle in der Wuppertaler Gemeinde Unterbarmen-Mitte ist er seit 1985 Pfarrer in der Essener Innenstadt an der Kreuzeskirche. Er ist verheiratet und hat sechs Kinder.

KRIMINALROMANE: 1999 Ritual des 11. Gebotes, Diva
KRIM.-ERZ.: Erzählung in der Anthologie *Der Pott kocht* zur Criminale 2000 in Essen; 2004 *Du sollst nicht töten*, Scherz; 2004 *Mord am Niederrhein*, zur Criminale, Grafit; 2004 Mehr Morde am Hellweg, Hrsg. H. P. Karr und H. Knorr, Grafit; 2004 Mord unter Kopfweiden Hrsg. Ina Coelen und Ingrid Schmitz, Leporello
SONSTIGE PUBL.: Lyrik, Beiträge für theologische Fachzeitschriften und Andachtsbücher
MITGLIED: Syndikat

Hunold-Reime, Sigrid

Biografie: *1954. S. Hunold-Reime ist Krankenschwester und lebt in Hannover. Seit 1995 veröffentlicht sie Lyrik und Kurzprosa. Angezettelt durch eine Ausschreibung hat sie sich dem Kriminellen.

KRIM.-ERZ.: 2000 *Beestmelkpüüt*, in: Mordkompott, Hrsg. Peter Gerdes, Leda; 2001 *Alpin oder der vierte Tag*, in: Tatort Berg, Hrsg. Ann E. Hacker, Vertigo; 2001 *Die Geschichtenerzählerinnen*, in: Mordlichter, Hrsg. Peter Gerdes, Leda; 2001 *Schwarzweiß-Gebäck*, in: Weihnachtsgeschichten am Kamin 16, Hrsg. Ursula Richter, Rowohlt; 2002 *Spieleabend*; in: Flossen hoch!, Hrsg. Peter Gerdes, Leda; 2002 *Oktobernebel*; in: Die vielen Tode des Herrn S.; Hrsg. Mischa Bach, Ina Coelen u. Ingrid Schmitz, Emons
MITGLIED: SinC; Syndikat

Huth, Günter

auch unter dem Pseud.: G. R. Cappello
Biografie: 13.12.1949 in Würzburg. G. Huth ist Diplom-Rechtspfleger und Geschäftsleiter einer bayerischen Justizbehörde. Seit 1975 ist er schriftstellerisch tätig. Der Schwerpunkt seines bisherigen Schaffens liegt bei der Kinder- und Jugendliteratur. Außerdem verfasste der passionierte Jäger und Naturschützer mehrere satirische Bücher und ein Sachbuch über die Jagd sowie einige kriminalistisch gefärbte Kurzgeschichten. Das positive Echo auf diese Veröffentlichungen veranlasste G. Huth 1983, ein Sachbuch über die Jagdwilderei und seine Anthologie *Tatort Revier* zu publizieren. Er plant weitere Thriller, in denen das Genre Krimi/Thriller und Natur bzw. Jagd auf moderne und auch für den Nichtjäger fesselnde Weise miteinander verwoben werden. Seit 2003 veröffentlicht er eine Würzburger Regionalkrimi-Serie.

KRIMINALROMANE: 2001 Tatort Wald, Oertel & Spörer
KRIM.-ERZ.: 1992 Tatort Revier, (Anthologie), Neudamm-Neudamm; Krimi-Kurzgeschichten in verschiedenen Anthologien und Jagdzeitschriften; 2003: Der Schoppenfetzer, (Regionalkrimi-Serie, bisher 3 Bände), Peter Hellmund Verlag
SONSTIGE PUBL.: Sachbuch zur Jagdwilderei, 35 Kinder- und Jugendbücher, über 200 Kurzgeschichten für Kinder und Erwachsene in verschiedenen Zeitschriften
MITGLIED: Syndikat
KONTAKT: huthguenter@gmx.de

Hyde, Malachy

Pseud. für das Autorinnenduo Ilka Stitz und Karola Hagemann
Biografie: Ilka Stitz: *22.10.1960 Hannover, Karola Hagemann: *16.2.1961 in Dannenberg. Nach gemeinsamer Schulausbildung studierte I. Stitz Kunstgeschichte, Germanistik und klassische Archäologie in Göttingen und Köln und arbeitet heute als freie Journalistin in Köln. K. Hagemann studierte Geschichte, Anglistik und Erwachsenenbildung in Hannover und ist als Diplompädagogin beim Landeskriminalamt Niedersachsen tätig.
Das gemeinsame Interesse an römischer Geschichte, vor allem aber zahlreiche Reisen zu antiken Stätten in der Türkei, gaben den Anstoß zum ersten historischen Kriminalroman. Darin verknüpfen die Autorinnen

historische Ereignisse rund um den Triumvir Marcus Antonius mit Kriminalfällen, die der Ermittler Silvanus Rhodius gemeinsam mit den Freundinnen Laelia und Illicia zu lösen hat. Schauplätze der Romane sind die antiken Orte Didyma, Ephesos und Pergamon in der römischen Provinz Asia (der heutigen Türkei) zur Zeit der ausgehenden Republik. Der vierte Band um Silvanus Rhodius wird voraussichtlich im Herbst 2005 im Eichborn Verlag erscheinen.

KRIMINALROMANE: 1999 Tod und Spiele, Diederichs, HC, NA 2000 Knaur 63115; 2002 Eines jeden Kreuz, Weitbrecht, HC, NA Knaur 2003; 2004 Wisse, daß Du sterblich bist, Eichborn, HC
KRIM.-ERZ.: 2004 *Das Vermächtnis der Colonia Ulpia Traiana*, in: Mord am Niederrhein, Hrsg. Jürgen Kehrer, Grafit; 2004 *Das Gold der Erde*, in: Tatort Florafarm, Hrsg. Gesine Wischmann, Juwi MacMillan Group
MITGLIED: Syndikat; Quo Vadis
KONTAKT: webmaster@malachy-hyde.de; www.malachy-hyde.de

Ingwersen, Jörn

Biografie: *28.8.1957 in Westerland/Sylt. J. Ingwersen ist Inselfriese im Exil. Aufgewachsen mit der Nase im Wind, studierte er in Kiel und Hamburg Geschichte und Anglistik. Lange Jahre schlug er sich als Musiker und Taxifahrer in Hamburg durch und schrieb nebenher für Zeitschriften. Heute arbeitet er vor allem als freier Übersetzer, wenn er nicht gerade auf der Bühne steht und sich den Blues von der Seele singt. J. Ingwersens Kriminalromane zeichnen ein ungewohntes Bild der Nordseeinsel Sylt mit ihrer seltsamen Welt aus Naturgewalt und Massentourismus. Abseits gängiger Ferienfolklore treffen in *Schafsköpfen* friesische Freiheitskämpfer auf ahnungslose Pauschalurlauber, in *Falscher Hase* sucht ein Mann namens Asche vergeblich sein Glück in einem Kampener Luxushotel. Nichts ist, wie es scheint … Sylt von unten.

KRIMINALROMANE: 1996 Schafsköpfen, Aufbau 1160; 2000 Falscher Hase, Aufbau 1460
KRIM.-ERZ.: 1992 *Stein und Bein*, in: Haffmans Krimi-Jahresband; 1993 *Spargel*, in: Der Mörder packt die Rute aus, Hrsg. Leo P. Arnd, Grafit; 1994 Verwandte Seelen, in: Haffmans Krimi-Jahresband, Hrsg. Bernd Haffmans und Bernhard Matt, Heyne; 1996 *Speed King*, in: Der Mörder würgt den Motor ab, Hrsg. Leo P. Ard, Grafit; 1996 *Hart im Geben*, in: Haffmans Krimi-Jahresband, Hrsg. Gerd Haffmans u. Bernhard Matt, Heyne; 1997 *Big Benny*, in: Haffmans Krimi-Jahresband, Hrsg. Bernd Haffmans und Bernhard Matt, Heyne; 2003 *Letzte Worte*, in: Letzte Worte, Hrsg. Nadine Barth u. Stephanie Kriesel, Scherz; 2003 *Ein dicker Fisch*, in: Tod am Kai, Hrsg. Volker Albers, Rowohlt
ÜBERSETZUNGEN: Elmore Leonard, Michael Connelly, Ben Elton, Derek Raymond, David Goodis, Anne Perry, Conan Doyle, Joe Gores, Robert Ludlum, Howard Browne, Robert Crais, Dan Simmons u.v.a.
MITGLIED: Syndikat

Irnberger, Harald

Biografie: *24.8.1949 in Wolfsberg/Kärnten. H. Irnberger arbeitet seit 1967 hauptberuflich als Journalist und Schriftsteller. Von 1973–1976 war er Chefreporter der Wiener Tageszeitung KURIER, von 1977–1982 Chefredakteur der Zeitschrift EXTRABLATT in Wien und von 1983–1986 schließlich Chefredakteur der Zeitschrift DAS MAGAZIN. Darüber hinaus war H. Irnberger auch regelmäßig (1974–80) fürs österreichische Fernsehen ORF tätig. Seine Reportertätigkeit führte ihn nach Vietnam, Kambodscha und andere Gebiete Südostasiens sowie in den Libanon, den Iran, den Irak, Grenada, El Salvador, Honduras, Guatemala, Panama, Kuba und Nicaragua, wo er von 1986–1990 seinen Wohnsitz hatte. Seine Eindrücke und Erfahrungen aus dem Nahen Osten und Zentralamerika fasste H. Irnberger in verschiedenen Sachbüchern zusammen.

KRIMINALROMANE: 1990 Richtfest, Grafit Krimi 08; 1994 Stimmbruch, Grafit Krimi 41; 1995 Geil, Grafit Krimi 55; 1996 Das Schweigen der Kurschatten, Grafit Krimi 67; 1997 Ein Krokodil namens Wanda, Grafit Krimi 203; 2000 Toros y Toreros – Es gibt ein Leben vor dem Tod am Nachmittag, W. Eichbauer; 2001 Der Wolf, W. Eichbauer
SONSTIGE PUBL.: Zahlreiche Sachbücher, Satiren, Reportagen, Interviews, Theaterstücke, Drehbücher Satiren, Liedtexte sowie Features, Drehbücher und Dokumentationen fürs Fernsehen
KONTAKT: el_oso@airtel.net

Isari, Andrea

Pseud. für Andrea Richter
Biografie: *2.4.1954 in Koblenz am Rhein. A. Richter hat Rechtswissenschaften in Freiburg und München studiert. Nach dem 2. juristischen Staatsexamen absolvierte sie eine Ausbildung zur Journalistin. Sie war jahrelang als Korrespondentin für Politik und Wirtschaft in der ehemaligen Hauptstadt Bonn tätig. Zwischendurch lebte und arbeitete sie mehrere Jahre in Rio de Janeiro und Rom. Seit 2000 ist sie als freie Autorin hauptsächlich in Frankfurt am Main ansässig.

KRIMINALROMANE: 2003 Römische Affären, Piper, OA; 2004 Eine Arie für die Diva, Piper, OA
MITGLIED: Syndikat

Island, Bert F. → **Guenter, C. H.**

Izquierdo, Andreas
Pseud. für Andreas Schmitz
Biografie: *9.8.1968 in Euskirchen. A. Izquierdo wuchs als Sohn eines deutschen Ingenieurs und einer spanischen Krankenschwester in Iversheim (Nord-Eifel) auf. Nach dem Abitur begann er in Köln zu studieren, volontierte aber bald in einem kleinen Sportverlag und gehörte 1993 zu den Preisträgern eines Wettbewerbs für Nachwuchsjournalisten. 1995 veröffentlichte er mit *Der Saumord* seinen ersten Kriminalroman mit dem Protagonisten Jupp Schmitz, der Lokalreporter in dem mittleren Eifeldorf Dörresheim ist. A. Schmitz lebt als freier Autor in Köln.

KRIMINALROMANE: 1995 Der Saumord, Grafit Krimi 54; 1996 Das Doppeldings, Grafit Krimi 60; 1997 Jede Menge Seife, Grafit Krimi 72; 2000 Schlaflos in Dörresheim, Grafit Krimi 243
MITGLIED: Syndikat
KONTAKT: www.izquierdo.de

Jacques, Norbert

Biografie: *6.6.1880 in Luxemburg, †16.5.1954 in Koblenz. N. Jacques studierte in Bonn, war dann zuerst als Journalist in Hamburg tätig, später arbeitete er als freier Schriftsteller. Bis 1954 lebte er auf seinem Gut bei Linda, danach in Hamburg. Mit seiner Schöpfung des genial-wahnsinnigen Superverbrechers Dr. Mabuse in *Dr. Mabuse der Spieler* wurde N. Jacques schlagartig berühmt, wozu auch die Verfilmung des Stoffes durch Fritz Lang beitrug. Die Figur des Dr. Mabuse lebte in zahlreichen Verfilmungen fort.

KRIMINALROMANE: 1921 Dr. Mabuse, der Spieler, NA 1948 Vier Falken, 1960 rororo; 1950 Dr. Mabuses letztes Spiel, Roman eines Dämons, Hoffmann & Campe, 1950; 1996 Dr. Mabuse, der Spieler (mit einem Dossier zum Film von Fritz Lang, Filmbildern und faksimilierten Werbemitteln der Zeit, Zeichnungen von Theo Matejko und einem Essay von Günter Scholdt), Rowohlt, 1996; 1997 Mabuses Kolonie, (3 Romane), Rowohlt, 1997; 1998 Dr. Mabuse, der Spieler, (Jubiläumsausgabe mit zahlreichen Fotos und alten Anzeigen in Ausstattung und Format der Berliner Illustrirten Zeitung), Ullstein, 1998; Dr. Mabuse, Medium des Bösen, Hrsg. von Michael Farin und Günter Scholdt, Rogner und Bernhard bei Zweitausendeins
SONSTIGE PUBL.: Zahlreiche Reise- und Abenteuerromane, Novellen, Reisereportagen und Übersetzungen aus dem Englischen
FUNK: 1997 Dr. Mabuse, der Spieler, (Hörspiel, 52 Min., WDR), Bearbeitung: Michael Farin und Hans Schmid
FILM: 1922 Dr. Mabuse, der Spieler/Dr. Mabuse – Inferno des Verbrechens, (2 Teile, SW, zus. 127 Min.), Drehbuch: Fritz Lang und Thea von Harbou nach dem gleichnamigen Roman von N. Jacques, Regie: Fritz Lang, EA 27.4.1922 und 26.5.1922; 1933 Das Testament des Dr. Mabuse, (122 Min., SW, Deutschland), Drehbuch: Thea von Harbou nach dem Roman von N. Jacques, Regie: Fritz Lang; 1962 Das Testament des Dr. Mabuse, (90 Min., Deutschland), Drehbuch: Ladislas Fodor und Robert Adolf Stemmle basierend auf dem Drehbuch von Thea von Harbou nach dem Roman von N. Jacques, Regie: Fritz Lang, Remake, EA 7.9.1962: 1990 Dr. M., (116 Min., Frankreich/Deutschland/Italien), Drehbuch: Sallange Mitchell, Thomas Bauermeister und Claude Chabrol, basierend auf dem Roman *Dr. Mabuse, der Spieler* von N. Jacques, Regie: Claude Chabrol, EA Kino 24.5.1990
SONSTIGE PUBL.: 1998 Dr. Mabuse, der Spieler, Hörbuch. Bearbeitung: Michael Farin und Hans Schmid, Regie: Annette Kurth, Der Hör-Verlag, 1998

Jaeger, Henry

Pseud. für: Karl-Heinz Jaeger; weiteres Pseud.: Werner Scholl
Biografie: *29.6.1927 in Frankfurt/M., †4.2.2000 in Ascona. H. Jaeger wurde mit 15 zum Flakdienst eingezogen und als Fallschirmjäger eingesetzt. Nach Militärzeit und Kriegsgefangenschaft besuchte er Abendschulen, arbeitete tagsüber als Laborant und fasste den Entschluss, Arzt zu werden. Die Umstände verhinderten das, und H. Jaeger rutschte in die Kriminalität ab: 1955 wurde er wegen einer Serie von Raubüberfällen verhaftet und zu zwölf Jahren Zuchthaus verurteilt. Der Freiburger Gefängnispfarrer erwirkte für ihn eine Schreiberlaubnis und betraute ihn mit der redaktionellen Leitung der Gefangenenzeitung. Noch während seiner Haftzeit schrieb und veröffentlichte Jaeger seinen ersten Roman *Die Festung*. 1963 wurde er durch einen Gnadenerlass auf Bewährung entlassen. Während dieser Zeit arbeitete er als Volontär bei der Frankfurter Rundschau. H. Jaeger wurde schnell berühmt mit seinen frühen Büchern, wurde in zwanzig Sprachen übersetzt, verfilmt und ließ sich in Ascona in der Schweiz nieder.

KRIMINALROMANE: 1962 Die Festung, Desch, HC; 1963 Rebellion der Verlorenen, Desch, HC; 1964 Die bestrafte Zeit, Desch, HC; 1966 Das Freudenhaus, Rütten & Loening, HC; 1969 Der Club, Droemer, HC; 1971 Die Schwestern, Merlin HA; 1975 Nachruf auf ein Dutzend Gauner, C. Bertelsmann, HC; 1978 Unter Anklage, Heyne 5359; 1982 Amoklauf, Droemer, HC; 1995 Schnee, Herbig, HC
KRIM.-ERZ.: 1970 *Der Drehorgelmann*, (Erzählung), Arche, HC; 1978 Moses schießt ein Eigentor, (Stories, gem. mit Elke Jaeger), Heyne 5465; 1983 Auch Mörder haben kleine Schwächen, (Sto-

ries), Knaur 1039; 1987 Der Nachtportier oder Die Rache des Stellvertreters, (Stories), BrennGlas-Verlag
TV: 1966 Rebellion der Verlorenen, (Fernsehfilm), Drehbuch nach dem Roman *Die Festung* von H. Jaeger, Regie: Fritz Umgelter; 1967 Die bestrafte Zeit, (Fernsehfilm), Drehbuch nach dem Roman von H. Jaeger, Regie: Rolf Hädrich; 1983 Hellseher wider Willen, (Fernsehfilm, 4 Teile, je 46 Min., Bavaria für WWF), Drehbuch: Walter Weber, Wilfried Schröder, Hartmut Grund nach dem gleichnamigen Roman von H. Jaeger, Regie: Peter Weck
FILM: 1964 Verdammt zur Sünde, Drehbuch: Eberhard Kleindorff, Johanna Sibelius nach dem Roman *Die Festung* von H. Jaeger, Regie: Alfred Weidenmann; 1970 Das Freudenhaus, Drehbuch: Alfred Weidenmann nach dem gleichnamigen Roman von H. Jaeger, Regie: Alfred Weidenmann
SONSTIGE PUBL.: Zahlreiche Romane und Kurzgeschichten, die unter wechselnden Pseudonymen immer wieder in Publikumszeitschriften nachgedruckt wurden

Jaeger, Karl-Heinz → Jaeger, Henry

Jaeger, Mike
Sammelpseud. für die Romanreihe *Das Omega-Team*
Unter dem Autorennamen Mike Jaeger verfassen diverse deutsche Krimiautoren die Abenteuer des Omega-Teams nach den Exposés von Robert Brack und Peter Hetzel. Das Omega-Team ist eine aus drei Figuren bestehende private Ermittlergruppe, die gegen die organisierte Kriminalität kämpft.

KRIMINALROMANE: 1999 Feuervogel, (Autor: Peter Schmidt), rororo 43357; 1999 Killerviren, (Autor: Ingolf Behrens), rororo 43358; 1999 Höllenhunde, (Hartmut Mechtel), rororo 43359; 1999 Eurokiller, (Autoren: Karr & Wehner), rororo 43375; 2000 Sabotage, (Autor: Jürgen Alberts), rororo 43374

Jaeger, Mike → Alberts, Jürgen

Jahn, Reinhard → Karr, H. P.

Jánosa, Katalin
Biografie: 1968 in Krefeld. K. Jánosa wuchs im Ruhrgebiet auf. Nach dem Abitur studierte sie Jura und Sprachen in Augsburg, danach folgte ein Refendariat am Landgericht Bochum. Seit 1995 ist sie als Rechtsanwältin zugelassen, seit 1996 leitet sie eine eigene Kanzlei in Wetter an der Ruhr. Sie lebt mit Mann und Hund in Lüdenscheid.

KRIMINALROMANE: 1999 Die Leiche braucht noch einen Mörder, Bastei-Lübbe

Jans, Stephanie
Biografie: *1965. St. Jans studierte Germanistik in Hannover, danach Wirtschaftswissenschaften an der Fernuniversität Hagen. Sie war DTP-Mitarbeiterin bei einer Zeitung in Hannover, es folgten Ausflüge in Journalismus und Öffentlichkeitsarbeit. Seit 1986 publiziert sie, 1989 gründete sie einen eigenen Kleinverlag mit Autorenservice, in dem bisher mehrere Bücher und Kartenserien von niedersächsischen Autoren erschienen sind.

KRIM.-ERZ.: 1992 *Johannes*, in: Pyramidon. Gedichte und kurze Geschichten, Verlag Stephanie Jans; 2004 *Unternehmen Blind Date*, in: Danke, daß niemand geschwiegen hat, Verlag Stephanie Jans
MITGLIED: SinC; Gruppe Poesie, Hannover; VS; GEDOK; Autorenkreis Plesse
KONTAKT: www.lyriklandschaft.de

Jaumann, Bernhard
Biografie: 8.6.1957 in Augsburg. B. Jaumann studierte an der Universität in München. Unterbrochen von längeren Auslandsaufenthalten in Italien, Australien und Mexico-Stadt, arbeitete er als Gymnasiallehrer in Bad Aibling. Von 1997 bis 2002 schrieb er eine Krimiserie, deren einzelne Bände jeweils einen der fünf Sinne zum Thema haben und in einer anderen Metropole spielen. Für *Saltimbocca* wurde er mit dem Glauser-Preis 2003 ausgezeichnet. Zurzeit lebt er in Rosenheim und in einem Dorf in den italienischen Marken, in dem auch sein neuer Roman angesiedelt ist.

KRIMINALROMANE: 1998 Hörsturz, Aufbau TB 1506; 1999 Sehschlachten, Aufbau TB 1505; 1999

Handstreich, Aufbau TB 1507; 2001 Duftfallen, Aufbau TB 1508; 2002 Saltimbocca, Aufbau TB; 2005 Die Vipern von Montesecco, Gustav Kiepenheuer Verlag, HC
PREISE: 2003 Glauser-Preis für *Saltimbocca*
MITGLIED: Syndikat
KONTAKT: bjaumann@hotmail.com

Jaun, Sam

Biografie: *1935 in Wyssachen/Kanton Bern in der Schweiz. S. Jaun wuchs als Sohn eines evangelischen Predigers auf. Verschiedene Berufe. Nach dem Abitur auf dem zweiten Bildungsweg studierte er Latein und Germanistik und arbeitete anschließend als Lehrer für Deutsch und Latein. Danach war er Beauftragter für kulturelle Fragen der Stadt Bern. Seit 1978 arbeitet S. Jaun als freischaffender Übersetzer und Schriftsteller und lebt abwechselnd in Berlin und Bern.

KRIMINALROMANE: 1983 Der Weg zum Glasbrunnen, Heyne 2058; 1986 Die Brandnacht, Benziger, HC; 2000 Fliegender Sommer, Cosmos, HC; 2004 Die Zeit hat kein Rad, Cosmos, HC
FUNK: 1983 Die Schweigeminute, (Radio DRS/ SFB); 1989 Die Eisprinzessin, (SWF)
FILM: 1991 Brandnacht, (Fernsehfilm, 90 Min., ZDF), Drehbuch: Rosemarie Fendel und Markus Fischer nach dem gleichnamigen Roman von S. Jaun, Regie: Markus Fischer, EA 3.3.1996 ZDF
SONSTIGE PUBL.: Weitere Romane, Lyrik, dramatische Arbeiten, Erzählungen und Kriminalhörspiele
PREISE: 1982 Krimipreis der deutschen Autoren (Heyne Verlag) für das Manuskript von *Der Weg zum Glasbrunnen*; 1987 Glauser-Preis für *Die Brandnacht*; 2001 Deutscher Krimi-Preis für *Fliegender Sommer*
MITGLIED: Syndikat

Jensen, Carla → Barkawitz, Martin

Jessen, Klaus

Biografie: *20.6.1964 in Kiel. † 29.1.2002. Nach einer Lehre als Elektroinstallateur begann K. Jessen bei der Justizvollzugsanstalt Kiel eine zweite Ausbildung. Nach verschiedenen Tätigkeiten im Jugendstrafvollzug, offenen Jugendvollzug und offenen Erwach-

senenvollzug in Kiel, Neumünster und Flensburg wechselte er 1997 in die JVA Flensburg. Neben seiner beruflichen Tätigkeit begann er 1996 zu schreiben.

KRIMINALROMAN: 2002 Mord liegt über der Flensburger Förde, Dr. Bachmaier Verlag
KRIM.-ERZ.: 1999 Kurz und schmerzlos – Morde und andere Kleinigkeiten für unterwegs, 40 Kurzkrimis, gem. mit Leif Boysen, Dr. Bachmaier Verlag; 2000 Heirate mich oder stirb ... und diverse andere Gründe, ein Verbrechen zu begehen, Dr. Bachmaier Verlag; 2001 Nicht ganz wasserdicht – gute Pläne und schlechte Alibis, 22 Kurzkrimis, Dr. Bachmaier Verlag

Junge, Reinhard

Biografie: *22.10.1946 in Dortmund. R. Junge lebt in Bochum und arbeitet dort als Lehrer. In der so genannten *Ekel*-Trilogie mit den Romanen *Das Ekel von Datteln*, *Das Ekel schlägt zurück* und *Die Waffen des Ekels* entfachten Junge und sein Co-Autor Leo P. Ard im Ruhrgebiet mehrere Provinzskandale, weil sie lokale und regionale Politiker als handelnde Figuren in ihre Kriminalgeschichten eingebaut hatten.

KRIMINALROMANE: 1985 Klassenfahrt, Weltkreis, NA Grafit; 1987 Bonner Roulette, (gem. mit Leo P. Ard) Weltkreis, NA Grafit; 1988 Das Ekel von Datteln, (gem. mit Leo P. Ard), Pahl-Rugenstein, NA Grafit; 1990 Das Ekel schlägt zurück, (gem. mit Leo P. Ard), Grafit; 1991 Die Waffen des Ekels, (gem. mit Leo P. Ard), Grafit; 1992 Meine Niere, deine Niere, (gem. mit Leo P. Ard), Grafit; 1995 Der Witwenschüttler, (gem. mit Leo P. Ard), Grafit; 1996 Totes Kreuz, Grafit; 1998 Straßenfest, Grafit; 2002 Glatzenschnitt, Grafit
KRIM.-ERZ.: 1989 *Planstelle frei*, in: Die Meute von Hörde, Hrsg. Leo P. Ard u. a., Grafit; 1991 *Attentat*, in: Heyne-Krimi-Jahresband 1991, Heyne Verlag; 1992 *Good-bye Brundhilde*, in: Good bye, Brunhilde, Hrsg. Leo P. Ard u. a., Grafit; 1994 Die Schlange, in: Der Mörder schwänzt den Unterricht, Hrsg. Leo P. Ard, (Schulkrimis), Grafit; 1995 *Betriebskosten*, in: Der Mörder bittet zum Diktat, (Bürokrimis), Hrsg. Leo P. Ard, Grafit; 2000 *Advent, Advent*, in: Der Pott kocht, Hrsg. H. P. Karr und Walter Wehner, Arka-Verlag; 2002 *Löhnen in Bönen*, in: Mord am Hellweg,

Hrsg. H. P. Karr, Jürgen Kehrer u. Herbert Knorr, Grafit; *2004 Stöhnen in Bönen*, in: Mehr Morde am Hellweg, Hrsg.: H. P. Karr und Herbert Knorr, Grafit; 2004 *Der Tangomord von Duisburg*, in: Mord unter Kopfweiden, Hrsg. Ina Coelen u. Ingrid Schmitz, Leporello

FUNK: 1992 Mord in der Stadthalle, Mitratekrimi in 5 Folgen, (Hörspiel, WDR II); 1993 Toter Hering, Mitratekrimi in 6 Folgen, (Hörspiel, Ruhrwelle Bochum)

SONSTIGE PUBL.: 1971 Barras-Report. Tagebuch einer Dienstzeit, Weltkreis-Verlag; vier Sachbücher zum Problem der Neonazis (gem. mit Jürgen Pomorin und anderen Autoren); 1991 *Klassenfahrt*. Rockkrimi, Musik: Synchron (Hagen)

MITGLIED: Syndikat

KONTAKT: jungebo@reinhard-junge.de

Juretzka, Jörg

Biografie: J. Juretzka arbeitet als Roman- und Drebuchautor und wohnt in Mülheim/Ruhr.

KRIMINALROMANE: 1998 Prickel, Rotbuch Krimi 1091; 2000 Sense, rotbuch Krimi 1109; 2001 Der Willy ist weg; Rotbuch Krimi 1118; 2001 Enzian, (gem. mit Roger Fiedler), BoD; 2002 Fallera, Rotbuch Krimi 1125; 2003 Equinox, Ullstein 25684; 2004 Wanted, Ullstein 25895

PREISE: 1998 Deutscher Krimi-Preis für *Prickel*; 2002 Deutscher Krimi-Preis für *Der Willy ist weg*

Kaffke, Silvia

Biografie: *6.6.1962 in Duisburg. S. Kaffke studierte Publizistik und Germanistik. Sie arbeitete als wissenschaftliche Mitarbeiterin beim Filmforum in Duisburg, als Texterin, Lektorin und als Sekretärin. Sie lebt in Duisburg.

KRIMINALROMANE: 2000 Messerscharf, Fischer 14489; 2002 Herzensgut, Fischer 15674; 2005 Hotel Terminus (Kettenroman, gem mit Regula Venske, H.P. Karr, Edith Kneifl, Ralf Kramp, Christine Lehmann, Birgit H. Hölscher, Horst Eckert, Roger M. Fiedler, Peter Zeindler, Jürgen Alberts und Walter Wehner), Aufbau, OA; 2005 Totenstill, KBV
TV: Messerscharf – Tödliche Wege der Liebe, (Fernsehfilm, 90 Min., SAT 1), Drehbuch: Britta Stöckle nach dem gleichnamigen Roman von Silvia Kaffke, Regie: Angeliki Antoniou
PREISE: 2000 Kulturförderpreis für Literatur der Landeshauptstadt Düsseldorf
MITGLIED: Syndikat
KONTAKT: SilviaK@rp-plus.de

Kaltwasser, Vera

Biografie: *1952 in Freiburg. V. Kaltwasser studierte Germanistik, Anglistik und Pädagogische Psychologie und wurde Gymnasiallehrerin. Aus Interesse an dem Gebiet der Persönlichkeitsentwicklung machte sie zusätzliche Ausbildungen in Theaterpädagogik, Psychodrama (Supervision) und Qi Gong. Die praktische Lehrtätigkeit verbindet sie seit vielen Jahren mit schriftstellerischer Arbeit (freie Mitarbeit beim HR, Fachautorin). V. Kaltwasser lebt in Frankfurt am Main.

KRIMINALROMANE: 1994 Mango Chutney, FFM
KRIM.-ERZ.: 2004 *Du innig Rot bis in den Tod*, in: Tatorte Hessen
SONSTIGE PUBL.: Literarische Features für HR 2; 2002 *Der sanfte Weg zum Nicht-Rauchen*, Hermann Bauer-Verlag; fachwissenschaftliche Texte (Praxis Deutsch, Pädagogik, Der Fremsprachliche Unterricht u.v.m.)
MITGLIED: Syndikat
KONTAKT: Vkaltwasse@aol.com;
www.Vera-kaltwasser.de

Kampmann, Renate

Biografie: *3.3.1953 in Dortmund. R. Kampmann war Fremdsprachenkorrespondentin, sowie Dramaturgie-Assistentin bei Peter Zadek in Bochum und Assistentin des Schauspieldirektors in Kiel und Produktionssekretärin beim NDR in Hamburg. Nach einem Studium der Germanistik und Geschichte arbeitete sie als freie Journalistin in Hamburg, als Assistentin der Geschäftsführung des Gustav Kiepenheuer Bühnenvertriebs in Berlin, als Dramaturgin bei NDR-International sowie als Redakteurin beim NDR-Hörspiel. Als TV-Producerin bei der Studio Hamburg Produktion entwickelte sie die erfolgreiche RTL-Serie *Doppelter Einsatz*, produzierte drei Staffeln und schrieb zwölf Drehbücher für die Serie. Seit 1995 arbeitet sie als freie Autorin.

KRIMINALROMANE: 2001 Die Macht der Bilder, Haffmans, HC; 2004 Im Schattenreich, Kindler Verlag, HC
TV: 1994 Doppelter Einsatz: Schichtwechsel, (Serienepisode, 50 Min., RTL), Drehbuch: R. Kampmann, Michael Arnal und Xao Seffcheque, Regie: Peter Keglevic, EA 20.9.1994 RTL; 1994 Doppelter Einsatz: Kleine Fische, (Serienepisode, 50 Min., RTL), Drehbuch: R. Kampmann, Michael Arnal und Xao Seffcheque, Regie: Peter Keglevic, EA 27.9.1994 RTL; 1994 Doppelter Einsatz: Falsche Freunde, (Serienepisode, 50 Min., RTL), Drehbuch: R. Kampmann, Michael Arnal und Xao Seffcheque, Regie: Peter Keglevic, EA 4.10.1994 RTL; 1994 Doppelter Einsatz: Der schöne Igor, (Serienepisode, 50 Min., RTL), Drehbuch: R. Kampmann und Christoph Gottwald, Regie: Markus Bräutigam, EA 6.11.1994 RTL; 1994 Doppelter Einsatz: Blutiger Schnee, (Serienepisode, 50 Min., RTL), Drehbuch: R. Kampmann nach einer Idee von Rainer Hunold, Regie: Kai Wessel, EA 20.12.1994 RTL; 1995 Doppelter Einsatz: Der unbekannte Feind, (Serienepisode, 50 Min., RTL), Drehbuch: R. Kampmann, Regie: Michael Knof, EA 24.10.1995 RTL; 1996 Doppelter Einsatz: Kinder des Saturn, Serienepisode, 50 Min., RTL), Drehbuch: R. Kampmann, Regie: Michael Werlin, EA 9.1.1996 RTL; 1996 Doppelter Einsatz: Tod eines Taxifahrers, (Serienepisode, 50 Min., RTL), Drehbuch: R. Kampmann, Regie: Hans Schönherr, EA 8.10.1996 RTL; 1996 Doppelter Einsatz: Weihnachtsüberraschung, (Serienepisode, 50 Min., RTL), Drehbuch: R. Kampmann, Regie: Georg Schiemann, EA 17.12.1996; 1997

Doppelter Einsatz: Daniel verschwindet, (Serienepisode, 50 Min., RTL), Drehbuch: R. Kampmann, Regie: Thomas Jauch, EA 7.1.1997; 1997 Doppelter Einsatz: Tödliche Verwechslung, (Serienepisode, 50 Min., RTL), Drehbuch: R. Kampmann, Regie: Michael Knof, EA 21.1.1997; 1997 Doppelter Einsatz: Julias Baby, (Serienepisode, 50 Min., RTL), Drehbuch: R. Kampmann, Regie: Dror Zahavi, EA 11.2.1997; 1997 Alarm für Cobra 11 – die Autobahnpolizei: Rache ist süß, (Serienepisode, 50 Min., RTL), Drehbuch: R. Kampmann, Regie: Pete Ariel, EA 18.11.1997; 1997 Alarm für Cobra 11 – die Autobahnpolizei: Die verlorene Tochter, (Serienepisode, 50 Min., RTL), Drehbuch: R. Kampmann, Regie: Robert Sigl, EA 15.4.1997; 1998 Soko 5113: Brandmal, (Serienepisode, 45 Min., ZDF), Drehbuch: R. Kampmann, Regie: Carl Lang, EA 25.11.1998; 1998 Soko 5113: Der Sündenbock, (Serienepisode, 45 Min., ZDF), Drehbuch: R. Kampmann, Regie: Carl Lang, EA 2.12.1998 ZDF; 1999 Soko 5113: Blutige Spur, (Serienepisode, 45 Min., ZDF), Drehbuch: R. Kampmann, Regie: Stefan Klisch, EA 6.1.1999; 1999 Drei mit Herz: Die Renovierung, (Serienepisode, 50 Min., ARD), Drehbuch: R. Kampmann, Regie: Käthe Kratz, EA 16.3.1999 ARD; 1999 Drei mit Herz: Irrungen und Wirrungen, (Serienepisode, 50 Min., ARD), Drehbuch: R. Kampmann, Regie: Martin Gies, EA 30.3.1999 ARD; 1999 Drei mit Herz: Das erste Mal, (Serienepisode, 50 Min., ARD), Drehbuch: R. Kampmann, Regie: Martin Gies, EA 20.4.1999 ARD; 1999 Drei mit Herz: Vater und Tochter, (Serienepisode, 50 Min., ARD), Drehbuch: R. Kampmann, Regie: Martin Gies, EA 27.4.1999 ARD; 2000 Soko 5113: Plötzlich und unerwartet, (Serienepisode, 45 Min., ZDF), Drehbuch: R. Kampmann, Regie: Bodo Schwarz, EA 3.5.2000; 2000 Soko 5113: Der Mann des Jahres, (Serienepisode, 45 Min., ZDF), Drehbuch: R. Kampmann, Regie: Peter Adam, EA 27.9.2000; 2001 Soko 5113: Besessen, (Serienepisode, 45 Min., ZDF), Drehbuch: R. Kampmann, Regie: Zbynek Cerven, EA 17.10.2001; 2001 Bella Block: Bitterer Verdacht, (Serienfilm, 90 Min., ZDF), Drehbuch: R. Kampmann, Regie: Dagmar Hirtz, EA 10.11.2001; 2002 SOKO 5113: Henkersmahlzeit, (Serienepisode, 45 Min., ZDF), Drehbuch: Renate Kampmann, Regie: Bodo Schwarz, EA 15.5.2002 ZDF; 2002 Davon stirbt man nicht, (Fernsehfilm, 90 Min., ZDF), Drehbuch: Renate Kampmann, Regie: Christine Hartmann, EA 31.10.2002 ZDF; 2002 Großstadtrevier: Königskinder, (Serienepisode, 48 Min., ARD), Drehbuch: R. Kampmann, Regie Christian Stier, EA 8.4.2002 ARD; 2003 Großstadtrevier: Auf der Lauer, (Serienepisode, 48 Min., ARD), Drehbuch: R. Kampmann, Regie: Lars Jessen, EA 24.2.2003 ARD; 2003 Ein starkes Team: Das große Schweigen, (Serienfilm, 90 Min., ZDF), Drehbuch: Renate Kampmann, Regie: Maris Pfeiffer, EA 27.9.2003, ZDF; 2003 Das Duo: Stiller Tod, (Serienfilm, 90 Min., ZDF), Drehbuch: Renate Kampmann, Regie: Peter Fratzscher, EA 8.3.2003 ZDF; 2004 Sanft entschlafen, (Fernsehfilm nach einer Romanvorlage von Donna Leon, 90 Min., ARD), Drehbuch: R. Kampmann, Regie: Siegried Rothemund, EA 28.10.2004 ARD; 2004 SOKO 5113: Eine alte Rechnung, (Serienepisode, 48 Min., ZDF), Drehbuch: R. Kampmann, Regie: Jörg Schneider, EA 23.11.2004 ZDF
MITGLIED: SinC; Syndikat
KONTAKT: Renate.Kampmann@t-online.de

Karelin, Victor → Michalewsky, Nikolai von

Karr, H(anns) P(eter)

Pseud. für: Reinhard Jahn
Biografie: *19.10.1955 in Saalfeld/Thüringen. H. P. Karr studierte Publizistik, Germanistik, Anglistik und arbeitete neben- und nacheinander als Reporter, Redakteur, freier Schriftsteller und Journalist. Er schrieb mehrere Jugendkrimis, zahlreiche Kriminalstorys und Kriminalhörspiele und Kriminalromane. Er gehört zu den Mitbegründern das Bochumer Krimi Archivs, das als Informationssammelstelle für alles, was mit Kriminalliteratur zu tun hat fungiert und alljährlich die Vergabe des Deutschen Krimi Preises organisiert. Seit 1988 schreibt H. P. Karr gelegentlich gemeinsam mit Walter Wehner gemeinsam Kriminalerzählungen, Großstadtgeschichten und Hörspiele.

KRIMINALROMANE: 1979 STOP der Juwelenbande, Franz Schneider; 1981 STOP den Falschmünzern, Franz Schneider; 1985 Beziehungsweise Mord, Mülheim/R; 1991 Mord! Krimis zum Selberlösen, rororo 8908; 1992 Das Morden geht weiter, rororo 8917; 1994 Geierfrühling, (gem. mit Walter Wehner), Haffmans, HC; 1995 Rattensommer, (gem. mit Walter Wehner), Haffmans, HC; 1996 Blutiger

Sommer, (gem. mit Walter Wehner), Henselowsky Boschmann, HC; 1997 Tödliche Bücher, (gem. mit Walter Wehner), literacard, Delius; 1997 Hühnerherbst, (gem. mit Walter Wehner), Haffmans, HC; 1997 Mord ist nichts für Männer, Econ 25161; 1998 Eine böse Überraschung, (Kettenroman, gem. mit Gisbert Haefs, Frank Göhre, Janwillem van de Wetering, D. B. Blettenberg, Uta-Maria Heim, Jürgen Alberts, Helmut Ziegler, Peter Zeindler, Gunter Gerlach, Peter Schmidt, Robert Lynn, -ky, Tatjana Kruse, Robert Brack, Daniel Douglas Wissmann, Frank Goyke, Regula Venske, Thea Dorn, Georg M. Oswald, Ann Camones, Hartmut Mechtel, Virginia Doyle und Norbert Klugmann), rororo 43296; 1999 Doppelt gewinnt, (gem. mit Barbara Hölscher), Econ-List 25252; 1999 Bullenwinter, (gem. mit Walter Wehner), Haffmans, Raben Krimi 8, HC; 2000 Das John Lennon-Komplott, (Jugendkrimi, gem. mit Walter Wehner), VdC

2000 Das Gipfeltreffen, (Kettenroman, gem. mit Doris Gercke, Ingrid Noll, Edith Kneifl, Regula Venske, Frank Göhre, Gisbert Haefs, Robert Hültner und Jürgen Alberts), Heyne, HC; Hotel Terminus (Kettenroman, gem mit Regula Venske, Silvia Kaffke, H.P. Karr, Edith Kneifl, Ralf Kramp, Christine Lehmann, Birgit H. Hölscher, Horst Eckert, Roger M. Fiedler, Peter Zeindler, Jürgen Alberts und Walter Wehner), Aufbau, OA

KRIM.-ERZ.: 1992 Berbersommer, (gem. mit Walter Wehner), A4-Verlag; 2000 Rätselkrimis zum Selberlösen, VPM, HC; 2001 Noch mehr Ratekrimis zum Selberlesen, VPM, HC; 2002 Ratekrimis für Kinder und Jugendliche, Moewig, HC; 2002 Mord am Hellweg, (Hrsg. gem. mit Jürgen Kehrer und Herbert Knorr), (Stories), Grafit 271; Mehr Morde am Hellweg, (Hrsg. gem. mit H. Knorr), (Stories), Grafit 252

FUNK: (Länge jeweils 15 Min., wo nicht anders angegeben) 1979 Der Mord, der ein Mord war, (SR); 1979 Die weiße Nacht, (55 Min., SWF); 1979 Totes Kapital, (45 Min., WDR); 1979 Unerkannt, (55 Min., SWF); 1980 Lebenslänglich, (45 Min., HR); 1981 Höhenflug, (45 Min., WDR); 1982 Finale in Frankfurt, (45 Min., HR); 1983 Eine glatte halbe Million, (HR); 1983 Flucht in die Freiheit, (HR); 1983 Tante Mabel schläft, (HR/BR 1987); 1983 Von Mord war nie die Rede, (HR); 1984 Dexter ermittelt, (SR); 1984 Die Affäre Nassauer, (20 Min., NDR); 1984 Die Miete im Keller, (HR); 1984 Dies ist ein Überfall, (20 Min., WDR); 1984 Mordfall Grüne Leiche, (HR); 1984 Schneewittchen, (50 Min., HR); 1984 Zwischen-

bericht, (45 Min., HR); 1985 Der gute alte David, (HR); 1985 Der Zweck heiligt die Mittel, (HR); 1985 Dreimal ist kein Zufall, (HR; SDR 1987); 1985 Mord verdirbt die Preise, (HR); 1985 Mrs Pinkerton hat einen Verdacht, (SR); 1985 Pourquoi Madame Robinson est-elle morte?, (Radio Suisse Romande, 55 Min.); 1985 Sag mir, wo die Mörder sind, (HR); 1985 Sag mir, wo die Mörder sind, (SDR/HR 1985); 1985 Zeitz gibt gute Tips, (HR); 1986 Das Geheimnis des alten Cesare, (SDR); 1986 Das Haus am Waldrand, (SDR); 1986 Das Mädchen mit den goldenen Augen, (SDR); 1986 Ein Ding für Theodor, (SDR); 1986 Frauen sind unberechenbar, (SDR); 1986 Henry Hertz weiß sich zu helfen, (SDR); 1986 Ich versichere Sie, (HR); 1986 In der Höhle des Löwen, (SDR); 1986 Schach zu dritt, (SDR); 1987 Brents Bluff, (SDR); 1987 Das Haus des Don Alvarez, (SDR); 1987 Der Zauber der Mrs Ballentine, (SDR); 1987 Die Dame zwei Tische weiter, (BR); 1987 Frau am Steuer, (SDR); 1987 Sicher ist sicher, (SDR); 1987 Zahn um Zahn, (SDR); 1987 Zucker für den Haifisch, (SDR); 1988 Das Mädchen mit den goldenen Augen, (SDR); 1988 Gewissheit für Monsieur Antoine, (SDR); 1988 Herz aus Glas, (SDR); 1988 Mit den Waffen einer Frau, (SDR); 1988 Wie du mir ..., (SDR); 1989 Keinen Pfennig für die Witwe, (SDR); 1989 Kennziffer 777, (SDR); 1989 Mord mit doppeltem Boden, (SDR); 1989 Sag die Wahrheit, Schwester, (SDR); 1989 Tod eines Herzensbrechers, (SDR); 1989 Victor, der Millionendieb, (SDR); 1989 Zeit ist Mord, (SDR); 1990 Blaubarts letzter Fehler, (SDR); 1990 Der Erbe von MacKendrick Castle, (SDR); 1990 Jeder hat nur eine Chance, (SDR); 1990 Polizeifunk, (SDR); 1990 Sommerfreuden, (SDR); 1991 Charlies letzter Tip, (SDR); 1992 Straße frei, (gem. mit Walter Wehner, 50 Min., WDR/BR); 1992 Berberstar, (gem. mit Walter Wehner, 15 Min., ORB); 1993 Siebzehn gewinnt, (gem. mit Walter Wehner, RB 50 Min.); 1993 Das Arrangement, (15 Min., HR); 1994 Scrabble, (45 Min., BR); 1994 Schlüsselfahrt, (gem. mit Walter Wehner, 50 Min., SFB/BR); 1994 Schöner sterben, (gem. mit Walter Wehner, 50 Min., WDR); 1995 Haste was in Aussicht, (gem. mit Walter Wehner, 50 Min., WDR).; 1996 Auf dem Höhepunkt mußt du aufhörn, (gem. mit Walter Wehner, 60 Min., WDR); 1996 Immer wieder aufstehen, (gem. mit Walter Wehner, 60 Min., WDR); 1998 Cash and Carry, (gem. mit Barbara Hölscher, 50 Min., WDR); 1999 Das römische Siegel, (6 Teile, total ca. 20 Min.,

WDR); 1999 *Graceland*, (gem. mit Walter Wehner, 45 Min., MDR); 2000 *Die schwarze Serie*, (5 Teile, 30 Min., WDR); 2001 *Die schwarze Serie II – Das Kohle-Komplott*, (5 Teile, 30 Min., WDR); 2002 *Die schwarze Serie III – Das goldene Tor*, (5 Teile, 30 Min., WDR); *Formel 4000 – Benzin, Adrenalin, Maskulin*, (6 Teile, 15 Min., WDR)
SONSTIGE PUBL.: 1992 Lexikon der deutschen Krimiautoren, Edition Softcrime Bochum; 1998–2002 Lexikon der deutschen Krimiautoren (Internet-Edition)
Preise gem. mit Walter Wehner: 1988 Walter-Serner-Preis für *Nachtfahrt;* 1989 Literaturpreis der Stadt Aachen/Walter-Hasenclever-Preis für *Angela, mein Engel;* 1989 Literaturpreis Ruhrgebiet (Förderpreis) für *Berbersommer;* 1996 Glauser-Preis für *Rattensommer;* 2000 Literaturpreis Ruhrgebiet
MITGLIED: Syndikat
KONTAKT: krimijahn@compuserve.de; homepages.compuserve.de/krimijahn

Kastura, Thomas

Biografie: *14.9.1966 in Bamberg. Th. Kastura hat Germanistik und Geschichte studiert und arbeitete als Kulturjournalist und Dozent. Seit 1998 schreibt er Kriminalromane, Kriminalerzählungen und Sachbücher. Th. Kastura lebt in Bamberg.

KRIMINALROMANE: 2002 *Die letzte Lüge*, Goldmann 45295; 2002 *Epsteins Nacht*, Roman zum Film, Ullstein 25274; 2004 *Der rote Punkt*, Goldmann 45481
KRIM.-ERZ.: 2002 *Alles Glück*, in: Sonnige Zeiten, Hrsg. Maria Dürig u. Barbara Heinzius, Goldmann; 2002 *Freigang*, in: Spuren im Schnee, Hrsg. Iris Grädler, Bertelsmann Club
SONSTIGE PUBL.: Sachbücher, Erzählungen, wissenschaftliche Beiträge
MITGLIED: Syndikat
KONTAKT: www.thomaskastura.de

Kawaters, Corinna

Biografie: *1953. C. Kawaters studierte Soziologie und arbeitete als Beraterin bei Pro Familia in Düsseldorf und gelegentlich als Ruhrgebietskorrespondentin der TAZ. Sie lebt in Leipzig. Ihr Erstling *Zora Zobel findet die Leiche* wurde nach seiner Veröffentlichung 1984 zu einem Szene-Bestseller und ist ein Vorläufer des so genannten Frauen-Krimis, der in späteren Jahren populär wurde.

KRIMINALROMANE: 1984 Zora Zobel findet die Leiche, Zweitausendeins; 1986 Zora Zobel zieht um, Focus; 2001 Zora Zobel auf Abwegen, Espresso 919

Kehrer, Jürgen

Biografie: *21.1.1956 in Essen. J. Kehrer lebt in Münster. Er ist Diplompädagoge und arbeitete als Journalist und Herausgeber eines Stadtmagazins. 1990 debütierte er mit *Und die Toten läßt man ruhen* im Krimigenre. Seine Kriminalromane um den Privatdetektiv Georg Wilsberg, in denen lokalpolitische Verstrickungen meist eine Rolle spielen, wurden für das Fernsehen entdeckt und weiterentwickelt. Bei der Drehbucharbeit zu *Wilsberg und der Mord ohne Leiche* arbeiteten die Redaktion und der Autor im Rahmen des *escript*-Projektes des ZDF auf einer Internetplattform mit Zuschauern zusammen, die sich mit Vorschlägen und eigenen Entwürfen an der Drehbucherstellung beteiligten.

KRIMINALROMANE: 1990 Und die Toten läßt man ruhen, Grafit Krimi 96; 1991 In alter Freundschaft, Grafit Krimi 20; 1992 Gottesgemüse, Grafit Krimi 26; 1993 Killer nach Leipzig, Grafit Krimi 33; 1993 Kein Fall für Wilsberg, Grafit Krimi 39; 1994 Wilsberg und die Wiedertäufer, Grafit Krimi 47; 1995 Schuß und Gegenschuß, Grafit Krimi 51; 1995 Mord in Münster, Waxmann; 1995 Spinozas Rache, Grafit Krimi 58; 1996 Bären und Bullen, Grafit Krimi 65; 1996 Schande von Münster, Waxmann; 1997 Das Kappenstein-Projekt, Grafit Krimi 73; 1997 Das Schapdetten-Virus, Grafit Krimi 205; 1997 Tod im Friedenssaal, Waxmann; 1998 Irgendwo da draußen, Grafit Krimi 208; 1998 Der Minister und das Mädchen, Grafit Krimi 216; 1998 Das Geheimnis der Tulpenzwiebel – Freigraf Ketlers zweiter Fall, Waxmann; 1999 Vorbildliche Morde, Grafit Krimi 226; 1999 Mord im Dom: eine Kriminalgeschichte aus der Zeit Karls des Großen, Waxmann; 2000 Wilsberg und die Schloss-Vandalen, Grafit Krimi 237; 2001 Der Kaufmann und die Tempelritter, Waxmann; 2001 Wilsberg isst vietnamesisch, Grafit Krimi 262; 2002 Wilsberg und der tote Professor, Grafit 272; 2003 Wilsberg und die Malerin, Grafit 280

KRIM.-ERZ.: 2002 *Mord am Hellweg*, (Hrsg. gem. mit H. P. Karr und Herbert Knorr), (Stories), Grafit 271
TV: 1995 Und die Toten läßt man ruhen, (Fernsehfilm, 90 Min., ZDF), Drehbuch: Heidi Stroh und Dorothea Neukirchen nach dem gleichnamigen Roman von J. Kehrer, Regie: Dorothea Neukirchen, EA 20.2.1995 ZDF; 1998 In alter Freundschaft, (Fernsehfilm, 90 Min., ZDF), Drehbuch: Bernd Schadewald nach dem gleichnamigen Roman von J. Kehrer, Regie: Dennis Satin, EA 25.5.1998 ZDF; 2001 Wilsberg und der Mord ohne Leiche, (Fernsehfilm, 90 Min., ZDF), Drehbuch: J. Kehrer, Regie: Dennis Satin, EA 3.2.2001 ZDF; 2001 Wilsberg und der Schuss im Morgengrauen, (Fernsehfilm, 90 Min., ZDF), Drehbuch: J. Kehrer nach seinem Roman *Das Kappenstein-Projekt*, Regie Dennis Satin, EA 20.10.2001 ZDF; 2002 Wilsberg: Der Minister und das Mädchen, (Fernsehfilm, 90 Min., ZDF), Drehbuch: Jürgen Kehrer und Dennis Satin nach dem gleichnamigen Roman von Jürgen Kehrer, Regie: Dennis Satin, EA 14.2.2004 ZDF
MITGLIED: Syndikat, VS
KONTAKT: Kehrer-Juergen@t-online.de

Keiler, Johann Albrecht → Albrecht, Johannes

Keiser, Gabriele
Pseud. für: Gabriele Korn-Steinmetz
Biografie: *4.2.1953 in Kaiserslautern. G. Korn-Steinmetz ist gelernte Apothekenhelferin. In Marburg besuchte sie das Abendgymnasium und absolvierte das Abitur. Anschließend studierte sie amerikanische, englische und deutsche Literaturwissenschaft in Heidelberg und Marburg. Es folgten längere Auslandsaufenthalte in Seattle/Washington, in Lille/Frankreich und in Wien. G. Korn-Steinmetz ist auch als Rezensentin und Kulturjournalistin tätig und lebt in Andernach am Rhein. Seit 2003 publiziert G. Korn-Steinmetz auch gemeinsam mit ihrem Schreibpartner Wolfgang Polifka Kriminalromane unter dem Pseudonym Lea Wolf (s.d.)

KRIMINALROMANE: 1998 Mördergrube, Reclam Leipzig 1638

KRIM.-ERZ.: 2003 Lust am Morden (Stories) Kontrast; 2003 *Felicitas – die Glückliche*, in: Mörderische Mitarbeiter, Scherz; 2003 *Kommet, ihr Hirten*, in: Leise rieselt der Schnee …, Hrsg. Gisa Klönne, Ullstein; 2003 *Fleischeslust* in: Mords-Appetit, Hrsg. Ina Coelen u. Ingrid Schmitz, Leporello; 2003 *Weiße Madonna*, in: Tödliche Touren, Hrsg. Ina Coelen u. Ingrid Schmitz, Leporello; 2004 *Der Engel von Himmelsroth*, in: Tatort Kanzel, Hrsg. Tatjana Kruse u. Billie Rubin, Wittig; 2004 *Die Räuberin vom Xantener Forst*, Mord unter Kopfweiden, Hrsg. Ina Coelen u. Ingrid Schmitz, Leporello
SONSTIGE PUBL.: Zahlreiche Artikel zum Krimigenre
MITGLIED: SinC; Syndikat
KONTAKT: gabriele@gkornsteinmetz.de; www.gabrielekeiser.de

Kellner, Hedwig
Biografie: *1.6.1952. H. Kellner studierte Mathematik und Kunst, leistete ein soziales Jahr in einem Heim für Anfall- und Geisteskranke und arbeitete zwei Jahre als Entwicklungshelferin in Botswana und Kenia. Nach einer Ausbildung im Bereich Datenverarbeitung für Großrechensysteme war sie als Datenbankspezialistin und Schulungsleiterin tätig. Heute arbeitet H. Kellner als Unternehmensberaterin.

KRIMINALROMANE: 1990 Karriereleiter – letzte Stufe, Stöwer
KRIM.-ERZ.: Mordgeschichten in Anthologien
SONSTIGE PUBL.: Mehrere Artikel in Zeitschriften und Magazinen

Kemmer, Wolfgang
Biografie: *13.2.1966 in Simmern/Hunsrück. W. Kemmer studierte Germanistik, Anglistik und angloamerikanische Geschichte. Er war Lektor in einer Literaturagentur, heute lebt und arbeitet er als freiberuflicher Autor und Lektor in Augsburg.

KRIMINALROMANE: 1996 Schwarze Witwen, Klein und Blechinger, KBV 6, OA; 1997 Ach wie gut, dass niemand weiß …, Klein und Blechinger, KBV 19, OA; 2005 Feuersbrunst, Emons, OA
SONSTIGE PUBL.: 2001 Hammett, Chandler, Fau-

ser. Produktive Rezeption der amerikanischen Hard-boiled School im deutschen Kriminalroman, Teiresias Verlag, Literaturwissenschaft Bd. 4, OA

Kent, Steffen

Verlagspseudonym von: Georg Feil (siehe dort); Lydia Tews (siehe dort); Felix Huby (siehe dort) und anderen
Unter dem Sammelpseudonym Steffen Kent erschien die JugendKrimireihe *Captain Blitz und seine Freunde* sowie die gleichnamige Kassettenserie mit Jugendkrimi-Hörspielen.

Kriminalromane: Captain Blitz und seine Freunde, (Jugendkrimis), Tosa, Wien: 1985 Sturz aus der Zirkuskuppel, (von Felix Huby); 1985 Werkspionage, (von Lydia Tews); 1985 Funkenflug, (von Georg Feil); 1985 Falsche Fracht, (von Georg Feil)
Sonstige Publ.: Kinderhörspielcassetten *Captain Blitz und seine Freunde* (alle von Georg Feil, alle TELDEC, Reihe Kiosk): 1983 Falsche Fracht; 1983 Feuerteufel vom Hexenmoor; 1983 Autodieben auf der Spur; 1983 Die schwarze Hand; 1984 Das Gespenst in der Kommode; 1984 Der gelbe Koffer; 1984 Die Angst im Nacken; 1984 Geheimnis der Todesspinne

Keser, Ranka

Biografie: *16.2.1966 in Rijeka/Kroatien. R. Keser lebt seit ihrem dritten Lebensjahr in Deutschland. Schon als Teenager begann sie zu schreiben. Mit Ende Zwanzig veröffentlichte sie ihr erstes Jugendbuch. Sie leitet bundesweit Workshops und Seminare und lektoriert Manuskripte.

Kriminalroman: 2002 Sag nicht hopp, bevor du springst, Milena Verlag
Sonstige Publ.: Kinder- und Jugendbücher, Kurzgeschichten in Anthologien, Kolumnen
Kontakt: www.ranka-keser.de

Kettenbach, Hans Werner

Biografie: *20.4.1928 in Bendorf. H. W. Kettenbach studierte Zeitungs- und Theaterwissenschaft, Germanistik, Geschichte und Philosophie in München, Hamburg, Köln und Bonn. Seit 1955 arbeitet er als Journalist und war u.a. zehn Jahre Zeitungskorrespondent in Bonn und New York, von 1988 bis 1992 stellvertretender Chefredakteur beim Kölner Stadt-Anzeiger.

Kriminalromane: 1977 Grand mit Vieren, Bastei 36003, NA detebe 23148; 1982 Glatteis, Bastei 37001, NA detebe 23243; 1984 Minnie oder Ein Fall von Geringfügigkeit, detebe 21218; 1987 Schmatz oder die Sackgasse, Diogenes, HC, NA 1989 detebe 21732
Funk: 1961 Wo der Hund begraben liegt, (90 Min., SWF); 1961 Die Düsendschunke, (90 Min., SWF), EA; 1986 Minnie oder Ein Fall von Geringfügigkeit, (2 Teile, je 45 Min., NDR/BR), Bearbeitung Valerie Stiegele; 1986 Privatsache, (55 Min., WDR), Regie: Heinz Dieter Köhler; 1987 Torschluss, (55 Min., WDR), Regie: Albrecht Surkau, EA; 2000 Reise nach Dakota, (60 Min., WDR), Regie: Uwe Schareck, EA; 2002 Zimmer am Bahnhof, (WDR), Regie: Frank Erich Hübner
TV: 1987 Im Jahr der Schildkröte, (97 Min., BRD/WDR), Drehbuch: Ute Wieland nach dem Roman *Sterbetage* von H. W. Kettenbach, Regie Ute Wieland; 1989 Peter Strohm: Damenopfer, (Serienepisode, 50 Min., ARD), Drehbuch: H. W. Kettenbach, Regie Ilse Hofmann, EA 13.2.1989 ARD; 1990 Klefisch 1: Ein Fall für Onkel, (Fernsehfilm, 90 Min., WDR), Drehbuch: H. W. Kettenbach, Regie: Ulrich Stark, EA 7.1.1990 ARD; 1991 Klefisch 2: Dienstvergehen, (Fernsehfilm, 90 Min., WDR), Drehbuch: H. W. Kettenbach, Regie: Gabriele Zerhau, EA 9.1.1991 ARD; 1991 Minnie, (TV-Titel: Tennessee Nights, 99 Min., BRD/WDR), Drehbuch: Laird Koenig und Nicolas Gessner nach dem gleichnamigen Roman von H. W. Kettenbach, Regie: Nicolas Gessner, TV-EA 21.7.1992 ARD; 1992 Klefisch 3: Ein unbekannter Zeuge, (Fernsehfilm, 90 Min., WDR), Drehbuch: H. W. Kettenbach, Regie: Kaspar Heidelbach, EA 8.1.1992 ARD; 1993 Klefisch 4: Tod am Meer, (Fernsehfilm, 90 Min., WDR), Drehbuch: H. W. Kettenbach, Regie: Kaspar Heidelbach, EA 27.1.1993 ARD; 1995 Klefisch 5: Klefischs schwerster Fall, (Fernsehfilm, 90 Min., WDR), Drehbuch: H. W. Kettenbach, Regie: Wolf Dietrich, EA 18.1.1995 ARD; 1995 Sommergeschichten, (Episodenspecial, 45 Min., WDR), 1. Der Wachhund, 2. Fit muß man sein, Drehbuch: H. W. Kettenbach, Regie: Micha Terjung, EA 17.8.1995 ARD; 1996 Klefisch 6: Vorbei ist vorbei, (Fernsehfilm, 90 Min., WDR), Drehbuch: H. W. Kettenbach, Regie: Wolf Dietrich, EA 7.1.1996 ARD; 1997 Tatort: Ausgespielt, (Serienfilm, 90 Min., NDR), Drehbuch: H. W. Kettenbach,

Regie: Jürgen Roland, EA 23.2.1997; 1997 Davids Rache, (Fernsehfilm, 90 Min., ZDF), Drehbuch: H. W. Kettenbach nach seinem gleichnamigen Roman, Regie: Hartmut Griesmayr, EA 26.5.1997 ZDF; 1998 Glatteis, (Fernsehfilm, 90 Min., NDR), Drehbuch: Michael Guttmann nach dem gleichnamigen Roman von H. W. Kettenbach, Regie: Michael Gutmann, EA 5.12.1998 NORD 3; 2002 Nancy und Frank, (90 Min., BRD/WDR), Drehbuch: Jonathan Brett und Wolf Gremm nach dem Roman *Hinter dem Horizont* von H. W. Kettenbach, Regie: Wolf Gremm

Sonstige Publ.: Zahlreiche Romane; wissenschaftliche Arbeiten

Preise: 1977 Jerry Cotton-Preis für *Grand mit Vieren*; 1988 Deutscher Krimi-Preis für *Schmatz oder die Sackgasse*

Mitglied: P.E.N.

Kontakt: hcokk@aol.com

Keuler, Dorothea

Biografie: *1951 in Kirchheim-Teck. D. Keuler ist Dipl.-Pädagogin und Anglistin (M.A.), war als Kabarettagentin, Verlagslektorin, VHS-Dozentin und Journalistin tätig. Seit 1990 lebt sie als freie Autorin (hauptsächlich Hörfunk) in Tübingen. Sie war 1999 Stipendiatin der Arno-Schmidt-Stiftung. 2002 wurde sie mit einem Preis beim Mundarthörspielwettbewerb des SWR ausgezeichnet.

Krim.-Erz.: 2000 *Adam und Eva – eine Biedermeierversion*, in: Geschichten zum Rotwerden, Hrsg. Sabine Blau, Piper

Funk: 1997 Im Herzen eine Mördergrube. Wie viktorianische Damen sich die Zeit vertrieben, (Feature, 30 Min., SDR), EA 16.7.1997; 1999 Kettengeklirr war seine Musik. Der Malefizschenk und seine Gauner, (Feature, 60 Min., SWR), EA 28.8.1999; 2002 Hurra, wir bauen ein Zuchthaus, (Mundarthörspiel, 45 Min., SWR), EA 28.9.2002; 2003 Tödliche Chorprobe. Ein Krimi aus dem alten Athen, (Hörspiel, 30 Min., SWR), EA 30.1.2003; 2003 Neairas Verbrechen. Eine Hetäre wird angeklagt, (Feature, 25 Min., BR), EA 5.4.2003; 2004 Hurenwirthschaft und Prellerei – armutshalber. Der Sexprozess in Schwäbisch Hall von 1824, (Feature, 25 Min., BR), EA 10.7.2004

Sonstige Publ.: Ein Sachbuch, ein Roman, Hörspiele, Radiofeatures, Anthologiebeiträge, Zeitschriftenaufsätze, Rezensionen

Mitglied: VS; Förderkreis deutschsprachiger Autoren in Baden-Württemberg

Kienast, Wolfgang

Biografie: *11.1.1939 in Berlin. W. Kienast absolvierte eine kaufmännische Lehre und arbeitete bis 1968 als Angestellter, Theaterbeleuchter und Verlagsdisponent. Daneben studierte er nordische Sprachen und war nebenberuflich als Dolmetscher, Übersetzer und Fremdsprachenredakteur tätig. 1973–76 studierte er Literatur am Johannes-R.-Becher-Institut in Leipzig und ließ sich anschließend in Kühndorf bei Meiningen als freiberuflicher Schriftsteller, Theaterkritiker und Regieassistent am Meininger Theater nieder. Mitte 1982 bis etwa 1986 war W. Kienast »auf Verfügung des damaligen Unterstaatsanwalts der DDR ziemlich kaltgestellt« wegen des Kriminalromans *Das Ende einer Weihnachtsfeier*, der 1987 in der damaligen DDR nur in einer »geläuterten« Fassung veröffentlicht wurde. 1990 publizierte der Rotbuch Verlag eine rekonstruierte Fassung der Erstausgabe. W. Kienast ist Mitbegründer des Syndikats Zwo, der Vereinigung ostdeutscher Kriminalautoren und seit der Vereinigung Mitglied des Syndikats.
1993–96 fünf Romane für die Jerry Cotton-Reihe des Bastei Verlages

Kriminalromane: 1975 Gillermanns Tod, Reihe DIE, Das Neue Berlin, NA 2000 VdC; 1977 Spießrutenlauf, Blaulicht 178; 1978 Warte nur, bis du nach Hause kommst, Blaulicht 185; 1981 Das Ende einer Weihnachtsfeier, Das Neue Berlin, NA 1987, 1988 Das Risiko der Perfektion, Reihe DIE; 1989 Tamerlan oder die Familienbande, Blaulicht 276; 1999 Die allerletzte Fahrt des Admirals, (Kettenroman, gem. mit Jürgen Alberts, Jürgen Ebertowski, Jan Eik, Dorothea Kleine, -ky, Gerhard Neumann, Tom Wittgen und Gabriele Wolff), Ullstein

Krim.-Erz.: 1970 *Holmsund 20 Uhr 30*, Blaulicht 120; 1971 *Kette ohne Ende*, Blaulicht 126; 1973 *Todesurteil für einen Dieb*, Blaulicht 147; 1975 Die letzte Tour. Sammelband, Reihe DIE, Das Neue Berlin; 1984 *Beihilfe*, Blaulicht 238; 1984 *Der Traum des alten Mannes*, Blaulicht 242; 1994 *Mutmaßungen über Dagobert*, in: Phantastische

Wahrheiten über Dagobert, Hrsg. von -ky, Argon; 1995 *Tag der Republik*, in: Deutschland einig Vaterland, Hrsg. von Karen Meyer, DIE
SONSTIGE PUBL.: Mehrere Kinderbücher, Theaterstücke, Beiträge für Presse und Rundfunk, Fernsehen sowie Übersetzungen aus dem Schwedischen, Finnischen und Norwegischen.
PREISE: 1978 Blaulicht-Preis für *Spießrutenlauf*
MITGLIED: Syndikat

Kirst, Hans Hellmut

Biografie: *5.12.1914 in Osterode/Ostpreußen; †23.2.1989 in Bremen. H. H. Kirst war der Sohn eines ostpreußischen Polizeibeamten. Nach dem Abschluss einer Höheren Handelsschule arbeitete er als Hilfsrendant auf einem Rittergut. Von 1933 bis 1945 war er Berufssoldat in Polen, Frankreich und Russland und war bei Kriegsende nebenamtlicher NS-Führungsoffizier. Nach der Rückkehr aus amerikanischer Kriegsgefangenschaft arbeitete er u.a. als Gärtner, Straßenarbeiter, Dramaturg, Gemeindeschreiber und Filmkritiker. H. H. Kirst war von 1964–1978 Mitglied des P.E.N.-Zentrums der Bundesrepublik und ab 1979 des P.E.N.-Zentrums Liechtenstein. Ab 1966 gehörte er als erster deutscher Schriftsteller der amerikanischen Schriftstellervereinigung *Author's Guild* an.
In seinen ersten Arbeiten befasste Kirst sich mit der Bewältigung der NS-Vergangenheit, wobei er seine Geschichten stets mit einem pathetisch-aufklärerischen Gestus erzählt, der ihm oft den Vorwurf der Vergangenheitsverherrlichung eintrug. Später widmete sich Kirst meist in Form von Kriminalromanen der Beschreibung des Wirtschaftswunderlandes Bundesrepublik. In seiner Münchner Krimitrilogie *Verdammt zum Erfolg*, *Verurteilt zur Wahrheit* und *Verfolgt vom Schicksal* etablierte er den auch später immer wieder aufgegriffenen Kommissar Keller als moralisches Zentrum.

KRIMINALROMANE: 1955 Die letzte Karte spielt der Tod, Desch, HC; 1971 Verurteilt zum Erfolg, Desch, HC; 1972 Verurteilt zur Wahrheit, Desch, HC; 1973 Verfolgt vom Schicksal, Desch, HC; 1974 Alles hat seinen Preis, Hoffmann & Campe, HC; 1977 Generals-Affären, C. Bertelsmann, HC; 1979 Der unheimliche Freund, Heyne 5525; 1981 Eine Falle aus Papier, Heyne 5808; 1982 Bedenkliche Begegnung, Heyne 5971; 1982 Geld – Geld – Geld, Heyne 6092; 1984 Die gefährliche Wahrheit Heyne 6205; 1987 Geschieden durch den Tod, Heyne 7737
SONSTIGE PUBL.: Zahlreiche Romane und Bühnenstücke
PREISE: 1965 Edgar Allan Poe Award

Klages, Simone

Biografie: *20.6.1956 in Hamburg. S. Klages beendete ihr Studium an der Fachhochschule Hamburg als Diplomdesignerin mit dem Buch *Henni oder Ich bin doch nicht die Hildegard Knef. Lebensgeschichte einer Hamburger Arbeiterin* (Handsatz, illustriert mit Holzschnitten). 1984–1985 folgte ein Auslandsstipendium des Deutschen Akademischen Austauschdienstes (DAAD), ein einjähriger Studienaufenthalt in den Niederlanden, Gerrit Rietveld Academie, Amsterdam. Seit 1985 ist S. Klages freiberuflich als freischaffende Künstlerin, Kinderbuchillustratorin und -autorin tätig. Sie lebt zusammen mit ihrem Mann in Hamburg-Ottensen.

KINDERKRIMIS: 1994 Die Entführung oder Emil kehrt zurück, Beltz & Gelberg, HC; 1997 Mensch, Emil!, Beltz & Gelberg, HC; 1998 Rosies Entführung, Radiergummikrimi, Beltz & Gelberg, HC; 2001 Die Detektive von Cismar ... und die geklauten Köpfe, Beltz & Gelberg, HC; 2002 Die Detektive von Cismar ... und der Bankraub, Beltz & Gelberg, HC; 2004 Die Detektive von Cismar ... und das dritte Tattoo, Beltz & Gelberg, HC
SONSTIGE PUBL.: Weitere Kinderbücher
PREISE: 1989 Auswahlliste: Deutscher Jugendliteraturpreis; 1990 Kinderbuchpreis des Kultusministers des Landes Nordrhein-Westfalen; 1992 Auswahlliste: Gustav-Heinemann-Friedenspreis; 1994 Österreichischer Kinder- und Jugendbuchpreis; 1996 Schweizer Kinderliteraturpreis der Berner Jugendschriften-Kommission; 1998 Heinrich-Heine-Literaturstipendium der Stadt Lüneburg, 1999 Literaturstipendium des Landes Schleswig-Holstein, Arbeitsaufenthalt im Kloster

Cismar; 2002 Auszeichnung der Stiftung Buchkunst »Die schönsten deutschen Bücher«; 2003 Literaturstipendium des Landes Schleswig-Holstein, Arbeitsaufenthalt im Kloster Cismar; 2005 »Tatort Töwerland« Krimiarbeitsaufenthalt auf der Insel Juist
MITGLIED: Syndikat
KONTAKT: info@simone-klages.de;
www.simone-klages.de

Kleen, Martin
Biografie: *16.9.1965 in Erlangen. M. Kleen studierte in Erlangen Medizin. 1994–1999 arbeitete er in einem Grundlagenforschungsinstitut in München, 2000 habilitierte er in experimenteller Medizin. Von 1999–2002 war er als Anästhesist in München tätig. Nach einem berufsbegleitenden Aufbaustudium Management war von 2002 bis 2005 als Innovationsmanager in der medizintechnischen Industrie beschäftigt. Anfang 2005 nahm er die Arbeit im Krankenhaus erneut auf. M. Kleen begann bereits in seiner Kindheit zu schreiben. Seit einigen Jahren schreibt er nebenberuflich Romane. Dabei dient ihm neben seinen beruflichen Erfahrungen in Industrie, Wissenschaft und Klinik sein, wie er sagt, »nahezu zwanghafter« Bildungshunger als unerschöpfliche Inspirations- und Stoffquelle.

KRIMINALROMANE: 2004 Anästhesie, Leda, OA; 2005 Zehn Stunden, Leda, OA

Klein, Edwin
Auch unter dem Pseud.: Ed Elkin
Biografie: *19.6.1948 in Konz. E. Klein studierte Sport und Geographie an der Universität in Mainz. Er war mehrfach Deutscher Meister im Hammerwerfen und zweimal im olympischen Finale. 1977 wurde er Gymnasiallehrer in Trier. Seit dem Erscheinen seines Debütkrimis *Deckname BILOG* 1990 arbeitet er als freier Autor. E. Klein schreibt action-orientierte Politthriller und Romane, die er sowohl in der Bundesrepublik als auch im internationalen Milieu ansiedelt.

KRIMINALROMANE: 1990 Deckname BILOG, Droemer-Knaur 2982; 1991 Der Schattenläufer, Rasch und Röhring, HC, NA 1993 Droemer-Knaur; 1991 Schlafender Bär, Droemer-Knaur 3110; 1991 Vannic, Rasch und Röhring, HC; 1991 Familienzauber, Droemer-Knaur 3131; 1992 Chimära-Komplott, Droemer-Knaur 60036; 1993 Die Kanzlerpuppe, Rasch und Röhring, HC, NA 1997 als *Marionetten der Macht*, Droemer-Knaur 60521; 1994 Die russische Puppe, Droemer-Knaur 67029
SONSTIGE PUBL.: Romane, mehrere Kinder- und Jugendbücher, Sachbücher; Übersetzungen ins Ungarische, Schwedische und Englische
MITGLIED: Syndikat
KONTAKT: EdKlein@t-online.de

Kleine, Dorothea
Biografie: *6.3.1928 in Krappitz/Oberschlesien. D. Kleine studierte Journalistik und arbeitete im Zeitungswesen, bevor sie freie Schriftstellerin wurde. Sie arbeitete hauptsächlich für das Fernsehen der damaligen DDR, für das sie zwischen 1968 und 1985 die Szenarien für rund zehn Kriminalfilme entwickelte und schrieb. Ihr Film *Am hellerlichten Tag* wurde 1973 verboten, ebenso war ihr Roman *Eintreffe heute* fünf Jahre lang verboten.

KRIMINALROMANE: 1965 Mord im Haus am See, Das Neue Berlin, NB-Roman 55; 1984 Jahre mit Christine, Hinstorff; 1992 Rendezvous mit einem Mörder, Reihe DIE 150, Das Neue Berlin; 1996 Im Namen der Unschuld, Das Neue Berlin; 1998 Christus kam nur bis Falkenberg, Das Neue Berlin; 2000 Paula, liebe Paula, Das Neue Berlin, Reihe DIE 218
KRIM.-ERZ.: 1963 *Die Rechnung ging nicht auf,* Das Neue Berlin, Blaulicht 31; 1964 *Der Ring mit dem blauen Saphir,* Das Neue Berlin, Blaulicht 42; 1969 *Einer spielt falsch,* Deutscher Militärverlag, Erzählerreihe 155; 1979 *Zwei weiße Orchideen,* Verlag Das Neue Leben, Das Neue Abenteuer 388
TV: 1966 Der Staatsanwalt hat das Wort: Rosenkavalier, (Fernsehfilm, 75 Min., Fernsehen der DDR), Drehbuch/Szenarium: D. Kleine, Regie: Jürgen Sehmisch; 1969 Polizeiruf 110: Der Ring mit dem blauen Saphier, (80 Min., Fernsehen der DDR), Drehbuch: D. Kleine, Regie: Norbert Büchner; 1974 Polizeiruf 110: Am hellerlichten Tag, (90 Min., Fernsehen der DDR), Drehbuch: D. Kleine, Regie: Heinz Seibert, (von der Zensur verboten); 1978 Der Staatsanwalt hat das Wort:

Meine Frau, (Serienfilm, 80 Min., Fernsehen der DDR), Drehbuch: D. Kleine, Regie: Gerd Keil; 1979 Der Staatsanwalt hat das Wort: Zur Feier des Tages, (Serienfilm, 80. Min., Fernsehen der DDR), Drehbuch: D. Kleine, Regie: Gerd Keil; 1981 Polizeiruf 100: Harmloser Anfang, (68 Min., Fernsehen der DDR), Drehbuch: Helmut Nitzschke nach dem gleichnamigen Szenarium von D. Kleine, Regie: Helmut Nitzschke; 1986 Der Staatsanwalt hat das Wort: Feine Fäden, (Serienfilm, 85 Min., Fernsehen der DDR), Drehbuch: D. Kleine, Regie: Peter Weckwerth; 1997 Im Namen der Unschuld, (Fernsehfilm, RTL 2) nach dem gleichnamigen Roman von D. Kleine, Regie: Andreas Kleinert
PREISE: 1974 Kunstpreis Carl Blechen, Bezirk Cottbus; 1988 Stadtschreiberin von Saarbrücken
MITGLIED: Syndikat

Kliche, Lutz

Biografie: *12.7.1955 in Marienheide. L. Kliche machte eine Ausbildung zum Chemielaboranten bei der Bayer AG. Anschließend studierte er Medizin in Köln und machte eine Ausbildung zum Facharzt für Lungenheilkunde. Bis 1990 arbeitete er an der Lungenklinik Köln Merheim, danach ließ er sich in Gummersbach als Lungenarzt nieder.

KRIMINALROMANE: 2002 Lindenplatz, 17. Juni, Verlagskontor Osberghaus; 2004 Heilung auf Leben und Tod, Verlagskontor Osberghaus

Kließ, Werner

Biografie: *24.12.1939 in Stosnau/Ostpreußen. W. Kließ studierte in Hamburg Germanistik und Theaterwissenschaft. Anschließend war er zunächst als Filmkritiker, danach bis 1980 Dramaturg und Produzent für die Bavaria in München, schließlich Redaktionsleiter beim ZDF, zuständig für die Serien *Derrick*, *Der Alte*, *Ein Fall für Zwei* und *Kottan ermittelt*. Mitte der 80er-Jahre machte er sich als Produzent selbstständig und wurde gemeinsam mit Georg Althammer und Karlheinz Willschrei Teilhaber der Monaco/Nostro/Odeon-Gruppe. 1988 gründete er mit den beiden zusammen die Borussia-Film in Berlin, deren Geschäftsführer er 1993–1998 war. Borussia und Nostro entwickelten und produzierten u.a. für SAT 1 die Serien *Wolffs Revier*, *A.S.* (*Steins Fälle*), *Ein Mord für Quandt* und *Die Drei*. W. Kließ schrieb zahlreiche Drehbücher für Serien und ein Sachbuch über das Verfassen von Fernsehkrimis. Er lebt in Berlin.

FUNK: 1972 Transporter, (SF-Hörspiel, WDR); 1972 Der babylonische Turm, (SF-Hörspiel, 45 Min., SDR); 1973 Begräbnis erster Klasse, (SWF); 1973 Der Blinde, (SWF); 1973 Dingo in Minnoa, (73 Min., DRS); 1973 Dinge in Minnoa, (SWF); 1973 Für fünfzigtausend Dollar, (SFW); 1973 Die Rache der Gerechten, (SWF); 1974 Jim und Sam: Die Viehzähler, (SWF); 1992 Der Weltträumer, (SF-Hörspiel, SDR); 1992 Zeitler sagt ab, (SF-Hörspiel, 41 Min., SDR)
TV: 1975 Tatort: Treffpunkt Friedhof, (Serienfilm, 90 Min., WDR), Drehbuch: W. Kließ, Regie: Wolfgang Becker, EA 12.10.1975; 1978–82 Die unsterblichen Methoden des Franz Josef Wanniger, (Fernsehserie, 60 Teile, je 25 Min., Bavaria für WWF), Drehbuch: Detlef Müller, Georg Feil, Manfred D. Lisson, Wilfried Schröder, Hartmut Grund, W. Kließ, Sylvia M. Andragore, Peter Ertel, Bernd S. Graf. Berhard Martins, Bernd Schwamm, Martin Gies, Werner Voss, Andy Hoetzel, Ralf Huettner, Michael Hild, Manfred Banach, Michael Bernhardt, Regie: Eberhard Hauff, Peter Weck, Theo Mezger, Hans Jürgen Tögel, Hans Dieter Schwarze, Ernst Schmucker, Wolfgang Schleif; 1978–80 Jörg Preda berichtet, (Fernsehserie, 26 Teile, je 25 Min., Bavaria für WWF), Drehbuch: W. Kließ, Peter Hemmer, Manfred D. Lisson, Wilfried Schröder, Hartmut Grund, Rudolfo Kuhn, Dominik Graf, Bernd Schwamm, Regie: Rudolfo Kuhn, Thomas Engel, Eberhard Schubert, Diethard Klante, Hagen Mueller-Stahl, mit Pinkas Braun; 1994 Ein Fall für Zwei: Wer die Treue bricht, (Serienepisode, 60 Min., ZDF), Drehbuch: W. Kließ, Regie: Peter Adam, EA 28.1.1994 ZDF; 1995 A.S.: Bitte töte ihn, (Serienepisode, 50 Min., SAT 1), Drehbuch: W. Kließ, Regie: Bernhard Stephan, EA 9.5.1995 SAT 1 (späterer Titel der Serie: *Steins Fälle*); 1996 Die Drei: Hass, (Serienepisode, 50 Min., Nostro für SAT 1), Drehbuch: W. Kließ, Regie: Samir, EA 12.6.1996; 1996 Die Drei: Das Ende eines Killers, (Serienepisode, 50 Min., Nostro für SAT 1), Drehbuch: W. Kließ, Regie: Ralph Bohn, EA 22.5.1996 SAT 1; 1996 Die Drei: Ich habe Lünsmann nicht getötet, (Serienepisode, 50 Min., Nostro für SAT 1), Drehbuch: W. Kließ, Regie:

Ralph Bohn, EA 12.6.1996; 1996 Wolffs Revier: Wo ist dein Bruder, (Serienepisode, 47 Min., SAT 1), Drehbuch: W. Kließ, Regie: Michael Mackenroth, EA 14.3.1996; 1997 Ein Mord für Quandt: Das Kind, (Serienepisode, 47 Min., SAT 1), Drehbuch: W. Kließ, Regie: Rolf Liccini, EA 2.4.1997; 1997 Die Drei: Der Preis der Liebe, (Serienepisode, 50 Min., Nostro für SAT 1), Drehbuch: W. Kließ, Regie: Bernhard Stephan, EA 29.8.1997 SAT 1; 1997 Ein Mord für Quandt: Der Prinzgemahl, (Serienepisode, 45 Min., SAT 1), Drehbuch: W. Kließ, Regie: Michael Mackenroth, EA 14.5.1997 SAT 1; 1998 Wolffs Revier: Auto-Crash, (Serienepisode, 45 Min., SAT 1), Drehbuch: W. Kließ, Regie: Ralph Bohn, EA 11.5.1998 SAT 1; 1998 Ein Fall für Zwei: Gunst der Stunde, (Serienepisode, 60 Min., ZDF), Drehbuch: W. Kließ, Regie: Ralph Bohn, EA 4.9.1998 ZDF

SONSTIGE PUBL.: Fachliteratur; ein Schauspiel; *Die Fernsehserie*, in: Drehbuchschreiben für Fernsehen und Film, Hrsg. Syd Field u.a., München 1987; *Wie schreibt man einen Fernsehkrimi?*, München 1987; 2003 (gem. mit Georg Feil), *So schreiben Sie das perfekte Krimidrehbuch*, Lübbe

KONTAKT: werner@kliess.de; www.kliess.de

Klimmek, Friedrich Gerhard

auch unter Pseud.: F. G. Klimmek

Biografie: *3.3.1949 in Wanne-Eickel. F. G. Klimmek ist seit 1977 in Wanne-Eickel als Rechtsanwalt tätig. Seine außerberuflichen Neigungsschwerpunkte sind: Herpetologie, Fotografie, Waffen und Oldtimer.

KRIMINALROMANE: 2003 Wie die Fliegen, KBV; 2004 Schnee von gestern, KBV; 2004 Sherlock Holmes und die wahre Geschichte vom gesprenkelten Band, VMD-Scherer; 2004 Der Raben Speise, KBV

KRIM.-ERZ.: 2003 *Alte Hausmittelchen*, in: Frühling, Sommer, Herbst und Mord, Grenz-Echo-Verlag; 2004 *Der schwarze Peter*, in: Mords-Eifel – Kriminelle Geschichten aus einem mörderischen Landstrich, Hrsg. J. Berndorf, KBV

KONTAKT: www.das-kriminalmuseum.de; fgk@t-online.de

Klönne, Gisa

Biografie: *22.9.1964. G. Klönne wuchs in Darmstadt auf. Sie studierte dort, in England

und in Köln unter anderem Anglistik und Politik. Sie arbeitete in der EMMA-Redaktion und als Chefredakteurin eines Umweltmagazins, bevor sie sich selbstständig machte. Seitdem ist sie freie Autorin und Journalistin und lehrt als Dozentin kreatives und journalistisches Schreiben. Ihre Kurzkrimis sind in verschiedenen Anthologien veröffentlicht worden. Mit ihrer Kurzgeschichte *Stehblues. Revisited* gewann sie 2001 beim Shortstory-Wettbewerb der Zeitschrift JOURNAL FÜR DIE FRAU. Ihr erster Roman einer Reihe mit der Kommissarin Judith Krieger erscheint 2005 bei Ullstein. G. Klönne lebt mit ihrem Mann in Köln. Sie ist Sprecherin der Sisters in Crime, Gruppe West.

KRIMINALROMAN: 2005 *Der Wald ist Schweigen*, Ullstein, HC

KRIM.-ERZ.: 2000 *Die Amsel*, in: Rheinleichen, Hrsg. Ina Coelen u. Ingrid Schmitz, Emons; 2001 *Die Pianistin*, in: Teuflische Nachbarn, Hrsg. Ina Coelen u. Ingrid Schmitz, Scherz; 2001 *Anna*, in: Tödliche Beziehungen, Hrsg. Ina Coelen u. Ingrid Schmitz, Emons; 2002 *Tödliche Leere*, in: Die vielen Tode des Herrn S., Hrsg. Mischa Bach, Ina Coelen u. Ingrid Schmitz; 2003 als Hrsg. *Leise rieselt der Schnee ... 24 Krimis zum Fest*, Ullstein TB, NA 2005; 2003 *Im Dienst der Natur*, in: Mörderische Mitarbeiter, Scherz; 2003 *Der grüne Engel*, in: Tödliche Touren. Krimineller Reiseführer vom Niederrhein, Hrsg. Ina Coelen u. Ingrid Schmitz, Leporello; 2004 *Der Weihnachtsbutt*, in: Flossen höher!, Hrsg. Heike u. Peter Gerdes, Leda

SONSTIGE PUBL.: Beiträge in Sachbüchern

MITGLIED: SinC; Syndikat; Journalistinnenbund; DJV

KONTAKT: mail@gisa-kloenne.de www.gisa-kloenne.de

Klöppel, Renate

Biografie: *3.12.1948 in Hannover. R. Klöppel ist ausgebildete Kinderärztin und Diplommusiklehrerin. Sie ist seit 1982 Mitarbeiterin an einer Erziehungsberatungsstelle, außerdem seit 1987 Dozentin an der Musikhochschule Trossingen und seit 1990 Schulärztin an einer Schule für Körperbehinderte. R. Klöppel lebt in Villingen-Schwenningen und Freiburg i. Br. Ihr erster Kriminalroman *Der Mäusemörder* spielt an der Freiburger Universität.

KRIMINALROMANE: 2001 Der Mäusemörder, Schillinger, 2002 Die Tote vom Turm, Schillinger
SONSTIGE PUBL.: Ein Roman, mehrere Fachbücher im Bereich Medizin und Musikpädagogik sowie zahlreiche wissenschaftliche Aufsätze, eine Biographie
MITGLIED: Syndikat
KONTAKT: Renate.Kloeppel@t-online.de; www.Renate-Kloeppel.de

Klugmann, Norbert

Biografie: *1951 in Uelzen. N. Klugmann wohnt seit 1970 in Hamburg, wo er auch studierte. Seit 1976 lebt er vom Journalismus und der Literatur. Sein Debüt als Kriminalautor machte er im Team mit Peter Mathews mit dem Roman *Beule oder wie man einen Tresor knackt*. Darüber hinaus gab N. Klugmann gemeinsam mit Peter Mathews die ersten sechs Ausgaben des thriller-magazins »Schwarze Beute« bei Rowohlt heraus. Neben Buchveröffentlichungen arbeitet N. Klugmann auch als Drehbuchautor für Fernsehenserien.

KRIMINALROMANE: (KM = Klugmann/Mathews) 1984 KM: Beule oder wie man einen Tresor knackt, rororo 2675; 1985 KM: Ein Kommissar für alle Fälle, rororo 2700; 1985 KM: Flieg, Adler Kühn, rororo 2734; 1986 KM: Die Schädiger, rororo 2753; 1987 Der Schwede und der Schwarze, Fackelträger, HC; 1987 Heißer Herbst, kalte Hirsche, Fackelträger, HC; 1988 Die Hinrichtung – Phil Parker Nr. 1, rororo 2837; 1988 Feuer und Flamingo, Rotbuch; 1989 Der Dresdner Stollen – Phil Parker Nr. 2, rororo 2891; 1990 Das Pendel des Pentagon – Phil Parker Nr. 3, rororo 2954; 1990 KM: Tote Hilfe, rororo 2973; 1991 Krieg der Sender – Phil Parker Nr. 4, rororo 3038; 1994 Beule & Co, rororo 3101, eine Kompilation aus: *Beule oder wie man einen Tresor knackt, Ein Kommissar für alle Fälle*; 1995 Schweinebande, rororo 3175; 1995 KM: Schöne Bescherung, rororo 3220; 1996 Sportreporter: Doppelfehler, rororo 3228; 1996 Sportreporter: Treibschlag, rororo 3228; 1996 Sportreporter: Zielschuss, rororo 3241; 1995 KM: Eine schöne Bescherung, rororo 3220; 1996 KM: Vorübergehend verstorben, Wunderlich, HC; 1998 Eine böse

Überraschung, (Kettenroman gem. mit G. Haefs, F. Göhre, J. v. de Wetering, D. B. Blettenberg, U.-M. Heim, J. Alberts, H. Ziegler, P. Zeindler, G. Gerlach, P. Schmidt, R. Lynn, -ky, T. Kruse, R. Brack, D. D. Wissmann, Karr & Wehner, R. Venske, Th. Dorn, G. M. Oswald, A. Camones, H. Mechtel, V. Doyle), rororo 43296; 1999 Ein König stirbt, rororo 43320; 2002 Der Heilige von Hummelsbüttel, Schwarze Hefte 43, Verlag Hamburger Abendblatt
KRIM.-ERZ.: 1996 KM: Kleinkrieg, (Stories), rororo 22072
KRIMISAMMLUNGEN: (als Herausgeber) 2001 It's Christmas crime, (Stories), rororo 8361; (als Herausgeber zusammen mit Peter Mathews: 1986 Schwarze Beute – thriller magazin 1, rororo 2753; 1987 Schwarze Beute – thriller magazin 2, rororo 2802; 1988 Schwarze Beute – thriller magazin 3, rororo 2888; 1989 Schwarze Beute – thriller magazin 4, rororo 2933; 1990 Schwarze Beute – thriller magazin 5, rororo 2969; 1991 Schwarze Beute – thriller magazin 6, rororo 3000
TV: 1986/1988 Großstadtrevier, (Fernsehserie, 12. Staffel, 12 Teile, 2. Staffel, 20 Teile, je 50 Min., Studio Hamburg für NWF), Drehbücher: Uwe Erichsen, Gerd Oelschlegel, Hans-Robert Eisenhauer, Raimund Weber, Jürgen Roland, Heinz Werner Höber, Lars Strömsdörfer, Hinrich Matthiesen, Gerd Weiss, Norbert Klugmann, Dieter Hirschberg, Peter H. Schmidt, Rainer Berg, Michael Molsner, Regie: Jürgen Roland, Alexander von Eschwege, Gerd Oelschlegel, Helmut Christian Görlitz), EA 1. Staffel 16.12.1986 wöchentlich ARD, EA 2. Staffel wöchentlich 19.9.1988 ARD; 1988 Beule oder wie man einen Tresor knackt, (Fernsehfilm, 90 Min., NDR), Drehbuch: Norbert Klugmann u. Peter Mathews nach ihrem gleichnamigen Roman, Bearbeitung und Regie: Ralf Gregan, EA 6.7.1988 ARD; 1988 Cop&Co.: Wer die Yucca knackt, (Serienepisode, 25 Min., SDR), Drehbuch: Norbert Klugmann gem. mit Georg Feil, Regie: ?; 1998 Vorübergehend verstorben, (Fernsehfilm, 90 Min., ZDF), Drehbuch: Uli Stephan nach dem gleichnamigen Roman von N. Klugmann u. P. Mathews, Regie: Sigi Rothemund, EA 19.10.1998 ZDF
SONSTIGE PUBL.: Zahlreiche Romane, Theaterstücke

Klusen, Peter

Biografie: *20.3.1951 in Mönchengladbach. P. Klusen studierte Germanistik, Sozialwissenschaften und Publizistik in Mainz und Aachen. Er war Mentor an der Fernuniversität Hagen und arbeitet seit 1980 als Gymnasiallehrer. Als Autor schreibt er primär für das Kinder- und Jugendtheater. 1995 erschien seine erste Kriminalerzählung im Verlag Das Neue Berlin. P. Klusen lebt und arbeitet in Viersen.

KRIM.-ERZ.: 2004 Der Tod kostet mehr als das Leben. Kriminalgeschichten mit Illustrationen von Martin Lersch, éditions trèves 538, OA; 1995 *Nie wieder*, in: Deutschland einig Mörderland, Hrsg. Karen Meyer, Verlag Das Neue Berlin; 1999 *Schöne Aussichten*, in: Mit List und Tücke, Hrsg. SIGNATUR e. V., Edition Schnittpunkte; 1999 *An einem dieser Tage*, in: Leselust, Hrsg. Eva Weiss-Weiler u. Ulla Lessmann, Dittrich Verlag; 2000 *Böse Biene*, in: Mord vor Ort II, Kriminalgeschichten vom Niederrhein, Hrsg. Thomas Hesse u. Thomas Niermann, Emons; 2001 *Im Zenit*, in: ZEITschrift, Ein Lesebuch Bd. 111, Hrsg. Wolfgang Hager u. A. Stolzalpe; 2002 *Gleichung mit einer Unbekannten*, in: Muschelhaufen, Jahresschrift für Literatur und Grafik, Hrsg. Erik Martin
PREISE: 1998 Bad Wildbader Kinder- und Jugendliteraturpreis
SONSTIGE PUBL.: Theaterstücke, Bearbeitungen u. Hrsg. deutscher Kinderbuchklassiker, ein Roman f. Kinder.
MITGLIED: VS; Syndikat; KIBULI
KONTAKT: www.peterklusen.de

Knauer, Sebastian
Biografie: *14.5.1949 in Mannheim. S. Knauer studierte in München, Mannheim und Montreal. Anschließend war er als freier Mitarbeiter beim Süddeutschen Rundfunk, dem ZDF, dem BR und der DPA tätig. Von 1977 bis 1988 arbeitete er als Redakteur beim STERN im Ressort Deutsche Politik. Seit 1988 ist S. Knauer politischer Redakteur beim SPIEGEL.
Als Herausgeber und Mitarbeiter zeichnete S. Knauer bereits für eine Reihe von Sachbüchern zu zeitgeschichtlichen Themen im SPIEGEL-Verlag verantwortlich. In seinen Romanen beschäftigte sich S. Knauer mit Themen aus dem Spannungsfeld zwischen Journalismus und Politik.

KRIMINALROMANE: 1994 Bitte nicht stören, Haffmans, HC; 1995 Bitte nicht hinauslehnen. Ein Vereinigungskrimi, Fannei und Walz; 1999 Erich lebt, Fannei & Walz; 1999 Die Recherche, Eichborn, HC
SONSTIGE PUBL.: Zahlreiche Sachbücher

Kneifl, Edith
Biografie: *1.1.1954 in Wels/Oberösterreich. E. Kneifl studierte Psychologie und Ethnologie an der Universität Wien und beendete ihr Studium mit der Promotion. 1981–82 arbeitete sie in der interministeriellen Arbeitsgruppe zur Behandlung frauenspezifischer Angelegenheiten im Bereich des Unterrichtswesens mit. Nach Auslandsaufenthalten in Griechenland und in den USA lebt und arbeitet sie zurzeit als Psychoanalytikerin und freie Schriftstellerin in Wien. Ihre Romane und Kurzgeschichten wurden ins Französische, Griechische, Tschechische, Italienische, Spanische, Koreanische und Japanische übersetzt.

KRIMINALROMANE: 1991 Zwischen zwei Nächten, Wiener Frauenverlag, HC; 1993 In der Stille des Tages, Ha/Heyne 4; 1995 Triestiner Morgen, Ha/Heyne 132; 1997 Ende der Vorstellung, Hoffmann und Campe, HC; 1999 Allein in der Nacht, Diana, HC; 2000 Das Gipfeltreffen, (Kettenroman, gem. mit Doris Gercke, Ingrid Noll, Regula Venske, Frank Göhre, Gisbert Haefs, Karr & Wehner, Robert Hültner und Jürgen Alberts), Heyne, HC; 2001 Auf den ersten Blick, Diana, HC; 2002 Pastete mit Hautgout, Gourmet Crime, Europa Verlag, HC; 2003 Kinder der Medusa, Ullstein, HC
KRIM.-ERZ.: (Auswahl): 1987 *Tschik*, in: Im kleinen Kreis, Wiener Frauenverlag; 1988 *Das Haus am Fluß*, in: Mordslust, Westarp; 1992 *Das blühende Leben*, in: Mit Zorn, Charme & Methode, Hrsg. Pieke Biermann, Fischer; 1993 *Schuhe von Valentino*, in: Der Mörder bläst die Kerzen, Hrsg. Leo P. Ard, Grafit; 1993 *Das letzte Abendmahl*, in: Der Mörder ist immer der Gärtner, Hrsg. Leo P. Ard, Grafit; 1993 *Alle Jahre wieder*, in: Der Mörder packt die Rute aus, Hrsg. Leo P. Ard, Grafit; 1993 *Digital*, in: Der Riß im Himmel, Hrsg. Karin Invancsics, Suhrkamp; 1994 *Die Audienz*, in: Mord vor Ort, Hrsg. Sylvia Unterrader und Manfred Chobot, Verlag für Gesellschaftskritik, Wien;

1994 *Eichenlaub*, in: Krimi Jahresband 1994, Hrsg. Bernhard Matt, Heyne; 1994 *Maria Theresia – ein Stilleben*, in: Da werden Weiber zu Hyänen, Hrsg. Helga Anderle, dtv; 1994 *Plädoyer für Übergrößen*, in: Die Wahrheit über Dagobert, Argon; 1995 *Mutter Donau*, in: Blut in der Bassena, Hrsg. Michael Horvath, dtv; 1995 *Nachtschwärmer*, in: Süßer die Schüsse nie klingen, Hrsg. Dorothee Sager, Heyne; 1996 *Belinda*, in: Der Mörder würgt den Motor ab, Hrsg. Leo P. Ard, Grafit; 1996 *Kurzes Gastspiel*, in: Mord light oder Es muss nicht immer Totschlag sein, Hrsg. Karen Meyer, Das Neue Berlin; 1996 *Royal Hawaiian Motel*, in: Haffmans Krimi-Jahresband 1996, Hrsg. Gerd Haffmans u. Bernhard Matt, Heyne; 1997 *Au revoir*, in: Haffmans Krimi-Jahresband 1997, Hrsg. Gerd Haffmans u. Bernhard Matt, Heyne; 1999 *Siesta*, in: Magie des Augenblicks, Hrsg. Petra Neumann, Heyne; 1999 *Die Geliebte*, in: Wilde Weiber küssen besser, Hrsg. Julia Peters, Knaur; 1999 *Gänsehäufl*, in: Das Ferienlesebuch, Hrsg. Petra Neumann, Heyne; 2000 *Pizza Capricorno*, in: Kaltblütige Steinböcke, Hrsg. Thea Dorn, Uta Glaubitz u. Lisa Kuppler, Eichborn; 2002 *Kunststücke*, in: Die 7 Todsünden, Hrsg. Bernhard Matt, Heyne 13444; 2002 *Der Leichenfischer von Rünthe*, in: Mord am Hellweg, Hrsg. H. P. Karr, Jürgen, Jürgen Kehrer u. Herbert Knorr, Grafit 271; 2003 *Straße der Männer*, in: Mords-Lüste. Erotische Kriminalgeschichten, Hrsg. P. Ott, Scherz 1945; 2003 *Festmahl*, in: Mordsjubiläum, Scherz Verlag; 2003 Lasst uns froh und munter sein, in: Leise rieselt der Schnee …, Ullstein; 2004 als Herausgeberin, Tatort Wien, Kriminalgeschichten, Milena Verlag; 2004 *Die schönen Toten*, in: Mehr Morde am Hellweg, Hrsg. H. P. Karr u. H. Knorr, Grafit
TV: 2002 Taxi für eine Leiche, (Fernsehfilm, 90 Min., ORF, ARTE, SF DRS), Drehbuch nach dem Roman *Ende der Vorstellung* von Edith Kneifl, Regie: Wolfgang Murnberger), EA 30.10.2001 ORF 2
SONSTIGE PUBL.: Erzählungen, Essays
PREISE: 1988 Theodor-Körner-Preis für Literatur; 1992 Glauser-Preis für *Zwischen zwei Nächten*
MITGLIED: A.I.E.P.; SinC; Syndikat
KONTAKT: edith.kneifl@chello.at; www.kneifl.at

Knellwolf, Ulrich
Biografie: *17.8.1942. U. Knellwolf wuchs in Zürich und Olten auf. Er studierte evangelische Theologie in Basel, Bonn und Zürich und ist seit 1969 Pfarrer. Nach verschiedenen theologischen Veröffentlichungen debütierte er literarisch mit seinem Kriminalroman *Roma Termini*. In die Spitzenränge der Bestenlisten stieg seine Geschichtensammlung von 1993 *Tod in Sils Maria* auf.

KRIMINALROMANE: 1992 Roma Termini, Arche, HC; 1995 Klassentreffen, Arche, HC; 1997 Schönes Sechseläuten, Arche, HC; 1999 Auftrag in Tartu, Nagel & Kimche, HC; 2001 Den Vögeln zum Fraß, Nagel & Kimche, HC
KRIM.-ERZ.: 1993 Tod in Sils Maria, Arche, HC; 1997 Adam, Eva & Konsorten, Jordan-Verlag; 1998 Doktor Luther trifft Miss Highsmith, Nagel & Kimche, HC
SONSTIGE PUBL.: Zahlreiche theologische Veröffentlichungen, Hörspiele
KONTAKT: ueknellwolf@smile.ch

Knock, Christopher → Feil, Georg

Knoke, Will
Biografie: *12.6.1925 in Eltze. W. Knoke hat in Hannover Pädagogik und Psychologie studiert und war Lehrer und Schulleiter an Grund- und Hauptschulen. Er lebt und schreibt in Hannover und Bad Münder.

KRIMINALROMAN: 2003 Schrille Ostern, VdC
Krim.-Erz. (Auswahl): 1982 *Die Vorgänge von März*, in: Das Glück zum Greifen, Bläschke Verlag; 1982 *Der Kampf, wie oben, 1993 *Wahnsinn!*, in: Darum ist es am Rhein so schön, Meistersatiren, Hrsg. Walter Eigenmann, Scriptum Verlag; 1993 *Der Graskarpfen*, in gleichnamiger Story-Sammlung, Hrsg. Roland Balzer, Rabenrat Verlag; 1996 *Nachtexpress*, in gleichnamiger Sammlung, Hrsg. Roland Balzer, Rabenrat Verlag; 1997 *Dobermann*, in: Angst, Hrsg. Gisela Hähnel, edition sisyphos

SONSTIGE PUBL.: Zahlreiche Anthologiebeiträge, Fachbeiträge für die Landeszentrale für politische Bildung, Krippenspiele für das Gütersloher Verlagshaus

Knott, Rita
Biografie: *8.6.1951 in Pfatter. R. Knott studierte Germanistik und Geschichte an der

Universität München. Sie ist Lehrerin an einer Realschule in Oberbayern und wohnt in Altötting.

KRIMINALROMANE: 2001 Karriere ins Jenseits, Grafit
MITGLIED: Syndikat

Koch, Angelika
Biografie: *1959 in Wiedenbrück. A. Koch studierte nach einer abgebrochenen kaufmännischen Lehre Soziologie, Philosophie und Allgemeine Sprachwissenschaft in Münster. Sie arbeitete zehn Jahre als freiberufliche Redakteurin im Lexikon-Verlag der Bertelsmann AG. 1988 zog sie in die Eifel in eine Landkommune mit angeschlossenem Tagungshaus und war dort zuständig für die Seminarplanung, Referentenbetreuung und Öffentlichkeitsarbeit. Ab 1994 arbeitete sie als Werbetexterin im Tourismus, als freiberufliche Journalistin für eine Tageszeitung und für diverse Zeitschriften. Heute ist sie PR-Journalistin in einer Bonner Agentur. A. Koch hat die 13. Criminale 1999 in der Eifel geplant und organisiert.

KRIMINALROMANE: 1997 Der Retter, KBV, Elsdorf; 1997 Jemand wie Ginsterblum, KBV, Elsdorf; 1998 Das Wasser, KBV, Elsdorf; 2002 Die Liebe, KBV, Elsdorf
KRIM.-ERZ.: 1999 *Neunzehnhundertsechsundsiebzig*, in: KBV-Krimikalender 1999; 1999 *Jürgen würgen*, in: Jürgen würgen, Hrsg. Jacques Berndorf, Weiss; 1999 *Wind über Lava*, in: Abendgrauen, LBV; 2000 *Schutz in der Eifel*, in: Rätselhafte Waagen, Hrsg. Thea Dorn, Uta Glaubitz u. Lisa Kuppler, Eichborn; 2001 *Marmor, Stein und Eisen bricht*, in: Der Tod klopft an, Hrsg. Ralf Kramp, Grenz-Echo; 2001 *Blind Date*, in: Tödliche Beziehungen, Hrsg. Ina Coelen u. Ingrid Schmitz; Emons; 2003 *Hechtsprung*, in: Flossen hoch!, Hrsg. Peter Gerdes, Leda
SONSTIGE PUBL.: Ein Dutzend interaktive Krimihörspiele für SWR 1 (Fangschaltung 1999–2000)
MITGLIED: SinC; Syndikat
KONTAKT: kochdaun@t-online.de

Köhl, Alexander
Biografie: *9.2.1965 in Aschaffenburg. A. Köhl hat Betriebswirtschaftslehre an der Universität Frankfurt studiert. Als Diplomkaufmann leitet er seit 1995 ein eigenes Handelsunternehmen. Der Autor lebt heute in Mainaschaff und schreibt seit 2002 Kriminalromane.

KRIMINALROMANE: 2004 Victors Schützling, OA, Prolibris
MITGLIED: Syndikat
KONTAKT: www.alexander-koehl.de

Kölpin, Regine
Biografie: *26.1.1964 in Oberhausen. R. Kölpin hat Krankenschwester gelernt und an der Fernakademie Hamburg Fernstudiengänge in Deutsch und Literatur sowie im kreativen Schreiben absolviert. Sie leitet Schreibwerkstätten für Kinder und Frauen. R. Kölpin schreibt nicht nur Krimis, sondern auch Kinder- und Jugendliteratur sowie Belletristik unterschiedlicher Genre. Sie lebt mit Ehemann und fünf Kindern in Neustadtgödens in Friesland.

KRIM.-ERZ.: 2004 *Der Huchen*, in: Flossen höher! – Kriminelles zwischen Fisch und Pfanne, Hrsg. H. und P. Gerdes, Leda; 2004 *Alles auf dem Weg*, in: Paradies ist teuer, Hrsg. Josefine Rosalski, edition karo; 2004 *Ein guter Mensch*, in: Kurzgeschichten, Literaturzeitschrift, Ausgabe April; 2004 *Eye of the Tiger*, in: Criminalis, Magazin für Krimifreunde, Ausgabe 3, Capricorn Verlag
SONSTIGE PUBL.: Zwei amüsante Großfamilienportraits; ein Beitrag in einem Erstlesebuch sowie zahlreiche Publikationen in verschiedenen Anthologien und in der Tagespresse
PREISE: 2001 Jahrespreis des AK ostfriesischer Autoren; 2003 3. Platz beim OZ-Kurzkrimipreis
MITGLIED: SinC; AK ostfriesischer Autoren; Fördergemeinschaft Literatur

Koglin, Michael
Biografie: *29.7.1955 in Büdelsdorf/Schleswig-Holstein. M. Koglin studierte Politik und Philosophie. Er arbeitete u.a. als Reißwolfbediener, Videofilmvorführer beim Arbeitsamt, Schauermann, Containerlogistiker, Kaffeeröster, Politologe und Privatsekretär. M. Koglin lebt seit 1973 in Hamburg und ist

seit 1982 als Autor und als freier Journalist für verschiedene Medien tätig.

KRIMINALROMANE: 1998 Reif für den Mörder – Inselkrimis bei Ebbe und Flut, Rowohlt; 1988 Safran, Salbei und eine Prise Tod, Schwarze Hefte, Hrsg. Hamburger Abendblatt; 1999 Drachentanz in Fuhlsbüttel, Schwarze Hefte, Hrsg. Hamburger Abendblatt; 2000 Mord im Frühcafé, Hamburger Abendblatt; 2001 Das Kreuz von Blankenese, 2002 Hamburger Abendblatt, Dinner for one – Killer for Five. Der 90. Geburtstag und was wirklich passierte, Knaur, HC; 2003 Dinner for one auf der Titanic. Der 40. Geburtstag und was tatsächlich passierte, Knaur, HC, 2004 Dinner for one mit Al Capone. Der 50. Geburtstag und wer zuerst zog, Knaur, HC; 2004 Rot ist die Liebe, rot ist der Tod, Schwarze Hefte, Hrsg. Hamburger Abendblatt
SONSTIGE PUBL.: Mehrere Kinderbücher, Sachbücher, Drehbücher, Anthologien, Theaterstücke
PREISE: 1988 Hamburger Kurzgeschichtenpreis für *Die Kapelle des Anstreichers*; 1989 Literaturförderpreis der Hansestadt Hamburg; 1992 Kunstpreis des Landkreises Ludwigshafen für Kinder und Jugendtheater; 1992 Preisträger beim Drehbuchwettbewerb der Hamburger Kulturbehörde; 1997 Literaturförderpreis der Hansestadt Hamburg für *Der Buddha geht über die Reeperbahn*; 1999 Erich-Kästner-Fernsehpreis als Mitautor für *Max & Moritz*
MITGLIED: Syndikat
KONTAKT: MiKoglin@aol.com; www.michael-koglin.de

Kohl, Erwin

Biografie: *5.5.1961 in Alpen. E. Kohl schlug nach dem Abschluss der Handelsschule eine Beamtenlaufbahn bei der Post ein. Nebenher jobbte er als Eisverkäufer, Taxifahrer, Wirt, Partnervermittler, Filmvorführer und Friedhofsgärtner. E. Kohl lebt heute mit seiner Familie in Ginderich bei Wesel. Seit 2002 schreibt er Kriminalromane und Kurzgeschichten.

KRIMINALROMANE: 2003 Der doppelte Mord, Betzel; 2004 Im Nebel des Krebses, Betzel
KRIM.-ERZ.: 2004 *Mord am See*, Fortsetzungskrimi Neue Ruhr Zeitung; 2004 *Mottenkeller*, in: Mord unter Kopfweiden, Hrsg. Ina Coelen und Ingrid Schmitz, Leporello

SONSTIGE PUBL.: Zwei Sendungen für Radio KW
MITGLIED: Syndikat

Kohli, Ulrich → Douglas, James

Kolarz, Henry

Biografie: *4.2.1927 in Berlin, † 12.10.2001 in Hamburg . H. Kolarz wurde mit 20 Jahren Journalist und arbeitete u.a. als Serienautor für den Stern. Seinen größten Erfolg erzielte er mit seiner Aufarbeitung des englischen Postraubes, die er zur Basis seines Fernsehdrehbuchs *Die Gentlemen bitten zur Kasse* machte. Im Alter von 50 Jahren schrieb H. Kolarz dann, nachdem zahlreiche seiner journalistischen Arbeiten unter der Rubrik »Tatsachenberichte« in Buchform erschienen waren, seinen ersten Roman *Kalahari*. Er wandte sich dem Genre des internationalen Thrillers zu, den er mit Abenteuerelementen anreicherte.

KRIMINALROMANE: (Doku = Dokumentarberichte): 1960 Morgen bist du tot, Jimmy, (Doku) Heyne 77, NA 1984 als *Morgen wirst du gegrillt, Jimmy*, Moewig 2275; 1960 Wenn Joseph nicht gesungen hätte, (Doku), Heyne 48; 1961 Nachts um vier wird nicht geklingelt, (Doku), Heyne 137; 1964 Die Gentlemen bitten zur Kasse, (Doku), Heyne 333; 1969 Der Tod der Schneevögel, (Doku), Heyne 652; 1977 Kalahari, Krüger Verlag, HC; 1981 Das große Ding, (Doku), Moewig 2116; 1981 Die roten Elefanten, Ullstein Verlag, HC
TV: 1966 Die Gentlemen bitten zur Kasse, (Fernsehserial, 4 Teile, je 77 bis 80 Min., NDR), Drehbuch: H. Kolarz, Regie: John Olden/Claus Peter Witt), Teil 1, 80 Minuten EA 8.2.1966; Teil 2, 80 Min., Teil 3, 77 Min.; 1968 Der Kidnapper, (Fernsehfilm, stern-tv für WDR), Drehbuch: H. Kolarz nach einem authentischen Fall, Regie: Tom Toelle, EA 28.3.1968 ARD; 1972 Hoopers letzte Jagd, (Fernsehfilm, 2 Teile, NDR), Drehbuch: H. Kolarz, Regie: Claus Peter Witt, EA 1./2.1.1972 ARD; 1974 Der Tod der Schneevögel, (Fernsehfilm, 90 Min., ZDF), Drehbuch: H. Kolarz, Regie: Eberhard Itzenplitz, EA 4.3.1974 ZDF; 1974 Der Scheck heiligt die Mittel, (Dokumentarspiel, 2 Teile, ZDF), Drehbuch: H. Kolarz, Regie: Peter Schulze-Rohr, Frank EA 25./26.6.1974 ZDF; 1975 Tatort: Wodka Bitter Lemon, (Serienfilm, 90 Min., WDR), Dreh-

buch: H. Kolarz, Regie; Franz Peter Wirth, EA 13.4.1975 ARD; 1977 Tatort: Finderlohn, (Serienfilm, 90 Min., SWF), Drehbuch: H. Kolarz, Regie: Peter Schulze-Rohr, EA 24.4.1977 ARD; 1986 Die roten Elefanten, (7 Teile, je 50 Min., ZDF/ORF), Drehbuch: H. Kolarz und Wolf Dietrich nach dem gleichnamigen Roman von H. Kolarz, Regie: Wolf Dietrich, EA 14.2.1986
Sonstige Publ.: Romane und Dokumentarberichte

Komarek, Alfred

Biografie: *5.10.1945 in Bad Aussee. A. Komarek studierte Jura. Als Student verfasste er Glosen und Reportagen für Zeitungen, weil er dringend Geld brauchte. Es folgten Texte für den ORF, den BR und HR sowie TV-Drehbücher für die Reihe *Universum*. Dazu kamen Buchveröffentlichungen, Reiseliteratur für Globo und Geo – das Schreiben wurde zum Hauptberuf und dabei ist es bis heute geblieben. A. Komarek ist Autor zahlreicher Bücher, in denen er sich als literarischer Wegbegleiter durch österreichische und europäische Kulturlandschaften erweist, aber auch als Essayist und Erzähler.

Kriminalromane: 1998 Polt muß weinen, Haymon; 2000 Blumen für Polt, Haymon; 2001 Himmel, Polt und Hölle, Haymon; 2003 Polterabend, Haymon
TV: 2001 Polt muss weinen, (Fernsehfilm, 90 Min., ORF/ARTE), Drehbuch: Julian Pölsler nach dem gleichnamigen Roman von A. Komarek, Regie: Julian Pölsler, EA 11.4.2001 ORF 2; 2001 Blumen für Polt, (Fernsehfilm, 90 Min., ORF/ARTE), Drehbuch: Julian Pölsler nach dem gleichnamigen Roman von A. Komarek, Regie: Julian Pölsler; 2002 Himmel, Polt und Hölle, (Fernsehfilm, 90 Min., ORF/ARTE), Drehbuch: Julian Pölsler nach dem gleichnamigen Roman von A. Komarek, Regie: Julian Pölsler, EA 13.4.2002 ORF 2
Preise: 1999 Glauser-Preis für *Polt muss weinen*
Mitglied: Syndikat
Kontakt: a.komarek@magnet.at; www.Alfred-Komarek.at

Konarski, Ede → Baldus, Hermann

Könemann, Anneli von

Biografie: *1961 Wuppertal. A. von Köne-

mann arbeitet seit 1992 als Literaturübersetzerin und Autorin von Kurzerzählungen. Sie ist außerdem Herausgeberin von Kurzkrimi-Anthologien. Sie war Präsidentin der Sisters in Crime German Chapter.

Kriminalromane: Heldendämmerung, (gem. mit Tatjana Kruse), Selbstverlag
Krim.-Erz.: 1996 *Sport ist Mord*, in: Der Mörder kennt die Satzung nicht, Hrsg. Leo P. Ard, Grafit; 1998 *Tiere füttern verboten*, in: Mordsweiber, Hrsg. A. von Könemann, Elefanten Press; 1998 *That's what friends are for*, in: Der Bär schießt los, Hrsg. Karl-Michael Stöppler, Ullstein; 1999 *Homo eifeliensis*, in: Jürgen würgen, Hrsg. Jacques Berndorf, Weiss; 2000 *Sonntagsbraten*, in: Mordsgewichte, Hrsg. Martina Bick u. Tatjana Kruse, Piper; 2000 *Ordnung ist der halbe Tod*, in: Mörderische Löwen, Hrsg. Thea Dorn, Uta Glaubitz una Lisa Kuppler, Eichborn; 1998 Mordsweiber, (als Hrsg.), Elefanten Press, Berlin; 2001 Hotel Graiffenstein, (als Hrsg. gem. mit Tatjana Kruse), KBV
Mitglied: SinC; VS

Kopietz, Gerit

Biografie: *22.1.1963 in Möckmühl. G. Kopietz ist Erzieherin und arbeitete mehrere Jahre in Kindergärten und Tagesstätten, zuletzt als Leiterin eines mehrgruppigen Kindergartens. Mit ihrem Mann Jörg Sommer (siehe dort) entwickelte sie 1998 die interaktive Kinderkrimireihe Z.A.P. 1999 gründete sie zusammen mit J. Sommer die Kopietz-Sommer-Stiftung zur Leseförderung. Die Stiftung finanziert Bücherspenden für Schulbibliotheken und innovative Projekte zur Leseförderung.

Kriminalromane: siehe Eintrag zu Jörg Sommer
Mitglied: Syndikat
Kontakt: www.Kopietz-sommer.de

Koppetsch, Anne-Kathrin

Biografie: *14.5.1963 in Werdohl/Westfalen. A.-K. Koppetsch hat Theologie studiert. Sie arbeitete in Berlin als freie Journalistin und ist aktuell als Pfarrerin bei der evangelischen Kirche für die Öffentlichkeitsarbeit im Kirchenkreis Dortmund-Mitte-Nordost zuständig. Ihre Kriminalromane spielen überwiegend im Kirchenmilieu.

KRIMINALROMANE: 2000 Blei für den Oberkirchenrat, Fischer; 2002 Blues im Pfarrhaus, Fischer

Korall, Harald

Biografie: *19.6.1932 im Kreis Artern/Thüringen. H. Korall machte 1950 das Abitur, danach Studium in Jena: Germanistik, Pädagogik, Psychologie. Ab 1950 war er wissenschaftlicher Assistent am Pädagogischen Institut Erfurt. Ab 1957 im Verlagswesen tätig, zunächst in Reichenbach/V. danach – seit 1959 – in Halle. Er publiziet seit 1966 und ist als Herausgeber tätig. Seit 1986 ist er freischaffender Autor: Hauptthema Kriminalität, authentische Kriminalfälle. 1990 war er Gerichtsreporter. 1990 bis 1994 war er Vorsitzender des Förderkreises der Schriftsteller in Sachsen-Anhalt, 1995 bis 1996 Leiter des Literaturbüros Sachsen-Anhalt Süd.

KRIM.-ERZ.: 1984 Die Tote an der Waisenhausmauer, (authentische Kriminalfälle), Mitteldeutscher Verlag; 1986 Die Millionenlady, (authentische Kriminalfälle), Mitteldeutscher Verlag; 1988 die Stunde vor Mitternacht, (authentische Kriminalfälle), Mitteldeutscher Verlag; 1997 Der Tod der Ärztin, (Neue Kriminalfälle), Heiko Richter Verlag; 1999 Stirb, Schwester!, (Erzählungen), Militzke; 2000 Eine Rose für die Tote, (authentische Kriminalfälle), Militzke; 2003 Ich habe sie alle im Schlaf getötet, (authentische Kriminalfälle), Militzke; 2005 113 Messerstiche, (authentische Kriminalfälle), Militzke
SONSTIGE PUBLIKATIONEN: 1970 Hochzeit nach neun Jahren, (Erzählungen), Mitteldeutscher Verlag; 1970 Die Verlobung findet nicht statt, (Fernsehspiel), DFF; als Hrsg.: 1971 Literatur 71, Mitteldeutscher Verlag; 1995 Lebenszeichen (Anthologie); 1996 Stunde der Phantasten; 1998 Wer dem Rattenfänger folgt – Gesichter der Gewalt; als Mithrsg 1998.: Das Kind im Schrank und andere Texte sachsen-anhaltinischer Autoren, Faber&Faber; 1996–1999 Hrsg. der Halleschen Autorenhefte; Reiseliteratur

Korber, Tessa

Pseud. für Tessy Korber-Willett
Biografie: *23.6.1966 in Grünstadt/Pfalz. T.

Korber-Willett studierte Germanistik und Geschichte in Erlangen und promovierte über das Thema Technik in der Literatur der Moderne. Sie arbeitete als Werbetexterin, ehe sie 1999 freie Schriftstellerin wurde. Seither verfasst sie historische Romane und Krimis. Sie ist verheiratet und lebt mit ihrer Familie in der Nähe von Nürnberg.

KRIMINALROMANE: 2000 Toter Winkel, Aufbau Verlag, OA; 2001 Tiefe Schatten, Aufbau Verlag, OA; 2003 Falsche Engel, Aufbau Verlag OA; 2004 Triste Töne, Aufbau Verlag, OA; 2005 Kalte Herzen, Aufbau Verlag, OA
KRIM.-ERZ.: 2003 *Im Kreise meiner Lieben*, in: Weiberweihnacht. Hinreißende Geschichten zum Fest, Aufbau Verlag, OA

Korber-Willett, Tessy → Korber, Tessa

Korn, Carmen

Biografie: *28.11.1952 in Düsseldorf. C. Korn ist Absolventin der Henri-Nannen-Schule. Sie war Redakteurin beim Stern, Autorin für BRIGITTE und ZEIT. 1989 erschien ihr erster Roman *Thea und Nat*, der zwei Jahre später für das ZDF unter dem gleichen Titel verfilmt wurde. C. Korn lebt in Hamburg.

KRIMINALROMANE: 1989 Thea und Nat, Rasch und Röhring; 1992 Das Singende Kind, Rasch und Röhring; 2002 Der Mann auf der Treppe, (Kriminalroman für Kinder), Erika Klopp, 1998 *Der Tod in Harvestehude*, Schwarze Hefte 8, Hamburger Abendblatt; 1999 Barmbeker Blues, Schwarze Hefte 15, Hamburger Abendblatt; 1998 Der Tod in Harvestehude, Schwarze Hefte 25, Hamburger Abendblatt; 2002 Schlafende Ratten, Schwarze Hefte 40, Verlag Hamburger Abendblatt; 2003 Kleine Fische, Schwarze Hefte, Hamburger Abendblatt; 2004 Tod eines Klavierspielers, Fischer; 2003 Liebesgrüße aus Breslau, Schwarze Hefte 61, Hamburger Abendblatt; 2005 Tod eines Politikers, Fischer
KRIM.-ERZ.: 1996 *Der Karton*, in: Gute Nacht – Geschichten für Männer, die nicht einschlafen wollen, Ingrid Klein; 2000 *Rickie Underground*, in: Geheimnisvolle Schützen, Hrsg. Thea Dorn, Uta Glaubitz u. Lisa Kuppler, Eichborn; 2003 *Unter Partisanen*, in: Du sollst nicht töten, Hrsg. Regula Venske, Scherz

SONSTIGE PUBL.: Mitarbeit an zahlreichen Anthologien, darunter *Warum leben?*, Scherz 2001
PREISE: 1999 Philip-Marlowe-Preis für die Kriminalerzählung *Der Tod in Harvestehude*; 2004 Glauser-Preis für *Unter Partisanen*
MITGLIED: Syndikat

Korn-Steinmetz, Gabriele → **Keiser, Gabriele**

Koser, Michael

Biografie: *24.4.1938 in Berlin. M. Koser studierte Geschichte, Germanistik und Politik und arbeitet seit 1965 als freier Autor vorwiegend für den Rundfunk. Zwischen 1971 und 1998 schrieb M. Koser 60 Hörspiele unter Verwendung der Figur des Prof. Dr. Dr. Dr. Augustus van Dusen, genannt »Die Denkmaschine«, die von dem amerikanischen Autor Jacques Futrelle 1875–1912 in einigen Erzählungen entwickelt worden war. Ein weitere erfolgreiche Hörspielreihe M. Kosers ist *Der Letzte Detektiv*, eine im 21. Jahrhundert angesiedelte, mit Science-Fiction-Elementen durchzogene Privatdetektivstory.

FUNK: 1970 Einmal Utopia hin und zurück, (nach Robert Sheckley, 30 Min., RIAS); 1970 Kein Job mehr für die Roboter, (nach Brian W. Aldiss, 30 Min., RIAS); 1971 Reservat, (30 Min., RIAS); 1971 Tote singen nicht, (Raymond-Chandler-Parodie, 30 Min., RIAS); 1972 Der geheimnisvolle Fall der Weihnachtsgans, (nach A. C. Doyle, 30 Min., RIAS); 1972 John Bomb jagt Dr. Pop, (Ian-Fleming-Parodie, 30 Min., RIAS); 1972 Was hilft gegen Vampire, (30 Min., RIAS); 1972 Zwei Messer stecken ach in meiner Brust, (30 Min., RIAS); 1973 Ach und Krach, (30 Min., RIAS); 1973 Müllschlucker, (35 Min., SWF); 1973 Verfahren, (30 Min., RIAS); 1973 Yeti in Dichtung und Wahrheit, (30 Min., RIAS); 1975 Heil im Siegerkranz, (30 Min., RIAS); 1975 Heute war's, (30 Min., RIAS); 1975 Von rechts nach links: Super Tarzan …, (70 Min., RIAS); 1977 Loch Ness, (30 Min., RIAS); 1978 Das Geheimnis von Craven Hall, (nach C. L. Pirkins, 45 Min., RIAS); 1978 Prof. van Dusen, die Denkmaschine: Eine Unze Radium, (nach Jacques Futrelle, 40 Min., RIAS), EA 13.9.1978; 1978 Prof. van Dusen, die Denkmaschine: Das sicherste Gefängnis der Welt, (nach J. Futrelle, 43 Min., RIAS), EA 25.10.1978; 1978 UFOS, (30. Min., RIAS); 1979 Prof. van Dusen, die Denkmaschine: Stirb schön mit Shakespeare, (nach J. Futrelle, 49 Min., RIAS), EA 12.4.1979; 1979 Prof. van Dusen, die Denkmaschine: Der Mann, der seinen Kopf verlor, (53 Min., RIAS), EA 28.2.1979; 1979 Prof. van Dusen, die Denkmaschine: Die Perlen der Kali, (53 Min., RIAS), EA 23.5.1979; 1979 Prof. van Dusen, die Denkmaschine: Ein Mörder bei Madame Tussaud, (nach J. Futrelle, 51 Min., RIAS), EA 26.9.1979; 1979 Prof. van Dusen, die Denkmaschine: Lebende Bilder, toter Mann, (nach J. Futrelle, 60 Min., RIAS), EA 7.11.1979; 1979 Prof. van Dusen, die Denkmaschine: Mord bei Gaslicht, (nach J. Futrelle, 56 Min., RIAS), EA 17.1.1979; 1979 Prof. van Dusen, die Denkmaschine: Van Dusens erster Fall, (nach J. Futrelle, 54 Min., RIAS), EA 19.12.1979; 1979 Prof. van Dusen, die Denkmaschine: Wettbewerb der Detektive, (45 Min., RIAS), EA 15.8.1979; 1979 Prof. van Dusen, die Denkmaschine: Whiskey in den Wolken, (54 Min., RIAS), EA 4.7.1979; 1980 Prof. van Dusen, die Denkmaschine: Duell der Giganten, (54 Min., RIAS), EA 16.7.1980; 1980 Prof. van Dusen, die Denkmaschine: Stimmen aus dem Jenseits, (60 Min., RIAS), EA 30.1.1980; 1980 Prof. van Dusen, die Denkmaschine: Das Gefängnis des Grafen Dracula, (60 Min., RIAS), EA 19.11.1980; 1980 Prof. van Dusen, die Denkmaschine: Rotes Blut und weißer Käse, (49 Min., RIAS), EA 8.5.1980; 1980 Prof. van Dusen, die Denkmaschine: Wer stirbt schon gern in Monte Carlo, (51 Min., RIAS), EA 12.3.1980; 1980 Prof. van Dusen, die Denkmaschine: Zocker, Zossen und Zinnober, (47 Min., RIAS), EA 4.6.1980; 1981 Prof. van Dusen, die Denkmaschine: Robinsons Insel, (53 Min., RIAS), EA 9.12.1981; 1981 Prof. van Dusen, die Denkmaschine: Der Fluch des Pharao, (51 Min., RIAS), EA 18.2.1981; 1981 Prof. van Dusen, die Denkmaschine: Der Kopfjäger von Singapur, (51 Min., RIAS), EA 27.5.1981; 1981 Prof. van Dusen, die Denkmaschine: Doktor Tschu Man Fu, (54 Min., RIAS), EA 16.9.1981; 1981 Prof. van Dusen, die Denkmaschine: Hatch will heiraten, (50 Min., RIAS), EA 1.4.1981; 1981 Prof. van Dusen, die Denkmaschine: Im Harem sitzen heulend die Eunuchen, (54 Min., RIAS), EA 7.1.1981; 1982 Das schauererregende Abenteuer im Orient-Express, (60 Min., WDR); 1982 Prof. van Dusen, die Denkmaschine: Die Erde hat ihn wieder, (57 Min., RIAS), EA 20.1.1982; 1982 Prof. van Dusen, die

Denkmaschine: Prof. van Dusen rettet die Venus von Milo, (56 Min., RIAS), EA 7.7.1982; 1982 Prof. van Dusen, die Denkmaschine: Prof. van Dusen und der schreckliche Schneemensch, (58 Min., RIAS), EA 9.11.1982; 1982 Prof. van Dusen, die Denkmaschine: Prof. van Dusen und der Zirkusmörder, (58 Min., RIAS), EA 28.4.1982; 1983 Prof. van Dusen, die Denkmaschine: Prof. van Dusen auf dem Hochseil, (58 Min., RIAS), EA 1.2.1983; 1983 Prof. van Dusen, die Denkmaschine: Prof. van Dusen gegen das Phantom, (57 Min., RIAS), EA 22.11.1983; 1983 Prof. van Dusen, die Denkmaschine: Prof. van Dusen und der grundlose Mord, (60 Min., RIAS), EA 13.9.1983; 1983 Prof. van Dusen, die Denkmaschine: Wo steckt Prof. van Dusen, (53 Min., RIAS), EA 26.4.1982; 1983 Prof. van Dusen, die Denkmaschine: Prof. van Dusen auf dem Hochseil, (59 Min., RIAS), EA 1.2.1983; 1984 Der letzte Detektiv 1: Testmarkt, (50 Min., BR); 1984 Der letzte Detektiv 2: Safari, (51 Min., BR); 1984 Der letzte Detektiv 3: Reservat, (49 Min., BR); 1984 Der letzte Detektiv 4: Schlachthaus, (49 Min., BR); 1984 Prof. van Dusen, die Denkmaschine: Prof. van Dusen und das Auge des Zyklopen, (52 Min., RIAS), EA 14.2.1984; 1984 Prof. van Dusen, die Denkmaschine: Prof. van Dusen und der Schatz des Maharadscha, (60 Min., RIAS), EA 23.10.1984; 1984 Prof. van Dusen, die Denkmaschine: Prof. van Dusen und der fliegende Teppich, (60 Min., RIAS), EA 8.5.1984; 1984 Prof. van Dusen, die Denkmaschine: Prof. van Dusen hilft Scotland Yard, (59 Min., RIAS), EA 31.7.1984; 1985 Der letzte Detektiv 5: Requiem, (59 Min., BR); 1985 Der letzte Detektiv 6: Kidnapper, (58 Min., BR); 1985 Der letzte Detektiv 7: Schmiergeld, (48 Min., BR); 1985 Der letzte Detektiv 8: Niemandsland, (54 Min., BR); 1985 Prof. van Dusen, die Denkmaschine: Prof. van Dusen auf der Hintertreppe, (RIAS), EA 24.9.1985; 1985 Prof. van Dusen, die Denkmaschine: Prof. van Dusen im wilden Westen, (59 Min., RIAS), EA 15.1.1985; 1985 Prof. van Dusen, die Denkmaschine: Prof. van Dusen und der Vampir von Brooklyn, (51 Min., RIAS), EA 9.4.1985; 1985 Prof. van Dusen, die Denkmaschine – Prof. van Dusen und die blutige Botschaft, (60 Min.), EA 2.7.1985; 1986 Der letzte Detektiv 9: Sündenbock, (54 Min., BR); 1986 Der letzte Detektiv 10: Todestour, (58 Min., BR); 1986 Der letzte Detektiv 11: Spielwiese, (59 Min., BR); 1986 Der letzte Detektiv 12: Inselklau, (49 Min., BR); 1986 Prof. van Dusen, die Denkmaschine: Prof. van Dusen und der Mafia-Mord, (60 Min., RIAS), EA 10.11.1986; 1986 Prof. van Dusen, die Denkmaschine: Dritte Runde für Prof. van Dusen, (59 Min., RIAS), EA 9.6.1986; 1986 Prof. van Dusen, die Denkmaschine: Prof. van Dusen trifft Kaiser Wilhelm, (54 Min., RIAS), EA 10.3.1986; 1986 Prof. van Dusen, die Denkmaschine: Prof. van Dusen und die Leichenräuber, (58 Min., RIAS), EA 18.8.1986; 1986 Prof. van Dusen, die Denkmaschine: Schall und Rauch, (Liveübertragung, 20 Min., RIAS), EA 27.1.1986; 1987 Prof. van Dusen, die Denkmaschine: Prof. van Dusen in Marokko, (60 Min., RIAS), EA 15.7.1987; 1987 Prof. van Dusen, die Denkmaschine: Prof. van Dusen und der schwarze Ritter, (60 Min., RIAS), EA 29.4.1987; 1987 Prof. van Dusen, die Denkmaschine: Prof. van Dusen und die verschwundenen Millionäre, (60 Min., RIAS), EA 4.2.1987; 1988 Prof. van Dusen, die Denkmaschine: Ein Dinosaurier für Prof. van Dusen, (60 Min., RIAS), EA 6.1.1988; 1988 Prof. van Dusen, die Denkmaschine: Prof. van Dusen fährt Schlitten, (60 Min., RIAS), EA 28.9.1988; 1988 Prof. van Dusen, die Denkmaschine: Prof. van Dusen und der Fall Hatch, (60 Min., RIAS), EA 30.3.1988; 1988 Prof. van Dusen, die Denkmaschine: Prof. van Dusen und die sieben Detektive, (60 Min., RIAS), EA 22.6.1988; 1989 Der letzte Detektiv 13: Megastar, (60 Min., BR); 1989 Der letzte Detektiv 14: Supernova, (60 Min., BR); 1989 Der letzte Detektiv 15: Schneewittchen, (60 Min., BR); 1989 Der letzte Detektiv 16: Störfalle, (60 Min., BR); 1989 Prof. van Dusen, die Denkmaschine: Im letzten Moment Prof. van Dusen, (60 Min., RIAS), EA 5.7.1989; 1989 Prof. van Dusen, die Denkmaschine: Prof. van Dusen fällt unter die Räuber, (60 Min., RIAS), EA 12.4.1989; 1989 Prof. van Dusen, die Denkmaschine: Prof. van Dusen läßt die Sau raus, (60 Min., RIAS), EA 18.1.1989; 1989 Prof. van Dusen, die Denkmaschine: Prof. van Dusen spielt Weihnachtsmann, (60 Min., RIAS), EA 25.12.1989; 1989 Prof. van Dusen, die Denkmaschine: Prof. van Dusen und der Mord im Club, (60 Min., RIAS), EA 27.9.1989; 1990 Der letzte Detektiv 17: Eurobaby, (60 Min., BR); 1990 Der letzte Detektiv 18: Eurodschungel, (60 Min., BR); 1990 Der letzte Detektiv 19: Euromüll, (60 Min., BR); 1990 Der letzte Detektiv 20: Euroblues, (60 Min., BR); 1990 Prof. van Dusen, die Denkmaschine: Prof. van Dusen sieht doppelt, (60 Min., RIAS), EA 19.3.1990; 1990 Prof. van Dusen, die Denkmaschine: Prof. van Dusen und das Totenschiff, (60 Min., RIAS), EA 1.10.1990; 1990 Prof. van Dusen, die Denkmaschine: Prof. van Dusen und der dritte Mann, (60 Min., RIAS), EA 25.6.1990; 1991 Der letzte Detektiv 21: Attentat, (60 Min., BR); 1991 Der letzte Detektiv 22: Westfront, (60 Min., BR); 1991 Der letzte Detektiv 23: Wunderland, (60 Min., BR); 1991 Der letzte Detektiv 24: Paranoia, (60 Min., BR); 1991 Prof. van Dusen, die Denkmaschine: Prof. van Dusen besucht seine Bank, (60 Min., RIAS), EA 11.11.1991; 1991 Prof. van Dusen, die Denkmaschine: Prof. van Dusen in geheimer Mission, (60 Min., RIAS), EA 21.1.1991; 1991 Prof. van Dusen, die Denkmaschine: Prof. van Dusen und das Geheimnis der Pyramide, (RIAS), EA 29.4.1991; 1992 Prof. van Dusen, die Denkmaschine: Ohrenzeuge – Prof. van Dusen, (RIAS), EA 11.5.1992; 1992 Prof. van Dusen, die Denkmaschine: Prof. van Dusen treibt den Teufel aus, (RIAS), EA 23.2.1992; 1992 Prof. van Dusen, die Denkmaschine: Prof. van Dusen im Wunderland/anderer Titel: Augustus im Wunderland, (RIAS), EA 17.8.1992; 1992 Prof. van Dusen, die Denkmaschine: Prof. van Dusen beschwört einen Geist, (RIAS), EA 23.11.1992; 1993 Der letzte Detektiv 25: Pharao, (55 Min., BR); 1993 Der letzte Detektiv 26: Nachtcafe, (55 Min., BR); 1993 Der letzte Detektiv 27: Strafkolonie, (55 Min., BR); 1993 Der letzte Detektiv 28: UFO, (55 Min., BR); 1993 Prof. van Dusen, die Denkmaschine: Es tickt bei Prof. van Dusen, (RIAS), EA 1.3.1993; 1993 Prof. van Dusen, die Denkmaschine: Prof. van Dusen und das Gold von Mexiko, (DLB), EA 30.8.1993; 1993 Prof. van Dusen, die Denkmaschine: Prof. van Dusen und die schwarze Fünfpenski, (DLB), EA 6.12.1993; 1994 Prof. van Dusen, die Denkmaschine: Ufos über Prof. van Dusen, (DLB), EA 5.4.1994; 1994 Prof. van Dusen, die Denkmaschine: Prof. van Dusen und der Fall Zola, (Teil 1, DLB), EA 16.4.1994; 1994 Prof. van Dusen, die Denkmaschine: Prof. van Dusen und der Fall Zola, (Teil 2, DLB), EA 21.6.1994; 1994 Prof. van Dusen, die Denkmaschine: Prof. van Dusen und das Mörderspiel, (55 Min., DLB), EA 7.11.1994; 1994 Prof. van Dusen, die Denkmaschine: Prof. van Dusen und das Zeichen der Sieben, (DLB), EA 27.12.1994; 1995 Der letzte Detektiv 29: Weihnachtsmärchen, (55 Min., BR); 1995 Der letzte Detektiv 30: Virtuella, (55 Min., BR); 1995 Der letzte Detektiv 31: Kopfjäger, (55 Min., BR); 1995 Der letzte Detektiv Unterwelt, (55 Min., BR); 1995 Prof. van Dusen, die Denkmaschine: Prof. van Dusen auf Hannibals Spuren, (Teil 1, DLB), EA 7.8.1995; 1995 Prof. van

Dusen, die Denkmaschine: Prof. van Dusen auf Hannibals Spuren, (Teil 2, DLB), EA 14.8.1995; 1996 Prof. van Dusen, die Denkmaschine: Prof. van Dusen und das Phantom der Oper, (55 Min., DLB), EA 15.4.1996; 1997 Prof. van Dusen, die Denkmaschine: Die Mauer muss weg, (DLB), EA 17.3.1997; 1998 Cocktail für zwei: Bloody Mary, (55 Min., DLB); 1999 Cocktail für zwei: Eiffel sour, (55 Min., DLB); 1999 Cocktail für zwei: Surabaya Sling, (55 Min., DLB); 1999 Cocktail für zwei: Germanengold, (55 Min., DLB); 1999 Cocktail für zwei: Titanic Smash, (55 Min., DLB)

SONSTIGE PUBL.: Zahlreiche Hörfunkfeatures

PREISE: 1973 Kurt-Magnus-Preis der ARD

Kotte, Henner

Biografie: *1963 in Wolgast. H. Kotte wuchs in Dresden auf und studierte Germanistik in Leipzig, Moskau, Dresden und Stuttgart. Er übte verschiedene Tätigkeiten aus, u.a. als wissenschaftlicher Assistent, Lehrer für Deutsch als Fremdsprache und Redakteur. Seit 1990 verfasst er regelmäßig journalistische Beiträge für Zeitungen und Fernsehen sowie Moderationen.

KRIMINALROMANE: 1998 Tödliches Script, Kettenkrimi, (Mitautor); 1999 Schnee vor der Hütten. Ein Theaterkrimi; 2000 Tod im Talk. Ein Internetkrimi, MDR, als Buch, Militzke; 2000 Vivace, Fünf Finger Ferlag; 2005 Abriß leipzig, Festa Verlag

KRIM.-ERZ.: 2000 Natürlich tot! – Ein Jahr Buch. Zwölf Mordsgeschichten, Fünf Finger; 2004 Mörder, Monster, Menschenfresser, Pitavalgeschichten, gem. mit Christian Lunzer, Ueberreuter; 2004 Wilderer, Pitavalgeschichten, (gem. mit Christian Lunzer), Ueberreuter

TV: 2002/03 Vergessene Akten, (MDR)

SONSTIGE PUBL.: 2000 *Ratenzahlung*. Ein Krimi-Comic mit Zeichnungen von C. S. Linientreu, in: tremor 13; 2000 *Indianerfüße*. Ein Krimikurzfilm, EA 2001; *Taxi*. Ein Krimi-Comic mit Zeichnungen von C. P. Münchgesang, in: tremor 14; *Fahrerflucht*. Ein Krimi-Comic mit Zeichnungen von Twin-Production, in: tremor 16, 2001; Features für den Rundfunk, Kurzprosa in verschiedenen Anthologien, 2003 Klassische und moderne Horrorgeschichten, hrsg. gemeinsam mit Karl-Ewald Tietz

PREISE: 1997 1. Preisträger beim mdr-Literaturwettbewerb; 1998/99 Silberner Schreibtischtäter

MITGLIED: Syndikat; VS

Kramlovsky, Beatrix M.

Biografie: *11.12.1954 in Steyr/Oberösterreich. B. M. Kramlovsky studierte Anglistik und Romanistik. Sie lebte von 1987 bis 1991 in Ost-Berlin und wurde von 1988 bis zum Mauerfall mit Ausstellungs- und Veröffentlichungsverbot belegt. Seit zehn Jahren Hauptwohnsitz bei Wien. Sie arbeitet als freischaffende Künstlerin und ist in der Erwachsenenbildung tätig. B. M. Kramlovsky ist Mitglied der IG österreichischer AutorInnen und des Podiums 2000 sowie der Berufsvereinigung bildender Künstler Österreichs. Übersetzungen einiger Kurzgeschichten erschienen in USA, Frankreich, Iran und Indien.

KRIMINALROMANE: 1997 Das Risiko, Milena; 2002 Die Auslese, Literaturedition Niederösterreich
KRIM.-ERZ.: 2000 Der Waldhammer, in: Land der Hämmer, Podium 2000/115, (2003 ins Englische übersetzt für EQMM); 2003 Die Seidenstraße, in: Liebestöter, Hrsg. Anke Cibach, Scherz, 2005 ins Englische übersetzt für Ellery Queen's Mystery Magazine
SONSTIGE PUBL.: Weitere Romane, Theaterstücke, Essays, Lyrik, Kurzgeschichten
PREISE: 1997 Anerkennungspreis des Landes Niederösterreich für Literatur; 2003 Hans-Weigel-Literaturstipendium des Landes Niederösterreich; 2004 Nominierung für den Glauser-Kurzkrimi-Preis für Die Seidenstraße
MITGLIED: SinC; Syndikat
KONTAKT: beatrix@kramlovsky.at; www.kramlovsky.de

Kramp, Ralf

Biografie: *29.11.1963 in Euskirchen. R. Kramp lebt und arbeitet als Autor und Karikaturist in der Eifel und ist Verfasser zahlreicher Kurzkrimis und Kriminalromane. Er ist einer der beiden Veranstalter der Krimiwochenenden »Blutspur«, bei denen Krimifans live auf »Mörderjagd« gehen können. Als Vorleser seiner Kurzkrimis und Rezitator anderer Texte hat er sich einen Namen gemacht und veranstaltet zahlreiche Krimi- und Lese-Events (u.a. Mitorganisator von »Tatort Eifel«). Seit 2001 ist er Inhaber der KBV Verlags- und Mediengesellschaft mbH

KRIMINALROMANE: 1996 Tief unterm Laub, KBV; 1997 Spinner, KBV; 1998 Rabenschwarz, KBV; 1999 Der neunte Tod, KBV; 2000 Still und starr, KBV; 2000 Das schwarze Kleeblatt – Wenn Goldfinger rauskommt, (Jugendkrimi), Ritschel, HC; 2001 … denn sterben muss David!, KBV; 2002 Malerische Morde, KBV; 2003 Hart an der Grenze, KBV; 2004 Ein kaltes Haus, KBV; 2004 Das schwarze Kleeblatt – Drei geheimnisvolle Schlüssel, (Jugendkrimi) KBV; Hotel Terminus, (Kettenroman, gem. mit Silvia Kaffke, H. P. Karr, Edith Kneifl, Christine Lehmann, Birgit H. Hölscher, Horst Eckert, Roger M. Fiedler, Peter Zeindler, Jürgen Alberts und Walter Wehner), Aufbau, OA
KRIM.-ERZ.: 2001 Kurz vor Schluss. Mörderische Geschichten, KBV; 2003 Ein Viertelpfund Mord. Mehr mörderische Geschichten, KBV
Als Herausgeber: 1999 Mord after Eight, Scherz; 2000 Der Ferienkrimi, Scherz; 2000 Der Tod klopft an. Kriminelle Kurzgeschichten aus Ostbelgien, Grenz-Echo; 2001 Der Tod tritt ein. Mörderische Kurzgeschichten aus der Eifel, Grenz-Echo; 2001 Der Ferienkrimi, Scherz; 2001 Von Mord zu Mord, Scherz; 2002 Der Ferienkrimi, Scherz; 2002 Mit 66 Jahren, da fängt das Morden an, Scherz; 2002 Sport ist Mord, Scherz; 2002 Mörderisch kalt, Scherz; 2003 Frühling, Sommer Herbst und Mord, Grenz-Echo
Hörbuch: 2004 Spinner, gesprochen von Kalle Pohl, KBV
PREISE: 1996 Förderpreis zum 2. Eifel-Literatur-Preis für Tief unterm Laub; 2002 Kulturpreis des Kreises Euskirchen
MITGLIED: Syndikat
KONTAKT: RalfKramp@aol.com; www.ralfkramp.de

Krane-Müschen, Ingrid → Gablé, Rebecca

Krause, Hans-Ullrich

Biografie: *24.2.1954 in Leipzig. H.-U. Krause machte zunächst eine berufliche Ausbildung in der Landwirtschaft und arbeitete in einem Internat. Er absolvierte dann ein Studium als Heimerzieher in Berlin, studierte am Johannes-R.-Becher-Institut in Leipzig und schloss ein Diplompädagogik-Studium an der Humboldt-Universität Berlin und ein weiterführendes Studium Psycho-Soziale Arbeit ab. 2003 Promotion an der FU Berlin. Beruflich ist er im sozialpädagogischen Bereich tätig. H.-U. Krause ist Vorsitzender der Internationalen Gesellschaft für erzieherische Hilfen, Frankfurt/M.

In seinen Publikationen beschäftigt er sich hauptsächlich mit komplizierten sozialen Situationen, vor allem in Familien, mit Konflikten in Jugendgruppen, psychanalytischen Themen, sozialen Brennpunkten und den daraus erwachsenden Konflikten.

KRIMINALROMANE: 1992 Traumbilder, (Krimi-Jugendroman), Verlag Neues Leben, HC; 1994 Missbraucht, Reihe DIE, Das Neue Berlin; 1995 Der Tausch, Reihe DIE, Das Neue Berlin
TV: 1997 Polizeiruf 100: Der Tausch, (MDR/NDF), Drehbuch: H.-U. Krause, Regie: Andreas Dresen; 2001 Paulas Schuld. (Thriller, ZDF), Drehbuch: H.-U. Krause, Regie: Claudia Garde; 2004 Geheime Geschichten, (Drama, ZDF), Drehbuch: H.-U. Krause, Regie: Christine Wiegand
SONSTIGE PUBL.: Jugendroman, Hörspiele, Drehbücher, Sachbücher zu erziehungswissenschaftlichen und sozialpädagogischen Fragen
MITGLIED: Syndikat

Krause, Knut → Eisenkolb, Gerhard

Kredelbach, Thomas
Biografie: *1968 in Köln. Th. Kredelbach machte eine Ausbildung als Bankkaufmann und studierte Erziehungswissenschaften. Er veröffentlichte seine ersten Kurzgeschichten Anfang der 90er-Jahre im Bastei Lübbe Verlag. Aus dieser Zeit rührt seine Leidenschaft für das Krimigenre.
Beeinflusst von den Werken eines Stephen King, eines Nelson DeMille oder eines Ed McBain fand Kredelbach immer mehr zu seinem eigenen Stil. Er veröffentlichte regelmäßig Kriminalgeschichten in verschiedenen Zeitschriften und Magazinen. Unter dem Titel *Der Anhalter. Unheimliche Geschichten*, erschien 2001 im Verlag der Criminale München sein erster Band mit Erzählungen. Schon bald nach Erscheinen des Bandes kam in der Presse der ehrenvolle Vergleich mit Stephen King auf.

KRIM.-ERZ.: 2001 *Der Anhalter, Nachtschicht, Rage, Alles muss raus, Abendspaziergang, Der dreißigste Hochzeitstag, Kirschblütenzeit, Gefährliche Freundin, Die Entführung, Durchschlagender Erfolg, Der Ausbruch, Der Heiratsantrag und Blutmond*, alle in: Der Anhalter. Unheimliche Geschichten, VdC
KONTAKT: Thomas.Kredelbach@psd-koeln.de; www.thomas-kredelbach.de

Kreiss, Andrea → siehe Autorenteam Herz, W. V. und Kreiss, Andrea

Kreutzer, Lutz
Biografie: *20.9.1959 in Stolberg bei Aachen. L. Kreutzer studierte Geologie und promovierte an der Rheinisch-Westfälischen Technischen Hochschule in Aachen. Er lebte in Aachen, Wien und München, arbeitete in Schweden, England, Frankreich, Österreich und Italien. Er war als Leiter des Büros für Öffentlichkeitsarbeit an einer Dienststelle des Ministeriums für Wissenschaft und Forschung in Wien tätig, als Geschäftsführer einer Ingenieur-Gesellschaft in Aachen sowie als Entwicklungschef bei Europas größtem Konzern für interaktives Fernsehen. Zurzeit arbeitet er als Manager für PR & Marketing für ein Unternehmen für industrielle Bildverarbeitung in München und ist Hochschullehrer an der Fachhochschule Salzburg.

KRIMINALROMAN: 1996 Schröders Verdacht – Ein Thriller zwischen Rheinland und Sizilien, Helios
SONSTIGE PUBL.: Zahlreiche wissenschaftliche Veröffentlichungen, Bildbände
KONTAKT: www.lutzkreutzer.de

Krieger, Günter
Biografie: *29.1.1965 in Langerwehe. G. Krieger ist Krankenpfleger und befasst sich in seiner Freizeit mit antiker und mittelalterlicher Geschichte. Der historische Kriminalroman *Teufelswerk* war seine erste Buchveröffentlichung.

KRIMINALROMANE: 1999 Teufelswerk, Pandion; 2000 Mönchsgesang, Pandion; 2001 Das Haupt der Anna, Grenz-Echo; 2001 Gertrudisnacht,

Grenz-Echo; 2001 Löwentod, Pandion; 2002 Drachensturm, Grenz-Echo Verlag; 2003 Maria und der Inquisitor, Grenz-Echo Verlag
KRIM.-ERZ.: (als Hrsg.) 2002 Ein Schnitter namens Tod. Mordgeschichten aus der Geschichte, Anthologie, Grenz-Echo Verlag

Kristan, Georg R.
Pseud. für: Georg und Renate Cordts
Biografie: Georg Cordts *6.5.1927; Renate Cordts *1.2.1935. G. Cordts war Polizeiwachtmeister in Minden und studierte dann Jura. Zuletzt war er Ministerialdirektor in einem Bundesministerium. R. Cordts absolvierte die Handelsschule und eine Ausbildung als Fotografin. Sie war Klinikfotografin und Leiterin von Antistress-Kursen. Das Autorenteam hat seit 1985 insgesamt 14 Kriminalromane vorgelegt. Im Mittelpunkt stehen stets aktuelle oder spekulative Kriminalfälle mit politischen Nebenhandlungen.

KRIMINALROMANE: 1985 Das Jagdhaus in der Eifel, Goldmann 5650; 1986 Fehltritt im Siebengebirge, Goldmann 5003; 1987 Ein Staatsgeheimnis am Rhein, Goldmann 5019; 1988 Spekulation in Bonn, Goldmann 5050; 1989 Schnee im Regierungsviertel, Goldmann 5068; 1990 Anschlag auf Bonn, Goldmann 5120; 1991 Diplomat im Abseits, Goldmann 5154; 1992 Die Dame aus Potsdam, Goldmann 5176; 1992 Eine Hauptstadt-Affäre, Bouvier, HC; 1993 Staatskarossen, Goldmann 5848; 1994 Blütenzauber, Goldmann 5868; 1996 Goldspur, Goldmann 5932; 1997 Salonwagen Berlin, Goldmann 5942; 1999 Sonderkurier, Goldmann 5265
SONSTIGE PUBL.: 1988 *Junge Adler – vom Luftsport zum Flugdienst*, (G. Cordts), Bechtle
MITGLIED: Syndikat
KONTAKT: GuRCordts@t-online.de

Kröll, Erika
Biografie: *. 26.5.1958 in Uedem/Kreis Kleve. E. Kröll ist Rundfunkjournalistin. Sie lebt mit ihrer Familie in Dernau/Ahrtal.

KRIMINALROMANE: 2000 Fürchte Deinen Nächsten …, RMV; 2002 Nebelkind – oder: Das Tarot des Todes, Warlich; 2004 Quelle des Zorns, ekv
SONSTIGE PUBL.: Mehrere Krimi-Kurzgeschichten in Anthologien, z. B. Mordseifel, Der Tod tritt ein, Abendgrauen 2

MITGLIED: SinC
KONTAKT: www.erikakroell.de

Krohm, J. → Schüller, Martin

Krohm, Jagomir → Schüller, Martin

Krohn, Barbara
Biografie: *5.6.1957 in Hamburg. B. Krohn studierte Germanistik und Italianistik. 1985 bis 1989 war sie Lektorin des DAAD für deutsche Sprache und Literatur an der Universität in Neapel. Sie lebt als Schriftstellerin und literarische Übersetzerin in Regensburg.

KRIMINALROMANE: 1998 Der Tote unter der Piazza, Aufbau 1441; 1999 Weg vom Fenster, Aufbau 1595; 2002 Rosas Rückkehr, Rütten & Loening, HC
SONSTIGE PUBL.: 2003 *Die Liebe der anderen*, Rütten und Loening, HC; 2004 *Orte der Liebe*, Lichtung-Verlag; zahlreiche Kurzgeschichten, Buchbesprechungen sowie literarische Übersetzungen aus dem Italienischen
PREISE: 2002 Kulturförderpreis der Stadt Regensburg
MITGLIED: SinC; Syndikat; VS
KONTAKT: bk@burger-krohn.de

Krüger, Answald → Matray, Maria und Krüger, Answald

Kruse, Tatjana
Biografie: *20.2.1960. Lebt und arbeitet als Literaturübersetzerin und Krimiautorin in Schwäbisch Hall.

KRIMINALROMANE: 2000 Die Wuchtbrumme, Fischer 14704, NA VdC; 2001 Achtung: Wuchtbrumme, Goldmann 44994; 2002 Die Wuchtbrumme kehrt zurück, Goldmann; Goldmann; 2003 Wuchtbrummenalarm, Goldmann
KRIM.-ERZ.: 1995 *Cool-Man schlägt zu*, in: Der Mörder kommt auf sanften Pfoten, Hrsg. Leo P. Ard, Grafit 087; 1995 *War's schön für dich?*, in: Der Mörder bittet zum Diktat, Hrsg. Leo P. Ard, Grafit 088; 1996 *Ein Hoch auf die Gerechtigkeit*, in: Der Mörder kennt die Satzung nicht, Hrsg. Leo P. Ard, Grafit 090; 1997 *Dies Natalis Horribilis*, in: Eine Leiche zum Geburtstag, Hrsg. Robert Brack, Rowohlt 43273; 1998 *Wie entwerfe ich*

eine detektivische Handlung, in: Mordsweiber, Hrsg. Anneli von Könemann, Elefanten Press 904; 1998 *Kapitel 13*, in: Eine böse Überraschung, Hrsg. Bernd Jost, Rowohlt 43296; 1998 *Errare Humanum Est*, in: Der Bär schießt los, Hrsg. Karl-Michael Stöppler, Ullstein 24380; 1999 *Malleus Büroficarum*, in: Zehn mörderische Wege zum Glück, Hrsg. Bernd Jost, Rowohlt 43360; 1999 *Non olet* in: Jürgen würgen, Hrsg. Ralf Kramp, Weiss; 2000 *Wie ich lernte, die Sterne zu hassen*, in: Skrupellose Fische, Hrsg. Thea Dorn, Uta Glaubitz u. Lisa Kuppler, Eichborn; 2000 *Ach, ich bin des Treibens müde*, in: Mordkompott, Hrsg. Peter Gerdes, Leda; 2000 *Hütet euch vor Piratinnen*, in: Rheinleichen, Hrsg. Ina Coelen u. Ingrid Schmitz, Emons; 2001 *Furor Teutonicus-Schwäbisch Hall*, in: Von Mord zu Mord, Hrsg. Ralf Kramp, Scherz 1797; 2001 *Der Gipfel muss fallen*, in: Tatort Berg, Hrsg. Ann E. Hacker, Vertigo; 2001 *Die Schreie der Toten*, in: Teuflische Nachbarn, Hrsg. Ina Coelen u. Ingrid Schmitz, Scherz 1793; 2001 *Coolman blüht auf*, in: Mord mit Biss, Hrsg. Anke Cibach, Hannah; 2000 Mordsgewichte, Hrsg. gem. mit Martina Bick, Piper 2992; 2001 Greiffenstein, Hrsg. gem. mit Anneli von Könemann, KBV; 2001 *Adios, Amiga*, in: Tödliche Beziehungen; Hrsg. Ingrid Schmitz, Emons; 2001 *Die Hohenloher Methode*, in: Das Verbrechen lauert überall, Hrsg. Wolfram Göbel, VdC; 2002 *Jeder irrt auf seine Weise* in: Alte Götter sterben nicht, Hrsg. Rainer Wekwerth, Scherz; 2002 *Ein Hoch auf die Gerechtigkeit*, in: Der Ferienkrimi, Hrsg. Ralf Kramp, Scherz; 2002 *Joggen tut gut*, in: Sport ist Mord, Hrsg. Ralf Kramp, Scherz; 2002 *The Good Old German Way*, in: World's Finest Crime Stories III, Hrsg. John Helfers, Tekno; 2002 *Leckerschmecker*, in: Es liegt mir auf der Zunge, Hrsg. Christine Eichel, Goldmann; 2002 *Müll muss weg!*, *in:* Die vielen Tode des Herrn S., Hrsg. Mischa Bach, Emons; 2002 *Non liquet* in: Abrechnung, bitte!, Hrsg. Peter Gerdes, Rowohlt; 2003 *Sc h… eibenkleister, in:* Letzte Worte, Hrsg. Nadine Barth, Scherz; 2003 *Feinripp mit Folgen*, in: Liebestöter, Hrsg. Anke Cibach, Scherz; 2003 *Die Scheinträgerin*, in: Mordslüste, Hrsg. Paul Ott, Scherz; 2003 *Tippsen-Blues*, in: Mörderische Mitarbeiter, Hrsg. Ingrid Schmitz, Scherz; 2003 *Drei Tage Hamburg*, in: Tatort Hamburg, Hrsg. Anna Wolf, Vertigo; 2003 *Dem Frohsinn ein Ende*, in: Tatort München, Hrsg. Ann E. Hacker, Vertigo; 2003 *Kaspar Hauser auf dem Lande*, in: Bayerisches Mordkompott, Hrsg. Billie Rubin,

Leda; 2003 *Die Erbsenzählerin von Viersen*, in: Mordsappetit, Hrsg. Ina Coelen, Leporello; 2004 *Kleine schwäbische Sprachkunde*, in: Mord isch halt a Gschäft, Hrsg. Lisa Kuppler, Ariadne; 2004 *Hohenloher Jauchegrubenblues*, in:Menschen auf dem Lande, Hrsg. Gunda Rosenauer, Silberburg; 2004 *Häppi Leichenschmaus*, in: Verdächtige Freunde, Scherz; 2004 *Arrividerci, Herr Doktor*, in: Mord ist die beste Medizin; Hrsg. Monika Buttler, Scherz; 2004 *Sr Christophorus blickt durch*, in: Tatort Kanzel, Hrsg. Billie Rubin, Wittig; 2004 *Unten sündig, oben gesund*, in: Mord unter Kopfweiden, Hrsg. Ina Coelen u. Ingrid Schmitz, Leporello; 2004 *Elvis forever!*, in: Mord am Niederrhein, Hrsg. Reinhard Jahn, Grafit; 2004 *Die Hünen von Lünen*, in: Mehr Morde am Hellweg, Hrsg. H. P. Karr, Herbert Knorr, Grafit 294

Sonstige Publ.: 2002 *Das Buch der Fülle*, frauenoffensive; 2004 *Das Buch der Kraft*, frauenoffensive.

Preise: 1996 Philip-Marlowe-Preis der Raymond-Chandler-Gesellschaft; 1997 Fancy-Media-Kurzkrimipreis; diverse Nominierungen

Mitglied: SinC; Syndikat

Kontakt: www.TatjanaKruse.de

Kuhn, Krystyna

Biografie: *7.12.1960 in Würzburg. K. Kuhn studierte Slavistik, Germanistik und Kunstgeschichte in Würzburg, Göttingen und Krakau. Anschließend war sie Leiterin der Handbuchredaktion eines mittelständischen Softwareunternehmens. Seit 1995 lebt sie als freie Herausgeberin, Dozentin und Autorin.

Kriminalromane: 2001 Fische können schweigen, Kabel; 2003 Die vierte Tochter, Piper 7052, OA; 2005 Engelshaar, Piper 7080, OA

Krim.-Erz.: 2000 *Alter Ego*, in: Rätselhafte Waagen, Hrsg. Thea Dorn, Uta Glaubitz u. Lisa Kuppler, Eichborn; 2000 *Pygmalion*, in: Geschichten zum Rotwerden, Hrsg. Sabine Blau, Piper; 2002 *K.O.*, in: Gute-Nacht-Geschichten für Frauen, Hrsg. Michaela Kenklies, Piper; 2002 *Also sprach*, in: Freundinnen, Hrsg. Annika Krummacher, Piper; 2003 *Clearblue*, in: Polizeirevier Friedrichshorst, Hrsg. Neuntöter, Militzke; 2003 *Menue surprise*, in: Mords-Appetit, Hrsg. Ina Coelen u. Ingrid Schmitz, Leporello Verlag

Mitglied: SinC; Syndikat

Kontakt: weissmies@aol.com

Kunkel, Eberhard

Biografie: *10.4.1931 in Limburg/Lahn. E. Kunkel studierte Anglistik und Psychologie in Innsbruck, Marburg, London und Mainz. Anschließend arbeitete er als Psychologe. Seit 1987 ist er Autor der Comicserie *Karl: Der Spätlesereiter*, aus der auch die historische Kriminalromanserie *Krimi-Karl-Romane* hervorging.

KRIMINALROMANE: 1995 Karl: Der Tote zuwenig, ak-Verlag; 1996 Karl: Mord hat viele Kleider, ak-Verlag; 1997 Karl: Der Scharfrichter von Landau, ak-Verlag; 1998 KARL: Tote kennen keine Zeit, ak-Verlag; 1999 Karl: Würzburger Affäre, ak-Verlag; 2000 Karl: Von Trier bis zur Hölle, ak-Verlag; 2001 Karl: Das Grab im Plixholz, ak-Verlag; 2002 Karl: Die Amselmühle, ak-Verlag
SONSTIGE PUBL.: Weinliteratur, Lyrik
KONTAKT: mail@ak-verlag.de; www.karl-comic.de

Kunz, Eva Luise

Biografie: *5.7.1959 in Baden-Baden. E. L. Kunz studierte in Paris und Heidelberg und ist Diplomübersetzerin für Italienisch und Französisch. Vierzehn-Tage-Reisen langweilen sie; sie zieht lieber gleich für mehrere Jahre in die Ferne: São Paulo als Kind, Paris als Jugendliche, Sizilien als Studentin und zuletzt sechs Jahre auf Kreta mit einem Abstecher nach Syrien. Als teuerstes Gut immer mit dabei sind die eigene und die neu gewonnenen Sprachen, Literaturen und Kulturen. Mit dem Schreiben hat E. L. Kunz auf Kreta begonnen, 2001 erschien die erste Erzählung. Sie lebt heute in Köln.

KRIM.-ERZ.: 2001: *Sand, Füße, Christine ...*, in: Teuflische Nachbarn. Mordgeschichten von nebenan, Hrsg. Ina Coelen u. Ingrid Schmitz, Scherz
MITGLIED: SinC
KONTAKT: eva.kunz@t-online.de; www.sinc.de

Küpper, Michaela

Biografie: *3.11.1965 in Alpen/Kreis Moers. M. Küpper ist in Bonn aufgewachsen und studierte in Marburg Soziologie, Psychologie, Politik und Pädagogik. Sie arbeitet als Autorin und Redakteurin und lebt in Königswinter am Rhein.

KRIMINALROMANE: 1997 Wintermorgenrot, Eugen Salzer, HC
KRIM.-ERZ.: 1999 *Frieden für Tante Frieda*, in: Mord zwischen Messer und Gabel, Hrsg. Andrea C. Busch, Gerstenberg, erw. NA 2001; 2000 *Stille Lande*, in: Alter schützt vor Morden nicht, Gerstenberg; 2000 *Die letzte Fähre*, in: Rheinleichen, Emons; 2001 *Knock-out*, in: Teuflische Nachbarn, Scherz; 2001 *Sein bester Freund*, in: Tödliche Beziehungen, Emons; 2002 *Nichts gegen München*, in: Münchener Abendzeitung; 2003 *Es ist ein Ros entsprungen*, in: Leise rieselt der Schnee ..., Ullstein
SONSTIGE PUBL.: Mehrere Kinderbücher
MITGLIED: SinC; Syndikat
KONTAKT: MichaelaKüpper@gmx.de

Kuppler, Lisa

Biografie: *7.10.1963 in Esslingen am Neckar. L. Kuppler studierte Amerikanistik und Geschichte in Tübingen und Eugene/Oregon. Längere USA-Aufenthalte. Seit 1996 ist sie als freie Krimilektorin, Übersetzerin, Ghostwriterin und Herausgeberin tätig. Sie liebt den Hard-boiled-Krimi gleichermaßen wie Science-Fiction/Fantasy und das zeitgenössische Hollywood-Kino. Sie führt seit 2001 das Krimibüro in Berlin-Mitte.

KRIM.-ERZ.: (als Hrsg.) 2000 Aszendent Mord, 12 Bd., gem. mit Thea Dorn u. Uta Glaubitz, Eichborn; 2002 Queer Crime. Lesbisch-schwule Krimigeschichten, Querverlag; 2002 Erotik-Krimis, Europa-Verlag; 2004 Mord isch hald a Gschäft, Ariadne; 2004 Bisse und Küsse 3, Querverlag
SONSTIGE PUBL.: Übersetzung von Kriminalromanen von Mickey Spillane und William Maltese; Übersetzung von Krimi-Erzählungen

-ky

Pseud. für: Dr. Horst Otto Oskar Bosetzky; auch unter den Pseud: John Drake, John Taylor

Biografie: *1.2.1938 in Berlin. H. Bosetzky studierte nach einer Lehre als Industriekaufmann Soziologie, Betriebswirtschaft, Volkswirtschaft und Psychologie an der FU Berlin. Von 1973 an war er als Professor für Soziologie an der Fachhochschule für Verwaltung und Rechtspflege (FHSVR) in Berlin tätig, bis er 2000 emeritiert wurde.

In den 60er-Jahren schrieb er mehrere *John Taylor*-Romane und *John Drake*-Hefte. 1971 erschien sein erster Roman in der Rowohlt Thrillerreihe. Es folgten weitere Kriminalromane und zahlreiche Hörspiele, die ihm den Ruf als Erfinder des sog. deutschen *Sozio-Krimis* einbrachten. Um das Pseudonym -ky rankten sich in den ersten Jahren zahlreiche Spekulationen und Vermutungen, da der Verlag die Identität des Autors trotz intensiver Journalisten-Recherchen nicht preisgab. Erst 1981 anlässlich der Premiere der Verfilmung von *Kein Reihenhaus für Robin Hood* wurde das Pseudonym gelüftet. 1991 wurde -ky in Bremen zum Vorsitzenden und Sprecher der Krimiautorenvereingung Das Syndikat gewählt, diese Position hatte er bis zur Criminale 2001 inne.

KRIMINALROMANE: 1963 John Taylor: Der Mörder stirbt im Hafen, Silber Krimi 498, Zauberkreis Verlag; 1964 Die Nacht der roten Tiger, John Drake 77, Marken Verlag; 1964 John Taylor: Der letzte Zeuge stirbt nicht, Silber Krimi 570, Zauberkreis Verlag; 1964 John Taylor: Der Mörder mit dem echten Alibi, Silber Krimi 599, Zauberkreis Verlag; 1964 Zwei Whisky mit Gift, John Drake 70, Marken Verlag; 1965 Der Bleistift mit der Todesschrift, John Drake 116, Marken Verlag; 1965 Mörder in der Geisterbahn, John Drake 91, Marken Verlag; 1965 Wer singt muß sterben, John Drake 106, Marken Verlag; 1966 Der Satan zahlt mit Diamanten, John Drake 147, Marken Verlag; 1966 Überstunden für den Henker, John Drake 179, Marken Verlag; 1966 Zwanzigtausend sollen sterben, John Drake 165, Marken Verlag; 1967 Der Mann, der Mörder machte, John Drake 218, Marken Verlag; 1967 Der Mordboß läßt die Erde beben, John Drake 201, Marken Verlag; 1968 Der Tod fliegt schneller als der Schall, John Drake 237, Marken Verlag; 1968 Party in der Folterkammer, John Drake 277, Marken Verlag; 1971 Zu einem Mord gehören zwei, rororo 2221; 1972 Einer von uns beiden, rororo 2244; 1972 Von Beileidsbesuchen bitten wir abzusehen, rororo 2250, NA 2000, VdC; 1973 Stör die feinen Leute nicht, rororo 2292; 1974 Ein Toter führt Regie, rororo 2312; 1975 Es reicht doch, wenn nur einer stirbt, rororo 2344; 1976 Mitunter mörderisch, (Stories), rororo 2383; 1978 Einer will's gewesen sein, rororo 2441; 1979 Kein Reihenhaus für Robin Hood, Rowohlt, HC; 1982 Feuer für den großen Drachen, Rowohlt, HC; 1983 -ky & Co: Die Klette, rororo 2659; 1985 Friedr. der Große rettet Oberkommissar Mannhardt, rororo 2725; 1987 Älteres Ehepaar jagt Oberregierungsrat K., rororo 2801; 1988 Ich lege Rosen auf mein Grab, rororo 2841; 1988 Da hilft nur noch beten, rororo 2883; 1989 Schau nicht hin, schau nicht her, (gem. mit Steffen Mohr), rororo 2943, Mitteldeutscher Verlag; 1990 Nieswand kennt Tag und Stunde, rororo 2979, NA 2000 VdC; 1991 Ich wollte, es wäre Nacht, rororo 2951; 1992 Von oben herab, Thienemann/Edition Weitbrecht, HC; 1992 Ein Deal zu viel, rororo 3065; 1992 Mit dem Tod auf du und du, DIE 157; 1993 Blut will der Dämon, rororo 3091; 1994 Fendt hört mit, Edition Monade/Berlin Crime 11; 1994 Der Satansbraten, Thienemann/Edition Weitbrecht, HC; 1995 Unfaßbar für uns alle, rororo 3174; 1995 Wie ein Tier – Der S-Bahn-Mörder, Argon, HC; 1996 Ein Mann fürs Grobe, rororo 3246; 1998 Eine böse Überraschung, (Kettenroman, gem. mit Gisbert Haefs mit Frank Göhre, Janwillem van de Wetering, D. B. Blettenberg, Uta-Maria Heim, Jürgen Alberts, Helmut Ziegler, Peter Zeindler, Gunter Gerlach, Peter Schmidt, Robert Lynn, Tatjana Kruse, Robert Brack, Daniel Douglas Wissmann, Karr & Wehner, Frank Goyke, Regula Venske, Thea Dorn, Georg M. Oswald, Ann Camones, Hartmut Mechtel, Virginia Doyle und Norbert Klugmann), rororo 43296; 1998 Einer muß es tun, rororo 43312; 2001 Alle meine Mörder, rororo 22866; 2002 Das Double des Bankiers, rororo 23179; 2002 Spree-Killer, Argon; 2002 (als Horst Bosetzky) Lieber Sport als Mord, dtv; 2002 (als Horst Bosetzky) Der kalte Engel, Jaron, HC; 2004 In Bramme geht die Bombe hoch, Leda; 2004 (als Horst Bosetzky) Die Bestie vom Schlesischen Bahnhof, Jaron, HC; 2004 (als Horst Bosetzky) Das Wandern ist des Müllers Lust, dtv

KRIM.-ERZ.: (eigenständige TB): 1978 Von Mördern und anderen Menschen, rororo 2466; 1981 Mit einem Bein im Knast, (Stories), rororo 2565; 1984 Tödliche Beziehungen, Diana Verlag; 1990 Catzoa, rororo 2919; 1994 Phantastische Wahrheiten über Dagobert, (als Hrsg.) Argon; 1999 Mein Lesebuch – Das Beste aus 25 Jahren, rororo 43334.

KRIM.-ERZ.: (Storys in Anthologien): 1974 *Ausbruch gelungen, wieviel Tote?*; 1975 *Mord macht erfinderisch*; 1976 *Ein Mord zur rechten Zeit*; *Herr Dühring stirbt nicht gern allein*; *Mit einem Schlag*; 1977 *Untergetaucht*; 1978 *Kein Verlaß auf Telemach*; *Ein Sieg der Vernunft*; 1978 *Lieber fremdes Blut am eigenen Messer*; 1981 *Überholmanöver*; *Mit einem Bein im Knast*; *Bewährung für Benny*; *Bei Notwehr sagt man Gott sei Dank*; 1982 *Unvergessen*; 1984 *Mein fünfter Mord*; *Ein seltener Fall von Witwenverbrennung*; *Drei Kugeln für McScourie*; 1986 *Management by Nessoshemd*; 1987 *Einen trifft's beim Klassentreffen*; *Nicht alle lieben den Kollegen Liebske*; *Kein Feuer so heiß*; *Auf der Strecke geblieben*; *Bei Rufmord braucht man keinen Killer*; *Ich – ich – ich!*; 1988 *Totgelacht*; *Je ne porte pas plainte*; *Ein Killer für Bramme*; *Venus hilft den Liebenden*; *Schade drum*; 1989 *Mir kommen die Tränen*; *Fast genial*; *Ein Tyrannenmord à la Bramme – Nord*; *Ein Macho muß es sein*; *Wie die Weltmeister*; 1990 *Ohrringe*; *Fünf Zimmer oder eine Einzelzelle*; *Ausgerechnet Achternholt*; *Alle, nur nicht Niebergall*; *Dem Manne kann geholfen werden*; *Ein neuer Anfang für Conradi*; 1991 *Der Lüttjepütt*; 1992 *Enter Eins – Elektrischer Stuhl*; *Die mit den Röcken und den langen Haaren*; *Mongo*; 1993 *Ich bin klein, mein Herz ist rein*; *Iß, Liebling, iß*; *Am selben Tag zur selben Stunde*; *Aus dem Weg geräumt*; 1994 *Herostratos kannst du dann vergessen*; *La cuenta por favor*; *Kunstfehler*; *Prokura für Palschewski*; *Das Dagobert-Bedürfnis*; 1995 *Macht sie alle!*; *Einen trifft's mit Sicherheit*; 1997 *Einmal im Leben*; 1998 *Und wieder saust die Guillotine nieder*; *Bumont*; 1999 *Trittst du an die Urne*; *Weh dem falschen Waldemar*; *Gosen, nicht Gozo*; 2000 *Bloedel und die Folgen*; *Der Super-Gau im 7. Haus*; 2000 *Und der Haifisch, der heißt Kähne*; 2001 *Jede Serie geht einmal zu Ende*; 2003 *Jeden Tag zehn Nummern*; 2003 *Für Benno bleibt noch viel zu tun*; 2003 *Die Bluttat im Botanischen Garten*; 2004 *In Hagen kann man's Morden wagen*; 2004 *Alles dreht sich um Dubschinski*; 2000–2005 jeweils zu Ostern und zu Weihnachten jeweils sechsteilige Kurzgeschichten als Rätselkrimi in der Berliner Zeitung

FUNK: 1973 Ein Mord zur rechten Zeit, (52 Min., WDR); 1974 Herr Dühring stirbt nicht gern allein, (54 Min., WDR); 1974 Ausbruch gelungen, wie viele Tote?, (WDR); 1975 Mord macht erfinderisch, (WDR); 1976 An den Falschen geraten, (60 Min., WDR); 1976 Ein Krimi ist kein Funkkolleg, (Essay, als H.-J. Mannhardt, WDR); 1976 Lieber fremdes Blut am eigenen Messer, (64 Min., WDR); 1977 Untergetaucht, (60 Min., WDR/SWF); 1977 Niemand hört den Hilferuf, (WDR); 1978 Das Schreiben von Kriminalromanen im Deutschen, (Essay, SWF) ;1979 Bei Notwehr sagt man Gottseidank, (64 Min., WDR); 1980 Mit einem Bein im Knast, (68 Min., WDR/SWF); 1980 Dehn ist alles zuzutrauen, (63 Min., WDR/SWF); 1982 Haftentschädigung für Harry, (56 Min., WDR/SDR); 1982 Kein Reihenhaus für Robin Hood, (50 Min., WDR/SWF); 1982 Ein neuer Anfang für Conradi, (55 Min., WDR); 1985 Alle, nur nicht Niebergall, (55 Min., WDR/SWF); 1985 Die Klette, (Bearbeitung: Peter Heinrich, nach -ky & Co, 57 Min., SWF); 1986 Ausgerechnet Achterholt, (53 Min., WDR); 1988 Dem Manne kann geholfen werden, (52 Min., WDR); 1989 Ein Schmarotzer weniger, (55 Min., WDR); 1990 Schau nicht hin, schau nicht her, (gem. mit Steffen Mohr, RIAS); 1990 Schotts letzte Fahrt, (50 Min., WDR); 1991 Das Ende eines Netzbeschmutzers, (55 Min., WDR); 1993 Wirklich bestialisch, (55 Min., WDR); 1994 Mordinstrument männlich, (55 Min., SDR); 1994 Volles Risiko, (55 Min., DLR); 1996 Burn out, (Hörspiel, 55 Min., WDR)

TV: 1973 Zu einem Mord gehören zwei, (Fernsehfilm, 90 Min., SFB), Drehbuch Peter Stripp nach dem gleichnamigen Roman von -ky, Regie: Rainer Wolfhardt; 1985 Tatort: Schattenboxen, (90 Min., SDR), Drehbuch: Hans Kelch nach dem Hörspiel *Dem Manne kann geholfen werden* von -ky, Regie: Fritz Umgelter, EA 8.2.1981 ARD; 1982 Es muß nicht immer Mord sein: Ein todsicherer Tip, (Serienepisode, 25 Min., ZDF), Drehbuch: -ky, Regie: Wolf Gremm; 1983 Kommissariat 9: Drei Rollstühle für einen Rolls Royce, (45 Min., SFB), Drehbuch -ky, Regie: Michael Mackenroth; 1983 Kommissariat 9: Ein Köder aus viel Fantasie, (45 Min., SFB), Drehbuch: -ky, Regie: Michael Mackenroth; 1983 Kommissariat 9: Fünf Zimmer oder eine Einzelzelle, (45 Min., SFB), Drehbuch: -ky, Regie: Michael Mackenroth; 1983 Ein Fall für Zwei: Die große Wut des kleinen Paschirbe, (60 Min., ZDF), Drehbuch: -ky, Regie: Michael Lähn, EA 26.9.1983; 1984 Detektivbüro Roth: Die Jagd beginnt, (50 Min., Elan Film für Berliner Werbefunk), Drehbuch: -ky, Regie: Horst Flick; 1984 Detektivbüro Roth, Sand ins Getriebe, (45 Min., SFB), Drehbuch: -ky, Regie: Horst Flick; 1984 Feuer für den großen Drachen, (Fernsehfilm, 104 Min., SFB),

Drehbuch: -ky, nach seinem gleichnamigen Roman, Regie: Eberhard Itzenplitz, EA 25.1.1984 ARD; 1984 Soko 5113: Goldregen, (45 Min., ZDF), Drehbuch: -ky, Regie: Ulrich Stark, EA 26.11.1984; 1986 Soko 5113: Stille Teilhaber, (45 Min., ZDF), Drehbuch: -ky, Fernsehbearbeitung und Regie: Ulrich Stark, EA 7.4.1986; 1986 Die Klette, (Fernsehfilm, 103 Min., Neue Filmproduktion tv für ZDF), Drehbuch: -ky, nach dem gleichnamigen Roman von -ky & Co, Regie: Herbert Ballmann, EA 9.3.1987 ZDF; 1987 Kommissar Zufall: Kein Feuer so heiß, (45 Min., Bavaria für WWF), Drehbuch -ky, Regie; 1987 Kommissar Zufall: Herzstolpern, (45 Min., Bavaria für WWF), Drehbuch -ky, Regie; 1987 Kommissar Zufall: Ohne Rezept, (45 Min., Bavaria für WWF), Drehbuch -ky, Regie; 1992 Happy End durch drei, (Fernsehfilm, 90 Min., ZDF), Drehbuch: -ky, Regie: Jürgen Foth; 1993 W. P. Anders Jugendgerichtshelfer: Ich bin's gewesen, (45 Min., ZDF), Drehbuch: -ky, Regie: Christian Quadflieg, EA 18.12.1993 ZDF; 1996 Mona M: Mit den Waffen einer Frau: Rache für Roberto, (60 Min., ZDF), Drehbuch: -ky, Regie: Franz Josef Gottlieb, EA 7.2.1996 ZDF; 1996 Mona M: Mit den Waffen einer Frau: Jede Karte ein As, (Serienepisode, 60 Min., ZDF), Drehbuch: -ky, Regie: Franz Josef H. Gottlieb, EA 21.2.1996 ZDF

FILM: 1973 Einer von uns beiden, Drehbuch: Manfred Purzer nach dem gleichnamigen Roman von -ky, Regie: Wolfgang Petersen; 1981 Kein Reihenhaus für Robin Hood, (95 Min., BRD), Drehbuch: Wolf Gremm nach dem gleichnamigen Roman von -ky, Regie: Wolf Gremm, TV EA 27.6.1983 ZDF

SONSTIGE PUBL.: Zahlreiche Romane, Jugendbücher, Satiren und Fachveröffentlichungen; 1998 *Mord und Totschlag bei Fontane*, Jaron, NA 2001 VdC

PREISE: 1992 Ehren-Glauser des Syndikats; 2005 Bundesverdienstkreuz

MITGLIED: Syndikat

KONTAKT: www.horstbosetzky.de

Lang, Kajo
Biografie: *9.5.1959 in Bad Kreuznach. K. Lang studierte Literaturwissenschaft in Hannover und Freiburg. Er engagierte sich für das experimentelle Theater und gelangte durch Tonstudioarbeiten zum Radio Dreieckland, wo er eigene Sendungen produzierte. Nach einer Ausbildung zum Journalisten am Institut für Medien in Bruchsal arbeitete er als freier Mitarbeiter für verschiedene Radiostationen und Zeitungen. Mit dem Krimi-Debütroman *Das Verlangen* seines Baden-Badener Kommissars Ybenstein hat Lang eine Serie begonnen, die sich zeitkritischen Themen widmet.

KRIMINALROMANE: 2002 Das Verlangen, Plöger Medien
SONSTIGE PUBL.: Lyrik, Erzählungen, Sketche
MITGLIED: Syndikat
KONTAKT: kajolang@t-online.de

Langster, Sam → **Höber, Heinz Werner**

Lanthaler, Kurt
Biografie: *9.11.1960 in Bozen. K. Lanthaler studierte nach dem Abitur in Italien an der Deutschen Film- und Fernsehakademie, Berlin. 1993 erschien der erste von fünf *Tschonnie-Tschenett*-Romanen, die seither auch als Diogenes-Taschenbücher erschienen sind. K. Lanthaler wurde unter anderem mit dem Staatsstipendium für Literatur der Republik Österreich (1996), dem Alfred-Döblin-Stipendium der Akademie der Künste (1998) und einem Stipendium im Künstlerhaus Schloss Wiepersdorf (2002) ausgezeichnet. Er lebt seit 1986 als freier Schriftsteller in Berlin.

KRIMINALROMANE: 1993 Grobes Foul, Haymon, HC; 1993 Der Tote im Fels, Haymon, HC; 1995 Herzsprung, Haymon, HC; 1998 Azzurro, Haymon, HC, 2002 Napule, Haymon, HC
KRIM.-ERZ.: 1998 *Miseria*, in: Der Bär schießt los!, Ullstein; 1998 *Niemandsland ist Feindesland*, in: Treffpunkt Niemandsland, P.t.t.red; 1998 *Arbeitsbuch zum Fall des weißen Uno*, in: Gewalt der Geschichte – Geschichten der Gewalt, M&P-Verlag.

FUNK: 2002 Der Tote im Fels, (Kriminalhörspiel, 55 Min., WDR/ORF)
SONSTIGE PUBL.: Kurzgeschichten, Lyrik, Theaterstücke, Installationen, Übersetzungen
PREISE: 1999 Deutscher Krimi-Preis als drittbester Roman für den Roman *Azzurro*
MITGLIED: Syndikat
KONTAKT: info@lanthaler.info
www.lanthaler@info

Lascaux, Paul
Pseud. für: Paul Ott
Biografie: *16.5.1955 in Romanshorn, P. Lascaux wuchs in Goldach am Bodensee (Schweiz) und in St. Gallen auf, seit 1974 ist er in Bern wohnhaft. Er studierte Germanistik und Kunstgeschichte an der Universität Bern und ist seit 1980 als Lehrer tätig. Seit Mitte der 80er-Jahre arbeitet er an Kriminalromanen und kriminellen Geschichten. Die meisten spielen in der Stadt Bern oder in Dörfern und Gegenden im Kanton Bern. P. Ott ist Initiator und Organisator von literarischen Anlässen (»Mordstage«) und Veranstaltungsreihen (»Literaturkantine«).

KRIMINALROMANE: 1987 Arbeit am Skelett, orte-krimi, OA; 1990 Der Teufelstrommler, orte-krimi, OA; 1998 Kelten-Blues, orte-krimi, OA; 2000 Der Lückenbüßer. Ein Internet-Krimi, VdC; 2001 OA
KRIM.-ERZ.: 1995 *Un-Zyt-Glogge*, in: Banken, Blut und Berge, Hrsg. Peter Zeindler, rororo thriller 3158; 1996 Totentanz. Kriminelle Geschichten, orte-krimi, OA; 2001 *Das Brandopfer*, in: Im Morgenrot, Hrsg. P. Ott, Scherz 1801; 2001 Europa stirbt. Kriminelle Geschichten, VdC, OA; 2001 Im Morgenrot. Die besten Kriminalgeschichten aus der Schweiz, (als Hrsg.), Scherz 1801, OA; 2003 Mords-Lüste. Erotische Kriminalgeschichten (als Hrsg.), Scherz 1945, OA; 2003 *Das Jungfrauensterben*, in: Mords-Lüste. Erotische Kriminalgeschichten, Hrsg. P. Ott, Scherz 1945; 2003 *Ein Glas Rotwein für meinen Kater*, in: Weinleichen. Von mörderischen Winzern und tödlichen Kellermeistern, Hrsg. Angela Eßer, Scherz 1949; 2003 *Beruf und Berufung*, in: Mörderische Mitarbeiter. Kollegiale Kriminalgeschichten, Hrsg. Ingrid G. Schmitz u. Ina Coelen, Scherz 1963; 2004 *Uedem: Das Schweigen der Kühe*, in: Mord am Niederrhein, Hrsg. Jürgen Kehrer, Grafit; 2005 Tatort Schweiz. 18 kriminelle Geschichten, (als Hrsg.), Limmat Verlag, OA

2005 *Schachmatt in Ostermundigen*, in: Tatort Schweiz, Hrsg. P. Ott, Limmat Verlag
THEATER: 2002 *Die Gemeindepräsidentin*, Theaterkrimi, Uraufführung Hoftheater Erlach
SONSTIGE PUBL.: Herausgeber und Mitautor von Sachbüchern (populäre Musik, Lehrmittel für Schulen); Erzählungen; journalistische Texte; 2005 Mord im Alpenglühen. Der Schweizer Kriminalroman – Geschichte und Gegenwart, Nordpark-Verlag, OA
MITGLIED: Syndikat; A.I.E.P./I.A.C.W.
KONTAKT: paulott@datacomm.ch; www.literatur.li

Lasserre, Sonja → Chevallier, Sonja

Lebek, Hans

Biografie: *24.5.1950 in München. H. Lebek war zwei Jahre Polizeibeamter. Er studierte Jura und Wirtschaft (Promotion) und ist Vorstand eines Logistikunternehmens.

KRIMINALROMANE: 2002 Doppelte Gefahr, Militzke Verlag; 2005 Eisen 7, Gmeiner Verlag
KRIM.-ERZ.: 2003 Ein blutiger Fehler, Kurzkrimi, www.krimitage.de

Leenders, Hiltrud und Artur, Bay, Michael

Biografien: Hiltrud Leenders *5.3.1955 in Nieswalde, Dr. Artur Leenders *12.3.1954 in Meerbusch, Michael Bay *29.9.1955 in Rheine. H. Leenders studierte Germanistik und Anglistik, war zunächst als literarische Übersetzerin tätig und hat sich dann einen Namen als Lyrikerin gemacht. Sie ist verheiratet mit A. Leenders, der als Chirurg arbeitet. M. Bay ist Diplompsychologe und psychologischer Psychotherapeut. Er arbeitet in der forensischen Psychiatrie.
Das erste Autorentrio der deutschen Krimiszene debütierte 1992 mit seinem Regionalkrimi *Königsschießen*, einer traditionellen Mustern folgenden Mordkommissionsgeschichte im niederrheinischen Milieu.

KRIMINALROMANE: 1992 Königsschießen, Grafit-Krimi 29; 1993 Belsazars Ende, Grafit-Krimi 37; 1994 Jenseits von Uedem, Grafit-Krimi 45; 1995 Feine Milde, Grafit-Krimi 57; 1996 Clara!, Grafit-Krimi 71; 1998 Eulenspiegel, Grafit-Krimi 210; 1999 Ackermann tanzt, Grafit-Krimi 225; 2000 Die Schatten schlafen nur, Grafit-Krimi 244; 2002 Augenzeugen, rororo 23281; 2004 Die Schanz, rororo 23280
SONSTIGE PUBL.: 2000 *Mörderischer Niederrhein – Tagestouren zur niederrheinischen Geschichte mit Anekdoten rund um das Entstehen der Romane*, Mercator; Lyrik (Hiltrud Leenders)
KONTAKT: BayKleve@t-online.de

Lehmann, Christine

Biografie: *1958 in Genf. Chr. Lehmann wuchs in Stuttgart auf, wo sie Germanistik und Kunstgeschichte studierte. Sie promovierte mit einer Arbeit über die Romanheldinnen im 19. Jahrhundert. In den 80er-Jahren war sie Mitglied der Literaturzeitschrift Flugasche und schrieb zahlreiche Essays, um sich in den 90er-Jahren dann den Genres Krimi und Roman zuzuwenden, außerdem übersetzt sie aus dem Spanischen. Chr. Lehmann arbeitet als Nachrichten- und Politikredakteurin im Hörfunk des SWR in Stuttgart.

KRIMINALROMANE: 1994 Kynopolis. Hundekrimi, Goldmann; 1997 Der Masochist, Rowohlt; 1998 Training mit dem Tod, Rowohlt; 1999 Der Pferdekuß, Rowohlt; 2003 Der Winterwanderer, Knaur; 2004 Die Rachengel, Knaur; 2005 Harte Schule, Argument
KRIM.-ERZ.: 1998 *Der Spuk in Jena*, in: Amoklauf im Audimax, Hrsg. Wolfram Hämmerling, Rowohlt; 2000 *Die Sandsteinglocke*, in: Der Schuss im Kopf des Architekten, av-edition; 2001 *Das Krippenspiel*, in: It's Christmas Crime, Geschichten. Martha Grimes u. a., Hrsg. Wolfram Hämmerling, Rowohlt; 2001 *Wer eine Todsünde mit Tinte befleckte und wer den Buchdruck in Wahrheit ersann*, in: Der Dolch des Kaisers. Eine mörderische Zeitreise, von Petra Oelker u.a., Hrsg. Wolfram Hämmerling, Rowohlt; 2004 *Der Frauenkopfmord*, in: Mord isch halt a Gschäft, Hrsg. Lisa Kuppler, Ariadne; 2005 *Die Not des Zeugen*, in: Hotel Terminus, (Kettenroman, gem. mit Silvia Kaffke, H. P. Karr, Edith Kneifl, Ralf Kramp, Birgit H. Hölscher, Horst Eckert, Roger M. Fiedler, Peter Zeindler, Jürgen Alberts und Walter Wehner), Aufbau, OA
FILM: 2005 Der Bernsteinfischer, (Fernsehfilm,

90 Min., ARD/Degeto), Drehbuch: Barbara Enkelke, Regie: Olaf Kreinsen
Sonstige Publ.: Essays, Unterhaltungsromane, Übersetzungen
Mitglied: Syndikat; VS
Kontakt: Christine.Lehmann@t-online.de; www.lehmann-christine.de

Lehmer-Kerkloh, Gisela

Biografie: *10.2.1959 in Köln. G. Lehmer-Kerkloh studierte Wirtschaftswissenschaften in Köln, wo sie auch zum Dr. rer.pol promovierte. Sie lebte in Bonn und Brüssel, heute in Berlin. G. Lehmer-Kerkloh rezensiert Kriminalliteratur, schreibt Autorenportraits und veröffentlicht Beiträge zur Kriminalliteratur in deutschen und ausländischen Publikationsorganen. Seit 1999 gibt sie den KrimiKurier heraus, einen Newsletter mit Empfehlungen zur Kriminalliteratur (www.alligatorpapiere.de/krimikurier. html). Zusammen mit Thomas Przybilka veröffentlicht sie seit 2003 »Die Befragungen«, einen Fragebogen für deutsche und internationale Krimiautoren bei den Alligatorpapieren (www.alligatorpapiere.de/befragungen.html).

Sonstige Publ.: Regelmäßige Beiträge im Lexikon der Kriminalliteratur, Corian Verlag; Mitarbeit an Reclams Krimi-Lexikon; 2001 Siggi Baumeister oder eine Verfolgung quer durch die Eifel. Die Eifelkrimis von Jacques Berndorf, Thomas Przybilka, Alwin Ixfeld, Gisela Lehmer-Kerkloh, Krimi-Kritik 1, NordPark Verlag.
Preise: 2004 Silver & Black Socks Award des Bonner Krimi Archiv Sekundärliteratur
Mitglied: Genootschap van Vlaamse Misdaadauteurs (GVM); Ascosiaion Internacional de Escritores Policiacos (AIEP); SinC; Syndikat

Lehmkuhl, Kurt

Biografie: *3.2.1952 in Übach-Palenberg, Kreis Heinsberg. K. Lehmkuhl studierte Jura und ist seit 1982 als Journalist für den Zeitungsverlag Aachen tätig, zurzeit als Lokalredakteur in Heinsberg. Seit 1997 veröffentlichte er mehrere Werke, vornehmlich Kriminalromane, die im Städtedreieck Aachen, Köln und Düsseldorf spielen. Die Romane beschäftigen sich oft mit ortstypischen Begebenheiten, beispielsweise der Dürener Annakirmes, dem Aachener Karlspreis, dem Orden wider den tierischen Ernst oder dem Braunkohletagebau Garzweiler II.

Kriminalromane: 1997 Tödliche Recherche, Meyer & Meyer; 1997 Mord am Tivoli, Meyer & Meyer; 1997 Kirmes des Todes, Meyer & Meyer; 1998 Vertrauen bis in den Tod, Meyer & Meyer; 1998 Spritzen für die Ewigkeit, Meyer & Meyer; 1998 Ein Sarg für Lennet Kann, Meyer & Meyer; 1999 Blut klebt am Karlspreis, Meyer & Meyer; 1999 Begraben in Garzweiler II, Meyer & Meyer; 2000 Die Aachen-Mallorca-Connection, Meyer & Meyer; 2000 Mörderische Kaiser-Route, Meyer & Meyer; 2001 Der Grenzgänger, Meyer & Meyer; 2002 Das Dürener Roulette, Betzel; 2003 Ein CHIO ohne Rasputin; Betzel; 2004 Tore, Tote, Tivoli, Betzel
Sonstige Publ.: Kurzgeschichten, kulturhistorisches Sachbuch
Mitglied: Syndikat
Kontakt: Kurt.Lehmkuhl@t-online.de

Lenk, Fabian

Biografie: *1963. F. Lenk studierte Diplomjournalistik an der Universität in München und arbeitet als Journalist.

Kriminalromane: 1996 Brandaktuell, Grafit Krimi 64; 1997 Schlaf, Kindlein, schlaf, Grafit Krimi 75; 1998 Mitgefangen, mitgehangen, Grafit Krimi 209; 1998 Der Gott der Gosse, Grafit Krimi 223; 2000 Schattenland, Grafit Krimi 241; 2001 Paparazzi-Poker, Grafit Krimi; 2001 Rätselkrimis 1, Loewe; 2002 Bandengeschichten, Loewe; 2002 Der Mönch ohne Gesicht, Loewe; 2002 Falsches Spiel in der Arena, Loewe; 2002 Anschlag auf Pompeji, Loewe
Mitglied: Syndikat
Kontakt: Lenk-byke@t-online.de

Lens, Conny

Pseud. für: Friedrich Hitzbleck; auch unter dem Pseud. Frank Hillmann (für Krim.-Erz.)
Biografie: *10.3.1951 in Essen. F. Hitzbleck absolvierte eine kaufmännische Lehre. Er arbeitete als kaufmännischer Angestellter im

Bereich EDV und Organisation. 1986 gründete er den Hitzbleck-Verlag, in dem seine ersten Kriminalromane erschienen. Seit 1988 ist Lens freier Schriftsteller, außerdem schrieb er Episoden für Fernsehserien wie *Wolffs Revier*, *Soko 5113* und *Die Straßen von Berlin*. Er lebt in Datteln.

Kriminalromane: 1986 Roter Fingerhut, Pottwa(h)l-Press; 1986 Kobermann, Hitzbleck; 1987 Die Lesbe, Hitzbleck, NA 1994 als *Verliebt in den Tod*, Haffmans; 1988 Steeler Straße: Die Sonnenbrillenfrau, Hitzbleck, NA 1990 Haffmans 1074; 1989 Steeler Straße: Ottos Hobby, Hitzbleck, NA 1990 Haffmans 1075; 1991 Steeler Straße: Casablanca ist weit, Haffmans 1104; 1992 Silvi und Mokka, Haffmans 1149, NA 1995 Ha/Heyne 114; 1992 Steeler Straße: Endstation Abendrot, Haffmans 1176; 1995 Steele Straße: Die Kattowitz-Connection, Haffmans Entertainer, HC; 1996 Amons Team – Jagd auf Gel, Haffmans, HC, NA 2001, VdC; 1998 Bauer, Springer, Turm und Tod, Klein und Blechinger; 2000 Steeler Straße: Drecksgeschäfte, Klein und Blechinger

Funk: 1990 Alexandra, (Kriminalhörspiel, 45 Min., WDR); 1991 Zug um Zug, (Kriminalhörspiel, 45 Min., WDR); 1991 Dreißigtausend, (Kriminalhörspiel, 45 Min., BR); 1992 Ostwind, (Kriminalhörspiel, 55 Min., WDR); 1992 Irenes Schlummertrunk, (Kriminalhörspiel, 40 Min., SDR); 1994 Der Schleimer, (Kriminalhörspiel, 55 Min., WDR); 1995 Fluchtversuch, (Kriminalhörspiel, 55 Min., WDR)

TV: Mitarbeit bei: Auf Leben und Tod-Polizeiasse im Einsatz, (RTLplus 1992–93); 1994 Der Fahnder: Einer für alle, (Serienepisode, 50 Min., ARD), Drehbuch: C. Lens mit Christian Grögel; 1994 Der Fahnder: Fifty-fifty, (Serienepisode, 50 Min., ARD), Drehbuch: C. Lens, Regie: Peter Adam; 1994 Der Fahnder: Ein schlimmer Verdacht, (Serienepisode, 50 Min., ARD), Drehbuch: C. Lens, Regie: Peter Adam; 1995 Wolffs Revier: Silke, 16, (Serienepisode, 60 Min., SAT 1), Drehbuch: C. Lens, Regie: Michael Mackenroth, EA 23.2.1995 SAT 1; 1996 Wolffs Revier: Das Mädchen Marie, (Serienepisode, 60 Min., SAT 1), Drehbuch: C. Lens, Regie: Michael Mackenroth; 1996 Wolffs Revier: Ibrahims Ehre, (Serienepisode, 50 Min., SAT 1), Drehbuch: C. Lens, Regie: Ralf Liccini, EA 18.4.1996 SAT 1; 1996 Die Partner: Das letzte Spiel, (Serienepisode, 50 Min., Colonia für WWF/ARD Werbung), Drehbuch: C. Lens, Regie: Sa-

mir, 17.4.1996 ARD; 1996 Die Partner: Späte Rache, (Serienepisode, 50 Min., Colonia für WWF/ARD Werbung), Drehbuch: Richard Reitinger nach einer Idee von C. Lens, Regie: Joseph Rusnack, EA 3.1.1996; 1997 Koerbers Akte – Kleines Mädchen, großes Geld, (Fernsehfilm, 90 Min., ZDF), Drehbuch: C. Lens, Regie: Bernd Böhlich, EA 26.4.1997 ZDF; 1997 Soko 5113: Das Ritual, (2 Teile, 90 Min., ZDF), Drehbuch: C. Lens, Regie: Jürgen Bretzinger, EA 15.11.1997; 1997 Soko 5113: Tod nach Schulschluß, (Serienepisode, 60 Min., ZDF), Drehbuch: C. Lens, Regie: Michael Zens, EA 14.1.1998; 1998 Soko 5113: Kalles Kinder, (Serienepisode, 45 Min., ZDF), Drehbuch: C. Lens, Regie: Klaus Witting, EA 4.2.1998 ZDF; 1998 Soko 5113: Alle mochten Anja, (Serienepisode, 45 Min., ZDF), Drehbuch: C. Lens, Regie: Klaus Witting, EA 25.3.1998; 1998 Soko 5113: Ein klarer Fall, (Serienepisode, 45 Min., ZDF), Drehbuch: C. Lens, Regie: Klaus Witting, EA 8.4.1998; 1998 Soko 5113: Siebzigtausend, (Serienepisode, 45 Min., ZDF), Drehbuch: C. Lens, Regie: Stefan Klisch, EA 14.10.1998; 1998 Soko 5113: Nur 36 Stunden, (Serienepisode, 45 Min., ZDF), Drehbuch: C. Lens, Regie: Stefan Klisch, EA 1998 ZDF; 1998 Soko 5113: Ein Mord wie in Palermo, (Serienepisode, 45 Min., ZDF), Drehbuch: C. Lens, Regie: Stefan Klisch, EA 21.10.1998; 1998 Soko 5113: Tod einer Therapeutin, (Serienepisode, 45 Min., ZDF), Drehbuch: Stefan Kubisch, Bearbeitung: C. Lens, Regie: Stefan Klisch, EA 28.10.1998 ZDF; 1998 Soko 5113: Amour Fou, (Serienepisode, 45 Min., ZDF), Drehbuch: Bernhard Kock u. C. Lens, Regie: Michael Zens; 1999 Soko 5113: … oder Schickl stirbt, (Serienepisode, 45 Min., ZDF), Drehbuch: C. Lens, Regie: Michael Zens, EA 9.2.1999 ZDF; 1998 Soko 5113: Das Gelübde, (Serienepisode, 45 Min., ZDF), Drehbuch: C. Lens, Regie: Carl Lang; 1999 Soko 5113: Sophias Geheimnis, (Serienepisode, 45 Min., ZDF), Drehbuch: C. Lens, Regie: Stefan Klisch, EA 3.2.1999; 1999 Soko 5113: Der Überläufer, (Serienepisode, 45 Min., ZDF), Drehbuch: C. Lens, Regie: Carl Lang, EA 20.10.1999; 1999 Die Straßen von Berlin: CQ 371, (Serienfilm, 90 Min., novamedia für PRO 7), Drehbuch: C. Lens, Regie: Werner Masten, EA 2.11.1999 Pro 7; 2000 Zimmer mit Frühstück, (Fernsehfilm, 90 Min., ZDF), Drehbuch: C. Lens, Regie: Michael Verhoeven, EA 2000 ZDF; 2000 Soko 5113: Im Namen Gottes, (Serienspecial, 90 Min., ZDF), Drehbuch: C. Lens, Regie: Gloria Behrens, EA 4.3.2000 ZDF; 2000 Soko 5113: Brudermord, (Serienepisode,

45 Min., ZDF), Drehbuch: C. Lens, Regie: Bodo Schwarz, EA 17.5.2000; 2000 Soko 5113: Färbers Vermächtnis, Drehbuch: C. Lens, EA: 6.9.2000; 2000 Soko 5113: Ausgesetzt, Drehbuch: C. Lens, EA 13.9.2000; 2000 Soko 5113: Menschenkenntnis, EA 11.10.2003; 2000 Soko 5113: Leichte Beute, Drehbuch: C. Lens, EA 25.10.2000; 2000 Soko 5113: Eingeschlossen, Drehbuch: C. Lens, EA 7.11.2000; 2001 Soko 5113: Unter Zwang, Drehbuch: C. Lens, EA 5.12.2001; 2001 Soko 5113: Theos Alleingang, Drehbuch: C. Lens, EA 26.9.01; 2001 Soko 5113: Nach 30 Jahren, Drehbuch: C. Lens, EA 28.11.2001; 2002 Soko 5113: Handlanger, Drehbuch: C. Lens, EA 10.4.2002; 2002 Soko 5113: Der gute Mensch …, Drehbuch: C. Lens, EA 22.5.2002; 2002 Soko 5113: Eigendynamik, Drehbuch: C. Lens, EA 29.10.2002; 2002 Soko 5113: Amnesie, Drehbuch: C. Lens, EA 19.11.2002; 2002 Soko 5113: Die Abrechnung, Drehbuch: C. Lens, EA 3.12.2002; 2002 Soko 5113: Blutopfer, Drehbuch: C. Lens, EA 27.12.2002; 2003 Soko 5113: … Blandford Castle, Drehbuch: C. Lens, EA 1.1.2003; 2003 Soko 5113: Das Mörderspiel, Drehbuch: C. Lens, EA 7.10.2003; 2003 Soko 5113: Die Befragung, Drehbuch: C. Lens, EA 11.11.2003; 2003 Soko 5113: Auf Messers Schneide, Drehbuch: C. Lens, EA 9.12.2003; 2004 Soko 5113: Eine Frage des Gefühls, Drehbuch: C. Lens, EA 9.3.2004; 2004 Soko 5113: Durchgedreht, Drehbuch: C. Lens, EA 6.4.2004; 2004 Soko 5113: Susannes Trauma, Drehbuch: C. Lens, EA 19.10.2003
Sonstige Publ.: Verschiedene Fortsetzungsromane und Kurzkrimis
Mitglied: Syndikat
Kontakt: hitzbleck.lens@t-online.de

Lercher, Lisa
Biografie: *13.2.1965 in Hartberg/Österreich. Lercher L. studierte Pädagogik. Danach arbeitete sie im Verein der autonomen österreichischen Frauenhäuser und publizierte Fachliteratur zum Thema Gewalt gegen Frauen und Kinder. Seit 1995 ist L. Lercher in der österreichischen Bundesverwaltung tätig. Lercher lebt in Wien, seit 2001 schreibt sie Kriminalromane und Kurzgeschichten.

Kriminalromane: 2001 Der letzte Akt, Milena Verlag; 2002 Der Tote im Stall, Milena Verlag; 2004 Ausgedient, Milena Verlag
Krim.-Erz.: 2003 In letzter Konsequenz, in: Roter Klee, Verlag Ulmer; 2003 Zweite Flitterwochen, in: Mein Mord am Freitag, Hrsg. Sylvia Treudl, Edition Aramo; 2004 Entscheidungsmatch, in: Tatort Wien, Milena Verlag
Sonstige Publ.: 1995 Missbrauch verhindern, Milena; 1995 Gewalt gegen Frauen, Verlag für Gesellschaftskritik; 1997 Weil der Papa die Mama haut, Donna Vita Verlag
Preise: 2003 Luitpold Stern Förderungspreis für die Kurzgeschichte Neue Zeiten
Mitglied: A.I.E.P.; Krimiautorinnen.at; SinC

Leppert, Norbert
Biografie: *27.8.1945 in Lübeck. N. Leppert arbeitete von 1971 bis 2003 als Gerichtsreporter bei der Frankfurter Rundschau. Was dem Autor im Tagesjournalismus zu kurz kommt, stellt er in seinen Justizkrimis dar. Seit 1996 arbeitet er auch als Drehbuchautor.

Kriminalromane: 1993 Stadt im Zwielicht, Zebulon, NA 2000 VdC; 1995 Unter der Robe, Zebulon, NA 2000 VdC
Krim.-Erz.: 2004 Prozess-Poker, in: Tatorte Hessen, Hrsg. Karl-Michael Stöppler, Societäts-Verlag
TV: 1996 Im Namen des Gesetzes: Detektive, (Serienepisode, 48 Min., RTL), EA 10.1.1996; 1998 Kommissare Südwest: Der Verdacht, (Serienepisode, 45 Min., SWR), EA 2.12.1998; 1998 Kommissare Südwest: Tod im Feuer, (Serienepisode, 45 Min., SWR), EA 9.12.1998; 1998 Kommissare Südwest: Der Neue, (Serienepisode, 45 Min., SWR), EA 30.12.1998; 1999 Kommissare Südwest: Mißbraucht, (Serienepisode, 45 Min., SWR), EA 6.1.1999
Sonstige Publ.: Romanübersetzung aus dem Französischen
Mitglied: Syndikat
Kontakt: Nleppert14264605@aol.com

Lessmann, Ulla
Biografie: *7.11.1952 in Bremerhaven. U. Lessmann ist Dipl.-Volkswirtin und ausgebildete Journalistin. Sie war lange Jahre Chefredakteurin des Sozialdemokrat Magazin und des Vorwärts. Seit 1995 arbeitet sie als freie Autorin für Zeitschriften und Hörfunk und lebt in Köln.

KRIMINALROMANE: 1997 Helenens gestörte Ruhe, Fischer; 1999 Hedwigs Rache, Fischer
KRIM.-ERZ.: 1992 *Das Hundegrab*, in: Wir zwischen Himmel und Erde. Die 30 besten Kurzgeschichten zum Bettina-von-Arnim-Preis, Hrsg. Ulrike Bauer, Mosaik; 1993 *Der Fettfleck*, in: Pleiade, Edizioni Universum, Trento/Italia; 1998 *Hermines Nase*, in: Die Fantasie ist eine Frau, Hrsg. Ingeborg Mues, Fischer; auch 2001 in: Teuflische Nachbarn, Hrsg. Ina Coelen u. Ingrid Schmitz, Scherz; 1998 *Das Schlagloch*, in: Hinter den Glitzerfassaden, Hrsg. Klaus Zwickel, Schüren; 1998 *Das Kloster*, in: Weihnachten und andere Katastrophen, Hrsg. Anne Enderlein u. Cornelia Kister, Ullstein; 2001 *Die Ungerächte*, in: Romanik in Köln, Hrsg. Celia Körber-Leupold, Greven; 2003 *Macht hoch die Tür*, in: Leise rieselt der Schnee …, Hrsg. Gisa Klönne, Ullstein; 2003 *Ingeborgs Modernisierung*, in: Ingeborgs Fälle, Fischer; *Das Geheimnis der Schulbibliothek*, in: Mörderische Mitarbeiter, Hrsg. Ingrid G. Schmitz u. Ina Coelen, Scherz
SONSTIGE PUBL.: Mehr als 100 literarische Veröffentlichungen (Satiren, Erzählungen, Gedichte) in Büchern, Zeitschriften und Hörfunk
PREISE: Zahlreiche Preise, u.a. 1988 Sonderpreis des EMMA-Journalistinnenpreises für Glossen; 1998 Förderpreis für satirische Literatur der Stadt Herne
MITGLIED: SinC; VS
KONTAKT: Ulessmann@t-online.de

Leweke, Claudia

Biografie: *1965 in Koblenz. C. Leweke ist im öffentlichen Dienst im Rathaus Kassel tätig. Seit 2001 schreibt sie Hexenmärchen und Krimis.

KRIM.-ERZ.: 2004 Kinderriegel, in: Tatort Kanzel, Hrsg. Tatjana Kruse u. Billie Rubin, Wittig
MITGLIED: SinC
KONTAKT: www.claudialeweke.de

Lewin, Waldtraut

Biografie: *1937 in Wernigerode. W. Lewin studierte Germanistik, Theaterwissenschaften und Latein in Berlin. Anschließend war sie Musikdramaturgin und Opernregisseurin. Zwischen 1973 und 1977 war sie als Chefdramaturgin der Oper und Regisseurin am Volkstheater Rostock tätig. 1971 veröf-

fentlichte sie ihren ersten Roman *Herr Lucius und sein schwarzer Schwan*. In ihren weiteren Romane beschäftigte sie sich überwiegend mit historischen Stoffen, darunter dem Leben Georg Friedrich Händels. Mit *Dicke Frau auf Balkon* debütierte sie 1994 im wiedervereinigten Deutschland als Krimiautorin. Später veröffentlichte sie einige Kriminalromane gemeinsam mit ihrer Tochter Miriam Margraf.

KRIMINALROMANE: 1994 Dicke Frau auf Balkon, Argument Zweite Reihe 2002; 1995 Alter Hund auf drei Beinen – Frau Quade ermittelt, Argument Zweite Reihe 2017; 1996 Jochanaan in der Zisterne, (gem. mit Miriam Margraf), Argument Zweite Reihe 2009; 1997 Frau Quade sprengt die Bank, Ariadne Adrenalin 2019; 1997 Kleiner Fisch frisst großen Fisch, (gem. mit Miriam Margraf), Ariadne Adrenalin 2025; 1998 Frau Quades Welt bricht zusammen, Ariadne Adrenalin 2033
FUNK: 1995 Das Geheimnis des persischen Sklaven, (55 Min., SFB/ORB)
SONSTIGE PUBL.: Zahlreiche Romane, Geschichten, Erzählungen, Märchen und Reiseführer
PREISE: 1970 Händel-Preis der Stadt Halle; 1978 Lion-Feuchtwanger-Preis der Akademie der Künste der DDR; 1988 Nationalpreis der DDR; 2000 Bad Harzburger-Jugendliteraturpreis

Lichtenfeld, Herbert

Biografie: *16.6.1927 in Leipzig, †11.12.2001. H. Lichtenfeld begann gegen Kriegsende in Leipzig ein Musikstudium, das er 1950 in der Bundesrepublik nicht fortsetzen konnte. Er schlug sich mit Gelegenheitsarbeiten durch, begann als Lokal- und Gerichtsreporter für das Badische Tagesblatt zu schreiben, später in Köln für die Neue Rheinzeitung und wurde schließlich Ressortleiter Fernsehen bei der HÖRZU zu in Hamburg. Später machte er sich als freier Autor selbstständig und schrieb für Funk und Fernsehen. Als Autor von Fernsehserien genoss er einen legendären Ruf. Er verfasste die Drehbücher zu so beliebten Serien wie *Die Schwarzwaldklinik*, (70 Folgen, ZDF), *Der Landarzt*, (ca. 48 Folgen, ZDF), *Unter einem Dach*, (6 Folgen, ZDF), *Unsere Hagenbeks*, (8 Folgen,

ZDF), *Hotel Paradies*, (50 Folgen, ZDF), *Der Patenonkel*, (8 Folgen, ZDF) und *Zu Fuß und ohne Geld*, (4 Teile, ZDF).

KRIMINALROMANE: 1978 Reifezeugnis, (Filmroman), Ensslin & Laiblin, HC; 1979 Die Stunde des Löwen, Herbig, HC; 1981 Nachtaufnahme, Herbig, HC; 1984 Spielraum, (Kinderbuch), Ensslin
FUNK: 1965 Der Chef; 1965 Ein Kriegsleiden; 1965 Ein Drittel unseres Lebens; 1967 Fensterplatz; 1967 Aufstiegsspiele; 1967 Herr Print erkennt sich selbst; 1968 Gastspiele; 1968 Besuch aus Dresden; 1968 Die Nacht auf dem Turm; 1968 Der Untermieter; 1968 Himmelfahrt, (auch: Tatort); 1969 Nach Mitternacht; 1978 Die Verbände distanzieren sich, (Hörspiel des Monats); 1982 Information für einen Bankraub, (WDR); 1983 Nebenwirkungen, (WDR)
TV: 1971 Tatort: Blechschaden, (Serienfilm, 105 Min.), Drehbuch: H. Lichtenfeld, Regie: Wolfgang Petersen, EA 13.6.1971 ARD; 1972 Tatort: Strandgut, (Serienfilm, 90 Min., NDR), Drehbuch: H. Lichtenfeld, Regie: Wolfgang Petersen, EA 25.6.1972 ARD; 1973 Tatort: Jagdrevier, (Serienfilm, 90 Min., NDR), Drehbuch: H. Lichtenfeld, Regie: Wolfgang Petersen, EA 13.5.1973 ARD; 1974 Tatort: Eine todsichere Sache, (Serienfilm, 86 Min., HR), Drehbuch: H. Lichtenfeld, Regie: Thomas Fantl, EA ARD 17.2.1974; 1974 Tatort: Nachtfrost, (Serienfilm, 90 Min., NDR), Drehbuch: H. Lichtenfeld, Regie: Wolfgang Petersen, EA 20.1.1974 ARD; 1975 Tatort: Die Rechnung wird nachgereicht, (Serienfilm, 90 Min., HR), Drehbuch: H. Lichtenfeld, Regie: Fritz Umgelter, EA 19.1.1975 ARD; 1975 Tatort: Kurzschluß, (Serienfilm, 95 Min., NDR), Drehbuch: H. Lichtenfeld, Regie: Wolfgang Petersen, EA 7.12.1975 ARD; 1975 Tatort: Tod eines Einbrechers, (Serienfilm, 80 Min., SWF), Drehbuch: H. Lichtenfeld, Regie: Rolf von Sydow, EA 16.3.1975 ARD; 1976 Ein Fall für Stein, (Fernsehserie, 13 Teile, ZDF), Drehbuch: Rudolf Nottebohm, Friedhelm Werremeier, H. Lichtenfeld, Paul Mevissen, Rolf Schulz, Regie: Herbert Ballmann; 1976 Tatort: Abendstern, (Serienfilm, 90 Min., WDR), Drehbuch: H. Lichtenfeld, Regie: Wolfgang Becker, EA 7.11.1976 ARD; 1976 Tatort: Zwei Flugkarten nach Rio, (Serienfilm, 90 Min., HR), Drehbuch: H. Lichtenfeld, Regie: Fritz Umgelter, EA ARD 11.4.1976; 1977 Aus dem Logbuch der Peter Petersen, (Fernsehserie, 13 Teile, je 25 Min., ZDF), Drehbuch: Heinz-Werner John, H. Lichtenfeld, Regie: Erich Neureuther,

mit Karl-Heinz Kreienbaum; 1977 Tatort: Reifezeugnis, (Serienfilm, 90 Min., NDR), Drehbuch: H. Lichtenfeld, Regie: Wolfgang Petersen, EA 27.3.1977 ARD; 1977 Tatort: Spätlese, (Serienfilm, 90 Min., WDR), Drehbuch: H. Lichtenfeld, Regie: Wolfgang Staudte, EA 22.5.1977 ARD; 1977 Der Alte: Lohngeld, (Serienepisode, 60 Min., ZDF), Drehbuch: H. Lichtenfeld, Regie: Helmuth Ashley; 1978 Der Alte: Nachtmusik, (Serienepisode, 60 Min., ZDF), Drehbuch: H. Lichtenfeld, Regie: Helmuth Ashley, EA 17.2.1978 ZDF; 1978 Aus dem Logbuch der Peter Petersen, (Fernsehserie, 4 Teile, ZDF), Drehbuch: H. Lichtenfeld, Heinz Werner John, Regie: Erich Neureuther, mit Karl Heinz Kreienbaum, (Zusammenschnitt); 1978 Tatort: Himmelfahrt, (Serienfilm, 90 Min., NDR), Drehbuch: H. Lichtenfeld, Regie: Rainer Wolffhardt, EA 13.8.1978 ARD; 1978 Tatort: Lockruf, (Serienfilm, 90 Min., WDR), Drehbuch: H. Lichtenfeld, Regie: Wolfgang Becker, EA 2.7.1978 ARD; 1979 Tatort: Schweigegeld, (Serienfilm, 90 Min., WDR), Drehbuch: H. Lichtenfeld, Regie: Hartmut Griesmayr, EA 18.11.1979 ARD; 1980/81 I.O.B.-Spezialauftrag, (Fernsehserie, 2 Staffeln, jeweils 13 Teile, je 25 Min., ZDF), Drehbücher: Rainer Horbelt, H. Lichtenfeld, Ulrich Stark, Arne Elsholtz, Regie: Hans-Jürgen Tögel, Wolfgang Schleif, EA 1. Staffel 10.3.1980 wöchentlich, 2. Staffel 26.1.1981 wöchentlich ZDF-Vorabend; 1980 Tatort: Streifschuß, (Serienfilm, 95 Min., NDR), Drehbuch: H. Lichtenfeld, Regie: Hartmut Griesmayr, EA 24.8.1980 ARD; 1981 Tatort: Beweisaufnahme, (Serienfilm, 90 Min., SFB), Drehbuch: H. Lichtenfeld, Regie: Peter Keglevic, EA 8.3.1981 ARD; 1982 Die Stunde des Löwen, (Fernsehfilm, 120 Min., ZDF), Drehbuch: H. Lichtenfeld nach seinem gleichnamigen Roman, Regie: Hartmut Griesmayr, EA 18.4.1982 ZDF; 1982 Tatort: Kindergeld, (Serienfilm, 96 Min., NDR), Drehbuch: H. Lichtenfeld, Regie: Hartmut Griesmayr, EA 22.8.1982 ARD; 1984 Tatort: Geburtstagsgrüße, (Serienfilm, 83 Min., SR), Drehbuch: H. Lichtenfeld, Regie: Georg Tressler, EA 4.11.1984 ARD; 1985 Es muß nicht immer Mord sein: Nachbarschaftshilfe, (Serienepisode, 25 Min., ZDF), Drehbuch: H. Lichtenfeld, Regie: Michael Mackenroth; 1985 Es muß nicht immer Mord sein: Kurvenreiche Strecke, (Serienepisode, 25 Min., ZDF), Drehbuch: H. Lichtenfeld, Regie: Michael Mackenroth; 1985 Mord im Spiel, (Fernsehfilm, 103 Min., FWF-Film für ZDF), Drehbuch: H. Lichtenfeld nach seinem Roman *Nachtaufnahme*, Regie: Hartmut Griesmayr, EA 2.12.1985

ZDF; 1985/87 Ein Fall für TKKG, (12 Teile, Fernsehserie, je 25 Min., ZDF), Drehbuch: H. Lichtenfeld, (1–6) nach den Büchern von Stefan Wolf, Regie: Lutz Büscher, EA Teile 1.6. bis 7.11.1985 ZDF; 1988 In guten Händen, (Fernsehfilm, 105 Min., SFB), Drehbuch: H. Lichtenfeld, Regie: Rolf von Sydow, EA 17.8.1988 ARD; 1991 Himmelsschlüssel, (Fernsehfilm, 90 Min., ZDF), Drehbuch: H. Lichtenfeld, Regie: Gero Ehrhardt, EA 15.12.1991 ZDF; 1991 Marx und Coca-Cola, (Fernsehfilm, ZDF), Drehbuch: H. Lichtenfeld, Regie: Hartmut Griesmayr; 1991 Die Bank ist nicht geschädigt, (Fernsehfilm, ZDF), Drehbuch: H. Lichtenfeld, Regie: Hartmut Griesmayr, ZDF
SONSTIGE PUBL.: Drehbücher zu Fernsehfilmen, Romane und Jugendbücher
PREISE: Adolf-Grimme-Preis für das Fernsehspiel *Deutschlandreise*; Preis der Akademie für Sprache und Dichtung Darmstadt für das Hörspiel *Die Verbände distanzieren sich*

Liedtke, Hartwig

Biografie: *17.9.1952 in Paderborn. H. Liedtke studierte Psychologie und Medizin in Berlin, Mainz und Köln. Er ist als Spezialist für arthroskopische Gelenkoperationen und Handchirurgie in einer chirurgischen Gemeinschaftspraxis in Köln tätig und seit vielen Jahren Mitglied des Kabaretts »Medizinerzirkus«.

KRIMINALROMANE: 1991 Klinisch tot, Grafit 018; 1993 Tod auf Rezept, Grafit 032; 1997 Scharfe Schnitte, Grafit 077
KRIM.-ERZ.: 1992 *Traumurlaub*, in: Goodbye Brunhilde, Grafit; 1994 *Tod am Nil*, in: Der Mörder bricht den Wanderstab, Hrsg. Leo P. Ard, Grafit 085; 1994 *Klar zur Wende*, in: Der Mörder kommt auf Krankenschein, Hrsg. Leo P. Ard, Grafit 086; 1995 *Dackelliebe*, in: Der Mörder kommt auf sanften Pfoten, Hrsg. Leo P. Ard, Grafit 087; 1995 *Zimmer 38*, in: Der Mörder bittet zum Diktat, Hrsg. Leo P. Ard, Grafit 088; 1996 *Das schöne, neue Auto*, in: Der Mörder würgt den Motor ab, Hrsg. Leo P. Ard, Grafit 089; 1998 *Untergrund*, in: Der Bär schießt los, Hrsg. Karl-Michael Stöppler, Ullstein 1490; 2002 *Fango*, in: Mord und Steinschlag, Hrsg. Ehlers u. Alberts, Leda Verlag; 2002 *Umschulung*, in: Die Stunde des Vaters, Verlag Ulmer Manuskripte; 2003 *Problem erkannt, Problem verbrannt*, in: Mörderische Mitarbeiter, Scherz 0700; 2003 *Das Geheimnis von Hünxe*,

in *Tödliche Touren*, Hrsg. Ina Coelen u. Ingrid Schmitz, Leporello Krimi; 2004 *Weeze – Ein Ausblick auf damals*, in: Mord am Niederrhein, Hrsg. Jürgen Kehrer, Grafit 285
SONSTIGE PUBL.: Medizinische Fachartikel, Sketche, Erzählungen in Zeitungen
MITGLIED: Syndikat
KONTAKT: dr.liedtke@koeln.de

Lifka, Richard → Vrowenstein, Elka

Lippert, Anette → Cyrus, Anna

Lippke, Mila

Biografie: *13.3.1972 in Düsseldorf. M. Lippke studierte Theater-, Film- und Fernsehwissenschaften. Anschließend war sie als Storylinerin und Storyeditorin beschäftigt und arbeitet heute als Fernsehautorin und Dramaturgin. M. Lippke lebt in Köln.

KRIMINALROMANE: 2004 Mehr zu fürchten als den Tod, Emons
SONSTIGE PUBL.: Drehbücher für TV-Serien
MITGLIED: SinC; Syndikat
KONTAKT: www.mila-lippke.de

List, Gitta

auch unter dem Pseud.: Gitta Reinhard
Biografie: *1959 in Bonn. G. List studierte Germanistik und Komparatistik. Sie lebt in Bonn und arbeitet als Kulturredakteurin für ein Stadtmagazin.

KRIM.-ERZ.: 1999 *Ungelöst*, (gem. mit T. Przybilka), in: Jürgen würgen, Hrsg. Jacques Berndorf, Weiss; 2000 *Wie Lore leydet*, in: Rheinleichen, Hrsg. Ina Coelen u. Ingrid Schmitz, Emons; 2000 *Mutti*, in: Rheinleichen, Hrsg. Ina Coelen u. Ingrid Schmitz, Emons; 2000 *Das Reh*, in: Der Ferienkrimi, Hrsg. Ralf Kramp, Scherz; 2001 *Rover*, in: Der Tod klopft an, Hrsg. Ralf Kramp, Grenz-Echo; 2001 *Eiswein*, in: Wein & Leichen, Hrsg. Angela Eßer u. Ingrid Fackler, Plöger
MITGLIED: SinC; Syndikat
KONTAKT: gitta.list@aol.com

Löb, Arno → Garski, Peter

Lodemann, Jürgen

Biografie: *28.3.1936 in Essen. J. Lodemann studierte in Freiburg. Er arbeitete als Journalist in Essen und Berlin und Hamburg und war ab 1964 Redakteur beim SWF in Baden-Baden. Er betreute unter anderem die Literatursendungen *Literaturmagazin* und rief die *Bestenliste des SWF-Literaturmagazins* ins Leben. Mit seinem Roman *Anita Drögemöller und die Ruhe an der Ruhr* veröffentlichte er 1975 einen der ersten Kriminalromane, die im Ruhrgebiet des Zechensterbens und der Kohlekrise spielen.

KRIMINALROMANE: 1975 Anita Drögemöller und Die Ruhe an der Ruhr, Diogenes; 1985 Essen, Viehofer Platz, Diogenes, HC; 1991 Alles wird gut, Braun
FUNK: 1987 Anita Drögemöller oder Rudolf Langensiepens erster Fall – Ein Ruhrpott-Krimi, (90 Min., WDR), Bearbeitung: Karl Unger, nach dem gleichnamigen Roman von J. Lodemann, EA 28.12.1987; 1988 Essen Viehofer Platz oder Langensiepens zweiter Fall, (2 Teile, je 60 Min., WDR), von J. Lodemann nach seinem gleichnamigen Roman, EA 18./25.4.1988
FILM: 1976 Anita Drögemöller und die Ruhe an der Ruhr, (87 Min.), Drehbuch: Werner P. Zibaso und J. Lodemann, nach dem gleichnamigen Roman von J. Lodemann, Regie: Alfred Vohrer
SONSTIGE PUBL.: Zahlreiche Romane, Sachbücher, Erzählungen, Essays, Dokumentarfilme, Bühnenstücke

Löffler, Henner
Biografie: *9.7.1943 in Dresden. H. Löffler studierte Politische Wissenschaften, Volks- und Betriebswirtschaftslehre in Köln. Anschließend war er lange Jahre in der Industrie tätig. Heute lebt er als Schriftsteller, Übersetzer und Sammler in Köln und Toronto.

SONSTIGE PUBL.: 1990 *Über die Rauchgewohnheiten Sherlock Holmes'*, (Essay), in: Von Büchern & Menschen, Frankfurter Verlagsanstalt; 1994 Susan Geason, *Fish im Trüben*, (Übersetzung), Haffmans; 1997 P. G. Wodehouse, *Aus den Notizen eines Privatdetektivs*, (Übersetzung), in: Der Rabe Nummer 48, mit Hen Hermanns, Haffmans; 1997 *Sherlock Holmes als Sportler*, (Essay), in: The Soft-Nosed Bullet-In, Nr. 23, Kempen; 1998 Susan Geason, *Buschfeuer*, (Übersetzung), Heyne 10615; Sachbücher und Fachartikel zu historischen und germanistischen Themen, Übersetzungen

MITGLIED: Syndikat
KONTAKT: HennerTina@aol.com.de

Lorenz, Wiebke
Biografie: *16.2.1972 in Düsseldorf. W. Lorenz hat in Trier Germanistik, Anglistik und Medienkommunikation studiert. Im Anschluss absolvierte sie ein Zeitschriftenvolontariat beim Hamburger Heinrich Bauer Verlag und war einige Jahre als Redakteurin u. a. bei PETRA tätig. 1998/1999 besuchte W. Lorenz die Drehbuchklasse der Internationalen Filmschule Köln. Seit 2001 lebt und arbeitet sie als freie Journalistin, Roman- und Drehbuchautorin in Hamburg.

KRIMINALROMANE: 2000 Liebe, Lügen, Leitartikel, Piper, OA
TV: 2001 Welcher Mann sagt schon die Wahrheit?, (Krimikomödie nach dem Roman *Liebe, Lügen, Leitartikel*, 92 Min., Letterbox Film- und Fernsehproduktion im Auftrag von SAT 1), Drehbuch: Wiebke Lorenz, Regie: Donald Kraemer; EA 18.9.2001
SONSTIGE PUBL.: Zahlreiche Romane, Kurzgeschichten, Magazin-Reportagen
PREISE: 1998 Kurzgeschichten-Preis des Fischer Taschenbuch Verlags für *Detektei Varney Kessler – Operationen bei Nacht und Nebel*
MITGLIED: Syndikat
KONTAKT: www.wiebke-lorenz.de

Luck, Harry
Biografie: *11.09.1972 in Remscheid. H. Luck arbeitete nach seiner Ausbildung zum Redakteur zuerst beim Remscheider Generalanzeiger, danach als freier Journalist für Zeitungen und Hörfunk. Von 1995 bis 2000 studierte er politische Wissenschaften in München. Ab 1997 war er Nachrichtenredakteur beim Bayerischen Rundfunk, anschließend Münchner Korrespondent für die Nachrichtenagentur AP. Von 1999 bis 2004 leitete er das Münchner Landesbüro der Nachrichtenagentur ddp, seit 2004 ist er leitender Politikredakteur bei der Münchner ABENDZEITUNG. Nach seinem Debüt-Krimi *Der Isarbulle* veröffentlichte er den bayerischen Politkrimi *Schwarzgeld*.

KRIMINALROMANE: 1995 Der Dicke: eine seltsame Familie, (gem. mit Georg Wurth), Hess-Verlag; 2003 Der Isarbulle, Emons; 2004 Schwarzgeld, KBV
KRIM.-ERZ.: 1999 *Der Dicke in Italien*, (Kurzkrimi), in: Pizza Mafiosa, Tomus Verlag
SONSTIGE PUBL.: Zahlreiche Bücher aus dem Bereich Humor und Satire
KONTAKT: www.harryluck.de

Lüdemann, Hans-Ulrich
Biografie: *4.10.1943 Greifswald. H.-U. Lüdemann studierte Sportwissenschaften, Pädagogik, Psychologie und Germanistik an der Ernst-Moritz-Arndt-Universität im vorpommerschen Greifswald. Von 1966 bis 1969 arbeitet H.-U. Lüdemann beim Verlag Junge Welt Berlin. Danach ist er freischaffend tätig als Journalist, TV-Kameramann und Schriftsteller. 1977 erleidet er während seiner NVA-Wehrpflicht einen Unfall, der ihn zeitlebens in den Rollstuhl zwingt.

KRIMINALROMANE: 1974 Tödliches Alibi, Verlag Das Neue Berlin; 1974 Keine Samba für die Toten, Verlag Neues Leben Berlin; 1974 Der Eselstritt, Der Kinderbuchverlag Berlin; 1976 Das letzte Kabinettstück, Verlag Das Neue Berlin; 1988 Tödliche Jagd, (Pseud. John U. Brownman), Der Kinderbuchverlag Berlin; 1989 Deckname Condor, (Pseud. John U. Brownman), Der Kinderbuchverlag Berlin; 1994 Alfred Jude Dreyfus, KiRo Verlag Schwedt; 1999 Detektei Rote Socke, Verlag Das Neue Berlin; 2001 Ein mörderischer Dreh, Verlag Das Neue Berlin; 2002 Mördermord, (Co-Autor G. Fuchs), MV-Taschenbuch Rostock; 2004 Operation Chess, buch.macher.verlag Mesekenhagen
SONSTIGE PUBL.: Autobiografischer Roman, acht Kinder- und Jugendbücher, drei Reise-Essays, Reportagen; drei Filmszenarien, 20 Hörspiele
PREISE: 1973 Hörspielpreis des DDR-Rundfunks; 1977 Kunstpreis des DTSB; 1980 Preis für Kinder- und Jugendliteratur des Kulturministeriums der DDR
MITGLIED: Syndikat; VS
KONTAKT: www.hans-ulrichluedemann.de; hull96@t-online.de

Lüddecke, W. J.
Biografie: *1912, †10.5.1986 in Ascona. W. J. Lüddecke arbeitete vor allem für den deutschen Film. Er schrieb Drehbücher für Melodramen und Kriminalfilme.

KRIMINALROMANE: 1964 Donnerstag im Morgengrauen, Heyne 1143; 1971 Kreuzfahrt, Kelter 197; 1974 Heimsuchung in Florenz, Bastei 14011
FUNK: 1949 Kilometerstein 57,9, (26 Min., RIAS), Regie: Erik Ode
TV: 1958 Das Geld liegt auf der Straße, (Fernsehspiel, NWRV), Drehbuch: W. J. Lüddecke, Regie: Egon Monk; 1976 Tatort: … und dann ist Zahltag, (Serienfilm, 90 Min., NDR), Drehbuch: W. J. Lüddecke nach dem Roman *Zahltag* von Jessen/Lerch, Regie: Jürgen Roland, EA 15.8.1976 ARD; 1981 Der Fuchs von Övelgönne, (Fernsehserie, 13 Teile, ZDF), Drehbuch: Harald Philipp, W. J. Lüddecke, Friedhelm Werremeier, Regie: Harald Philipp, mit Herbert Fleischmann
FILM: 1954 Geständnis unter vier Augen, Drehbuch: Hugo Maria Kritz, Answald Krüger und W. J. Lüddecke nach dem gleichnamigen Roman von H. M. Kritz, Regie: Andre Michel; 1957 Nachts, wenn der Teufel kam, Drehbuch: W. J. Lüddecke nach einem Zeitungsbericht von Will Berthold, Regie: Robert Siodmak; 1969 Die Engel von St. Pauli, Regie: Jürgen Roland, Drehbuch: W. J. Lüddecke und K. H. Zeitler; 1973 Zinksärge für die Goldjungen, Drehbuch: W. J. Lüddecke, August Rieger, Regie: Jürgen Roland
SONSTIGE PUBL.: Zahlreiche Romane, Geschichten, Drehbücher

Lüpkes, Sandra
Biografie: *9.3.1971 in Göttingen. S. Lüpkes schloss nach dem Abitur eine Lehre als Werbegestalterin in Hannover ab und machte sich in ihrem Beruf selbstständig. Sie lebt seit 1977 auf der Nordseeinsel Juist. S. Lüpkes ist Sängerin und Texterin der Rockband »Strandgut« und Vorsitzende des Arbeitskreises ostfriesischer Autorinnen und Autoren.
Sie schreibt neben Krimis und Krimigeschichten auch Kolumnen, Zeitungsberichte und Liedtexte und bietet auf der Insel Juist Schreibseminare an. Sie ist Mitorganisatorin des Stipendiums »Tatort Töwerland«, das krimischreibenden Kollegen die Möglichkeit bietet, zum Arbeiten zwei Wochen im einsamen Inselwinter nach Juist zu kommen.

KRIMINALROMANE: 2001 Die Sanddornkönigin. Inselkrimi Juist, Leda; 2002 Der Brombeerpirat. Inselkrimi Norderney, Leda; 2003 Fischer wie tief ist das Wasser, rororo; 2004 Das Hagebuttenmädchen, rororo; 2005 Halbmast, rororo
KRIM.-ERZ.: 2000 *Bastards Bohntjesopp*, in: Mordkompott, Hrsg. Peter Gerdes, Leda; 2001 *Der letzte Abend*, in: Mordlichter, Hrsg. Peter Gerdes, Leda; 2002 *Weggezappt*, in: Flossen hoch!, Hrsg. Peter Gerdes, Leda; 2002 *Luftveränderung*, in: Bayerisches Mordkompott, Hrsg. Billie Rubin, Leda; 2003 *Auf links gedreht*, in: Liebestöter, Hrsg. Anke Cibach, Scherz; 2003 *Die dritte Giraffe*, in: Tatort Hamburg, Hrsg. Anna Wolf, Vertigo; 2004 *Pfaffentochter*, in: Tatort Kanzel, Wittig-Verlag; 2004 *Klackklack-Klackklack*, in: Mein Juist, Verlag Alt Juist
KRIM.-ERZ.: 2004 *Wellengang*. Ein Dutzend Kurzkrimis, BoD
Auszeichnungen: 2003 2. Platz Ostfriesischer Krimiwettbewerb, 2004 nominiert für den Niedersachsen-VS-Preis Das neue Buch
SONSTIGE PUBL.: Kindermusical *Wiegand Wattwurm und die geheimnisvolle Flaschenpost*
MITGLIED: SinC; Syndikat; Arbeitskreis ostfriesischer Autorinnen und Autoren
KONTAKT: sandra@strandgut-juist.de; www.inselkrimi.de

Lustig, Monika

Biografie: *1953 in Karlsruhe. M. Lustig studierte Philosophie und Germanistik in Heidelberg. Nach einem langjährigen Aufenthalt in Italien, wo sie u.a. als Übersetzerin und Agentin für den Kaos edizioni Verlag tätig war, lebt und arbeitet sie heute in Karlsruhe.

ÜBERSETZUNGEN: 1994 Norberto Valentini, Gott ist mit den Mächtigen, Europa; 1998 Santo Piazzese, Die Verbrechen der Via Medina-Sidonia, Dumont, NA 2000 btb 2000; 2000 Santo Piazzese, Das Doppelleben von M. Laurent, Dumont; 2001 Andrea Camilleri, Jagdsaison, Piper; 2001 Carlo Lucarelli, Der rote Sonntag, Piper; 2001 Giovanni Chiara, Sizilianisches Spiel, btb; 2001 Carlo Lucarelli, Die Straße der Gänse, Piper; 2002 Carlo Lucarelli, Die Insel des gefallenen Engels, Piper
MITGLIED: SinC
KONTAKT: MonikaLustig@t-online.de

Lütke-Bohmert, André

Biografie: *28.12.1969 in Rheine. A. Lütke-Bohmert hat Philosophie, Geschichte und Mathematik an der Westfälischen-Wilhelms-Universität Münster studiert. Er arbeitet als freier Dozent in der IT-Branche. A. Lütke-Bohmert lebt in Münster.

KRIMINALROMAN: 2004 Das Dante-Ritual, Münster-Krimi 3, Emons

Lutz, Michael

Biografie: *11.5.1964 in Waiblingen. M. Lutz hospitierte als Fotojournalist und Fotolaborant und studierte anschließend in Darmstadt Kommunikationsdesign. Er arbeitete anschließend als Dipl.-Fotodesigner. 1998 war er Mitgründer des Autorenteams Merch MovieDevelopment in Ludwigsburg.

KRIMINALROMANE: 2000 Gromek – Die Moral des Tötens, Merch Movie Edition GmbH
MITGLIED: Syndikat
KONTAKT: webmaster@gromek.de; www.gromek.de

Maasberg, Jens

Biografie: *27.5.1945 in Gelnhausen. J. Maasberg wuchs in München auf. Als Achtjähriger bekam er Kinderlähmung und lernte früh – zu motorischer Ruhe und weitgehender Immobilität verurteilt – subtil zu beobachten, minutiös zu analysieren und zu planen. Nach Abitur und einem Volontariat als Verlagskaufmann hatte er verschiedene Jobs in Druckereien und Setzereien, ehe er sich durch Abendkurse an der Deutschen Journalistenschule weiterbildete. Nach Volontariaten bei einem Pressedienst und in der Redaktion einer großen Münchner Boulevard-Zeitung arbeitete er als Redakteur bei verschiedenen Tageszeitungen und Fachmagazinen, seit 1979 im eigenen Redaktionsbüro als freier Journalist und Autor.

KRIMINALROMANE: 1967 (als M. Coburn) Umleitung durch die Hölle, Moewig-Heyne; 1985/86 Sterben ist kein Zuckerschlecken. Society-Krimi, in Fortsetzungen, in: Der Schwabinger, Maria Faber Verlag
KRIM.-ERZ.: Bayerisches Mordkompott, Anthologie, Leda
SONSTIGE PUBL.: Zwei biografische Romane, zahlreiche Shortstories für Zeitschriften; Drehbücher (u.a. für *XY ungelöst* und *Vorsicht Falle*)
MITGLIED: Syndikat
KONTAKT: jens-maasberg@gmx.de

Maaser, Eva

Biografie: *23.11.1948 in Reken. E. Maaser studierte Germanistik, Pädagogik, Theologie und Kunstgeschichte in Münster. Seit 1999 arbeitet sie als freie Autorin und ist seit 1999 Mitglied im VS.

KRIMINALROMANE: 2000 Das Puppenkind, Aufbau; 2002 Tango finale, AtV; 2002 Kleine Schwäne, AtV; 2005 Die Nacht des Zorns, AtV
SONSTIGE PUBL.: Zwei historische Romane
PREISE: 2001 Arbeitsstipendium des Ministeriums für Städtebau und Wohnen, Kultur und Sport des Landes Nordrhein-Westfalen; 2003 Auslands-Reisestipendium des Verbands deutscher Schriftsteller; 2003 Nominierung für den Wiesbadener Frauenkrimipreis für *Kleine Schwäne*
MITGLIED: SinC; Syndikat; VS

KONTAKT: rettich@buero-frankfurt.aufbau-verlag.de

Mäckler, Andreas

Biografie: *11.10.1958 in Karlsruhe. A. Mäckler studierte Kunstgeschichte, Neuere deutsche Literatur und Geschichte an der Philipps-Universität Marburg. Er arbeitete als Lektor, dann als freier Journalist mit den Arbeitsschwerpunkten Film, Kunst, Kulturreiseführer und Kriminalgeschichten. 2000 spezialisierte er sich mit seiner Firma Sequenz Medien Produktion GmbH auf digitale Buchproduktion und Neue Medien. A. Mäckler war Organisator der Münchner Criminale 2002.

KRIMINALROMANE: 1999 Tödlich kreativ – Ein Designerkrimi, avedition
SONSTIGE PUBL.: Zahlreiche Sachbücher aus den Bereichen Kunst- und Kulturgeschichte, Reiseliteratur und zu Books-on-Demand
MITGLIED: Syndikat
KONTAKT: andreas@maeckler.com; www.maeckler.com

Madovcik, Katarina und Mullis, Ruben M.

Biografie: Katarina Madovcik (= Pseud. für: Katarina Graf Mullis) *18.11.1952 in Skalica/Slowakei; Ruben M. Mullis *21.7.1965 in Davos/Schweiz. K. Madovcik stammt aus der ehemaligen Tschechoslowakei und hat Germanistik, Nordistik, Psychologie und Politikwissenschaften Komenius-Universität in Bratislava und an der Humboldt-Universität in Berlin studiert und schrieb ihre Dissertation auf dem Gebiet der Märchenforschung. Sie lebt seit 1979 in Zürich. Ruben M. Mullis ist Schweizer und studiert Slawistik, Osteuropäische Geschichte und Militärgeschichte an der Universität Zürich. K. Madovcik und R. M. Mullis sind ein Autoren-(Ehe)paar, das gemeinsam seine literarischen Morde begeht – meistens nach langen, sehr kreativen Streitgesprächen.

KRIMINALROMANE: 2000 Die 25. Stunde, KaMeRu, HC, 2003 NA, Scherz; 2005 Der Tod ist der Hirte
SONSTIGE PUBL.: Zwei Anthologien, wissenschaftliche Publikationen

MITGLIED: SinC; Syndikat; Women in Publishing
KONTAKT: kameru@datacomm.ch;
http://www.kameru.ch/

Mager, Hasso

Biografie: *15.5.1920 in Chemnitz. H. Mager ist gelernter Autoschlosser und Industriekaufmann. Nach dem Zweiten Weltkrieg absolvierte er einen Volsrichter-Lehrgang, studierte anschließend Jura und wurde Diplomjurist. Von 1951–1960 war er als Staatsanwalt, Justiziar und Arbeitsrechtler tätig, seit 1962 arbeitet er freischaffend.

KRIMINALROMANE: 1969 Krimi und Crimen, Mitteldeutscher Verlag, HC; 1973 Bartuschek ist nicht mehr da, Das Neue Berlin, DIE-Reihe; 1978 Mord im Hotel, Mitteldeutscher Verlag, HC; 1983 Gier, Mitteldeutscher Verlag
TV: 1977 Polizeiruf 110: Die Abrechnung, (Serienfilm, Fernsehen der DDR), Drehbuch: Eberhard Görner nach Motiven des Romans von H. Mager, Regie: Peter Vogel, EA 10.1977; 1980 Polizeiruf 110: Vergeltung, (Serienfilm, 78 Min., Fernsehen der DDR), Drehbuch: Eberhard Görner nach Motiven eines Romans von H. Mager, Regie: Peter Vogel, EA 9.3.1980 DDR1; 1986 Polizeiruf 110: Gier, (Serienfilm, 90 Min., Fernsehen der DDR), Drehbuch: Hans Knötzsch nach Motiven des gleichnamigen Roman von H. Mager, Regie: Hans Knötzsch, EA 3.8.1986 DDR1
SONSTIGE PUBL.: Sachbücher

Mahony, Linda → Weimer, Brigitte

Mannel, Beatrix

Biografie: 7.10.1961 in Darmstadt. B. Mannel studierte Theaterwissenschaften in Erlangen, Perugia und München und arbeitete als Redakteurin und Autorin für diverse TV-Unterhaltungssendungen. Seit 1997 schreibt sie als freie Autorin auch für Radio, TV und Kabarett. B. Mannel lebt in München.

KRIMINALROMANE: 2000 Der Brautmörder, Ullstein 24796; 2002 Schön, schlank und tot, Ullstein 25291
KRIM.-ERZ.: 2003 *Still, still, still*, in: Leise rieselt der Schnee …, Hrsg. Gisa Klönne, Ullstein 257879

SONSTIGE PUBL.: Jugendromane und Kinderbücher sowie Gedichte und Sachbücher
MITGLIED: SinC; Syndikat
KONTAKT: info@beatrix-mannel.de;
www.beatrix-mannel.de

Markert, Joy

Biografie: *8.5.1942 in Tuttlingen. J. Markert arbeitete nach einer Beamtenausbildung als Regierungsinspektor in Stuttgart, übersiedelte 1964 nach Berlin/West, war Stadtinspektor, verließ 1968 den Beamtenberuf und lernte bei Regisseuren das Filmhandwerk. Seit den 70er-Jahren ist er als Drehbuch- und Hörspielautor tätig, seit den 80er-Jahren auch als Prosaautor und freiberuflicher Lektor.

KRIMINALROMANE: 1994 Nachtcafé Schroffenstein, (gem. mit Sibylle Nägele), Schwarzkopf & Schwarzkopf, Berlin Crime Nr. 12.
KRIM.-ERZ.: 1995 *Rosenstrauß und Müllcontainer*, (gem. mit Sibylle Nägele), Schwarzkopf & Schwarzkopf, HC.
FUNK: 1988 Undercover-Minikrimis, (55 Min., SFB); 1991 Kleisther, (37 Min., SFB); 1993 Esbeck und Mondrian, (gem. mit Jürgen Ebertowski nach seinem gleichnamigen Kriminalroman, 45 Min., SFB); 1998–2002 Carlotta fängt Schlangen, Carlotta spielt den Blues, Carlotta jagt den Coyoten, Carlotta steigt ein, Ein Schnappschuss für Carlotta, nach den gleichnamigen Kriminalromanen von Linda Barnes, (je 55 Min., DLR); 2001 Die Hochstaplerin, nach dem gleichnamigen Kriminalroman von Christine Grän, 2 Teile, (je 54 Min., WDR); 2002 Hurenkind, nach dem gleichnamigen Kriminalroman von Christine Grän, 2 Teile, (je 53 Min., WDR); 2003–2005 Diakonissenkrimis: Witwe Zürns Katze, Pfarrer Kerns Koffer, Bauer Pärts Geige, Heimerans Höhle, (je 25 Min., WDR), 2004 Die Bestie vom Schwielowsee, (18 Min., RBB), 2005 Die Malteser Bescherung, (54 Min., DLR)
SONSTIGE PUBL.: Über 50 Hörspiele, Drehbücher, Radioessays und -Erzählungen, Kinderhörspiele und -Erzählungen, zwei Theaterstücke, zwei Romane u.a.; 2005 *Die Potsdamer Straße*, (gem. mit Sybille Nägele), Metropol Verlag
PREISE: 1972 Deutscher Filmpreis; 1972 Ernst-Lubitsch-Preis; 1975 Prix Celuloide Portugal (zus. mit Iris Wagner und Robert Van Ackeren) für *Harlis*

Kontakt: mail@joymarkert.de;
www.joymarkert.de

Marquardt, Udo und Heyberger, Renate
Biografie: Udo Marquardt *20.11.1959 in
Werdohl, Sauerland. Renate Heyberger
*21.6.1954 in Lauffen/Neckar. U. Marquardt
lebt in Unkel/Rhein. Er studierte Philosophie, Germanistik und Religionswissen-
schaft in Heidelberg, Luzern (Schweiz) und
Freiburg. 1986 Magister Artium, 1992 Promotion in Philosophie mit einer Arbeit über
die Zeittheorie von Aristoteles. In Freiburg
volontierte er beim Rundfunk und arbeitete als Redakteur. Seit 1995 arbeitet er als
freier Autor und Fachjournalist für den Bereich Philosophie, veröffentlicht vor allem
im ARD-Hörfunk. Neben Krimis schreibt er
Sachbücher, Hörspiele und Drehbücher.
R. Heyberger lebt in Freiburg. Sie ist gebürtige Schwäbin und hat Pädagogik studiert;
arbeitet heute hauptberuflich beim Freiburger Studentenwerk und ist nebenbei als freie
Journalistin und Autorin tätig. Neben den
sechs Freiburg-Krimis hat sie literarische
Texte bei verschiedenen Verlagen veröffentlicht.
U. Marquardt und R. Heyberger begannen
1994, Freiburg-Krimis zu schreiben, in deren Mittelpunkt der Taxifahrer Jean-Marie
Hämmerle steht. In Freiburg sind die Krimis
so erfolgreich, dass es inzwischen Stadtfüh-
rungen auf den Spuren Jean-Marie Häm-
merles gibt.

Kriminalromane: 1995 Katzenkiller. Freiburg-
Krimi, Sternwaldverlag; 1996 Münstermörder.
Freiburg-Krimi, Sternwaldverlag; 1996 Der
Pizza-Pate. Freiburg-Krimi, Sternwaldverlag;
1997 Theaterblut. Freiburg-Krimi, Sternwald-
verlag; 1998 Die Schwarzwaldfalle, (Autor: Udo
Marquardt), Sternwaldverlag; 1999 Hundstage.
Freiburg-Krimi, Sternwaldverlag; 2000 Die Breis-
gau-Bohème, Freiburg-Krimi, Sternwaldverlag;
2002 Kneipen-Krieg, Freiburg Krimi, Stern-
waldverlag; 2004 Tödliches Testament, Freiburg
Krimi, Sternwaldverlag; 2004 Lillis Leiche (Autor
Udo Marquardt), in: Mordsfälle 2, Kontrast Verlag Pfalzfeld

Mitglied: Syndikat (Udo Marquardt); Syndikat
(Renate Heyberger)
Kontakt: udo-marquardt@t-online.de

Martin, Chris → Andresen, Thomas

Martin, Hansjörg
Biografie: 1.11.1920 Leipzig, †11.3.1999 Mal-
lorca. H. Martin studierte an der Leipziger
Kunstakademie Gebrauchsgrafik und ange-
wandte Kunst. Nach dem Krieg zog er als
Maler und Zirkusclown durch Norddeutsch-
land, arbeitete als Leiter des Volksbildungs-
werks in einer norddeutschen Stadt, war
Schaufensterdekorateur und Bühnenbildner.
Danach war er als Redakteur einer Mitar-
beiterzeitschrift, später als Dramaturg einer
Filmproduktion tätig. Ab 1963 lebte er als
freier Schriftsteller in Schleswig-Holstein.
Das Erscheinen von Hansjörg Martins Buch
Gefährliche Neugier im Jahre 1965 gilt als
Geburtsdatum des »neuen deutschen Krimi-
nalromans«.

Kriminalromane: 1965 Gefährliche Neugier,
rororo 2069; 1966 Einer fehlt beim Kurkonzert,
rororo 2109; 1966 Kein Schnaps für Tamara, rororo 2086; 1968 Bilanz mit Blutflecken, rororo
2138; 1969 Cordes ist nicht totzukriegen, rororo
2146; 1969 Meine schöne Mörderin, rororo 2161;
1969 Rechts hinter dem Henker, rororo 2167;
1970 Blut ist dunkler als rote Tinte, rororo 2190;
1971 Einer flieht vor gestern Nacht, rororo 2218;
1972 Feuer auf mein Haupt, rororo 2256; 1973 Bei
Westwind hört man keinen Schuß, rororo 2286;
1973 Mallorca sehen und sterben, rororo 2270;
1974 Schwarzlay und die Folgen, rororo 2303;
1975 Geiselspiel, rororo 2340; 1976 Wotan weint
und weiß von nichts, rororo 2386; 1977 Spiel ohne
drei, rororo 2428; 1979 Dein Mord in Gottes Ohr,
Rowohlt, HC, (rororo 2590); 1979 Der Kamm-
garn-Killer, rororo 2481; 1980 Betriebsausflug
ins Jenseits, rororo 2535; 1980 Herzschlag, Goldmann 3951, NA 1985 Weltkreis; 1981 Das Zittern
der Tenöre, Rowohlt HC, (rororo 2618); 1982 Die
grünen Witwen von Rotherfelde, rororo 2609;
1984 Gegen den Wind, C. Bertelsmann, HC; 1984
Heiße Steine, rororo 2679; 1987 Süßer Tod, rororo
2877; 1988 Der Rest ist Sterben, rororo 2900; 1996
Mitgegangen, mitgefangen, mitgeh ..., Ha/Heyne

143; 1998 Ein Rabe auf der Schulter, Schwarze Hefte, Hamburger Abendblatt

KRIM.-ERZ.: 1972 Tod im Dutzend, (Stories), rororo 2237; 1974 Blut an der Manschette, (Stories), rororo 2323; 1977 Die große, lange Wut, (Stories), rororo 2404; 1979 Dreck am Stecken, (Stories), rororo 2505; 1983 Gute Messer bleiben lange scharf, (Stories), rororo 2635; 1989 Seine besten Stories, rororo 2911

FUNK: 1971 Blut ist dunkler als rote Tinte, (Bearbeitung: Edmund Steinberger, BR); 1974 Mord aus der Dose, (WDR); 1974 Bei Westwind hört man keinen Schuß, (Bearbeitung Karl Richard Tschon, BR); 1975 112 Grad Celsius, (WDR); 1975 Blut an der Manschette, (WDR); 1976/77 Bei Lehmanns ist was los, Serie, (HR); 1982 Cordes ist nicht totzukriegen, (WDR); 1983 Raiber un Schanditz, (Plattdeutsches Krimimagazin, WDR)

TV: 1968 Einer fehlt beim Kurkonzert, (Fernsehfilm, 90 Min., NDR), Drehbuch: H. Martin nach seinem gleichnamigen Roman, Regie: Jürgen Roland; 1970 Gefährliche Neugier, (Fernsehfilm, 90 Min., ZDF), Drehbuch: H. Martin nach seinem gleichnamigen Roman, Regie: Hans Dieter Schwarze, EA 8.2.1970 ZDF; 1972 Tatort: Der Fall Geisterbahn, (Serienfilm, 90 Min., HR), Drehbuch: H. Martin nach seinem gleichnamigen Roman, Regie: Hans Dieter Schwarze, EA 12.3.1972; 1973 Nerze nachts am Straßenrand, (Dokumentarspiel, andere Angabe: Nach einem Roman von H. Martin, ZDF), Drehbuch: Bruno Hampel, Regie: Wolfgang Staudte, EA 24.8.1973; 1976 Bei Westwind hört man keinen Schuß, (90 Min., HR), Drehbuch: H. Martin nach seinem gleichnamigen Roman, Regie Sepp Strubel; 1978–80 Sonne, Wein und harte Nüsse, (Fernsehserie, 28 Teile, Rhewes Film für WWF), Drehbuch: Martin Duschat, H. Martin, Horst Pillau, Hans-Gert Hillgruber, Wolfgang von Chmielewski, Jürgen Froitzheim, Maria Matray, Detlef Müller, Regie: Hermann Leitner, Frank Guthke, Dieter Lemmel, Hans Peter Kaufmann, Peter Weck; 1981 Tatort: Das Zittern der Tenöre, (Serienfilm, 90 Min., NDR), Drehbuch: H. Martin, Regie Hans Dieter Schwarze, EA 31.5.1981 ARD; 1985 Es muß nicht immer Mord sein, (Serienepisode, 25 Min., ZDF), Drehbuch: H. Martin, Regie: Michael Mackenroth; 198? Hamburg Transit: Überfall auf den Baron, (Serienepisode, 25 Min., NDR), Drehbuch: H. Martin und Arno Alexander, Regie: Claus Peter Witt

FILM: 1967 Tamara, Drehbuch: Hansjürgen Pohland nach dem Roman von H. Martin, Regie: Hansjürgen Pohland

SONSTIGE PUBL.: Dokumentarfilme, zahlreiche Jugendbücher, Bühnenstück, Schulfunksendungen und Features

PREISE: 1986 Bundesverdienstkreuz als »Begründer des neuen deutschen Kriminalromans«

Martin, Matthias → Fröba, Klaus

Martini, Manuela
Pseudonym

Biografie: *21.10.1963 in Mainz. M. Martini studierte Literaturwissenschaft, arbeitete als Regieassistentin, drehte Werbe-, Industrie- und Dokumentarfilme. M. Martini lebt in München und zeitweise in Australien. Ihr erster Kriminalroman *Outback* wurde für den Glauser-Preis und den Wiesbadener Frauenkrimipreis nominiert. Die Reihe um den Bribaner Detective Shane O'Connor umfasst inzwischen drei Bände. Weitere Bücher sind in Vorbereitung.

KRIMINALROMANE: 2002 Outback, Bastei-Lübbe; 2003 Barrier Reef, Bastei-Lübbe; 2004 Dead End, Bastei-Lübbe

KONTAKT: mail@manuela-martini.de; www.manuela-martini.de

Martini, Mischa
Pseud. für Michael Weyand

Biografie: *30.1.1956 in Trier an der Mosel. M. Weyand verdiente sich zehn Jahre lang als Journalist seinen Lebensunterhalt, bevor er einen Verlag und eine Medienagentur gründete. 2001 war für »Nordfälle« nominiert, den ersten Krimi-Stadtschreiberpreis in Deutschland. Er lebt mit Frau und zwei Kindern in der Nähe von Trier.

KRIMINALROMANE: 1999 Akte Mosel, Weyand; 2000 Soko Mosel, Weyand; 2001 Endstation Mosel, Weyand; 2002 Tatort Mosel, Weyand; 2003 Inkasso Mosel, Weyand; 2004 Marathon Mosel, Weyand

KRIM.-ERZ.: 2003 *Und erstens stirbt Frau anders*, in: Mordseifel, Hrsg. Jacques Berndorf, KBV

SONSTIGE PUBL.: Zahlreiche Beiträge in Fachbüchern

Mitglied: Syndikat; VS; Bund Deutscher Schriftsteller
Kontakt: www.mischa-martini.de;
www.weyand.de

Martins, Toby

auch unter dem Pseud.: Brian Abercrombie
Biografie: *22.3.1953 in Freiburg i.Br. T. Martins studierte Jury, Psychologie und Geschichte in Tübingen, Freiburg i.Br. und Austin/Texas (USA). Seit 1985 arbeitet er als Journalist in Hamburg und hat sich durch zahlreiche Fachpublikationen einen Namen gemacht. Nach der Mitarbeit an einer Reihe von Drehbüchern für Film und Fernsehen fing er 1987 an, Romane zu schreiben. Die ersten drei wurden als Trilogie unter dem Pseudonym »Brian Abercrombie« veröffentlicht. Der erste Band *Hoffmann* erschien 1991 auch in russischer Übersetzung beim Quadrat-Verlag in Moskau. Heute lebt T. Martins in Bremen. Die Kriminalromanreihe mit dem Hobby-Detektiv Amos Dystwater wird fortgesetzt.

Kriminalromane: 1990 (als Brian Abercrombie), Hoffmann, Neuer Malik Verlag; 1992 (als Brian Abercrombie) Barthelos, Neuer Malik Verlag; 1994 (als Brian Abercrombie) Brown, Neuer Malik Verlag; 2000 Die Trachtenpuppe, Buchfink; 2001 Tod einer Wahrsagerin, Buchfink; 2002 Klippen der Angst, Buchfink
Mitglied: Syndikat
Kontakt: geskellermann@compuserve.de

Matray, Maria und Krüger, Answald

Auch unter dem Pseud.: Maria Solveg (für Maria Matray)
Biografie: Maria Matray, geb. Stern *14.7.1907 in Niederschönhausen bei Berlin, †1993, Answald Krüger *1919, †1977. M. Matray absolvierte eine Ausbildung zur Tänzerin und arbeitete in Berlin als Schauspielerin. 1927 heiratete sie den Regisseur und Choreografen Ernst Matray. 1933 Emigration in die USA. Gemeinsam mit ihrem Mann arbeitete M. Matray als Choreografin bei vielen Hollywood-Produktionen mit. Ab 1946 war sie hauptsächlich als Drehbuchautorin tätig und arbeitete nach ihrer Rückkehr nach Deutschland verstärkt in diesem Bereich. Ab 1956 arbeitete sie in einer Autorengemeinschaft mit Answald Krüger bis zu dessen Tod 1977 zusammen. Das Team Matray und Krüger schrieb in der Aufbauzeit des deutschen Fernsehens zahlreiche Fernsehspiele für den NDR-Vorläufer NWDR.

TV: 1954 Der König mit dem Regenschirm, (Fernsehspiel, NWDR), Drehbuch: M. Matray, Regie: Ernst Matray; 1955 Abschiedsvorstellung, (Fernsehspiel, NWDR), Drehbuch: Maria Solveg, Regie: Ernst Matray; 1960 Waldhausstraße 20, (Fernsehspiel, NDR), Drehbuch: M. Matray und A. Krüger, Regie: John Olden; 1963 Das Kriminalmuseum: Die Fotokopie, (Serienepisode, 60 Min., ZDF), Drehbuch: M. Matray und A. Krüger, Regie: Wolfgang Becker, 4.7.1963 ZDF; 1964 Das Kriminalmuseum: Gesucht: Reisebegleiter, (Serienepisode, 60 Min., ZDF), Drehbuch: M. Matray und A. Krüger, Regie: Helmuth Ashley, EA 4.6.1964; 1964 Der Fall Krantz, (Dokumentarspiel, ZDF), Drehbuch: M. Matray und A. Krüger, Regie: Georg Tressler, EA 16.1.1964 ZDF; 1964 Der Prozess Carl von O., (Fernsehspiel, NDR), Drehbuch: M. Matray und A. Krüger, Regie: John Olden; 1964 Der Fall Harry Domela, (Dokumentarspiel, 69 Min., Televersal für ZDF), Drehbuch: M. Matray und A. Krüger, Regie: Wolfgang Schleif, EA 23.3.1965 ZDF; 1964 Der Fall Klaus Fuchs, (3 Teile, Dokumentarspiel, ZDF), Drehbuch: M. Matray und A. Krüger, Regie Ludwig Cremer, EA 4./5.5.1965 ZDF; 1964 Ein langer Tag, (Fernsehspiel, SFB), Drehbuch: M. Matray und A. Krüger, Regie: Lothar Kompatzki; 1964 Die fünfte Kolonne: Schattenspiel, (Serienepisode, 60 Min., ZDF), Drehbuch: M. Matray und A. Krüger, Regie: Jürgen Goslar, EA 27.2.1964 ZDF; 1964 Die fünfte Kolonne: Der Gast, (Serienepisode, 60 Min., ZDF), Drehbuch: M. Matray und A. Krüger, Regie: Wolfgang Becker, EA 17.12.1964 ZDF; 1965 Die fünfte Kolonne: Zwielicht, (Serienepisode, 60 Min., ZDF), Drehbuch: M. Matray und A. Krüger, Regie: Jürgen Goslar, EA 16.3.1965 ZDF; 1965 Das Kriminalmuseum: Die Ansichtskarte, (Serienepisode, 60 Min., ZDF), Drehbuch: M. Matray und A. Krüger, Regie: Gedeon Kovacz, EA 23.11.1965; 1965 Bernhard Lichtenberg, (Dokumentarspiel, ZDF), Drehbuch: M. Matray und A. Krüger, Regie: Peter Beauvais, EA 20.7.1965

ZDF; 1965 Oberst Wennerström, (Dokumentarspiel, 2 Teile, ZDF), Drehbuch: M. Matray und A. Krüger, Regie: Helmut Ashley, EA 26./27.10.1965 ZDF; 1966 Die großen Spione: Der Mann, der sich Abel nannte, (Dokumentarspiel, ZDF), Drehbuch: M. Matray und A. Krüger, Regie: Ludwig Cremer, EA 3.6.1966 ZDF; 1966 Der schwarze Freitag, (Dokumentarspiel, 75 Min., Intertel für ZDF), Drehbuch: M. Matray und A. Krüger, Regie: Günter Meincke, EA 16.12.1966 ZDF, 1966 Der Fall Lothar Maskat, (Dokumentarspiel, ZDF), Drehbuch: M. Matray und A. Krüger, Regie: Günter Meincke, EA 23.12.1966 ZDF,1966 Das Millionending, (Dokumentarspiel, 2 Teile, ZDF), Drehbuch: M. Matray und A. Krüger, Regie: Helmut Ashley, EA 30./31.12.1966 ZDF; 1966 Standgericht, (Fernsehfilm, 103 Min., NDR), Drehbuch: M. Matray und A. Krüger, Regie: Rolf Busch, EA 13.10.1966 ARD;1967 Der Panamaskandal, (Dokumentarspiel, ZDF), Drehbuch: M. Matray und A. Krüger, Regie: Paul Verhoeven, EA 28.4.1967 ZDF; 1968 Affäre Dreyfuss, (Dokumentarspiel, 3 Teile, ZDF), Drehbuch: M. Matray und A. Krüger, Regie: Franz Josef Wild, EA 8./13./15.11.1968 ZDF; 1968 Das Kriminalmuseum: Der Scheck, (Serienepisode, 60 Min., ZDF), Drehbuch: M. Matray und A. Krüger, Regie: Helmuth Ashley, EA 30.8.1968; 1968 Der Senator, (Dokumentarspiel, ZDF), Drehbuch: M. Matray und A. Krüger, Regie: Günter Gräwert, EA 6.12.1968 ZDF; 1969 Hotel Royal, (Kriminalspiel, ZDF), Drehbuch: M. Matray und A. Krüger, Regie: Wolfgang Becker; 1970 Maximilian von Mexiko, (Zweiteiliges Dokumentarspiel, ZDF), 1. Ein Kaiser wird gemacht, 2. Der Tod in Quererato, Drehbuch: M. Matray und A. Krüger, Regie: Günter Gräwert, mit Michael Heltau EA 20./22.3.1970 ZDF; 1970 Millionen nach Maß, (Dokumentarspiel, 2 Teiile, 85 und 90 Min., Televersal für ZDF), 1. Wir zahlen bar, 2. Bitte zur Kasse, Drehbuch: M. Matray und A. Krüger, Regie: Erich Neureuther, EA 27./18.11.1970 ZDF; 1971 Der Hitler/Ludendorff-Prozess, (Dokumentarspiel, ZDF), Drehbuch: M. Matray und A. Krüger, Regie: Paul Verhoeven, EA 5.11.1971 ZDF; 1971 Manolescu, (Dokumentarspiel, 2 Teile, ZDF), Drehbuch: M. Matray und A. Krüger, Regie: Hans Quest, EA 9./10.6.1972 ZDF; 1972 Doppelspiel in Paris, (Dokumentarspiel, ZDF), Drehbuch: M. Matray und A. Krüger, Regie: Wolfgang Glück, EA 28.7.1972 ZDF; 1972 Sonderdezernat K1: Mord im Dreivierteltakt, (Serienfilm, Min., NDR), Drehbuch: M. Matray und A. Krüger, Regie: Imo Moszkowicz,

EA 13.12.1972; 1972 Sonderdezernat K1: Vorsicht – Schutzengel, (Serienfilm, 55 Min., NDR), Drehbuch: M. Matray und A. Krüger, Regie: Helmut Ashley, EA 29.11.1972; 1972 Sonderdezernat K1: Kein Feuer ohne Rauch, (Serienfilm, 90 Min., NDR), Drehbuch: M. Matray und A. Krüger, Regie: Peter Schulze-Rohr; 1972 Sonderdezernat K1: Vier Schüsse auf den Mörder, (Serienfilm, 60 Min., NDR), Drehbuch: M. Matray und A. Krüger, Regie: Alfred Weidenmann, EA 25.10.1972; 1973 Sonderdezernat K1: Kassensturz um Mitternacht, (Serienfilm, 90 Min., NDR), Drehbuch: M. Matray und A. Krüger, Regie: Alfred Weidenmann, EA 8.2.1973 ARD; 1973 Sonderdezernat K1: Trip ins Jenseits, (Serienfilm, 60 Min., NDR), Drehbuch: M. Matray und A. Krüger, Regie: Hans Quest, EA 14.3.1973 ARD; 1972 Agent aus der Retorte, (Dokumentarspiel, ZDF), Drehbuch: M. Matray und A. Krüger, Regie: Wolfgang Glück, EA 10.11.1972 ZDF; 1973 Sonderdezernat K1: Ganoven-Rallye, (Serienfilm, 60 Min., NDR), Drehbuch: M. Matray und A. Krüger, Regie: Eberhard Pieper, EA 10.1.1973; 1974 Sonderdezernat K1: Hafenhyänen, (Serienfilm, 60 Min., NDR), Drehbuch: M. Matray und A. Krüger, Regie: Hans Dieter Schwarze, EA 10.10.1974 ARD; 1974 Sonderdezernat K1: Kein Feuer ohne Rauch, (Serienfilm, 60 Min., NDR), Drehbuch: M. Matray und A. Krüger, Regie: Peter Schulze-Rohr, EA 14.11.1974 ARD; 1974 Sonderdezernat K1: Friedhofsballade, (Serienfilm, 60 Min., NDR), Drehbuch: M. Matray und A. Krüger, Regie: Eberhard Itzenplitz, EA 12.12.1974 ARD; 1975 Sonderdezernat K1: Flucht, (Serienfilm, 60 Min., NDR), Drehbuch: M. Matray und A. Krüger, Regie: Alfred Weidenmann, EA 15.1.1975 ARD; 1975 Sonderdezernat K1: Doppelspiel, (Serienfilm, 60 Min., NDR), Drehbuch: M. Matray und A. Krüger, Regie: Hans Quest, EA 12.2.1975; 1975 Sonderdezernat K1: Sackgasse, (Serienfilm, 60 Min., NDR), Drehbuch: M. Matray und A. Krüger, Regie: Oswald Döpke, EA 5.3.1975; 1975 Wie starb Dag Hammerskjöld?, (Dokumentarspiel, ZDF), Drehbuch: M. Matray und A. Krüger, Regie: Oswald Döpke, mit Karl Maria Schley, EA 19.9.1975 ZDF; 1978–80 Sonne, Wein und harte Nüsse, (Fernsehserie, 28 Teile, Rhewes Film für WWF), Drehbuch: Martin Duschat, Hansjörg Martin, Horst Pillau, Hans-Gert Hillgruber, Wolfgang von Chmielewski, Jürgen Froitzheim, M. Matray, Detlef Müller, Regie: Hermann Leitner, Frank Guthke, Dieter Lemmel, Hans Peter Kaufmann, Peter Weck; 1978 Der Alte:

Der schöne Alex, (Serienepisode, 60 Min., ZDF), Drehbuch: M. Matray, Regie: Theodor Grädler, EA 6.10.1978 ZDF; 1985 Im Schatten von gestern, (Fernsehspiel, ZDF), Drehbuch: M. Matray, A. Krüger, Nathaniel Gutmann und Thomas Hartwig, Regie: Thomas Hartwig; 1986 Gauner im Paradies, (Fernsehspiel, 112 Min., novafilm für ZDF), Drehbuch: M. Matray, Regie: Thomas Fantl, EA 6.1.1986 ZDF
Film: 1956 Mein Vater, der Schauspieler, (BRD, 105 Min.), Drehbuch: Gina Falkenberg, M. Matray, Klaus Hardt, Regie: Robert Siodmak
Preise: 1966 Silberne Taube des IX. Internationalen Katholischen Fernsehwettbewerbs *Concours Unda* für das Dokumentarspiel *Bernhard Lichtenberg*; DAG-Fernsehpreis in Silber für das Dokumentarspiel *Der Senator*

Matthiesen, Hinrich

Biografie: *29.1.1928 in Westerland. H. Matthiesen, Sohn eines Kapitäns, wuchs in Lübeck auf. Von Februar bis Mai 1945 war er als 17-Jähriger an der Ostfront, bis August 1945 in Kriegsgefangenschaft. Von 1948 bis 1951 studierte er an der Universität Kiel. Es folgten ausgedehnte Reisen durch Frankreich, Spanien, Kuba, Kolumbien, Panama, Ecuador und Peru. In den 50er- und 60er-Jahren Auslandsschuldienst als Lehrer in Quilpue/Chile und Mexiko Stadt. Nach seiner Rückkehr nach Deutschland arbeitete er als Lehrer.

Kriminalromane: 1969 Minou, Schneekluth, HC; 1970 Blinde Schuld, Schneekluth, HC; 1974 Der Skorpion, Schneekluth, HC; 1976 Acapulco Royal, Schneekluth, HC; 1977 Tombola, Schneekluth, HC; 1979 Die Variante, Bertelsmann, HC; 1980 Die Ibiza-Spur, Heyne 5947; 1983 Mit dem Herzen einer Löwin, Hestia, HC; 1984 In den Fängen der Nacht, Hestia, HC; 1985 Der Canasta Trick, Heyne 6569; 1986 Das Gift, Hestia, HC; 1988 VX, Hestia, HC; 1990 Fleck auf weißer Weste, Heyne 7978; 1991 Ein Sieg zuviel, Heyne 8194; 1994 Jagdzeit in Deutschland, Rasch und Röhring, HC; 1998 Der Kapitän, Heyne
TV: 1986 Großstadtrevier: Fotos aus Ibiza, (Serienepisode, 50 Min., ARD), Drehbuch: H. Matthiesen und Jürgen Roland, Regie: Jürgen Roland, EA 1987 ARD
Sonstige Publ.: Zahlreiche Erzählungen, Herausgabe von Anthologien, Reportagen, Zeitungsberichte

McKay, Andrew → Erichsen, Uwe

Mechtel, Hartmut

Biografie: *5.3.1949 in Potsdam. H. Mechtel absolvierte ein Redaktionsvolontariat bei der Märkischen Volksstimme in Potsdam. Von 1970 bis 1974 studierte er Journalistik an der Karl-Marx-Universität Leipzig. Bis Ende 1977 arbeitete er als Lokalredakteur in Altentreptow bei der Freien Erde Neubrandenburg/Mecklenburg. Ab 1978 war er als freischaffender Gutachter für Belletristik und als Literaturkritiker tätig, später auch als Gerichtsreporter und Schauspieler.

Kriminalromane: 1986 Auf offener Straße, Das Neue Berlin, DIE; 1987 Das geomantische Orakel, Das Neue Berlin, DIE; 1991 Unter der Yacht, Das Neue Berlin, DIE; 1992 Tod in Grau, DIE 151; 1993 Der Todesstrudel, DIE 163; 1994 Der blanke Wahn, DIE 173; 1996 Der unsichtbare Zweite, Argument Zweite Reihe; 1996 Das Netz der Schatten, Argument Zweite Reihe; 1998 Die Spitze des Kreises, Argument Zweite Reihe 2028; 1998 Eine böse Überraschung, (Kettenroman, gem. mit Gisbert Haefs mit Frank Göhre, Janwillem van de Wetering, D. B. Blettenberg, Uta-Maria Heim, Jürgen Alberts, Helmut Ziegler, Peter Zeindler, Gunter Gerlach, Peter Schmidt, Robert Lynn, -ky, Tatjana Kruse, Robert Brack, Daniel Douglas Wissmann, Karr & Wehner, Frank Goyke, Regula Venske, Thea Dorn, Georg M. Oswald, Ann Camones, Virginia Doyle und Norbert Klugmann), rororo 43296; 1999 Höllenhunde, (als Mike Jaeger), rororo 43359; 1999 Gefährliches Spiel, (als Roger Penrose), ekuinteractive; 2001 Die Gier-Community, avedition, HC; 2002 Kapitäne sterben um Mitternacht, Hanse, HC, 2003 Der Tod lauert in Danzig, Hanse
Krim.-Erz.: 1988 *Gesucht: Jo Böttger*, Das Neue Berlin, Blaulicht 256; 1993 *Die Rast*, in: Im Namen des Guten, Wilhelm Heyne; 1995 *Ende einer Romanze*, Das Neue Berlin, Blaulicht 8; 2000 Berlin, *6 Uhr morgens*, in: Bei Ankunft Mord, Hrsg. Andrea C. Busch u. Almuth Heuner, Gerstenberg; 2001 *Fremde Lorbeeren*, in: Mord im Grünen, Hrsg. Andrea C. Busch u. Almuth Heuner, Gers-

tenberg, 2003 *Mörderischer Einheitstag*, in: Mord zum Dessert, Hrsg. Andrea C. Busch u. Almuth Heuner, Gerstenberg, 2004 *Die Post*, in: Die Winterreise, Hrsg. Martina Bick, Gerstenberg
FUNK: 1990 VEB Utopia, (Feature, 54 Min., RIAS); 1991 Der Einheitskrimi, (Feature, 54 Min., RIAS); 1991 Tödliche Fragen, (Kriminalhörspiel, Sachsenradio); 1992 Mit weißen Handschuhen, (Gerichtsfeature, 54 Min., MDR); 1993 Der S-Bahn-Mörder, (Feature, 54 Min., MDR); 1994 Die Mords-Chance, (Feature, 54 Min. Deutschland-Radio); 1995 Auf der Schattenseite, (Kriminalhörspiel, 54 Min. MDR); 1994 Störung der Volksfeste verhindert, (Feature, 45 DeutschlandRadio); 1998 Blumenkinder für zehn Tage, (Feature, 54 Min., MDR)
SONSTIGE PUBL.: Herausgeber von Seeräuber- und Katastrophengeschichten, Autor von Science-Fiction-Erzählungen, Theaterstücken und Dokumentationen
PREISE: 1990 Traumfabrikant-Preis der Science-Fiction-Fans auf dem 1. Berlin-Con für die Erzählung *Sifrit*; 1997 Glauser-Preis für *Der unsichtbare Zweite*; 2001 Krimifuchs für die gesamte Parr-Trilogie
MITGLIED: Syndikat
KONTAKT: www.hartmut-mechtel.de

Meisenberg, Peter

Biografie: *1948 in Meckenheim. P. Meisenberg studierte Geschichte, Philosophie und Germanistik. Er arbeitete als Dokumentarfilmer, Drehbuch- und Hörspielautor und war auch für kurze Zeit als Autor bei einer Daily Soap beschäftigt. Als Krimiautor zeigte er sich besonders in seinen beiden ersten Titeln *Schmahl* und *Haie* als versierter Kenner angloamerikanischer Genremuster mit einem deutlichen Bezug zum Gangsterkino. Sein dritter Roman *Leidenschaft* ist schließlich im Milieu einer TV-Soap angesiedelt und zeigt in ironisch gebrochener und überspitzter Form die Deformationen der Fernsehschaffenden.

KRIMINALROMANE: 1991 Schmahl, Emons, Köln Krimi; 1995 Haie, Emons, Köln Krimi; 1998 Leidenschaft, Emons, Köln Krimi 15; 2000 Schwarze Kassen, Emons; 2001 Löhr und das OB-Patt, Emons; 2002 Kommissar Löhrs dritter Fall: Papp-

nasen, Emons; 2003 Kommissar Löhrs vierter Fall: Müllgeld, Emons
FUNK: 1994 Reality, (60 Min., WDR); 1995 Happy End, (40 Min., SWF); 1997 Laura, (nach Motiven seines gleichnamigen Romans *Leidenschaft*, 40 Min., SWF); 2000 Djamena, (55 Min., SWR)
TV: 1998 Der Fahnder: Tangos Alibi, (Serienepisode, 50 Min., ARD), Drehbuch: Peter M. und Jürgen Starbatty, Regie: Michael Zens, EA 31.3.1998
SONSTIGE PUBL.: Drehbücher (u.a. zahlreiche Folgen der ARD-Vorabendserie *Marienhof*), Reportagen, Geschichten

Menge, Ulrich

Biografie: *7.4.1934 in Berlin. U. Menge studierte Romanistik und promovierte 1967 in Hamburg mit einer Dissertation über die Kurzgeschichten Emilia Pardo Bazáns. Er war Bibliothekar des Höheren Dienstes, zuletzt Bibliotheksdirektor beim Ibero-Amerikanischen Institut der Stiftung Preußischer Kulturbesitz in Berlin.

KRIMINALROMANE: 2001 Mord unterm Brückenschlag, Haag & Herchen
MITGLIED: Syndikat
KONTAKT: ulrichmenge@t-online.de

Menge, Wolfgang

Biografie: *10.4.1924 in Berlin. W. Menge absolvierte ein Volontariat beim German News Service, arbeitete dann als Journalist beim HAMBURGER ABENDBLATT und ging 1954 für Die Welt als Korrespondent nach Tokio und Hongkong. Ab Anfang der 50er-Jahre arbeitete Menge für den Rundfunk und das Fernsehen. W. Menges besondere Begabung liegt darin, aktuelle Entwicklungen in seinen Drehbüchern in spannende Unterhaltungsstoffe umsetzen zu können. Er entwickelte bekannte Familien- und Krimiserien wie *Adrian und Alexander, Hallo Nachbarn, Stahlnetz* und *Ein Herz und eine Seele*. Anfang der 70er-Jahre schrieb er einige Fernsehspiele, die durchweg in ihrer realistischen, alle Möglichkeiten des Mediums Fernsehen ausnutzenden Inszenierung großes Aufsehen erregten (*Das Millionenspiel, Smog*). W. Menge gehörte zur ersten Moderatorenmannschaft für die Talkshow *III nach Neun*, an der er bis 1984 mitarbeitete. Er wurde für seine Arbeiten mit zahlreichen nationalen und internationalen Preisen ausgezeichnet, darunter Ernst-Reuter-Preis, Adolf-Grimme-Preis, Prix Futura, DAG-Preis und Bambi.

KRIMINALROMANE: 1960 Stahlnetz: Das gußeiserne Alibi, Sigbert Mohn; 1960 Stahlnetz: Die Tote im Hafenbecken, Sigbert Mohn; 1960 Stahlnetz: Zeugin im grünen Rock, Sigbert Mohn; 1960 Stahlnetz: Verbrannte Spuren, Sigbert Mohn
TV: 1958 Stahlnetz: Mordfall Oberhausen, (auch unter dem Titel *Der Polizeibericht meldet ...*, Serienfilm, 50 Min., NWRV/NDR), Drehbuch: W. Menge, Regie: Jürgen Roland, EA 14.3.1958 ARD; 1958 Stahlnetz: Bankraub in Köln, (Serienfilm, 40 Min., NWRV/NDR), Drehbuch: W. Menge, Regie: Jürgen Roland, EA 23.4.1958 ARD; 1958 Stahlnetz: Die blaue Mütze, (Serienfilm, 45 Min., NWRV/NDR), Drehbuch: W. Menge, Regie: Jürgen Roland, EA 16.6.1958 ARD; 1958 Stahlnetz: Die Tote im Hafenbecken, (Serienfilm, 52 Min., NWRV/NDR), Drehbuch: W. Menge, Regie: Jürgen Roland, EA 22.8.1958 ARD; 1958 Stahlnetz: Das zwölfte Messer, (Serienfilm, 49 Min., NWRV/NDR), Drehbuch: W. Menge, Regie: Günter Haase, EA 20.11.1958 ARD; 1959 Stahlnetz: Sechs unter Verdacht, (Serienfilm, 45 Min., NWRV/NDR), Drehbuch: W. Menge, Regie: Jürgen Roland, EA 29.12.1958 ARD; 1959 Stahlnetz: Treffpunkt Bahnhof Zoo, (Serienfilm, 62 Min., NWRV/NDR), Drehbuch: W. Menge, Regie: Jürgen Roland, EA 22.2.1959 ARD; 1959 Stahlnetz: Das Alibi, (Serienfilm, 63 Min., NWRV/NDR), Drehbuch: W. Menge, Regie: Jürgen Roland, EA 12.6.1959 ARD; 1959 Stahlnetz: Aktenzeichen: Welcker u. a. – wegen Mordes, (Serienfilm, 63 Min., NWRV/NDR), Drehbuch: W. Menge, Regie: Günter Haase, EA 6.11.1959 ARD; 1960 Stahlnetz: Die Zeugin im grünen Rock, (Serienfilm, 57 Min., NDR), Drehbuch: W. Menge, Regie: Jürgen Roland, EA 6.4.1960 ARD; 1960 Stahlnetz: Verbrannte Spuren, (Serienfilm, 72 Min., NDR), Drehbuch: W. Menge, Regie: Jürgen Roland, EA 29.7.1960 ARD; 1960 Stahlnetz: E 605, (Serienfilm, 95 Min., NDR), Drehbuch: W. Menge, Regie: Jürgen Roland, EA zweiteilig 3./4.10.1960 ARD; 1961 Stahlnetz: Saison, (Serienfilm, 80 Min., NDR), Drehbuch: W. Menge, Regie: Jürgen Roland, EA 24.4.1961 ARD; 1961 Stahlnetz: In der Nacht zum Dienstag, (Serienfilm, 76 Min., NDR), Drehbuch: W. Menge, Regie: Jürgen Roland, EA 7.11.1961 ARD; 1962 Stahlnetz: In jeder Stadt ..., (Serienfilm, 79 Min., NDR), Drehbuch: W. Menge, Regie: Jürgen Roland, EA 6.4.1962 ARD; 1962 Stahlnetz: Spur 211, (Serienfilm, 2 Teile, 69 und 49 Min., NDR), Drehbuch: W. Menge, Regie: Fritz Lehmann, EA 28./30.11.1962 ARD; 1963 Stahlnetz: Das Haus an der Stör, (Serienfilm, 85 Min., NDR), Drehbuch: W. Menge, Regie: Jürgen Roland, EA 26.5.1963 ARD; 1964 Stahlnetz: Strandkorb 421, (Serienfilm, 93 Min., NDR), Drehbuch: W. Menge, Regie: Jürgen Roland, EA 24.11.1964 ARD; 1964 Stahlnetz: Rehe, (Serienfilm, 109 Min., NDR), Drehbuch: W. Menge, Regie: Jürgen Roland, EA 16.6.1964 ARD; 1965 Stahlnetz: Die Nacht zum Ostersonntag, (Serienfilm, 83 Min., NDR), Drehbuch: W. Menge, Regie: Wolfgang Zeh, (andere Angabe: Jürgen Roland), EA 8.12.1965 ARD; 1965 Die Katze im Sack, (Fernsehspiel, 2 Teile, NDR), Drehbuch: W. Menge nach James Hadley Chase, Regie: Jürgen Roland; 1965 Verhör am Nachmittag, (Fernsehspiel, WDR), Drehbuch: W. Menge, Regie: Walter Davy, EA 25.2.1965 ARD; 1966 Stahlnetz: Der fünfte Mann, (Serienfilm, 90 Min., NDR), Drehbuch: Thomas Keck, Regie: Wolfgang Zeh, (andere Angabe: Drehbuch und Regie: Jürgen Roland), EA 23.8.1966 ARD; 1968 Stahlnetz: Ein Toter zu viel, (Serienfilm, 82 Min., NDR), Drehbuch: W. Menge und Karl Heinz Zeitler, Regie: Jürgen Roland, EA 14.3.1968; 1971 Tatort: Kressin und der tote Mann im Fleet, (Serienfilm, 90 Min., WDR), Drehbuch: W. Menge, Regie: Peter Beauvais, EA 10.1.1971 ARD; 1971 Tatort: Kressin stoppt den Nordexpress, (Serienfilm, 90 Min., WDR), Drehbuch: W. Menge, Regie: Rolf von Sydow, EA 2.5.1971 ARD; 1971 Tatort: Kressin und der Laster nach Lüttich, (Serienfilm, 90 Min., WDR), Drehbuch: W. Menge, Regie: Tom Toelle, EA 7.3.1971 ARD; 1972 Tatort: Kennwort ist Fähre, (Serienfilm, 90 Min., SDR), Drehbuch: W. Menge, Regie: Theo Mezger, EA 3.4.1972 ARD; 1972 Tatort: Kressin und der Mann mit dem gelben Koffer, (Serienfilm, 90 Min., WDR), Drehbuch: W. Menge, Regie: Michael Verhoeven, EA 9.7.1972; 1973 Tatort: Stuttgarter Blüten, (Serienfilm, 90 Min., SDR), Drehbuch: W. Menge, Regie: Theo Mezger, EA 1.4.1973 ARD; 1974 Tatort: Gefährliche Wanzen, (Serienfilm, 90 Min., SDR), Drehbuch: W. Menge, Regie: Theo Mezger, EA 29.9.1974 ARD; 1999 Stahlnetz: Die Zeugin, (Fernsehfilm, 90 Min., NDR), Drehbuch:

Jessica Schellack und Kerstin Oesterlin, Beratung: W. Menge, Regie: Thomas Bohn, EA 12.9.1999 ARD; 1999 Stahlnetz: Der Spanner, (Fernsehfilm, 90 Min., NDR), Drehbuch: Jessica Schellack und Kerstin Oesterlin, Beratung: W. Menge, Regie: Thomas Bohn, EA 19.1999 ARD
FILM: 1959 Der rote Kreis, Drehbuch: Trygve Larsen, W. Menge, nach Edgar Wallace, Regie: Jürgen Roland; 1959 Strafbataillon 999, Drehbuch: Harald Phillip, W. Menge, Heinz G. Konsalik, nach dem gleichnamigen Roman von Heinz G. Konsalik, Regie: Harald Phillip; 1959 Unser Wunderland bei Nacht, Drehbuch: W. Menge, Gustav Lehmann, Ernst Hasselbach, Reinhard Elsner, Regie: Jürgen Roland, Hans Heinrich, Reinhard Elsner, (Episoden-Sitten-Kriminalfilm); 1960 Der Frosch mit der Maske, Drehbuch: W. Menge, Wolfgang Schnitzler nach Edgar Wallace, Regie: Jürgen Roland; 1960 Der grüne Bogenschütze, Drehbuch: W. Menge und Wolfgang Schnitzler nach dem Roman von Edgar Wallace, Regie: Jürgen Roland; 1961 Mann im Schatten, (95 Min., s/w, Österreich), Drehbuch: W. Menge, Regie: Arthur Maria Rabenalt; 1964 Polizeirevier Davidswache, Drehbuch: W. Menge, Regie: Jürgen Roland; 1968 Der Partyfotograf, Drehbuch: W. Menge, Regie: Hans Dieter Bove
SONSTIGE PUBL.: Zahlreiche Drehbücher, Romane, Sachbücher, Dokumentationen

Merten, C. S.

Pseud. für: Christian Straimer
Biografie: *13.9.1947 in München. Chr. Straimer studierte Geisteswissenschaften in Bonn und arbeitet heute als Beamter. 1987 begann er nebenbei mit dem Schreiben; es entstanden eine Fülle von Texten in den unterschiedlichsten Genres.

KRIMINALROMANE: 1993 Der unsichtbare Kanzler, (Kinderkrimi), Elefanten Press; 1994 Gestehen Sie, Dr. Thoma!, (Kinderkrimi), Elefanten Press; 2000 Der Todesvogel, rororo; 2006 Der Pelikan, rororo
SONSTIGE PUBL.: Hörspiele, Funkserien, Kurzgeschichten, Abenteuerromane
MITGLIED: Syndikat
KONTAKT: www.csmerten.de; csmerten@csmerten.de

Meyer, Karen

Pseud. für: Karen Meyer-Rebentisch
Biografie: *16.11.1963 in Neuss. K. Meyer studierte Allgemeine Rhetorik und Empirische Kulturwissenschaft in Tübingen. Sie arbeitet im Ausstellungs-, im Museumsbereich und in der Erwachsenenbildung. Sie ist Leiterin einer Schreibwerkstatt.

KRIMINALROMANE: 1995 Schmetterlingstod, Das Neue Berlin
KRIM.-ERZ.: 1993 Karibische Weihnacht, in: Der Mörder packt die Rute aus, Hrsg. Leo P. Ard, Grafit; 1993 Das Ranglistenspiel, in: Der Mörder zieht die Turnschuh an, Hrsg. Leo P. Ard, Grafit; 1994 Feierabend für Otto, in: Weltkrimis/Krimiwelten, Hrsg. Jürgen Alberts und Helga Anderle, Eisbär; 1994 Der Mörder kommt auf Krankenschein, Hrsg. Leo P. Ard, Grafit; 1994 Nur zu deinem Besten, Kleine, in: Der Mörder bricht den Wanderstab, Hrsg. Leo P. Ard, Grafit; 1994 Bei Bier und Bowle, in: Der Mörder schwänzt den Unterricht, Hrsg. Leo P. Ard, Grafit; 1995 Aus!, in: Deutschland einig Mörderland, Hrsg. Karen Meyer, DIE 182, Das Neue Berlin; 1995 Raubtiere, in: Der Mörder kommt auf leisen Pfoten, Hrsg. Leo P. Ard, Grafit; 1996 Moos unter dem Schnee, in: Mord light, Hrsg. Karen Meyer, Das Neue Berlin; 1998 TeddyVoodoo, in: Die Zeit hinter den Dingen; 2000 Das Mandelhörnchen und der Wilde Kaiser, in: Mordgewichte, Hrsg. Martina Bick undTatjana Kruse, Piper; 1995 Deutschland einig Mörderland, (als Hrsg.), Das Neue Berlin; 1996 Mord light, (als Hrsg.), Das Neue Berlin
SONSTIGE PUBL.: Hörspiele, wissenschaftliche Publikationen, Ausstellungskataloge, Sachbücher, Ratgeber
PREISE: 1996 1. Preis der Lübecker Frauenliteratur-Tage in der Sparte Prosa
MITGLIED: IG-Medien; VS
KONTAKT: karen@comparat.de

Meyer, Renate

Biografie: 27.11.1940. R. Meyer wuchs in Köln auf. Sie besuchte eine Sprachenschule in London und arbeitete eine Zeit lang als Büroangestellte. Nach dem erfolgreichen Abschluss einer Fachschule in Freiburg arbeitete sie als MTA in der Uniklinik Homburg-Saar. Privat bildete sie sich im Fach Journalistik und im Drehbuchschreiben weiter. Als Mutter von drei Kindern hat sie ein besonderes Interesse an Kinderbüchern. Ihre

Bücher haben – eingepackt in eine spannende Kriminalgeschichte – immer auch ein Hintergrundthema, ohne gleich den pädagogischen Zeigefinger zu heben, etwa Weinbau, Falkenschutz, Hochwasser, Feuerwehr.

KINDERKRIMIS: 1991 Das Geheimnis des alten Gutshauses, Paulinus; 1993 Der geheimnisvolle Falkendieb, Paulinus; 1996 Dem Kunstdieb auf der Spur, Paulinus; 1999 Der Feuerteufel, Paulinus
SONSTIGE PUBL.: Zahlreiche Kurzgeschichten, Erzählungen für Zeitungen
MITGLIED: Syndikat
KONTAKT: media@paulinus.de

Meyer zu Küingdorf, Arno
Biografie: *1960 in Bad Oeynhausen. A. Meyer zu Küingdorf studierte Philosophie und Kunstgeschichte in Hamburg und lebt seit einigen Jahren in Berlin.

KRIMINALROMANE: 1996 Der Kreis des Schweigens, Ullstein; 1999 Die Generalprobe, Ullstein; 1999 Der Selbstmörder-Klub, Reclam; 2000 Stürmische Tage, Ullstein; 2000 Die Richterin, VdC (als eBook-Erstveröffentlichung und als Pb); 2004 Was wütet die Liebe in Gedanken, Aufbau Verlag
MITGLIED: Syndikat
KONTAKT: amzk@gmx.de

Meyer-Rebentisch, Karen → **Meyer, Karen**

Michael, Anthony → **Roecken, Kurt W.**

Michalewsky, Nikolai von
auch unter den Pseud.: Mark Brandis, Victor Karelin, Nick Norden, Bo Anders
Biografie: *17.1.1931 in Dahlwitz, Mark Brandenburg, †27.12.2000 in Grasberg. N. von Michalewsky brach die Schule ab. Er arbeitete als Hafenarbeiter, Reporter, Industriepolizist, reiste durch Afrika und arbeitete auf einer Kaffeeplantage in Belgisch Kongo als Kaffeepflanzer und als Taucher im Mittelmeer. Für eine amerikanische Agentur berichtete er über den algerischen Befreiungskrieg. N. von Michalewsky lebte zuletzt auf einem Bauernhof in der Nähe von Bremen. Als freier Autor arbeitete er für Zeitungen,

Hörfunk und das Fernsehen u.a. zu den Bereichen Geschichte, Umweltschutz, Wissenschaft und Forschung. Im Auftrag der WHO schrieb er ein Buch über den Sieg über die Pocken. Seine Liebe zum Meer thematisierte er in zahlreichen Büchern und Dokumentarfilmen.

KRIMINALROMANE: Weltraumpartisanen, (SF-Romane, als Mark Brandis), Herder Verlag, HC; 1970 WP 01: Bordbuch DELTA VII – Alarm im Weltraum; 1971 WP 02: Verrat auf der Venus – Flucht in den Weltraum; 1971 WP 03: Unternehmen Delphin; 1972 WP 04: Aufstand der Roboter – Duell im Weltraum; 1972 WP 05: Vorstoß zum Uranus – SOS im Weltraum; 1973 WP 06: Die Vollstrecker – Terror im Weltraum; 1973 WP 07: Testakte Kolibri – Experimente im Weltraum; 1974 WP 08: Raumsonde Epsilon – Meuterei im Weltraum; 1974 WP 09: Salomon 76; 1975 WP 10: Aktenzeichen Illegal; 1975 WP 11: Operation Sonnenfracht – Wettlauf im Weltraum; 1976 WP 12: Alarm für die Erde – Notstand im Weltraum; 1976 WP 13: Countdown für die Erde; 1977 WP 14: Kurier zum Mars; 1977 WP 15: Die lautlose Bombe; 1978 WP 16: Pilgrim 2000; 1978 WP 17: Der Spiegelplanet; 1979 WP 18: Sirius-Patrouille; 1980 WP 19: Astropolis; 1981 WP 20: Triton-Passage; 1981 WP 21: Blindflug zur Schlange; 1982 WP 22: Raumposition Oberon; 1982 WP 23: Vargo-Faktor; 1983 WP 24: Astronautensonne; 1983 WP 25: Planetaktion Z; 1983 Marl Brandis-Anthologie: Aufbruch zu den Sternen; 1984 WP 26: Ikarus, Ikarus …; 1984 WP 27: Pandora-Zwischenfall; 1985 WP 28: Metropolis-Konvoi; 1985 WP 29: Zeitspule; 1986 WP 30: Die Eismensch-Verschwörung; 1987 WP 31: Geheimsache Wetterhahn
FUNK: Hörspiele (GPK = auch als Goldmann-Primo Kassette) 1963 In zweiter Instanz, (4 Teile, Hörspiel, gem. mit Edna Sherry, je 30 Min., RB); 1965 Ed McBain: Schwarze Hochzeit, (Hörspielbearbeitung: N. von Michalewsky, 37 Min., RB); 1966 Flucht nach vorn, (29 Min., RB); 1967 Galgenfrist, (34 Min., RB); 1971 Der Komplize, (33 Min., RB); 1971 Popps Erdspurenanalyse, (aus der Reihe *Detektive ohne Waffe*, 35 Min., RB); 1971 Die Wasserprobe, (35 Min., RB); 1972 Der Überläufer, (45 Min., RB); 1972 Auf eigene Faust, (52 Min., HR); 1972 Clark und die Zypressen, (35 Min., RB); 1973 Taxiruf, (54 Min., RB); 1973 Zur Sache wurde gehört, (23 Min., RB); 1974 Der Fall John Vollmann, (42 Min., RB); 1975 Der Fall, (43 Min., RB); 1975

Inselfrieden, (44 Min., RB); 1977 Duell auf Sizilianisch, (38 Min., RB); 1980 Blizzard, (50 Min., RB); 1982 Pepon und der Sprengstoff, (37 Min., RB); 1982 Lauf auf die Sonne zu, (55 Min., RB); 1983 Ortsbestimmung, (56 Min., RB); 1993 Gastspiel in Venedig, (54 Min., WDR); 1985 Bei Bildausfall: Mord, (50 Min., WDR); 1989 Ich oder Du, (54 Min., WDR); 1989 Kennwort Orakel, (45 Min., RB); 1991 Abschiedswalzer, (48 Min., WDR); 1993 Gastspiel in Venedig, (WDR); 1993 Angeltouren, (53 Min., RB); 1998 Waschküche, (52 Min., WDR); 2000 Zwei Stimmen im Sturm, (55 Min., WDR); 2002 Sardischer Wind, (51 Min., BR)

SONSTIGE PUBL.: Zahlreiche Jugendromane und Romane

PREISE: 1980 Journalistenpreis Entwicklungshilfe; 1981 Journalistenpreis Hochseefischerei; 1983 Journalistenpreis Denkmalschutz; 1997 Medienpreis (Hörfunk) vom Bundes der Vertriebenen

KONTAKT: vonmichalewski@aol.com; www.vonmichalewsky.de; www.markbrandkis.de

Middendorf, Klaus

Biografie: *28.6.1944 in Iserlohn. K. Middendorf ist Industriekaufmann, Betriebswirt, Buchhändler, Lektor, Literaturagent und Autor. In dem 1995 bei Suhrkamp erschienenen Band *Deutschsprachige Gegenwartsliteratur wider ihre Verächter* wird K. Middendorf in einem gesonderten Kapitel, das sich mit seinem Roman *Big Dablju* ausführlich beschäftigt, als wichtiger Autor der deutschsprachigen Gegenwartsliteratur gewürdigt, der sich innovativ mit den neuen Medientechniken auseinandersetzt. Franz Rottensteiner, einer der führenden Kenner der Science-Fiction und phantastischen Literatur hat sich in einem ausführlichen Beitrag mit K. Middendorf beschäftigt und dabei entdeckt, dass nicht William Gibson der Vater der Cyberspace-Literatur ist, sondern K. Middendorf. *Wer ist Patrick?* wurde 1980 fertig gestellt, als es noch keinen PC gab. Er wurde prompt von allen Verlagen abgelehnt – auch von Suhrkamp. Erst acht Jahre später griff Suhrkamp zu. Jetzt ist er wieder der Zeit voraus mit einem Jenseitskrimi-Projekt. K. Middendorf lebt mit seiner Familie in Graben am Lech.

KRIMINALROMANE: 1998, *Big Dablju*, Suhrkamp, OA

SONSTIGE PUBL.: 1992 *Wer ist Patrick?*, Suhrkamp, OA; 2004 *Nichtschwimmer in 14 Tagen*, Avinus Verlag, OA; ein Pilotdrehbuch fürs Fernsehen

KONTAKT: LKMcorp@t-online.de; www.LKMcorp.com

Miehe, Ulf

Biografie: *1940 in Wusterhausen/Brandenburg, †13.7.1989 in München. U. Miehe war nach einer Ausbildung als Buchhändler Verlagsvolontär und Lektor. Ab 1965 arbeitete er als freier Autor und Übersetzer sowie als Regieassistent und Synchronsprecher in Berlin. 1969 übersiedelte er nach München. U. Miehe starb während der Vorbereitungen zu seinem Filmprojekt *Der Unsichtbare*.

KRIMINALROMANE: 1973 Ich hab noch einen Toten in Berlin, Piper, HC; 1976 Puma, Piper, HC; 1981 Lilli Berlin, Piper, HC

TV: 1970 So hat jeder seine Freiheit, (Fernsehfilm), Regie: Ulf Miehe; 1981 Nichts Neues unter der Sonne – Grüße Max, (Fernsehfilm), Drehbuch und Regie: Ulf Miehe und Klaus Richter; 1985 Der Fahnder: Liebe macht blind, (Serienepisode, 50 Min., Bavaria für ARD Werbung), Drehbuch: U. Miehe und Klaus Richter, Regie: Dominik Graf, EA 17.10.1985 ARD; 1987 Tatort: Die Macht des Schicksals, (Serienfilm, 90 Min., BR), Drehbuch: U. Miehe und Klaus Richter, Regie: Reinhard Schwabenitzky, EA 25.1.1987 ARD; 1987 Tatort: Gegenspieler, (Serienfilm, 90 Min., BR), Drehbuch: U. Miehe und Klaus Richter, Regie: Frank Strecker, EA 13.9.1987 ARD; 1988 Tatort: Doppelleben, (Serienfilm, 90 Min.), Drehbuch: U. Miehe und Klaus Richter; 1983 Die Zeiten ändern sich, (6 Teile, Fernsehserie, je 45 Min., Tellux für ZDF), Drehbuch: U. Miehe und Klaus Richter, Regie: Horst Flick, EA 3.–15.1983 ZDF; 1984 Der Fahnder: Liebe macht blind, (Serienepisode, 50 Min., Bavaria), Drehbuch: U. Miehe und Klaus Richter, Regie: Dominik Graf, EA; 1984 Der Fahnder: Der Dichter vom Bahnhof, (Serienepisode, 50 Min., Bavaria), Drehbuch: U. Miehe und Klaus Richter, Regie: Dominik Graf, EA; 1984 Der Fahnder: In unseren Kreisen, (Serienepisode, 50 Min., Bavaria), Drehbuch: U. Miehe und Klaus Richter, Regie: Erwin Keusch, EA; 1985 Der Fahnder: Wo die Kanonen blühen, (Serienepisode, 50 Min., Ba-

varia), Drehbuch: U. Miehe und Klaus Richter, Regie: Wolfgang Panzer, EA; 1985 Es muß nicht immer Mord sein: Einmal ist keinmal, (Serienepisode, 25 Min., ZDF), Drehbuch: U. Miehe, Regie: Kai Borsche, EA; 1986 Der Fahnder: Fußball ist unser Leben, (Serienepisode, 50 Min., Bavaria), Drehbuch: U. Miehe und Klaus Richter, Regie: Peter Fratzscher, EA
FILM: 1970 Jaider, der einsame Jäger, (94 Min., BRD), Drehbuch: U. Miehe und Volker Vogeler, Regie: Volker Vogeler, EA 9.1.1971; 1973 Verflucht, dies Amerika, (92 Min., BRD/Spanien), Drehbuch: U. Miehe und Volker Vogeler, Regie: Volker Vogeler, EA 7.9.1973; 1975 John Glückstadt, (94 Min., BRD), Drehbuch: U. Miehe und Walter Fritzsche nach *Der Doppelgänger* von Theodor Storm, Regie: U. Miehe, TV-EA 18.1.1978 ARD/SDR; 1974 Output, (BRD), Drehbuch: Thomas Schamoni, Volker Vogeler, Michael Fengler nach Motiven des Romans *Puma* von U. Miehe, Regie: Michael Fengler; 1987 Der Unsichtbare, (86 Min., BRD), Drehbuch: U. Miehe und Klaus Richter, Regie: U. Miehe
SONSTIGE PUBL.: Zahlreiche Lyrikbände

Mischke, Susanne

Biografie: *15.8.1960 in Kempten. S. Mischke ist Diplombetriebswirtin und arbeitet seit 1994 als Autorin. Sie wohnt in der Nähe von Hannover.

KRIMINALROMANE: 1994 Stadtluft, Piper 1858; 1995 Freeway, Piper 2191, NA 2001 als *Die Schneeköniginnen*, Piper 3445; 1996 Mordskind, Piper, HC; 1998 Die Eisheilige, Piper, HC; 1999 Der Mondscheinliebhaber, Piper, HC; 2000 Wer nicht hören will, muss fühlen, Piper, HC; 2001 Schwarz ist die Nacht, Piper; 2002 Die Mörder, die ich rief, Piper; 2003 Das dunkle Haus am Meer, Piper, 2005 Wölfe und Lämmer, Piper
FUNK: 1996 Die Witwen, (Hörspiel, Deutschlandradio)
TV: 1998 Alarm für Cobra 11 – Die Autobahnpolizei: Im Nebel verschwunden, (Serienepisode, 45 Min., RTL), Drehbuch: Iris Anna Otto und S. Mischke, Regie: Diethard Küster, EA 29.10.1998 RTL; 2000 Alarm für Cobra 11 – Die Autobahnpolizei: Tulpen aus Amsterdam, (Serienepisode, 45 Min., RTL), Drehbuch: S. Mischke und Iris Anna Otto, Regie: Matthias Tiefenbacher und Hermann Joha, EA 13.1.2000 RTL
SONSTIGE PUBL.: Erzählende Texte

MITGLIED: SinC; Syndikat
KONTAKT: write@susannemischke.de; www.susannemischke.de

Misko, Mona

Biografie: *28.10.1947 in Münster im Zeichen des Skorpions geboren, Erfahrungen als Sekretärin im In- und Ausland, Kibbuzbewohnerin in Israel, Ehefrau und Mutter, Journalistin einer regionalen Tageszeitung, Drehbuchautorin: In der Mitte des Lebens entdeckte sie ihre alte Schreibleidenschaft neu. Sie verfasst heute mit Vorliebe Psychoromane und Kurzkrimis, wobei weniger eine erschöpfende Aufklärung im Vordergrund steht, sondern mehr das »Warum« einer Tat, denn sie taucht gern ein in die Abgründe der Seele und Psychologie war von jeher ihr Steckenpferden. Sie hat drei erwachsene Kinder und lebt im Ahrtal.

KRIMINALROMANE: 2003 Die zweite Frau des Arztes, Scherz-Verlag; 2005 Kindsblut, Gmeiner-Verlag
KRIM.-ERZ.: 2000 *Die schöne Samanta*, in: Rheinleichen, Hrsg. Ina Coelen u. Ingrid Schmitz, Emons; 2001 *Doppelter Skorpion*, in: Sternzeichen-Cocktails, ferber-verlag; *Eine Mordsnachbarin*, in: Teuflische Nachbarn, Hrsg. Ina Coelen u. Ingrid Schmitz, Scherz; 2001 *Ein sehr guter Bekannter*, in: Tödliche Beziehungen, Hrsg. Ina Coelen u. Ingrid Schmitz, Emons; 2003 *Abelas Tonkrug*, in: Morderische Mitarbeiter, Scherz; 2004 *Zum achzehnten Geburtstag*, in: Mordsfälle 2, Kontrast Verlag
SONSTIGE PUBL.: Fantasievolle Kurzgeschichten, erotische Literatur
MITGLIED: SinC; Syndikat
KONTAKT: mona.misko@web.de; www.mo-inisko.de

Mittmann, Wolfgang

Biografie: *26.3.1939 in Trebnitz/Schlesien. W. Mittmann ist gelernter Lokomotivschlosser. Er studierte Kriminalistik, arbeitete 34 Jahre als Kriminalpolizist und trat 1991 als Kriminalhauptkommissar in den Ruhestand. Als Sammler von Kriminalliteratur baute W. Mittmann seine Privatbibliothek zum Krimiarchiv Ost aus und veröffentlichte 1991 gemeinsam mit R. Hillich eine Bibliografie zur Kriminalliteratur der DDR.

KRIMINALROMANE: 1971 Der Tod in den Dünen, Blaulicht 128, Das Neue Berlin; 1973 Der Major und die Schuldigen, Blaulicht 146, Das Neue Berlin; 1976 Einer ist der Mörder, Blaulicht 174, Das Neue Berlin; 1980 Tatverdacht, Neues Leben, Kompass-Buch 271; 1982 Das Kartenhaus, Neues Leben, Das neue Abenteuer 426; 1984 Mord in der Heide, Neues Leben, Kompass-Buch 318; 1988 Großfahndung Berta, Neues Leben, Kompass-Buch 375; 1988 Nach dem Mörder wird gefahndet, Militärverlag, Tatsachen 313

KRIM.-ERZ.: 1998 Rufen Sie die MUK! Mordsgeschichten aus der DDR, (als Hrsg.), Das Neue Berlin, DIE 211; 1999 Der Der Mörder war auf Ukw zu hören. Kriminalgeschichten aus dem Berlin der Fünfzigerjahre von Günter Prodöhl, (als Hrsg.), Das Neue Berlin, DIE 214

FUNK: 1978 Stumme Zeugen, (28 Min., Radio DDR), EA 27.10.1978; 1984 Ein Fall für uns, (30 Min., Berliner Rundfunk), EA 22.7.1984; 1994 Tatort Eisenbahnunterführung, (Feature, gem. mit Jan Eik, 50 Min. MDR), EA19.2.1994; 1996 Die Todesschüsse von Uckro, (gem. mit Jan Eik, 52 Min., MDR), EA 13.1.1996; 1997 Der Dessauer Prozess, (gem. mit Jan Eik, 54 Min., MDR), EA 25.1.1997

SONSTIGE PUBL.: 1989 Gefahr am Bohrturm 160, Militärverlag, Tatsachen 335; 1991 Bibliographie der DDR-Kriminalliteratur 1949–1990, Akademie-Verlag, Berlin; 1995 Fahndung: Große Fälle der Volkspolizei 1+2, Das Neue Berlin, HC; 1998 Tatzeit: Große Fälle des Volkspolizei, Das Neue Berlin, HC; 1999 Tatzeit: Große Fälle des Volkspolizei 2, Das Neue Berlin, HC; 1999 Aktion Roland: Jagd auf einen Frauenmörder: Große Fälle der Volkspolizei 3, Das Neue Berlin, HC; 2000/2001 Mitarbeit ARD-Doku-Reihe *Die großen Kriminalfälle*; 2001 Mordverdacht: Große Fälle der Volkspolizei 4, Das Neue Berlin; 2003 Gladow-Bande: Die Revolverhelden von Berlin. Große Fälle der Volkspolizei 5, Das Neue Berlin, HC; 2004 Mordverdacht: Große Fälle der Volkspolizei 3+4, Das Neue Berlin, HC; 2005 Mordaffäre Helling. Am Justizmord vorbei, Das Neue Berlin, HC; seit 1964 zahlreiche Kurzgeschichten, Tatsachenberichte und literarische Porträts in Anthologien und Zeitschriften sowie Reportagen und Rezensionen für Zeitungen

MITGLIED: Syndikat

Mleinek, Mischa
Biografie: *1927 in Berlin.

KRIMINALROMANE: 1956 Der Tod saß mit am Tisch, Moewig Kriminal-Roman 138; 1957 Wachs in des Satans Händen, kelter-Kriminalroman 93; 1957 Der Tod hat heute Gäste, Papenburg: Goldring-Verlag; 1970 Leckerbissen für die Haie, scherz schocker 86; 1971 Ein feiger Hund, scherz schocker 106; 1973 Engel sterben nicht, Scherz, Scherz-Action-Krimi 131

FUNK: (Kriminalhörspiele) 1958 Die Witwe, (54 Min., SFB); 1959 Der König ist tot, (54 Min., SFB); 1964 Privataffäre, (2 Teile je 25 Min., SR); 1972 Die letzte harte Rechnung, (60 Min., BR/WDR); 1982 Von irgendwo Flötenspiel, (55 Min., BR)

TV: 1964 Kookie und Co., (Fernsehfilm), Drehbuch: M. Mleinek, Regie: Kurt Wilhelm; 1966 Das Mädchen aus Mira, (Fernsehfilm, ZDF), Drehbuch: M. Mleinek nach M. Stewart, Regie: Kurt Wilhelm; 1967 Ein Fall für Titus Bunge: Onkel Tims Vermächtnis, (Fernsehserie, 13 Min., ZDF), Drehbuch: Michael Mansfeld und M. Mleinek, Regie: Günter Gräwert, EA 2.8.1967; 1967 Ein Fall für Titus Bunge: Bobby ist los, (Fernsehserie, 13 Min., ZDF), Drehbuch: Michael Mansfeld und M. Mleinek, Regie: Günter Gräwert, EA 9.8.1967; 1967 Ein Fall für Titus Bunge: Der Millionencoup, (Fernsehserie, 13 Min., ZDF), Drehbuch: Michael Mansfeld und M. Mleinek, Regie: Günter Gräwert, EA 16.8.1967; 1967 Ein Fall für Titus Bunge: Der schielende Buddha, (Fernsehserie, 13 Min., ZDF), Drehbuch: Michael Mansfeld und M. Mleinek, Regie: Günter Gräwert, EA 23.8.1967; 1967 Ein Fall für Titus Bunge: Kalte Ente, (Fernsehserie, 13 Min., ZDF), Drehbuch: Michael Mansfeld und M. Mleinek, Regie: Günter Gräwert, EA 30.8.1967; 1967 Ein Fall für Titus Bunge: Geister am See, (Fernsehserie, 13 Min., ZDF), Drehbuch: Michael Mansfeld und M. Mleinek, Regie: Günter Gräwert, EA 6.9.1967; 1967 Ein Fall für Titus Bunge: Finden Sie Sigismund, (Fernsehserie, je 13 Min., ZDF), Drehbuch: Michael Mansfeld und M. Mleinek, Regie: Günter Gräwert, EA 13.9.1967; 1967 Ein Fall für Titus Bunge: Die Diamanten-Lok, (Fernsehserie, 13 Min., ZDF), Drehbuch: Michael Mansfeld und M. Mleinek, Regie: Günter Gräwert, EA 20.9.1967; 1967 Ein Fall für Titus Bunge: Das liebende Paar, (Fernsehserie, 13 Min., ZDF), Drehbuch: Michael Mansfeld und M. Mleinek, Regie: Günter Gräwert, EA 27.9.1967; 1967 Ein Fall für Titus Bunge: Kommt ein Vogel geflogen, (Fernsehserie, je 13 Min., ZDF), Drehbuch: Mi-

chael Mansfeld und M. Mleinek, Regie: Günter Gräwert, EA 4.10.1967; 1967 Ein Fall für Titus Bunge: Das Baby mit dem Leberfleck, (Fernsehserie, 13 Min., ZDF), Drehbuch: Michael Mansfeld und M. Mleinek, Regie: Günter Gräwert EA 11.10.1967; 1967 Ein Fall für Titus Bunge: Schwarzer Schleier, (Fernsehserie, 13 Min., ZDF), Drehbuch: Michael Mansfeld und M. Mleinek, Regie: Günter Gräwert, EA 18.10.1967; 1967 Ein Fall für Titus Bunge: Lucy dreht ein Ding, (Fernsehserie, 13 Min., ZDF), Drehbuch: Michael Mansfeld und M. Mleinek, Regie: Günter Gräwert, EA 25.10.1967; 1975 Ein Fall für Sie: Sonnenschein bis Mitternacht, (Kriminalspiel zum Mitmachen, ZDF), Drehbuch: M. Mleinek und Hans-Jürgen Tögel, Regie: Kurt Ulrich, EA; 1978 Räuber und Gendarm, (Fernsehfilm, 90 Min., SWF), Drehbuch: M. Mleinek und Hans-Jürgen Tögel nach einer Idee von Peter Jacob, Regie: Hans Jürgen Tögel, EA 14.6.1978 ARD; 1986 Rückfahrt in den Tod, (Fernsehfilm, 90 Min., TV 60 für ZDF), Drehbuch: M. Mleinek nach dem Roman *Terminus* von Boileau/Narcejac, Regie: Hans Jürgen Tögel, EA 22.2.1986 ZDF
FILM: 1971 Hauptsache Ferien, (103 Min., Rialto Film GmbH, BRD), Drehbuch: Rolf Ulrich, Reinhold Brandes und M. Mleinek, Regie: Peter Weck, EA 14.9.1972; 1979 Lucky Star, (78 Min., BRD), Drehbuch: M. Mleinek, Regie: Hans-Jürgen Tögel, EA 22.11.1979
SONSTIGE PUBL.: Liedtexte, Theaterstücke

Möbius-Hanssen, Ruth

Biografie: *1938. R. Möbius-Hanssen hatte schon früh Ambitionen, aufregenden Geschichten zu lesen und zu schreiben. Auf Reisen durch Europa, Nordamerika und China verfasste sie Reiseberichte und Kurzgeschichten für Zeitungen, bevor sie durch Aus- und Weiterbildungsstudien den Weg zur Literatur fand und begann, Kriminalgeschichten, ihre Lieblingslektüre, zu schreiben. Sie ist Mitglied des Literaturbüros in der Euregio Maas-Rhein.

KRIM.-ERZ.: 2000 *Tödlicher Spargel*, in: Mord vor Ort 2, Hrsg. Thomas Hesse u. Thomas Niermann, Emons; 2001 *Rache schmeckt gut*, in: Mord mit Biss, Hrsg. Anke Cibach, Hannah
SONSTIGE PUBL.: Reiseberichte, Kurzgeschichten
MITGLIED: SinC

Möckel, Klaus

Biografie: *4.8.1934 in Kirchberg/Sachsen. K. Möckel erlernte den Beruf des Werkzeugschlossers, studierte Romanistik in Leipzig und arbeitete als Assistent an der Universität Jena. Er war Herausgeber, Übersetzer und Nachdichter vor allem moderner französischer Dichter. Ab 1969 arbeitete er als freier Autor. Einige seiner Werke wurden ins Tschechische und Slowakische übersetzt. K. Möckel lebt in Berlin.

KRIMINALROMANE: 1969 Die gefälschten Signaturen, Blaulicht 100, Das Neue Berlin; 1972 Gesucht: Person mit Schirm, Blaulicht 136, Das Neue Berlin; 1976 Drei Flaschen Tokaier, DIE 301, Das Neue Berlin, NA 1980 rororo 2520; 1981 Haß, DIE 479, Das Neue Berlin; 1982 Das Mädchen, Blaulicht 218, Das Neue Berlin; 1984 Variante Tramper/ Die Damengang, DIE, Das Neue Berlin; 1986 Das Stromzellenverfahren, Blaulicht 252, Das Neue Berlin; 1991 Eine dicke Dame, DIE 139, Das Neue Berlin; 1991 Bennys Bluff oder ein unheimlicher Fall, (Kinderkrimi), rotfuchs 611; 1992 Auftrag für eine Nacht, DIE 156, Das Neue Berlin; 1993 Kasse knacken, (Kinderkrimi), rotfuchs 673; 1995 Bleib cool, Franzi, (Kinderkrimi), rotfuchs 791; 1995 Gespensterschach, DIE 177, Das Neue Berlin
KRIM.-ERZ.: 1987 *Der undankbare Herr Kerbel*, DIE, Das Neue Berlin, HC; 2000 *Trug-Schuss*, DIE, Reihe Nachtfalter, Neues Leben
TV: 1989 Polizeiruf 110: Drei Flaschen Tokaier, (Serienfilm, 80 Min., Fernsehen der DDR), Szenarium: Margot Beichler, Drehbuch: Udo Witte und Rolf Laskowski, frei nach dem gleichnamigen Roman von K. Möckel, Regie: Udo Witte; 1989 Polizeiruf 110: Variante Tramper, (Serienfilm, 80 Min., DFF), nach dem gleichnamigen Roman von K. Möckel, EA 19.2.1989 DDR1
SONSTIGE PUBL.: 1983 *Hoffnung für Dan. Roman über ein behindertes Kind*, Neues Leben; fantastische Erzählungen, satirische Gedichte, Kinderbücher, Aphorismen, Herausgeber von Anthologien und Sammelbänden einzelner Autoren

Mohr, Steffen

auch unter dem Pseud.: Harald Eger
Biografie: *24.7.1942 in Leipzig. S. Mohr brach sein Studium der katholischen Theologie ab und studierte Theaterwissenschaften.

Es folgte eine Ausbildung am Leipziger Literaturinstitut. Nach Tätigkeiten als Hilfsarbeiter, elektrischer Prüfer, Hilfsschauspieler, Redakteur, Regieassistent, Dramaturg beim Fernsehen der DDR, Briefträger arbeitet S. Mohr seit 1975 als freier Schriftsteller, Liedermacher, Kabarettist und Puppenspieler.

KRIMINALROMANE: 1980 Die merkwürdigen Fälle des Hauptmann Merks, Das Neue Berlin; 1983 Blumen von der Himmelswiese, Reihe DIE; 1989 Schau nicht hin, schau nicht her, (gem. mit -ky), rororo 2943; 1992 Die Leichte im Affenbrotbaum, Heyne 2368; 1995 Mord im Wunderland, Antonym Verlag
KRIM.-ERZ.: 1966 Nachts sind alle Katzen grau, Blaulicht 68, Das Neue Berlin; 1979 Verhör ohne Auftrag, Blaulicht 197, Das Neue Berlin; 1980 Ich morde heute zehn nach zwölf, Blaulicht 206, Das Neue Berlin; 2000 Ich und die Frauen. Memoiren eines sächsischen Heiratsschwindlers, Antonym; 2002 Nachts klopft der Dieb. Rätselkrimis für Kinder, Loewe
FUNK: 1990 Schau nicht hin, schau nicht her, (Hörspiel, gem. mit -ky, RIAS); 1991 Durchgeschlängelt, (Hörspiel, 44 Min., Sachsenradio); 1992 Sprengstoff für die Unikirche, (Feature, SDR); 1996 Blaue Blusen – an die Laterne!, (Feature, SDR)
THEATER: 1999 Der ermordete Zwilling, (Kriminalposse), UA Leipzig
SONSTIGE PUBL.: TV-Film, 1996 *Mo(h)ritaten – Lieder eines Galgenvogels*, Verlag LKG, erw. NA 2000, VdC; seit 1999 regelmäßig wöchentlicher Rätselkrimi mit Hauptmann Merks in verschiedenen Zeitungen, Erzählungen, Kinderbücher, Fernsehdokumentationen (ARD, MDR)
MITGLIED: Syndikat

Molkenthin, Maria → Rüster, Susanne

Möller, Jani
Pseud. für: Gerda Heer
Biografie: *15.4.1930 in Luzern/Schweiz. G. Heer besuchte die Luzerner Handelsschule und heiratete 1950 einen Ingenieur aus Kairo. Sie lebte zehn Jahre in Ägypten und kehrte 1960 in die Schweiz zurück, wo sie sich in Zürich niederließ.

KRIMINALROMANE: 1983 Tödliche Post, Goldmann 5632; 1984 Wann stirbst du endlich, Liebling?, Goldmann 5648

Molsner, Michael
Biografie: *23.4.1939 in Stuttgart. M. Molsner wuchs in Allenstein/Ostpreußen, Aalen und München auf. Er studierte Germanistik und Anglistik in Heidelberg und begann dann als Gerichtsreporter und freier Mitarbeiter für verschiedene Zeitungen zu arbeiten. Anschließend arbeitete er als Redakteur. Unter dem Pseudonym »Robert Cameron« sowie den Sammelpseudonymen »Bill Alamo« und »John Drake« schrieb er auch Heftromane. In den vergangenen Jahren entwickelte und schrieb Molsner zwei Roman-Serien – *Die Euro-Ermittler* und *Global-Agenten*, in denen er sich einerseits mit Themen der Wirtschafts- und Staatskriminalität (Euro-Ermittler) und andererseits mit aktuellen politischen Szenarien aus Europa, dem Balkan und dem Nahen Osten befasste.

KRIMINALROMANE: 1968 Und dann hab ich geschossen, rororo 2136, NA Piper 5533; 1969 Harakiri einer Führungskraft, rororo 2178, NA Heyne 1881; 1973 Rote Messe, Fischer 1415, NA Heyne 1892; 1979 Das zweite Geständnis des Leo Koczyk, Heyne 1858; 1980 Tote brauchen keine Wohnung, Heyne 1908; 1981 Wie eine reißende Bestie/Ein bißchen Spaß, Heyne 1928; 1982 Die Schattenrose, Heyne 1957; 1983 Ausstieg eines Dealers, Heyne 2025; 1984 Mit unvorstellbarer Brutalität, Heyne 2083 (enthält die Stories: Der weiße Kittel/Mit unvorstellbarer Brutalität, mit dem Essay *Möglichkeiten des deutschen Kriminalromans*); 1985 Die Euro-Ermittler: Der Castillo-Coup, Goldmann 5652; 1985 Die Euro-Ermittler: Gefährliche Texte, Goldmann 5657; 1986 Die Euro-Ermittler: Der ermordete Engel, Goldmann 5002; 1987 Die Euro-Ermittler: Unternehmen Counter Force, Piper 5520; 1988 Die Euro-Ermittler: Urians Spur, Piper 5524; 1989 Die Euro-Ermittler: Bingo für Bonzen, Piper 5530; 1989 Die Global-Agenten: Die Eroberung der Villa Hammerschmidt, Knaur 2087; 1989 Die Global-Agenten: Der Schrei des toten Kämpfers, Droemer-Knaur 2802; 1990 Die Euro-Ermittler: Dame ohne Durchblick, Piper 5557; 1990 Die Global-Agenten: Der trojanische Maulwurf, Droemer-Knaur 280; 1990 Die Global-Agenten: Die verbrannte Quelle, Droemer-Knaur 2800; 1991 Die Global-Agenten: Die Option des Schläfers, Droemer-Knaur 2803; 1991 Die Global-Agenten: Verschollen in der Honigfalle, Droemer-Knaur 2504; 1992 Die Global-Agenten: Die Strategie des Beraters, Droemer-Knaur 2505; 1992 Die Global-Agenten: Ermittlungen gegen Zeus, Droemer-Knaur 2806; 1997 Spot auf den Tod oder wie man sich bettet, so lügt man: ein Schlüsselroman um Walter Sedlmayr, Zebulon; 2004 Starker Zauber, Leda

Funk: 1970 Gold unterm Sakko, (29 Min., SWF); 1972 Ein bißchen Spaß, (49 Min., WDR); 1972 Wie eine reißende Bestie, (59 Min., WDR); 1973 Der weiße Kittel, (59 Min., WDR); 1973 Harakiri einer Führungskraft, (Hörspielbearbeitung des gleichnamigen Romans von Jörg Jannings, 38 Min., RIAS); 1974 Das zweite Geständnis des Leo Koczyk, (59 Min., WDR); 1975 Mit unvorstellbarer Brutalität, (55 Min., WDR); 1977 Etwas ganz Schlimmes, (55 Min., WDR); 1983 Geständnis ohne Wert, (54 Min., WDR); 1983 Die Schattenrose, (2 Teile, 50 und 57 Min., BR), EA; 1985 Ausbruch eines Killers, (59 Min., SWF); 1986 Und dann hab ich geschossen, (59 Min., SWF); 1986 Ein Falle für den Profi, (WDR/SWF); 1989 Dr. Faustus trifft Philip Marlowe in Los Angeles, (SWF); 1994 Straßen des Geldes, (55 Min., WDR); 1995 Schwarze Hochzeit, (59 Min., WDR); 1999 Jeder auf eigenes Risiko, (45 Min., SDR)

TV: 1974 Tatort: Tote brauchen keine Wohnung, (90 Min., BR), Drehbuch: M. Molsner, Regie: Wolfgang Staudte; 1975 Tatort: Das zweite Geständnis, (BR, 90 Min.), Drehbuch: M. Molsner, nach seinem Roman *Das zweite Geständnis des Leo Koczyk*, Regie: Wilm ten Haaf, EA 11.5.1975 ARD; 1977–1987 Wie Würden Sie Entscheiden, (Fernsehreihe, Diskussion mit Einspielfilm, je 45 Min., ZDF); 33. Ein Streifen Grün, EA 8.9.1980 ZDF; 41. Namensänderung EA 15.3.1982 ZDF; 42. Das Foul EA 21.6.1982 ZDF; 47. Anspruch ist Anspruch EA 13.6.1983 ZDF; 50. Wohnrecht für zwei EA 12.1.1984 ZDF; 52. Sie lebt mit einem anderen EA 21.6.1984 ZDF; 53. Ihr Wagen ist abgeschleppt EA 6.9.1984 ZDF; 57. Auf gute Nachbarschaft EA 9.5.1985; 61. Sitzblockade EA 16.1.1986; 1985 Es muß nicht immer Mord sein: Zwei Prozent von Zehn Millionen, (Serienepisode, 25 Min., ZDF), Drehbuch: M. Molsner, Regie: Kai Borsche; 1985 Von einem der auszog, (6 Teile, Fernsehserie, je 30 Min., Tellux für ZDF), Drehbuch und Regie: Eberhard Pieper, nach einer Idee von M. Molsner, EA 31.10.–20.11.1985 ZDF; 1991 Peter Strohm: 50 Millionen in kleinen Steinen, (Serienepisode, 55 Min.,) Drehbuch: M. Molsner, Regie: Lutz Bü-

scher, EA 25.3.1991 ARD; 1990 Großstadtrevier: Dame in Not, (Serienepisode, 50 Min., NDR), Drehbuch: M. Molsner, Regie: Jürgen Roland; 1991 Großstadtrevier: Sonntagsfrühstück, (Serienepisode, 50 Min., NDR), Drehbuch: M. Molsner, Regie: Christian Görlitz; 1991 Der Castillo-Coup, (Fernsehfilm, 105 Min., ARD), Drehbuch: Gabi Kubach und M. Molsner nach seinem gleichnamigen Roman, Regie: Gabi Kubach, EA 6.7.1991 ARD

Sonstige Publ.: Zahlreiche Erzählungen und Essays u. a. auch zum Krimigenre, Jugendromane, Thriller für Jugendliche, ein Kinderbuch

Preise: 1978 Anerkennungspreis der Kelheimer Werkstatt für die Erzählung *Ein Unfall wegen Fatima*; 1987 Deutscher Krimi-Preis für *Euro-Ermittler: Der ermordete Engel*; 1988 Deutscher Krimi-Preis *Euro-Ermittler: Unternehmen Counter Force*; 1989 Deutscher Krimi-Preis für *Die Ehre einer Offiziersfrau* und *Euro-Ermittler – Urians Spur*; 1998 Ehrenglauser des Syndikats

Mitglied: Syndikat; Verband Deutscher Drehbuchautoren

Kontakt: M. Molsner@t-online.de

Moor-Blank, Heidi

Biografie: *1958. H. Moor-Blank ist ausgebildete Industriekauffrau. Durch die erworbene Fähigkeit, mit zehn Fingern flott zu schreiben, wuchs auch die Lust, längere Texte aufs Papier zu bringen. Seit der Geburt ihrer zwei Kinder war sie zeitweilig freie Mitarbeiterin bei zwei regionalen Tageszeitungen. Nach dem Besuch einer Kinderbuch-Autorenlesung stand sie durch ein lässiges »Das-könnte-ich-auch« dem lesewütigen Sohn gegenüber in der Pflicht, und so entstanden ihre Werke.

Kinderkrimi: 2001 Das Geheimnis der Windräder, (Kinderkrimi), Burgwald

Krim.-Erz.: 2002 *Herr S. im Fluss*, in: Die vielen Tode des Herrn S., Hrsg. Mischa Bach, Ina Coelen u. Ingrid Schmitz, Emons; 2003 *Donau, so blau*, in: Donauleichen, Hrsg. Ingrid Schmitz u. Ina Coelen, Scherz; 2003 *Versoffene Jungfern*, in: Bayerisches Mordkompott, Hrsg. Billie Rubin, Leda

Mitglied: SinC

Moorfield, Frank → Bauer, Heribert

Motz, Jutta

Pseud. für: Dr. Sigrid-Jutta Motz
Biografie: *2.9.1943 in Halle/Saale. S.-J. Motz ist in Frankfurt/Main aufgewachsen. Sie studierte Archäologie, Kunstgeschichte und Theaterwissenschaften in Köln, danach Kunstgeschichte, Klassische Archäologie und Soziologie in Freiburg/Breisgau. Nach langer Tätigkeit in Schweizer Verlagen und einer literarischen Agentur ist sie heute in einem kleinen Wirtschaftsunternehmen in leitender Stellung tätig und lebt in Zürich. Sie Vertreterin der Schweiz bei der A.I.E.P. und Vizepräsidentin der Sisters in Crime, Deutschland, Österreich und Schweiz. 2003 hat sie zusammen mit Katarina Graf die »Mordstage«, ein Treffen der Schweizer Kriminalschriftsteller, in Zürich organisiert.

KRIMINALROMANE: 1998 Drei Frauen und das Kapital, Piper 2577; 2000 Drei Frauen auf der Jagd, Piper 2987; 2001 Drei Frauen und die Kunst, Piper 3153
KRIM.-ERZ.: 2000 *Dienstleistungen*, in: Geschichten zum Rotwerden, Hrsg. Sabine Blau, Piper; 2003 *Nachbarschaftshilfe*, in: Weinleichen, Hrsg. Angela Eßer und Ingrid Schmitz, Scherz; 2003 *Rippchen, Kraut und Korruption*, in: Mörderische Mitarbeiter, Scherz; 2005 *Ein Banküberfall*, in: Mord im Alpenglühen, Limmat Verlag
FUNK: 2000 Ein guter Hahn wird nicht fett, (Wirtschaftskrimi, 2 x 60 Min., WDR)
MITGLIED: SinC; Syndikat; Autorinnen und Autoren der Schweiz; A.I.E.P.; P.E.N.-Zentrum/ Schweiz
KONTAKT: motz@jetnet.ch

Mrs. X → Harder, Corinna

Motz, Sigrid-Jutta → Motz, Jutta

Mudrich, Eva Maria

Biografie: *1927. E. M. Mudrich arbeitete bei einer Berliner Tageszeitung und für verschiedene Rundfunkanstalten. Seit 1970 schrieb sie vorwiegend Hörspiele. Sie gehört zu den deutschsprachigen Autorinnen, die sich mit dem Science-Fiction-Hörspiel befassten, das in den Achtzigerjahren besonders vom SDR gepflegt wurde.

FUNK: 1977 Music Man, (Kriminalhörspiel, 54 Min., SFB); 1980 Die Minute, (Kriminalhörspiel, 60 Min., SWF); 1982 Schuldfrage, (Kriminalhörspiel, 49 Min., WDR); 1983 Tom war schon da, (Kriminalhörspiel, 45 Min., WDR); 1985 Ein Würfelspiel, (Kriminalhörspiel, 50 Min., WDR); 1988 Vogel im Käfig, (Kriminalhörspiel, 53 Min., WDR/NDR); 1990 Todesengel, (Kriminalhörspiel, 28 Min., Deutsche Welle); 1990 Probelauf, (Kriminalhörspiel, 53 Min., WDR); 1991 Der Marmorfresse, (29 Min., Deutsche Welle); 1992 Mord auf Probe, (39 Min., Deutsche Welle); 1993 Kein Fall »Bert Kastelle«, (54 Min., WDR)
SONSTIGE PUBL.: Jugendroman, zahlreiche Hörspiele und Science-Fiction-Hörspiele
PREISE: 1992 Kurd-Lasswitz-Preis für das Hörspiel *Sommernachtstraum*

Müller, Gerd → Adam, Max

Müller, Heinz Werner → Höber, Heinz Werner

Müller-Piper, Renate

Biografie: *in Braunschweig. R. Müller-Piper ist verheiratet und hat zwei Kinder, Tochter und Sohn. Sie studierte Pädagogik in Göttingen, arbeitete als Komparsin und Lehrerin. 1994 machte sie ein Fernstudium der Literarischen Moderne an der Universität Tübingen. Sie ist Organisatorin und Leiterin zahlreicher Lesungen und Kurzkrimi-Schreibateliers sowie Literaturfachbeirätin der hannoverschen Gedok. Die allgegenwärtige latente Möglichkeit eines Mordes im sog. Alltäglichen liefert der Autorin den Stoff für ihre schwarzen Geschichten. Beim Schreiben richtet sie einen langen Blick auf das »Warum«.

KRIM.-ERZ.: 1988 *Porsche extra*, in: Krimi-Jahresband, Hrsg. Bernhard Matt, Heyne; 1990 *Ausgeträumt*, in: KillerLadies, Hrsg. Bernhard Matt, Heyne; 1991 *Beethoven fürs Brüderlein*, in: Krimi-Jahresband, Hrsg. Bernhard Matt, Heyne; 1992 *Endstation Friedhof*, Krimi-Jahresband, Hrsg. Bernhard Matt, Heyne; 1995 *Lebe wohl, Liebling!*, in: Haffmans Krimi-Jahresband, Hrsg. Gerd Haffmans u. Bernhard Matt, Heyne; 1996 *Eine Frau, die man nicht vergißt*, in: Mord light,

DIE 1996, Hrsg. Karen Meyer; 1996 *Kopfüber. Kopfunter*, in: Haffmans Krimi-Jahresband 1996, Hrsg. Bernhard Matt, Heyne; 1997 *Lilos Liebster*, in: Haffmans Krimi-Jahresband 1997, Hrsg. Gerd Haffmans u. Bernhard Matt, Heyne; 1997 *Norberts Nixe*; in: Himmelsmacht und Teufelswerk, Hrsg. GEDOK Hannover, Verlag Lax Hildesheim; 1998 *Mutter, Tochter, Sohn*, in: Mordsweiber, Hrsg. Anneli von Könemann, Elefanten Press; 2000 *Galgenfrist*, in: Rheinleichen, Hrsg. Ingrid Schmitz u. Ina Coelen, Emons; 2001 *Tinas Tod*, in: Das Verbrechen lauert überall, VdC; 2001 *Blut geleckt*, in: Teuflische Nachbarn, Hrsg. Ingrid Schmitz u. Ina Coelen, Scherz; 2001 *Todestag*, in: Mordlichter, Hrsg. Peter Gerdes, Leda, HC; 2001 *Rosen für Ricarda*, in: Graiffenstein, Hrsg. Tatjana Kruse u. Anneli von Könemann, KBV; 2001 *Fit for Life*, in: Tödliche Beziehungen, Hrsg. Ingrid Schmitz u. Ina Coelen, Emons; 2002 *Kaffee macht munter*, in: Mit 66 Jahren, da fängt das Morden an, Hrsg. Ralf Kramp, Scherz; 2002 *Ferdis Fehler*, in: Der Ferienkrimi – Ein mörderischer Sommer, Hrsg. Ralf Kramp, Scherz; 2002 *Sithas Sohn*, in: Die vielen Tode des Herrn S., Hrsg. M. Bach, I. Coelen u. I. Schmitz, Emons; 2002 *Karos Klimbim*, in: Mörderisch kalt, Hrsg. Ralf Kramp, Scherz; 2003 *Radisupp'n, Enzian und Wolpertinger*, in: Bayerisches Mordkompott, Hrsg. Billie Rubin, Leda; 2003 *Weiß beruhigt*, in: Mords-Appetit, Krimi-Leckerbissen vom Niederrhein, Hrsg. I. Coelen u. I. Schmitz; Leporello; 2004 *Reise nach Rees*, in: Mord am Niederrhein, Hrsg. Jürgen Kehrer, Grafit; 2004 *Von langer Hand*, in: Mord ist die beste Medizin, Hrsg. M. Buttler u. A. Guggenheim, Scherz; 2004 *Go Ginseng!*, in: Tatort FloraFarm, Hrsg. Gesine Wischmann, Juwi MacMillan Group

Sonstige Publ.: Satiren, 1990 Künstlerinnenporträt *Grethe Jürgens*, in: *Sophie&Co., bedeutende Frauen Hannovers*, Fackelträger, HC, Kurzprosa-Beiträge in Zeitungen und weiteren Sammelbänden, Gedichte auf Karten; langjährige journalistische Mitarbeit beim *Kulturring* Hannover

Preise: 1987 Preis vom Kulturrat Göttingen für *Porsche extra*

Mitglied: SinC; Syndikat

Mullis, Katharina Graf → Madovcik, Katarina

Mullis, Ruben M. → Madovcik, Katarina

Murad, Pit → Wollenhaupt, Gabriella

Murr, Stefan
Pseudonym.

Biografie: *1919 in München. St. Murr war im Zweiten Weltkrieg Offizier. Nach seiner Rückkehr aus der Kriegsgefangenschaft in Russland studierte er Jura. Als einer der ersten deutschsprachigen Autoren des Genres schrieb und veröffentlichte St. Murr teilweise gemeinsam mit seiner Frau seit 1960 eine stattliche Reihe von Kriminalromanen. 1982 wagte er mit *Affäre Nachtfrost* den Schritt zum großen zeitgeschichtlichen Spannungsroman, diese Entwicklung setzte er mit *Die Toten der Nefud* fort und verfasste schließlich auch Romane zu historischen Themen aus dem Zweiten Weltkrieg. St. Murr war auch als Fernseh- und Hörfunkautor tätig und verwertete viele seiner Stoffe als Vorlage zu Fernsehfilmen.

Kriminalromane: 1960 110 – hier Mordkommission, Bertelsmann Lesering, HC; 1961 Zwei Uhr 30 – Mord am Kai, Bertelsmann Lesering, HC; 1962 Kork aus Tanger, Bertelsmann Lesering, HC; 1964 Nummer 5, so leid es mir tut, Bertelsmann Lesering, HC; 1964 Tödlicher Sand, Bertelsmann Lesering, HC; 1968 Der Tod war falsch verbunden, Bertelsmann Lesering, HC; 1965 Der Dicke und der Seltsame, Bertelsmann Lesering, HC, NA 1976 als *Kein Mord ist auch ein Mord*, Molden 139; 1975 Vorsicht, Jaczek schießt sofort, rororo 2342; 1980 Ringfahndung, Heyne 1888; 1975 Mord im September, Bertelsmann Lesering HC; 1967 Ein Toter stoppt den 6 Uhr 10, Bertelsmann Lesering, HC; 1981 Blutiger Ernst, Heyne 1942; 1983 Auf den Tag genau, Heyne 2002; 1984 Der Josephson Coup, Heyne 2108; 1987 Fünf Minuten Verspätung, Droemer-Knaur 1519

Funk: 1981 Fünf Minuten Verspätung, (nach Jürgen Thorwald, BR); 1975 Ein Taxi zum Sterben, (WDR); 1977 Mitternachtsüberraschung, (WDR); 1978 Tödlicher Sand, (WDR); 1979 Das Geheimnis der Silberschalen, (WDR)

TV: 1967 Der dritte Handschuh, (2 Teile, Fernsehfilm, WDR), Drehbuch: St. Murr nach seinem Roman *110 – hier Mordkommission*, Regie: Eberhard Itzenplitz, EA 21./22.1.1967 ARD; 1970 Ein Toter stoppt den 8 Uhr 10, (Fernsehfilm, 90 Min.,

SWF), Drehbuch: St. Murr nach dem Roman *Ein Toter stoppt den 6 Uhr 10*; 1975 Tatort: Mordgedanken, (Serienfilm, 90 Min., NDR), Drehbuch: Rainer Boldt und Rüdiger Humpert, nach dem Roman *Mord im September* von St. Murr, Regie: Bruno Jantoss, EA 6.7.1975 ARD; 1977 Tatort: Flieder für Jarzyk, (Serienfilm, 90 Min., HR), Drehbuch: St. Murr und Jürgen Scheschkewitz, nach dem Roman *Vorsicht, Jarzyk schießt sofort* von St. Murr, Regie: Fritz Umgelter, EA 27.2.1977; 1986 Auf den Tag genau, (Fernsehfilm, 92 Min., ZDF), Drehbuch: Michael Lähn nach dem gleichnamigen Roman von St. Murr, Regie: Michael Lähn, EA 14.6.1986 ZDF; 1989 Affäre Nachtfrost, (Drehbuch: Sigi Rothemund nach dem gleichnamigen Roman von St. Murr, Regie: Sigi Rothemund, EA ZDF 20.3.1989; 1998 Blutiger Ernst, (Fernsehfilm, 90 Min., ZDF), Drehbuch: Bernd Böhlich nach Motiven des gleichnamigen Romans von St. Murr, Regie: Bernd Böhlich, EA Mai 1999

Sonstige Publ.: Romane zu historischen Themen aus dem Zweiten Weltkrieg und zeitgeschichtliche Spannungsromane; 1997 *Prinz Albrechtstraße 8*, Langen Müller, HC

Muser, Martin

Biografie: *20.7.1965 in Stuttgart. M. Muser studierte Kommunikationswissenschaften an der Hochschule der Künste Berlin und arbeitet als Stoffentwickler und Dramaturg für Film- und Fernsehen in Berlin.

Kriminalromane: 1997 Granitfresse, Argument 2023; 2001 Das ohmsche Gesetz, Argument 2063
Kontakt: info@martin-muser.de; www.martin-muser.de

Naber, Sabina

Biografie: *17.12.1965 in Niederösterreich. Nach der Matura in Krems studierte S. Naber Theaterwissenschaft und eine Kombination aus Germanistik, Geschichte und Philosophie in Wien. Abschluss 1991 mit einer Arbeit über die Filmemacherin Karin Brandauer. Diverse Theaterarbeiten als Schauspielerin und vor allem als Regisseurin (alle Genres außer Oper und Operette). Immer wieder unternimmt sie Ausflüge in den Journalismus. Wichtige Erfahrung ist die Zeit als Redakteurin beim ORF sowie eine Tätigkeit in der Werbefilmbranche. Seit 2002 veröffentlicht sie Prosatexte. S. Naber lebt am Spittelberg in Wien.

Kriminalromane: 2002 Die Namensvetterin, Rotbuch, Sabine-Groenewold-Verlagsgruppe Hamburg, HC, OA; 2003 Der Kreis, Rotbuch, Sabine-Groenewold-Verlagsgruppe Hamburg, HC, OA; 2004 Die Namensvetterin, Aufbau-Taschenbuch-Verlag; 2005 Die Debütantin, Rotbuch, Europäische Verlagsanstalt, HC, OA;
Krim.-Erz.: 2003 Der Finger, in: Obsession bizarre, Hrsg.: Lisa Kuppler, Europa Verlag, HC, OA; 2004 Tote Gesichter, in: Tatort Wien, Hrsg.: Edith Kneifl, Milena, OA; 2004 Von Pfauen und Federn, in: Bisse & Küsse 3, Hrsg.: Lisa Kuppler, Quer-Verlag, HC, OA; 2005 Die Putzfrau vom Tegernsee, in: Tatort Bayern, Hrsg.: Angela Eßer, Grafit, OA

Mitglied: Syndikat; A.I.E.P.
Kontakt: www.sabinanaber.at

Nägele, Sibylle

Biografie: *22.2.1959 in Brettach. S. Nägele übersiedelte 1978 nach Berlin. Sie studierte Germanistik, Anglistik und Philosophie, lebte und studierte 1987–1988 in Dublin und kehrte dann nach Berlin zurück. Sie war Redakteurin der Literaturzeitschrift Weekend, übersetzte Drehbücher für Spielfilme (deutsch-englisch und englisch-deutsch). Sie ist Autorin, Lektorin, Multimedia-Konzepterin und Sound- und Video-Designerin. 2003 gründete sie das Netzwerk »medienautoren.de«.

Kriminalromane: 1994 Nachtcafé Schroffenstein, (gem. mit Joy Markert), Schwarzkopf & Schwarzkopf, Berlin Crime Nr. 12
Krim.-Erz.: 1995 Rosenstrauß und Müllcontainer, (gem. mit Joy Markert), Schwarzkopf & Schwarzkopf, HC
Funk: 2004 Tod am Küchentisch, (Krimi-Hörspiel, RBB)
Sonstige Publ.: Ein Theaterstück, 2005 Edgar und Tiffany (Erzählung für Kinder), 2005 Die Potsdamer Straß, (gem. mit Joy Markert
Mitglied: Syndikat; VS
Kontakt: s.naegele@medienautoren.de

Neubohn, Ralf

Biografie: *1965 in Stuttgart. R. Neubohn lebt als freier Autor, betreibt ein Buchantiquariat und engagiert sich für junge Autoren und Autorinnen.

Krim.-Erz.: 2000 Kriminelle Energie. Kurzkrimis von R. Neubohn und Eddie Weiss, BoD; 2001 Abschied ist nicht nur ein bisschen wie Sterben. Kurzkrimis, BoD; 2001 Ein Genie, Tödlicher Lärm, Der britische Boxskandal, Grenzenlose Furcht. Tod in der Kokosplantage, Gewalt in Glaston Town, Eine Frage des Gewissens, Schicksalsnacht in Samana, Das Treffen in Kuba, Nike Night, in: Mörderisch gut, Hrsg. R. Neubohn, Zwiebelzwerg; 2004 Neubohns Krimihäppchen, VdC
Als Hrsg.: 1999 Heißes Pflaster Waiblingen, BoD
Sonstige Publ.: Autobiografisches, Romane, Science Fiction, Lyrik; Herausgeber von Kurzkrimis, Lyrik, Kurzgeschichten
Mitglied: SinC
Kontakt: www.Buchantiquariat-noeck.de

Neuhaus, Barbara

Biografie: *29.10.1924 in Reichenstein/Schlesien. B. Neuhaus wurde nach dem Abitur für den Kriegsdienst verpflichtet. Nach dem Krieg war sie von 1949 bis 1964 Kulturredakteurin. In dieser Zeit absolvierte sie ein Fernstudium der Journalistik und arbeitete schließlich ab 1964 freiberuflich als Autorin.

Kriminalromane: 1969 Schritte im Regen, Das Neue Berlin, NB-Roman 70; 1970 Wenn der Häher schreit, Deutscher Militärverlag, Erzählerreihe 166; 1972 26 Bahnsteige, DIE 81; 1976 Tatmotiv

Angst, DIE 279, NA 1987 als rororo thriller 2824; 1984 Ich bitte nicht um Verzeihung, DIE Reihe, NA 1986 als rororo thriller 2747; 1986 Spätes Geständnis, Das Neue Berlin, Blaulicht 251; 1987 Altweibersommer, Das Neue Berlin, Blaulicht 258; 1992 Der letzte Schlüssel, DIE Reihe; 1993 Wohl dem, der keine Erben hat, DIE 162
FUNK: 1976 Coerdame; 1977 Schwarze Orangen, (Kriminalhörspiel, 28 Min., Radio DDR), EA 22.7.1977; 1978 Der gestohlene Großpapa, (Kriminalhörspiel, 29 Min., Radio DDR), EA 19.1979; 1980 Schweigegeld, (27 Min., Radio DDR), EA 28.3.1980; 1981 ... aber das Moor ist stumm, (Kriminalhörspiel, 31 Min., Radio DDR 31), EA 9.10.1981; 1982 Die lästige Oma, (Kriminalhörspiel, 30 Min., Radio DDR), EA 23.4.1982; 1983 Trompetensolo, (Kriminalhörspiel, 30 Min., Radio DDR), EA 11.2.1983; 1982 Verharschte Spuren; 1984 Das Geheimnis der alten Standuhr, (Kriminalhörspiel, 30 Min., Radio DDR), EA 21.9.1984; 1983 Rache; 1983 Die Wurstmafia, (Kriminalhörspiel, 30 Min., Radio DDR), EA 17.6.1983; 1985 Holiday am blauen See, (Kriminalhörspiel, 30 Min., Radio DDR), EA 23.8.1985; 1985 Der große Irrtum, (Kriminalhörspiel, 30 Min., Radio DDR), EA 19.4.1985; 1984 Im Herbststurm, (Kriminalhörspiel, 30 Min., Radio DDR), EA 28.12.1984; 1985 Der Hund von Baskerow; 1985 Selbst ist der Mann, (Kriminalhörspiel, 29 Min., Radio DDR), EA 4.4.1986; 1987 Millionenstäbchen, (Kriminalhörspiel, 28 Min., Radio DDR), EA 23.1.1987; 1987 Der Kunstfehler, (Kriminalhörspiel, 30 Min., Radio DDR), EA 13.11.1987; 1987 Der Tod der Richterin; 1989 Die Ex-Lady; 1990 Die Putzfrau Amanda
SONSTIGE PUBL.: Hörspielreihe *Familie Neumann – 2 x klingeln*; weitere Romane
MITGLIED: Syndikat

Neumann, Gerhard

Auch unter den Pseud.: A. G. Petermann, (gem. mit H. A. Pederzani) und Heiner Heindorf, (gem. mit Heiner Rank)
Biografie: *2.2.1930 in Köthen; † 24.9.2002 in Halle. G. Neumann hat eine Ausbildung als Schauspieler und ist diplomierter Theaterwissenschaftler. Er arbeitete als Schauspieler, Regisseur, Dramaturg und Intendant. Er war in der künstlerischen Weiterbildung sowie als Kritiker tätig. Er lebte in Halle/ Saale. 2002 wurde er für seine Lebenwerk als Kriminalautor mit dem Ehrenglauser der Autorengruppe deutschsprachige Kriminalliteratur Das Syndikat ausgezeichnet.

KRIMINALROMANE: 1956 Die Premiere fällt aus, DIE 23; 1958 Die Hunde bellen nicht mehr, DIE 31; 1959 Meineid auf Ehrenwort, Kultur & Fortschritt; 1962 Export, Kultur & Fortschritt; 1978 Die reussische Gemme, Mitteldeutscher Verlag; 1980 Waterloo, Mitteldeutscher Verlag; 1988 Die Vermummten, Mitteldeutscher Verlag; 1990 Abgesang, Mitteldeutscher Verlag; 1991 Feuerspuren, Reiher; 1996 Polnisches Gold, DIE 193; 1997 Mord total, DIE 208; 1999 Die allerletzte Fahrt des Admirals, (Kettenroman gem. mit J. Alberts, J. Ebertowski, J. Eik, D. Kleine, -ky, W. Kienast, G. Neumann, T. Wittgen u. G. Wolf), Ullstein 24379; 2001 Abgesang presto, Projekte
KRIM.-ERZ.: 1995 Ritter, Tod und Teufel, Juco
FUNK: 1993 Sechs Fundessays zur Kriminalliteratur, (in Literaturreihe *Coup* im Deutschlandsender Kultur)
FILM: 1956 Treffpunkt Aimée, (Krimi, 76 Min., DDR), Drehbuch: G. Neumann, Regie: Horst Reinecke; 1957 Spur in die Nacht, (Krimi, 90 Min., DDR), Drehbuch: G. Neumann und Günter Reisch, Regie: Günter Reisch; 1957 Poloniaexpress, (historischer Krimi, 82 Min., DDR), Szenarium: G. Neumann, Regie: Kurz Jung-Alsen; 1959 Die Premiere fällt aus, (Spionagekrimi, 75 Min., DDR); Drehbuch: G. Neumann und H. A. Pederzani, Regie: Kurt Jung-Alsen
SONSTIGE PUBL.: Zwei Entwicklungsromane, Erzählungen, Übersetzungen aus dem Französischen, Theaterstücke, Bühnenbearbeitungen, ca. 250 Rezensionen u.a.m.
PREISE: 1984 Kunstpreis der Stadt Halle; 1986 Georg-Friedrich-Händel-Preis für Kunst und Literatur des Bezirkes Halle; 2002 Ehrenglauser des Syndikats
MITGLIED: Syndikat
KONTAKT: Neumann-Lenk@gmx.de

Neumann, Oliver → Bottini, Oliver

Neumayer, Gabi

Biografie: *1962 in Hilden. G. Neumayer studierte Linguistik in Köln und lebt dort seither als freie Autorin, Lektorin und Redakteurin. Besonders wichtig ist ihr die Arbeit als Chefredakteurin des Autorennewsletters THE TEM-PEST von autorenforum.de, in dem angehende AutorInnen monatlich (kostenlos) Tipps, Hilfen von Profis und Artikel rund ums Schreibhandwerk und Autorenleben bekommen.

KRIM.-ERZ.: 2000 *Der Weg allen Fleisches*, in: Rheinleichen, Hrsg. Ina Coelen u. Ingrid Schmitz, Emons; 2001 *Mein Heim ist meine Burg*, in: Teuflische Nachbarn, Hrsg. Ina Coelen u. Ingrid Schmitz, Scherz; 2003 *Ein dickes Ei*, in: Mords-Appetit, Hrsg. Ina Coelen u. Ingrid Schmitz, Leporello; 2003 *Wie im Mittelalter*, in: Tödliche Touren, Hrsg. Ina Coelen u. Ingrid Schmitz, Leporello; 2003 *Rudolph the rednosed reindeer*, in: Leise rieselt der Schnee ..., Hrsg. Gisa Klönne, Ullstein 257879
SONSTIGE PUBL.: Science-Fiction-Kurzgeschichten, Kinder- und Bilderbücher, Ratgeber
MITGLIED: Science Fiction Club Deutschland (SFCD); SinC; Syndikat
KONTAKT: info@gabineumayer.de; www.gabineumayer.de

Niegel, Peter → Ziron, Philippe

Niehaus, Heinrich → Georg, Feil

Noll, Ingrid
Pseudonym
Biografie: *29.9.1935 in Shanghai. I. Noll wuchs in Nanking auf und kam 1949 mit ihren Eltern und Geschwistern nach Deutschland. Sie besuchte die Schule in Bad Godesberg. Sie studierte kurze Zeit Germanistik und Kunstgeschichte an der Universität Bonn. Danach war sie bis zu ihrer Heirat 1959 in verschiedenen Berufen tätig. Erst im Alter von 55 Jahren begann sie, erfolgreich zu schreiben. Neben Kindergeschichten entstand ihr erster Kriminalroman *Der Hahn ist tot*, der sowohl vom Publikum als auch von der Kritik positiv aufgenommen wurde. In ihren Krimis, die sich bislang nie an dem Muster des klassischen Kriminalromans orientierten, erzählt I. Noll in einem klaren, nur scheinbar unkomplizierten Stil Alltagsgeschichten, in denen sie den latenten Wahnsinn hinter der Fassade solider Kleinbürgerlichkeit aufdeckt. Sie ist heute eine der erfolgreichsten Schriftstellerinnen in Deutschland. 1994 wurde Ingrid Noll mit dem Glauser-Preis ausgezeichnet.

KRIMINALROMANE: 1991 Der Hahn ist tot, Diogenes, HC; 1993 Die Häupter meiner Lieben, Diogenes, HC, Hörbuch 1998, Schumm; 1994 Die Apothekerin, Diogenes, HC; 1996 Kalt ist der Abendhauch, Diogenes, HC, Hörbuch 1997, Schumm; 1998 Röslein rot, Diogenes HC; 2000 Das Gipfeltreffen, (Kettenroman, gem. mit D. Gercke, E. Kneifl, R. Venske, F. Göhre, G. Haefs, Karr & Wehner, R. Hültner und J. Alberts), Heyne, HC; 2001 Selige Witwen, Diogenes, HC; 2003 Rabenbrüder, Diogenes, HC
KRIM.-ERZ.: 1997 Stich für Stich, (Stories), Diogenes, HC; 2000 Die Sekretärin, (Stories), Diogenes; 2004 Falsche Zungen, (Stories), Diogenes
FUNK: 1996 Der Hahn ist tot, (300 Min., DRS); 1997 Der Hahn ist tot, (Hörspiel nach dem gleichnamigen Roman, Bearbeitung: A. Czesienski, 54 Min., Deutschlandradio Berlin)
TV: 1993 Bommels Billigflüge, (Fernsehfilm, 90 Min., ARD – Radio Bremen), Drehbuch: I. Noll, Regie: Klaus Michael Rohne, EA Januar 1993 ARD: 2000 Der Hahn ist tot, (Fernsehfilm, 90 Min., ZDF), Drehbuch: F. Thaesler nach dem gleichnamigen Roman von I. Noll, Regie: Hermine Huntgeburth, EA 10.1.2000 ZDF
FILM: 1997 Die Apothekerin, (Kinofilm, 105 Min.), Drehbuch: R. Hertwig und K. Richter nach dem gleichnamigen Roman von I. Noll, Regie: Rainer Kaufmann, EA 2.10.1997; 1999 Die Häupter meiner Lieben, (Kinofilm, 90 Min.), Drehbuch: Knut Boeser und Christian Lyra nach *Die Häupter meiner Lieben* von I. Noll, Regie: Hans-Günther Bücking; EA 29.7.1999; 2000 Kalt ist der Abendhauch, (Kinofilm, 124 Min.), Drehbuch: K. Richter und R. Hertwig nach dem gleichnamigen Roman von I. Noll, Regie: Rainer Kaufmann, EA 21.9.2000
SONSTIGE PUBL.: Weitere Romane und Essays
PREISE: 1994 Glauser-Preis für *Die Häupter meiner Lieben*; 2002 Verdienstmedaille des Landes Baden-Württemberg
MITGLIED: SinC; Syndikat

Norden, Nick → Michalewsky, Nikolai von

Noske, Edgar
Biografie: *31.1.1957. E. Noske stammt aus

einer Eifeler Bauernfamilie. Er studierte vorübergehend Italienisch, Geschichte und Philosophie, machte eine Lehre als Industriekaufmann und jobbte u.a. als Taxifahrer, Kellner und Vertreter.

Seit 1991 ist er freier Autor.

KRIMINALROMANE: 1994 Nacht über Nippes, Emons; 1995 Über die Wupper, (gem. mit Klaus Mombrei), Emons; 1996 Bitte ein Mord, Emons; 1997 Rittemord, Emons, Eifel Krimi 2; 1997 Tote Rosen, Emons, Düsseldorf Krimi 1; 1998 Der Bastard von Berg, Emons, Bergische Krimi Classic; 1999 Der Fall Hildegard von Bingen, Emons; 2001 Lohengrins Grabgesang, Emons; 2001 Mitten ins Herz, Emons, Bergischer Krimi 7; 2002 Kölsches Roulette, Emons; 2003 Die Eifel ist kälter als der Tod, Emons; Endstation Eifel, Emons
MITGLIED: Syndikat
KONTAKT: emons@emons-verlag.de; www.emons-verlag.de

Nutto, Kirsten

Biografie: *29.1.1966 in Freiburg/Breisgau. K. Nutto studierte in Heidelberg (Portugiesisch und Englisch), Abschluss als Dipl.-Übersetzerin. Auslandsaufenthalte führten sie nach Schottland, Portugal und Brasilien, 1992 jobbte sie als Messehostess während der Expo in Sevilla, Spanien, nach dem Studium machte sie Museumsführungen. K. Nutto ist seit 1995 freie Buchübersetzerin, Mitautorin von Sachbüchern, schreibt nebenher Kurzkrimis und ist Mitglied im VS (Bundessparte Übersetzer) und bei den BücherFrauen.

KRIM.-ERZ.: 2001 Trau schau wem, in: Teuflische Nachbarn, Hrsg. I. Coelen u. I. Schmitz, Scherz; 2001 Schlaf Bea Schlaf, in: Tödliche Beziehungen, Hrsg. Ina Coelen u. Ingrid Schmitz, Emons
MITGLIED: BücherFrauen; SinC; VS
KONTAKT: Knutto@t-online.de

Oelker, Petra

Biografie: *18.8.1947 in Cloppenburg. P. Oelker hat verschiedene Tätigkeiten als MTA, Sozialpädagogin, Dozentin in der Erwachsenenbildung, Redakteurin und Journalistin ausgeübt. Sie lebt als freie Autorin in Hamburg. Die meisten ihrer Kriminalromane sind im Hamburg des 18. Jahrhundert angesiedelt.

KRIMINALROMANE: 1997 Tod am Zollhaus, Rowohlt, 2002 als Hörbuch bei Universal/Deutsche Grammophon; 1998 Der Sommer des Kometen, Rowohlt, 2003 als Hörbuch bei Universal; 1998 Lorettas letzter Vorhang, Rowohlt; 1999 Die zerbrochene Uhr, Rowohlt; 2000 Die ungehorsame Tochter, Rowohlt; 1999 Neugier/Das Bild der alten Dame, Rowohlt; 2001 Der Klosterwald, Wunderlich; 2003 Die englische Episode, Rowohlt; 2004 Die kleine Madonna, Wunderlich; 2005 Die Tote im Eiskeller, Rowohlt
SONSTIGE PUBL.: Mehrere Sachbücher und Kurzgeschichten. Ihr Kriminalroman *Tod am Zollhaus* wurde ins Estnische, Litauische und Dänische übersetzt, *Das Bild der alten Dame* ins Japanische
MITGLIED: Syndikat
KONTAKT: www.petra-oelker.de

Osso, Eis → Eis, Egon und Eis, Otto

Osterwald, Egbert

Biografie: *1952 in Barsinghausen bei Hannover. 1971 Abitur am Ratsgymnasium Peine. Während der Schulzeit längere Aufenthalte in San Francisco und Los Angeles. Von 1973 bis 78 studierte er Germanistik und Politikwissenschaft an der Technischen Universität Hannover sowie am Atlantic College in Wales. 1981 Promotion über ein wirtschafts-politikwissenschaftliches Thema an der Universität Hannover. Seit 1980 ist E. Osterwald im Schuldienst. Er lebt mit seiner Familie in Hannover.

KRIMINALROMANE: 1995 Eisvogel, flieg, Bastei-Lübbe; 1995 Sieben Frauen und ein Mord, Bastei-Lübbe; 1996 Tod eines Schweins, Bastei-Lübbe; 2001 Schneeschmelze Bastei-Lübbe; 2002 Herzblut, Bastei-Lübbe; 2003 Trübe Wasser, Bastei-Lübbe

SONSTIGE PUBL.: Jugendbuch, ein Liebesroman sowie zahlreiche journalistische Arbeiten zum Thema Segeln

Ott, Arnold E.

Pseud. für: Wilfried Otterstedt
Biografie:*. A. E. Ott arbeitete nahezu ausschließlich als Hörfunkautor und veröffentlichte seit Beginn der 60er-Jahre eine Vielzahl von Kriminalhörspielen, überwiegend in der Produktion Radio Bremen. Seine Stücke sind konventionelle Spannungs- und Detektivgeschichten, die von vielen ARD-Stationen nachgespielt wurden.

FUNK: 1960 Tatzeit 20 Uhr 20, (41 Min., RB); 1961 Frisco 27980, (45 Min., RB); 1962 Geben Sie mir Dr. Parker, (34 Min., RB); 1963 Poker, (23 Min., RB); 1963 Die schwarze Dame, (42 Min., BR); 1963 Die schwarze Dame, (weitere Fassung, 32 Min., RB); 1964 Nachricht aus Caracas, (34 Min., RB); 1964 Treffpunkt: Rosenstraße 9, (38 Min., RB); 1965 Ein Zug fährt nach London, (33 Min., RB); 1967 Gefährliche Reise, (33 Min., RB); 1967 Der Mann auf der Feuerleiter, (37 Min., RB); 1967 Alibi für 13 Uhr, (34 Min., RB); 1967 Ein Anruf aus Undeloh, (34 Min., RB); 1968 Alibi für 13 Uhr, (36 Min., SWF); 1968 Der Mörder soll sterben, (30 Min., SWF); 1968 Angeblich Notwehr, (32 Min., RB); 1969 Fünfzigtausend Mark Belohnung, (32 Min., RB); 1969 Besuch ohne Anmeldung, (44 Min., RB); 1970 Einmal Frankfurt und zurück, (37 Min., BR); 1971 Radar-Kontrolle, (33 Min., BR); 1971 Ein Abend mit Bilmoneit, (23 Min., RB); 1993 Barbara spielt eine Rolle, (35 Min., RB); 1973 Wer verliert, muß zahlen, (33 Min., SR); 1974 Besuch nach Büroschluß, (32 Min., RB); 1975 Später gibt es kein Zurück, (33 Min., RB); 1977 Bankgeheimnis, (51 Min., RB); 1977 Kubenkas Rache, (37 Min., RB); 1977 Zahl oder Adler, (50 Min., RB); 1978 Mittwochs keine Sprechstunde, (42 Min., RB); 1978 Zehn goldene Münzen, (59 Min., BR); 1979 Alles Liebe für Angelika, (56 Min., RB); 1980 Gift für einen Pechvogel, (49 Min., RB); 1981 Eine Million für die Katz, (43 Min., RB); 1982 Spätschicht, (54 Min., RB); 1983 Das Picasso Geschäft, (37 Min., RB); 1983 Mord ist kein Spiel, (50 Min., RB); 1983 Schwarzer Lotus, (48 Min., SDR); 1984 Ein zauberhafter Urlaub, (46 Min., RB); 1985 Mord kann tödlich sein, (43 Min., RB); 1985 Schwarzer Pudel entlaufen, (38 Min., RB);

1986 Dahlbecks Traumreise, (32 Min., RB); 1987 Eine Art Mord, (57 Min., RB); 1987 Christas Rezept, (43 Min., RB); 1988 Keine weiteren Fragen, (47 Min., RB); 1989 Freispruch für Hagemann, (52 Min., RB); 1990 Um Haaresbreite, (53 Min., RB); 1992 Claudias Reise, (40 Min., RB); 1992 Zwölf Jahre danach, (42 Min., RB); 1993 Brenners letzter Fall, (49 Min., SDR); 1994 Wenn Hannibal reden könnte, (59 Min., RB)

Ott, Paul → Lascaux, Paul

Otterstedt, Wilfried → Ott, Arnold E.

Pachali, Sabine

Biografie: *1964 in Fritzlar. S. Pachali studierte Europäische Ethnologie/Volkskunde in Marburg. Nach einem Forschungsaufenthalt im Mittleren Westen der USA kehrte sie nach Mittelhessen zurück, wo sie gegenwärtig lebt und arbeitet.

KRIMINALROMANE: 1999 Alles, alles geht vorbei, (gem. mit Karin Ebeling), Fischer
KRIM.-ERZ.: 2004 *Egoisten*, in: Tatorte Hessen, Hrsg. Karl-Michael Stöppler, Societäts-Verlag
MITGLIED: SinC; Syndikat

Parker, Ashley → Bekker, Alfred

Pauly, Gisa

Biografie: *23.2.1947 in Gronau/Westfalen. G. Pauly war von 1973 bis 1993 Lehrerin an einer kaufmännischen Berufsschule, seit 1993 lebt sie als freie Schriftstellerin. Sie ist verheiratet und hat zwei Kinder.

KRIMINALROMANE: 2003 Schlafende Hunde, Emons; 2004 Liebesträume, Aschendorff-Verlag; 2005 (i.V.) Das Mörderspiel, (Arbeitstitel) Aschendorff-Verlag
SONSTIGE PUBL.: Zahlreiche Kurzkrimis in unterschiedlichen Zeitschriften; 1994 *Mir langt's – eine Lehrerin steigt aus!*, Rasch und Röhring; zwei Romane
PREISE: 1983 Hafiz-Lyrik-Preis, Düsseldorf; 1989 Satirepreis der Stadt Boppard für die Satire *Über den rheinischen Humor*; 2004 Goldene Kamera des SWR für das Drehbuch *Déjà-vu, eine Komöde*

Pautsch, Oliver

Biografie: *5.8.1965 in Hilden/Rheinland. O. Pautsch war nach Abitur und Zivildienst zunächst Fahrer, Beleuchter, Regieassistent etc. fürs deutsche Fernsehen, später studierte er Medienwissenschaften und Germanistik in Düsseldorf. Parallel dazu erschienen erste Drehbücher und Geschichten. O. Pautsch lebt seit 1992 in Köln, 1996 nahm er an der Master School Drehbuch des Filmboard Berlin/Brandenburg teil.

KRIMINALROMAN: 2005 Ausweglos, Labyrinthe-Krimi, Thienemann, OA; 2004 *Mordgedanken*, Labyrinthe-Krimi, Thienemann, OA

KRIM.-ERZ.: 2003 *Verhör*, in: *Letzte Worte*, Scherz; 2003 *Wer hat Angst vor Karl Heinz Mann?*, in: Mords-Lüste. Erotische Kriminalgeschichten, Hrsg. P. Ott, Scherz 1945; 2002 *Das zweite Gesicht*, in: Alte Götter sterben nicht, Scherz; 2002 *Kein schlechter Kerl*, in: Das Spinnentier, Verlag Ulmer Manuskripte; 2001 *Verhör*, in: Das Verbrechen lauert überall. Briefe aus Mosbach und andere Bluttaten, VdC
TV: 1993 Auf Leben und Tod, (Serie, diverse Folgen, RTL); 1994 Die Wache, (Serie, diverse Folgen, RTL); 1997 SK Kölsch: Der Aap, (Serienepisode, SAT 1); 1997 Zielfahnder: Terror Inc., (Serienepisode, Pro7), Regie: Michael Werlin
FILM: 2001 Auf der Couch, (Kurzfilm, 15. Min.), Regie: Arne Feldhusen
SONSTIGE PUBL.: Erzählungen, Kurzfilme, Theaterstück, Drehbücher
PREISE: 2003 Nominierung für den Agatha-Christie-Krimipreis für *Verhör*
MITGLIED: Syndikat; Verband Deutscher Drehbuchautoren
KONTAKT: oliver@pautsch.net
http://www.pautsch.net

Pederzani, Hans-Albert

auch unter den Pseud.: Gert-A. Petermann und A. G. Petermann, (gem. mit Gerhard Neumann und Heiner Rank)
Biografie: *30. 9.1923 in Berlin. H.-A. Pederzani besuchte die Schauspielschule und hatte Anfängerengagements an verschiedenen Berliner Bühnen. Nach 1945 arbeitete er als Regisseur und Schauspieler (u. a. Frankfurt/O., Magdeburg), dann als Intendant in Bernburg. Ab 1956 war er freischaffender Schriftsteller, vorwiegend Drehbuchautor und Szenarist. Er schrieb über 50 Spielfilme, Fernseh- und Hörspiele, auch Bühnenwerke, besonders für das Kindertheater. 1957 bis 1959 arbeitete er mit Gerhard Neumann (s. dort) und Heiner Rank (s. dort) unter dem Gemeinschaftspseudonym »A. G. Petermann« zusammen, vorwiegend bei Kriminalstoffen. Nach der Auflösung dieses Teams wandte sich Pederzani ab 1960 vorwiegend historischen Themen zu, im Folgenden werden nur die in diesen Jahren entstandenen Kriminalstoffe aufgeführt.

KRIMINALROMANE: 1990 Der Angstbeißer, (Liscamp 1), Reiher, Reiher Crime, (Pseudonym Gert-A. Petermann)

KRIM.-ERZ.: ca. 1990 *Mergenthaler und Wirth*, in: Neue ostdeutsche Krimis, Hrsg. Astrid Schumacher, Eisbär, Berlin

Fernsehspiele: 1960 Die goldene Pauline, (Fernseh-Livespiel nach einem historischen Kriminalfall, DFF), Regie: Erich-Alexander Winds, EA 4.7.1960; 1962 Mord in Gateway, (2 Teile, Fernsehfilm nach Motiven des Romans *Cry of Passion* von Richard Jessup, DFF), Regie: Werner W. Wallroth, EA 22.5.1962/24.5.1962; 1963 Mord in Riverport, (2 Teile, Fernsehfilm, DFF), Regie: Hans-Joachim Hildebrandt, EA 10.9.1963/12.9.1963; 1974 Maria und der Paragraph, (Zweiteiliger Fernsehfilm, frei nach dem gleichnamigen Roman von Franz Krey, DFF), Regie: Hubert Hoelzke, 6.5.1974; 1982 Emil, der Versager, (Heiterer Kriminalfernsehfilm nach Ludwig Turek, DFF), Regie: Georgi Kissimov, EA 10.1.1982; 1981 Spinnefix, (Komödie mit kriminalistischem Touch, DFF), Idee und Buch: H.-A. Pederzani, Regie: Hubert Hoelzke, EA: 23.12.1983

SONSTIGE PUBL.: Bühnenstücke für Kinder

KONTAKT: hans-albert@pederzani-berlin.de

Pei, Lisa

Pseudonym

Biografie: *1947 in Köln. L. Pei studierte Sozialpädagogik und ist seit 1970 als Diplomsozialpädagogin im Schuldienst tätig. Schon im Alter von elf Jahren entdeckte sie ihre Freude am Schreiben und schrieb Märchen und Geschichten; im Alter von 18 und 22 Jahren folgten dann zwei – unveröffentlichte – Romanversuche. In den beiden nächsten Jahrzehnten legte sie das Schreiben auf Eis, entwickelte sich aber zu einer leidenschaftlichen Leserin. Dem Krimigenre wandte sie sich erst relativ spät zu. Die erste Veröffentlichung erschien 1995.

KRIMINALROMANE: 1995 Die letzte Stunde, Argument; 1996 Annas Umweg, Milena-Verlag Wien, NA VdC 2000; 1997 Weibersommer, Heyne; 1998 Drei Chinesen mit dem Kontrabass, Heyne; 2001 Die Kandidatin, Rütten und Loening, HC

KRIM.-ERZ.: 1995 *Rousseaus natürliche Strafen*, in: Der Mörder bittet zum Diktat, Hrsg. Leo P. Ard, Grafit; 1996 *Man tut, was man kann*, in: Der Mörder würgt den Motor ab, Hrsg. Leo P. Ard;

1997 *Fahrkünste*, in: Der kleine Mord zwischendurch. 52 üble Kurzkrimis, Hrsg. Manuela Kessler, Scherz; 1999 *Wasser ist ein kaltes Element*, in: Zehn mörderische Wege zum Glück, Hrsg. Irma Vep, Rowohlt

SONSTIGE PUBL.: 1999 *Im Namen des Enkels*, (Roman), Heyne; bislang 17 Bücher für die Gerichtssendung des ZDF *Streit um Drei*

MITGLIED: Syndikat

Pestum, Jo

Pseud. für: Johannes Stumpe

Biografie: *29.12.1936 in Essen. J. Pestum studierte Malerei und jobbte dabei als Bauarbeiter, Barkeeper, Taucher, Trucker und Kirchenmaler. Später arbeitete er als Grafiker, Redakteur und Verlagslektor. Seit 1970 ist er freiberuflicher Schriftsteller und Filmautor. Von 1977 bis 1983 war er Mitglied im Bundesvorstand des Schriftstellerverbandes. Er ist seit 1978 Mitglied des P.E.N.

KRIMINALROMANE: 1968 Der Kater jagt die grünen Hunde, Arena, HC; 1972 Der Kater zeigt die Krallen, Arena, HC; 1972 Fünf Asse im Spiel, Schwann, Leseratte Nr 9; 1973 Der Kater und der Tag des Tigers, Arena, HC; 1973 Der Nachtfalter, Schwann, Leseratte Nr. 20; 1974 Drei schwarze Kreuze für den Kater, Arena, HC; 1987 NA als: *Der Kater und die schwarzen Kreuze*, RTB 1613; 1975 Der Kater und der Ruf im Nebel, Arena, HC; 1975 Luc Lucas: Dreizehn Minuten nach Mitternacht, Franz Schneider; 1976 Luc Lucas: Der Spuk von Billerbeck, Franz Schneider 1977; 1977 Luc Lucas: Die Spur der blauen Drachen, Franz Schneider; 1976 Luc Lucas: Das Rätsel der Bananenfresser, Franz Schneider; 1977 Der Kater und die Nacht der Jäger, Arena; 1977 Luc Lucas: Lange Schatten in der Nacht, Franz Schneider; 1978 Luc Lucas: Wenn der Panther schläft, Franz Schneider; 1978 Luc Lucas: Ein Wassermann funkt SOS, Franz Schneider.; 1979 Der Kater und die kalten Herzen, Arena; 1979 Luc Lucas: Der Schrei im Schilf, Franz Schneider; 1979 Luc Lucas: Wenn die Teufelsmaske lacht, Franz Schneider; 1980 Luc Lucas: Eine Falle für den Fuchs, Franz Schneider; 1981 Der Kater und der Tag der Narren, Arena, TB 1388; 1984 Nur große Fische für den Joker, Franz Schneider, HC; 1987 Der Kater kommt zurück, Ravensburger O. Maier; 1988 Der Kater und der Mann aus Eisen, Ravensburger O.

Maier; 1989 N&K – die Detektive, Ravensburger O. Maier; 1998 Ausgespielt, Thienemann; 1998 Zugeschnappt, Thienemann; 1999 Aufgehetzt, Thienemann
KRIM.-ERZ.: 1968 Der Kater spielt Pik As, Arena, HC; 1969 Der Kater und die rote Katze, Arena, HC; 1971 Wer schießt auf den Kater?, Arena; 1978 Whisky für den Kater, Schroedel und weitere 10 Jugendkrimis mit Kommissar Katzbach, dem »Kater«; 1998 Drei König auf Abwegen, Arena; 1999 Die rätselhaften Nikoläuse, Arena
TV: 1966 Mbote – Jugend im Kongo, (Dokumentation, WDR); 1982 Sarah gibt nicht auf, (Kinderfilm, ZDF); 1984 Schimmi, (Fernsehfilm, 95 Min., WDR), Drehbuch: J. Pestum nach dem Roman *Auf einem weißen Pferd nach Süden*, Regie: Werner Masten, EA 2.4.1984 WDR 3; 1990 Brausepulver-Berta und die Stürmer, (Serienepisode, ZDF), Drehbuch: J. Pestum, Regie: Thomas Draeger; außerdem ständiger Drehbuchautor der Kinderfilm-Serie »Siebenstein«, ZDF
SONSTIGE PUBL.: Zahlreiche Romane, Jugendbücher, Lyrik, Hörspiele, bis 1990 Herausgeber der Edition Pestum
PREISE: 2001 Rheinischer Literaturpreis

Peter, Andreas → Blau, Urban

Petermann, A. G. → Neumann, Gerhard

Petermann, A. G. → Pederzani, Hans-Albert

Petermann, Gert → Petermann, Gert-A.

Peterzen, Elisabet → Skafte, Katrin

Pfänder, Petra
Biografie: *28.3.1961 in Dortmund. P. Pfänder hat Film-, Fernseh- und Theaterwissenschaften sowie Alt- und Neugermanistik studiert und nach dem Studium einige Jahre als freie Journalistin für Print, TV und Hörfunk gearbeitet. Nach einer Fachausbildung zur Journalistin für Pressestellen war sie von 1998 bis 2003 als Online-Redakteurin an Aufbau und Entwicklung des Internetportals der Stadt Dortmund beteiligt (technische und inhaltliche Konzeption, Layout, Programmierung, Text). Seit 2003 arbeitet sie in Dortmund als selbstständige Autorin und Webdesignerin.

KRIMINALROMANE: 2003 Die blaue Katze, Argument; 2005 Kalte Rosen, Argument
KRIM.-ERZ.: 2004 *Die Mitgift*, in: Mord ist halt a G'schäft, Hrsg. Lisa Kuppler, Argument

Pfanner, Thomas
Biografie: *9.1.1960 in Bonn. T. Pfanner studierte Paläontologie. Er machte eine Ausbildung zum examinierten Altenpfleger mit einer Zusatzausbildung zum Heimleiter und war lange Jahre als Heimleiter und Dozent im Gesundheitswesen tätig. Seine ersten Veröffentlichungen ab 1990 waren Beiträge in Fachzeitschriften: beispielhafte Konzepte für krisengeschüttelte Heime sowie das Erstellen kompletter Heimzeitungen. Seit 1995 ist er Ghostwriter im Bereich Biografie und Familiengeschichte und veröffentlicht seit 2001 im Bereich Krimi. Zurzeit ist er als Ghostwriter, Autor und Gutachter tätig.

KRIMINALROMANE: 2001 Glaube, Liebe, Mord, Espresso-Verlag; 2001 Nächstenliebe unmöglich, Newcomer; 2003 Das große Geheimnis, Betzel Verlag; 2004 Tödliches Versprechen, Betzel Verlag; 2005 T73 Atlantis Verlag
KRIM.-ERZ.: 2001 *Die Altenpflegerin*, in: Abendgrauen 2, Hrsg. Ralf Kramp, KBV; 2001 *Alles wegen dieser Schlampe*, in: Der Tod tritt ein, Hrsg. Ralf Kramp, GEV-Verlag
MITGLIED: Syndikat
KONTAKT: thomaspfanner@yahoo.de; www.krimimann.com

Pfaus, Walter G.
Biografie: *18. 2.1943. W. G. Pfaus ist gelernter Einzelhandelskaufmann und betrieb 14 Jahre eine Buchhandlung im oberschwäbischen Schelkingen. Bereits zu dieser Zeit schrieb er nebenbei Kurzkrimis für Publikumszeitschriften. 1988 verkaufte er seine Buchhandlung und pachtete eine Gaststätte, die er nach kurzer Zeit wieder verkaufte. Seither lebt und arbeitet er ausschließlich als freier Schriftsteller und hat sich in den letzten Jahren vor allem mit Texten für die Bühne beschäftigt. Zu den erfolgreichsten seiner über 70 abendfüllenden Stücke und ca. 80 Einaktern gehören seine Kriminalkomö-

dien *Wohin mit der Leiche?*, *Die Leiche im Schrank*, *Diamantenroulett* und *Hochwürden auf der Flucht*. Seine Stücke wurden in mehrere Dialekte und Sprachen übersetzt.

KRIMINALROMANE: 1977 Das ideale Mörderpaar, Bastei 36002; 1979 Liebe ist auch ein Gift, Bastei 36027; 1981 Blindekuh, Bastei 36052; 1981 Der Teufel hat die Hand im Spiel, Bastei 36046; 1982 Das Ende einer Musterfrau, Bastei 36057; 1983 Das letzte Hemd hat viele Taschen, Droemer-Knaur 4945; 1984 Leiche auf Abwegen, Droemer-Knaur 4953; 1985 Denkzettel für Julia, Bastei 37040; 1986 Tote mit Lebenswandel, Bastei 37046; 1986 Kleinstadtklüngel, Bastei 19501; 1994 Die Kleinen hängt man, Bastei Lübbe 19590; 1995 Die Ulmer Erbschaft, Bastei Lübbe 19599

PREISE: Mit *Der Teufel hat die Hand im Spiel* errang er im Manuskript-Wettbewerb um den *Jerry Cotton Preis* 1980 den dritten Platz

SONSTIGE PUBL.: Zahlreiche Theaterstücke

Pfeiffer, Hans

Biografie: *22.2.1925 in Schweidnitz, †27.9.1998 in Wurzen. H. Pfeiffer war Lehrer, studierte dann Philosophie, Geschichte und Literatur an der Karl-Marx-Universität Leipzig und arbeitete als Dozent und Professor für künstlerische Lehrtätigkeit am Johannes- R.-Becher-Institut in Leipzig. H. Pfeiffer hatte in der DDR mit Fernsehfilmen, Hörspielen und historischen Romanen ein Millionenpublikum gefunden. Vor allem seine authentischen Kriminalgeschichten machten ihn in den 70er-Jahren bekannt.

KRIMINALROMANE: 1962 Mordfälle aus dem neuen Pitaval, Greifenverlag; 1964 Sieben Tote brauchen einen Mörder, Das Neue Berlin NB-Roman 48; 1965 Mord ohne Motiv, Das Neue Berlin, NB-Roman 52; 1974 Tote Strombahnen, Reihe DIE 182; 1980 Die eine Seite des Dreiecks, Reihe DIE 431; 1992 Am Rande des Abgrunds, Reihe DIE 160

KRIM.-ERZ.: 1961 Schüsse im Hochmoor, (Erzählungen), Greifenverlag

FUNK: 1962ff Die haarsträubenden Abenteuer des Privatdetektivs Dick Dickson, (Kriminalparodien, 13 Teile, Rundfunk der DDR); 1962 Salto mortale, (Kriminalhörspiel, Rundfunk der DDR); 1970 Identifizierung eines unbekannten Toten, (Kriminalhörspiel über die Ermordung Theodor Lessings, Rundfunk der DDR)

TV: 1962 Sieben Tote suchen einen Mörder, (Fernsehfilm, Fernsehen der DDR), Drehbuch/Szenarium: H. Pfeiffer; 1966 Wem die Glocke schlägt, (Fernsehfilm, Fernsehen der DDR), Drehbuch/Szenarium: H. Pfeiffer); 1966 Zeugen, (Fernsehfilm, Fernsehen der DDR), Drehbuch/Szenarium: H. Pfeiffer; 1967 Zielansprache, (Fernsehfilm, Fernsehen der DDR), Drehbuch/Szenarium: H. Pfeiffer; 1968 Rechnung mit Unbekannten, (Fernsehfilm, Fernsehen der DDR), Drehbuch/Szenarium: H. Pfeiffer; 1974 Geheimprozeß Grusinius, (Kriminal-Fernsehspiel, Fernsehen der DDR), Drehbuch/Szenarium: H. Pfeiffer; 1974 Der Sandener Kindesmordprozeß, (Fernsehfilm, Fernsehen der DDR), Drehbuch/Szenarium: H. Pfeiffer; 1975 Sensationsprozeß Lafarge, (Fernsehfilm, Fernsehen der DDR), Drehbuch/Szenarium: H. Pfeiffer; 1979 Das Komplott, (Fernsehfilm, 86 Min., Fernsehen der DDR), Drehbuch: H. Pfeiffer, Regie: Wolf Dieter Panse, EA 27.10.1979 DDR2

SONSTIGE PUBL.: Drehbücher für Fernsehfilme, Erzählungen, literaturwissenschaftliche Beiträge, Sachbücher, Bühnenstücke

Piechota, Ulrike

Biografie: *Leipzig, U. Piechota wurde in Zeitz bei Leipzig geboren, flüchtete mit ihren Eltern in die BRD und machte in Hilden/Rheinland ihr Abitur. In Heidelberg studierte sie Musik (Klavier, Orgel und Chorleitung) und übte ihre musikalische Tätigkeit in Göttingen, Langenfeld/Rheinland und Leverkusen aus. 1985 zog sie nach Bad Münster am Stein und begann zu schreiben. 1990 wurde sie zur Stadtschreiberin von Bad Kreuznach berufen und erhielt 2000 ein Stipendium (Literarische Recherchen im Ausland). Im Rahmen dieses Stipendiums schrieb sie den Krimi *Insel der Finsternis*, der auf einer einsamen Insel in Norwegen spielt.

KRIMINALROMANE: 2003 Insel der Finsternis, Kontrast

SONSTIGE PUBL.: Insgesamt 30 Romane, Satiren sowie Kinder- und Jugendbücher

Piper, Carsten

Biografie: *1964 in Meldorf/Schleswig-Holstein. C. Piper studierte Kulturpädagogik in Hildesheim. Er ist seit Jahren Hausmann und kümmert sich vor allem um seine beiden Kinder. Nebenbei arbeitet er in einem Buchantiquariat in Ludwigsburg.

KRIMINALROMANE: 2002 Mord an der Müritz, KBV Krimi; 2003 Tod an der Trave, KBV Krimi

Pirincci, Akif

Biografie: *1959 in Istanbul. A. Pirincci kam als Neunjähriger nach Deutschland. Er besuchte die Wiener Film- und Fernsehakademie und arbeitet als Drehbuchautor. Seinen großen Durchbruch hatte er mit dem ganz aus der Sicht einer Katze erzählten Krimi *Felidae*, mit dem er die Bestsellerlisten eroberte. Mit dem Nachfolgeroman *Francis* versuchte er den Erfolg zu wiederholen.

Die beiden Krimis wurden in zahlreiche Sprachen übersetzt und mehr als zwei Millionen Mal verkauft.

KRIMINALROMANE: 1989 Felidae, Goldmann 9298; 1992 Der Rumpf, Goldmann, HC; 1993 Francis – Felidae II, Goldmann, HC; 1999 Cave Canem – Felidae III, Goldmann, HC; 2002 Das Duell, Eichborn, NA Fischer 2004; 2004 Salve Roma!, Eichborn
FUNK: 1993 Felidae, (2 Teile, Hörspiel, 51 und 54 Min., WDR), Bearbeitung: Thomas Hackenberg, Regie: Klaus Dieter Pittrich
FILM: 1993 Felidae, (81 Min., BRD), Drehbuch: Martin Kluger und A. Pirincci nach dem gleichnamigen Roman von A. Pirincci, Regie: Michael Schaack
SONSTIGE PUBL.: 1980 *Tränen sind immer das Ende*; 1997 *Yin*; 2001 *Die Damalstür*

Pittler, Andreas P.

Biografie: *21.11.1964 in Wien. A. Pittler studierte Geschichte, Germanistik und Politikwissenschaften in Wien. Ab 1990 arbeitete er als Journalist u. a. für den STANDARD und die WIENER ZEITUNG. Seit 1994 ist er im Parlamentsdienst.

KRIMINALROMANE: 2000 Der Sündenbock, Wieser-Verlag; 2002 Tod im Schnee, Wieser-Verlag; 2003 Serbische Bohnen, Wieser-Verlag
SONSTIGE PUBL.: Zahlreiche Romane und Reiseführer

Pless, E. W. → Voss, Willi

Plötze, Hasso

Auch unter den Pseud.: Jens Falkenhain, Hasso Hecht
Biografie: *19.9.1921 in Hannover. H. Plötze studierte Germanistik, Geschichte und Psychologie und arbeitete anschließend als Journalist und freier Schriftsteller. In den 60er-Jahren arbeitete er an den Roman-Reihen *Jerry Cotton* des Bastei Verlages und *Kommissar X* des Pabel-Verlages mit, für die er jeweils Romanhefte und Taschenbücher verfasste. H. Plötze schrieb außerdem eine Reihe von Arzt- und Liebesromanen, die kriminalistisch aufgebaut sind. Neben zahlreichen Shortstories für Publikumszeitschriften schrieb H. Plötze mehr als 30 Kriminalhörspiele und arbeitete an der *SOKO*-Reihe des ZDF mit.

KRIMINALROMANE: 1971 Waidmannsheil, Herr Kommissar, (als Hasso Hecht), Kelter 811; 1971 Polizeiarzt Jeff Brent: Chirurg der Verdammten, Bastei Diagnose 64; 1972 Polizeiarzt Jeff Brent: Stunde der Bewährung, Bastei Diagnose 68; 1972 Polizeiarzt Dr. Jeff Brent, Bastei Diagnose 71; 1972 Pest an Bord, Bastei Diagnose 44; 1972 Die Katze läßt das Morden nicht, Kelter 823; 1973 Wer hat schon ein Alibi, Kelter 833; 1973 Süßer Tod in heißer Nacht, Kelter 829; 1973 Bis dich der Teufel holt, Kelter 827; 1973 Skalpell für den Teufel, (Kelter 834); 1973 Polizeiarzt Jeff Brent: Im Bannkreis des Todes, Bastei Diagnose 77; 1973 Polizeiarzt Jeff Brent: Mord in der Klinik, Bastei Diagnose 83; 1979 Polizeiarzt Jeff Brent: Die kalte Hand, Goldmann 4845; 1980 Polizeiarzt Jeff Brent: Gift und Gewalt, Goldmann 4886; 1981 Polizeiarzt Jeff Brent: Rufmord, Goldmann 5616; 1979 Fluchtweg, Goldmann 4833; 1981 Formel für Mord, Goldmann 5609; 1979 Polizeiarzt Jeff Brent: Die Tätowierung, Goldmann 4877, NA unter J. Falkenhain: *Polizeiarzt Dr. Jeff Brent*; 1979 Fluchtweg, Goldmann 4833; 1980 Polizeiarzt Jeff Brent: 220 Volt, Goldmann 487, NA unter J. Falkenhain: *Im Bannkreis des Todes*; 1980 Polizeiarzt Jeff Brent: Zyangas, Goldmann 4891; 1980 Polizeiarzt Jeff Brent: Eine Geisel zuviel, Goldmann 545601; 1980 Waidmannsheil, Herr Kommissar, Goldmann 5604, NA unter H. Hecht, *Waidmannheil,*

Herr Kommissar; 1980 Lupara, Goldmann 5607, NA unter H. Hecht: *Bis dich der Teufel holt;* 1981 Formel für Mord, Goldmann 5609; 1987 Heimtückisch, Goldmann 5024
FUNK: 1954 Abrakadabra, (50 Min., RB); 1954 Lebenslänglich, (40 Min., RB); 1955 Blinde sehen mehr, (gem. mit Dieter Rotkohl, 62 Min., RB), nach einer Geschichte aus *FBI-Akten*, (Case File: FBI, 1953), von Mildred und Gordon Gordon; 1956 Das schmutzige Geschäft, (49 Min., RB), nach einer Geschichte aus *FBI-Akten*, (Case File: FBI, 1953), Mildred und Gordon Gordon,; 1972 Der Mord nebenan, (30 Min., SR); 1972 Wer hat schon ein Alibi, (38 Min., SR)
TV: 1976 Tatort: Kassensturz, (Serienfilm, 90 Min., SWF), Drehbuch: H. Plötze, Regie: Michael Braun, EA 15.2.1976 ARD; 1978 Soko 5113: Einsatz 22 Uhr, (Fernsehserie, ZDF), Drehbuch: H. Plötze, Ulrich Stark, EA 2.1.1978; 1978 Soko 5113: Eine Leiche für Göttmann, (Fernsehserie, ZDF), Drehbuch: Hasso Plötze, Ulrich Stark, EA 9.1.1978; 1978 Soko 5113: Die Stimme vom Recorder, (Fernsehserie, ZDF), Drehbuch: H. Plötze, Ulrich Stark, EA 16.1.1978; 1978 Soko 5113: Eine Falle für den Dealer, (Fernsehserie, ZDF), Drehbuch: H. Plötze, Ulrich Stark, EA 23.1.1978; 1978 Soko 5113: Der Vogel ist ausgeflogen, (Fernsehserie, ZDF), Drehbuch: H. Plötze, Ulrich Stark, EA 30.1.1978; 1978 Soko 5113: Jagd auf Joe White, (Fernsehserie, ZDF), Drehbuch: H. Plötze, Ulrich Stark, EA 6.2.1978; 1980/81 SOKO 5113, 2. Staffel, (Fernsehserie, 14 Teile, ZDF), Drehbuch: Ulrich Stark, H. Plötze, Regie: Ulrich Stark, mit Werner Kreindl; 1976–88 Soko 5113, (Fernsehserie, ZDF, 1. Staffel 19 Teile, je 30 Min., 2. Staffel, (20–32) je 30 Min., Teil 1–32 später zusammengefasst auf 15 Teile je 60 Min., 3. Staffel 6 Teile, 4. Staffel 10 Teile, 5. Staffel 12 Teile, 6. Staffel 14 Teile, (jeweils 50–60 Min.), Drehbuch: Ulrich Stark, -ky, Isolde Geiger, Margrit Schachtschneider, Franz-Xaver Wendleder, Plym Pahl, Dieter Schenk, Felicitas Naumann, H. Plötze, Jochen Wedegärtner, Reinfried Kreilich, Bruno Hampel, Wolfgang Hesse, nach der Roman und unter Verwendung der Figuren aus dem Roman *Der Durchläufer* von Dieter Schenk, Regie: Ulrich Stark, Kai Borsche; 1985 Es muß nicht immer Mord sein, (Serienepisode, 25 Min., ZDF), Drehbuch: H. Plötze, Regie: Michael Mackenroth; 1985 Es muß nicht immer Mord sein: In Schönheit sterben, (Serienepisode, 25 Min., ZDF), Drehbuch: H. Plötze, Regie: Kai Borsche

SONSTIGE PUBL.: Arzt- und Liebesromane, Shortstories für Publikumszeitschriften

Pointner, Theo
Biografie: *1964. T. Pointner studierte Betriebswirtschaft und arbeitete in einer psychiatrischen Klinik in Bochum. Hauptfigur der meisten seiner Kriminalromane ist die Bochumer Kriminalkommissarin Katharina Thalbach.

KRIMINALROMANE: 1993 Tore, Punkte, Doppelmord, Grafit; 1994 Scheinheilige Samariter, Grafit; 1997 Einer nach dem anderen, Grafit 204; 1998 Rechts-Außen, Grafit Krimi 214; 1999 … und du bist weg, Grafit 231; 2001 Ein Tropfen Blut, Grafit 246; 2002 Rosemunds Tod, Grafit 26
MITGLIED: Syndikat
KONTAKT: mordbube@gmx.de; www.mordbube.de

Pomorin, Jürgen → Ard, Leo P.

Pontius, Heike
Biografie: *11.6.1967 in Stuttgart. H. Pontius machte zunächst eine Ausbildung zur Bibliothekarin, entschied sich dann aber für eine berufliche Laufbahn als Chemie-Ingenieurin in der Forschung/Entwicklung. Der Krimi als Genre ist ihr eigentlich zu heftig. Das Wesen des Menschen tritt aber besonders intensiv zu Tage, wenn er sich in Ausnahmesituationen befindet. Seinesgleichen zu töten ist das größte Herausfallen aus menschlicher Normalität, und kommt immer wieder vor – von der Steinzeit bis heute. Da H. Pontius sich vor allem für den Menschen interessiert, wird das, was sie schreibt, leicht zum Kriminalroman.

KRIMINALROMANE: 1996 Ums ganze Leben, Elster
SONSTIGE PUBL.: Erzählungen in Wettbewerbs-Storysammlungen
MITGLIED: SinC
KONTAKT: HeikePontius@aol.com

Porter, Harry → Bauer, Heribert

Preute, Michael → Berndorf, Jacques

Preusser, Angelika

Biografie: *8.1.1953 in Borgholzhausen. A. Preusser ist gelernte Arzthelferin. 1982 begann sie mit dem Schreiben von Kurzgeschichten, anschließend verfasste sie zunächst Krimi-Kurzgeschichten und dann auch Kriminalromane.

KRIMINALROMANE: 1999 Gemischtes Doppel, first minute Taschenbücher Alexander Richter; 2001 Reizklima auf Borkum, Verlag Hans Gieselmann
SONSTIGE PUBL.: Kurzgeschichten
MITGLIED: Freier Deutscher Autorenverband; Syndikat
KONTAKT: Angelika.Preusser@t-online.de

Preyer, J. J.

Biografie: *4.2.1948 in Steyr, Österreich. Josef Preyer studierte Germanistik und Anglistik in Wien. Er war in der Jugend- und Erwachsenenbildung als Lehrer tätig. 1976 verbrachte er ein Auslandsjahr in Swansea in Wales. 1982 war er Initiator des Marlen-Haushofer-Gedenkabends. Er arbeitete an der Kinderzeitschrift KLEX von Peter Michael Lingens mit. 1996 gründete er den Oerindur Verlag, einen Verlag für Literatur und Krimis. J. J. Preyer lebt in Steyr.

KRIMINALROMANE: 2004 Die neun Häupter der Hydra. Ein Freimaurer Kriminalroman, Oerindur Verlag
SONSTIGE PUBL.: Herausgeber von sieben Kriminalromanen von C. H. Guenter, Oerindur Verlag, Aufsätze über C. H. Guenter in diversen Publikationen, eine Novelle
MITGLIED: A.I.E.P.; Syndikat
KONTAKT: www.oerindur.at/preyer.htm

Prinz, Heinrich Josef

auch unter den Pseud.: H. J. Tanner, Mac Sorrell
Biografie: *22.2.1932 in Pfarrkirchen. H. J. Prinz arbeitete von 1952 bis 1989 für die Polizei und das Bayerische Landeskriminalamt. 1992 leitete er für einige Jahre die Redaktion der Fachzeitschrift DIE NEUE POLIZEI (DNP). Seine Kriminal- bzw. Polizeiromane sind stark von seinen beruflichen Erfahrungen und Erlebnissen geprägt. H. J. Prinz lebt in München.

KRIMINALROMANE: 1989 Heiße Spur am Isarstrand, Verlag Deutsche Polizeiliteratur; 1996 Die Rache einer Toten, Jasmin Eichner; 1998 Operation Mohnblume, Selbstverlag; 2000 Bittere Erkenntnis, Selbstverlag; 2001 Schattenseiten einer Großstadt, Selbstverlag; 2001 Tod im Talayot, VdC; 2004 Gnadenlose Mörderjagd, Kriminalgeschichten, VNL
SONSTIGE PUBL.: Zahlreiche polizeiliche und kriminalistische Fachpublikationen, in den 60er-Jahren Heftromane aus der Unterwelt von New York.
MITGLIED: Syndikat

Prinz, Thomas

Biografie: *7.6.1959 in Wetzlar. Th. Prinz studierte Politikwissenschaft, Geschichte und Germanistik an den Universitäten Gießen und Heidelberg und arbeitete als freier Journalist. Zahlreiche Studienaufenthalte in Südasien. Nach dem Studium war er wissenschaftlicher Mitarbeiter im Deutschen Bundestag, trat 1990 in den Auswärtigen Dienst ein und absolvierte die Diplomatenausbildung in Bonn. Von 1993–1997 arbeitete er in der Deutschen Botschaft Bukarest, von 1997–2000 an der Botschaft Jakarta. Seit 2000 ist er in der Europaabteilung des Auswärtigen Amts in Berlin tätig. In seinen Romanen nutzt er die Insiderkenntnisse des diplomatischen Milieus für Geschichten, die einen realistischen Einblick in das Diplomatenleben zulassen und vor dem Hintergrund einer fremden Kultur spielen. Im Februar 2005 erschien in der Reihe Hanse-Krimis *Der Unterhändler der Hanse*, ein historischer Krimi um den Stralsunder Frieden von 1370. Th. Prinz lebt mit Frau, vier Kinder und einem Bernhardiner vor den Toren Berlins.

KRIMINALROMANE: 1995 Mode, Mord und Models, Econ; 2000 Ankunft in Bukarest, Dittrich, HC; 2001 Abschied von Jakarta, Dittrich, HC; 2005 Der Unterhändler der Hanse, Europäische Verlagsanstalt
MITGLIED: Syndikat
KONTAKT: Thomas.Prinz@diplo.de

Profijt, Jutta
Biografie: *4.1.1967 in Ratingen. J. Profijt lebte nach dem Abitur in Frankreich, absolvierte nach ihrer Rückkehr eine kaufmännische Ausbildung in Düsseldorf, legte die Übersetzerprüfungen der Handelskammern Paris und London ab und verkaufte Walzwerke für Mannesmann. Heute lebt sie als Dozentin für Wirtschaftsenglisch und Wirtschaftsfranzösisch in Mönchengladbach, wo sie auch journalistisch tätig ist.

KRIMINALROMANE: 2003 Motiv: Münsterschatz, Selbstverlag; 2004 Das Tuch des Schweigens, Emons

Prokop, Gert
Biografie: *11.6.1934 in Richtenberg, †1.3.1994 in Berlin. G. Prokop studierte an der Kunsthochschule Berlin-Weißensee und war Journalist bei der Neuen Berliner Zeitung. Von 1967 bis 1970 arbeitete er als Filmdokumentarist, ab 1971 als freischaffender Schriftsteller. Übersetzungen seiner Arbeiten erschienen in Ungarn, der UdSSR, Polen und Bulgarien. G. Prokops Kriminalromane zeichnen sich durch ihre gesellschaftlich engagierte und humanistische Art des unterhaltsamen Erzählens aus.

KRIMINALROMANE: 1973 Der Tod des Reporters, Das Neue Berlin, DIE 156; 1976 Einer muß die Leiche sein, Das Neue Berlin, DIE 278; 1977 Wer stiehlt schon Unterschenkel?, (SF-Krimi), Das Neue Berlin, BRD-Ausgabe als *Der Tod der Unsterblichen*, Heyne; 1982 Detektiv Pinky, (Kinderkrimis), Kinderbuchverlag, Berlin/DDR; 1983 Timothy Truckle – Der Samenbankraub, (SF) Das Neue Berlin; 1986 Das todsichere Ding, Das Neue Berlin; 1994 So blond, so tot, Das Neue Berlin, DIE 167
FILM: 1977 Einer muß die Leiche sein, (84 Min., DEFA), Drehbuch: Iris Gusner nach dem gleichnamigen Roman von G. Prokop, Regie: Iris Gusner, EA 2.2.1977
SONSTIGE PUBL.: Zahlreiche Kinderbücher, Hörspiele, Drehbücher und fantastische Erzählungen
PREISE: 1994 Kurd-Lasswitz-Preis für *Du zärtlicher, zitternder Vogel*

Przybilka, Thomas
Biografie: *19.3.1950 in (Ost-)Berlin. Th. Przybilka siedelte 1957 in die Bundesrepublik über. Er lebt seit 1960 in Bonn. Er arbeitete als Buchhändler und machte sich in diesem Bereich selbstständig. 1989 gründete er das Bonner Krimi Archiv Sekundärliteratur (BoKAS). Er ist als Jury-Mitglied des Syndikats für den Glauser-Preis (Roman u. Debut) und den Ehrenglauser tätig. Th. Przybilka ist Chairman Germany der Asociaciòn Internacional de Escritores Policiacos (A.I.E.P.) und wurde 2004 zum A.I.E.P. Vice President Western Europe gewählt, Jury-Mitglied für den Deutschen Krimi-Preis, Mitglied bei CWA (GB), MWA (USA), SKS (Skandinavien), 813 (F) und korrespondierendes Mitglied bei CWC (CAN), ebenso Mitglied bei Fan-Societys in Deutschland, Italien, Japan, Skandinavien und der Schweiz. Weiterhin ist er Gründungsmitglied des German Chapter der Sisters In Crime (SinC).

KRIM.-ERZ.: 1997 *Sin resolver*, (gem. mit Gitta Reinhard), in: Lainez, Hrsg. Fernando Martinez, Crimen Internacional, Ayuntamiento de Zaragoza; 1999 *Ungelöst*, (gem. mit Gitta Reinhard), in: Jürgen würgen, Hrsg. Jacques Berndorf, Weiss; 2000 *Varnenskite »Zlatni jaitza«*, (gem. mit Gitta List), Edin martvetzpo-malko, Argus; 2001 *Los huevos para de oro de Varna*, (gem. mit Gitta List), in: Escitura para un crimen, Hrsg. Miguel Agusti, Ediciones CIMS, 2003 *Barcelona Nights*, (gem. mit Roger Fiedler), in: Der Coup des Syndikats, Hrsg. Th. Przybilka, Sofia Argus Verlag
SONSTIGE PUBL.: Zahlreiche Fachartikel zum Kriminalgenre; regelmäßige Veröffentlichungen in deutschen und internationalen Krimizeitschriften und Magazinen, die Kolumnen »Krimi-Tipp« und »Die Befragungen« bei den Alligatorpapieren www.alligatorpapiere.de sowie regelmäßige Mitarbeit beim *Lexikon der Kriminalliteratur*, Corian-Verlag; 1998 *Krimis im Fadenkreuz. Kriminalromane, Detektivgeschichten, Thriller, Verbrechens- und Spannungsliteratur der Bundesrepublik und der DDR 1949–1990/92. Eine Auswahlbibliographie der deutschsprachigen Sekundärliteratur.* Baskerville Verlag; 2001 *Siggi Baumeister oder Eine Verfolgung quer durch die*

Eifel. Die Eifelkrimis des Jacques Berndorf, Th. Przybilka, (Hrsg.) mit Alwin Ixfeld und Gisela Lehmer-Kerkloh, Krimi-Kritik 1, NordPark Verlag, 2002 (gem. mit Jost Hindersmann) *John le Carré – eine Bibliografie,* in: Hindersmann, J.: John le Carré. Der Spion, der zum Schriftsteller wurde. Portrait und Bibliografie), KrimiKritik 1, NordPark Verlag, 2003 *Der Coup des Syndikats* [bulgarische Ausgabe], Hrsg. Th. Przybilka, Argus Verlag Sofia
PREISE: 2001 Lamp Contest (The Mystery Review) Platz 3 (CAN); 2002 International Crime Short Story Competition Atanas »Mandadjiev«, Nominierung (Bulgarien)
MITGLIED: s. o.
KONTAKT: crimepy@t-online.de

Puhlfürst Claudia

Biografie: *11. 05. 1963 in Zwickau. C. Puhlfürst studierte Biologie und Chemie und war anschließend als Lehrerin an verschiedenen Mittelschulen und Gymnasien Zwickaus tätig. Hygieneinspektorin, Dozentin für Anatomie und Physiologie des Menschen an der medizinischen Fachschule Zwickau, Köchin und Barfrau, Redakteurin und Schulberaterin im Duden Paetec Verlag sowie Herausgeberin und Autorin gehören zu ihren zahlreichen Tätigkeiten. Sie ist Herausgeberin, Redakteurin und Mit-Autorin mehrerer Lehrbücher und naturwissenschaftlicher Materialien sowie Referentin für Fortbildungen im naturwissenschaftlichen Bereich. C. Puhlfürst lebt in Zwickau.

KRIMINALROMANE: 2002 Kind vermisst, Manfred-Lies-Verlag, HC; 2005 Leichenstarre, Armin-Gmeiner-Verlag
SONSTIGE PUBL.: Redakteurin und Mit-Autorin zahlreicher Lehrbücher und naturwissenschaftlicher Materialien
PREISE: 2003 Nominierung und Teilnahme an den Sächsischen Literaturtagen

Puschmann, Dorothea

Biografie: 27.12.1956 in Osnabrück. D. Puschmann ist gelernte Buchhändlerin. Sie arbeitete zunächst im Verlagswesen in den Bereichen Herstellung, Werbung und Vertrieb, studierte dann Sozialpädagogik und ist seit 1988 freischaffende Künstlerin (Malerei, Fotografie). Seit 1998 ist sie auch als Schriftstellerin tätig. Sie lebt in der Nähe von Münster/Westfalen.

KRIM.-ERZ.: 1999 Der Gesang der Sirene. Kleine Geschichten gegen das Einschlafen, NA 2000 Capricorn Literaturverlag
ALS HRSG.: seit Herbst 2002: Criminalis. Mordsgeschichten, Jahresheft für Krimifreunde, Capricorn Literaturverlag,
SONSTIGE PUBL.: Heitere und satirische Gedichte, Geschichten für Kinder, Gedichte und Erzählungen in verschiedenen Anthologien
MITGLIED: Syndikat
KONTAKT: d.puschmann@12move.de

Quinn, Henry → Ziegler, Thomas

Quint, Robert → Ziegler, Thomas

Rabisch, Birgit

Biografie: *9.1.1953 in Hamburg. B. Rabisch wuchs in Wilster auf und machte 1972 das Abitur in Uetersen. Sie studierte Soziologie und Germanistik an der Universität Hamburg, ist Dozentin für Deutsch als Fremdsprache an der VHS Hamburg und freie Schriftstellerin. Ihr Roman *Duplik Jonas 7* wurde ins Französische, Spanische und Griechische übersetzt. B. Rabisch ist verheiratet und hat zwei Kinder.

Kriminalromane: 1990 Bis der Mord sie scheidet … Kriminalroman aus der Altenpflege, Bund Verlag
Krim.-Erz.: 1992 *Eier im Glas*, in: Mit Zorn, Charme und Methode, Hrsg. Pieke Biermann, Fischer; 1993 *Schräglage*, in: Der Mörder zieht die Turnschuh an, Hrsg. Leo P. Ard, Grafit
Sonstige Publ.: Romane, Gedichte, Erzählungen, zahlreiche Beiträge in der Presse und im Rundfunk (SDR, NDR, WDR, ORF)
Preise: 1993 Literaturpreis Umweltschutz des Landes Nordrhein-Westfalen für *Duplik Jonas 7*
Kontakt: birgit@birgitrabisch.de; www.birgitrabisch.de

Rafelsberger, Marcus

Biografie: *3.1.1967 in Wien. Nach Wirtschafts- und Designstudium und ersten Jahren in Wiener Werbeagenturen lebte und arbeitete M. Rafelsberger von 1995 bis 2003 in Hamburg, wo sein erster Roman *Saubermann* und sein erster Krimi *Das Prinzip Terz* entstanden. Er arbeitet als Kommunikationsberater und Kreativer für Werbeagenturen und Unternehmen in Österreich und Deutschland. Vorübergehend schrieb er als Kolumnist für die österreichische Tageszeitung Der Standard.

Kriminalromane: 2004 Das Prinzip Terz, Emons

Rainer, Ulrike

Biografie: *6.2.1957 in Bad Aussee/Österreich. U. Rainer studierte in Wien Theaterwissenschaft und Kunstgeschichte und promovierte mit einer Dissertation über die Barockoper. Sie war als Dramaturgie- und Regieassistentin an einem kleinen Wiener Theater tätig und lebt und arbeitet als Autorin und Webdesignerin in Wien.

Kriminalromane: 2000 Flucht vor Armageddon, Militzke, Leipzig
Krim.-Erz.: 1994 *Unser tägliches Blut*, in: Jagd, Hrsg. Gernot Lauffer, Sterz 64, Graz; 1994 *Cynthia*, in: Blut in der Bassena, Hrsg. Michael Horvath, dtv; 2002 *Die Unberührte*, in: Alte Götter sterben nicht. Die Macht der schwarzen Magie. Hrsg. David Kenlock, Scherz, OA; 2004 *Halb Sechs*, in: Tatort Wien, Hrsg. Edith Kneifl, Milena, OA
Sonstige Publ.: Prosa, Libretti und Drehbücher
Preise: 1990 Carl Meyer Drehbuchförderpreis für *s'Tanzmohrl*; 1999 Eurocon Liste der 10 besten internationalen SciFi-Kurzgeschichten für *Scheinwelt*; 2001 Underground-Krimi des Monats November 2001 für *Flucht vor Armageddon*
Mitglied: Syndikat
Kontakt: ur@krimis.org; www.ulrikerainer.com

Rank, Heiner

Auch unter den Pseud.: A. G. Petermann, (gem. mit H.-A. Pederzani und Gerhard Neumann) und Heiner Heindorf
Biografie: *11.12.1931 in Nowawes, dem heutigen Babelsberg. H. Rank absolvierte nach dem Abitur eine Ausbildung als Industriekaufmann. Er arbeitete als Film-Geschäftsführerassistent sowie als Regie- und Dramaturgie-Assistent. Seit 1956 ist er freiberuflicher Schriftsteller. Er schrieb zwischen 1957 und 1959 gemeinsam mit H. A. Pederzani und Gerhard Neumann unter dem Gemeinschaftspseudonym A. G. Petermann eine Reihe von Kriminalromanen, von denen er später auch einige Stoffe für den Funk und das Fernsehen adaptierte. Übersetzungen seiner Romane und Erzählungen erschienen u. a. in Ungarn, Polen, der ◼CSR und der UdSSR.

Kriminalromane: 1957 Die Premiere fällt aus, (als A. G. Petermann), Das Neue Berlin, HC; 1958 Mord auf dem Flugplatz, (als A. G. Petermann), Das Neue Berlin; 1958 Spuk in der Villa Sonnenschein, (als A. G. Petermann), Das Neue Berlin; 1959 Meineid auf

Ehrenwort, (als A. G. Petermann), Verlag für Kultur und Fortschritt; 1959 Die Hunde bellen nicht mehr, (als A. G. Petermann), Das Neue Berlin; 1959 Hexylschmuggler, Verlag für Kultur und Fortschritt; 1959 Autodiebe, Verlag des Ministeriums für Nationale Verteidigung; 1961 Museumsraub in Kairo, (Heiner Heindorf), Militärverlag, Erzählerreihe 58; 1961 Export, (gem. mit Gerhard Neumann), Verlag Kultur und Fortschritt; 1962 Falschgeld, (gem. mit Gerhard Neumann), Militärverlag; 1964 Schüsse im Hafen, Militärverlag; 1967 Nebelnacht, Das Neue Berlin; 1968 Das grüne Gespenst, Das Neue Berlin, DIE 64; 1970 Modell Traumland, Das Neue Berlin; 1976 Die letzte Zeugin, DIE 180, NA 1978, rororo thriller 2458; 1987 Der bengalische Tiger, DIE; 1993 Goldener Sonntag, edition monade, Berlin Crime 8
KRIM.-ERZ.: 1960 Der grüne Stern, (als Heiner Heindorf), Verlag Kultur und Fortschritt
FUNK: 1958 AGP: Wasser bis zum Hals, (Kriminalhörspiel, Berliner Rundfunk); 1959 AGP: Die Hunde bellen nicht mehr, (Kriminalhörspiel, Berliner Rundfunk); 1979 Gestatten, ich bin ihr Mörder, (Kriminalhörspiel, Radio Poznan; Radio Budapest); 1978 Begegnung mit einer Fledermaus, (SF-Hörspiel; Rundfunk der DDR)
TV: 1959 Spuk in Villa Sonnenschein, (Deutscher Fernsehfunk), Drehbuch/Szenarium: H. Rank, gem. mit H.-A. Pederzani, nach dem gleichnamigen Roman, Regie: Klingenberg; 1973 Polizeiruf 110: Freitag gegen Mitternacht, (Serienfilm, 90 Min., Deutscher Fernsehfunk), Drehbuch: H. Rank, Regie: W. Rövekamp; 1980 Die Dorflinde, (Fernsehfilm, 50 Min., Fernsehen der DDR), Drehbuch: H. Rank gem. mit Rosel Klein, nach Motiven von H. Beseler, Regie: K. Hattop, EA 22.12.1980 DDR1
FILM: 1968 Mord am Montag, (DEFA), Drehbuch: H. Rank nach Motiven von Fritz Wisbar, Regie: Hans Kratzert; 1969 Nebelnacht, (DEFA), Drehbuch H. Rank und Helmut Nitzschke nach dem gleichnamigen Roman, Regie: Helmut Nitzschke; 1987 Die Vogelmühle, (DEFA), Drehbuch: H. Rank, gem. mit Rosel Klein, Regie: H. Unterberg
SONSTIGE PUBL.: Science-Fiction-Erzählungen in Anthologien, weitere Romane
MITGLIED: Syndikat

Rausch, Roman
Biografie: *1.3.1961. R. Rausch studierte Betriebswirtschaft, Marketing und Medienwissenschaft. Seit 1988 ist er freiberuflich in der Medienbranche – Journalist in den Bereichen Politik, Wirtschaft und Soziales – und als Ideenentwickler tätig.

KRIMINALROMANE: 1999 Tiepolos Fehler; 2000 Wolfsbrut; 2001 Kilian – In Sachen Mord
SONSTIGE PUBL.: Drehbücher, eine Erzählung
MITGLIED: Syndikat
PREISE: 2002 BoD AutorenAward
KONTAKT: www.roman-rausch.de

Raymond, Jack → Bekker, Alfred

Rech, Kerstin
Biographie *in Blieskastel im Saarland. Nach drei Semestern Mathematikstudium und neben verschiedenen sehr unterschiedlichen Jobs – von der Lagerarbeiterin bis zur Redakteurin einer Firmenzeitung – ist K. Rech heute als freie Autorin tätig. Sie lebt in Stuttgart.

KRIMINALROMANE: 2003 Das fünfte Geschlecht, Leda; 2004 Der Permes, Leda
SONSTIGE PUBL.: Hörspiele.
PREISE: 2004 Nominierung für den Glauser-Preis für das bestes Debüt für *Das fünfte Geschlecht*; 1996 Preisträgerin beim Wettbewerb *Microracconti-Mikrogeschichten* für *Zehn Minuten*
MITGLIED: SinC; Syndikat

Rehn, Heidi
Biografie: *18.10.1966 in Koblenz-Moselweiß. K. Rehne wuchs in Boppard am Rhein auf, ging nach dem Abitur zum Studium der Germanistik, Geschichte, BWL und Kommunikationswissenschaften nach München (1986-1992). Nach dem Abschluss (M.A.) war sie zunächst als wissenschaftliche Mitarbeiterin am Institut für Bayerische Literaturgeschichte an der LMU München tätig (1992/93), danach wechselte sie als Beraterin in eine PR-Agentur. Seit 1997 arbeitet sie als freie Journalistin und lebt in München.

KRIMINALROMANE: 2003 Theo Erbe; Rheintal-Krimi, Emons; 2005 Thonets Gesellen. Historischer Kriminalroman, Emons
KRIM.-ERZ.: 2003 *In Loam dahoam*, in: Tatort München, Vertigo; 2004 *Beichte auf Probe*, in: Tatort Kanzel, Wittig Verlag

SONSTIGE PUBL.: Roman
MITGLIED: SinC; Syndikat
Homepage: www.dierehn.de

Reimann, Hubert

Biographie: *14.1.1936 in Ferna/Eichsfeld. H. Reimann wohnt in der Soester Börde. Er war Volkschullehrer, Lehrer an Schulen für Lernbehinderte und nebenberuflich Organist.

KRIMINALROMANE: 2001 Mord im Eichsfeld, Prolibris; 2004 Der unsichtbare Schleier, Wagner Verlag
MITGLIED: Syndikat
KONTAKT: www.hubert-reimann.de

Reinecker, Herbert

auch unter den Pseud.: Alex Berg, Herbert Dührkopp
Biografie: *24.12.1914 in Hagen, Westfalen. H. Reinecker wurde als Sohn eines Reichsbahnbeamten in Hagen geboren, besuchte dort die Schule bis zum Abitur (1935). Bereits mit 15 Jahren wurde er Mitarbeiter in der Lokalredaktion der HAGENER ZEITUNG. Anschließend war H. Reinecker in Münster als Chefredakteur der Zeitschrift LANDESJU-GENDPFLEGE tätig.

Um 1936 zog er nach Berlin zur Reichsjugendführung und redigierte dort die Jugendzeitschrift Jungvolk.

Erste größere Erfolge als Schriftsteller hatte er mit einigen Dramen, die er zwischen 1940 und 1942 schrieb. Sein Bühnenstück *Das Dorf bei Odessa* erlebte zahlreiche Aufführungen, das Stück *Der Mann mit der Geige* wurde 1942 unter dem Titel *Der Fall Rainer* verfilmt.

Noch vor Kriegsende verfasste Reinecker 1944 das Drehbuch zu dem Film *Junge Adler*, der vom NS-Regime mehrfach preisgekrönt wurde.

Nach dem Krieg hielt Herbert Reinecker sich als Leiter und alleiniger Autor eines Feuilletonpressedienstes in der Pfalz am Leben, verfasste einige Romane und zahlreiche Kurzgeschichten. In den Fünfzigerjahren wurde Herbert Reinecker ein viel beschäftigter

Drehbuchautor für deutsche Unterhaltungs- und Kriminalfilme. Er adaptierte nicht nur Stoffe von Kurt Tucholsky und Georges Simenon, sondern schrieb sowohl unter seinem eigenen Namen als auch unter dem Pseudonym Alex Berg einige Bücher für Filme der Edgar-Wallace-Serie. Für einige seiner Leistungen erhielt er Auszeichnungen, unter anderem einen Bundesfilmpreis.

Anfang bis Mitte der 50er-Jahre schrieb Reinecker gemeinsam mit dem Hörspielautor Christian Bock unter dem Pseudonym Herbert Dührkopp einige Hörspiele für den NWDR. Ein Teil dieser Texte wurde später auch als Fernsehspiel im Programm des NDR umgesetzt.

Danach begann H. Reineckers Fernsehzeit. Er schrieb in den folgenden Jahren zunächst mehrere dreiteilige Kriminalfilme in der Durbridge-Tradition und widmete sich anschließend weitgehend dem Verfassen von Drehbüchern seiner Fernsehserie *Der Kommissar*. Als Nachfolgeserie zum *Kommissar* schuf er in den Siebzigerjahren die Serie *Derrick*, für die er bis 1998 alle 281 Folgen schrieb. Außer für diese Serien schrieb H. Reinecker noch zahlreiche Episoden für ZDF-Specials, sowie die Senioren-Reihe *Jakob und Adele* und einige Beiträge für die Serie *Traumschiff*.

KRIMINALROMANE: 1970 11 Uhr 20, Gersbach & Sohn, HC, (Roman zum TV-3-Teiler); 1973 Der Kommissar greift ein: Keiner hörte den Schuß, Scherz 428; 1973 Das Mädchen von Hongkong, R. S. Schulz HC, (Roman zum Film); 1973 Der Kommissar und der Papierblumenmörder, Scherz 407; 1977-79 Die Kommissar-Serie bei Bastei: Der Kommissar und die Tänzerin, Bastei 35001; Riskanter Alleingang, Lübbe 35002; Der Kommissar und der Despot, Bastei 35003; Der Fall Quimper, Bastei 35004; Der Mann aus dem Jenseits, Bastei 35005; Das Tor zur Hölle, Bastei 35006; Ein Denkmal wird erschossen, Bastei 35007; Der Kommissar und die Süchtige, Bastei 35008; Die Wahrheit im Mordfall Goos, Bastei 35005; Der Kommissar und die Zuhälter, Bastei 35010; Die Mädchen vom Café Leopold, Bastei 35011; Wie kriegen wir Bodetzky?, Bastei 35012

1977/78 Die Karwenna-Serie bei Bastei: Mord im Hofgarten, Bastei 39001; Die Nacht des Jaguar, Bastei 39002; Spiel mit bei Mord, Bastei 39003; Mündungsfeuer, Bastei 39004; Hinter der letzten Tür, Bastei 39005; Karwenna und die Musiker, Bastei 39006; Die Strandläufer, Bastei 39007; 1987 Wer erschoß Boro, Harenberg

KRIM.-ERZ.: 1971 Der Kommissar läßt bitten, Lichtenberg, HC; 1975 Der Kommissar und das Messer im Rücken, Scherz 503

FUNK: 1951 Morgen mußt du antworten, (NWDR); 1953 Abteilung für Notwohnungen, (NWDR); 1954 Der Teufel fährt 3. Klasse, (als Herbert Dührkopp, NWDR); 1954 Vater braucht eine Frau, (als Herbert Dührkopp, NWDR);

TV: Der Kommissar, (97 Folgen); Derrick, (281 Folgen)

SONSTIGE PUBL.: Zahlreiche Romane, Erzählungen und Drehbücher fürs Fernsehen, Dramen

PREISE: 1955 Bundesfilmpreis für *Canaris*; Goldene Kamera; Drei Bambis, Bayerischer Fernsehpreis; Tele-STAR

Reinhard, Gitta → List, Gitta

Reinhold, Fritz → Grömmer, Helmut

Reisdorf, Theodor J.

Biografie: *29.1.1935 in Neuss. Th. J. Reisdorf erlernte nach dem Abitur den Beruf des Industriekaufmanns und studierte anschließend in Hamburg, Köln und Mannheim Wirtschafts- und Sozialwissenschaften mit dem Abschluss als Diplom-Handelslehrer. Sein Referendariat leistete er in Bielefeld ab, anschließend arbeitete er als Studienrat und Oberstudienrat in Aachen, Norden und Emden. Mit *Land, Leute und Leichen* veröffentlichte er 1982 seinen ersten Kriminalroman, dem weitere Titel folgten. Reisdorf kreierte den so genannten »Friesenkrimi«, was Kriminalstories bezeichnet, die im Norden Deutschlands angesiedelt sind.

KRIMINALROMANE: 1982 Land, Leute und Leichen, Bastei 36054; 1984 Inselschönheit, Bastei 37021; 1986 Jadedistel, Bastei 37043; 1987 Der Mord macht die Musik, Bastei 19509; 1987 Friesen-Morde, Bastei Sammelband 19525 (mit Romanen Nr. 1, 2 und 3); 1990 Du sollst nicht begehren, Bastei 19540; 1991 Die toten Mädchen von Jever, Bastei 19556; 1992 Tödliche Teestunde, Bastei 19574; 1993 Die Tote vom Nordstrand, Bastei 19580; 1995 Noch mehr Friesenmorde, Bastei 19600 (Sammelband mit Romanen Nr. 4, 5 und 6); 1995 Mord im Fischerhafen, Bastei 19602; 1996 Todestörn vor Juist, Bastei 19609; 1997 Das Dünengrab, Bastei 13886; 1998 Deiche – Dünen – Friesenmorde, Bastei Sammelband 13997 (mit Romanen Nr. 7, 8 und 9); 1999 Tod vor Borkum, Bastei 14226; 2000 Friesischer Tod, Bastei 14352; 2001 Mörderische Friesenhochzeit, Bastei 14541; 2002 Inselmorde, Bastei, (Sammelband mit Romanen Nr. 10, 11 und 12); 2003 Letzter Törn nach Spiekeroog, Bastei Lübbe 14890; 2005 Der Tote im Maisfeld, Bastei-Lübbe

KRIM.-ERZ.: 2003 13 kleine Friesenmorde, (Stories), Bastei Lübbe 14904

VERFILMUNGEN: 1997 Tatort: Mord hinterm Deich, (Serienfilm, 90 Min., NDR), Drehbuch: Raimund Weber frei nach dem Roman *Tödliche Teestunde* von Th. J. Reisdorf, Regie: Olaf Kreinsen, EA 8.6.1997

MITGLIED: Syndikat

Reißmann, Britt

Biografie: *1963 in Naumburg/Saale. Ihre Sturm-und-Drang-Zeit verbrachte B. Reißmann im »Ossiland – on the road«. Sie absolvierte eine Ausbildung als Intarsienschneiderin, anschließend eine Gesangsausbildung am Händel-Konservatorium in Halle. 1991 siedelte sie nach Baden-Württemberg über und war zuerst im Hotelservice tätig, danach für eine Hausverwaltung. Heute ist sie bei der Mordkommission Stuttgart angestellt.

KRIM.-ERZ.: 2003 *Toskana culinaria oder Das Schweigen der Hühner*, in: Mord à la carte, Hrsg. Andreas May, Edition Ponte Nuvo; 2003 *König für einen Tag*, in: 24.12. – Ein Tag und seine Bedeutung, Hrsg. Beate Schütz, Edition Ponte Novu; 2004 *Aschenputtel auf Schwäbisch*, in: Mord isch hald a Gschäft, Hrsg. Lisa Kuppler, Argument; 2004 *Wein, Weib und Gesang*, Hrsg. André Restau, Edition Ponte Nuvo; 2004 *Im Strafraum*, in: Tore, Punkte, Leidenschaften, Hrsg. Andreas May, Edition Ponte Nuvo; 2004 *Eulen über Grummelsbach*, in: Wirbel um Harry P., Hrsg. Andreas May, Edition Ponte Nuvo

MITGLIED: SinC

Reschke, Torsten

auch unter dem Pseud.: Jerry Cotton
Biografie: *22.9.1943. T. Reschke hielt sich mit Gelegenheitsjobs über Wasser. Seit 1963 arbeitet er als Autor. Mit seiner Hörspielreihe um einen Staatsanwalt für Wirtschaftsstrafsachen befasste sich Reschke als einer der ersten deutschen Krimiautoren mit den Themen Wirtschafts- und Weiße-Kragen-Kriminalität.

KRIMINALROMANE: 1972 Lauf, Mörder, lauf, Kelter 822; 1973 Japanisches Spielzeug, Kelter 826
SONSTIGE PUBL.: Zahlreiche Romanhefte, Hörspiele und Kriminalerzählungen in Zeitschriften

Reuther, Marianne

Biografie: *11.10.1929 in Ortenberg. M. Reuther wuchs in Frankfurt/Main auf. Sie besuchte die Lehrerbildungsanstalt in Königstein und die Werkkunstschule Offenbach. Als Entwurfszeichnerin war sie in einem Architekturbüro tätig, später als Prokuristin im Außenhandel. Berufliche Reisen führten sie in den Orient. Sie lebt in Dreieich-Buchschlag bei Frankfurt am Main, im Sommerhalbjahr auf ihrem Segelboot im Mittelmeer.

KRIMINALROMANE: 1999 Okto Sapiens, edition fischer; 2001 Der Tod ist zu schade für dich, Fischer & Fischer Medien AG
KRIM.-ERZ.: 1998 *Das Bauland*, in: Marianne Reuther: Kurzes Glück. Lyrik und Prosa, edition fischer; 2001 *Briefe aus Mosbach*, in: Das Verbrechen lauert überall. Briefe aus Mosbach und andere Bluttaten, VdC; 2002 *Roter Klee*, in: Roter Klee und andere Kriminalgeschichten, Ulmer Manuskripte; 2003 *Wohl dem, der erbt*, Kriminalgeschichten, VdC; 2003 *Ohrmuschelragout*, in: Letzte Worte, Hrsg. Nadine Barth, Scherz 1957; *Was verbirgt sich hinter Wärrera?*, in: Tatorte Hessen, Hrsg. Karl-Michael Stöppler, Societäts-Verlag
PREISE: 2003 Nominierung für den Agatha-Christie-Preis für *Ohrmuschelragout*
MITGLIED: Syndikat
KONTAKT: DF5ZG@aol.com

Richartz, Rüdiger → Zweyer, Jan

Richter, Andrea → Isari, Andrea

Riebe, Brigitte → Stern, Lara

Riedel, Helga

Biografie: H. Riedel war als Lehrerin tätig, ehe sie längere Zeit in England lebte und sich danach auf einer nordfriesischen Insel niederließ. H. Riedels Romane sind packende Psychodramen, die geschickt alle Elemente des Thrillers mit genauer sozialer und gesellschaftlicher Beobachtung verbinden. Nach einem schweren Unfall zog sich H. Riedel aus der literarischen Szene zurück.

KRIMINALROMANE: 1983 Einer muß tot, rororo 2656; 1984 Wiedergänger, rororo 2682; 1985 Ausgesetzt, rororo 2715
TV: 1991 Tote leben länger, (Fernsehfilm, 100 Min., ZDF), Drehbuch: Eva Maria Mieke nach dem Roman *Wiedergänger* von H. Riedel, Regie: Ines Maria Krämer
PREISE: 1985 Deutscher Krimi-Preis für *Wiedergänger*

Riemann, Jutta

Biografie: *17.12.1949 in Caputh bei Potsdam. J. Riemann verbrachte ihre Kindheit in Deutschland und Norwegen. Nach ihrer Schauspielausbildung an der Studio-Bühne Berlin und beim Sender Freies Berlin arbeitete sie für Theater und Fernsehen. In den 70er-Jahren begann sie zu malen. Es folgten zahlreiche Einzel- und Gemeinschaftsausstellungen in Deutschland. Seit den 80ern lebt sie in Berlin und in den USA und widmet sich auch der Fotografie (diverse Einzelausstellungen). Seit Mitte der 90er-Jahre schreibt J. Riemann Krimis.

KRIMINALROMANE: 2001 Scar Blues, Militzke
SONSTIGE PUBL.: Beiträge für Autoren-Handbücher
MITGLIED: Syndikat

Riesling, Hans → Ehry, Norbert

Rißmann, Hartmut

Biografie: *24.3.1954 in Wermelskirchen. H. Rißmann ist gelernter technischer Kaufmann im Bereich Elektrotechnik und Versorgungstechnik. Anschließend war er als Komponist und Texter in der Hamburger Musikszene aktiv. Heute ist er ehrenamtlich in Heimatvereinen tätig und war Vorsitzender des Bavener Schützenvereins. Mit Zeitungsartikeln und Kurzkrimis tritt er aktiv gegen die rechte Szene auf. Er veröffentlichte zahlreiche Chroniken und heimatkundliche Abhandlungen und betätigt sich als Ghostwriter. H. Rißmann lebt in Hermannsburg.

Kriminalromane: 2002 Die Feuerkatze, Schardt Verlag; 2003 Blutorangen für Deutschland, Schardt Verlag; 2004 Das Lied von den Engelsaugen, Schardt Verlag
Krim.-Erz.: 2003 Erst als der Regen kam (im Internet); 2004 Für die Mieter einen Regenbogen (im Internet)
Sonstige Publ.: Verschiedene Publikationen im Bereich Science-Fiction, Erzählungen
Mitglied: Syndikat; AAS (Ancient Astronaut Society)
Homepage: www.Germburg.de

Ritzel, Ulrich

Biografie: *1940 in Pforzheim. U. Ritzel verbrachte Kindheit und Jugend auf der Schwäbischen Alb. Er studierte Jura in Tübingen, Berlin und Heidelberg. Danach schrieb er für Zeitungen und so gut, dass er z.B. 1981 mit dem begehrten Wächter-Preis ausgezeichnet wurde.
Er arbeitete 35 Jahren im Journalismus, u.a. in Mannheim, Kempten, Aichach, Nördlingen, Frankfurt, Friedrichshafen und zuletzt – auch mit Gerichtsreportagen – als Chefreporter in Ulm. 1999 debütierte er als Krimiautor mit *Der Schatten des Schwans*, einem in Stuttgart angesiedelten Thriller, den er in – so die Verlagsinformation – in wenigen Wochen geschrieben hat.

Kriminalromane: 1999 Der Schatten des Schwans, Libelle, HC; 2000 Schwemmholz, Libelle, HC; 2001 Die schwarzen Ränder der Glut, Libelle, HC
Preise: 1981 Wächter-Preis; 2001 Deutscher Krimi-Preis für *Schwemmholz*

Rock, C. V.

Pseud. für: Kurt W. Roecken
Weitere Pseudonyme: Henry Walter, Cecil V. Freed, Anthony Michael, Edgar T. Stirling
Biografie: *18.6.1906 in Berlin, †23.2.1985 in München. K. W. Roecken studierte Kunstgeschichte und arbeitete als Redakteur von Musikzeitschriften. In den 30er-Jahren begann er, Unterhaltungsliteratur zu schreiben. Nach dem Krieg erlebten seine neuen (und alten) Kriminal- und Unterhaltungsromane verschiedene Auflagen und wurden bis in die 70er-Jahre in verschiedenen Romanheftreihen nachgedruckt.

Kriminalromane: 1934 Spuk ums Kupferhaus, Kulturelle Verlagsgesellschaft, Iris Krimi; 1935 Berghotel Forbacher, P. J. Oestergaard; 1935 Der Stern von Korsika, Kulturelle Verlagsgesellschaft, Iris Krimi; 1935 Die Todeskabine, Verlagsanstalt Ross; 1936 Colt Nummer 7, Kulturelle Verlagsgesellschaft, Iris Silber Krimi; 1936 Der Ardison-Schwindel, Kulturelle Verlagsgesellschaft; 1936 Der Räuber vom Libanon, Sauerberg; 1936 Lebt Foster wirklich, Kulturelle Verlagsgesellschaft, Iris Silber Krimi; 1936 Möller hilft der Polizei, Kulturelle Verlagsgesellschaft, Iris Krimi; 1936 Schuß im Ring, Auffemberg; 1936 Was macht die Polizei, Kulturelle Verlagsgesellschaft, Iris Krimi; 1937 Das Trinkgeld, Auffemberg; 1937 Day, Day & Day, Kulturelle Verlagsgesellschaft, Iris Silber Krimi; 1937 Der Fehler, Auffemberg; 1937 Der Gangster Professor, Kulturelle Verlagsgesellschaft, Iris Silber Krimi; 1937 Der Grenzstein im Rucksack, Kulturelle Verlagsgesellschaft, Iris Krimi; 1937 Der mordende Geist, Kulturelle Verlagsgesellschaft, Iris Silber Krimi; 1937 Die Verdächtigen, Auffemberg; 1937 Die Wolkenkratzer-Garde, Kulturelle Verlagsgesellschaft, Iris Silber Krimi; 1937 Eddys Dollar, Auffemberg; 1937 Gangster in der Prärie, Kulturelle Verlagsgesellschaft, Iris Silber Krimi; 1937 Großhehler Manzetti, Auffemberg; 1937 Patent Nr. 13013, Auffemberg, AV Kriminalroman; 1937 Strangulation, Kulturelle Verlagsgesellschaft, Iris Silber Krimi; 1938 67 Minuten im Tresor, Kulturelle Verlagsgesellschaft, Iris Silber Krimi; 1938 Berghotel Forbacher, Oestergaard; 1938 Das Todeshoroskop, Kulturelle Verlagsgesellschaft, Iris Silber Krimi; 1938 Der Nagelteppich, Kulturelle Verlagsgesellschaft, Iris Silber Reihe; 1938 Der Schuß auf den Redner,

Kulturelle Verlagsgesellschaft. Iris Silber Krimi; 1938 Der tote Jack macht Schwierigkeiten, Auffemberg; 1938 Der Tyrann von Chicago, Auffemberg; 1938 Die gelbe Unterwelt, Kulturelle Verlagsgesellschaft, Iris Silber Krimi; 1938 Die Kugel im Glas, Kulturelle Verlagsgesellschaft, (spät: Lehning Nr. 4); 1938 Die schwarze Legion, Auffemberg; 1938 Drei Tage Al Capone, Auffemberg; 1938 Hotel-Pension »St. Pauli«, Lipsia; 1938 Mord an der Steilwand, Kulturelle Verlagsgesellschaft, Iris Silber Krimi; 1938 Nicht verjährt/Gangster Justiz, Auffemberg; 1938 Wer stahl Lord Ashborn, Auffemberg; 1939 Auf der einsamen Straße, Auffemberg; 1939 Aufruhr im Zuchthaus, Auffemberg; 1939 Der Klageruf, Auffemberg; 1939 Die Feuertreppe, Kulturelle Verlagsgesellschaft, Iris Silber Krimi; 1939 Hände hoch, Auffemberg; 1939 Kapitän Croft geht anderer Wege, Kulturelle Verlagsgesellschaft, Iris Silber Krimi; 1939 Kennwort Machin, Auffemberg; 1939 Mörder ohne Nerven, Auffemberg; 1939 Rummelbrüder, Auffemberg; 1939 Zehn Gramm Blausäure, Auffemberg; 1939 Zeitungs-Jimmy, Auffemberg; 1939 Zwölf Stunden zu spät, Auffemberg; 1940 Das kalte Licht, Auffemberg; 1940 Der Vorkoster. Auffemberg; 1940 Die eisernen Burschen, Kulturelle Verlagsgesellschaft, Iris Silber Krimi; 1940 Haftbefehl aufgehoben, Auffemberg; 1940 Meister der Klinge, Auffemberg; 1940 Verbrechen lohnt sich nicht, Oestergard; 1940 Wasser des Todes, Auffemberg; 1941 Der bunte Talismann, Lipsia; 1941 Die stählerne Tänzerin, Kranich/Pinguin; 1942 Ein Telegramm für Sie, Kranich/Pinguin; 1942 Geschichte eines Golddollars, Schützen; 1942 Mach doch mit, Kranich/Pinguin; 1948 Der romantische Mörder, Drei Masken, Krimi Nr. 4; 1948 Die Feuertreppe, Müller-Settele, Silberhornreihe Nr. 1; 1948 Glorietta und der Schmugglerkönig, Drei Raben, Krimi Nr. 5; 1948 Sturz aus der Steilwand, Ibis; 1950 Goldkette in Hollywood, Baur; 1950 Nacht im Kielraum, Baur; 1950 Rätsel um Dr. Zaratas Tod, C. S. Dörner & Co.; 1951 Kampf im Schatten, als Anthony Michael, Meister; 1951 Der Fall Untermieter, als C. V. Freed, Meister; 1951 Das Chicago Quintett, Meister; 1951 Kampf im Schatten, als M. Anthony, Meister; 1951 Stern von Korsika, Argus; 1952 Auf der einsamen Straße, Netsch; 1952 An den Tod verkauft, als C. V. Freed, Meister; 1952 Einbruch beim Mörder, als C. V. Freed, Meister; 1952 Diktator der Unterwelt, Meister; 1952 Klapperschlangen Eddy, Goldring; 1952 Richard 311, als M. Anthony, Meister; 1952

Nur ein Kerzenlicht, Meister; 1952 Raubritter des XX. Jahrhunderts, Meister; 1953 Das Geheimnis der erloschenen Lampen, Zauberkreis, Silber Roman 24; 1954 Anthony Michael: Terror in Texas, Zauberkreis, Silber Roman 79; 1954 Sirenen am Broadway, Goldring; 1955 Der schlafende Tod, Zauberkreis, Silber Krimi 90; 1955 Die Flucht aus der Todeszelle, Balowa, Balwe; 1955 Die Göttin des Todes, Zauberkreis, Silber Krimi 105; 1955 Zehn Prozent von Null, Zauberkreis, Silber Krimi 97; 1956 Chappel ist im Bilde, Balowa; 1956 Die Kanalgang, Balowa; 1956 Geheime Kommandosache Grüner Zwerg, Goldring; 1957 Bei lebendigem Leib, Balowa; 1957 Bei lebendigem Leibe, Balowa, Balve, (später Panther Buch 171); 1957 Fremde Girls, fremdes Geld, Balowa; 1957 Hände hoch, Lehning Kriminal-Taschen-Romane Nr. 2; 1957 Mister Wynn mußte sterben, Balowa; 1957 Visum für die Hölle, Balowa; 1958 Chicago Dschungel, Balowa; 1958 Das Grab im Michigan See, Balowa; 1958 Der 4. Grad, Balowa; 1958 Mord oder Magie, Balowa; 1958 Tuckers Aufschub abgelehnt, Balowa; 1959 Die Lumpen Parade, Balowa; 1959 Gangsterland 1959, Balowa; 1959 Tod und Teufel GmbH, Balowa; 1960 Die schweigsamen Drei, Lehning Panther 160; 1960 Fünf Tage Frist, Lehning Panther, Sonderband 13; 1960 Das Grab im Michigan See, als H. Walter, Lehning Panther 173; 1961 Vier rote Spritzer, Kranich, Blaulicht Krimi 1; 1980 Die Goldpuppen-Gang, Kelter 1128

SONSTIGE PUBL.: Zahlreiche Romane, Drehbücher für Unterhaltungsfilme und Serien, Kurzkrimis, Liebes- und Fortsetzungsromane für Zeitschriften

Rodik, Belinda

Biografie: *1969. B. Rodik arbeitete als Journalistin und Werbetexterin. Seit 1997 lebt sie als freie Autorin.

KRIM.-ERZ.: 2000 *Rheinfahrt*, in: Rheinleichen, Hrsg. Ina Coelen u. Ingrid Schmitz, Emons; 2001 *Alle Tage wieder*, in: Teuflische Nachbarn, Hrsg. Ina Coelen u. Ingrid Schmitz, Scherz

SONSTIGE PUBL.: Historische Romane und Jugendbücher

MITGLIED: SinC

Rodrian, Irene

Biografie: *12.11.1937 in Berlin. I. Rodrian arbeitete als Werbeberaterin und Grafikerin. Zu Beginn ihrer Tätigkeit als Autorin jobbte sie nebenbei als Schaufensterdekorateurin und Verkäuferin. I. Rodrians Psycho-Studien sind häufig im Künstler- und Freiberufler-milieu angesiedelt und sezieren im Rahmen konventioneller Krimimuster Lebensverhält-nisse und Lebenslügen ihrer Figuren.

KRIMINALROMANE: 1967 Tod auf St. Pauli, Gold-mann 2298, NA 1977 rororo 2432; 1969 Bis mor-gen, Mörder, rororo 22173; 1970 Wer barfuß über Scherben geht, rororo 2194; 1971 Finderlohn, rororo 2213; 1974 Küßchen für den Totengräber, rororo 2307; 1975 Die netten Mörder von Schwa-bing, rororo 2347; 1975 Ein bißchen Föhn, und du bist tot, rororo 2334; 1976 Der Tod hat hitzefrei, rororo 2389; 1977 Du lebst auf Zeit am Zucker-hut, rororo 2372; 1978 … trägt Anstaltskleidung und ist bewaffnet, rororo 2419; 1980 Schlaf, Büb-chen, schlaf, Rowohlt, HC, NA 1983 rororo 5084; 1981 Hausfrieden, Steinhausen, HC, NA 1982 Heyne 6132; 1982 Vielliebchen, Heyne 6035; 1983 Schlagschatten, Heyne 6209, NA 1993 als rororo 3094; 1985 Handgreiflich, Benziger Verlag, HC, 1989 Heyne 7741; 1986 Das Mädchen mit dem En-gelsgesicht, Heyne 6653; 1988 Über die Klippen, Heyne 7625; 1988 Bei geschlossenen Vorhängen, Heyne 7675; 1989 Friss, Vogel, oder stirb!, rororo 2910; 1992 Strandgrab, rororo 3014; 2002 Meines Bruders Mörderin, List Verlag; 2003 Im Banne des Tigers, List Verlag

KINDERKRIMIS: 1965 Prima prima Detektive, F. Schneider Verlag; 1966 Diebe mögen keine Sonne, F. Schneider; 1971 Ein Zeuge zu viel, Arena; 1972 Der Mann im Schatten, Arena, 1977 NA Arena Tb 1320; 1976 Blöd, wenn der Typ draufgeht, rotfuchs 113; 1987 Küß mich, Knacki, rotfuchs 450

KRIM.-ERZ.: 1977 Tote Katze, rororo 2407; 1984 Die Frau mit dem Jaguar, Heyne 6438

FUNK: 1974 Der Mord nebenan, (Hörspiel, WDR); 1982 … trägt Anstaltskleidung und ist bewaffnet, (Hörspiel, BR), Bearbeitung: Lilan Westphal

TV: 1976 Einöd, (Fernsehfilm, ZDF), Drehbuch: Nicolaus Richter nach dem Roman *Ein bißchen Föhn, und du bist tot* von I. Rodrian, Regie: Gün-ter Gräwert, EA 30.4.1976 ZDF; 1978 Ein typischer Fall, (Fernsehfilm, 79 Min., SFB), Drehbuch: I. Rodrian, Regie: Fritz Umgelter, EA 6.1.1980; 19? Hamburg transit: Der kleine Bruder, (Serienepi-sode, 25 Min., NDR), Drehbuch: I. Rodrian, 19? Hamburg transit: Das Interview, (Serienepisode, 25 Min., NDR), Drehbuch: I. Rodrian, Regie: Her-man Leitner; 1978 Unendlich tief unten, (Fern-sehfilm, 103 Min., NDR), Drehbuch: Pete Ariel und I. Rodrian, Regie: Pete Ariel, mit Hans Peter Korff EA 27.9.1978 ARD; 1978/79 Kläger und Be-klagte, (13 Teile, Fernsehserie, ZDF), Drehbuch: I. Rodrian, Friedhelm Werremeier, Ann Ladiges, Regie: Michael Lähn, EA 16.11.1983 ZDF; 1979 Tatort: Mitternacht oder kurz danach, (Serien-film, 90 Min., SWF), Drehbuch: I. Rodrian, Regie: Michael Lähn, EA 26.8.1979 ARD; 1979 Achtung Kunstdiebe, (13 Teile, Fernsehserie, je 25 Min., ZDF), Buch: Reinfried Kreilich, I. Rodrian und Manfred Seide, Regie: Ulrich Stark und Manfred Seide, EA 23.4.1977 ZDF; 1981 Tatort: Das Le-derherz, (Serienfilm, 90 Min., SWF), Drehbuch: I. Rodrian, Regie: Imo Moszkowicz, EA 3.5.1981 ARD; 1982 Ein Fall für Zwei: Alte Pistolen, (Se-rienepisode, 60 Min., ZDF), Drehbuch: I. Rodrian, Regie: Peter Weck, EA 27.8.1982 ZDF; 1982 Ein Fall für Zwei: Überstunden, (Serienepisode, 60 Min., ZDF), Drehbuch: I. Rodrian, Regie: Wolfgang Luderer, EA 23.7.1982 ZDF; 1985 Es muß nicht immer Mord sein: Das Arrangement, (Serienepi-sode, 25 Min., ZDF), Drehbuch: I. Rodrian, Regie: Michael Mackenroth; 1997 Sophie – schlauer als die Polizei erlaubt: Ein Grab an der Donau, (Fern-sehserie, 90 Min., SAT 1), Drehbuch: I. Rodrian, Regie: Franz Peter Wirth, EA 2.6.1997; 1997 So-phie – schlauer als die Polizei erlaubt: Mein Spatz singt nicht mehr, (Fernsehserie, 60 Min., SAT 1), Drehbuch: I. Rodrian, Regie: Torsten Fischer, EA 9.6.1997; 1997 Sophie – schlauer als die Polizei erlaubt: Blut im Schuh, (Fernsehserie, 60 Min., SAT 1), Drehbuch: I. Rodrian, Regie: Fanz Peter Wirth EA 16.6.1997; 1997 Sophie – schlauer als die Polizei erlaubt: Der Fingermörder, (Fernsehse-rie, 60 Min., SAT 1), Drehbuch: I. Rodrian, Regie: Franz Peter Wirth, EA 23.6.1997; 1997 Sophie – schlauer als die Polizei erlaubt: Ein wahrer Gent-leman, (Fernsehserie, 60 Min., SAT 1), Drehbuch: I. Rodrian, Regie: Torsten Fischer, EA 7.7.1997; 1997 Sophie – schlauer als die Polizei erlaubt: Zeit zu sterben, (Fernsehserie, 60 Min., SAT 1), Dreh-buch: I. Rodrian, Regie: Franz Peter Wirth, EA 21.7.1997; 1997 Sophie – schlauer als die Polizei erlaubt: Das letzte Mahl, (Fernsehserie, 60 Min., SAT 1), Drehbuch: I. Rodrian, Regie: Rolf Liccini, EA 28.7.1997; 1997 Sophie – schlauer als die Poli-zei erlaubt: Das Geheimnis der Puppe, (Fernseh-serie, 60 Min., SAT 1), Drehbuch: I. Rodrian, Regie: Rolf Liccini, EA 4.8.1997; 1997 Sophie – schlauer als die Polizei erlaubt: Hundstage, (Fernsehserie, 60 Min., SAT 1), Drehbuch: I. Rodrian, Regie: Rolf Liccini, EA 18.8.1997; 1997 Sophie – schlauer

als die Polizei erlaubt: Der unsichtbare Tod, (Fernsehserie, 60 Min., SAT 1), Drehbuch: I. Rodrian, Regie: Rolf Liccini, EA 25.8.1997; 1997 Sophie – schlauer als die Polizei erlaubt: Eiszeit, (Fernsehserie, 60 Min., SAT 1), Drehbuch: I. Rodrian, Regie: Franz Peter Wirth, EA 1.9.1997
Sonstige Publ.: Mehrere Jugendbücher
Preise: Edgar-Wallace-Preis für *Tod auf St. Pauli*
Kontakt: irodrian@interbook.net

Roecken, Kurt W. → **Rock, C. V.**

Rönsch, Rainer
Auch unter dem Pseud. Wolf Haase
Biografie: *23.6.1942 Dresden. R. Rönsch ist Diplomübersetzer für Englisch und Spanisch. Seit 1981 arbeitet er freiberuflich.

Kriminalromane: 1989 Mordmuster, Mitteldeutscher Verlag; 1996 (als Wolf Haase) Der Sturz des Stellvertreters, Verlag Die Scheune
Sonstige Publ.: Mehrere Kriminalerzählungen in der Reihe Blaulicht; zahlreiche Übersetzungen von Belletristik aus dem Englischen

Rohmer, Henry → **Bekker, Alfred**

Rolla, Alf
Biografie: *5.4.1953 in Herne. A. Rolla, Sohn eines Bergmanns, volontierte bei den Ruhr-Nachrichten in Dortmund, später arbeitete er bei Bild in Essen-Kettwig, Düsseldorf und Köln sowie anschließend bei den Rundfunksendern Radio Luxemburg (Düsseldorf) und Radio RPR (Köln). Heute ist er Buchautor und Journalist. Mit seinem Krimi *Abgebrüht* wählte er nach 42 Absagen von Verlagen den ungewöhnlichen Weg der Veröffentlichung im Internet, seinen zweiten Roman *Die Eintagsfliege* brachte er als BoD (Book-on-Demand) heraus. Beide Titel sind auch als Software für das eBook erschienen.

Kriminalromane: 1998 Abgebrüht, www.krimi-umsonst.de und als eBook bei dibi-Medien; 1999 Die Eintagsfliege, BoD/Libri, eBook bei dibi-Medien; 2004 Der Abschreiber, Edition Michael Luckow
Mitglied: Syndikat
Kontakt: alf-rolla@gmx.de
www.krimi-umsonst.de

Ross, Bernd
Pseud. für: Bernd Sieberichs
Biografie: *28.4.1961 in Barbenberg. B. Ross studierte Germanistik, Geographie, Geschichte, Romanistik und Politik. Er reiste jahrelang durch die ganze Welt und arbeitete in den verschiedensten Gelegenheitsjobs.

Kriminalromane: 1991 Kinderspiel, Elster, HC; 1992 Kopflos, Elster Verlag; 1997 Das kalte Nest, Heyne 163
Sonstige Publ.: Reiseberichte für Zeitschriften

Rossié, Michael
Biografie: *19.7.1958 in Köln. M. Rossié erhielt eine Schauspielausbildung bei Ruth v. Zerboni in München. Er schreibt seit 1978. Heute lebt er als freiberuflicher Schauspieler und Autor in München. Neben Spielfilmen und Drehbüchern für Fernsehserien schreibt er für Zeitschriften und Anthologien.

TV: 1993 Fünf Folgen für die Serie Emmeran, Pro 7; 1998 Der Bergdoktor: Spiel mit der Gefahr, (Serienepisode, 45 Min., NDF), Drehbuch: M. Rossié, Regie: Celino Bleiweiß; 1998 Der Bergdoktor: Der Feuerteufel, (Serienepisode, 45 Min., NDF), Drehbuch: M. Rossié, Regie: Celino Bleiweiß; 2001/2002 Für alle Fälle Stefanie: Zimmer 9 sowie Zwei Mütter und ein Vater, (Serienepisoden, 45 Min., SAT 1), Drehbuch: M. Rossié; 2003 Spur & Partner: Kartbahn (Serienepisode, 10 Min., Vis à vision-Filmproduktion, ARD) Drehbuch M.Rossié, Regie: Johannes Wille
Sonstige Publ.: Ca. 40 Kurzkrimis für Zeitschriften und Kriminalerzählungen für Anthologien, Drehbücher, zwei Sachbücher
Preise: 1982 Literaturpreis der Stadt Nettetal
Mitglied: Syndikat
Kontakt: MiRoss@t-online.de;
www.sprechertraining.de

Rossmann, Eva
Biografie: 1.1.1962 in Graz. E. Rossmann lebt im niederösterreichischen Weinviertel. Sie war zuerst Verfassungsjuristin im Bundeskanzleramt, dann Mitarbeiterin im ORF-Hörfunk und bei der Neuen Zürcher Zeitung. Von 1989–1994 leitete sie die Wiener Redaktion der Oberösterreichischen Nach-

RICHTEN, seitdem ist sie freie Journalistin und Autorin, Mitinitiatorin des österreichischen Frauenvolksbegehrens 1997, Koordinatorin des Bundespräsidentschaftswahlkampfes von Gertraud Knoll 1998. 2000 wurde sie vom österreichischen PR-Verband als Kommunikatorin des Jahres ausgezeichnet.

Nach einigen Sachbüchern, die sich mit der Situation von Fauen beschäftigen, »gönnte« es sich E. Rossmann, einen Kriminalroman zu schreiben. Seither ist sie diesem Genre treu geblieben. Die Hauptfigur aller sechs schon erschienenen Kriminalromane ist Mira Valensky, eine Wiener Journalistin mit einem Hang zum guten Leben und zur Kulinarik. Immer wieder geht es der Autorin bei ihren Szenarios um den schönen Schein und das, was dahinter steckt. Seit sie für ihren Krimi *Ausgekocht* in der Küche von Manfred Buchinger recherchiert hat, kocht sie in Buchingers Gasthaus »Zur alten Schule« mit. 2004 legte sie die Lehrabschlussprüfung zur staatlich geprüften Köchin ab. Ums Kochen und die Gastronomie geht es auch in ihren regelmäßigen Artikeln in »A la carte«.

KRIMINALROMANE: 1999 Wahlkampf, Folio, HC; 2000 Ausgejodelt, Folio, HC; 2001 Freudsche Verbrechen, Folio, HC; 2000 Ausgejodelt, Folio, HC, NA 2002 Bastei-Lübbe; 2002 Kaltes Fleisch, Folio, HC, NA 2003 Bastei-Lübbe; 2003 Ausgekocht, Folio, HC; 2004 Karibik all inclusive, Folio, HC
KRIM.-ERZ.: 2003 *Wiener Kugel, mitten ins Herz*, in: Leise rieselt der Schnee …, Hrsg. Gisa Klönne, Ullstein 257879; 2004 *Jingle Bells*, in: Tatort Wien, Hrsg. Edith Kneifl, Milena-Verlag
SONSTIGE PUBL.: Zahlreiche Sachbücher
MITGLIED: SinC; Syndikat
KONTAKT: www.evarossmann@at; eva@evarossmann.at

Rubin, Billie

Pseud. für Ute Hacker, auch unter Pseud. Luisa Hartmann
Biografie: 12.2.1958 in Nürnberg. B. Rubin absolvierte nach einem technischen Studium die Ausbildung zur Buchhändlerin und eine Weiterbildung zur Fachkauffrau Marketing.

Seit 2002 konzentriert sie sich zunehmend auf das Schreiben. 1997 gründete sie die Autorinnengruppe München, deren Leiterin sie bis 2002 war. Sie ist freie Mitarbeiterin diverser Online-Magazine, schreibt auf Deutsch und Englisch und ist seit vielen Jahren Mitglied der internationalen Online-Schreibgruppe »IOWG«.

KRIMINALROMANE: 2002 Schwabinger Schatten, Vertigo
KRIM.-ERZ.: 1998 *Die Tote im Englischen Garten*, in: Mordsweiber, Hrsg. Anneli von Könemann, Espresso; 1999 *Hochzeitstag*, in: Mord zwischen Messer und Gabel, Hrsg. Andrea C. Busch, Gerstenberg; 2000, *Der Insel-Columbo*, in: Mordkompott, Hrsg. Peter Gerdes, Leda; 2001 *Jan und ich*, in: Tödliche Beziehungen, Hrsg. Ina Coelen u. Ingrid Schmitz, Emons; 2001 *Tür an Tür mit Malice*, in: Teuflische Nachbarn, Hrsg. Ina Coelen u. Ingrid Schmitz, Scherz; 2001 *Geschlossene Gesellschaft*, in: Tatort Berg, Hrsg. Ann E. Hacker, Vertigo; 2001 *Die Tote im Englischen Garten*, in: Von Mord zu Mord. Hrsg. Ralf Kramp, Scherz; 2002 *Schwarz macht schlank*, in: Roter Klee, Ulmer Manuskripte; 2003 *Rache ist bitter*, in: Bayerisches Mordkompott, Hrsg. Billie Rubin, Leda; 2003 *Der falsche Film*, in: Tatort München, Hrsg. Billie Rubin, Vertigo; 2003 *Niklaus ist ein guter Mann*, in: Schlaf in himmlischer Ruh, Hrsg. Belinda Rodik u. Reinhard Wissdorf, Fr. Wittig; 2004 *Der Rettungsengel*, in: Mord ist die beste Medizin, Hrsg. Monika Buttler u. Alexandra Guggenheim, Scherz; 2004 *Der Krabbenmord*, in: Flossen höher! – Kriminelles zwischen Fisch und Pfanne, Hrsg. H. und P. Gerdes, Leda; 2004 *Der Neue*, in: Tatort Kanzel, Hrsg. Billie Rubin u. Tatjana Kruse, Fr. Wittig
SONSTIGE PUBL.: 2002 *Living Next Door to Malice*, in: The World's Finest Mystery and Crime Stories, Hrsg: Ed Gorman, Tecno Books; Kurzgeschichten fürs Internet und Zeitschriften
MITGLIED: SinC
KONTAKT: www.billierubin.de; mail@billierubin.de

Ruck, Robert

Biografie: *1921 in Herne, †. R. Ruck arbeitete jahrelang als Polizei- und Gerichtsreporter und schrieb zahlreiche Kurzkrimis und populäre Medizinserien für Publikumszeitschriften.

KRIMINALROMANE: 1959 Viele Frauen sind berechnend, Goldmann 222; 1959 Hör auf deine Frau, Goldmann 286; 1960 Meine Schwägerin Biggy, Goldmann 1229; 1961 Schau unters Bett, bevor du schläfst, Goldmann 1105; 1961 Schwiegermütter sind entzückend, Goldmann 1051; 1961 Zuwenig Zärtlichkeit, Goldmann 1246; 1962 Modenschau in Vaduz, Goldmann 1075; 1963 Der Teufel spricht im Flüsterton, Goldmann 2035; 1992 Rickys Messer, Eulenspiegel, Reihe DIE
SONSTIGE PUBL.: Journalistische Texte, weitere Romane

Rüdemann, Gustl → Feix, Gerhard

Rudolph, Ulrike
Biografie: *1955 in Duisburg. U. Rudolph hat Amerikanistik, Germanistik und Erziehungswissenschaften studiert und war kaufmännische Angestellte und Verlagslektorin. Seit 1989 arbeitet sie freiberuflich als Journalistin, Autorin, Lektorin und Coach – überwiegend im Sachbuchbereich und zu Wirtschafts- und Kommunikationsthemen. Sie lebt im Rheinland.

KRIM.-ERZ.: 2000 Vögelchen, flieg!, in: Rheinleichen, Hrsg. Ina Coelen u. Ingrid Schmitz, Emons; 2001 Schwimmtraining oder: Mens sana in corpore sano, in: Das Verbrechen lauert überall. Briefe aus Mosbach und andere Bluttaten, VdC, NA 2002 in: Die Stunde des Vaters, Ulmer Manuskripte; 2001 Rosenkrieg, in: Teuflische Nachbarn, Hrsg. Ina Coelen u. Ingrid Schmitz, Scherz; 2001 Bratenduft, in: Tödliche Beziehungen, Hrsg. Ina Coelen u. Ingrid Schmitz, Emons; 2003 Schneeflöckchen, Weißröckchen, in: Leise rieselt der Schnee …, Hrsg. Gisa Klönne, Ullstein 257879; 2004 Ins Schwarze getroffen, in: Mord ist die beste Medizin, Hrsg. M. Buttler u. A. Guggenheim, Scherz
SONSTIGE PUBL.: Zahlreiche Sachbücher, Zeitschriftenartikel
MITGLIED: SinC; Syndikat
KONTAKT: info@urudolph.de; www.urudolph.de

Rudolph, Manfred
M. Rudolph lebt als Autor und Übersetzer in einem Vorort von Berlin. Er studierte Englisch und Geschichte, trat in den diplomatischen Dienst ein und war viele Jahre Presse- und Kulturattache in Indien und Großbritannien. Er verfasste satirische Bücher wie *English Quickies* und *English Titbits* sowie Reportagen.

KRIMINALROMANE: 1995 Old Smithy. Protokoll des Grauens, Eulenspiegel; 1999 London mörderisch. Ein kriminalhistorischer Führer mit Straße und Hausnummer, Verlag Das neue Berlin; 2000 York Tower. Mord im Fokus, Militzke
SONSTIGE PUBL.: Zahlreiche Reiseberichte

Ruske, Lothar
Biografie: *1947 in Platjenwerbe bei Bremen. Erlernter Beruf: Speditionskaufmann. Über Köln, Lübeck und Berlin kam L. Ruske 1982 nach Frankfurt/Main und wurde bei Leipziger & Partner als PR-Berater ausgebildet. 1989 machte er sich selbstständig und gründete die Agentur Lothar Ruske PR. Für Radio Dresden und Berliner Kurier hat L. Ruske Krimis zum Thema Ausgewählte Kriminalliteratur besprochen. Seit über zehn Jahren sind Literaturveranstaltungen Schwerpunkte in der Agenturarbeit. In Frankfurt, Berlin, Hamburg und Mannheim hat er die »Crimetime« organisiert. Kooperationspartner: Jürgen Alberts. Für den Buchmesse Länderschwerpunkt Griechenland 2001 hat L. Ruske eine umfassende Ausstellung über zeitgenössische griechische Literatur präsentiert, war 2003 künstlerischer Leiter des Rheingau Literatur Festivals, ist verantwortlicher Organisator der Literaturveranstaltungen der Lesegesellschaft Andere Bibliothek e.V., für den Hessischen Rundfunk »Literaturland Hessen« und »Aktion Kultur & Bahn Frankfurt e.V.«. L. Ruske lebt in Frankfurt am Main.

KRIM.-ERZ.: 2003 Dora Digitalis, in: Mords-Lüste, 2003

Rüster, Susanne
Pseud. für: Maria Molkenthin
Biografie: *1954 in Berlin. S. Rüster ist promovierte Juristin und derzeit Richterin am Finanzgericht Berlin. Ihre dreijährige Toch-

ter inspiriert sie immer wieder zum Schreiben von teilweise veröffentlichten Glossen. Ein größeres Romanprojekt, in dem sie die Erfahrungen einfließen lassen kann, die sie in acht Jahren bei der Staatsanwaltschaft für Wirtschaftskriminalität gewonnen hat, steht kurz vor dem Abschluss.

KRIM.-ERZ.: 1992 *Bullen-Bibel*, in: Mit Zorn, Charme und Methode, Hrsg. Pieke Biermann, Fischer; 1993 *Ihr gutes Geld in besten Händen*, in: Wilde Weiber GmbH, Hrsg. Pieke Biermann, Fischer
SONSTIGE PUBL.: Zahlreiche Reisereportagen für Zeitungen und Rundfunk, Glossen, juristische Fachveröffentlichungen
MITGLIED: SinC

Ruwe, Claus-Axel → Dewes, Klaus

Rykena, Stephan
Biografie: *4.6.1951 in Norden. St. Rykena ist Realschullehrer. Ein Schreibwettbewerb in einer Lokalzeitung brachte ihn zum Schreiben. Inzwischen hat er über 100 Kurzgeschichten meist krimineller Art für Zeitungen, den Lokalsender Radio Flora in Hannover und im Internet geschrieben. Seine Kommissare Petra Paulus und Ulli Werschow ermitteln rund um das Steinhuder Meer im Kleinstadtmilieu. Häufig fließt dabei St. Rykenas Erfahrung aus 20 Jahren Arbeit in der Jugendpsychiatrie in die Handlung ein.

KRIM.-ERZ.: 2001 Schaurige Funde. Regionalkrimis und Geschichten, VdC; 2001 *Eiskalt*, in: Das Verbrechen lauert überall. Briefe aus Mosbach und andere Bluttaten, VdC; 2004 *Der Tote von Kolenfeld*. Regionalkrimis und Geschichten, VdC
SONSTIGE PUBL.: Fortsetzungskrimis, zahlreiche Kurzgeschichten und Erzählungen; 2002/2003 Kurzgeschichten in englischer Sprache, in: The World's Finest Mystery and Crime Stories, Vol. 3 u. 4, Forge Books
PREISE: 1996 Seelzer Krimi-Preis für *Wer ist eigentlich Jim Morrison?*
MITGLIED: Syndikat
KONTAKT: Srykena@aol.com; hometown.aol.com/Srykena

Sahm, Oskar T. → Haefs, Gisbert

Salomon, Bernhard
Biografie: *4.4.1962 in Linz/Oberösterreich. Nach dutzenden von Jobs als Glasreiniger, Küchengehilfe, Barkeeper, Souvenirhändler usw. Träger eines Österreichischen Nachwuchsstipendiums für Literatur. B. Salomon arbeitet als Wirtschaftsredakteur für das Nachrichtenmagazin Format. Er lebt als Schriftsteller und Journalist in Wien.

KRIMINALROMANE: 1996 Die Schweinediebe, (Jugendkrimi), Middelhauve, HC; 2001 Rot Weiss Tot, Ullstein; 2005 Der zweite Mann, Ullstein
SONSTIGE PUBL.: 1996 Die Formel des Lachens, Jugendroman; 2001 Gesundheitsrisiko Schweinefleisch – Kriminelle Praktiken in der Tierhaltung, Sachbuch (Co-Autor), Czernin-Verlag; 2005 17 Jahre ohne Sex – Geschichten aus einem Wiener Stundenhotel, Anthologie, (Hrsg. u. Co-Autor), edition a.

Sapper, Hans-Joachim
Biografie: *27.5.1948 in Berlin. H.-J. Sapper wuchs bis zur Flucht der Eltern 1956 in Falkensee (DDR) auf. Er ist heute als Dezernent im Bereich Innere Kommunikation der BfA tätig. H.-J. Sapper schrieb zahlreiche (unveröffentlichte) Kurzgeschichten von Schulzeiten an. Nach einem Unfall 1997 für nahezu zwei Jahre ans Haus gefesselt, setzte er seinen Wunsch um, einen Roman zu verfassen. Im Stil der schwarzen Krimis der USA der 40er Jahre entstand sein Romanerstling *Der stille Tod*.

KRIMINALROMANE: 2000 Der stille Tod, Qwertz
KONTAKT: Spenser500@aol.com; www.der-stille-tod.de

Schaeffer, Max Pierre
auch unter dem Pseud.: Robert Williams
Biografie: *1928 in Essen, † März 2000. M. P. Schaeffer war Seekadett bei der Kriegsmarine und arbeitete als Journalist und Sachbuchautor. Er war jahrelang Chefreporter einer großen deutschen Zeitung und lebte als Journalist und freier Schriftsteller in München.

KRIMINALROMANE: 1961 Das Mörderspiel, NA 1963 Ullstein 941; 1962 (Die) Vier Schlüssel, Schneekluth, HC; 1968 Liebespoker, Schneekluth, HC; 1969 Die Todesparty, (Drei Abenteuer mit Bob Martin & Ellen Kent: Falle für einsame Herzen, Todesparty in Rom, Zwei Küsse zu wenig), Lichtenberg Buch im Kindler, HC; 1970 Der Triebtäter – Lustmörder vor Gericht, Lichtenberg HC; 1981 Schaeffers Kriminalbibliothek – Zum Nachtisch Zyankali, F. A. Herbig, HC; 1982 Schaeffers Kriminalbibliothek – Mörder aus gutem Hause F. A. Herbig, HC; 1984 Schaeffers Kriminalbibliothek – Die teuflischen Paare, F. A. Herbig, HC
TV: 1987 Der Alte: Der Stichtag, (Serienepisode, 60 Min., ZDF), Drehbuch: M. P. Schaeffer, Bearbeitung und Regie: Günter Gräwert, EA 13.11.1987 ZDF: 1987 Der Alte: Tod vor Schalterschluß, (Serienepisode, 60 Min., ZDF), Drehbuch: M. P. Schaeffer, Regie: Günter Gräwert, EA 27.3.1987 ZDF; 1987 Der Alte: Alibi Mozart, (Serienepisode, 60 Min., ZDF), Drehbuch: M. P. Schaeffer, Regie: Zbynek Brynych, EA 16.10.1987 ZDF
FILM: 1961 Mörderspiel, (76/81 Min., s/w, BRD), Drehbuch: Thomas Keck, Helmuth Ashley, nach dem Roman von M. P. Schaeffer, Regie: Helmuth Ashley; 1965 Vier Schlüssel, Drehbuch: M. P. Schaeffer, Thomas Keck nach dem Roman von M. P. Schaeffer, Regie: Jürgen Roland
SONSTIGE PUBL.: 1982 Der Henker und die Frauen, (Sachbuch), Heyne 6080; Romane

Schank, Marco
Biografie: *10.10.1954 in Ettelbruck, Luxemburg. M. Schank ist Mitglied des Luxemburger Parlaments und Bürgermeister seiner Heimatgemeinde. Er lebt in Eschdorf, im Nordwesten des Großherzogtums.

KRIMINALROMANE: 1996 Die Schalen des Zorns, Op der Lay; 1998 Die Stunde der Ernte; Op der Lay; 2001 Das Vermächtnis des Propheten, Op der Lay; 2002 Die Dornenfrauen, Op der Lay; 2004 Die Kinder des Bösen, Op der Lay
SONSTIGE PUBL.: Zwei Romane sowie Sachbücher zum Thema Ökologie

Scharsich, Dagmar
Biografie: *1.7.1956 in Magdeburg. D. Scharsich studierte Kulturwissenschaften und Theaterwissenschaften in Berlin, gleichzeitig erfolgten Ausbildung und Arbeit als Pan-

tomimin am Berliner Pantomimentheater vom Prenzlauer Berg. Danach schlossen sich Ausbildung und Theaterarbeit u.a. am Mecklenburgischen Staatstheater Schwerin und am Theater im Palast in Berlin an. Sie arbeitete an mehreren Kurz- und Spielfilmen mit. Kulturarbeit an einem Berliner Kulturhaus sowie als wissenschaftliche Mitarbeiterin an der Charité Berlin. Seit 1989 ist sie freiberufliche Autorin. D. Scharsich lebt in Potsdam.

KRIMINALROMANE: 1993 Die gefrorene Charlotte, Ariadne/Argument; 2002 Verbotene Stadt, Ariadne 1142
KRIM.-ERZ.: 1994 *Parole Emil*, in: Phantastische Wahrheiten über Dagobert. Zwölf Geschichten um den Kaufhauserpresser, Hrsg. -ky, Argon-Verlag; 1995 *Brandenburger Ruh'*, in: Tagesanzeiger Zürich und Berner Zeitung BZ; 2000 *Hundsnächte*, in: Erbarmungslose Stiere. Astro-Krimis, Hrsg. Thea Dorn, Uta Glaubitz u. Lisa Kuppler, Eichborn
FUNK: 1996 Radieschen von unten, (Kriminalhörspiel, NDR); 1999 Salve!, (Kriminalhörspiel, 48 Min., NDR)
SONSTIGE PUBL.: Bühnenstücke, Kurzgeschichten, Glossen, Sachbücher
PREISE: 1994 Brandenburgischer Literatur-Förderpreis des Ministers für Wissenschaft, Forschung und Kultur für den Kriminalroman *Die gefrorene Charlotte;* 1996 und 2001 Arbeitsstipendien des Ministers für Wissenschaft, Forschung und Kultur.
MITGLIED: Syndikat

Schatten, Viola

Pseud. für: Elke Schmitter und Veit Heinichen
Biografie: *1953 in Bonn. Nach der veröffentlichten Vita studierte Viola Schatten Philosophie und Psychologie in München und Paris. 1981 heiratete sie einen Frankfurter Politiker und schrieb 1987 ihren ersten Kriminalroman in einem Sanatorium in der Schweiz.
Nach den Erkenntnissen des *Lexikons der deutschsprachigen Krimiautoren* steht die Journalistin Elke Schmitter, (gem. mit Veit Heinichen) hinter dem Pseudonym Viola Schatten. E. Schmitter, geboren 1961 in Kre-

feld, studierte Philosophie in München. Sie war Journalistin bei einer deutschen Tageszeitung und arbeitet seit 1994 als freie Autorin für verschiedene Zeitungen.

KRIMINALROMANE: 1990 Schweinereien passieren montags, Fischer 10282; 1991 Dienstag war die Nacht nur kurz, Fischer 10681; 1992 Mittwoch war der Spaß vorbei, Fischer 11297; 1993 Donnerstag war's beinah aus, Fischer 11592; 1994 Kluge Kinder sterben freitags, Fischer 11620
SONSTIGE PUBL.: Gedichte, Sachbücher und ein Romane

Schätzing, Frank

Biografie: *1957. F. Schätzing ist Gründer und Mitinhaber einer Werbeagentur in Köln. Sein beachtliches Debüt als Kriminalromanautor legte er mit seinem historischen Kriminalroman *Tod und Teufel* vor, der im Köln des Jahres 1260 die Hintergründe des Dombaus beleuchtet. Seine Vielseitigkeit stellte er mit seinen weiteren Romanen *Die dunkle Seite* und *Lautlos* unter Beweis, die sich als wuchtig erzählte Polit- und Actionthriller auf dem Niveau internationaler Spannungsliteratur präsentieren. F. Schätzing lebt und arbeitet in Köln. Er ist verheiratet und pflegt neben der Schriftstellerei und der Musik sein drittes Hobby, das Kochen.

KRIMINALROMANE: 1995 Tod und Teufel, Emons; 1996 Mordshunger, Emons; 1997 Die dunkle Seite, Emons; 2000 Lautlos, Emons; 1997 Keine Angst, Emons; 2000 Lautlos, Emons; 2004 Der Schwarm, Kiepenheuer & Witsch
KRIM.-ERZ.: 1997 Keine Angst. Köln Kurzkrimis, Emons
PREISE: 2004 Krimi-Blitz für *Der Schwarm*
KONTAKT: www.frankschaetzing.com

Schau, Albrecht

Biografie: *19.1.1936 in Gleiwitz. A. Schau studierte nach dem Abitur in Frankfurt/Main an der Johann Wolfgang Goethe-Universität Germanistik und Sport im Hauptfach, Theologie, Philosophie und Pädagogik im Nebenfach. Nach dem Referendariat an Frankfurter Gymnasien promovierte er über *Märchenformen bei Eichendorff*. Von 1968–1971 war er Assistent an der PH Freiburg i.Br., hatte ab 1971 eine Dozentur und Professur an der PH Esslingen für Deutsche Sprache und Literatur und deren Didaktik inne, ab 1984 an der PH Ludwigsburg. Seit 2001 ist er emeritiert. A. Schau bildet als Rezitator zusammen mit dem Jazzpianisten Rüdiger Hein das »duo wort*klang*«, das mit literarischen Revuen aufwartet.

KRIMINALROMANE: 2001 Der Prof, eine verwilderte Criminal-Groteske, nachlässig erzählt, Peter Valentin, OA; 2002 Five – Zero – Out. Mit fünfzig bist du draußen. Blitzlichter auf einen nicht enden wollenden Kriminalfall, Peter Valentin, OA
KRIM.-ERZ.: 2001 *Ein Satz sucht einen Täter*, in: Eremitage 2, Peter Valentin
SONSTIGE PUBL.: *1985 Von AWACS bis Zwangsanleihe. ABC aktueller Schlagwörter*, Steidl; 1995 *Szenisches Interpretieren. Ein literaturdidaktisches Handbuch*, Klett; 2003 *Hähnchen hoch – oder wir schießen!*, Krimi-Revue; zahlreiche wissenschaftliche und didaktische Beiträge in Essay- und Buchform, Funkessays, satirische und kulturpolitische Beiträge für Wochenenzeitschriften, Lyrik, Kurzgeschichten
MITGLIED: Syndikat

Scheib, Asta

Biografie: *27.2.1939 in Bergneustadt/Rheinland. A. Scheib arbeitete zunächst als Journalistin und Redakteurin bei verschiedenen Zeitschriften. Seit Anfang der 1980er-Jahre ist sie immer wieder mit vielbeachteten Romanen und Romanbiographien an die Öffentlichkeit getreten. Seit 1986 ist sie freie Schriftstellerin und Drehbuchautorin. Ein zentrales Thema in allen Werken ist nach eigenen Angaben, »wie es dem Menschen gelingt, sein eigenes Leben zu leben, auch wenn widrige Umstände es eigentlich nicht erlauben«. Die Erzählung *Langsame Tage* wurde 1974 von Rainer Werner Fassbinder für den WDR verfilmt. A. Scheib lebt mit ihrer Familie in München.

KRIMINALROMANE: 1999 Frau Prinz pfeift nicht mehr, rororo, NA 2003, dtv
TV: 1989 Tatort: Armer Nanosh, (Serienfilm, 90 Min., NDR), Drehbuch: Asta Scheib u. Martin Walser, Regie: Staniislav Barabas, EA 9.7.1989 ARD; 1993 Amoklauf, ((Serienfilm, 90 Min.), Drehbuch: Dieter Hirschberg nach einer Vorlage von Asta Scheib, Regie: Werner Masten, EA 3.1.1993
SONSTIGE PUBL.: 1974 Zahlreiche Romane, Erzählungen, Lyrik
PREISE: 2003 Auszeichnung Pro Meritis Scientiae et Literarum des Bayerischen Staatsministerium für Wissenschaft, Forschung und Kunst
MITGLIED: P.E.N.

Scheffler, Ursel

Biografie: *29.7.1938 in Nürnberg. U. Scheffler studierte Sprachen und Literatur und schloss das Lehramtsstudium ab. Sie legte außerdem eine Übersetzerprüfung und das Magisterexamen ab. Seit 1970 veröffentlichte sie über 300 Kinderbücher, die z.T. auch im Ausland (28 Lizenzländer) erschienen sind. U. Scheffler lebt seit 1977 mit ihrer Familie in Hamburg.

Das Kriminelle durchzieht die Bibliographie wie ein roter Leitfaden. Die ersten drei HC-Bände der *Kommissar Kugelblitz-Serie* (Ratekrimis) erschienen 1982, Band 27 in 2005. Der kleine dicke Kommissar mit dem Faible für Eiscreme löst seine Fälle mit seinen Assistenten Fritz Pommes, Peter Zwiebel, Sonja Sandmann und unter Beteiligung der jungen Leser. Mit Rücksicht auf das zarte Alter der Leser (ab 8) wird nicht aus der Hüfte geschlossen, die schärfste Waffe von KK ist der Verstand.

Weitere Krimihelden sind Sara Robinson (London), Conny Fux (Hamburg), F. X. Mücke, der seine Fälle im Yoga-Kopfstand löst, weil da das Gehirn am besten durchblutet ist, und Harry und Fox, zwei gewiefte Hundespürnasen, die witzige Fälle für Erstleser lösen.

Die Serie *Die Hafenkrokodile* spielt in Hamburg, startete 2000 und umfasst bisher sieben Bände (s.u.).

KINDERKRIMI: 1979 Conny Fux 1: Alarm im Hafen, Franz Schneider; 1980 Conny Fux 2: Die Spur führt nach Tunis, Franz Schneider; 1981 Conny

Fux 3: Eine Leiche hustet nicht, Franz Schneider; 1979 F.X. Mücke 1: Das Geheimnis des kleinen Pharao; Stalling, HC; 1980 F.X: Mücke 2: Das Geheimnis der roten Eule, Stalling, HC; 1980 F.X. Mücke 3: Das Geheimnis des flüsternden Turmes, Stalling, HC; 1982 F.X. Mücke 4: Das Geheimnis der Mühle im Moos, Stalling, HC; 1980 Sara Robinson 1: Schatten in Rockforst Castle, HC; 1981 Sara Robinson 2: Die sprechende Wand, HC; 1996 Sara Robinson 3: Ein heißer Fall, HC, Miss Robinson!; 1996 Sara Robinson, (Neuauflage Band 1–3), HC: 1983 Pizza Bande Bd. 1: Kakerlaken im Salat/Die Flüsterstimme im Salat, Franz Schneider, HC; 1983 Pizza Bande Bd. 2: Der Geist mit nassen Füßen/Computerdiebe, Franz Schneider, HC; 1986 Pizza Bande Bd 3: Der grüne Fuchs/ Gänsehaut zum Nachtisch, Franz Schneider, HC; 1988 Pizza Bande Bd. 4: Pizza Bella Napoli/ Der Mann im schwarzen Mantel, Franz Schneider, HC; 1988 Pizza-Sonderband: Der Mann im schwarzen Mantel, Franz Schneider, HC: 1982 Kommissar Kugelblitz: Die rote Socke, Franz Schneider Verlag, HC; 1982 Kommissar Kugelblitz: Die orangefarbene Maske, Franz Schneider, HC; 1982 Kommissar Kugelblitz: Der gelbe Koffer, Franz Schneider, HC; 1982 Kommissar Kugelblitz: Der grüne Papagei, Franz Schneider, HC; 1982 Kommissar Kugelblitz: Der lila Leierkasten, Franz Schneider, HC; 1982 Kommissar Kugelblitz: Das blaue Zimmer, Franz Schneider, HC; 1985 Kommissar Kugelblitz: Der schwarze Geist, Franz Schneider, HC; 1986 Kommissar Kugelblitz: Das rosa Nilpferd, Franz Schneider, HC; 1987 Kommissar Kugelblitz: Die schneeweiße Katze, Franz Schneider, HC; 1989 Kommissar Kugelblitz: Der golden Drache, Franz Schneider, HC; 1992 Kommissar Kugelblitz: Der Jade-Elefant, Franz Schneider, HC; 1993 Kommissar Kugelblitz: Der Fall Koralle, Franz Schneider, HC; 1994 Kommissar Kugelblitz: Kürbisgeist und Silberspray, Franz Schneider, HC; 1994 Kommissar Kugelblitz: Der Fall Kobra, Franz Schneider, HC; 1996 Kommissar Kugelblitz: Rauchsignale, Franz Schneider, HC; 1997 Kommissar Kugelblitz: Nashornjägern auf der Spur, Franz Schneider, HC; 1998 Kommissar Kugelblitz: KK fischt im Internet, Franz Schneider, HC; 1998 Kommissar Kugelblitz: Der Fall Giftnudel, Franz Schneider, HC; 1998 Kommissar Kugelblitz: Der Fall Kiwi, Franz Schneider, HC; 1999 Kommissar Kugelblitz: Akte 2013, Franz Schneider, HC; 2000 Kommissar Kugelblitz: Die Moskitobande, Franz Schneider, HC;

2000 Kommissar Kugelblitz: Vermisst am Mississippi, Franz Schneider, HC; 2001 Kommissar Kugelblitz: Das Geheimnis von Spooky Hill, Franz Schneider, HC; 2001 Kommissar Kugelblitz: Der Fall Wüstenkönig, Franz Schneider, HC; 1993 Krimimix mit Kugelblitz 1, Franz Schneider, HC; 1994 Krimimix mit Kugelblitz 2, Franz Schneider, HC; 1994 Kommissar Kugelblitz: (farbig) Das schwarze O; 1994 Kugelblitz Witze, Franz Schneider, HC; 1996 Comic – Der Fall Koralle, Franz Schneider, HC; 2000 Kommissar Kugelblitz interaktiv: Vermisst am Mississippi, CD, Terzio; 2001 Kommissar Kugelblitz interaktiv: Das Geheimnis von Spooky Hill, CD, Terzio; 2002 Kommissar Kugelblitz interaktiv: Der Schatz des Wüstenkönigs, CD, Terzio; 2000 Die Hafenkrokodile: Ein Krokodil zu viel, Franz Schneider, HC; 1995 Harry & Fox 1. Krimis für das erste Lesealter. Harry und Fox, die Super Spürnasen, Arena; 1997 H&F 2: Harry und Fox und die Enten-Agenten, Arena; 1998 H&F 3: Harry und Fox und der Schurke mit der Gurke, Arena; 2000 H&F Sonderband (alle in einem Band), Arena; 2000 Die Hafenkrokodile: Geheimaktion Kolibri, Franz Schneider, HC; 2000 Die Hafenkrokodile: Das Geheimnis der Katzenvilla, Franz Schneider, HC; 2000 Die Hafenkrokodile: Blinder Passagier in Not, Franz Schneider, HC; 2000 Die Hafenkrokodile: Dem Feuerteufel auf der Spur, Franz Schneider, HC; 2000 Die Hafenkrokodile: Die Autoknackerbande, Franz Schneider, HC; 2001 Die Hafenkrokodile: Kidnapping an der Elbe, Franz Schneider, HC; 2000 13 Kugelblitz-Kassetten bei Universal-Deutsche Grammophon (Band 1–13); 2002 Die Hafenkrokodile: Abenteuer im Geisterschloss, Franz Schneider; 2003 3 Kugelblitz-Kassetten beim Hörverlag München, (Band 14–16); 2004 Kommissar Kugelblitz: Der Fall Sphinx, Franz Schneider; 2005 Kommissar Kugelblitz: Tote trinken keine Cola, Franz Schneider

Sonstige Publ.: Bilderbuchgeschichten, Anthologien, Erstlesereihen, Kinderromane, Abenteuergeschichten, Kinderbibel

Preise: 1981 Critici en erba, Bologna; 1984 ABDA Publizistik-Preis; 1985 Die Eule, Tokio; 1994 American Children Book Award (ACPTA), Leseratten-Preis, Preise von Kinderjurys; 2000/2001 Preis der Deutschen Schallplattenkritik für künstlerisch herausragende Neuveröffentlichung des Tonträgermarkts für *Kommissar Kugelblitz*

Mitglied: Syndikat

www.scheffler-web.de

Schenck, Burkhard → Bierschenck, Burkhard P.

Schilling, Oliver

Biografie: *14.3.1961 in Stetten a. H. O. Schilling ist in Stetten a. H. in Württemberg aufgewachsen. Nach dem Abitur studierte er Philosophie und Psychologie in Bonn und Heidelberg (Abschluss: Diplompsychologe). Anschließend Promotion in Heidelberg. Zurzeit arbeitet er hauptberuflich als wissenschaftlicher Mitarbeiter am Deutschen Zentrum für Alternsforschung in Heidelberg.

KRIMINALROMANE: 1997 Himmelreich, KBV; 2002 Herrgöttle, KBV
SONSTIGE PUBL.: Wissenschaftliche Publikationen, darunter ein Statistiklehrbuch, verschiedene Artikel in englischsprachigen sozialwissenschaftlichen Fachjournalen
KONTAKT: www.bocksgichder.de

Schindler, Nina

Biografie: *17.8.1946 in Lüdenscheid. N. Schindler lebt mit Mann und fünf Kindern in Bremen. Sie arbeitete viele Jahre lang als Lehrerin an einer Gesamtschule und gleichzeitig als Literaturkritikerin für Zeitschriften und Rundfunk und hielt Vorträge über Kinder- und Jugendmedien. Seit 1991 schreibt sie selbst.

KRIM.-ERZ.: 1999 *Kirstens Brauttraum*, in: Mord zwischen Messer und Gabel, Hrsg. Andrea C. Busch, Gerstenberg, 2001 erw. NA; 2000 *Die Toskana-Fraktur*, in: Bei Ankunft Mord, Hrsg. Andrea C. Busch u. Almuth Heuner, Gerstenberg; 2000 *Schützenfest*, in: Geheimnisvolle Schützen, Hrsg. Thea Dorn, Uta Glaubitz u. Lisa Kuppler, Eichborn; 2000 *Jeder ist seines Unglückes Schmied*, in: Alter schützt vor Morden nicht, Hrsg. Anke Cibach, Gerstenberg; 2001 *Rendezvous im Rhododendronpark*, in: Mord im Grünen, Hrsg. Andrea C. Busch u. Almuth Heuner, Gerstenberg; 2001 *Krähennest*, in: Mord mit Biss, Hrsg. Anke Cibach, Hannah; 2003 *Lass die Zeugen schmoren*, in: Weinleichen, Hrsg. Angela Eßer, Scherz; 2003 *Schlüpfrige Angelegenheit*, in: Liebestöter, Hrsg. Anke Cibach, Scherz ; 2003 *Tödliches Erbe*, in: Mordsjubiläum, Hrsg. Volker Albers, Scherz;

2003 *Schlussakkord*, in: Letzte Worte, Hrsg. Nadine Barth u. Stephanie Kriesel, Scherz; 2003 *Pikant*, in: Mörderische Mitarbeiter, Hrsg. Ingrid Schmitz u. Ina Coelen, Scherz; 2004 *Herzrasen*, in: Mord ist die beste Medizin, Hrsg. Monika Buttler u. Alexandra Guggenheim, Scherz; 2004 *Der Silberpfeil*, in: Verdächtige Freunde, Hrsg. Nadine Barth u. Cordelia Borchardt, Scherz
SONSTIGE PUBL.: 1997 *Das Mordsbuch. Alles über Krimis*, (Hrsg. und eigene Beiträge), Gerstenberg; Übersetzung von Kriminalromanen aus dem Englischen (Agatha Christie, Enid Blyton, Charlotte Jay, Stella Duffy); 2002 Abgezogen. Ein Fall für Familie Doberstedt, Random House; 2002 Abgehauen. Ein Fall für Familie Dobberstedt, Bertelsmann; 2003 Abgefahren. Ein Fall für Familie Dobberstedt, Bertelsmann; 2005 Abgeblitzt. Ein Fall für Familie Dobberstedt, Bertelsmann; 2005 Schritte hinter mir, Arena; Fachbeiträge zum Krimigenre, ca. 40 Kinder-, Jugend- und Erwachsenenbücher und ca. 80 Übersetzungen.
MITGLIED: SinC; Syndikat
KONTAKT: nina.schindler@web.de

Schlink, Bernhard

Biografie: *6.7.1944 bei Bielefeld. B. Schlink studierte Jura. Von 1982–1991 war er Juraprofessor an der Universität Bonn, von 1991–1992 an der Universität Frankfurt am Main und seit 1992 an der Humboldt-Universität zu Berlin. Seit 1988 ist er Richter am Verfassungsgerichtshof des Landes Nordrhein-Westfalen. Mit seinem Roman *Der Vorleser* schrieb Schlink erstmals außerhalb des Krimigenres; es ist die Geschichte eines 15-jährigen Jungen, der sich in eine 20 Jahre ältere Frau verliebt. Dass sie eine ehemalige KZ-Aufseherin gewesen ist, erfährt er erst, als sie als Angeklagte in einem Auschwitz-Prozess wieder auftaucht, den der Junge – mittlerweile Jura-Student – verfolgt. Mit diesem Roman erlangte B. Schlink weltweit Beachtung und Erfolg.

KRIMINALROMANE: 1987 Selbs Justiz, (gem. mit Walter Popp), detebe 21543; 1988 Die gordische Schleife, detebe 2168; 1992 Selbs Betrug, Diogenes HC; 2001 Selbs Mord, Diogenes HC
FUNK: 1994 Selbs Justiz, (2 Teile, Hörspiel, 110 Min., BR), Bearbeitung und Regie: Irene

Schuck nach dem gleichnamigen Roman von B. Schlink

TV: 1991 Der Tod kam als Freund, (Fernsehfilm, Min., ZDF), Drehbuch: Uli Stephan nach dem Roman *Selbs Justiz* von B. Schlink und W. Popp, Regie: Nico Hofmann

SONSTIGE PUBL.: Romane, Geschichten, Fachbücher und Vorträge

PREISE: 1989 Glauser-Preis für *Die gordische Schleife*; 1993 Deutscher Krimi-Preis für *Selbs Betrug*

MITGLIED: Syndikat

Schmid, Niklaus

Biografie: *27.11.1942 in Duisburg. N. Schmid schloss sich nach einer Mechanikerlehre im Alter von 18 Jahren dem Zirkus Althoff an und zog mit ihm durch Frankreich und Schweden. Mit 30 stieg er aus seinem Job als technisch-kaufmännischer Leiter bei einer Wohnwagenfirma aus, reiste vier Jahre durch Indien, Afrika und Südamerika und begann zu schreiben. Reisetexten und journalistischen Arbeiten folgten ein Jugendroman, mehrere Reisebücher und Hörspiele, vier Kriminalromane und viele Kriminalgeschichten. Seit 1978 lebt N. Schmid als freier Schriftsteller auf Formentera und in Duisburg.

KRIMINALROMANE: 1992 Die Wettreise, Grafit 30 OA; 1998 Der Hundeknochen, Grafit 79 OA; 2001 Bienenfresser, Grafit 255 OA; 2003 Stelzvogel und Salzleiche, Grafit 282

KRIM.-ERZ.: 1993 *Italienische Maßarbeit*, in: Der Mörder bläst die Kerzen aus, Hrsg. Leo P. Ard, Grafit; 1993 *Notsignale*, in: Der Mörder zieht die Turnschuh an, Hrsg. Leo P. Ard, Grafit; 1993 *Ein Weihnachtsmann auf Abwegen*, in: Der Mörder packt die Rute aus, Hrsg. Leo P. Ard, Grafit; 1994 *Einer fehlt für immer*, in: Der Mörder schwänzt den Unterricht, Hrsg. Leo P. Ard, Grafit; 1994 *Haus mit Meerblick und Zisterne*, in: Der Mörder bricht den Wanderstab, Hrsg. Leo P. Ard, Grafit; 1994 *Aufstand der Alten*, in: Der Mörder kommt auf Krankenschein, Hrsg. Leo P. Ard, Grafit; 1995 *Didi und die alte Dame*, in: Der Mörder kommt auf sanften Pfoten, Hrsg. Leo P. Ard, Grafit; 1995 *Kalt, stumm und friedlich*, in: Der Mörder bittet zum Diktat, Hrsg. Leo P. Ard, Grafit; 1996 *Der Augenzeuge*, in: Der Mörder kennt die Satzung nicht, Hrsg. Leo P. Ard, Grafit; 1997 *Bunter Abend*, in: Haffmans Jahresband, Hrsg. Gerd Haffmans u. Bernhard Matt, Heyne; 1998 *Halbe-halbe*, in: Der Bär schießt los, Hrsg. Karl-Michael Stöppler, Ullstein; 1999 *Auf Weihnachtsengel schießt man nicht*, in: Die Leiche hing am Tannenbaum, Hrsg. Anne Enderlein u. Cornelie Kister, Ullstein; 2000 *Strafe muss sein*, in: Alter schützt vor Morden nicht, Hrsg. Anke Cibach, Gerstenberg; 2001 *Mach Platz, Brenda!*, in: Mord mit Biss, Hrsg. Anke Cibach, Hannah; 2002 *Die Salzleiche von Soest*, in: Mord am Hellweg, Hrsg. H. P., Karr, Jürgen Kehrer, Herbert Knorr, Grafit; 2003 *Todschick und sexy*, in: Liebestöter, Hrsg. Anke Cibach, Scherz; *Falscher Fuffziger*, in: Tödliche Touren, Hrsg. I. Coelen u. I. Schmitz, Leporello; *Das Manuskript*, in: Mörderische Mitarbeiter, Hrsg. I. Schmitz u. I. Coelen, S. Fischer; 2004 *Guten Appetit, Liebling!*, in: Flossen höher! – Kriminelles zwischen Fisch und Pfanne, Hrsg. H. und P. Gerdes, Leda; *Moyland – sein Hut, sein Blut*, in: Mord am Niederrhein, Hrsg. Jürgen Kehrer, Grafit; *Der Schlitzer*, in: Mord unter Kopfweiden, Hrsg. I. Coelen u. I. Schmitz, Leporello; *Wehe, du wartest in Werl!* in: Mehr Morde am Hellweg, Hrsg, H.P. Karr, Herbert Knorr, Grafit

FUNK: 1983 Wohnrecht auf Lebenszeit, (Kriminalhörspiel, 22 Min., WDR); 1988 Die Wettreise, (Kriminalhörspiel, 57 Min., WDR); 1991 Der Moderator, (Kriminalhörspiel, 28 Min., DW); 1992 Der Mann am Fenster, (Kriminalhörspiel, 25 Min., DW); 1994 Lottoglück, (Kriminalhörspiel, 26 Min., DW); 1995 Die Wettreise, (Kriminalhörspiel, 45 Min., DW)

SONSTIGE PUBL.: 1996 Die Wettreise, (Kriminalhörspiel als Kaufkassette, WDR/Goldmann/Primo); 1999 Kalt, stumm und friedlich, (Kriminalgeschichten auf CD), Hektor und Rydzewski; ein Jugendbuch und zahlreiche Reiseführer

PREISE: 1981 und 1988 Arbeitsstipendium des Kultusministers von NRW

MITGLIED: Syndikat

KONTAKT: niklaus.schmid@gmx.de; www.Grafit.de

Schmid, Susy

Biografie: *18.12.1964 in Genstorf/Aargau. S. Schmidt wuchs im aargauischen Gebenstorf auf. Nach der Ausbildung zur Buchhändlerin, war sie unter anderem als Englischlehrerin tätig. Sie arbeitete als Autorin für das Magazin ANNABELLE und das Schweizer Radio DRS. Sie lebt in Boden/Aargau.

KRIMINALROMANE: 2003 Die Himmelskönigin, Cosmos, HC
KRIM.-ERZ.: 1999 Die Bergwanderung und andere Grausamkeiten, (Stories), Cosmos, HC, auch als Hörbuch, Regie: Hans Eckardt, Verlag und Studio für Hörbuchproduktionen; 2000 *Sonntags mit Guido*; in: Was der Berg ruft, Hrsg. Angelika Wellmann, Reclam
PREISE: 1994 1. Preis beim Kurzgeschichtenwettbewerb der Burgdorfer Krimitage
MITGLIED: SinC

Schmid, Ueli

Biografie: *1951 in einem Bergtal des Berner Oberlandes in der Schweiz. Ulrich Rudolf Schmid-Habegger durchlief zuerst eine Landwirtschaftliche Ausbildung. Von 1972–75 war er Entwicklungshelfer in der Dritten Welt. Anschließend war er Ambulanzfahrer und ließ sich ab 1979 zum Kranken- und Operationspfleger ausbilden. In dieser Zeit arbeitete er als freier Mitarbeiter für verschiedene Tageszeitungen. Von 1985–91 leitete er zusammen mit seiner Frau ein Gesundheitszentrum in Nordkamerun. Seit 2001 ist er freischaffend tätig als Hausmann, Betagtenbetreuer, Tagelöhner, Regisseur und Autor.

KRIMINALROMANE: 2000 Die Tote in Brüggers Dorf, Edition Erpf
KRIM.-ERZ.: *Flucht, Zwühunderternota*, nacherzählte Kürzestfassung (Mundart) des berühmten Romans von C. F. Ramuz: Farinet der Geldfälscher, in: Herbstzeitlose Geschichten, Verlag Schläfli; 2001 *Sturm-Opfer*, in: Im Morgenrot. Die besten Kriminalgeschichten der Schweiz, Scherz
SONSTIGE PUBL.: Mundartdichtung
MITGLIED: Syndikat; Berner Schriftstellerinnen Verein; Autorengruppe PONT NEUF

Schmidt, Peter

auch unter dem Pseud.: Peter Cahn
Biografie: *11.8.1944 in Gescher. P. Schmidt war bis 1977 in verschiedenen Berufen tätig. Dann studierte er Literaturwissenschaft und Philosophie, nachdem er mit einer literaturtheoretischen Arbeit über den Wahrheits- und Realitätsbegriff der Literatur durch das Votum der Literaturwissenschaftlerin Käthe Hamburger Zugang zu einem speziellen Prüfungsverfahren für Höchstbegabte und die allgemeine Hochschulreife erlangt hatte. P. Schmidt konnte sich fast auf Anhieb mit seinem Thriller *Mehnerts Fall* in die erste Garde der deutschen Agenten- und Politthriller-Autoren einreihen. Seither blieb er dem Genre mit vielen weiteren Thrillern aus der Welt der Nachrichtendienste und der Politik treu, schrieb und veröffentlichte aber auch Satiren, einen Science-Fiction-Roman und satirisch-parodistische Kriminalromane und psychologisch-philosophische Sachbücher. Mit Fred Breinersdorfer Gründer der Autorenvereinigung Syndikat.

KRIMINALROMANE: 1981 Mehnerts Fall, Ullstein 10121, NA 1987 rororo 2774; 1982 Die Trophäe, Ullstein 10157, NA 1987 rororo 2809; 1983 Augenschein, Ullstein 10196; 1984 Eiszeit für Maulhelden, Ullstein 10234; 1984 Die Regeln der Gewalt, rororo 2686; 1985 Ein Fall von großer Redlichkeit, rororo 2701; 1985 Erfindergeist, rororo 2719; 1986 Die Stunde des Geschichtenerzählers, rororo 2743; 1986 Der EMP-Effekt, rororo 2765; 1986 Der Agentenjäger, rororo 2784; 1988 Linders Liste, rororo 2880; 1989 Die fünfte Macht, rororo 2908; 1989 Der kleine Herzog, rororo 2929; 1990 Das Veteranentreffen, rororo 2942; 1991 Schafspelz Rasch und Röhring, HC; 1992 Die andere Schwester, Rasch und Röhring, HC; 1992 Roulett, (Kriminalkomödie), rororo 2975; 1993 Der Mädchenfänger, Rasch und Röhring, HC; 1993 Schwarzer Freitag, rororo 3086; 1994 Winger, Rasch und Röhring, HC; 1994 Gen-Crash, (als Peter Cahn), Schwarzkopf und Schwarzkopf, HC; 1995 Harris, Rasch und Röhring, HC; 1996 Trojanische Pferde, Rasch und Röhring, HC; 1998 Eine böse Überraschung, (Kettenroman, gem. mit Gisbert Haefs, Frank Göhre, Janwillem van de Wetering, D. B. Blettenberg, Uta-Maria Heim, Jürgen Alberts, Helmut Ziegler, Peter Zeindler, Gunter Gerlach, Robert Lynn, -ky, Tatjana Kruse, Robert Brack, Daniel Douglas Wissmann, Karr & Wehner, Frank Goyke, Regula Venske, Thea Dorn, Georg M. Oswald, Ann Camones, Hartmut Mechtel, Virginia

Doyle und Norbert Klugmann), rororo 43296; 1999 Feuervogel, (als Mike Jaeger), rororo 43357; 1999 2999 – Das dritte Millennium, rororo 43350; 2004 Endzeit, Magic Edition, Blitz Verlag
KRIM.-ERZ.: 1984 *Die hohe Treppe*, in: Das Rowohlt Lesebuch der Morde, Rowohlt; 1984 *Ein alter Schulfeind*, in: Heyne Krimi-Jahresband 1984, Heyne; 1985 *Winger*, in: Heyne Krimi-Jahresband 1985; 1986 *Lachender Tod*, in: Heyne Krimi-Jahresband 1986; 1987 *Ewige Wiederkehr*, in: Was soll aus Deutschland werden?, Luchterhand 1987; 1987 *Stellenanzeige*, in: Heyne Krimi-Jahresband 1987; 1988 *Eine Schlußfolgerung*, in: Heyne Krimi-Jahresband 1988; 1989 *Tetrahydolsupersinol*, in: Heyne Krimi-Jahresband 1989; 1989 *Der Zufallsgenerator*, in: Heimlich still und leise, Rowohlt 1989; 1990 *Sieg des Bösen*, in: Heyne Krimi-Jahresband 1990; 1991 *Fromme Zeiten, Winger*, in: Heyne Krimi-Jahresband 1991; 1991 *Sieg des Bösen*, in: Ein Bild wie Milch und Blut sozusagen, éditions trèves; 1991 *Kontrollpunkt*, in: Das Syndikat, Heyne; 1992 *Winger und das Spielzeug*, in: Heyne Krimi-Jahresband 1992; 1992 *Die Ordnung der Dinge*, in: Rowohlt Thriller Lesebuch 1992; 1995 *Der Tag, an dem ich ein Verhältnis mit einer Ameise begann*, in: Haffmans Krimi-Jahresband 1995; 1996 *Zwischenstation*, in: Mordlust 7, Westarp; 1996 *Wie ich Prediger in Harwig, Kreis Marschen wurde*, in: Heyne Krimi-Jahresband 1996; 1996 *Bei Gelegenheit*, in: Der kleine Mord zwischendurch, Scherz; 1997 *Karen und Robert*, in: Haffmans Krimi-Jahresband 1997, Heyne; 1998 *Das Dozentenvirus*, in: Amoklauf im Audimax, Rowohlt; 2001 *Fromme Zeiten, Winger*, in: Von Mord zu Mord, Scherz; 2002 *Eine Liebe am Gardasee*, in: die horen 204
FUNK: 1987 Winger, (Kriminalhörspiel, nach der gleichnamigen Erzählung im Heyne-Krimi-Jahresband 1985, WDR, Wh. 2003)
TV: 1999 Streit um Drei, (8 Folgen, ZDF)
SONSTIGE PUBL.: Satiren, Sachbücher, philosophischer Roman
PREISE: 1986 Deutscher Krimi-Preis für *Erfindergeist*; 1987 Deutscher Krimi-Preis für *Die Stunde des Geschichtenerzählers*; 1990 Deutscher Krimi-Preis für *Das Veteranentreffen*; 1994 Literaturpreis Ruhrgebiet für sein bisheriges Werk
MITGLIED: Syndikat
KONTAKT: Peter.Schmidt11@arcor.de; www.members.tripod.de/PetSchmidt; www.post-skriptum.de

Schmidt-Elgers, Paul → Elgers, Paul

Schmitt, Heinrich → Arnau, Frank

Schmitter, Elke → Schatten, Viola

Schmitz, Ingrid
Biografie: *20.4.1955 Düsseldorf. I. Schmitz ist gelernte Speditionskauffrau. Sie war später in einer kanadischen Reederei und im sowjetischen Außenhandel tätig. Nach Heirat und Geburt einer Tochter entdeckte sie ihre alte Liebe zum Krimi wieder und ließ sich vom Schreiben fesseln. Sie hat zahlreiche Kurzgeschichten veröffentlicht und betätigt sich als Herausgeberin von Krimi-Anthologien. Für das Syndikat organisierte sie 2004 die Criminale am Niederrhein mit. Sie ist Leiterin einer E-Mail-Schreibwerkstatt.

KRIM.-ERZ.: 2000 *Rate mal, wo ich jetzt bin*, in: Rheinleichen, Hrsg. Ina Coelen u. Ingrid Schmitz, Emons 182; 2000 *Die Feuerläuferin*, in: Rheinleichen, Hrsg. Ina Coelen u. Ingrid Schmitz, Emons 182; 2000 *In alter Tradition*, in: Mord vor Ort 2, Hrsg. Thomas Hesse u. Thomas Niermann, Emons 188; 2001 *Wein muss atmen*, in: Wein und Leichen, Hrsg. Angela Eßer u. Ingrid Fackler, Plöger Annweiler 136; 2001 *Neid lass nach*, in: Teuflische Nachbarn, Hrsg. Ina Coelen u. Ingrid Schmitz, Scherz 1793; 2001 *Mein Mann, dein Mann*, in: Tödliche Beziehungen, Hrsg. Ina Coelen u. Ingrid Schmitz, Emons 213; 2001 *Nur eine Möglichkeit*, in: Tödliche Beziehungen, Hrsg. Ina Coelen u. Ingrid Schmitz, Emons 213; 2001 *Die Schüsselkonigin*, in: Hotel Graffenstein, Hrsg. Anneli von Könemann und Tatjana Kruse, KBV TB 98; 2002 *Ich war es, ich habe es getan*, in: Die vielen Tode des Herrn S., Hrsg. Mischa Bach, Ina Coelen u. Ingrid Schmitz, Emons 242; 2002 *Wenn man denkt, man denkt*, in: Die vielen Tode des Herrn S., Hrsg. Mischa Bach, Ina Coelen u. Ingrid Schmitz, Emons 242; 2002 *Zu Gast bei*, in: Die Stunde des Vaters, Hrsg. Hans von Ooyen, Ulmer Manuskripte 01; 2002 *Der Stimmenfänger*, in: Liebestöter, Hrsg. Anke Cibach, Scherz 888; 2002 *Man muss nur wollen*, in: Mordslüste, Hrsg. Paul Lascaux, Scherz 945; 2003 *Alle Jahre wieder*, in: Leise rieselt der Schnee ..., Hrsg. Gisa Klönne, Ullstein 787; 2003 *Weihnachtstherapie*, in: Schlaf in himmlicher Ruh, Hrsg. Belinda Rudig, Wittig 476; 2003 *Wodka war sein letztes Wort*, in: Mörderische Mitarbeiter, Hrsg. Ingrid Schmit u. Ina Coelen, Scherz 963; 2003 *Totenkiste*, in: Ina Coelen u. Ingrid Schmitz, Leporello 05; 2003 *Norbert am Neukirchen*, in: Tödliche Touren, Hrsg. Ina Coelen u. Ingrid Schmitz, Leporello 06; 2003 *In alter Tradition*, in: Tatort Niederrhein, Hrsg. I. Coelen u. I. Schmitz, Leporello 04; 2004 *Komm fliegen*, in: Mord ist die beste Medizin, Hrsg. M. Buttler u. Alexandra Guggenheim, Scherz 981; 2004 *Die Moritat der Gebrechlichen*, in: Mord unter Kopfweiden, Hrsg. I. Coelen u. I. Schmitz, Leporello 09; 2004 *Im Wald da sind die Räuber*, in: Mord unter Kopfweiden, Hrsg. I. Coelen u. I. Schmitz, Leporello 09; 2004 Die Grabrede, in: Tatort Kanzel, Hrsg. Tatjana Kruse u. Billie Rubin, Wittig 487

Sonstige Publ.: Sachbuch, Fachartikel und Rezensionen für diverse Fachzeitschriften und Internet-Newsletter
Preise: 2000 Niederrheinischer Krimi-Wettbewerb für *In alter Tradition*
Mitglied: SinC; Syndikat
Kontakt: mail@krimischmitz.de; www.krimischmitz.de

Schmitz, Werner
Biografie: *3.6.1948 in Bochum. W. Schmitz arbeitete bei der Bochumer Stadtverwaltung, als Verlagsangestellter und schließlich als Reporter.

Kriminalromane: 1984 Nahtlos braun, Weltkreis; 1985 Dienst nach Vorschuß, Weltkreis; 1987 Auf Teufel komm raus, Pahl-Rugenstein, NA Grafit; 1994 Mord in echt, (True Crime Stories), Grafit; 2004 Schreiber und der Wolf, Grafit
Krim.-Erz.: 1987 *Wattenscheiß*, in: Schwarze Beute 2, Hrsg. Norbert Klugmann u. Peter Mathews, rororo 12802; 1989 *Blutwurstwalzer*, in: Die Meute von Hörde, Hrsg. Leo P. Ard u. a., Grafit
Funk: 1992 Schön war die Zeit, (Kriminalhörspiel nach der Erzählung *Blutwurstwalzer*, WDR)
Sonstige Publ.: Zahlreiche Reportagen
Kontakt: tz.werner@web.de; www.Grafit.de

Schmöe, Friederike
Biografie: *28.4.1967 in Coburg. F. Schmöe hat in Bamberg Germanistik und Romanistik studiert, promoviert und sich habilitiert. Als Hochschuldozentin und Lehrerin für Deutsch als Fremdsprache hat sie einige Male an ausländischen Universitäten gelehrt. Heute lebt und arbeitet sie als Dozentin für Linguistik und als Schriftstellerin in Bamberg.

Kriminalromane: 2003 Tochter-Seelen, Buchverlag Andrea Schmitz; 2005 Maskenspiel, Der erste Katinka-Palfy-Krimi, Gmeiner
Krim.-Erz.: 2003 *Almas Fluch*, in: Criminalis 2, Magazin für Krimifreunde, Hrsg. Dorothea Puschmann, Capricorn Literaturverlag; 2003 *Stopfkraut in Teuschnitz*, in: Bayerisches Mordkompott, Hrsg. Billie Rubin, Leda; 2004 *Urbi et Orbi*, in: Tatort Kanzel. 24 Kirchenkrimis, Hrsg. Tatjana Kruse u. Billie Rubin, Wittig-Verlag; 2004 *Kugeln und Sterne*, in: Brikada. Magazin für Frauen, Hrsg. Brigitte Karch, www.brikada.de
Sonstige Publ.: Zahlreiche wissenschaftliche Veröffentlichungen und Fachbücher
Mitglied: SinC
Kontakt: www.friederikeschmoee.de

Schneider, Hans
Biografie: *15.3.1927 in Langburkersdorf/ Sachsen. H. Schneider war zunächst Seemann, studierte dann Jura und arbeitete als Staatsanwalt. Seit 1961 ist er freischaffender Schriftsteller. Er war von 1960–1990 Mitglied im Schriftstellerverband der DDR. Seine überaus erfolgreichen Romane wurden in zahlreiche Sprachen übersetzt.

Kriminalromane: 1962 Gefährlicher Anfang, (Jugendroman), Neues Leben; 1965 Tote schweigen nicht, Greifenverlag; 1968 Nacht ohne Alibi, Greifenverlag; 1971 Kreuzweg am Abgrund, (Erzählung), Das neue Abenteuer 306, Neues Leben; 1972 Polizeigewalt, Greifenverlag; 1973 Der Egoist, (Erzählung), Blaulicht 142, Das Neue Berlin; 1975 Der letzte Fall, Reihe DIE, Das Neue Berlin; 1976 Flucht ins Verbrechen, Greifenverlag; 1980 Tatort Centrum, Greifenverlag; 1983 Obduktion eines Mordfalls, Greifenverlag; 19867 Ein Toter klagt an, Greifenverlag; 1990 Treffpunkt Bootshaus, Treptower Verlagshaus; 1992 Der Mauertänzer, Reihe DIE, Das Neue Berlin; 1995 Hexenjagd, DIE 174, Das Neue Berlin
TV: 1991 Polizeiruf 110: Der Fall Preibisch, (Seri-

enfilm, 77 Min.), Drehbuch: H. Schneider, Regie: Lothar Hans, EA 17.2.1991
SONSTIGE PUBL.: zahlreiche Kurzgeschichten und kurze Erzählungen in Zeitungen und Zeitschriften, Szenarien für Fernsehfilm und Theater; 14 Hörspiele; zahlreiche Artikel über gesellschaftliche, literarische kriminalistische und juristische Themen
MITGLIED: VS

Schneider, Rüdiger

Biografie: *10.2.1947 in Mönchengladbach. R. Schneider studierte Germanistik, war Dozent für Deutsch als Fremdsprache an der Sukothai-Thammatirat-Universität in Bangkok und Reporter für Reisereportagen in Südostasien. Heute lebt er als Schriftsteller in Bad Karlshafen an der Weser. Er schreibt Kriminalromane und Erzählungen. Seit 1989 ist er Herausgeber der Literaturzeitschrift SCHEHERAZADE.

KRIMINALROMANE: 2000 Pandoras Schatten, Militzke Verlag; 2001 Das Nausikaa-Fragment, Militzke; 2002 Der Kreis des Kopernikus, (gem. mit Rainer Küster), Militzke; 2003 Loreley, Militzke
SONSTIGE PUBL.: 2004 Siamesische Nächte, Erzählunge, Haller Verlag
PREISE: 1997 Förderpreis zum Literaturpreis Ruhrgebiet
MITGLIED:Syndikat
KONTAKT: www.scheherazade.tv; www.taormina1001.de

Scholl, Werner → Jaeger, Karl Heinz

Schönau, Gert → Feix, Gerhard

Schönau, Peter

Biografie: *19.12.1944 in Rendsburg, Schleswig-Holstein. Nach dem Besuch der Mittelschule und einer Ausbildung zum Großhandelskaufmann auf einem Schlachthof meldete sich P. Schönau freiwillig zur Marine und durchlief die Offiziersausbildung bis zum Fähnrichslehrgang an der Marineschule Mürwik. Er verließ die Marine noch während des Lehrgangs auf eigenen Wunsch und ging für eine deutsche Firma nach La Paz,

Bolivien. Nach seiner Rückkehr arbeitete er bei mehreren Unternehmen im Export und als Übersetzer und machte sich Anfang der 70er-Jahre als Übersetzer selbstständig. Darüber hinaus wirkte er mehrere Jahre in der Kommunalpolitik seiner Heimtatstadt mit, war Vorsitzender eines Sportvereins und bekleidete andere Ehrenämter. 1993 ließ er sich in Settimo Vittone in Italien nieder, wo er seitdem als Übersetzer und Autor arbeitet.

KRIMINALROMANE: 2004 Der Spiegelfechter, Rake Verlag; 2004 Leiche gesucht, Rake Verlag; 2005 Ciao Bella, Rake Verlag

Schoon, Bernhard
auch unter dem Pseudonym Ben Schoon
Biografie: *6.4.1957 in Vogelbach/Pfalz. B. Schoon ist geboren und aufgewachsen in der westpfälzischen Landgemeinde Vogelbach, Kreis Kaiserlautern. Abitur am Staatlichen Gymnasium Landstuhl, Studium der Soziologie und Volkswirtschaft an der Universität Trier. Abschluss als Diplom-Soziologe mit einer Arbeit über den 1. FC Kaiserslautern. Er volontierte bei einer Fotozeitschrift, danach war er Redakteur bei einer Computer-Zeitschrift. Seit 1991 betreibt Schoon ein eigenes Redaktionsbüro. Zeitweise war er ehrenamtlicher Richter (Schöffe) am Landgericht München I. Zurzeit lebt B. Schoon in der Westpfalz und auf Mallorca.

KRIMINALROMANE: 2004 Ostwind, éditions trèves

Schrenk, Peter
Biografie: *8.6.1943 in Berlin. P. Schrenk reiste in seiner Jugend viel und lebte von Gelegenheitsjobs, ehe er eine Schauspielausbildung aufnahm. Beruflich wirkte er später als Projektleiter bei einem Marktforschungsinstitut, als Marketing Manager bei verschiedenen Firmen sowie im Leasingvertrieb einer Bank, bis er sich als Berater für Industriefinanzierungen selbstständig machte.

KRIMINALROMANE: 1988 Ein fremder Tod, Goldmann 5053; 1989 Ohne Obligo, Goldmann 5071; 1990 Und dann Berlin, Goldmann 5101; 1992 Die

Konferenz von Reading, Amann, HC; 1998 Sangers Fluch, Das Neue Berlin, DIE 210
MITGLIED: Syndikat

Schröder, Angelika

Biografie: *20.2.1955 in Herford. A. Schröder studierte in Siegen Pädagogik, anschließend in Köln und München Völkerkunde. Während ihrer Aufenthalte in Asien verfasste sie Reiseberichte für verschiedene Zeitungen. Nach einem Umweg über das Sauerland lebt sie heute in Hagen, arbeitet hauptberuflich als Grundschullehrerin, ist nicht verheiratet und hat mit 40 wieder angefangen zu schreiben, zunächst Theaterstücke für Kinder, später Kurzgeschichten und Romane. Ihre Vorliebe gilt den heiteren Kurzkrimis, in denen Frauen sich auf ihre eigene, ganz spezielle Art emanzipieren.

KRIMINALROMANE: 2004 Mordsliebe, Gmeiner-Verlag; 2005 Mordswut, Gmeiner-Verlags
KRIM.-ERZ.: 1999 *Ein ganz besonderer Tag*, in: … denn jeder Tag ist mein Tag, Hrsg. Waltraud Weiß, Wort und Mensch; 1999 *Ausgleichende Gerechtigkeit*, in: Liebe, Lust und Leichen, Hrsg. Elmar Ferber, ferber und partner; 2002 *Mörderische Nächstenliebe* und *Ein perfekter Mord*, beide in: Raffinierte Mordgeschichten, Hrsg. Roland Wolf, Turnshare Ltd.; 2002 *Mord auf dem Siel*, in: Criminalis, Hrsg. D. Puschmann, Capricorn Verlag; 2002 *Erbonkel leben gefährlich*, in: Roter Klee und andere Kriminalgeschichten, Ulmer Manuskripte; 2003 *Friesenbraten*, in: Die Axt im Haus, Bookspot-Verlag; 2003 *Fernsehen bildet*, in: Über Grenzen, Podszun; 2004 *Ein Mord aus Mitgefühl*, in: Missbrauch, Verlag Jens Neuling; 2004 *Autopanne um Mitternacht*, in: Mord zur besten Zeit, Bookspot-Verlag
SONSTIGE PUBL.: Reiseberichte, Erzählungen, Kurzgeschichten, ein Science-Fiction-Roman
PREISE: 2005 Alfred-Müller-Felsenburg-Preis für aufrechte Literatur
MITGLIED: Syndikat

Schroeder, Heidi

Biografie: *2.6.1947 in Bremen. H. Schroeder ist staatl. geprüfte Erzieherin und studierte Kunst und Musik. Von 1984–1999 führte sie eine eigene private Musikschule in Stuhr.

Seit 1995 ist sie Redakteurin einer pädagogischen Zeitschrift und Kinderbuchautorin. Seit 1.9.2000 ist sie Inhaberin des Zauberwort-Verlags. H. Schroeder lebt in Weyhe.

KRIMINALROMANE: 2000 Verschwörung in Rot, VdC; 2001 Heiße Spur Adlernest, (Kinderkrimi) Zauberwort; 2003 Das dreizehnte Buch, ZW-Verlag, OA
SONSTIGE PUBL.: Pädagogische Fachbücher, Bühnenstücke für Kinder sowie Kinderbücher
MITGLIED: SinC; Syndikat
KONTAKT: h.schroeder@zauberwort-verlag.de

Schubarsky, Susanne

Biografie: *1966 in St. Pölten. S. Schubarsky studierte Germanistik, Anglistik und Romanistik, daneben hatte sie zahllose Jobs in Büros, als Journalistin, Übersetzerin in einer Presseagentur, Typesetter für Verlag, Telefonistin, Buchhalterin, Nachhilfelehrerin. In dieser Zeit veröffentlichte sie erste Kurzgeschichten (Science Fiction und Frauenthemen). Nach einem Jahr als Lehrerin gründete sie 1995 mangels Anstellung eine Internet-Provider-Firma, wo sie anfangs für Marketing, Webdesign, Buchhaltung, Fakturierung zuständig war. Heute beschäftigt sie sich mit Finanzen und Controlling.

KRIM.-ERZ.: 2003 *Die Jambalaya-Krise*, in: Mord à la carte, Hrsg. Andreas May, Edition Ponte Nuvo; 2004 *Wien ist anders*, in: Tatort Wien, Hrsg. Edith Kneifl, Milena
MITGLIED: SinC

Schubert, Ulli

Biografie: *17.5.1958 in Hamburg. U. Schubert spielt gern Fußball, fährt gerne Rad, liest viel und geht ins Kino. Er ist verheiratet und lebt in Hamburg.

KRIMINALROMANE: 2001 Die Reporterkids. Zwei spannende Fälle: Die Schulhof-Erpresser/Der Kaufhausdieb, illustriert von Dagmar Geisler, Arena; 2005 Eigentor, Rowohlt 21312
KONTAKT: mail@ulli-schubert.de

Schuhmacher, Astrid und Bernt → A. B. S.

Schuker, Klaus

Biografie: *4.2.1959 in Ravensburg. K. Schuker war zunächst Polizeibeamter, der in seiner Freizeit Gedichte und Kurzgeschichten für Zeitschriften und Zeitungen zu schreiben begann. Seit 1989 lebt er als freier Autor, der viel liest und Schreibwerkstätten vor allem an Schulen durchführt.

KRIMINALROMANE: 2000 Trau keiner Leiche, Militzke

KRIM.-ERZ.: 2001 *Der Mann mit dem Gehstock*, in: dtv-Urlaubslesebuch 2001, Hrsg. Lutz-W. Wolff, dtv 20424; 2002 Tanten leben auch nicht ewig, Schmidt-Verlag; 2005 Marlene strickt eine Leiche, VdC

SONSTIGE PUBL.: Zahlreiche Kurzgeschichten und Erzählungen in Zeitungen und Zeitschriften, Filmbesprechungen

PREISE: 1986 Kurzgeschichtenwettbewerb der Polizeistiftung des Landes Baden-Württemberg für die Kurzgeschichte *Das Klingelzeichen*

MITGLIED: Syndikat; VS Baden-Württemberg

KONTAKT: Klaus.Schuker@t-online.de; www.klaus-schuker.de

Schüler, Wolfgang

Biografie: *24.9.1952 in Schönebeck. W. Schüler studierte Jura, arbeitete mehrere Jahre als Lokalredakteur und Gerichtsreporter bei der Berliner Zeitung. Von 1984 an war er als freiberuflicher Schriftsteller, Werbetexter und Journalist tätig. Er veröffentlichte zahlreiche Kriminalgeschichten und Beiträge zur Geschichte der Kriminalistik. 1990 trat er als Partner in eine Rechtsanwaltskanzlei ein. Von 1993 bis 2003 war er ehrenamtlicher Bürgermeister seiner Heimatgemeinde und ist seit 16 Jahren Herausgeber einer Regionalzeitung. W. Schüler lebt bei Berlin.

KRIMINALROMANE: 2000 Narbengesicht, Militzke

KRIM.-ERZ.: 1991 *Zug um Zug* und *Ein schwarzer Tag,* in: Eine glänzende Idee, Hrsg. Heinz Niemann, Reiher; 2004 *Die Xanthippe von Xanten,* in: Mord am Niederrhein, Hrsg. Jürgen Kehrer, Grafit; 2004 *Das verschwundene Gebetbuch,* in: Tatort Kanzel, Hrsg. Tatjana Kruse und Billie Rubin, Wittig Verlag

SONSTIGE PUBL.: 1987 *Verbrecher im Netz*, Neues

Leben, überarbeitete NA Militzke 1997, Tb 2001 Ullstein; 1998 *In den Fängen der Justiz. Gerichtsberichte,* Militzke; 1999 *Bessere Beweise. Gerichtsberichte,* Militzke; 2000 *Kann denn Liebe strafbar sein? Sex und Recht,* Mitteldeutscher Verlag; 2000 *Edgar Wallace. Ein Leben wie im Film,* Militzke, TB 2003 Militzke Hörbuch; 2002 Zugriff – Im Visier der Fahnder, Militzke; Roman *Die drei Raben;* 2003 *Das Loch in der Zunge,* Gerichtsbericht, Militzke; 2004 *Pech gehabt,* Gerichtsberichte, Militzke; 2005 *Deutsche Serienmörder,* Militzke Verlag; über 1.000 literarische Gerichtsberichte sowie Tatsachenberichte zur Geschichte der Kriminalistik

PREISE: 2001 Nominierung für den Nordfälle-Preis der Stadt Flensburg

MITGLIED: Syndikat

KONTAKT: schueler-Hoenow@t-online.de

Schüller, Martin

auch unter den Pseud. Jagomir Krohm

Biografie: *29.3.1960 in Haan. M. Schüller lebt und arbeitet in Köln, seit 1999 als Schriftsteller. Langjährige, prägende Erfahrung als Nachttaxifahrer und Musiker.

KRIMINALROMANE: 2000 Jazz, Emons; 2001 Killer, Emons; 2002 King, Emons; 2004 Verdammt lang tot, Emons; (als Jagomir Krohm) 2003 Kunst? Blut!, Emons

FUNK: 2001 Bird's Bird, (Kriminalhörspiel, 54 Min., WDR), Bearbeitung: M. Schüller nach seinem Köln-Krimi *Jazz;* 2003 Das Geheimnis der offenen Tür, (Kriminalhörspiel, 54 Min., WDR)

SONSTIGE PUBL.: (als J. Krohm) 6 Jo Kant-Kurzkrimis in Penthouse

MITGLIED: Syndikat

KONTAKT: m_schueller@gmx.de

Schumacher, Jens

Biografie: *1974 in Mainz. Nach einem literaturwissenschaftlichen Studium und mehrjähriger Tätigkeit als Lektor und Übersetzer lebt und arbeitet Jens Schumacher als freier Schriftsteller in Mainz. Er veröffentlicht Thriller, Kriminal- und Gruselerzählungen für Kinder und Erwachsene, zuweilen unter Pseudonym bzw. in Zusammenarbeit mit den Autoren Corinna Harder und Jens Lossau.

KRIMINALROMANE: 1997 Das Lied vom Untod, Ventil-Verlag; 2002 Der Schädeltypograph, gem. mit Jens Lossau), HC, Societäts-Verlag, 2003 als Hörbuch, Societäts-Verlag; 2003 Der Luzifer-Plan, gem. mit Jens Lossau, HC, Societäts-Verlag; 2004 Die Menschenscheuche, gem. mit Jens Lossau), HC, Societäts-Verlag; 2004 Das Mahnkopff-Prinzip, gem. mit Jens Lossau), Blitz-Verlag

Krim.-Erz. f. Kinder: (alle gem. mit Corinna Harder) 2004 *Professor Berkley und die Katze der Baskervilles*, HC, KeRLE bei Herder; 2004 *Professor Berkley und die Nebel von London*, HC, KeRLE bei Herder; 2004 *Professor Berkley und die Juwelen von Doningcourt Castle*, HC, KeRLE bei Herder; 2004 *Professor Berkley und die Schmuggler vom Hochmoor*, HC, KeRLE bei Herder; 2004 *Die unheimliche Villa*, HC, moses.-Verlag; 2005 *Professor Berkley und die träumenden Türme*, KeRLE bei Herder, HC; 2005 *Professor Berkley und das Geheimnis der Baker Street*, KeRLE bei Herder, HC; 2005 *Professor Berkley und der Hexer von Winfield*, KeRLE bei Herder, HC; 2005 *Professor Berkley und das Lächeln der Mona Lisa*, HC, KeRLE bei Herder.

SONSTIGE PUBL.: 2003 *Streng geheim – Das große Buch der Detektive*, (Sachbuch gem. mit Corinna Harder), moses.-Verlag, HC; mehrere phantastische Erzählungssammlungen und Romane sowie redaktionelle und belletristische Veröffentlichungen in verschiedenen Periodika.

Schumacher, Wolf-Dietrich → Dietrich, Wolf

Schumann, Inge

Biografie: *1.8.1947 in Immensen bei Hannover. I. Schumann ist Verwaltungsfachangestellte. Ihr erstes Gedicht veröffentlichte sie mit zehn Jahren in der Hannoverschen Allgemeinen Zeitung, von da an begleitete sie der Wunsch, Schriftstellerin zu werden. Es folgte zunächst jedoch eine längere Pause wegen Familie und Beruf. I. Schumann zog 1972 nach Düsseldorf und arbeitete viele Jahre bei der Stadtverwaltung einer niederrheinischen Kleinstadt. Heute lebt sie in einer ländlichen Gemeinde am Niederrhein in der Nähe von Mönchengladbach und betreibt dort eine Haus- und Grundstücksverwaltung. Seit 1990 veröffentlichte sie Kurzkrimis und

andere Kurzgeschichten in verschiedenen Zeitschriften und Zeitungen, 1999 erschien ihr erster Kriminalroman.

KRIMINALROMANE: 1999 Der Traum des Lugatan, Meyer & Meyer; 2000 Die Farben des Todes, Meyer & Meyer; 2001 Siegfrieds Tod, Meyer & Meyer

KRIM.-ERZ.: 2001 *Andersens Tod*, in: Teuflische Nachbarn, Hrsg. Ina Coelen u. Ingrid Schmitz, Scherz

MITGLIED: SinC; Syndikat

KONTAKT: IngeSchumann@gmx.de

Schulz, Delf

Pseudonym für Detlef Schulz

Biografie: *14.12.63 in Uetersen. D. Schulz lehrt als Dozent unter Anderem in den Bereichen Elektrotechnik, Anwendersoftware und Betriebsorganisation. Nach der Veröffentlichung vieler Kurzgeschichten in verschiedenen Zeitschriften schrieb er seinen ersten Kriminalroman. Er lebt und schreibt in Uetersen.

KRIMINALROMANE: 2003 *Leonardo Lührs und die Sünde auf dem Lande*, Betzel Verlag

SONSTIGE PUBLIKATIONEN: Als Herausgeber: 2001 *Üm de Eck keken, Een Krink vertellt*, Quickborn-Verlag

MITGLIED: Syndikat

Schulz, Gesine

Biografie: 9.3.1952 in Bückeburg. G. Schulz ist Bibliothekarin. Sie arbeitete u. a. als Zimmermädchen und Frühstücksköchin und leitete, organisierte und reorganisierte Bibliotheken, u. a. in Dublin, New York, Essen, Bogotá und La Paz. In ihren Kurzkrimis schreibt sie über die (nicht immer sauberen Fälle) der Essener Privatdetektivin und Putzfrau Karo Rutkowsky. Im Mittelpunkt ihrer Kinderkrimi-Serie steht die junge Privatdetektivin Billie Pinkernell. G. Schulz lebt in Essen und West Cork/Irland.

KRIMINALROMANE: 2004 Der Beuys von Borbeck – Die sauberen Fälle der Privatdetektivin & Putzfrau Karo Rutkowsky, Leporello Verlag, OA

KRIM.-ERZ.: 2000 *Dickmadam lacht*, in: Mordsgewichte, Hrsg. Martina Bick u. Tatjana Kruse, Piper 2992; 2000 *Ausgebadet; Fieberhafte Suche*, in: Rheinleichen, Hrsg. Ina Coelen u. Ingrid Schmitz, Emons; 2000 *Süße Ruh*, in: Alter schützt vor Morden nicht, Hrsg. Anke Cibach, Gerstenberg, HC; 2001 *Karo hat Schwein*, in: Teuflische Nachbarn, Hrsg. Ingrid Schmitz u. Ina Coelen, Scherz 1793; 2001 *Requiem für einen Goldfisch*, in: Mord mit Biss, (20 animalische Krimis), Hrsg. Anke Cibach, Hannah, HC; 2001 *Die nackte Wahrheit*, in: Mörderische Beziehungen, Hrsg. Ina Coelen u. Ingrid Schmitz, Emons; 2001 *Greiffenstein Junior*, in: Greiffenstein, Hrsg. Tatjana Kruse u. Anneli von Könemann, KBV; 2002 *Das Panama-Huhn*, in: Die Stunde des Vaters, Verlag Ulmer Manuskripte; 2002 *Ein gutes Klima für Kakteen*, in: Die vielen Tode des Herrn S., Hrsg. Mischa Bach, Ina Coelen u. Ingrid Schmitz. Emons; 2003 *Der Beuys von Borbeck*, in: Liebestöter. Leidenschaftliche Morde mit und ohne Strapse, Hrsg. Anke Cibach, Scherz; 2003 *Freuden der Fortbildung*, in: Mörderische Mitarbeiter. Hrsg. Ingrid Schmitz u. Ina Coelen, Scherz; 2003 *After Eight, Süße Ruh'*, in: Mords-Appetit, Hrsg. Ina Coelen u. Ingrid Schmitz, Leporello Verlag; 2003 *Das Panama-Huhn*, in: Tödliche Touren, Hrsg. Ina Coelen u. Ingrid Schmitz, Leporello Verlag; 2003 *Blaubart im Schnee*, in: Schlaf in himmlischer Ruh ..., Hrsg. Belinda Rodik u. Reinhard R. Wissdorf, Wittig; 2003 *White Christmas*, in: Leise rieselt der Schnee ..., Hrsg. Gisa Klönne, Ullstein 257879; 2004 *Der Zweck heiligt die Mittel*, in: Tatort Kanzel, Hrsg. Tatjana Kruse u. Billie Rubin, Wittig; 2004 *Wunder gibt es immer wieder*, in: Mord ist die beste Medizin, Hrsg. Monika Buttler u. Alexandra Guggenheim, Scherz

Sonstige Publ.: Ein Kinderbuch; zwei Kinderkrimis: 2003 Fernando ist futsch, Ueberreuter, HC, OA; 2003 Der geklaute Garten, Ueberreuter, HC, OA; 2003 The Panama Hen, in: The World's Finest Mystery and Crime Stories. Fourth Annual Collection, Hrsg. Edward Gorman u. Martin Harry Greenberg, Forge, HC
Mitglied: SinC; Syndikat
Kontakt: info@gesineschulz.com; www.gesineschulz.com; www.billie-pinkernell.de

Schuster, Frauke

Biografie: *14.1.1958 in Cham. F. Schuster verbrachte ihre Kindheit größtenteils in Ägypten. 1983 promovierte sie in Regensburg als Studienstiftungs-Stipendiatin im Fach Chemie, erhielt 1984 für ihre Dissertation den OBAG-Preis und arbeitete danach für eine Chemie-Fachzeitschrift. Die Autorin lebt in Emmerting, Südbayern. Sie schreibt Kriminalromane und Kurzkrimis, teils auch auf Englisch.

Kriminalromane: 2002 Atemlos, KBV 85; 2003 Toskanisches Schattenspiel, KBV 111; 2004 Donaufeuer, KBV 132
Krim.-Erz.: 2002 *Zwei Schwestern*, in: Mörderisch kalt, Hrsg. Ralf Kramp, Scherz; 2003 *Afrikanische Weihnachtsgrüße*, in: Schlaf in himmlischer Ruh, Hrsg: Belinda Rodik u. Reinhard Rael Wissdorf, Wittig Verlag; 2003 *Feuerwerk der Rache*, in: Mords-Appetit, Hrsg. Ina Coelen u. Ingrid Schmitz, Leporello; 2003 *Endstation Hagenbeck*, in: Tatort Hamburg, Hrsg. Anna Wolf, Vertigo
Sonstige Publ.: 2003 *Two Sisters*, in: The World's Finest Mystery and Crime Stories, Vol. 4, Hrsg. Ed Gorman, Martin H. Greenberg, Tekno Books; 2004 *German Summer*, in: EQMM (Ellery Queen Mystery Magazine), Hrsg. Janet Hutchings; 2004 *African Christmas*, in: The World's Finest Mystery and Crime Stories, Vol. 5, Hrsg. Ed Gorman, Martin H. Greenberg, Tekno Books
Preise: 2003 Auszeichnung beim arte-TV-Krimiwettbewerb für den Kurzkrimi *Wildwassernacht in Castellane*
Mitglied: SinC; Syndikat

Schwab, Elke

Biografie: *3.6.1964 in Saarbrücken. E. Schwab ist eine echte Saarländerin. Von 1981 bis 1983 machte sie eine Ausbildung zur Arzthelferin. Seit 1986 arbeitet sie als Regierungsangestellte beim Sozialministerium – heute das Ministerium für Justiz, Gesundheit und Soziales in Saarbrücken. Seit ihrem 12. Lebensjahr gehört neben dem Reiten auch das Schreiben zu ihren großen Leidenschaften. Als Kind schrieb sie Abenteuerromane und als Jugendliche Liebesromane. Heute verfasst sie saarländische Krimis.

Kriminalromane: 2000 Tödliche Besessenheit, Frieling-Verlag; 2004: Kullmanns letzter Fall, Conte-Verlag
Kontakt: www.elkeschwab.de

Schwamm, Bernd

Biografie: *1943. B. Schwamm absolvierte die Filmhochschule und arbeitete als Producer bei der Bavaria-Film. Er schrieb zahlreiche Drehbücher für Vorabendserien und gilt als einer der Erfinder des Kommissars Schimanski und als Mitentwickler der Figur des Fahnder.

KRIMINALROMANE: 1997 Die Gang, rororo 22112 TV: 1978–82 Die unsterblichen Methoden des Franz Josef Wanninger, (Fernsehserie, 60 Teile, je 25 Min., Bavaria für WWF), Drehbuch: Detlef Müller, Georg Feil, Manfred D. Lisson, Wilfried Schröder, Hartmut Grund, Werner Kließ, Sylvia M. Andragore, Peter Ertel, Bernd S. Graf, Berhard Martins, B. Schwamm, Martin Gies, Werner Voss, Andy Hoetzel, Ralf Huettner, Michael Hild, Manfred Banach, Michael Bernhardt, Regie: Eberhard Hauff, Peter Weck, Theo Mezger, Hans Jürgen Tögel, Hans Dieter Schwarze, Ernst Schmucker, Wolfgang Schleif; 1978–80 Jörg Predea berichtet, (Fernsehserie, 26 Teile, je 25 Min., Bavaria für WWF), Drehbuch: Werner Kließ, Peter Hemmer, Manfred D. Lisson, Wilfried Schröder, Hartmut Grund, Rudolfo Kuhn, Dominik Graf, B. Schwamm, Regie: Rudolfo Kuhn, Thomas Engel, Eberhard Schubert, Diethard Klante, Hagen Mueller-Stahl, mit Pinkas Braun; 1979 Das Ding, (2 Teile, Fernsehfilm, 88 und 98 Min., Bavaria für ZDF), Drehbuch: B. Schwamm, (Teil 1) und Hermann Weigel, (Teil 2) nach dem gleichnamigen Roman von F. J. Wagner, Regie: Ulrich Edel, EA 31.8/1.9.1979 ZDF; 1980 Tatort: Herzjagd, (Serienfilm, 100 Min., WDR), Drehbuch: B. Schwamm, Mitarbeit Axel Corti, Regie: Axel Corti, EA 14.12.1980 ARD; 1985 Der Fahnder: Die schwarzen Engel, (Serienepisode, 50 Min., ARD Werbung), Drehbuch: Stephan Meyer, Michael Hild und B. Schwamm, Regie: Stephan Meyer, EA 1.10.1985 ARD; 1985 Der Fahnder: Verraten und verkauft, (Serienepisode, 50 Min., ARD), Drehbuch: B. Schwamm, Regie: Erwin Keusch, EA 21.11.1985; 1986 Der Fahnder: Lauter gute Freunde, (Serienepisode, 50 Min., ARD), Drehbuch: B. Schwamm, Regie: Dominik Graf, EA 2.1.1986 ARD; 1986 Der Fahnder: Lydia, (Serienepisode, 45 Min., WWF), Drehbuch: B. Schwamm, Regie: Martin Gies, EA 20.3.1986 ARD; 1986 Der Fahnder: Cop Conny, (Serienepisode, 45 Min., ARD Werbung), Drehbuch: B. Schwamm, Regie: Dominik Graf, EA 9.1.1986 ARD; 1986 Der Fahnder: Hitzewelle, (Serienepisode, 45 Min., ARD Werbung), Drehbuch: B. Schwamm, Michael Hild, Regie: Werner Masten, EA 16.1.1986; 1986 Der Fahnder: Ein König ohne Reich, (Serienepisode, 45 Min., ARD Werbung), Drehbuch: B. Schwamm, Regie: Dominik Graf, EA 17.4.1986; 1985 Der Fahnder: Eine Tasche voller Geld, (Serienfilm, 50 Min., Bavaria für ARD), Drehbuch: B. Schwamm und Helmut Zenker, Regie: Hans Christian Görlitz, 14.11.1985 ARD; 1986 Der Fahnder: Kettenreaktion, Drehbuch: B. Schwamm und Ulrich Limmer, Regie: Peter Fratzscher, EA 10.4.1986 ARD; 1986 Der Fahnder: König ohne Reich, (Serienepisode, 50 Min., ARD Werbung), Drehbuch: B. Schwamm, Regie: Dominik Graf, EA 17.4.1986 ARD; 1986 Der Fahnder: Hitzewelle, (Serienepisode, 50 Min., ARD), Drehbuch: B. Schwamm und Michael Hild, Regie: Werner Masten, EA 16.1.1986 ARD; 1986 Der Fahnder: Theos letzte Chance, (Serienepisode, 50 Min., ARD), Drehbuch: Michael Hild und B. Schwamm, Regie: Erwin Keusch, EA 27.2.1986 ARD; 1988 Der Fahnder: Drücker, (Serienepisode, 50 Min., ARD), Drehbuch: B. Schwamm und Alexander Steffen, Regie: Peter Adam, EA 1.2.1988 ARD; 1988 Der Fahnder: Familienbande, (Serienepisode, 45 Min., ARD Werbung), Drehbuch: B. Schwamm, Regie: Markus Bräutigam, EA 30.5.1988 ARD; 1988 Der Fahnder: Tag der offenen Tür, (Serienepisode, 45 Min., ARD Werbung), Drehbuch: Michael Hild und B. Schwamm, Regie: Werner Masten, EA 13.6.1988 ARD; 1988 Der Fahnder: Im Zwielicht, (Serienpilot, 90 Min., ARD), Drehbuch: Michael Hild, B. Schwamm und Richard Reitinger, Regie: Werner Masten; 1988 Der Fahnder: Über dem Abgrund, (Serienepisode, 50 Min., ARD), Drehbuch: B. Schwamm und Wolfgang Limmer, Regie: Dominik Graf, EA 11.1.1988 ARD; 1989 Peter Strohm: Die sieben Monde des Jupiter, (Serienepisode, 50 Min., NDR), Drehbuch: B. Schwamm und Jan Hinter, Regie: Sigi Rothemund, EA 9.1.1989 ARD; 1989 Peter Strohm: Rendezvous in Berlin, (Serienepisode, 43 Min., NDR), Drehbuch: B. Schwamm und Jan Hinter, Regie: Ilse Hofmann, EA 6.3.1989 ARD; 1986 Tatort: Schwarzes Wochenende, (Serienfilm, 95 Min., Bavaria für WDR), Drehbuch: B. Schwamm, Regie: Dominik Graf; 1987 Leere Welt, (Fernsehfilm, 96 Min., Bavaria für ZDF), Drehbuch: B. Schwamm nach dem Roman von John Christopher, Regie: Wolfgang Panzer, EA 9.11.1987 ZDF; 1990 Der Fahnder: Karriere, (Serienepisode, 50 Min., ARD), Drehbuch: Alexander Steffen und B. Schwamm, Regie: Werner Masten, EA 19.11.1990 ARD; 1990 Der Fahnder: Comeback, (Serienepisode, 45 Min., ARD Werbung), Drehbuch: B. Schwamm, Ingmar Gregorzewski, Regie: Werner Masten, EA 26.11.1990 ARD; 1993 Der Fahnder: Vaterliebe, (Serienepisode, 45 Min., ARD Werbung), Drehbuch: B. Schwamm, Hajo Gies, Regie: Rüdiger Nüchtern, EA 4.11.1993 ARD; 1993 Der Fahnder: Verhör am Sonntag. (Serienepisode, 45 Min., ARD Werbung), Drehbuch: B. Schwamm, Regie: Dominik Graf, EA 9.12.1993 ARD; 1994 Der Fahnder: Der Neue, (Serienepisode, 50 Min., ARD), Drehbuch: B. Schwamm, Regie: Peter Adam, EA 13.1.1994 ARD; 1997 Die Gang: Ich töte alles, was du liebst, (Serienpilot, 90 Min., Studio Hamburg in Zusammenarbeit mit Lexington Road Productions für NDR), Drehbuch: B. Schwamm, Regie: Hajo Gies, EA 5.1.1997; 1997 Die Gang: Tanz in den Tod, (Serienepisode, 60 Min., Studio Hamburg in Zusammenarbeit mit Lexington Road Productions für NDR), Drehbuch: B. Schwamm, Regie: Olaf Kreinsen, EA 7.1.1997; 1997 Die Gang: Strahlende Gefahr, (Serienepisode, 60 Min., Studio Hamburg in Zusammenarbeit mit Lexington Road Productions für NDR), Drehbuch: B. Schwamm, Regie: Hajo Gies, EA 14.1.1997; 1997 Die Gang: Liebeslied für eine Leiche, (Serienepisode, 60 Min., Studio Hamburg in Zusammenarbeit mit Lexington Road Productions für NDR), Drehbuch: B. Schwamm, Regie: Hajo Gies, EA 21.1.1997; 1997 Die Gang: Die Pest, (Serienepisode, 60 Min., Studio Hamburg in Zusammenarbeit mit Lexington Road Productions für NDR), Drehbuch: B. Schwamm, Regie: Hajo Gies, EA 28.1.1997; 1999 Tatort: Die apokalyptischen Reiter, (Serienfilm, 90 Min., RB), Drehbuch: Urs Aebersold und B. Schwamm, Regie: Martin Gies, EA 24.10.1999 ARD

Schwamborn, Ingrid

Biografie: *1940 in Berlin. I. Schwamborn studierte Anglistik und Romanistik in Bonn und Tübingen. Es folgten mehrere längere Brasilienaufenthalte, von 1996–2000 war sie Lehrbeauftragte für brasilianische Literatur und Literaturverfilmung an der Universität Köln. Seit 2000 lebt sie wieder in Brasilien (Rio de Janeiro, Fortaleza) und ab 2005 ist sie Gastprofessorin an der Bundesuniversität von Ceará/Brasilien.

SONSTIGE PUBL.: 1998 *Brutalität in der brasilianischen Kriminalgeschichte: Rubem Fonsecas O Cobrador*; in: Kriminalromania, (Hrsg.) Hubert Pöppel, Stauffenberg Verlag, 1998, S. 237-250; 2000 *Brutalidade no romance policial brasileiro: O Cobrador de Rubem Fonseca, Übersetzung von Carlos Almeida Pereira*; in: Colheita Tropical, Hrsg. Antônio Martins Filho und Teoberto Landim, Festschrift für Prof. Dr. Helmut Feldmann, Fortaleza: UFC, Casa de José de Alencar, Programa Editorial, 2000, S. 96-123
MITGLIED: SinC; Syndikat

Schwarz, Marcel → Cueni, Claude

Schwarz, Maren

Biografie: *2 1.02. 1964 in Rodewisch im Vogtland. Nach Abschluss einer kaufmännischen Lehre nahm sie ein Fernstudium zum Diplom-Betriebswirt auf. M. Schwarz lebt als Hausfrau und Mutter mit ihrer Familie in Rodewisch.

KRIMINALROMANE: 2003 Vergeltung um jeden Preis, Vogtlandverlag; 2004 Grabeskälte, Gmeiner Verlag; 2005 Dämonenspiel, Gmeiner Verlag.
MITGLIED: SinC; Syndikat

Schwarze, Hans Dieter

Biografie: *1926 in Münster, †1994 in Reisbach. H. D. Schwarze arbeitete als Schriftsteller, Schauspieler, Dramaturg und Regisseur für Theater, Hörfunk und Fernsehen und war Intendant des Westfälischen Landestheaters.

KRIMINALROMANE: 1994 Ich mag keinen, Neues Literaturkontor
SONSTIGE PUBL.: Gedichte, Erzählungen, ein Roman, ein Kinderbuch
PREISE: Bundesfilmpreis

Schwarzwälder, Marion

Biografie: *16.5.1954 in Villingen/Schwarzwald. M. Schwarzwälder studierte Literatur-, Sprach- und Erziehungswissenschaften und machte eine Ausbildung in Rhythmik. Sie arbeitet als Saxophonistin in Programmen mit Lesung und Musik gemeinsam mit dem Saxophonisten und Komponisten Gottfried

Klier. Nach rund 30 Umzügen lebt sie heute in Berlin.

KRIMINALROMANE: 1996 Trio Berlin. Susan Cohrs ermittelt, Eichborn; 1997 Tod nach Noten. Susan Cohrs ermittelt, Eichborn; 2004 Backstage, Rowohlt 23640; OA; 2005 Zero, Rowohlt, OA
KRIM.-ERZ.: 1998 *Ruhestand,* in: Der Bär schießt los, Hrsg. Karl-Michael Stöppler, Ullstein; 2000 *Stierblut,* in: Erbarmungslose Stiere, Hrsg. Thea Dorn, Uta Glaubitz u. Lisa Kuppler, Eichborn
SONSTIGE PUBL.: Erzählungen, Buchbesprechungen und Essays
MITGLIED: SinC; Syndikat
KONTAKT: mawald.de@gmx.de

Schweiger, Wolfgang

Biografie: *20.11.1951 in Traunstein. W. Schweiger absolvierte eine kaufmännischen Ausbildung und studierte Betriebswirtschaftslehre und Sozialpädagogik, bevor er sich hauptberuflich dem Schreiben zuwandte.

KRIMINALROMANE: 1984 Durch die Nacht, Heyne 2111; 1985 Schatten der Gewalt, Heyne 2144, NA 1991 unter dem Titel: Eine Sache unter Freunden, Haffmans TB 117; 1986 Wall City, Heyne 2153: 1987 Der Fahnder: Drei neue Fälle zur Fernsehserie, Bastei 13090; 1987 Auf gefährlichem Boden, Heyne 2212; 1988 Mit leeren Händen, Heyne 2232; 1989 Indianerland, Heyne 2278; 1990 Ein neues Gesicht in der Hölle, Heyne 2307; 1992 Spiel der Verlierer, Haffmans TB; 1992 Abschied in der Nacht, Haffmans TB 1172; 1994 Mit reinem Herzen, Ha/Heyne 96; 1999 Kein Job für eine Dame, Haffmans Kriminalroman 117
TV: 1988 Der Fahnder: Kollegentausch, (Serienepisode, 50 Min., Bavaria für WWF), Drehbuch: W. Schweiger, Peter Adam, Regie: Peter Adam; 1988 Der Fahnder: Alleingang, (Serienepisode, 50 Min., Bavaria für WWF), Drehbuch: W. Schweiger, Peter Adam, Regie: Peter Adam; 1990 Soko 5113: Die Qualität des Verräters, (Serienepisode, 50 Min., Elan Film für ZDF), Drehbuch: W. Schweiger, Regie: Kai Borsche; 1990 Soko 5113: Die Vergangenheit kennt kein Ende, (Serienepisode, 50 Min., Elan Film für ZDF), Drehbuch: W. Schweiger, Regie: Kai Borsche; 1991 Soko 5113: Rückkehr an einen fremden Ort, (Serienepisode, 50 Min., Elan Film für ZDF), Drehbuch: W. Schweiger, Regie: Thomas Nikel; 1997 Soko 5113: Verraten und verkauft, (Serienepisode, 60 Min., ZDF), Drehbuch: W. Schweiger, Regie: Jürgen Bretzinger, EA 19.11.1997 ZDF: 1997 Soko 5113: Schatten der Vergangenheit, (Serienepisode, 40 Min., ZDF), Drehbuch: W. Schweiger, Regie: Michael Zens
SONSTIGE PUBL.: Kriminalerzählungen in Heyne-Krimi-Jahresbänden, ein Sachbuch, Rezensionen und Aufsätze

Schweikert, Ulrike

auch unter Pseud. Rike Speemann
Biografie: *28.11.1966 in Schwäbisch Hall. U. Schweikert machte eine Lehre als Bankkauffrau, anschließend studierte sie Geologie in Stuttgart. Ihre Diplomarbeit schrieb sie am Geomar in Kiel. Danach folgte der Aufbaustudiengang Journalistik an der Universität Hohenheim. Seit 2002 ist sie hauptberuflich als Schriftstellerin tätig. Sie lebt in Mönsheim im Nordschwarzwald.

KRIMINALROMANE: 2000 Die Tochter des Salzsieders, Knaur, HC; 2003 Das Jahr der Verschwörer, Jugendroman, Arena, HC; (als Rike Speemann) Der Duft des Blutes, Roman, Knaur; 2005 (als Rike Speemann) Feuer der Rache, Knaur
SONSTIGE PUBL.: Ein Theaterstück, mehrere historische und Phantasy-Romane, Anthologiebeiträge
PREISE: 2004 Hansjörg Martin Kinder- und Jugendkrimipreis des Syndikats für *Das Jahr der Verschwörer*
KONTAKT: ulrike-schweikert.de

Seeger Ays, Gisela

Biografie: *in Hamburg. G. Seeger Ays ist gelernte Buchhalterin und ausgebildete Malerin. Sie lebt in Hamburg und auf Gran Canaria. Neben der Malerei schrieb sie schon früh Kurzgeschichten für Zeitschriften und Heftromane. Durch einen ärztlichen Kunstfehler verlor sie 1990 ihr Augenlicht fast völlig. Seitdem versucht sie, die Bilder in ihrem Kopf in ihren Romanen umzusetzen

KRIMINALROMANE: 1994 Im Auge des Taifuns, R. G. Fischer; 1996 Wohl dem, der überlebt, R. G. Fischer; 2001 Ginas Kleid, Verlag der Criminale; 1991 Hallo, Herr Zuber, Fischer; 1997 Warum ist Gestern nicht vorbei, Fischer; 2002 Lass die Finger davon, VdC

KRIM.-ERZ.: 1997 Gelegenheit macht böse. Dreizehn hintersinnige bis makabre Erzählungen, R.G. Fischer
SONSTIGE PUBL.: Romane, Erzählungen
MITGLIED: SinC; Syndikat
KONTAKT: ays@mail.infocanarias.com; aysgc@web.de

Seidel-Raschke, Dagmar
Biografie: *9.4.1955 in Werdohl im Sauerland. Ausbildung zur Industriekauffrau und geprüften Chefassistentin. Seit 1994 ist sie als Chefsekretärin bei der Nürnberger Versicherungsgruppe in Hannover tätig. D. Seidel-Raschke lebt mit ihrer Familie in Pattensen bei Hannover.

KRIM.-ERZ.: 2004 *Linie 131 – Von Bahnhof Linden nach nirgendwo*; in: Tatort Hannover, Schmorl & von Seefeld/BoD
MITGLIED: SinC

Seliger, Berthold
Biografie: *1960. B. Seliger ist Musikpädagoge und Konzertagent. Er lebt in Fulda.

KRIMINALROMANE: 1989 Fulda. Ein Krimi, Almaviva; 1991 Fuldas Glocken schlagen anders, Almaviva
SONSTIGE PUBL.: Mehrere Sachbücher, ein Bühnenstück, Liedersammlung
MITGLIED: Syndikat

Senftleben, Kirsti
Biografie: *4.9.1969 in Hannover. K. Senftleben studierte Betriebswirtschaftslehre mit Fachrichtung Marketing und Werbung, bevor sie als Marketingassistentin in Unternehmen der Konsumgüterindustrie tätig war und sich hier unter anderem mit der Entwicklung von werblichen Maßnahmen auseinandersetzte.

KRIM.-ERZ.: 2001 *Röhren, Röcheln, tot!*, in: Teuflische Nachbarn, Hrsg. Ina Coelen u. Ingrid Schmitz, Scherz; 2001 *(K)alte Freunde*, in: Tödliche Beziehungen, Hrsg. Ina Coelen u. Ingrid Schmitz, Emons; 2002 *Das Weihnachtslamm* und *Weihnachtsträume*, in: Weihnachtszauber, Hrsg. Belinda Rodik u. Reinhard Wissdorf, Bastei Lübbe
SONSTIGE PUBL.: Mehrere Kurzgeschichten, Kinderbücher, Romane

MITGLIED: BücherFrauen; SinC; Syndikat
KONTAKT: Kirsti@Kirsti.de; www.Kirsti-Senftleben.de

Seul, Shirley (Michaela)
Biografie: *13.6.1962 in München. S. Seul schreibt unter dem Pseudonym Shirley Seul Krimis, Sach- und Fachbücher, unter Michaela Seul im engeren Sinne literarische Texte. Sie arbeitet als freie Schriftstellerin und ist viel auch als Ghostwriterin tätig. Ihr Krimidebüt machte sie 1998 mit dem Kriminalroman *Kopflos*, der für den Glauser-Preis 1999 nominiert wurde. Auch im folgenden Krimi agiert ihre Heldin Laura Rose, die 2003 einen dritten Auftritt in *Die Diva* hatte.

KRIMINALROMANE: 1998 Kopflos, Frauenoffensive; 2001 Schwamm drüber, Frauenoffensive; 2003 Die Diva, Frauenoffensive
SONSTIGE PUBL.: Zahlreiche Kurzgeschichten, Romane, Sachbücher und Veröffentlichungen als Ghostwriterin.
KONTAKT: Seul@sportive.net

Sheridan, Jim → Erichsen, Uwe

Siebe, Hans
Biografie: *12.2.1919 in Berlin. Der gelernte Landwirt H. Siebe war vor dem Zweiten Weltkrieg Kontrolleur des Rinderzuchtverbandes. Im Krieg wurde er als Fallschirmjäger eingesetzt. Nach dem Krieg übte er verschiedene Tätigkeiten aus, er war u.a. Inhaber einer Leihbücherei, Pächter eines landwirtschaftlichen Betriebes und arbeitete als Fernfahrer. Seit 1970 ist er freier Schriftsteller. H. Siebe veröffentlichte in der DDR zahlreiche Kriminal- und Abenteuerromane und schrieb eine Vielzahl von Kriminalhörspielen für den Rundfunk der DDR.

KRIMINALROMANE: (Reihe Blaulicht im Verlag Das Neue Berlin, Berlin/DDR; Reihe Das Neue Abenteuer im Verlag Neues Leben, Berlin/DDR); 1964 Siamesische Katzen, Blaulicht 46; 1965 Ein klarer Fall, Das Neue Abenteuer 233; 1965 Mord auf der Autobahn, Blaulicht 56; 1965 Nepomuk muß sterben, Das Neue Abenteuer 237; 1966 Das Grab im

Riedbusch, Das Neue Abenteuer 249; 1966 Nahtlose Strümpfe, Verlag Neues Leben, Kompaß-Bücherei 99, 1970 erweiterte Buchclub-Ausgabe; 1966 Schwarze Ladung, Das Neue Abenteuer 243; 1966 Vermisst wird Heinz Schnok, Blaulicht 66; 1967 Der Dritte, Blaulicht 81; 1967 Die Trickkiste, Das Neue Abenteuer 262; 1967 Herrn Manzonis Begräbnis, Das Neue Abenteuer 255; 1967 Koberlinks Schatten, Verlag Neues Leben; 1968 Der Tote hat ein Alibi, Das Neue Abenteuer 267; 1968 Der zweite Schuß, Das Neue Abenteuer 273; 1968 Ein klarer Fall, Neues Leben, Spannend erzählt 77; 1968 Golis Schlüssel, Blaulicht 98; 1969 Ein Kassiber für den Boss, Das Neue Abenteuer 285; 1969 Papagenos Flöte, Das Neue Abenteuer 279; 1970 Der Mitternachtslift, Das Neue Abenteuer 291; 1970 Der Tod fährt Karussell, Das Neue Abenteuer 297; 1970 Zwischen zwei und drei, Militärverlag, Erzählerreihe 169; 1971 Gartenzwerge mit Pistolen, Das Neue Abenteuer 303; 1971 Variante zwei, Militärverlag, Meridian 31; 1972 Bahnschranke Kienbusch, Militärverlag, Erzählerreihe 186; 1972 Der Feuersprung, Neues Leben, Spannend erzählt 106; 1972 Die Seepferdchen-Spur, Das Neue Abenteuer 310; 1972 Gepäckfach neunzehn, Blaulicht 140; 1973 Der Tod des Siebenschläfers, Militärverlag, Meridian 45; 1973 Die gläserne Spinne, (gem. mit Horst Girra), Neues Leben, Spannend erzählt 125; 1973 Die Kassette, Das Neue Abenteuer 320; 1973 Ferien am See, Militärverlag, Erzählerreihe 193; 1973 Feuer in Homberg, Das Neue Abenteuer 315; 1973 Keine Chance für Unke, Militärverlag, Meridian 42; 1974 Der Blitz von Waltershagen, Das Neue Abenteuer 328; 1974 Eines Nachtwächters Auferstehung, Blaulicht 151; 1974 Funktaxi 1734, Das Neue Abenteuer 332; 1974 Redlaffs Erben, Militärverlag, Erzählerreihe 203; 1975 Die Komplizen, Das Neue Abenteuer 340; 1975 Die roten Schuhe, Militärverlag, Erzählerreihe 206; 1975 Die Tote von Schwarzheide, Blaulicht 160; 1976 Alte Rechnungen, Blaulicht 167; 1976 Kopfgeld, Militärverlag; 1976 Pferdekopf mit Hörnern, Militärverlag, Meridian 60, Verlag Neues Leben; 1977 Ein Toter kommt nach Wiedenau, Das Neue Abenteuer 363; 1977 Raritäten, Militärverlag, Erzählerreihe 220; 1977 Schrott, Blaulicht 181; 1978 Der Tod des Reiner Kunelka, Militärverlag, Erzählerreihe 231; 1978 Tödliche Intrige, Militärverlag, Reihe Meridian 74; 1979 Der Tote im Strandbad, Blaulicht 193; 1979 Der Wildunfall, Militärverlag, Erzählerreihe 241; 1979 Schrott auf Rädern, Militärverlag, Meridian 80; 1980 Grüße aus Prag, Blaulicht 204; 1980 Der Verdacht, Militärverlag, Erzählerreihe 248; 1980 Sommer in Kriebusch, Militärverlag, Erzählerreihe 245; 1980 Tatmotive, Das Neue Abenteuer 407; 1981 Das Speckgespenst, Das Neue Abenteuer 413; 1981 Die Bande, Militärverlag Meridian 91; 1981 Kunsträuber, Militärverlag; 1982 Suizid, Blaulicht 216, NA Genossen contra Ganoven, (Hrsg. Richard Flesch), rororo; 1982 Die Vergeltung, Blaulicht 221; 1983 Tödlicher Trick, Militärverlag, Erzählerreihe 275; 1983 Unternehmen Heidschnucke, Militärverlag; 1984 Der Tote im fünften Stock, Blaulicht 231; 1984 Rusankes Hund, Blaulicht 237; 1984 Der Unfall auf der Bilkauer Landstraße, Das Neue Abenteuer 458; 1985 Aktion Januskopf, Militärverlag; 1985 Das Superding, Blaulicht 246; 1985 Vermißt wird Ingolf Sommer, Militärverlag, Erzählerreihe 290; 1986 Gastspiel in Dabentin, Das Neue Abenteuer 494; 1986 Tatort Eisenbahn, Militärverlag, Erzählerreihe 296; 1987 Der Mühlenbrand, Militärverlag, Erzählerreihe 300; 1988 Die Falle, Blaulicht 263; 1988 Mord war nicht geplant, DIE, Das Neue Berlin; 1988 Signal auf Halt, Militärverlag, Erzählerreihe 313; 1989 Der Beweis, Blaulicht 271; 1989 Der Hausmeister, Blaulicht 278; 1989 Tödlicher Trick, Militärverlag

FUNK: (alles Kriminalhörspiele, Rundfunk der DDR, Länge zwischen 45 und 55 Min.); 1963 Die letzte Reise; 1964 Doppelter Boden; 1966 Weißer Persianer; 1967 Spuren im Sand; 1969 Der Mitternachtslift; 1970 Simmkats Hut; 1971 Bahnschranke Kienbusch, (nach der gleichnamigen Erzählung); 1971 Gepäckfach neunzehn, (nach der gleichnamigen Erzählung); 1971 Schwarze Scalare; 1972 Tod des Siebenschläfers, (nach der gleichnamigen Erzählung); 1972 Tod und Auferstehung des Nachtwächters, (nach der Erzählung *Eines Nachtwächters Auferstehung*); 1973 Ein Teller Makkaroni; 1973 In Sachen Rogge; 1973 Kleiner Mann gesucht; 1974 Die Komplizen; 1974 Die roten Schuhe, (nach der gleichnamigen Erzählung); 1975 Kleine teure Dinge; 1975 Plesskauer Harte; 1976 Der Tod des Reiner Kunelka, (44 Min., Radio DDR), EA 2.9.1976; 1976 Schrott, (50 Min., Radio DDR), EA 13.1.1976; 1977 Die Räuber vom Töpfermarkt, (47 Min., Berliner Rundfunk); 1977 Herzogs Frau, (48 Min., Radio DDR), EA 20.12.1977; 1977 Wildberührung, (47 Min., Radio DDR), EA 26.7.1977; 1978 Sommer in Kriebusch, (56 Min., Stimme der DDR), EA 1.7.1978; 1979 Haus Nachtigall, (52 Min., Radio DDR), EA 6.2.1979; 1979 Spätlese; 1980 Tatbestand: Der Vetter aus Frank-

furt, (48 Min., Radio DDR), EA 5.8.1980; 1980 Tatbestand: Feuer im Bootshaus, (45 Min., Radio DDR), EA 13.5.1980; 1980 Santa Clara in Arkona, (55 Min., Radio DDR), EA 29.1.1980; 1981 Drei Bagnaresi; 1981 Waltrauts Schwester, (48 Min., Berliner Rundfunk), EA 29.1.1981; 1982 Der Tote im fünften Stock, (54 Min., Radio DDR), EA 28.9.1981; 1982 Meister Blümel, (46 Min., Berliner Rundfunk), EA 4.2.1982; 1983 Adomeit läßt grüßen, (53 Min., Radio DDR), EA 4.5.19831; 1984 Die Kordel; 1984 Offene Rechnung, (43 Min., Berliner Rundfunk), EA 6.12.1984; 1984 Rusankes Hund, (nach der gleichnamigen Erzählung); 1985 Feuersteine, (52 Min., Radio DDR), EA 2.7.1985; 1986 Blockstelle KLG, (45 Min., Stimme der DDR), EA 15.2.1986; 1987 Gastspiel in Dabentin, (50 Min., Stimme der DDR); 1988 Große Kasse; 1988 Schrott, (nach dem gleichnamigen Roman); 1989 Porzellan; 1990 Leichensache Gröninger Forst; 1990 Modell Traumland, (43 Min., Berliner Radio), EA 23.8.1990
TV: 1974 Polizeiruf 110: Nachttaxi, (Serienfilm, 57 Min., Fernsehen der DDR), Szenarium: H. Siebe, Regie: Werner Röwekamp, EA 15.12.1974; 1975 Polizeiruf 110: Das letzte Wochenende, (Serienfilm, 65 Min., Fernsehen der DDR), Szenarium: H. Siebe, Regie: Hans Joachim Hildebrandt, 30.11.1975 DDR1; 1976 Polizeiruf 110: Schwarze Ladung, (Serienfilm, 85 Min., Fernsehen der DDR), Szenarium: H. Siebe, Regie: Otto Holub, EA 25.4.1976 DDR1; 1977 Polizeiruf 110: Vermißt wird Peter Schnok, (Serienfilm, 60 Min., Fernsehen der DDR), Drehbuch: H. Siebe und Otto Holub, Regie: Otto Holub, EA 6.2.1977 DDR1
SONSTIGE PUBL.: Zahlreiche TV-Drehbücher
MITGLIED: Syndikat

Siebenstädt, Ingeburg → Wittgen, Tom

Sieberichs, Bernd → Ross, Bernd

Siegmann, Jürgen
Biografie: *14.3.1963 in Braunschweig. J. Siegmann studierte Fotografie an der FH Bielefeld. Seit 1990 arbeitet er als freiberuflicher Fotograf in Bielefeld und (zwischenzeitlich) in Hamburg. 2002 erschien sein erster Kriminalroman *Risse im Eis*, der den Auftakt zu einer Reihe um den Hamburger Kommissar Schmitz bildete.

KRIMINALROMANE: 2002 Risse im Eis, KBV 101, OA; 2003 Nierenpoker, KBV 117, OA
Homepage: www.siegmann-krimi.de

Siodmak, Curtis → Siodmak, Kurt

Siodmak, Kurt bzw. Curt
In Filmen auch Curtis Siodmak
Biografie: *10.8.1902 in Dresden, †2.9.2000 Los Angeles. K. Siodmak machte 1927 seinen Dr. phil. an der Universität Zürich – anderen Angaben zufolge studierte er dort Mathematik – und studierte außerdem an den Technischen Hochschulen in Dresden und Stuttgart. 1933 emigrierte er nach London, 1938 siedelte er in die USA über und avancierte dort mit dem Erfolg seines Romans *The Invisible Man Returns* zum Hausautor bei den Universal-Studios. Er sich rasch als Verfasser von Filmdrehbüchern, Regisseur und Produzent einen Namen. Bei einigen Produktionen arbeitete er mit seinem Bruder Robert Siodmak zusammen. Weltruhm erwarb C. Siodmak mit seinem utopischen Roman *Donovan's Brain*. In den Sechzigerjahren kehrte C. Siodmak zeitweilig nach Deutschland zurück. Der Film *Das Feuerschiff*, der nach seinem Drehbuch entstand, erhielt einen Bundesfilmpreis.

KRIMINALROMANE: 1930 Der Schuß im Tonfilmatelier, Scherl; 1931 F.P.1 meldet sich nicht, Keil; 1932 F.P.1 antwortet nicht; 1931 Stadt hinter Nebeln, Zeitroman, auch: Das Bergland Buch, Reihe Zeitromane; 1932 Rache im Äther, Goldmann; 1932 Die Madonna aus der Markusstraße, Goldmann; 1993 Bis ans Ende der Welt, Goldmann; 1937 Die Macht im Dunkeln, (angeblich handlungsgleich mit *Stadt hinter Nebeln*), Morgarten
TV: 1958 Tales of Frankenstein: The Face in the Tombstone mirror, Regie: K. Siodmak
FILM: (Die Bezeichnung »Story von« oder »nach einer Story von« in den Credits bezieht sich nicht auf veröffentlichte Shortstorys, sondern bezeichnet die jeweils für einen Film geschriebene »Filmvorlage«, heute »Treatment« genannt)
1929 Menschen am Sonntag, (Deutschland, 74 Min.), Drehbuch: Billy Wilder nach einer Reportage von K. Siodmak, Regie: Robert Siodmak,

Billy Wilder, Edgar G. Ulmer; 1930 Der Schuß im Tonfilmatelier, (72 Min., Deutschland), Drehbuch: K. Siodmak, Rudolf Katscher und Egon Eis nach dem gleichnamigen Roman von K. Siodmak, Regie: Alfred Zeisler; 1931 Der Ball, (F, 75 Min.), Drehbuch: C. Siodmak nach einem Roman von Irene Nemirowsky, Regie: Wilhelm Thiele; 1931 Le bal, (F, 75 Min., französische Fassung von »Der Ball«), Drehbuch: Henry Falk und C. Siodmak nach einer Story von Irene Nemirowsky, Regie: Wilhelm Thiele; 1931 Der Mann, der seinen Mörder sucht, (Looking for his murderer, 97 Min., gekürzt 68 Min., Deutschland), Drehbuch: Ludwig Hirschfeld, K. Siodmak, Billie Wilder und Robert Siodmak nach dem Bühnenstück *Jim, der Mann mit der Narbe* von Ernest Neubach und einem Roman von Jules Verne, Regie: Robert Siodmak; 1932 F.P.1 antwortet nicht, (US-Titel: *F.P.1. doesn't answer,* 114 Min., Deutschland, TV-Fassung 111 Min.), Drehbuch: Walter Reisch und K. Siodmak nach dem Roman von K. Siodmak, Regie: Karl Hartl; 1933 F.P.1 does not reply/Secrets of F.P.1, (englische Version zum Vertrieb in den USA und GB, 74 Min., Deutschland, 74 Min.), Drehbuch: Peter MacFarlane, Walter Resich, Robert Stevenson und C. Siodmak nach dem Roman von K. Siodmak, Regie: Karl Hartl; 1933 I.F.1 ne rèpond plus, (auch: F.P.1. ne répond plus, französische Fassung, Deutschland), Drehbuch: K. Siodmak nach seinem Roman, Regie: Karl Hartl; 1934 Girls will be boys, (GB, 70 Min.), Drehbuch: Roger Burford, Clifford Grey, C. Siodmak und Robert Siodmak, Regie: Marcel Varnel; 1934 Crise est finie/Finie la crise, (F, 74 Min.), Drehbuch: Jacques Constant, Max Kolpe, nach einer Romanvorlage von Frederick Lohner und C. Siodmak, Regie: Robert Siodmak; 1935 It's a bet, (GB, 69 Min.), Drehbuch: Frank Miller, L. du Garde-Peach und C. Siodmak nach dem Roman *Hide and I'll find you* von Marcus McGill, Regie: Alexander Esway; 1935 The Tunnel, (The Transatlantic Tunnel, 94 Min., GB), Drehbuch: C. Siodmak nach dem Roman *Der Tunnel* von Bernhard Kellermann, Regie: Maurice Elvey; 1937 Non Stop New York, (70 Min., GB), Drehbuch: C. Siodmak und Robert Pernee, J. O. C. Orton, Sky Stewood nach einem Roman von Ken Atwill, Regie: Robert Stevenson; 1938 Her jungle love, (USA 81 Min.), Drehbuch: C. Siodmak und Gerald Geraghty, Story von Lillie Howard, Joseph Monare March und Eddie Welch, Regie: George Archainbaud; 1939 The invisible man returns, (Die Rückkehr des Unsichtbaren, 81 Min., USA),

Filmstory von Joe May und C. Siodmak, basierend auf einer Vorlage von H. G. Wells, Drehbuch Lester Cole und C. Siodmak, Regie: Joe May; 1940 Black Friday, (Schwarzer Freitag, 70 Min., USA), Drehbuch: Eric Taylor und C. Siodmak, Regie: Arthur Lubin; 1940 The Ape, (61 Min., USA), Drehbuch: Richard Carro und C. Siodmak nach einem Stück von Adam Hull Shirk, Regie: William Nigh, mit Boris Karloff; 1940 The invisible Woman, (72 Min., USA), Drehbuch: Robert Lees, Frederic I. Ronaldo und Gertrude Prucell nach einer Filmstory von Siodmak und Joe May, Regie: A. Edward Sutherland; 1941 The Wolf-Man, (Der Wolfsmensch, 70 Min., USA), Drehbuch: C. Siodmak, Regie: George Waggner, mit Claude Rains, Lon Chaney; 1941 Pacific Blackout, (auch: Midnight anger), (76 Min., USA), Drehbuch: Lester Cole, W. P. Lipscomb und C. Siodmak nach einer Story von Frank Spencer, (d.i. Frank Schulz), Regie: Ralph Murphy; 1941 Aloma of the South Seas, (77 Min., USA), Drehbuch: Frank Button, Lillie Hovard, Seena Own und C. Siodmak nach einem Stück von John B. Hymer und Leroy Owen, Regie: Alfred Santrell; 1942 London Blackout Murders, (GB), Drehbuch: C. Siodmak, Regie: George Shermann; 1942 Invisible Agent, (Der unsichtbare Agent, 81 Min., USA), Drehbuch: C. Siodmak nach einem Roman von H. G. Wells, Regie: Edward L. Marin; 1943 False Faces, (auch: Attorneys Dilemma, 54 Min., USA), Drehbuch: C. Siodmak, Regie: George Sherman; 1943 The Mantrap, (57 Min., USA), Drehbuch: C. Siodmak, Regie: George Sherman; 1943 The Purple V, (USA), Drehbuch: Robert R. Mill, Bertram Millhausen und C. Siodmak, Regie: George Sherman; 1943 Son of Dracula, (78 Min., USA), Drehbuch: Eric Taylor nach einer Story von C. Siodmak, Regie: Robert Siodmak, mit Bela Lugosi; 1943 Frankenstein meets the Wolf-Man, (72 Min., USA), Drehbuch: C. Siodmak, Regie: Roy William Neill, mit Bela Lugosi, Lon Chaney; 1943 I walked with a Zombie, (Ich folgte einem Zombie, 70 Min., USA), Drehbuch: C. Siodmak, Ardel Wray, Story von Inez Wallace, Regie: Jacques Tourneur; 1944 The house of Frankenstein, (71 Min., USA), Drehbuch: C. Siodmak, Regie: Erle C. Kenton; 1944 The Lady and the Monster, (1976, USA), Drehbuch: Dane Lussier und Friedrich Kohner nach C. Siodmaks Roman *Donovans Brain*, Regie: George Sherman, mit Erich von Stroheim; 1944 The Climax, (86 Min., USA), DB-Co-Autor: C. Siodmak nach einem Stück von Edward Locke, Regie: George

Waggner, mit Boris Karloff; 1945 Berlin Express, (74 Min., USA), Story von C. Siodmak, Drehbuch von Harold Medford, Regie: Jacques Tourneur; 1945 Shaddy Lady, (91 Min., USA), Drehbuch: Gerald Geraghty und C. Siodmak, Regie: George Waggner; 1945 Frisco Sal, (94 Min., USA), Drehbuch: Gerald Geraghty und C. Siodmak, (möglicherweise identisch mit *Shaddy Lady*), Regie: George Waggner; 1946 The beast with five fingers, (Die Bestie mit den fünf Fingern, 88 Min., USA), Drehbuch: C. Siodmak nach einer Story von W. Fryer Harvey, Regie: Robert Florey, mit Peter Lorre, Robert Alda; 1948 Tarzan's magic fountain, (Tarzan and the arrow of death, Tarzan und das blaue Tal, 70 Min., USA), Drehbuch: C. Siodmak und H. Chandlee nach Edgar Rice Burroughs, Regie: Lee Sholem, mit Lex Barker, Brenda Joyce; 1951 Bride of the Gorilla, (Die Braut des Gorilla, 65 Min., USA), Drehbuch und Regie: C. Siodmak, mit Lon Chaney, Raymond Burr; 1953 The magnetic monster, (76 Min., USA), Drehbuch: C. Siodmak, Ivan Tors, Regie: C. Siodmak; 1953 Donovans Brain, (75 Min., USA), Drehbuch: Hugh Brooke und Felix Feist nach dem Roman von Siodmak, Regie: Felix E. Feist, mit Lew Ayres, Nancy Davis, BRD-TV-EA 2.10.1992 ARD »Donovans Gehirn«; 1954 Riders to the stars, (R 3 überfällig, USA 1954, Farbe, 80 Min.), Drehbuch: C. Siodmak nach seinem gleichnamigen Roman, Story: Ivan Tors, Regie: Richard Carlsen, mit William Lundigan, Herbert Marshall; 1955 The Creature with the atomic brain, (70 Min., USA), Drehbuch: C. Siodmak, Regie: Edward L. Cahn; 1955 Earth vs the flying saucers, (Fliegende Untertassen greifen an, 83 Min., USA), Drehbuch: George Worthing Yates, Raymond T. Marcus, (= Bernard Gordon), nach einer Filmvorlage von Ray Harryhausen, (uncredited) und C. Siodmak, angeregt durch Donald E. Keyhoe *Flying Saucers from outer space*), Regie: Fred F. Sears und Ray Harryhausen, (Special effects), mit Hugh Marlow, Joan Taylor; 1956 Curucu, Beast of the Amazon, (Curucu, die Bestie vom Amazonas, 76 Min., USA), Drehbuch und Regie: C. Siodmak; 1957 Lost Slaves of the Amazon, (70 Min., USA), Regie und Drehbuch: C. Siodmak, möglicherweise nur anderer Titel für *Curucu ...*?; 1959/62 The Devil's messenger, (72 Min., USA, Material aus der TV-Serie No. 13. Demon Street), Drehbuch: Lee Guild, Dory Langdon und C. Siodmak, Regie: C. Siodmak ›uncredited‹. Herbert L. Strock; 1962 Sherlock Holmes und das Halsband des Todes, (Sherlock Holmes et le collier de la mort/Sherlock Holmes: La valle del terrore/Sherlock Holmes and the deadly necklace, 85 Min., BRD/F/I), Drehbuch: C. Siodmak nach Conan Doyle, Regie: Terence Fisher und Frank Winterstein; 1962 Ein Toter sucht seinen Mörder, (andere Titel: Over my dead body/Vengance/The Brain, 85 Min., GB/BRD), Drehbuch: Phillip Mackie, Robert Stewart nach *Donovans Brain* von C. Siodmak, Regie: Freddie Francis; 1963 Das Feuerschiff, (BRD, 84 Min.), Drehbuch: C. Siodmak nach einer Erzählung von Siegfried Lenz, Regie: Ladislao Vajda

SONSTIGE PUBL.: Zahlreiche Romane und Drehbücher

PREISE: 1998 Retrospektive für ihn und seinen Bruder Robert Siodmak bei den Internationalen Filmfestspielen Berlin

Sittenburg, Jacob → Werremeier, Friedhelm

Skafte, Katrin

Pseud. für: Elisabet Peterzen

Biografie: *15.4.1938 in Stockholm. K. Skafte wohnt in Ösmo/Schweden. Sie publiziert auch in Schweden und den USA.

KRIMINALROMANE: 1990 *Lauter ganz normale Männer*, (gem. mit Erik Skafte), Üs. Regine Elsässer. Fischer; 1994 Bis daß der Tod sie scheidet, (unter Elisabet Peterzen) Üs. Regine Elsässer, Fischer

KRIM.-ERZ.: 1998 *Um die Wurst*, in: Die Phantasie ist eine Frau, (unter Elisabet Peterzen), Hrsg. Ingeborg Mues, Üs. Regine Elsässer, Fischer; 1999 *Tödliches Picknick*, in: Mord zwischen Messer und Gabel, Hrsg. Andrea C. Busch, Üs. Andrea C. Busch u. Almuth Heuner, Gerstenberg, erw. NA. 2001

MITGLIED: SinC

KONTAKT: katrin.i@sverige.nu

Skrzipczyk, Roger Martin → Fiedler, Roger M.

Slupetzky, Stefan

Biografie: *19.9.1962 in Österreich. St. Slupetzky studierte an der Akademie der Bildenden Künste in Wien, war danach Kunstlehrer, Musiker und Schauspieler. Seit 1991 arbeitet er als Autor und Illustrator. Seine

Kinder- und Jugendbücher wurden u. a. mit dem Preis der Stadt Wien und mit dem Österreichischen Kinder- und Jugendbuchpreis ausgezeichnet. Mit der Jahrtausendwende begann sich St. Slupetzky zunehmend dem Verfassen von Romanen, Kurzgeschichten und Theaterstücken zu widmen. Er lebt in Wien.

KRIMINALROMANE: 2004 Der Fall des Lemming, rororo, OA; 2005 Lemmings Himmelfahrt – Lemmings zweiter Fall, rororo, OA
SONSTIGE PUBL.: 2004 Absurdes Glück, (teils kriminelle Kurzgeschichten), Picus Verlag; eine Reihe von Kinder- und Jugendbüchern, Theaterstücke
Homepage: http://members.chello.at/st.slup

Smart, Mona → Cibach, Anke

Solveg, Maria → Matray, Maria

Sommer, Jörg
Biografie: *1.8.1963 in Heilbronn. J. Sommer studierte Politik und Soziologie. Er arbeitete als Journalist, vor allem aber in der PR-Branche, in der er sich 1992 selbstständig machte. Seit Januar 2000 ist er hauptberuflich als Schriftsteller tätig. J. Sommer engagiert sich ehrenamtlich als Vorsitzender der deutschen Gesellschaft für Jugend- und Sozialforschung, Mitglied des Kuratoriums der Stiftung Kindheit ohne Drogen sowie als Vorstandsmitglied des Paritätischen Jugendwerkes und der deutschen Gesellschaft für Erziehungshilfe. 1999 gründeten Gerit Kopietz (siehe dort) und Jörg Sommer die Kopietz-Sommer-Stiftung zur Leseförderung. Die Stiftung finanziert Bücherspenden für Schulbibliotheken und innovative Projekte zur Leseförderung.

KINDERKRIMIS: (alle gemeinsam von Gerit Kopietz & Jörg Sommer): 1998 Z.A.P. Bd. 1. Die geheimnisvolle Villa, KeRLE, HC; 1998 Z.A.P. Bd. 2. Die Jagd nach den Turbo-Skates, KeRLE, HC; 1998 Z.A.P. Bd. 3. Rettet die Affen, KeRLE, HC; 1998 Z.A.P. Bd. 4. Der Millionen-Basketball, KeRLE, HC; 1998 Z.A.P. Bd. 5. Die gefälschten Hunderter, KeRLE, HC; 1999 Z.A.P. Bd. 6. Der Elefant im Internet, KeRLE, HC; 1999 Z.A.P. Bd. 7. Die Asphaltcowboys, KeRLE, HC; 1999 Z.A.P. Bd. 8. Der blaue Dschungel, KeRLE, HC; 1999 Z.A.P. Bd. 9. Der Ferrari des Schreckens, KeRLE, HC; 1999 McMorrister ermittelt: Abgetaucht, KinderBuchVerlag, HC; 1999 Mira Morgenstern. Bd. 1. Die Feuerteufel, Ueberreuter, HC; 1999 Mira Morgenstern. Bd. 2. Die Angst ist schwarz, Ueberreuter, HC; 2000 Mira Morgenstern. Bd. 3. Das Tal des Terrors, Ueberreuter, HC; 2000 Mira Morgenstern. Bd. 4. Das gefräßige Parkhaus, Ueberreuter, HC; 2000 Charly Clever & Doktor Lupe auf Tigerjagd, Loewe, HC; 2000 Charly Clever & Doktor Lupe … gefangen im City-Turm, Loewe, HC; 2000 Charly Clever & Doktor Lupe: Die verschwundenen Zwillinge, Loewe, HC; 2000 Film ab für Tobi!, Loewe, HC; 2001 Charly Clever & Doktor greifen ein!, Loewe, HC; 2001 Charly Clever & Doktor Lupe auf heißer Spur, Loewe, HC; 2001 Detektivgeschichten, Loewe, HC; 2002 Charly Clever & Doktor Lupe: Unter Dampf, Loewe, HC; 2002 Megapark: Das Fest der Diebe, Omnibus; 2002 Megapark: Virus X, Omnibus, HC; 2002 Megapark: Der Plan der Reporter, Omnibus, HC; 2002 Megapark: Das Japan-Komplott, Omnibus, HC
SONSTIGE PUBL.: Zahlreiche Kinder- und Jugendbücher, mehrere Bilderbücher sowie Sachbücher für Jugendliche und Erwachsene
MITGLIED: Syndikat
KONTAKT: post@kopietz-sommer.com; www.kopietz-sommer.de

Sorrell, Mac → Prinz, Heinrich Josef

Sowa, Reiner M.
Biografie: *17.1.1959. R. M. Sowa ist Diplomverwaltungswirt. Er arbeitete zunächst als Drogenfahnder und Todesermittler, später als Dozent für Kriminalistik und Strafrecht an polizeilichen Bildungsinstituten. Im Auftrag der Vereinten Nationen errichtete der frühere Kriminalhauptkommissar in Sarajewo eine Polizeiakademie. Als Vorgesetzter der Berater für die Innenminister der kroatisch-bosnischen Föderation engagierte er sich für den Aufbau einer demokratischen Polizei nach internationalen Standards in Bosnien-Herzegowina.
Seit 2000 wirkt er als Autor auch fiktionaler kriminalistischer Literatur, der sich seine

Milieukenntnisse zu Nutze macht. Er ist Schöpfer des Protagonisten Ulrich Schwartz, eines Bestatters mit detektivischer Leidenschaft. Mit seinen Romanen schuf er den so genannten Bestatter-Krimi.

KRIMINALROMANE: 2000 Ein Bestatter fährt zur Hölle, Heider Verlag, HC; 2002 Ein Bestatter in dunkler Vergangenheit, Heider Verlag, HC; 2004 *L'ombre de la Napola*, Editions Alvik
KRIM.-ERZ.: 2004 *Wahnsinn in Goch*, in: Mord am Niederrhein, Hrsg. Jürgen Kehrer, Grafit; 2004 *Dortmunder Deal*, in: Mehr Morde am Hellweg, Hrsg. H. P. Karr, Herbert Knorr, Grafit 294; 2004 *Leichenasche*, in: Mord unter Kopfweiden, Hrsg. Ina Coelen und Ingrid Schmitz, Leporello
MITGLIED: Syndikat
Homepage: www.sowa.de

Speemann, Rike → **Schweikert, Ulrike**

Spider, John → **Ziegler, Thomas**

Spiegelberg, Martin
Biografie: *1955 in Hamburg. M. Spiegelberg trat schon als Schüler mit verschiedenen Schul- und Amateurbands auf. 1976 war er Mitbegründer der Band »Kitty Winter Gipsy Nova«. 1977 wurde er zum Berufsmusiker und spielte in der Folge mit seiner Band zwei Schallplatten ein. Er arbeitete mit Bill Ramsey zusammen, war Trompeter bei Tyree Glenn Junior, Gitarrist in der Chris Haskins-Band und Gitarrenbegleiter der Chansonsängerin Hana Hegerová. 1985 wurde er von Sammy Drechsel für die Münchner Lach- und Schießgesellschaft engagiert. Seit der Auflösung des Ensembles 1999 ist er wieder freier Musiker und Schriftsteller. Nach seinem Krimidebüt ist ein zweiter Band in Arbeit.

KRIMINALROMANE: 1999 Die Sache mit Sylvia, éditions trèves
KRIM.-ERZ.: 2002 *Wo nehmen Sie bloß das Geld für's Futter her?*, in: Die Stunde des Vaters, Ulmer Manuskripte
SONSTIGE PUBL.: Die Kurzgeschichte *Wo nehmen Sie bloß das Geld für's Futter her?* wurde 2003 ins Englische übersetzt
MITGLIED: Syndikat

Spielberg, Christoph
Biografie: *29.10.1947 in Berlin. Chr. Spielberg lebt als Arzt und Autor in Berlin und den USA. 2001 veröffentlichte er mit *Die russische Spende* seinen ersten Krimi, der mit dem Glauser-Preis des Syndikats ausgezeichnet wurde.

KRIMINALROMANE: 2001 Die russische Spende, Piper 3438; 2002 Denn wer zuletzt stirbt, Piper 3718; 2003 Hundertundeine Nacht, Piper 4000; 2005 Der vierte Tag, Piper 6127
KRIM.-ERZ.: 2002 *Lilota*, Süddeutsche Zeitung, Nr. 89 vom 17.04.2002; 2003 *Mehr Licht*, in: Letzte Worte, Hrsg. Nadine Barth, Scherz 1957; 2004 *Happy Birthday*, in: Verdächtige Freunde, Hrsg. Nadine Barth, Scherz 52008
SONSTIGE PUBL.: Fachartikel
PREISE: 2002 Glauser-Preis für das beste Debüt für *Die russische Spende*; 2004 Agatha-Christie-Krimipreis

Spindler, Christine
auch unter Pseud. Tina Zang
Biografie: *26.11.1960 in Backnang. Ch. Spindler studierte in Heidelberg Physik, brach das Studium ab und machte eine Ausbildung zur Fremdsprachenkorrespondentin. Sie arbeitete fünf Jahre im Direktionssekretariat des Max-Planck-Instituts für Kernphysik, danach zehn Jahre in einem Übersetzungsbüro. Seit 1997 ist sie freie Autorin und Übersetzerin. Ihre Inspector-Terry-Krimis erschienen zuerst in den USA. Unter dem Pseudonym Tina Zang schreibt sie zweisprachige Kinderkrimis für Langenscheidt und witzige Fantasy-Romane.

KRIMINALROMANE: 1999 The Rhythm of Revenge, Avid Press; 2001 Faces of Fear, Avid Press; 2001 Im Rhythmus der Rache, KBV; 2003 Im Rhythmus der Rache, Internetbooks; 2003 Tausend Tode, Internetbooks; 2003 Im Angesicht der Angst, Internetbooks; 2003 The Rhythm of Revenge, Hard Shell Word Factory; 2003 The Pangs of Prophecy, Hard Shell Word Factory; 2003 Faces of Fear, Hard Shell Word Factory; 2004 Degrees of Separation, Quiet Storm Publishing
KRIM.-ERZ.: 2002 *Kein schöner Tod* in: Der Ferienkrimi – Ein mörderischer Sommer, Hrsg. Ralf

Kramp, Scherz 1829; 2002 *In einer sternklaren Winternacht* in: Mörderisch kalt, Hrsg. Ralf Kramp, Scherz 1862; 2003 *Miss Killerbra* in: Liebestöter. Leidenschaftliche Morde mit und ohne Strapse, Hrsg. Anke Cibach, Scherz 1888; 2003 *Pfeffer, Salz und Zyanid* in: Mords-Appetit, Kriminelle Leckerbissen vom Niederrhein, Hrsg. Ina Coelen u. Ingrid Schmitz, Leporello; 2004 *Jeder Tote findet seinen Deckel* in: Tatort Kanzel, Hrsg. Tatjana Kruse u. Billie Rubin, KirchenKrimi, Wittig
Sonstige Pub.: Kinderkrimis und Fantasy unter dem Pseudonym Tina Zang
MITGLIED: Syndikat
KONTAKT: chris@christinespindler.de; www.christinespindler.de; www.tinazang.de

Spreitler, Johanna
Biografie: *25.10.1949 in München. J. Spreitler wuchs in München auf. Sie studierte Amerikanistik und Germanistik in Regensburg und ist seit 1977 Gymnasiallehrerin. Seit 1990 kanalisiert sie die schulischen Literaturdefizite durch die aktive Produktion, bevorzugt die kurze Form (Lyrik, Prosa) mit erotischen, fantastischen oder kriminalistischen Elementen und spielerischen Umgang mit Sprache. Sie experimentiert mit der Großform Roman. Ausbildung zur Schreibwerkstättenlehrerin an der Akademie für kulturelle Bildung in Wolfenbüttel; Presseveröffentlichungen, Lesungen; Mitglied in der literarischen Vereinigung »Signatur e. V.« (Raum Bodensee, Dreiländereck, Allgäu).

KRIM.-ERZ.: 2001 *Geh aus, mein Herz*, in: Tödliche Beziehungen, Hrsg. Ina Coelen u. Ingrid Schmitz, Emons; 2002 *Life beneath*, in: Die vielen Tode des Herrn S., Hrsg. Mischa Bach, Ina Coelen u. Ingrid Schmitz, Emons
MITGLIED: SinC
KONTAKT: JSpreitler@aol.com

Springenberg, Martin
Biografie: *4.4.1968 in Kirchhellen. M. Springenberg studierte Wirtschaftswissenschaften in Bochum und ist Diplombetriebswirt. Er lebt in Gladbeck und ist im Management eines kanadischen Mineralölkonzerns tätig.

Gemeinsam mit Michael Bresser schreibt er Kriminalromane und Kriminalerzählungen.

KRIMINALROMANE: 2002 Schafe & Killer (gem. mit Michael Bresser), BoD; 2005 Schwein gehabt (gem. mit Michael Bresser), Ullstein; 2006 Die Sau ist tot, (gem. mit Michael Bresser), Ullstein
MITGLIED: Syndikat

Stangier, Petra
Biografie: *26.4.1955 in Wuppertal. P. Stangier ist gelernte Bankkauffrau und lebt mit ihrer Familie in Bad Iburg bei Osnabrück. Sie ist als selbstständige Service- und Eventagentin tätig und lebt in Bad Iburg. Fasziniert von der Komplexität von Psychothrillern und der Leistung von FBI-Profilern beging sie als Sister in Crime ihren rabenschwarzen Debütmord. Im Herbst 2001 erschien erstmals ein Kurzkrimi von ihr.

KRIM.-ERZ.: 2001 *Tödliche Freundschaft*, in: Tödliche Beziehungen, Hrsg. Ina Coelen u. Ingrid Schmitz, Emons
MITGLIED: SinC; Syndikat

Starck, Marcus
Pseudonym
Biografie: *30.2.1963 in Schwanenstadt, Oberösterreich. M. Starck ist Journalist und leidenschaftlicher Privatpilot. Nach seinem Studium (Elektrotechnik/Technische Informatik) begann er seinen beruflichen Werdegang als EDV-Leiter und entdeckte seine Liebe zum Schreiben. Neben einer Tätigkeit als Redakteur für eine Elektronikzeitschrift besuchte er die Journalistenschule in München und arbeitete sich zum Leitenden Redakteur und später zum Chefredakteur der Zeitschrift hoch. Nach einem Sabbatical-Jahr lässt er sich 1998 mit seiner siebenköpfigen Familie in Perth nieder. Seither widmet er sich dem Schreiben und arbeitet als freier Journalist für verschiedene australische und amerikanische Zeitschriften.

KRIMINALROMANE: 2003 SexDotCom, Maas Verlag, Pulp Master Nr. 17, OA
SONSTIGE PUBL.: Zahlreiche Veröffentlichungen

in den Fachbereichen IT, Wirtschaft, Technologie und Reisen
MITGLIED: Syndikat; A.I.E.P./I.A.C.W.
KONTAKT: www.MarcusStarck.com

Stauch, Wolfgang

Biografie: *1968 in Zweibrücken. W. Stauch begann bereits gegen Ende seiner Schulzeit zu schreiben: Dabei handelte es sich zunächst um Satiren und Gedichte. Während seines Studiums der Germanistik und Sozialkunde in Saarbrücken kam es dann zu einer bis heute andauernden Verbindung mit dem Suhrkamp Verlag. Nachdem zwei kürzere Prosastücke des 22-Jährigen in der 1990 erschienenen Suhrkamp-Anthologie *Erste Einsichten* publiziert worden waren, ermutigte der Verlagslektor Christian Döring den jungen Autor, einen Roman zu schreiben. Innerhalb nur eines Jahres entstand dann *Eine schlechte Geschichte* – eine Erzählung, die sich Erzählen und Genese, nicht zuletzt die Erprobung von Fiktionalität, selbst zum Thema macht. Darüber hinaus schrieb Stauch in Zusammenarbeit mit Arno Wolff Drehbücher für die RTL-Serie *Die Wache*.

KRIMINALROMANE: 2000 Brubecks Echo, Suhrkamp
FUNK: 1995 Der Vogelbaum, (SR); 1999 Der Unglücksberg, (gem. mit Thomas Wolter, 48 Min., SR)
TV: Die Wache (zahlreiche Drehbücher zu Serienepisoden, RTL)
SONSTIGE PUBL.: Prosastücke, Roman, Drehbücher
PREISE: Arbeitsstipendium des saarländischen Kultusministeriums; Förderpreis zum Kunstpreis Rheinland-Pfalz
KONTAKT: www.wolfgangstauch.de/

Steck, Ursula

Biografie: *15.9.1964 in Stuttgart. U. Steck wuchs in Deutschland und den USA auf. Sie studierte Anglistik und Philosophie in Köln, arbeitete in der Landwirtschaft, als Parkauswächterin, Sängerin und Sprach-, Literatur- und Computer-Dozentin. Heute arbeitet sie als freie Autorin in verschiedenen Bereichen und lebt in Köln.

KRIMINALROMANE: 1999 Alles im Fluss, Grafit; 2000 Feuerzeichen, Grafit; 2004 Fass!, Grafit
KRIM.-ERZ.: 2002 *Vermisst*, in: Queer Crime, Hrsg. Lisa Kuppler, Querverlag; 2003 *Vom Himmel hoch*, in: Leise rieselt der Schnee …, Hrsg. Gisa Klönne, Ullstein
SONSTIGE PUBL.: Zahlreiche Kurzgeschichten, Theaterstücke und Gedichte
MITGLIED: SinC; Syndikat

Steemann, Unetta → Aukes, Ocke

Stein, Mona → Misko, Mona

Steinfest, Heinrich

Biografie: *10.4.1961 in Albury/Australien. H. Steinfest wuchs in Wien auf. Er war zunächst Zeichner, Judoka und Aquarellist, später Produzent von Installationen, Objekten und großformatiger Malerei, so genannten Küchenbildern. Seit 1982 Ausstellungstätigkeit und experimentelle Theaterarbeit mit dem Kunstverein »up-art«. Seit Ende der 90er-Jahre lebt H. Steinfest als freier Autor und bildender Künstler in Stuttgart. Mit seinen literarische Arbeiten trat er etwa ab Mitte der 90er-Jahre an die Öffentlichkeit.

KRIMINALROMANE: 1996 Das Ein-Mann-Komplott, Aarachne; 1997 Der Nachmittag des Pornographen, Aarachne; 2000 Cheng, Bastei, 14453; 2000 To(r)tengräber, Bastei, 14368; 2001 Der Mann, der den Flug der Kugel kreuzte, Bastei 14507; 2003 Ein sturer Hund, Piper 3832
KRIM.-ERZ.: 1997 *Stephen Fuller*, in: Passwort Insel, Hrsg. Josef K. Uhl, Aarachne; 1998 *Das Urnenvasenpaar*, in: Passwort Auferstehung, Hrsg. Josef K. Uhl, Aarachne; 2001 *Doppelter Tod und einfaches Leben*, in: ersatzlos gestrichen, Literaturkreis Podium
SONSTIGE PUBL.: Zahlreiche Erzählungen, Glossen
PREISE: 1999 6. Würth-Literatur-Preis, (gem. mit Marcus Hammerschmitt u. Irmgard Hierdeis) für die Erzählung *Gehen, Schließen, Liegen*, in: Pistole & Würde, Hrsg. Andrzej Szczpiorski, Konkursbuchverlag; 2000 Stipendium (Literatur) der Kunststiftung Baden-Württemberg; 2003 Deutscher Krimi-Preis für *Ein sturer Hund*

Stephan, Cora → Chaplet, Anne

Sterling, Waltraud

Biografie: *3.12.1954 in Klagenfurt. W. Sterling studierte Germanistik und Romanistik an der Universität Wien. Weitere Studienaufenthalte führten sie nach Frankreich und in die USA (u.a. Johns Hopkins University). Zahlreiche Auslandsaufenthalte. Sie promovierte in Germanistik an der Universität Wien. Zurzeit unterrichtet sie Deutsch und Französisch am Bilingualen Business College (ibc) Wien, wo sie auch lebt.

SONSTIGE PUBL.: 2000 ... bis dass ein Mord Euch scheidet .... Aspekte deutschsprachiger Psychokrimis von Frauen seit 1945. Wien, Geisteswiss. Diss.
MITGLIED: SinC
KONTAKT: sterling.w@teleweb.at

Stern, Lara

Pseud. für: Dr. Brigitte Bögle; auch unter dem Pseud: Brigitte Riebe
Biografie: *1953 in München. L. Stern promovierte in Geschichte und arbeitete lange als Lektorin, ehe sie mit eigenen Romanen an die Öffentlichkeit trat. Neben den Sina Teufel-Romanen, die sie als »Lara Stern« veröffentlicht, schreibt sie unter ihrem Namen »Brigitte Riebe« moderne Frauenromane.

KRIMINALROMANE: 1992 Nix Dolci, Goldmann 5188; 1993 Bali Kaputt, Goldmann 42417; 1993 Sabas Himmelfahrt, Goldmann 5818; 1994 Brüderlein, Schwesterlein, Goldmann; 1994 Ruck Zuck, Goldmann 42407; 1996 Petermanns Verkehr, Goldmann 43213; 1996 Süßes Fleisch, Droemer-Knaur, HC, NA unter dem Titel: Nachtspiele, Heyne 2003; 1999 Liebeslang, Droemer-Knaur, HC, NA Heyne 2002; 2002 Schöne Männer sterben schneller, (gem. mit Kerstin Cantz), Heyne; 2002 Liebeslang, Heyne 13598
TV: 1996 Inzest – Ein Fall für Sina Teufel, (Fernsehfilm, 90 Min., Pro 7), Drehbuch: Günter Schütter und R. Rose nach dem Roman Brüderlein, Schwesterlein von L. Stern, Regie: Klaus Emmerich, EA 13.2.1996 Pro 7
SONSTIGE PUBL.: 1994 Palast der blauen Delphine, Piper; 1998 Pforten der Nacht, Piper; historische Romane
KONTAKT: B.Boegle@freenet.de

Stirling, Edgar T. → Roecken, Kurt W.

Stitz, Ilka → Hyde, Malachy

Stöckmann, Georgia

Biografie: *16.8.1958 in Köln. G. Stöckmann hat Geschichte und Literatur in Köln studiert und mit dem Magistergrad abgeschlossen. Sie arbeitete zunächst als Texterin für Werbeagenturen und als Aufnahmeleiterin fürs Fernsehen. Ihr erstes Drehbuch Offshore erhielt eine Förderung vom Filmbüro NRW. Bei den Sisters in Crime ist sie für die Redaktion der Verbandszeitschrift zuständig. Sie lebt mit ihrer Familie vor den Toren Kölns im Bergischen Land.

KRIM.-ERZ.: 2003 Morgen Kinder wird's was geben, in: Leise rieselt der Schnee ..., Hrsg. Gisa Klönne, Ullstein; 2003 Das Heringsbegräbnis, in: Mords-Appetit. Krimi-Leckerbissen vom Niederrhein, Hrsg. Ingrid Schmitz u. Ina Coelen, Leporello Verlag; 2003 Der Profi, in: Die Axt im Hause, Hrsg. Burkhard P. Bierschenck, Bookspot-Verlag
TV: 2003 B Niedrig und Kuhnt – Kommissare ermitteln: Bunte Luftballons, (Krimiserie, 30 Min., SAT1), EA 27.8.2003; Einsatz täglich: Der 200-Euroschein, (Krimiserie, 30 Min., ZDF), EA 8.3.2004
MITGLIED: SinC; Syndikat

Stöppler, Karl-Michael

Biografie: *14.11.1955 in Alsfeld (Oberhessen). K.-M. Stöppler arbeitete nach einem Volontariat mehrere Jahre als Redakteur bei Tages- und Wochenzeitungen. Er studierte Jura und war als Assessor in einer Anwaltskanzlei und beim Bundesvorstand einer Gewerkschaft tätig. Seit 1993 ist er Pressesprecher der Kreisverwaltung Gießen.

KRIM.-ERZ.: 2000 MorgenGrauen, in: Dieser eine Augenblick. Texte zur Zeitenwende, Verlag der Ferber'schen Universitätsbuchhandlung, (Privatdruck, Bezug über Verlag
Als Hrsg.: 1996 Zehn Jahre Wort und Totschlag – Criminale 1996 in Mittelhessen, (als Hrsg.), Verlag der Brühl'schen Universitätsdruckerei, Gießen; 1998 Der Bär schießt los – Criminale-Geschichten aus der Hauptstadt, (Vorwort von K.-M. Stöppler),

Ullstein 24280; 2004 Tatorte Hessen, Societäts-Verlag
MITGLIED: SinC; Syndikat
KONTAKT: KMSTOPP@aol.com

Straimer, Christian → Merten. C. S.

Straub, Heinz
Biografie: *6.5.1921 in Offenburg. H. Straub war Heeresfeuerwerker im Krieg, danach studierte er Maschinenbau. Er arbeitet 30 Jahre für Siemens, 20 Jahre in der Fertigung, 10 Jahre als technischer Redakteur. Ab 1960 begann er zu schreiben. Damals entstand das Jugendbuch *Die spanische Galeone*, das bei Ensslin & Laiblin erschien. H. Straub lebt in Karlsruhe.

KRIMINALROMANE: 1995 Mord auf Umwegen, Klein & Blechinger; 1996 Mord an einer alten Damen, Klein & Blechinger
SONSTIGE PUBL.: Jugendbücher; Sachbücher zu Technikgeschichte und Polarforschung

Ströcker, Ralf
Biografie: *13.10.1956 in Duisburg. R. Ströcker studierte in Münster und Freiburg Rechtswissenschaft, arbeitete als Verwaltungsjurist und lebt seit 1991 mit seiner Familie in Arnsberg, Westfalen. Er ist freischaffend als Autor und Grafiker tätig, daneben unterrichtet er Recht, Staatsbürgerkunde und Politik.

KRIMINALROMANE: 1995 Die Stunde des HERRN, Neues Literaturkontor; 1999 Die tausend Regeln des Detektivs K., Neues Literaturkontor; 2004 Ritter, Zwerg & Tod, Neues Literaturkontor, OA
MITGLIED: Syndikat
KONTAKT: neues-literaturkontor@t-online.de

Struckmeyer, Ingeborg
Biografie: *14.10.1942 in Bottrop. I. Struckmeyer machte an der Universität Münster und am Bibliothekar-Lehrinstitut Köln eine Ausbildung zur Diplom-Bibliothekarin. Sie war mehrere Jahre bei der Stadtbücherei Bottrop beschäftigt. Seit 2004 lebt sie in München.

KRIM.-ERZ: 2001 *Tödliche Rache*, 20 Mordsgeschichten aus dem Ruhrgebiet, OA Geest-Verlag. 1999 *Dresdner Stollen 1989*, in: 10 Jahre Mauerfall, Hrsg. Peter Küstermann u. a., Verlag H. Wenig; 2000 *Tödliche Rache u. Verhängnisvolle Nähe*, in: Täglich lauert das Verbrechen – überall, Hrsg. Willie Benzen, Benzen Verlag; 2000 *Stumme Grabrede* in: Der Pott kocht, Geschichten zur Criminale 2000, Arka-Verlag; 2000 *Das Gesicht* in: MaJa, Junge Literatur e.V.; 2002 *Eiswein* in: Maskenball, Verlag J. Neuling;
Fernsehen: Tödliche Rache, Krimi-Lesung, (55 Min., tv.nrw), EA 28. 10. 2002
SONSTIGE PUBL.: 2002 *Die gläserne Prinzessin*, Märchen, OA Geest-Verlag sowie zahlreiche Veröffentlichungen in Zeitungen, Zeitschriften und Anthologien
PREISE: 2001 1. Preis beim Dillinger Kurzgeschichten-Wettbewerb; 1. Preis für makabre Geschichten auf Burg Vondern/Oberhausen; 2002 und 2003 1. Preis beim Krimi-Slam München; 2003 2. Preis beim Thüringer Krimi-Wettbewerb
MITGLIED: Syndikat; SinC; FDA; Werkkreis Literatur der Arbeitswelt

Stumpe, Johannes → Pestum, Jo

Szwaczka, Niels Peter
Biografie: *26. Februar 1943 in Bremen. N. P. Szwaczka ist gelernter Maschinenschlosser. Es folgte eine Ausbildung zum Religionspädagogen auf der Diakonenanstalt Karlshöhe in Ludwigsburg. Danach war er Religionslehrer in Ulm an sämtlichen Schultypen, seit unterrichtet er Religion in Berlin-Wedding und schreibt seit 1975 als »Schreibtischtäter« Kriminalromane.

KRIMIALROMANE: 1999, Herdenbein frisst sich durch – Der Tote vom Schluensee, Pandion Verlag, OA; 2000, Herdenbein frisst sich durch – Mord im Schluensee-Hotel, Pandion Verlag, OA; 2001, Herdenbein frisst sich durch – Eine Plöner Strangulierung, Pandion Verlag, OA; 2002, Herdenbein frisst sich durch – Leichen im Dörpskrog, Pandion Verlag, OA; 2004, Herdenbein frisst sich durch – Kossauer Geheimnisse, Pandion Verlag, OA; 2005, Herdenbein frisst sich durch – Grebin-Tod vor der Tür (Arbeitstitel), Pandion Verlag, OA
KONTAKT: www.herdenbein.de

Tabler, Nele
Pseudonym
Biografie: *25.10.1956. N. Tabler lebt als freie Schriftstellerin mit ihrer Lebensgefährtin, ihrer Großmutter und ihren fast erwachsenen Kindern in einem Dorf in Baden. Kindheit und Jugend verbrachte sie in Mannheim und Mosbach, Baden. Wechselnde Broterwerbe. Sie schreibt Geschichten und Kolumnen.

KRIMINALROMANE: 2000 Die tote Krankenschwester, Konkursbuch; 2001 Oma Mathildes Pistole, Konkursbuch
SONSTIGE PUBL.: Internet-Publikationen
MITGLIED: SinC
KONTAKT: nele.tabler@gmx.de

Taylor, John → -ky

Telgenbüscher, Antje → Friedrichs, Antje

Tewes, Wolfram
Biografie: *27.10.1956 in Peckelsheim/Westfalen. W. Tewes verbachte seine Kindheit und Schulzeit in Peckelsheim. Nach der Schule folgt eine Ausbildung zum Verlagskaufmann. Danach holt er das Abitur nach. Ab 1977 Studium in Paderborn (abgebrochen). Von 1982 bis 1987 war er als Mädchen für alles bei der Norderneyer Badezeitung in Norderney. Ab 1987 arbeitete im Anzeigenbereich der *Neue Westfälische Zeitung* (Bielefeld). 2000 erschien sein erster Kriminalroman (Handlungsschwerpunkt ist Detmold, Kreis Lippe), den er zusammen mit Jürgen Reitemeier schrieb.

KRIMINALROMANE: 2000 Fürstliches Alibi, Topp + Möller; 2001 Der Berber, Topp + Möller; 2002 Stürmerfoul, Topp + Möller; 2004 Purer Neid, Topp + Möller

Tews, Lydia
Biografie: *29.3.1951. L. Tews machte eine Ausbildung zur Buchhändlerin, absolvierte die erste pädagogische Staatsprüfung und studierte anschließend Kommunikations-

wissenschaft. Sie arbeitete dann als Journalistin und wurde Herausgeberin einer Stadtzeitschrift.

KRIMINALROMANE: 1982 Sie sind ein schlechter Bulle, gnädige Frau, Knaur 4932; 1983 Leichen brauchen kein Make-up, Knaur 4941; 1984 Störung der Totenruhe, Knaur 4951; 1987 Wer nicht träumt, ist tot, detebe 21513
KRIM.-ERZ.: 1986 *Super-med*, in: Tödliche Umwelt, Diana
FUNK: 1986 Kalbsfleisch schwäbisch, (Hörspiel, 50 Min., SWF)
SONSTIGE PUBL.: Zahlreiche Sachbücher, Kinderhörspiele, Erzählungen
KONTAKT: lydia.tews@ctv.es

Thiekötter, Friedel
Biografie: *1944 in Neheim-Hüsten. F. Thiekötter studierte in Bonn, Orléans und Reims und arbeitet seit 1976 als Lehrer in Münster. Er schrieb und veröffentlichte zunächst Lyrik und Kurzprosa, später Einakter und Hörspiele und schließlich Romane.

KRIMINALROMANE: 1994 Cembalist am Glockenseil, Neues Literaturkontor; 1997 Studienräte in Weimar, Neues Literaturkontor; 2000 Der Gletschermann, Neues Literaturkontor
FUNK: 1998 Golf am See, (WDR); 1998 Moritat, (WDR)
SONSTIGE PUBL.: Fachbücher, Romane, Kurzprosa, Lyrik, Bühnenstücke
PREISE: 1969 und 1971 Preis der Stadt Bocholt; 1969 und 1973 Deutscher Kurzgeschichtenpreis der Stadt Arnsberg; 1975 Stipendium aus dem Annette-von-Droste-Hülshoff-Preis; 1991 3. Preis beim Westfälischen Hörspielwettbewerb Geschichten von Land und Leuten des WDR
SONSTIGE PUBL.: Romane, Sachbücher, Lyrik, Erzählungen

Thielking, Helge
Biografie: *7.9.1975 in Bremen. H. Thielking studierte Marketing und Reiseverkehrswirtschaft in Wilhelmshaven. Während des Studiums schrieb er seinen ersten Roman *King of Pain*, der Anfang 2002 veröffentlicht wurde. Nach einem achtmonatigen Studienaufenthalt in Los Angeles, USA und seiner

Diplomierung arbeitet H. Thielking heute als Projektmanager und schreibt an seinem zweiten Roman.

KRIMINALROMANE: 2002 King of Pain, Aufbau 1803
MITGLIED: Syndikat
KONTAKT: mail@helge-thielking.de; www.helge-thielking.de

Thiesmeyer, Alexa

Biografie: *2.3.1949 in Überlingen/Bodensee. A. Thiesmeyer wuchs in Bonn auf. Sie ist Juristin, war als freie Journalistin tätig und später Dozentin für Rechtsfragen an einer Krankenpflegeschule. Trotz einer großen Familie mit fünf Kindern ist sie seit 1986 praktisch und schriftstellerisch in der Amateurtheaterszene und im Kindertheater tätig. Seit 2003 schreibt sie auch Kurzkrimis, von denen bisher zwei in Anthologien veröffentlicht sind.

KRIM.-ERZ.: 2003 *Félines Festvorbereitung*, in: Schlaf in himmlischer Ruh, Hrsg. Belinda Rodik u. Reinhard Rael Wissdorf, Wittig Verlag; 2004 *Vor der Garage nachts um halb zwei*, in: Mord ist die beste Medizin, Hrsg. Monika Buttler u. Alexandra Guggenheim, Scherz
THEATER: 1990 Kommissar Klotzigs schlimmster Fall, Impuls Theater Verlag; 1996 Die Macht des Ärgers, Impuls Theater Verlag; 1996 Ein Täßchen Tee vielleicht?, Impuls Theater Verlag; 1998 Kommissar Klotzig gerät in Streß, Impuls Theater Verlag; 1999 Fünf Ganoven und ihr Kommissar, Impuls Theater Verlag; 2001 Praxis Dr. Deiwel, was ich kann für Sie tun?, Impuls Theater Verlag; 2002 Irrtum, Schwindel, Kriminelles, Impuls Theaterverlag; 2003 Mörder unter sich, Impuls Theaterverlag
SONSTIGE PUBL.: Komödien, Satiren, Sketche
MITGLIED: SinC
KONTAKT: alexa.thiesmeyer@web.de; www.buschfunk.de

Tholen, Brigitte

Biografie: *5.2.1948 in Dülmen/Westfalen. B. Tholen arbeitet beruflich als Sekretärin und lebt in Ostfriesland.

KRIMINALROMANE: 1997 Die Tote im Moor, Galaxie

PREISE: 2001 2. Preis bei den Ostfriesischen Krimitagen
MITGLIED: SinC
KONTAKT: Brigitte.Tholen@t-online.de

Thomas, George E.

Biografie: G.E. Thomas war bei der Marine und verbrachte mehrere Jahre in Mittelost, Afrika und der Südsee. Für seine schriftstellerische Arbeit interessiert er sich besonders für die Verbindung von globalem Kapital zu mafiösen Organisationen, Geheimdiensten und hilflosen Regierungen. Die Hauptfigur seines Krimis ist Rich McGregor, Journalist und Nachrichtenhändler aus San Diego.

KRIMINALROMANE: 2001 Die Hochzeit der Schakale, VdC, NA 2003
SONSTIGE PUBL.: Beiträge in Anthologien
MITGLIED: VS; Syndikat

Thomas, Sabine

Biografie: *10.7.1965 in Olching. S. Thomas studierte an der Uni München und an der Bayer. Akademie der Werbung (BAW). Sie ist freischaffend tätig im Medienbereich, u.a. schrieb und fotografierte sie für ein exclusives Lifestyle-Magazin, war Assistentin des Dichters Wolfgang Koeppen und Musikredakteurin bei Funk und Fernsehen. Bekannt wurde sie Ende 80er-Jahre als TV-Moderatorin des Musiksenders Tele5. 2000 gründete sie das Chapter Munich der Sisters in Crime; außerdem engagierte sie sich im Organisationsteam der Criminale 2002 in München, konzipierte den Guiness-Rekordversuch »Die längste Krimi-Lesung der Welt« und ist Mit-Organisatorin des jährlich stattfindenden »Krimifestivals München«.

KRIM.-ERZ.: 1995 *Die Auserwählten*, in: Haffmans Krimi-Jahresband 1995, Hrsg. Gerd Haffmans u. Bernhard Matt, Heyne; 1998 *Mörderische Hitze*, in: Mordsweiber, Hrsg. Anneli von Könemann, Elefanten Press; 1999 Beförderung ins Jenseits, in: Mordsgewichte, Hrsg. Tatjana Kruse u. Martina Bick, Piper 2992; 2000 *Königin der Nacht*, in: Mysteriöse Skorpione, Hrsg. Thea Dorn, Uta Glaubitz, Lisa Kuppler, HC; 2000 *Es ist nie zu spät,* in: Alter schützt vor Morden nicht, Hrsg. Anke Cibach Gerstenberg, HC; 2000 *Mord im Loreley-Express,* in: Rheinleichen, Hrsg. Ina Coelen u. Ingrid Schmitz, Emons; 2001 *Die Weinkönigin,* in: Weinleichen, Hrsg. Angela Eßer und Ingrid Schmitz, Plöger; 2001 *Mörderische Stille,* in: Teuflische Nachbarn, Hrsg. Ina Coelen u. Ingrid Schmitz, Scherz; 2001 *Mörderische Hitze,* in: Tödliche Beziehungen, Ina Coelen u. Ingrid Schmitz, Emons; 2001 *Tödliche Tombola,* in: Greiffenstein, Hrsg. Tatjana Kruse u. Anneli von Könemann, KBV; 2002 *Naschkatzen,* in: Tierische Morde, Hrsg. Anke Cibach, Hannah, HC; 2002 Mordsgelüste. Crime Storys, VdC; 2003 *Geheimtipp,* in: Flossen hoch!, Hrsg. Peter Gerdes, Leda; 2003 *Silvester-Nacht,* in: Mordslüste, Hrsg. Paul Lascaux, Scherz; 2003 *Mörderische Wohnungssuche,* in: Tatort München, Hrsg. Billie Rubin, Vertigo; 2003 *Die Weinkönigin,* in: Weinleichen, Hrsg. Angela Eßer, Scherz; 2003 *Victorias Secret,* in: Liebestöter, Hrsg. Anke Cibach, Scherz; 2003 *Naschkatzen,* in: Mord auf samtenen Pfoten, Hrsg. Gisela Eichhorn, Scherz; 2004 *Die Schlafwandlerin,* in: Mord ist die beste Medizin, Hrsg. Buttler & Guggenheim, Scherz; 2004 *Die Wetterfahne,* in: Winterreise, Hrsg. Martina Bick, Gerstenberg, HC; 2005 *Wartaweil oder: Die Joggerin vom Ammersee,* in: Tatort Bayern, Hrsg. Angela Eßer, Grafit

Funk: 1993 Die Telefon-Terroristin, (ca. 10 Min., SFB)

TV: 2003/2004 Drehbücher für Kinderdetektivserie Spur & Partner, (ARD, Vis-a-Vision)

Sonstige Publ.: Romane, Jugendbücher, Anthologien, Kurzgeschichten, Musikbildtextbände (Starbiographien)

Preise: 1993 Walter-Serner-Preis des SFB (2. Platz); 1998 Literatur-Stipendium der Stadt München für *Yaizas Insel;* 2 x nominiert zum Peter-Härtling-Preis für Jugendliteratur für *Yaizas Insel* und *In der Stille der Nacht;* Jugendfilmfest München (Sonderpreis für TV-Werbespots)

Mitglied: SinC; Syndikat

Kontakt: mail@sabinethomas.de; www.sabinethomas.de www.krimifestival-muenchen.de

Thommes, Susanne

Biografie: *23.4.1944 in Celle. S. Thommes studierte Germanistik und politische Wissenschaften in Frankfurt/M, sah sich in verschiedenen Berufen um und arbeitete bei Hörfunk, Fernsehen und Theater. Von 1972 bis 1980 war sie Zeitschriftenredakteurin in Hamburg, seither ist sie freie Autorin. S. Thommes schrieb zunächst zahlreiche Krimis und Storys für Publikumszeitschriften. Ihr Krimi-Erstling *Altweibersommer* erschien 1984 in der Krimireihe des Bastei Verlages und ist eine konventionell geschneiderte Whodunit-Story im Bochumer Theater- und Künstlermilieu. In ihren weiteren Romanen wandte sich S. Thommes immer mehr der psychologischen Differenzierung ihrer Figuren zu, die meist in undurchschaubare Komplotte verstrickt sind und die beim Versuch, sich zu befreien, immer wieder mit ihren Obsessionen und Problemen konfrontiert werden. 1987 veröffentlichte Susanne Thommes einen mit Elementen des Finanzthriller versehenen »Roman aus der deutschen Wirtschaft«, *Unter Krokodilen,* in dem sie beispielhaft und klar gezeichnet und verbunden mit einer spannenden Handlung einen Einblick in die Befindlichkeiten von Wirtschaftsführern gibt. Es folgte 1989 der Ballettroman *Die fünfte Position* und zuletzt 1991 der psychologische Politthriller *Kronzeugen.*

S. Thommes ist eine der sichersten Stilistinnen des deutschen Krimis. Sie hat in ihren Romanen stets nach neuen Themen und Erzählformen gesucht. Dabei ist ihr der konventionelle Rätselkrimi ebenso gelungen wie der psychologisch orientierte Thriller. Die taz schrieb: »In ihren Stories finden sich ausgefallene Charaktere in ungewöhnlichen Situationen; und daß sie spannendes Erzählen ebenso beherrscht wie Georges Simenon und Patricia Highsmith, macht sie zu einem Glücksfall unter den ... deutschen Krimi-Autorinnen.«

Kriminalromane: 1984 Altweibersommer, Bastei 37028; 1985 Der falsche Freund, (gem. mit Roland Kramp), detebe 21380; 1986 Brüderchen und Schwesterchen, detebe 21423, NA 2000 VdC; 1986 Totensonntag, detebe 21474, NA 2000 VdC;

1991 Kronzeugen, Verlag am Galgenberg, HC, NA 1997, Argument 2026
THEATER: 1990 Vor Morgengrauen, (Bühnenthriller); 1991 Haus Ofelia, (Bühnenthriller), Theater an der Marschnerstraße, Hamburg; 1997 Kleine Morde, (Bühnenthriller), Schloßbühne zu Jever, Deutscher Theaterverlag
SONSTIGE PUBL.: Kurzkrimis, Satiren, 1999 *Ene meine muh – und raus bist du*, Schauspiel, Staatstheater Cottbus
KONTAKT: tthommes@web.de

Tobinsky, Uli (Ulrich)
Biografie: *1955. U. Tobinsky studierte Theaterwissenschaft, Germanistik und Kunstgeschichte, er arbeitete als Tontechniker und Regieassistent am Theater und ist freier Rundfunkautor und -moderator.

KRIMINALROMANE: 1988 Yellow Cab, Emons; 1993 Die Versteckten, Klein und Blechinger
TV: 1999 Alarm für Cobra 11 – Die Autobahnpolizei: Ein einsamer Sieg, (Serienepisode, 45 Min., RTL), Drehbuch: U. Tobinsky, Regie: Helmut Metzger, EA 6.5.1999 RTL; 1999 Alarm für Cobra 11 – Die Autobahnpolizeit: Tod eines Jungen, (Serienepisode, 45 Min., RTL), Drehbuch: U. Tobinsky, Regie: Helmut Metzger, EA 24.4.1999 RTL; 2000 Alarm für Cobra 11 – Die Autobahnpolizei: Highway Maniac, (Serienepisode, 45 Min., RTL), Drehbuch: U. Tobinsky, Regie: Matthias Tiefenbacher und Hermann Joha (action), EA 17.2.2000 RTL; 2000 Alarm für Cobra 11 – Die Autobahnpolizei: Geheimnisvolle macht, (Serienepisode, 45 Min., RTL), Drehbuch: U. Tobinsky, Regie: Axel Barth u. Hermann Joha, EA 9.3.2000 RTL; Alarm für Cobra 11 – Die Autobahnpolizei: Tod aus dem Motor, (Serienepisode, 45 Min., RTL), Drehbuch: U. Tobinsky, Regie: Axel Barth, EA 19.4.2001 RTL; Alarm für Cobra 11 – Die Autobahnpolizei: Schatten der Vergangenheit, (Serienepisode, 45 Min., RTL), Drehbuch: U. Tobinsky, Regie: Carmen Kurz, EA 3.4.2003
SONSTIGE PUBL.: Zahlreiche Hörfunkbeiträge
MITGLIED: Syndikat
KONTAKT: Utobinsky@t-online.de

Tondern, Harald
Biografie: *29.6.1941 in Harrislee bei Flensburg. H. Tondern begann schon als 13-Jähriger zu schreiben. Zunächst arbeitete er als heimlicher Reporter unter dem Namen seines Vaters für schleswig-holsteinische Zeitungen, schrieb dann Geschichten u.a. für den SIMPLICISSIMUS und erste Kriminalromane, die allerdings alle in den USA spielen mussten, weil deutsche Schauplätze in den sauberen Sechzigern nicht erscheinen konnten. H. Tondern studierte in Hamburg und Göttingen Literaturwissenschaft und Volkswirtschaft, lebte zwischendurch in Paris und arbeitete für Zeitschriften und Agenturen. 1978 war der Drogenkrimi *Colombian Connection* bei Rowohlt einer der Startbände der neuen Panther-Reihe.
H. Tondern schreibt heute hauptsächlich für junge Leser. Lesungen und Workshops, auch Lehrerfortbildung, in Dänemark, Schweden, Österreich, Italien, in der Türkei, in Kroatien, Indien und Südafrika. H. Tondern lebt in Hamburg und in einem alten Bauernhaus an der Nordsee.

KRIMINALROMANE: 1979 Colombian Connection, Rowohlt; 1994 Die Nacht, die kein Ende nahm, (gem. mit Frederik Hetmann), Rowohlt; 1995 Die Falle, Dürr; 1996 Auf Crash-Kurs, gem. mit Ingrid Röbbelen, Kaleidoskop, Kopenhagen; 1997 Das Pferd ohne Reiter, gem. mit Frederik Hetmann, Rowohlt; 2000 White Angel, Bertelsmann; 2000 Wehe, du sagst was!, Rowohlt; 2004 Party – alles inklusive, Bertelsmann; 2005 Mitschuldig? – Die Geschichte eines Amoklaufs, Bertelsmann
FUNK: 1996 Die Nacht, die kein Ende nahm, (Krimi-Hörspiel in zwei Teilen, NDR); 1997 Kurzschluss, (Krimi-Hörspiel, NDR); Ratekrimis NDR
SONSTIGE PUBL.: 2000 und 2001 Dichter leben, eine Literaturgeschichte in Geschichten, (2 Bd.), Beltz und Gelberg; 2002 Die Band, (Hörspiel, CD); Romane, Kinderbücher, Übersetzungen
MITGLIED: Syndikat
KONTAKT: Harald.Tondern@t-online.de; www.haraldtondern.de

Tornow, Thorsten
Biografie: *1963 in Speyer. T. Tornow studierte Philosophie, Linguistik und Japanologie in Freiburg im Breisgau und Berlin und schloss mit einer Arbeit über Wittgenstein ab. Anschließend lehrte er Deutsch an einer

japanischen Universität, kehrte 1994 wieder nach Berlin zurück, wo er u.a. als Sargträger arbeitete. 1997 nahm er am Wettbewerb um den Ingeborg-Bachmann-Preis in Klagenfurt teil. Seit 2002 ist er Universitätslektor in Niigata, Japan.

KRIMINALROMANE: 1997 Unter Senkern, Piper 5679; 1997 Sills' Verhängnis, Piper 5712; 1999 Tod eines Trebers, Ullstein 24711
SONSTIGE PUBL.: Erzählungen

Travers, W. A. → Hary, Wilfried A.

Tränkner, Karin
Biografie: *1953 in Hechingen. K. Tränkner war zunächst Zahnarzthelferin, besuchte dann aber das Abendgymnasium und war in der Verwaltungs des Landesarbeitsamtes in Stuttgart, im Verlagswesen und seit 1991 im HR in der Verwaltung tätig. K. Tränkner war von 1998–99 Präsidentin des Sisters in Crime German Chapter sowie von 1999–2000 Schatzmeisterin.

KRIM.-ERZ.: 1999 *Heimat verpflichtet*, in: Jürgen würgen, Hrsg. Jacques Berndorf, Weiss; 2000 *Die verlorene Tochter*, in: Mordsgewichte, Hrsg. Martina Bick u. Tatjana Kruse, Serie Piper; 2000 *Mordsglück*, in: Alter schützt vor Morden nicht, Hrsg. Anke Cibach, Gerstenberg; 2001 *Der Überläufer*, in: Rheinleichen, Hrsg. Ina Coelen u. Ingrid Schmitz, Emons
MITGLIED: SinC; Syndikat
KONTAKT: crimefun@t-online.de

Trenk, Peter → Cziffa, Geza von

Tschon, Karl-Richard
Biografie: *1923 in Teplitz-Schönau. K.-R. Tschon war kaufmännischer Angestellter, später Pianist, seit 1945 freier Schriftsteller in München. Er schrieb seit 1951 mehr als 30 Hörspiele, hauptsächlich Krimis. Besonders in seinen mehrteiligen Kriminalstücken stellte er sich in die Tradition der seinerzeit sehr erfolgreichen Arbeiten von Francis Durbridge. Darüber hinaus bearbeitete K.-R. Tschon angloamerikanische Stoffe für das Radio und konnte auch eine Reihe eigener Stoffe jeweils als Neubearbeitungen und Neuinszenierungen bei verschiedenen Sendern verwerten.

KRIMINALROMANE: 1960 Kiefern hinter der Baracke, (Erzählung), S. Mohn; 1955 Der Minister und die Kaninchen, Ill. von Franz Richter-Johnsen, Rufer; 1955 An einem Tag im September, Ill. von Franz Richter-Johnsen, Rufer
FUNK: 1954 Das Alibi, (nach Damon Runyon, 33 Min., BR), Regie: Fritz Benscher; 1956 Die Nacht mit John Ignatius, (nach Damon Runyon, 34 Min., RB), Regie: Günter Siebert; 1958 So alt wie der Mord, (50 Min., BR), Regie: Helmut Brennicke; 1963 Der große Unbekannte, (6 Teile, je 27 Min., SR), Regie: Klaus Groth, NF 1966 (3 Teile, 50/38/42 Min., WDR), Regie: Hermann Pfeiffer; 1965 Das zweite Motiv, (3 Teile, 133 Min., WDR), Regie: Kurth Otto; 1965 Claudia, (58 Min., BR), Regie: Walter Ohm, (1972 als Zweiteiler bei Radio DRS, Regie: Klaus W. Leonhard); 1966 Feuer für eine Zigarette, (3 Teile, 113 Min., WDR), Regie: Curt Götz-Pflug; 1966 Lazarus Nr. 7, (nach Richard Sale, 3 Teile, 47/49/50 Min., WDR), Regie: Hermann Pfeiffer; 1966 Der große Unbekannte, (3 Teile, 50/38/42 Min., WDR), Regie: Hermann Pfeiffer, (Remake der SR-Produktion von 1963); 1967 Adamows Tod, (53 Min., RB), Regie: Günter Siebert; 1970 Nancy, (40 Min., SR), Regie: Klaus Groth; 1971 Rosenholz für Stradivari, (30 Min., BR), Regie: Heinz-Günther Stamm; 1971 Manhattan Zentralbahnhof, (Hörspiel nach Motiven von Thomas Walsh *Nightmare in Manhattan*, 40 Min., RB), Regie: Günter Siebert; 1971 Pat, (3 Teile, je 50 Min., WDR), Regie: Otto Kurth; 1972 Der Mann im Eis, (49 Min., BR), Regie: Edmund Steinberger, (1977 neu als Fröhliche Weihnachten); 1973 Ein Königreich für ein Herz, (38 Min., SDR), Regie: Andreas Weber-Schäfer; 1974 Bei Westwind hört man keinen Schuß, (Hörspiel nach Hansjörg Martin, 58 Min., BR), Regie: Edmund Steinberger; 1974 Friedlicher Freitagnachmittag, (44 Min., WDR), Regie: Edward Rothe; 1976 Rumpelstilzchen oder vermißt wird Dr. Frohmund, (59 Min., BR), Regie: Peter Preissler; 1977 Fröhliche Weihnachten, (3 Teile, 156 Min., BR), Regie: Peter M. Preissler, (Remake von 1972 Der Mann im Eis); 1986 Die Mutter und der Kommissar, (41 Min., RB), Regie: Hans Jürgen Ott

Uecker, Christian

Biografie: *16.1.1956 in Rostock. Chr. Uecker floh mit den Eltern 1960 nach Westberlin, wurde nach Hamburg ausgeflogen und lebte ein halbes Jahr im Flüchtlingsauffangslager in Hamburg-Finkenwerder. Er wuchs in Neumünster auf und studierte Theologie in Bethel, Kiel, München und Hamburg. Nach dem ersten theologischen Examen war er zwei Jahre freiberuflich in der 3. Welt in der Bildungsarbeit tätig. Nach Abschluss des Vikariats seit Dezember 1984 Pastor, zunächst in Groß Grönau, ab 1987 in Klein Wesenberg und Hamberge. Seinen ersten Kriminalroman *Wenn der Tod tanzt* (inzwischen in 6. Auflage) veröffentlichte er 1993, inzwischen sind fünf weitere Krimis erschienen.

KRIMINALROMANE: 1993 Wenn der Tod tanzt, Friedrich Wittig; 1994 Wer einmal brennt, Friedrich Wittig; 1995 Gut – besser – tot, Friedrich Wittig; 1996 Wer flucht für alle Ewigkeit, Friedrich Wittig; 1999 Stille Nacht, Friedrich Wittig; 2001 Treibsand, Friedrich Wittig
SONSTIGE PUBL.: Verschiedene Kurzgeschichten, gelegentliche Arbeiten für Studio Hamburg Film- und Fernsehproduktions GmbH
MITGLIED: Syndikat
KONTAKT: ev.Kirche-Trave@t-online.de

Ufermann, Renate

Biografie: *1941 in Duisburg. R. Ufermann hat Germanistik und Theologie studiert. Sie war Lehrerin in Düsseldorf und Duisburg sowie Dozentin an einer Krankenpflegeschule in Duisburg. Sie ist ehrenamtlich in ihrer evangelischen Gemeinde und der Synode des Kirchenkreises Moers engagiert. Sie hat vier Kinder und lebt seit 22 Jahren in Moers. Ihre Krimis spielen am Niederrhein.

KRIMINALROMANE: 2003 Jagdgründe, Emons; 2004 Du bist dran, Emons; 2005 Wolfskuhlen, Emons
KRIM.-ERZ.: 2000 Grey Mice in: Mord vor Ort II, Emons
SONSTIGE PUBL.: Zahlreiche Romane und Erzählungen

PREISE: 2003 1. Preis im Schreibwettbewerb Kopfreisen, veranstaltet von Literatenohr und Wort 9.6
MITGLIED: Syndikat

Ulbig, Anja

Biografie: *14.6.1964 in Bremen. A. Ulbig ist Lehrerin und lebt in Bremen.
KRIM.-ERZ.: 1998 Okra, in: Tatort Wardenburg, 2. Teil, Hrsg. Rolf Vergin, Freese; 2001 *Gleisweiler Hölle*, in: Wein & Leichen, Hrsg. Angela Eßer u. Ingrid Fackler, Plöger, NA 2003, in: Weinleichen, Hrsg. Angela Eßer, Scherz; 2002 *Das Nessusgewand*, in: Tierisch tot, Hrsg. Anke Cibach, Hannah; 2003 *Blausäureblues*, in: Die vielen Tode des Herrn S., Hrsg. Mischa Bach, Ina Coelen u. Ingrid Schmitz, Emons; 2003 *Linie 11*, in: Criminalis 2, Hrsg. Dorothea Puschmann, Capricorn;
SONSTIGE PUBL.: Lyrik, Märchen, Kurzgeschichten
PREISE: 1997 2. Preis beim Krimi-Schreibwettbewerb des Kulturamts Wardenburg
MITGLIED: SinC
KONTAKT: anjaulbig@t-online.de

Ulsamer, Lothar W.

Biografie: *8.5.1952 in Stuttgart. L. W. Ulsamer studierte Soziologie, Wirtschafts- und Sozialgeschichte, Politikwissenschaft und Volkskunde in Tübingen und promovierte zum Dr. phil. Er arbeitete im Bereich Presse, Kultur- und Sozialwissenschaft, heute ist er in einem internationalen Großunternehmen in einem Vorstandsbereich verantwortlich für die Betreuung von Mandaten und Reden.

KRIMINALROMANE: 1997 Nur Vögel können fliegen, Edition Kerry Diamond; 1998 Nur ein Tropfen Vergangenheit, Edition Kerry Diamond
SONSTIGE PUBL.: Sach- und Fachbücher, Aufsätze zu Themen aus den Fachgebieten Soziologie, Medien und Umweltschutz, alternative Reiseführer zu Schottland
KONTAKT: KerryDiamond.Ulsamer@ulsamer-krimi.de;
www.ulsamer-krimi.de

Urbanblau → Blau, Urban

Valerius, Gabriele

Pseud. für: Gabriele Flessenkemper
Biografie: *in Essen. G. Valerius studierte Germanistik und Kunstgeschichte. Sie arbeitete als Lehrerin an einer Gesamtschule und in der Lehrerfortbildung in Hessen. Seit 1985 lebt sie als Autorin und Journalistin in Köln, zeitweilig auch in der Toskana.

KRIM.-ERZ.: 2001 *Liebeswahn*, in: Tödliche Beziehungen, Hrsg. Ina Coelen u. Ingrid Schmitz, Emons; 2004 Liebhaber und andere Leichen, Kriminalgeschichten, VdC
FUNK: 2003 Bittersüße Rache – Frauen üben Vergeltung, (Feature, 30 Min., NDR)
THEATER: 2005 Tödlicher Käse, Hemingways Gegenwehr, (Ratekrimi), Gloria Theater Köln
SONSTIGE PUBL.: Sach- und Kinderbücher, zahlreiche Kurzgeschichten in verschiedenen Anthologien, (u.a. bei Rowohlt, Fischer, Elefanten Press); Kultur- und Reisefeatures, Reportagen, Porträts, Szenen und Sketche für Hörfunk, Film und Fernsehen, Drehbucharbeiten
MITGLIED: SinC; Syndikat; VS
KONTAKT: gabriele.flessenkemper@t-online.de; www.gabriele-valerius.de

Valmy, Marcel

Pseud. für: Wolfgang Schnitzler
Biografie: *1922 in Berlin, †22.7.2001 in Seeberg bei Starnberg. W. Schnitzler schrieb eine Reihe von Unterhaltungs- und Kriminalromanen und arbeitete als Drehbuch- und Synchronautor bei diversen deutschen Filmproduktionen der Nachkriegszeit mit.

KRIMINALROMANE: 1960 Hände hoch vor Juliska, Pabel; 1978 Das Haus in LaChapelle, Illu-Press-Edition, NA 1996, Elster; 1978 Die Spur führt nach Paris, Illu-Press-Edition
FILM: 1960 Der grüne Bogenschütze, (94 Min., Deutschland/Österreich), Drehbuch: Wolfgang Menge u. W. Schnitzler nach dem gleichnamigen Roman von Edgar Wallace, EA 3.2.1961; 1960 Agatha, laß das Morden sein!, (anderer Titel: Agatha, Stop that Murdering, 98 Min., Deutschland), Drehbuch: Eva Anger, Franz Geiger, K. P. Gillmann, Stefan Gommerman, Dietrich Haugk, Franz Marischka, Franz M. Schilder, W. Schnitzler, Hans Schweikhart, Gottfried Wegeleben, Hugo Wiener, Regie: Dietrich Haugk, EA 22.12.1960; 1960 Die Bande des Schreckens, (anderer Titel: Hand of the Gallows/Terrible People, 92 Min., Deutschland), Drehbuch: J. Joachim Bartsch u. W. Schnitzler nach dem Roman von Edgar Wallace *The Terrible People*, Regie: Harald Reinl, EA 25.8.1060
THEATER: ca. 1970 Dreimal dürfen Sie raten, (Kriminal-Schwank in 3 Akten)
SONSTIGE PUBL.: Zahlreiche Romane

van den Bosch, Jann

Pseud. für: Gunter Affholderbach
Biografie: *2.10.1960 in Klafeld. G. Affolderbach studierte Philosphie, Germanistik und Allgemeine Literaturwissenschaft und arbeitete als Buch- und Weinhändler, Herausgeber und Verleger sowie in diversen Bereichen der Verlagsbranche. 1981 war er Stipendiat des Berliner Senats im Literarischen Colloquium am Wannsee. Er lebt heute in einem kleinen Ort in Südwestfalen.

KRIMINALROMANE: 2005 Wintertod, Gmeiner Verlag; 2005 Memento mori, Gmeiner Verlag
KRIM.-ERZ.: (als Gunter Affholderbach): 1982 *Zur Schwelle zum Traum*, Atelier Edition; 1984 *Das Geheimnis der Caroline Bavaud*, in: Ein Parkplatz für Johnny Weissmuller, Hrsg. Günter und Ilse Ohnemus, Machwerk Verlag; 1986 *Riedergasse 5 oder »Alfred, Alfred!«*, in: Traumtanz – Ein berauschendes Lesebuch, Hrsg. Klaus Modick, Rowohlt
SONSTIGE PUBL.: Gedichte, Erzähtexte
MITGLIED: Syndikat
KONTAKT: www.jann-van-den-bosch.de

Vanoni, Andrea

Pseud. für: Andrea Etz
Biografie: *6.2.1963 in Dierdorf/Westerwald. A. Etz studierte Literaturwissenschaften in Frankfurt, Rom, Wien und Berlin. Es folgte eine dramaturgische Tätigkeit am Burgtheater Wien, anschließend war sie Musiktheaterdramaturgin am Opernhaus Kiel. Nach einem Kulturmanagement-Studium arbeitet sie seit 1996 als selbstständige Agentin für Drehbuchautoren, Regisseure und Kameraleute im Bereich TV und Kino.

KRIMINALROMANE: 2005 Totensonntage, Reclam
KONTAKT: ae@etzundwels.de; www.etzundwels.de

Venske, Regula
Biografie: *12.6.1955 in Minden. R. Venske wuchs in Münster/Westf. auf. Nach dem Abitur 1974 studierte sie vier Semester Jura in Heidelberg, anschließend Germanistik und Anglistik in Hamburg. Nach dem Ersten Staatsexamen Lehrtätigkeit an der Universität Hamburg und der FU Berlin sowie als Lektorin an der University of London, Queen Mary College. 1987 Promotion zum Dr. phil. mit einer Dissertation über *Mannsbilder – Männerbilder. Konstruktion und Kritik des Männlichen in zeitgenössischer deutschsprachiger Literatur von Frauen*. Nach diversen Ausflügen ins Angestelltendasein (Referentin für berufliche Bildung im Medienbereich bei der Bertelsmann Stiftung in Gütersloh, Literaturredakteurin bei BRIGITTE und Verlagsleiterin des Rotbuch Verlages) lebt R. Venske als freie Schriftstellerin in Hamburg. Sie ist verheiratet und Mutter zweier Söhne.

KRIMINALROMANE: 1991 Schief gewickelt, Kellner Verlag, HC, NA 1993 Ha/Heyne 3; 1993 Kommt ein Mann die Treppe rauf, Kellner, HC, NA 1995 Ha/Heyne 106; 1995 Rent a Russian, Kellner, HC, NA 1996 Ha/Heyne 144; 1998 Double für eine Leiche, Heyne, HC; 1998 Der geklaute Heilige (Kinderkrimi), Kerle Verlag, HC; 1998 Die Hexen von Övelgönne, Schwarze Hefte 2, Hamburger Abendblatt; 1998 Schief gewickelt, Kommt ein Mann die Treppe rauf, Rent A Russian. Drei Romane in einem Band, NA Heyne 10696; 1998 Eine böse Überraschung, (Kettenroman, gem. mit Gisbert Haefs mit Frank Göhre, Janwillem van de Wetering, D. B. Blettenberg, Uta-Maria Heim, Jürgen Alberts, Helmut Ziegler, Peter Zeindler, Gunter Gerlach, Peter Schmidt, Robert Lynn, -ky, Tatjana Kruse, Robert Brack, Daniel Douglas Wissmann, Karr & Wehner, Frank Goyke, Thea Dorn, Georg M. Oswald, Ann Camones, Hartmut Mechtel, Virginia Doyle und Norbert Klugmann), rororo 43296; 1999 Mord im Gazellenkamp, Schwarze Hefte 19, Hamburger Abendblatt; 2000 Das Gipfeltreffen, (Kettenroman, gem. mit Doris Gercke, Ingrid Noll, Edith Kneifl, Frank Göhre, Gisbert Haefs, Karr & Wehner, Robert Hültner und Jürgen Alberts), Heyne, HC; 2001 Fegefeuer am Grindel, Schwarze Hefte 28, Hamburger Abendblatt; 2003 Rotwein mit Schuss, Schwarze Hefte 46, Verlag Hamburger Abendblatt; 2004 Hamburger Kanzelsturz, Schwarze Hefte 63, Hamburger Abendblatt; 2005 Hotel Terminus, (Kettenroman, gem. mit Silvia Kaffke, H. P. Karr, Edith Kneifl, Ralf Kramp, Christine Lehmann, Birgit H. Hölscher, Horst Eckert, Roger M. Fiedler, Peter Zeindler, Jürgen Alberts und Walter Wehner), Aufbau, OA
KRIM.-ERZ.: Zahlreiche Kurzgeschichten in etlichen Anthologien, 2002 Herzschlag auf Maiglöckchensauce (Sammlung eigener Kurzgeschichten), Scherz 1851; 2003 (als Hrsg.) Du sollst nicht töten. Zwölf Verbrechen aus der Bibel, Scherz 1931
SONSTIGE PUBL.: Fachbücher zu literarischen Themen, Prosatexte, auch experimentelle Glücksprosa, Kinderbücher, Anthologien, ungezählte Beiträge für Rundfunk und Printmedien, Vorträge und Essays; 1997 *Auf Kinder schießen sie normalerweise nicht. Kinder als Opfer und Täter*, Essay in: Das Mordsbuch. Alles über Krimis, Hrsg. Nina Schindler, Claassen; 1999 Agatha Christie, *Blausäure*, neu übersetzt von Regula Venske, Scherz, HC
PREISE: 1987 Oldenburger Jugendbuchpreis für *Ach Fanny! Vom jüdischen Mädchen zur preußischen Schriftstellerin: Fanny Lewald*; 1996 Deutscher Krimi-Preis für *Rent a Russian*; 1997 Lessing-Stipendium des Hamburger Senats; 2002 Nominierung zum Frauen-Krimi-Preis Wiesbaden mit *Herzschlag auf Maiglöckchensauce*; 2003 Stipendium und Autorenresidenz des Centre Littéraire, des Ministère de la Culture et de l'Ènseignement und der Stadt Echternach, Luxemburg
MITGLIED: PEN-Zentrum Deutschland; Syndikat
KONTAKT: www.venske.de

Villbrandt, Hertha
Biografie: *1956 in Marburg an der Lahn. H. Villbrandt ist im Bereich EDV/Internet und PR tätig. Sie lebt in Frankfurt/M.

KRIM.-ERZ.: 2002 *Serienmäßig*, (gem. mit Almuth Heuner), in: Abrechnung, bitte!, Hrsg. Peter Gerdes, Rowohlt
MITGLIED: SinC

Violan, Lo
Pseud. für: Hermine Horny
Biografie: *1898, †1973 in Wien. L. Violans Romane sind klassische Kriminal- und Detektivgeschichten mit einer Prise Abenteuerromantik.

KRIMINALROMANE: 1952 Zwischen Mitternacht und Morgengrauen, Deutsche Buchgemeinschaft; 1954 Runen des Todes, Deutsche Buchgemeinschaft; 1955 Diamanten des Satans, Deutsche Buchgemeinschaft; 1956 Der Mann im Nebel, Deutsche Buchgemeinschaft; 1957 Fahrt ohne Wiederkehr, Deutsche Buchgemeinschaft; 1958 Die Straße der Verdammten, Deutsche Buchgemeinschaft; 1960 Flucht in die Nacht, Deutsche Buchgemeinschaft; 1960 Griff aus dem Dunklen, Deutsche Buchgemeinschaft; 1962 Ein Mann verschwindet, Deutsche Buchgemeinschaft; 1965 Gesetz ohne Gnade, Deutsche Buchgemeinschaft; 1965 Das schwarze Phantom, Deutsche Buchgemeinschaft; 1965 Der Schatten vor dem Fenster, Goldmann 2082

Vock, Harald

Biografie: *1924 oder 1925, †26.9.1998 in Hamburg. H. Vock war nach dem Krieg Polizeireporter bei verschiedenen Zeitungen und beim Rundfunk. 1955 wurde er Unterhaltungschef des NDR. In den 80er-Jahren lebte er als Autor und Regisseur in Hamburg.

KRIMINALROMANE: 1984 Der V-Mann, Heyne 2093

TV: 1956 Keiner stirbt so leicht, (Fernsehspiel, NDR, bzw. NWDR oder NWRV), Drehbuch: H. Vock, Regie: John Olden; 1958 Tod auf dem Rummelplatz, (Fernsehfilm, NDR), Drehbuch: H. Vock, Regie: Joachim Hess; 197? Sonderdezernat K1: Doppelspiel, (Serienfilm, NDR), Drehbuch: H. Vock, Regie: Hans Quest; 197? Sonderdezernat K1: Ganoven-Rallye, (Serienfilm, NDR), Drehbuch: H. Vock; 197? Sonderdezernat K1: Mord im Dreivierteltakt, (Serienfilm, NDR), Drehbuch: H. Vock; 197? Sonderdezernat K1: Vier Schüsse auf den Mörder, (Serienfilm, 60 Min., NDR), Drehbuch: Matray und Krüger, Regie: Alfred Weidenmann; 197? Sonderdezernat K1: Vorsicht – Schutzengel, (Serienfilm, NDR), Drehbuch: H. Vock; 1973 Sonderdezernat K1: Kassensturz um Mitternacht, (Serienfilm, 60 Min., NDR), Drehbuch: Maria Matray und Answald Krüger, Regie: Alfred Weidenmann, EA 8.2.1973 ARD; 1973 Sonderdezernat K1: Trip ins Jenseits, (Serienfilm, 60 Min., NDR), Drehbuch: H. Vock, Regie: Hans Quest, EA 14.3.1973 ARD; 1974 Sonderdezernat K1: Friedhofsballade, (Serienfilm, 60 Min., NDR), Drehbuch: H. Vock, Regie: Eberhard Itzenplitz, EA 12.12.1974 ARD; 1974 Sonderdezernat K1: Hafenhyänen, (Serienfilm, NDR), Drehbuch: H. Vock, Regie: Hans Dieter Schwarze; 1974 Sonderdezernat K1: Kein Feuer ohne Rauch, (Serienfilm, 60 Min., NDR), Drehbuch: Maria Matray und Answald Krüger, Regie: Peter Schulze-Rohr, EA 14.11.1974 ARD; 1975 Sonderdezernat K1: Flucht, (Serienfilm, 60 Min., NDR), Drehbuch: Maria Matray und Answald Krüger, Regie: Alfred Weidenmann, EA 15.1.1975 ARD; 1977 Sonderdezernat K1: 9mm frei Haus, (Serienfilm, 60 Min., NDR), Drehbuch: H. Vock, Regie: Alfred Weidenmann, EA 24.2.1977; 1977 Sonderdezernat K1: Der Stumme, (Serienfilm, 90 Min., NDR), Drehbuch: H. Vock, Regie: Peter Schulze-Rohr; 1977 Sonderdezernat K1: Tod eines Schrankenwärters, (Serienfilm, 60 Min., NDR), Drehbuch: H. Vock, Regie: Peter Schulze-Rohr, EA 24.3.1977 ARD; 1977 Sonderdezernat K1: Zwei zu eins fürs SK1, (Serienfilm, NDR), Drehbuch: H. Vock, Regie: Hellmuth Ashley, EA 16.6.1977 ARD; 1979 Zwei Mann um einen Herd: Die Idiotenlaterne, (Serienepisode, 45 Min., NDR), Drehbuch: H. Vock nach einer Idee von Ray Galton und Alan Simpson, Regie: Michael Braun, EA 24.5.1979 ARD; 1980 Sonderdezernat K1: In der Sackgasse, (anderer Titel: Sackgasse, Serienfilm, 60 Min., NDR), Drehbuch: H. Vock, Regie: Oswald Döpke, EA 1.11.1980 ARD; 1980 Sonderdezernat K1: Der Blumenmörder, (Serienfilm, 60 Min., NDR), Drehbuch: H. Vock, Regie: Michael Braun, EA 7.3.1980 ARD; 1980 Sonderdezernat K1: Der Regen bringt es an den Tag, (Serienfilm, 60 Min., NDR), Drehbuch: H. Vock, Regie: Alfred Weidenmann, EA 7.3.1980 ARD; 1981 Sonderdezernat K1: Die Rache eines V-Mannes, (Serienfilm, 88 Min., NDR), Drehbuch: H. Vock, Regie: Alfred Weidenmann, EA 5.11.1981 ARD; 1981 Sonderdezernat K1: Die Spur am Fluß, (Serienfilm, 70 Min., NDR), Drehbuch: H. Vock, Regie: Alfred Weidenmann, EA 3.12.1981 ARD; 1982 Sonderdezernat K1: Das masurische Handtuch, (Serienfilm, 75 Min., NDR), Drehbuch: H. Vock, Regie: Dietrich Haugk, EA 7.1.1982 ARD; 1982 Sonderdezernat K1: Mord um zwei Ecken, (Serienfilm, 73 Min., NDR), Drehbuch: H. Vock, Regie: Dietrich Haugk, EA 4.2.1982 ARD; 1982 Sonderdezernat K1: Tödlicher Ladenschluß, (Serienfilm, 73 Min., NDR), Drehbuch: H. Vock, Regie: Dietrich Haugk, EA 10.3.1982 ARD (andere Angabe 4.3.1983); 1984 Tod eines Schaustellers, (Fernsehfilm, 99 Min., NDR), Drehbuch:

H. Vock, Regie: Dietrich Haugk, EA 15.12.1984 ARD; 1988 Die Männer vom K3: Der Mann im Dunklen, (Serienfilm, 90 Min., NDR), Drehbuch: H. Vock, Regie: Horst Flick, EA 6.4.1989 ARD; 1988 Die Männer vom K3: Schützenfest, (Serienfilm, 90 Min., NDR), Drehbuch: H. Vock, Regie: Dietrich Haugk, EA 10.12.1988; 1988 Die Männer vom K3: Spiel über zwei Banden, (Serienfilm, 90 Min., NDR), Drehbuch: H. Vock, Regie: Michael Mackenroth, EA 29.10.1988 ARD; 1989 Die Männer vom K3: Augen zu und durch, (Serienfilm, 90 Min., NDR), Drehbuch: H. Vock, Regie: Michael Mackenroth, EA 29.6.1989 ARD; 1989 Die Männer vom K3: Der Mann im Dunklen, (Serienfilm, 90 Min., NDR), Drehbuch: Regie: Horst Flick, EA 6.4.1989 ARD; 1989 Die Männer vom K3: Diamanten machen Freunde, (Serienfilm, 90 Min., NDR), Drehbuch: H. Vock, Regie: Heinz Schirk, EA 2.3.1989 ARD; 1989 Die Männer vom K3: Tödlicher Export, (Serienfilm, 90 Min., NDR), Drehbuch: H. Vock, Regie: Heinz Schirk, EA 4.5.1989 ARD; 1989 Die Männer vom K3: Volle Deckung, Kopf runter, (Serienfilm, 90 Min., NDR), Drehbuch: H. Vock, Regie: Michael Mackenroth, EA 13.7.1989 ARD; 1989 Tatort: Keine Tricks, Herr Bülow, (Fernsehfilm, 90 Min., SFB), Drehbuch: H. Vock, Regie: Jürgen Roland; 1991 Die Männer vom K3: Auge um Auge, (Serienfilm, 90 Min., NDR), Drehbuch: H. Vock, Regie: Ulrich Stark, EA 10.10.1991 ARD; 1991 Die Männer vom K3: Der Vollmondmörder, (Serienfilm, 90 Min., NDR), Drehbuch: H. Vock, Regie: Dietrich Haugk, EA 5.12.1991 ARD; 1991 Die Männer vom K3: Narkose fürs Jenseits, (Serienfilm, 90 Min., NDR), Drehbuch: H. Vock, Regie: Gero Erhardt, EA 14.11.1991 ARD; 1992 Die Männer vom K3: Auf Sand gebaut, (Serienfilm, 90 Min., NDR), Drehbuch: H. Vock, Regie: Sigi Rothemund, EA 16.1.1992 ARD; 1992 Die Männer vom K3: Ein ganz alltäglicher Fall, (Serienfilm, 90 Min., NDR), Drehbuch: H. Vock, Regie: Gero Erhardt, EA 30.1.1992 ARD; 1992 Die Männer vom K3: Ein langes Wochenende, (Serienfilm, 90 Min., NDR), Drehbuch: H. Vock, Regie: Horst Flick, EA 2.1.1992 ARD; 1992 Die Männer vom K3: Halali für einen Jagdfreund, (Serienfilm, 90 Min., NDR), Drehbuch: H. Vock, Regie: Dietrich Haugk; 1992 Peter Strohm: Tote zahlen nicht, (Serienepisode, 50 Min., ARD), Drehbuch: H. Vock, Regie: Pete Ariel, EA 21.1.1992 ARD; 1993 Die Männer vom K3: Das dritte Mädchen, (Serienfilm, 90 Min., NDR), Drehbuch: H. Vock,

Regie: Sigi Rothemund, EA 26.12.1993 NORD 3; 1993 Die Männer vom K3: Dreckiges Geld, (Serienfilm, 90 Min., NDR), Drehbuch: H. Vock, Regie: Sigi Rothemund, EA 29.9.1993 ARD; 1993 Die Männer vom K3: Made in Hongkong, (Serienfilm, 90 Min., NDR), Drehbuch: H. Vock, Regie: Dietrich Haugk, EA 12.12.1993 ARD; 1993 Die Männer vom K3: Tanz auf dem Seil, (Serienfilm, 90 Min., NDR), Drehbuch: H. Vock, Regie: Andy Bausch, EA 14.11.1993 ARD; 1994 Die Männer vom K3: Ein friedliches Dorf, (Serienfilm, 90 Min., NDR), Drehbuch: H. Vock, Regie: Michael Günther, EA 12.12.1994 NORD 3; 1994 Die Männer vom K3: Keine Chance, zu gewinnen, (Serienfilm, 85 Min., NDR), Drehbuch: H. Vock, Regie: Andy Bausch, EA 5.12.1994 N 3; 1994 Die Männer vom K3: Tod eines Schürzenjägers, (Serienfilm, 90 Min., NDR), Drehbuch: H. Vock, Regie: Gero Ehrhardt, EA 19.12.1994 NDR; 1994 Die Männer vom K3: Zu hoch gepokert, (Serienfilm, 85 Min., NDR), Drehbuch und Regie: H. Vock; 1996 Im Namen des Gesetzes: Fassadenschwindel, (Serienepisode, 50 Min., RTL), Drehbuch: H. Vock, Regie: Bernd Kürten, EA 16.4.1996 RTL; 199? Im Namen des Gesetzes: Zweimal ermordet, (Serienepisode, 45 Min., RTL), Drehbuch: H. Vock, Regie: Bernd Kürten; 1996 Im Namen des Gesetzes: Der Tip, (Serienepisode, 50 Min., RTL), Drehbuch: H. Vock, Regie: Marco Serafini, EA 11.6.1996 RTL; 1996 Die Männer vom K3: Eine saubere Stadt, (Serienfilm, 90 Min., NDR), Drehbuch: H. Vock und Helmut Förnbacher, Regie: Helmut Förnbacher, EA 16.12.1996 NORD 3; 1996 Die Männer vom K3: Geschäft mit dem Tod, (Serienfilm, 90 Min., NDR), Drehbuch: H. Vock, Regie: Michael Knof, EA 7.8.1996 NORD 3; 1996 Die Männer vom K3: Kurz nach Mitternacht, (Serienfilm, 90 Min., NDR), Drehbuch: H. Vock, Regie: Dror Zahavi, EA 22.7.1996 NORD 3; 1996 Die Männer vom K3: Tomskys letzte Reise, (Serienfilm, 90 Min., NDR), Drehbuch: H. Vock, Regie: Dietrich Haugk, EA 10.6.1996 NORD 3; 1997 Die Männer vom K3: Zu viele Verdächtige, (Serienfilm, 90 Min., NDR), Regie: Gero Ehrhardt, EA 22.12.1997 NORD 3; 1997 Die Männer vom K3: Blutsverwandtschaft, (Serienfilm, 90 Min., NDR), Regie: Dror Zahavi, EA 29.12.1997 NORD 3; 1998 Die Männer vom K3: Der Deichmörder, (Serienfilm, 90 Min., NDR), Drehbuch: Raimund Weber, Regie: Michael Günther, EA 1.2.1998 ARD; 1998 Im Namen des Gesetzes: Der letzte Schlag, (Serienepisode, 45 Min., RTL), Drehbuch: H. Vock, Regie: Gregor Schnitzler, EA 9.6.1998 RTL; 1998 Die vier Spezialisten, Tod auf Reisen, (Fernsehfilm, 90 Min., RTL/VOX), Drehbuch: H. Vock, Regie: Rudi Retter und Rolf Vogel, EA 17.10.1998 VOX; 1998 Die vier Spezialisten, Fahrkarte ins Jenseits, (Fernsehfilm, 90 Min., RTL/VOX), Drehbuch: H. Vock, Regie: Michael Knof, EA 24.10.1998 VOX; 1998 Die vier Spezialisten, Ein 100.000 Dollar Job, (Fernsehfilm, 90 Min., RTL/VOX), Drehbuch: H. Vock, Regie: Dror Zahavi, EA 31.10.1998 VOX; 1999 Küstenwache: Die Meuterei auf der Cadoz, (Serienepisode, 45 Min., ZDF), Drehbuch: H. Vock, Regie: Karsten Wiechniarz, EA 7.4.1999 ZDF; 1999 Die Männer vom K3: Tod eines Festmachers, (Serienfilm, 90 Min., NDR), Drehbuch: Raimund Weber, Bearbeitung: Kai Hensel und Andreas Thiel, Regie: Andreas Thiel, EA 20.3.1999 ARD

Sonstige Publ.: Zahlreiche Drehbücher für Film und Fernsehen

Vocks, Horst

Biografie: Daten konnten nicht ermittelt werden

TV: 1981 Tatort: Duisburg Ruhrort, (Serienfilm, 90 Min., WDR), Drehbuch: H. Vocks und Thomas Wittenburg, Regie: Hajo Gies, EA 28.6.1981; 1982 Tatort: Der unsichtbare Gegner, (Serienfilm, 90 Min., Bavaria für WDR), Drehbuch: H. Vocks und Thomas Wittenburg, Regie: Hajo Gies, EA 7.3.1983 ARD; 1983 Tatort: Miriam, (Serienfilm, 90 Min., WDR), Drehbuch: Thomas Wittenburg, H. Vocks und Peter Adam, Regie: Peter Adam, EA 4.4.1983 ARD; 1985 Der Fahnder 1. Staffel, (Fernsehserie, 25 Teile, je 50 Min., Bavaria für WWF), Drehbuch: Dieter Lerch, Peter Adam, Claus Fischer, Ulrich Limmer, Wolfgang Schweiger, Andreas Lenze, Klaus Sammer, Dominik Graf, Uwe Erichsen, H. Vocks, Thomas Wittenburg, Christoph Fromm, Reni Fromm, Ulf Miehe, Stephan Meyer, Michael Hild, Klaus Richter, Bernd Schwamm, Walter Weber, Helmut Zenker, Klaus Bädekerl, Isolde Sammer, Werner Masten, Regie: Peter Adam, Werner Masten, Dominik Graf, Stephan Meyer, Helmut Christian Görlitz, Erwin Keusch, Wolfgang Panzer, Martin Gies, Peter Fratzscher, Volker Maria Arend), EA 3.10.1985; 1986 Tatort: Freunde, (Serienfilm, 90 Min., WDR), Drehbuch: H. Vocks und Thomas Wittenburg, Regie: Klaus Emmerich, EA 28.12.1986 ARD; 1988 Reporter, (6 Teile, je 50 Min., Serie ARD/WDR), Drehbuch: H. Vocks und Thomas Wittenburg, Re-

gie: Klaus Emmerich, Hans Noever, mit Walter Kreye, Renan Demirkan (Adolf-Grimme-Preis), 1. Der Terrorist, Regie: Klaus Emmerich, EA 17.4.1989; 2. Die braune Front, Regie: Klaus Emmerich, EA 1.5.; 3. Der Überläufer, Regie: Klaus Emmerich, EA 15.5.1989; 4. Das Attentat, Regie: Klaus Emmerich, EA 22.5.1989 ARD; 5. Die Königsmörder, Regie Hans Noever, EA 29.5.1988; 6. Der Deutschländer, Regie: Hans Noever, EA 5.6.1989; 1993 Tatort: Deserteure, (Serienfilm, 90 Min., WDR), Drehbuch: H. Vocks, Regie: Ilse Hofmann, EA 19.12.1993 ARD; 1995 Tatort: Herz As, (Serienfilm, 90 Min., WDR), Drehbuch: H. Vocks, Regie: Ulrich Stark, EA 30.7.1995 ARD

Vogeler, Volker

Biografie: *27.6.1930 in Bad Polzin. V. Vogeler studierte Philosophie, Germanistik und Geschichte. Von 1956–1958 war er am Institut für Film und Fernsehen in München tätig, danach arbeitete er in verschiedenen Berufen. Er drehte zahlreiche Industriefilme und Reportagen, bis er sich als Fernsehregisseur etablierte.

TV: 1978 Anton Keil, der Specialkommissär, (Fernsehserie, 12 Teile, je 25 Min., Bavaria für WWF), Drehbuch: Matthias Wittich, Hartmut Grund, Tilman Röhrig, Wilfried Schröder, Georg Feil, Regie: Michael Lähn, Peter Adam, V. Vogeler; 1978 Der Alte: Der Spieler, (Serienepisode, 60 Min., ZDF), Drehbuch: V. Vogeler, Regie: Zbynek Brynych, EA 24.11.1978 ZDF; 1979 Der Alte: Alte Kameraden, (Serienepisode, 60 Min., ZDF), Drehbuch: V. Vogeler, Regie: Theodor Grädler, EA 12.10.1979 ZDF; 1979 Der Alte: Die Lüge, (Serienepisode, 60 Min., ZDF), Drehbuch: V. Vogeler, Regie: Theodor Grädler, EA 30.11.1979 ZDF; 1980 Der Alte: Der Neue, (Serienepisode, 60 Min., ZDF), Drehbuch: V. Vogeler, Regie: Günter Grävert, EA 18.1.1980 ZDF; 1980 Der Alte: Der Detektiv, (Serienepisode, 60 Min., ZDF), Drehbuch: V. Vogeler, Regie: Dietrich Haugk, EA 29.8.1980 ZDF; 1980 Der Alte: Der Freund, (Serienepisode, 60 Min., ZDF), Drehbuch: V. Vogeler, Regie: Zbynek Brynych, EA 26.9.1980 ZDF; 1981 Der Alte: Schwarzer Montag, (Serienepisode, 60 Min., ZDF), Drehbuch: V. Vogeler, Regie: Theodor Grädler, EA 13.2.1981 ZDF; 1981 Der Alte: Die Ratte, (Serienepisode, 60 Min., ZDF), Drehbuch: V. Vogeler, Regie: Theodor Grädler, EA

10.4.1981 ZDF; 1981 Der Alte: Der Zigeuner, (Serienepisode, 60 Min., ZDF), Drehbuch: V. Vogeler, Regie: Theodor Grädler, EA 14.6.1981 ZDF; 1981 Der Alte: Der Gärtner, (Serienepisode, 60 Min., ZDF), Drehbuch: V. Vogeler, Regie: Theodor Grädler, EA 30.10.1981 ZDF; 1982 Tatort: Watt Recht is, mutt Recht blieben, (Serienfilm, 90 Min., NDR), Drehbuch: Elke Loewe nach einer Geschichte von Boy Lornsen, Regie: V. Vogeler, EA 2.5.1982 ARD; 1982 Der Alte: Teufelsküche, (Serienepisode, 60 Min., ZDF), Drehbuch: V. Vogeler, Regie: Theodor Grädler, EA 12.2.1982 ZDF; 1982 Der Alte: Haß, (Serienepisode, 60 Min., ZDF), Drehbuch: V. Vogeler, Regie: Zbynek Brynych, EA 7.5.1982 ZDF; 1982 Der Alte: Der Überfall, (Serienepisode, 60 Min., ZDF), Drehbuch: V. Vogeler, Regie: Alfred Weidenmann, EA 25.6.1982 ZDF; 1982 Der Alte: Der rote Faden, (Serienepisode, 60 Min., ZDF), Drehbuch: V. Vogeler, Regie: Theodor Grädler, EA 13.8.1982 ZDF; 1982 Der Alte: Das zweite Geständnis, (Serienepisode, 60 Min., ZDF), Drehbuch: V. Vogeler, Regie: Hans Jürgen Tögel; 1982 Der Alte: Spur des Todes, (Serienepisode, 60 Min., ZDF), Drehbuch: V. Vogeler, Regie: Vadim Glowna; 1982 Der Alte: Ich werde dich töten, (Serienepisode, 60 Min., ZDF), Drehbuch: V. Vogeler, Regie: Zbynek Brynych, EA 8.10.1982 ZDF; 1982 Der Alte: Tod am Sonntag, (Serienepisode, 60 Min., ZDF), Drehbuch: V. Vogeler, Regie: Zbynek Brynych, EA 12.11.1982 ZDF; 1983 Der Alte: Kalt wie Diamant, (Serienepisode, 60 Min., ZDF), Drehbuch: V. Vogeler, Regie: Theodor Grädler, EA 18.3.1983 ZDF, 1983 Der Alte: Der vierte Mann, (Serienepisode, 60 Min., ZDF), Drehbuch: V. Vogeler, Regie: Günter Gräwert, EA 22.4.1983 ZDF; 1983 Der Alte: Auf Leben und Tod, (Serienepisode, 60 Min., ZDF), Drehbuch: V. Vogeler, Regie: Günter Gräwert, EA 3.6.1983 ZDF; 1983 Der Alte: Kahlschlag, (Serienepisode, 60 Min., ZDF), Drehbuch: V. Vogeler, Regie: Günter Gräwert, EA 30.9.1983 ZDF; 1983 Der Alte: Umsonst ist der Tod, (Serienepisode, 60 Min., ZDF), Drehbuch und Regie: V. Vogeler, EA 25.11.1983 ZDF; 1984 Der Alte: Alleingang, (Serienepisode, 60 Min., ZDF), Drehbuch: V. Vogeler, Regie: Helmut Ashley, EA 6.1.1984; 1984 Der Alte: Perfektes Geständnis, (Serienepisode, 60 Min., ZDF), Drehbuch: V. Vogeler, Regie: Günter Gräwert, EA 9.3.1984 ZDF; 1984 Der Alte: Die Hellseherin, (Serienepisode, 60 Min., ZDF), Drehbuch: V. Vogeler, Regie: Theodor Grädler, EA 1.6.1984 ZDF; 1984 Der Alte:

Fluchthilfe, (Serienepisode, 60 Min., ZDF), Drehbuch: V. Vogeler, Regie: Theodor Grädler, EA 6.7.1984 ZDF; 1984 Der Alte: Das Ende vom Lied, (Serienepisode, 60 Min., ZDF), Drehbuch: V. Vogeler, Regie: Theodor Grädler, EA 12.10.1984 ZDF; 1984 Der Alte: Der Klassenkamerad, (Serienepisode, 60 Min., ZDF), Drehbuch: V. Vogeler, Regie: Günter Gräwert, EA 9.11.1984 ZDF; 1985 Der Alte: Hals über Kopf, (Serienepisode, 60 Min., ZDF), Drehbuch: V. Vogeler, Regie: Günter Gräwert, EA 31.5.1985 ZDF; 1985 Der Alte: Tot ist tot, (Serienepisode, 60 Min., ZDF), Drehbuch: V. Vogeler, Regie: Günter Gräwert, EA 21.6.1985 ZDF; 1985 Der Alte: Der Leibwächter, (Serienepisode, 60 Min., ZDF), Drehbuch: V. Vogeler, Regie: Dietrich Haugk, EA 13.9.1985 ZDF; 1985 Der Alte: Der Sohn, (Serienepisode, 60 Min., ZDF), Drehbuch: V. Vogeler, Regie: Zbynek Brynych, EA 8.11.1985 ZDF; 1985 Der Alte: Tödlicher Bumerang, (Serienepisode, 60 Min., ZDF), Drehbuch: V. Vogeler, Regie: Günter Gräwert, EA 27.12.1985 ZDF; 1986 Der Alte: Das Attentat, (Serienepisode, 60 Min., ZDF), Drehbuch: V. Vogeler, Regie: Zbynek Brynych, EA 7.3.1986 ZDF; 1986 Der Alte: Der Trugschluß, (Serienepisode, 60 Min., ZDF), Drehbuch: V. Vogeler, Regie: Theodor Grädler, EA 18.4.1986 ZDF; 1986 Der Alte: Gigolo ist tot, (Serienepisode, 60 Min., ZDF), Drehbuch: V. Vogeler, Regie: Dietrich Haugk, EA 27.6.1986 ZDF; 1986 Der Alte: Killer gesucht, (Serienepisode, 60 Min., ZDF), Drehbuch: V. Vogeler, Regie: Alfred Weidenmann, EA 1.8.1986 ZDF; 1986 Der Alte: Tatverdacht, (Serienepisode, 60 Min., ZDF), Drehbuch: V. Vogeler, Regie: Günter Gräwert, EA 12.12.1986 ZDF; 1987 Der Alte: Tod eines Piraten, (Serienepisode, 60 Min., ZDF), Drehbuch: V. Vogeler, Regie: Zbynek Brynych, EA 16.1.1987 ZDF; 1987 Der Alte: Die Abrechnung, (Serienepisode, 60 Min., ZDF), Drehbuch: V. Vogeler, Regie: Günter Gräwert, EA 20.2.1987 ZDF; 1987 Der Alte: Wie das Leben so spielt, (Serienepisode, 60 Min., ZDF), Drehbuch: V. Vogeler, Regie: Dietrich Haugk, EA 25.5.1987 ZDF; 1987 Der Alte: Ultimo, (Serienepisode, 60 Min., ZDF), Drehbuch: V. Vogeler, Regie: Zbynek Brynych, EA 26.6.1987 ZDF; 1987 Der Alte: Ein teuflischer Plan, (Serienepisode, 60 Min., ZDF), Drehbuch: V. Vogeler, Regie: Alfred Weidenmann, EA 17.7.1987 ZDF; 1987 Der Alte: Die letzte Nacht, (Serienepisode, 60 Min., ZDF), Drehbuch: V. Vogeler, Regie: Gero Erhardt, EA 4.9.1987 ZDF; 1987 Der Alte: Mord ist Mord, (Serienepisode, 60 Min.,

ZDF), Drehbuch: V. Vogeler, Regie: Zbynek Brynych, EA 11.12.1987 ZDF; 1988 Der Alte: Kein gutes Ende, (Serienepisode, 60 Min., ZDF), Drehbuch: V. Vogeler, Regie: Eberhard Itzenplitz, EA 22.1.1988 ZDF; 1988 Der Alte: Der Tod kommt selten allein, (Serienepisode, 60 Min., ZDF), Drehbuch: V. Vogeler, Regie: Eberhard Itzenplitz, EA 18.3.198 ZDF; 1988 Der Alte: Um jeden Preis, (Serienepisode, 60 Min., ZDF), Drehbuch: V. Vogeler, Regie: Wolfgang Becker, EA 20.5.1988 ZDF; 1988 Der Alte: Tod des Uhrmachers, (Serienepisode, 60 Min., ZDF), Drehbuch: V. Vogeler, Regie: Zbynek Brynych, EA 8.7.1988 ZDF; 1988 Der Alte: Ein unaufhaltsames Ende, (Serienepisode, 60 Min., ZDF), Drehbuch: V. Vogeler, Regie: Helmut Ashley, EA 26.8.1988 ZDF; 1988 Der Alte: Der Freispruch, (Serienepisode, 60 Min., ZDF), Drehbuch: V. Vogeler, Regie: Alfred Weidenmann, EA 28.10.1988 ZDF; 1988 Der Alte: Ein ganz gewöhnlicher Mord, (Serienepisode, 60 Min., ZDF), Drehbuch: V. Vogeler, Regie: Alfred Weidenmann, EA 9.12.1988 ZDF; 1989 Der Alte: Der lange Atem, (Serienepisode, 60 Min., ZDF), Drehbuch: V. Vogeler, Regie: Günter Gräwert, EA 20.1.1989 ZDF; 1989 Der Alte: Das Spiel ist aus, (Serienepisode, 60 Min., ZDF), Drehbuch: V. Vogeler, Regie: Günter Gräwert, EA 28.4.1989 ZDF; 1989 Der Alte: Der Schuß, (Serienepisode, 60 Min., ZDF), Drehbuch: V. Vogeler, Regie: Günter Gräwert, EA 26.5.1989 ZDF; 1989 Der Alte: Doppelmord, (Serienepisode, 60 Min., ZDF), Drehbuch: V. Vogeler, Regie: Zbynek Brynych, EA 13.10.1989 ZDF; 1989 Der Alte: Ein Tag der Angst, (Serienepisode, 60 Min., ZDF), Drehbuch: V. Vogeler, Regie: Zbynek Brynych, EA 22.12.1989 ZDF; 1989 Der Alte: Der Augenblick der Rache, (Serienepisode, 60 Min., ZDF), Drehbuch: V. Vogeler, Regie: Helmut Ashley; 1990 Der Alte: Die Wahrheit, (Serienepisode, 60 Min., ZDF), Drehbuch: V. Vogeler, Regie: Alfred Weidenmann, EA 19.1.1990 ZDF; 1990 Der Alte: Ende mit Schrecken, (Serienepisode, 60 Min., ZDF), Drehbuch und Regie: V. Vogeler, EA 27.4.1990 ZDF; 1990 Der Alte: Tod eines Beerdigungsunternehmers, (Serienepisode, 60 Min., ZDF), Drehbuch: V. Vogeler, Regie: Zbynek Brynych, EA 22.6.1990 ZDF; 1990 Der Alte: Der Verlierer, (Serienepisode, 60 Min., ZDF), Drehbuch: V. Vogeler, Regie: Zbynek Brynych, EA 19.10.1990 ZDF; 1990 Der Alte: Der leise Tod, (Serienepisode, 60 Min., ZDF), Drehbuch: V. Vogeler, Regie: Helmut Ashley, EA 7.12.1990 ZDF; 1990 Der Alte: So gut wie tot, (Serienepisode, 60 Min., ZDF), Drehbuch: V. Vogeler, Regie: Alfred Weidenmann; 1991 Der Alte: Das Gericht, (Serienepisode, 60 Min., ZDF), Drehbuch: V. Vogeler, Regie: Zbynek Brynych, EA 18.1.1991 ZDF; 1991 Der Alte: Liebe und Tod, (Serienepisode, 60 Min., ZDF), Drehbuch: V. Vogeler, Regie: Helmut Ashley, EA 22.3.1991 ZDF; 1991 Der Alte: Das Puzzle, (Serienepisode, 60 Min., ZDF), Drehbuch: V. Vogeler, Regie: Zbynek Brynych, EA 10.5.1991 ZDF; 1991 Der Alte: Der Tagebuchmord, (Serienepisode, 60 Min., ZDF), Drehbuch: V. Vogeler, Regie: Alfred Weidenmann, EA 7.6.1991 ZDF; 1991 Der Alte: Kälter als der Tod, (Serienepisode, 60 Min., ZDF), Drehbuch: V. Vogeler, Regie: Zbynek Brynych, EA 2.8.1991 ZDF; 1991 Der Alte: Der verlorene Sieg, (Serienepisode, 60 Min., ZDF), Drehbuch: V. Vogeler, Regie: Helmut Ashley, EA 6.9.1991 ZDF; 1991 Der Alte: Der Geburtstag der alten Dame, (Serienepisode, 60 Min., ZDF), Drehbuch: V. Vogeler, Regie: Zbynek Brynych, EA 4.10.1991 ZDF; 1991 Der Alte: Der Anschlag, (Serienepisode, 60 Min., ZDF), Drehbuch: V. Vogeler, Regie: Zbynek Brynych, EA 17.12.1991 ZDF; 1994 Der Alte: Am Abgrund, (Serienepisode, 60 Min., ZDF), Drehbuch: V. Vogeler, Regie: Helmut Ashley, EA 18.11.1994 ZDF; 1994 Der Alte: Am hellichten Tag, (Serienepisode, 60 Min., ZDF), Drehbuch: V. Vogeler, Regie: Dietrich Haugk; 1994 Der Alte: Trauma, (Serienepisode, 60 Min., ZDF), Drehbuch: V. Vogeler, Regie: Gero Erhardt, EA 12.8.1994 ZDF; 1994 Der Alte: Mördergrube, (Serienepisode, 60 Min., ZDF), Drehbuch: V. Vogeler, Regie: Zbynek Brynych, EA 21.10.1994 ZDF; 1994 Der Alte: Gift, (Serienepisode, 60 Min., ZDF), Drehbuch: V. Vogeler, Regie: Helmut Ashley, EA 30.12.1994 ZDF; 1995 Der Alte: Das zweite Geständnis, (Serienepisode, 60 Min., ZDF), Drehbuch: V. Vogeler, Regie: Hans-Jürgen Tögel, EA 21.4.1995; 1995 Der Alte: Der Tod hat kein Lied, (Serienepisode, 60 Min., ZDF), Drehbuch: V. Vogeler, Regie: Helmut Ashley, EA 16.6.1995 ZDF; 1995 Der Alte: Die Verlorenen, (Serienepisode, 60 Min., ZDF), Drehbuch: V. Vogeler, Regie: Dietrich Haugk, EA 21.7.1995 ZDF; 1995 Der Alte: Nur der Tod zählt, (Serienepisode, 60 Min., ZDF), Drehbuch: V. Vogeler, Regie: Hans Jürgen Tögel, EA 3.11.1995 ZDF; 1996 Der Alte: Die Tat, (Serienepisode, 60 Min., ZDF), Drehbuch: V. Vogeler, Regie: Helmut Ashley, EA 19.1.1996 ZDF; 1996 Der Alte: Der Mord gegenüber, (Serienepisode, 60 Min., ZDF), Drehbuch: V. Vogeler, Regie: Hans

Jürgen Tögel, EA 9.2.1996 ZDF; 1996 Der Alte: Der Tod meines Vaters, (Serienepisode, 60 Min., ZDF), Drehbuch: V. Vogeler, Regie: Hans Jürgen Tögel, EA 29.3.1996 ZDF; 1996 Der Mann ohne Schatten: Die Entführung, (Serienepisode, ca. 80 Min., RTL), Drehbuch: V. Vogeler, Regie: Zbynek Brynych, EA 29.4.1996; 1996 Der Mann ohne Schatten, (Serienepisode, ca. 80 Min., RTL), Drehbuch: V. Vogeler, Regie: Gero Ehrhardt, EA 11.3.1996 RTL; 1996 Der Alte: Blumen des Todes, (Serienepisode, 60 Min., ZDF), Drehbuch: V. Vogeler, Regie: Helmut Ashley; 1996 Der Mann ohne Schatten: Der Spion, (Serienepisode, ca. 80 Min., RTL), Drehbuch: V. Vogeler, Regie: Zbynek Brynych, EA 20.5.1995 RTL; 1996 Der Alte: Die Spur des Todes, (Serienepisode, 60 Min., ZDF), Drehbuch: V. Vogeler, Regie: Vadim Glowna, EA 4.10.1996 ZDF; 1997 Der Alte: Der Mordauftrag, (Serienepisode, 60 Min., ZDF), Drehbuch: V. Vogeler, Regie: Vadim Glowna, EA 17.1.1997 ZDF; 1996 Der Alte: Blumen des Todes, (Serienepisode, 60 Min., ZDF), Drehbuch: V. Vogeler, Regie: Helmut Ashley, EA 31.5.1996 ZDF 1997 Der Alte: Der Tod der Eltern, (Serienepisode, 60 Min., ZDF), Drehbuch: V. Vogeler, Regie: Hans Jürgen Tögel, EA 28.3.1997 ZDF; 1997 Der Alte: Zwei Tote – wofür, (Serienepisode, 60 Min., ZDF), Drehbuch: V. Vogeler, Regie: Jürgen Goslar, EA 11.7.1997 ZDF; 1997 Der Alte: Der Tod hat kein Lied, (Serienepisode, 60 Min., ZDF), Drehbuch: V. Vogeler, Regie: Helmuth Ashley, EA 6.10.1997 ZDF; 1997 Der Alte: Die Tat, (Serienepisode, 60 Min., ZDF), Drehbuch: V. Vogeler, Regie: Helmut Ashley; 1998 Der Alte: Schwestern, (Serienepisode, 60 Min., ZDF), Drehbuch: V. Vogeler, Regie: Gero Ehrhardt, EA 9.1.1998 ZDF; 1998 Der Alte: Tod eines Dealers, (Serienepisode, 60 Min., ZDF), Drehbuch: V. Vogeler, Regie: Hans Jürgen Tögel, EA 20.3.1998 ZDF

FILM: 1986 Zielscheiben, (Fernsehfilm, 86 Min., Studio Hamburg für NDR), Drehbuch und Regie: V. Vogeler, EA 16.12.1986 NDR 3

Vohwinkel, Patricia

Biografie: *23.10.1964 in Duisburg. P. Vohwinkel studierte manchmal Germanistik und Anglistik an der Uni Düsseldorf, öfter Sex, Drugs and Rock 'n' Roll in diversen Proberäumen und eigentlich immer das Leben an vielen Orten dieser Welt. Sie genoss die unterschiedlichsten Arbeitsverhältnisse als Interviewerin, Sperrmüllsammlerin, Übersetzerin, Texterin, Telefonverkäuferin und Lehrerin. Ihre privaten Interessen umfassen das Lesen und Schreiben von Büchern und Partyeinladungen, Musik, Schildkröten, die Flora, Fauna und Vergnügungsstätten ihrer Heimatstadt im kochenden Pott, sowie die meisten geistigen, seelischen und körperlichen Erfahrungen, die unsere gastliche Erde zu bieten hat. P. Vohwinkel lebt in ihrer Heimatstadt Duisburg.

In seinen Ermittlungen befasst sich das Trio-Kriminale, bestehend aus Kommissar Dominik, seiner Schwester Sina und dem Namensgeber der Krimireihe, dem Pathologen Dr. Jakob »Elchtod« DeVries, mit abgründigen Psycho-Fällen. Bei einer großangelegten Umfrage des Krimiforums belegten die Autorin und ihre Elchtod-Reihe die Plätze 14 und 18.

KRIMINALROMANE: 1999 Zufällig Elchtod, éditions trèves; 2000 Atemlos Elchtod, éditions trèves; 2002 Gleichzeitig Elchtod, éditions trèves
KRIM.-ERZ.: 2001 *Ein Fenster nach Westen*, in: Tödliche Beziehungen, Hrsg. Ina Coelen u. Ingrid Schmitz, Emons; 2002 *Schuhu*, in: Die vielen Tode des Herrn S., Emons; 2002 *Meine liebe Schwester*, in: Ein Schnitter namens Tod – Mordgeschichten aus der Geschichte, Grenz-Echo Verlag; 2002 *Stille Nacht, heilige Nacht*, in: Leise rieselt der Schnee …, Hrsg. Gisa Klönne, Ullstein 257879; 2004 Blutnacht, éditions trèves
MITGLIED: SinC; Syndikat
KONTAKT: info@elchtod.com; www.elchtod.com

Vortmann, Ludger

Biografie: *1969 in Marl. Nach dem Abitur studierte er Kommunikationswissenschaften und Marketing. Für private Radiostationen im Ruhrgebiet moderierte er mehr als 1.000 Sendungen und arbeitet heute als frei Hörfunk- und TV-Autor vor allem für die ARD. Seit 1992 öffnet er jeden Sommer sein »Maislabyrinth der sprechenden Vogelscheuchen«. Die mit Audiotechnik ausgestatteten Vogelscheuchen lesen u. a. Krimis vor. Er lebt mit seiner Familie in Marl.

KRIMINALROMANE: 1993 Müller der Ruhrpott-vampir, Piper; 1994 Müller – die Ruhrpottober-bürgermeisterhälsesammlung, Piper
SONSTIGE PUBL.: Zwei Romane sowie zahlreiche Beiträge in Anthologien, Lyrik, mehr als 2.500 selbstproduzierte Krimi-, Western- und Kinder-hörspiele unter dem Titel *ACTION-CD*
PREISE: 1988 Verkehrssicherheitspreis des Bundesministers für Verkehr 1988; 1988 4. Platz beim Internationalen Literaturwettbewerb der Regensburger Schriftstellergruppe RSGI
MITGLIED: Syndikat; Bundesverband junger Autorinnen und Autoren; VS; United Undertakers of Literature; DJV

Voss, Willi

auch unter dem Pseud.: E. W. Pless
Biografie: *1944. W. Voss war Arbeiter, Bibliothekar und Journalist, ehe er nach einem längeren Aufenthalt im Nahen Osten freier Schriftsteller wurde.

Neben zahlreichen Western und Jerry-Cotton-Romanen schrieb er für die Reihe der deutschen Krimis im Bastei Verlag einige sehr sauber erzählte, aktionsreiche Kriminalthriller, die sich mit Stoffen aus allen Bereichen des Genres beschäftigen. Hier begann er auch mit *Tränen schützen nicht vor Mord* und *Frost im Blut* die Saga um den Hamburger Kriminalobermeister Holger Fleestedt, den W. Voss als gebrochene Figur in weiteren Romanen immer wieder aufgriff.

Unter dem Pseudonym E. W. Pless debütierte er 1979 mit *Geblendet*, einer autobiografisch eingefärbten Insider-Studie aus dem Bereich des Rechtsterrorismus und seiner Beziehung zu den palästinensischen Falange-Kämpfern. Eine Zeit lang erschienen regelmäßig neben den Romanen von Willi Voss auch E. W.-Pless-Thriller, die in ihrer stilistischen und erzählerischen Qualität weit über alles hinausragten, was zur Zeit ihres Erscheinens von deutschen Autoren in diesem Genre geschrieben wurde.

Als er mit dem Bastei Verlag in eine Auseinandersetzung über die Veröffentlichung seines E. W.-Pless-Thrillers *SIGNUM F* geriet, brachte er das Buch in einem Selbst-

verlag heraus. 1989 wechselte W. Voss mit seinen Büchern zum Ullstein Verlag, wo zunächst seine Fleestedt-Romane wiederveröffentlicht wurden und die Serie mit neuen Titeln weitergeführt wurde, darunter auch *Das Gesetz des Dschungels*, für den W. Voss 1989 mit dem dritten Platz des Deutschen Krimi Preises ausgezeichnet wurde. Thema bleibt weiterhin die Korruption der städtischen Politik durch das organisierte Verbrechen.

Für seinen zweiten E. W.-Pless-Thriller erhielt er eine ehrende Auszeichnung im Manuskriptwettbewerb um den Heinz-G.-Konsalik-Preis.

KRIMINALROMANE: 1981 Tränen schützen nicht vor Mord, Bastei 36059; 1982 Kein Platz an der Sonne, Bastei 37003; 1983 Wo Rauch ist, Bastei 37008; 1983 Frost im Blut, Bastei 37016; 1984 Der stirbt von selbst, Bastei 37022; 1984 So schön, so tot, Bastei 37027; 1985 Der Fahnder, Bastei 13039; 1985 Keine Tränen für das Opfer, Bastei 37033; 1986 Requiem für einen gefallenen Engel, Bastei 30039; 1986 Das Gangsterliebchen, Bastei 37047; 1987 Die glitzernde Falle, Bastei 19510; 1988 Das Gesetz des Dschungels, Ullstein 10565; 1989 Asphalt, Ullstein 10619; 1990 Die Nacht, der Tod, Ullstein 10658; 1992 Bluthunde, Ullstein 10700; 1979 Geblendet, (als E. W. Pless), Schweizer Verlagshaus HC; 1983 Gegner, (als E. W. Pless), Schweizer Verlagshaus, HC, überarb. Fassung 2003, MediaprovO, Weingarten; 1986 Auch Narren sterben einsam, Bastei 10 778; 1986 Signum F, Verlag Rehkugler & Voss
TV: 1992 Tatort: Stoevers Fall, (Serienfilm, 90 Min., NDR), Drehbuch: W. Voss und Dieter Hirschberg, Regie: Jürgen Roland; 1992 Großstadtrevier: Der Flußpirat, (Serienepisode, 45 Min., NDR), Drehbuch: W. Voss, Regie: Udo Witte; 1992 Großstadtrevier: Auf Gift gebaut, (Serienepisode, 50 Min., NDR), Drehbuch: W. Voss, Regie: Udo Witte, EA 3.11.1992; 1994 Tatort: Singvogel, (Serienfilm, 90 Min., NDR), Drehbuch: W. Voss, Regie: Michael Knof, EA 23.5.1994 ARD; 1995 Großstadtrevier: Crashkids, (Serienepisode, 60 Min., ARD), Drehbuch: W. Voss und Dieter Hirschberg, Regie: Dietrich Haugk, EA 7.2.1995 ARD
PREISE: Heinz-G.-Konsalik-Preis für seinen zweiten E. W.-Pless-Thriller *Gegner*

Vrowenstein, Elka

Pseud. für: Joachim Biehl, Richard Lifka und Gisela Winterling

Biografie: Dr. Joachim Biehl *1957. J. Biehl studierte Pharmazie und ist Apotheker.

Richard Lifka *1955. R. Lifka studierte Germanistik, Soziologie, Politologie und Pädagogik. Seit 1990 ist er selbstständig als freier Autor und Journalist.

Gisela Winterling *1963. G. Winterling studierte Germanistik, Komparatistik, Pädagogik und Publizistik. Unter dem Pseudonym Elka Vrowenstein treffen sich die drei AutorInnen seit 1998 regelmäßig in Wiesbaden, konzipieren dort Krimis und formulieren sie gemeinsam.

KRIMINALROMANE: 1999 Wiesbadener Roulette, Eichborn, HC; 2000 Wiesbadener Turnier, Brücken; 2001 Wiesbadener Theater, Brücken

KRIM.-ERZ.: 2003 Die Blaue Kapelle, 13 Kurzkrimis, Brücken

SONSTIGE PUBL.: (Richard Lifka): *Alles Krimi oder was?*, Serie über die Detektive der Kriminalliteratur; 2003 Letzte Tage, Erzählungen, Brücken; (Gisela Winterling): Mitherausgeberin eines Sachbuches, Kurzgeschichten

MITGLIED: Syndikat (Richard Lifka)

KONTAKT: www.lifka.de
vrowenstein@lifka.de

Wachs, Nanni

Biografie: 1950 in Berlin. Dr. Marianne Wachs studierte von 1969 bis 1973 an der Pädagogischen Hochschule Berlin. Anschließend arbeitete sie als Lehrerin für Englisch und Französisch in ihrer Heimatstadt und studierte gleichzeitig an der Technischen Universität Romanische Literaturen und Anglistik. Sie promovierte über das *Wahrscheinliche Fantastische*. Seit Jahren befasst sie sich in vielfältiger Weise mit Buddhismus, Philosophie und Mediation. 2002 schrieb sie ihren ersten Roman, der im Lesbenmilieu spielt.

Kriminalromane: 2002 Tanz der Leidenschaften, Kontraste

Wachtang, Scher → Bierschenck, Burghard P.

Wagner, Jan Costin

Biografie: *13.10.1972 in Langen/Hessen. J. C. Wagner studierte Literaturwissenschaft und Geschichte in Frankfurt am Main, es folgte eine journalistische Ausbildung. Er lebt heute als freier Autor im Rhein-Main-Gebiet und streckenweise in Finnland, dem Heimatland seiner Frau. Sein Debütroman *Nachtfahrt*, das Psychogramm eines Mannes jenseits von Angst und Moral, wurde im Jahr 2002 mit dem Philip-Marlowe-Preis als bester deutschsprachigen Kriminalroman des Jahres ausgezeichnet. Sein zweiter, in Finnland angesiedelter Roman *Eismond* setzt sich im Kern mit Tod und Trauerarbeit auseinander.

Kriminalromane: 2002 Nachtfahrt, Eichborn, HC; 2003 Eismond, Eichborn, HC
Preise: 2002 Philip-Marlowe-Preis der Raymond-Chandler-Gesellschaft für *Nachtfahrt*; 2003 Aufenthaltsstipendium des Berliner Senats im Literarischen Colloquium Berlin; 2004 Hans-Erich-Nossack-Förderpreis vom Kulturkreis der deutschen Wirtschaft (BDI)

Walden, Conny → Bekker, Alfred

Waldhoff, Werner

Auch unter dem Pseud.: Claude Ericsson
Biografie: *16.10.1943 in Breslau, †1997. W. Waldhoff war zunächst als Berufssoldat in der Bundeswehr. Anschließend arbeitete er als Seemann und studierte später einige Semester Physik, Wirtschaftswissenschaften und Informatik, wobei er sich mit Gelegenheitsjobs durchbrachte. Nach Verbüßung einer Haftstrafe betätigte er sich als Übersetzer und Autor.

Kriminalromane: 1979 Spurensicherung, UDM-Verlag, HC, NA 1985 als *Querschläger*, rororo 2730; 1983 Des einen oder des anderen Glück, rororo 2648; 1984 Ausbruch, rororo 2671; 1984 Der Schattenboxer, rororo 2692; 1985 Ende der Autobahn, rororo 2737; 1987 Der tiefere Grund des Meeres, Brandes & Apsel; 1988 Das Gesicht unter Wasser, rororo 2793
Krim.-Erz.: in Heyne-Krimi-Jahresbänden
TV: 1989 Eine Bonner Affäre, (Fernsehfilm, 90 Min., ZDF), Drehbuch: W. Waldhoff, Regie: Bernd Schadewald; 1990 Hinter Schloß und Riegel, (Serienepisode, Bavaria für WWF); 1991 Peter Strohm: Das Gesicht unter Wasser, (Serienepisode, 50 Min., SFB), Drehbuch: W. Waldhoff, basierend auf seinem gleichnamigen Roman, Regie: Sigi Rothemund; 1991 Tatort: Tini, (Serienfilm, 90 Min., SFB), Drehbuch: W. Waldhoff, Regie: Stanislav Barabas, EA 7.7.1991 ARD; 1993 Ein Mann am Zug, (Serienpilot, 90 Min., ZDF), Drehbuch: W. Waldhoff, Regie: Udo Witte, Vera Loebner, Pete Carpentier, EA 20.9.1993; 13 Folgen weitere Folgen je 50 Min., ZDF, vom 23.9.1993 bis 30.12.1993; 1995 Der Fahnder: Der Weihnachtsmann ist tot, (Serienepisode, 50 Min., Colonia für ARD Werbung), Drehbuch: W. Waldhoff, Regie: Hans Werner Honert; 1997 Ein Fall für Zwei: Der kalifornische Traum, (Serienepisode, 60 Min., ZDF), Drehbuch: W. Waldhoff, Regie: Martin Weinhart, EA 7.3.1997 ZDF
Sonstige Publ.: Ein Jugendbuch, Gedichte, zahlreiche Übersetzungen von Kriminal- und Unterhaltungsromanen
Preise: 1984 Deutscher Krimi-Preis für *Des einen oder des anderen Glück*

Walkhoff-Jordan, Klaus-Dieter

Biografie: *22.12.1943 in Hagenow/Mecklenburg. Nach dem Abitur war er bis Mitte

1987 in der Finanzverwaltung tätig. Seitdem arbeitet er als selbstständiger Steuerberater mit dem Schwerpunkt: Medienberufe. Seine Sammlung von ca. 26.000 Kriminalromanen bildete die Grundlage für die erste deutsche Bibliographie der Kriminal-Literatur, die in den Jahren von 1986 bis 2000 im Guinness Buch der Rekorde verzeichnet war. Seit 1946 wohnt und arbeitet er in Berlin.

PUBLIKATIONEN: Bibliographie der Kriminal-Literatur 1945–1984 im deutschen Sprachraum (1985), Bibliographie der Kriminal-Literatur 1985–1990 im deutschen Sprachraum (1991); Übersetzungen englischer Kriminalromane; als Herausgeber: 1987 Alfred Hitchcocks Kriminalmagazin, Bd. 199/200
MITGLIED: Syndikat; Förderverein für deutschsprachige Kriminalliteratur

Walter, Henry → **Roecken, Kurt W.**

Walther, Sabine
Biografie: *27.11.1963 in Duisburg. S. Walther arbeitete etliche Jahre als Krankenschwester und studierte währenddessen Germanistik, Pädagogik und Psychologie. Heute ist sie als freie Autorin, Lektorin und Ghostwriterin tätig. Sie lebt und schreibt zusammen mit Hermann Cölfen in Duisburg. Seit 2001 veröffentlichen die beiden gemeinsam Kriminalgeschichten rund ums Krankenhaus.

KRIMINALROMANE: 2001 Abgeführt, Verlag Hans Huber (Care & Crime Serie); 2003 Bettflüchtig, Verlag Hans Huber (Care & Crime Serie).
KRIM.-ERZ.: 2001 *Wilde Herzen*, in: Pflege 2001, (Pflegekalender), Hrsg. Jürgen Georg, Hans Huber; 2002 *Ein traumhafter Job*, in: Pflege 2002, (Pflegekalender), Hrsg. Jürgen Georg, Hans Huber
SONSTIGE PUBL.: Fachbücher und wissenschaftliche Publikationen
Mitgliedschaft: Syndikat
KONTAKT: www.lektorat-walther.de

Wark, Peter
Biografie: *2.3.1961 in Ebingen/Württemberg. P. Wark wuchs auf der Schwäbischen Alb auf. Einer kaufmännischen Lehre folgte ein (abgebrochenes) Studium der Betriebswirtschaft und schließlich ein Tageszeitungsvolontariat. Nach Stationen bei verschiedenen Lokalzeitungen lebt P. Wark heute als Redakteur in Nordwürttemberg. In seinen ersten beiden Krimis, *Albtraum* und *Machenschaften* kehrt er zu seinen Wurzeln in der Alb zurück. P. Warks Protagonist ist Jörg Malthaner, ein beruflich erfolgreicher freier Journalist mit vielfältigen privaten Problemen. P. Warks Romane *Versandet* und *Absturz* spielen im deutschen Aussteiger-Milieu auf den Kanarischen Inseln. Im Mittelpunkt steht der ehemalige Rechtsanwalt Martin Ebel, der sich als Wanderführer und Mountainbike-Guide auf La Palma durchschlägt. Die Kanaren-Krimis sind schwärzer, härter und ironischer angelegt als die Alb-Krimis

KRIMINALROMANE: 2001 Albtraum, Gmeiner-Verlag; 2002 Machenschaften, Gmeiner-Verlag; 2002 Versandet, Gmeiner-Verlag; 2003 Absturz, Gmeiner-Verlag; 2003 Ballonglühen, Gmeiner-Verlag
KRIM.-ERZ.: Stories in den Anthologien: 2003 Streifschüsse, Gmeiner-Verlag; 2003 Spekulatius, Gmeiner-Verlag
KONTAKT: www.warkkrimi.de

Warren, Ken → **Gronwald, Werner**

Warschau, Kirstin
Biografie: *1965 in Kiel. K. Warschau ist Diplomarchivarin.

KRIM.-ERZ.: 2001 *Die Erbschaft*, in: Wein und Leichen, Hrsg. Angela Eßer u. Ingrid Fackler, Plöger; 2001 *Das Gewächshaus*, in: Mord mit Biss, Hrsg. Anke Cibach, Hannah; 2001 *Vorsaison*, in: Tödliche Beziehungen, Hrsg. Ina Coelen u. Ingrid Schmitz, Emons; 2003 *Das Modell*, in: Obsession bizarre, Hrsg. L. Kuppler, Europa Verlag; 2003 *Schnecken*, in Criminalis, Hrsg. D. Puschmann, Capricorn; 2004 *Waschsalon*, in: Tödliches Berlin, Hrsg. Anna Wolf, Vertigo
MITGLIED: SinC

Wätzig, Günter Hermann
Biografie: *29.4.1942 in Gleiwitz/Oberschlesien, G. H. Wätzig hat Medizin studiert und

war lange Zeit als Augenarzt in Rottweil tätig. Er lebt in Dunningen bei Rottweil am Neckar.

KRIMINALROMANE: 2002 Baumanns Nase, VdC; 2003 Törn ohne Wiederkehr, Delius Klasing; 2004 Der lange Atem, VdC
SONSTIGE PUBL.: Zwei autobiographische Bücher übers Segeln und über Griechenland
MITGLIED: Syndikat

Wedegärtner, Jochen

Biografie: *1942 in Berlin. J. Wedegärtner studierte Jura und Slawistik in Göttingen und lebt seit 1974 als freier Autor in München.

KRIMINALROMANE: 1984 Der späte Mann, Hoffmann & Campe, HC; 1986 Doppelfehler, Hoffmann & Campe, HC; 1990 Sardisches Roulette, Hoffmann & Campe, HC
TV: 1976–88 Soko 5113, (Fernsehserie, ZDF, 1. Staffel 19 Teile, je 30 Min., 2. Staffel, (20–32) je 30 Min., Teil 1–32 später zusammengefasst auf 15 Teile je 60 Min., 3. Staffel 6 Teile, 4. Staffel 10 Teile, 5. Staffel 12 Teile, 6. Staffel 14 Teile, jeweils 50–60 Min.), Drehbuch: Ulrich Stark, -ky, Isolde Geiger, Margrit Schachtschneider, Franz-Xaver Wendler, Plym Pahl, Dieter Schenk, Felicitas Naumann, Hasso Plötze, J. Wedegärtner, Reinfried Kreilich, Bruno Hampel, Wolfgang Hesse, nach der Roman und unter Verwendung der Figuren aus *Der Durchläufer* von Dieter Schenk, Regie: Ulrich Stark, Kai Borsche; 1977 Der Alte: Die Dienstreise, (Serienpilot, 90 Min., ZDF), Drehbuch: J. Wedegärtner und Oliver Storz, Regie: Johannes Schaaf, EA 11.4.1977 ZDF; 1977 Polizeiinspektion 1: Weiberleut, (Serienepisode, 25 Min., Neue Münchener Fernsehproduktion für BR), Drehbuch: J. Wedegärtner, Regie: Michael Braun, EA 3.12.1977 BR; 1977 Polizeiinspektion 1: Der Zamperlfänger, (Serienepisode, 25 Min., Neue Münchener Fernsehproduktion für BR-Werbung), Drehbuch: J. Wedegärtner, Regie: Michael Braun, EA 10.12.1977 BR; 1979 Tatort: Das stille Geschäft, (Serienfilm, 90 Min., NDR), Drehbuch: Fred Zander und J. Wedegärtner, Regie: Jürgen Roland, EA 6.11.1977 ARD; 1983 Tatort: Der Schläfer, (Serienfilm, 90 Min., NDR), Drehbuch: J. Wedegärtner, Regie: Jürgen Roland, EA 6.11.1983 ARD; 1985 Es muß nicht immer Mord sein: Leiden und leiden lassen, (Serienepisode, 25 Min., ZDF), Drehbuch: Jochen Wedegärtner, Regie: Kai Borsche; 1985 Tatort: Baranskis Geschäft, (Serienfilm, 90 Min., NDR), Drehbuch: J. Wedegärtner und Friedhelm Werremeier, Regie: Jürgen Roland, EA 1.12.1985 ARD; 1989 Soko 5113: Rache, (Serienepisode, 50 Min., ZDF), Drehbuch: J. Wedegärtner, Regie: Kai Borsche, EA 6.2.1987 ZDF; 1993 Soko 5113: Traumautos, (Serienepisode, 50 Min., ZDF), Drehbuch: J. Wedegärtner, Regie: Thomas Nikel, EA 18.11.1993 ZDF; 1992 Soko 5113: Der Leibwächter, (Serienepisode, 55 Min., ZDF), Drehbuch: J. Wedegärtner, Regie: Kai Borsche, EA 10.12.1992 ZDF; 1996 Soko 5113: Stahlmann, (Serienepisode, 60 Min., ZDF), Drehbuch: J. Wedegärtner, Regie: Thomas Nikel, EA 29.5.1996 ZDF; 1996 Soko 5113: Die Frau des Schieberkönigs, (Serienepisode, 50 Min., ZDF), Drehbuch: J. Wedegärtner, Regie: Thomas Nikel; 1997 Soko 5113: Der Keltendolch, (Serienepisode, 60 Min., ZDF), Drehbuch: J. Wedegärtner, Regie: Thomas Nikel, EA 5.2.1997 ZDF; 1997 Soko 5113: Stefan, (Serienepisode, 60 Min., ZDF), Drehbuch: J. Wedegärtner, Regie: Udo Witte, EA 12.2.1997 ZDF
FILM: 1978 Schwarz und weiß wie Tage und Nächte, (103 Min., BRD), Drehbuch: Karlheinz Willschrei, Jochen Wedegärtner und Wolfgang Petersen, Regie: Wolfgang Petersen, TV-EA 13.9.1978

Wehner, Walter

Biografie: *2.10.1949 in Werdohl. W. Wehner wuchs in Essen auf und lebt nun am Rande des Ruhrgebiets in Iserlohn. Er studierte in Bochum und Essen Germanistik und Kunstgeschichte und schloss sein Studium mit der Promotion ab. Nach langjährigen Buchhandels- und kurzfristigen Universitätstätigkeiten ist er seit mehreren Jahren Abteilungsleiter für die Bereiche Gesellschaft und Kultur an der Volkshochschule Essen. Er besitzt ein umfangreiches Lyrik-Archiv mit derzeit rund 5000 Ausgaben sowie eine Sammlung deutschsprachiger Robinsonaden. Über beides informieren seine Webseiten. Veröffentlichungen von Lyrik- und Prosabänden seit 1978.
Seit 1987 schreibt er auch gemeinsam mit H. P. Karr als Karr & Wehner Großstadtgeschichten, Kriminalromane, Thriller und Hörspiele.

KRIMINALROMANE: 1994 Geierfrühling, (gem. mit H. P. Karr), Haffmans, HC; 1995 Rattensommer, (gem. mit H. P. Karr), Haffmans, HC; 1996 Blutiger Sommer, (gem. mit H. P. Karr), Henselowsky Boschmann, HC; 1997 Tödliche Bücher, (gem. mit H. P. Karr), literacard, Delius; 1997 Hühnerherbst, Haffmans, HC; 1999 Mike Jaeger, Eurokiller, (gem. mit H. P. Karr), Rowohlt; 1999 Bullenwinter, (gem. mit H. P. Karr), Haffmans, Raben Krimi 8, HC; 2000 Gipfeltreffen, (gem. mit H. P. Karr u.a.) Heyne, HC; 2000 Das John Lennon-Komplott, (gem. mit H. P. Karr, Jugendkrimi), VdC, 2004 Hotel Terminus, (gem. mit H. P. Karr u.a.), Aufbau, OA
KRIM.-ERZ.: 1992 Berbersommer, (gem. mit H. P. Karr), A4-Verlag
FUNK: 1992 Straße frei!, (Kriminalhörspiel, gem. mit H. P. Karr, 55 Min., WDR), EA 5.9.1992; 1992 Berberstar, (Kriminalhörspiel, gem. mit H. P. Karr, 15 Min., ORB), EA: 18.1.1993; 1993 Siebzehn gewinnt, (Kriminalhörspiel, gem. mit H. P. Karr, 55 Min., RB), EA 26.4.1993; 1994 Schöner Sterben, (Kriminalhörspiel, gem. mit H. P. Karr, 55 Min., WDR), EA 29.10.1994; 1995 Schlüsselfahrt, (Kriminalhörspiel, gem. mit H. P. Karr, 55 Min., BR/SFB), EA 19.1.1995; 1999 Graceland, (Kriminalhörspiel, gem. mit H. P. Karr, 50 Min., MDR), EA 12.12.1999
SONSTIGE PUBL.: Hörspiele, (gem. mit H. P. Karr), Sachbücher, Gedichte, Erzählungen, literaturwissenschaftliche Aufsätze, Rezensionen; Erzählungen und Gedichte in Anthologien, Zeitschriften, im Rundfunk
PREISE: 1985 Preis beim Landeswettbewerb der Autoren NRW, (für *Geschichten vom alten Wachowski*); 1985 Kulturpreis de Stadt Velbert, (für Gedichte); 1986 Literaturpreis Ruhrgebiet (Förderpreis) für Gedichte
PREISE: (gem. mit H. P. Karr): 1988 Walter-Serner-Preis für *Nachtfahrt*, (Kriminalstory); 1990 Walter-Hasenclever-Preis für *Angela, mein Engel!*, (Kriminalstory); 1990 Literaturpreis Ruhrgebiet (Förderpreis) für *Berbersommer*, (Kriminalstory); 1991 Literaturpreis der Gruppe Bochumer Autoren für *Straße frei!*, (Kriminalstory); 1996 Glauser-Preis für *Rattensommer*; 1997 Hörspielstipendium, Filmstiftung NRW für *Gonzo*-Hörspiele; 2000 Literaturpreis Ruhrgebiet (Hauptpreis) für Gesamtwerk Karr & Wehner
MITGLIED: Syndikat, VS
KONTAKT: walter.wehner@t-online.de; www.homepages.compuserve.de/krimijahn

Weickart, Eva → **Weiland, Esther**

Weimer, Brigitte
auch unter dem Pseud. Linda Mahony
Biografie: *3.6.1941 in Sagan/Schlesien. Ihre Kindheit und die Schulzeit verbrachte sie in Hof (Saale). B. Weimer ist kaufmännische Angestellte. Mit ihrer Heirat siedelte sie in die USA über. Von Heimweh geplagt kehrte sie einige Jahre später zurück nach Hof, wo sie bis 2001 als Verwaltungsangestellte tätig war. 2001 zog sie von Hof nach Schwarzenbach an der Saale und widmet sich ausschließlich dem Schreiben.

KRIMINALROMANE: 2002 Tödlicher Hass, Bachmaier-Verlag; 2003 Und die Tränen zerfließen im Wind, A. Schmitz-Verlag
SONSTIGE PUBL.: (als Linda Mahony) vier Mysterykrimis, Kelter-Verlag; 20 Kurzkrimis, Liebesgeschichten, Schicksalsromane

Weiland, Esther
Pseud. für: Eva Weickart
Biografie: *12.12.1957 in Kierspe. E. Weickart ist gelernte Historikerin, lebt seit 1978 in Mainz und ist Leiterin des Frauenbüros der Stadt Mainz.

KRIMINALROMANE: 1988 Feuer in der Kinderkrippe, (gem. mit Christina Werner), FOCUS; 1989 Die NASA schlägt zurück, (gem. mit Christina Werner), FOCUS
KRIM.-ERZ.: 1992 *Rache für Strindberg*, in: Mit Zorn, Charme und Methode, Hrsg. Pieke Biermann, Fischer 10839; 1993 *Victoria*, in: Der Mörder ist immer der Gärtner, Hrsg. Leo P. Ard, Grafit; 1993 *Mir zuliebe*, in: Der Mörder packt die Rute aus, Hrsg. Leo P. Ard, Grafit
SONSTIGE PUBL.: Sach- und Fachliteratur, Bühnenstücke
MITGLIED: Syndikat
KONTAKT: Eva.Weickart@t-online.de

Weinert, Alois → **Weiner-Wilton, Louis**

Weinert-Wilton, Louis
Pseud. für: Alois Weinert
Biografie: *11.5.1875 in Tepl/Nordböhmen, †5.9.1945 in Prag. L. Weinert-Wilton be-

suchte die Militärschule in Pola (heute Pula, Jugoslawien) und nahm als Oberleutnant aus gesundheitlichen Gründen seinen Abschied. Ab 1901 arbeitete er als Zeitungsredakteur in Prag. 1921 wurde er kaufmännischer Leiter des *Neuen deutschen Theaters* in Prag, ab 1936 lebte er dort als freier Schriftsteller. 1945 starb er in einem tschechischen Lager für Deutsche in Prag.

KRIMINALROMANE: 1929 Die weiße Spinne, NA 1952 Goldmann 2; 1930 Der Panther, Goldmann, NA 1952 Goldmann 5; 1930 Die Königin der Nacht, Goldmann, NA 1961 Goldmann 281; 1931 Der Drudenfuß, Goldmann, NA 1960 Goldmann 233; 1932 Der betende Baum, Goldmanns Kriminal-Roman; 1933 Licht vom Strom, Goldmanns Kriminal-Roman; 1935 Der schwarze Meilenstein, Auffenberg, NA 1978 Goldmann 4741; 1936 Die chinesische Nelke, NA 1958 Goldmann 53; 1938 Spuk am See, Buchwarte; 1938 Teppich des Grauens, Goldmann, NA 1959 Goldmann 106; 1939 Der Skorpion, Auslese
FILM: 1962 Der Teppich des Grauens, Drehbuch: Felix Lützkendorf, Giuseppe Mangione nach dem gleichnamigen Roman von L. Weinert-Wilton, Regie: Harald Reinl; 1963 Die weiße Spinne, Drehbuch: Albert Tanner nach dem gleichnamigen Roman von L. Weinert-Wilton, Regie: Harald Reinl; 1963 Das Geheimnis der schwarzen Witwe, Drehbuch: Rolf und Alexandra Becker, F. J. Gottlieb nach dem Roman *Die Königin der Nacht* von L. Weinert-Wilton, Regie: F. J. Gottlieb; 1964 Das Geheimnis der chinesischen Nelke, Drehbuch: Rudolf Zehetgruber nach dem gleichnamigen Roman von L. Weinert-Wilton, Regie: Rudolf Zehetgruber
SONSTIGE PUBL.: Bühnenstücke

Weitbrecht, Gudrun E.

Biografie: *11.10.1947 in Hessen. G. Weitbrecht ist im Rheinland aufgewachsen. Sie war als med.-techn. Assistentin tätig und lebt heute in Stuttgart. Sie ist freie Fachautorin einer Automobilzeitschrift.

KRIM.-ERZ.: 2001 *In Vino Exitus*, in: Wein & Leichen, Hrsg. Angela Eßer u. Ingrid Fackler, Plöger; 2002 *Fugo*, in: Tierisch tot, Hrsg. Anke Cibach, Hannah; 2002 *Gitano* und *Medusa*, in: Wrackteile sowie Zuckerstückchen, Hrsg. Jutta Weber-Bock, Anthologie der Universität Stuttgart; 2003 *Bitte ncht stören* sowie *Auf dem Grund des Vulkans*, in: Nur fünf Worte, Hrsg. Jutta Weber-Bock Anthologie der Universität Stuttgart; 2004 *Rache, Minne und Tod*, in: Tödliche Touren, Hrsg. Ina Coelen und Ingrid Schmitz, Leporello; 2004 *Flammen*, in: Flossen höher! – Kriminelles zwischen Fisch und Pfanne, Hrsg. H. und P. Gerdes, Leda; 2004 *Unter dem Fliederbusch*, in: Mord isch hald a Gschäft, Hrsg. Lisa Kuppler, Argument; 2004 *Paula*, in: Zeitblase, Hrsg. Jutta Weber-Bock, Anthologie der Universität Stuttgart; 2004 *Wintersturm*, in: Zeitblase, Hrsg. Jutta Weber-Bock, Anthologie der Universität Stuttgart
MITGLIED: SinC; Syndikat
KONTAKT: gudrun@weitbrecht.net; www.weitbrecht/net/gudrun

Wendelken, Barbara

Biografie: *1955 in Schwanewede bei Bremen. B. Wendelken besuchte die Höhere Handelsschule und machte anschließend eine Ausbildung zur Kinderkrankenschwester. Sie arbeitete beinahe zwanzig Jahre in dem Beruf, zuletzt auf einer Intensivstation für Früh- und Neugeborene. 1993 erschien ihr erstes Buch, ein Märchen. Seitdem veröffentlicht sie regelmäßig für Kinder und Erwachsene. Sie war 1998 Mitglied in der Jury für den Glauser-Preis, 1999 und 2000 in der Jury für den Martin-Kinder- und Jugendkrimipreis. Sie lebt in Ostfriesland.

KRIMINALROMANE: 1996 Am Anfang stand ein Mord, Knaur 67090; 1997 Schuldige müssen sterben, Knaur 60645, NA 1998 Knaur 71151; 2000 Hexenzirkel, Knaur 61231; 2002 Die drei Paulas und das Schlossgespenst, (Kinderkrimi) albarello; 2003 Oskar unter Verdacht und zwei weitere Fälle, (Kinderkrimi), Hase und Igel Verlag; 2005 Oskar der Superdetektiv, (Kinderkrimi), Hase und Igel Verlag
KRIM.-ERZ.: 1999 *Zwei rot zwei tot*, in: Mord zwischen Messer und Gabel, Hrsg. Andrea. C. Busch, Gerstenberg, erw. NA 2001; 1999 *Die Giftmörderin von Dornumersiel*, in: Zum Morden in den Norden, Hrsg. Peter Gerdes, Soltau-Kurier-Norden; 2001 in: *Teuflische Nachbarn*, Hrsg. Ina Coelen u. Ingrid Schmitz, Scherz; 2000 *Der Tod wartet im Medoc*, in: Bei Ankunft Mord, Hrsg. Andrea C. Busch u. Almuth Heuner, Gers-

tenberg; 2000 *Märchenstunde,* in: Alter schützt vor Morden nicht, Hrsg. Anke Cibach, Gerstenberg; 2001 *Die Giftmörderin von Dornumersiel,* in: Von Mord zu Mord, Hrsg. Ralf Kramp, Scherz 1797; 2001 *Indianerliebe,* in: Mordlichter, Hrsg. Peter Gerdes, Leda; 2002 *Forelle auf Arsen,* in: Flossen hoch!, Hrsg. Peter Gerdes, Leda; 2003 *Marsotzkes Feuer,* in: Liebestöter, Hrsg. Anke Cibach, Scherz; 2003 *Helenes Engel,* in: Tödliche Touren, Hrsg. Ina Colen, Leporello; 2004 *Sie Seele der Station,* in: Mord ist die beste Medizin, Scherz

KINDERKRIMIS: 1997 Ein Fall für Oskar, edition albarello; 1998 Oskar unter Verdacht, edition albarello; 1998 Oskar und der Zirkusfall, edition albarello; 1999 Oskar und die Inline-Skater, edition albarello; 2000 Die drei Paulas jagen Kunibert, edition albarello; 2000 Die drei Paulas und das Gespenst im Hühnerstall, edition albarello; 2000 Oskar und die Eis-Erpresser, edition albarello; 2001 Die drei Paulas und der geheimnisvolle Herr Leopold, edition albarello

PREISE: 1999 2. Platz beim Ellwanger Jugendliteraturpreis für *Wagenbach*

MITGLIED: SinC; Syndikat; VS

KONTAKT: barbara@wendelken.de; www.wendelken.de/barbara.htm

Werner, Annelie

Biografie: *7.11.1948 in Itzehoe. A. Werner studierte in Hamburg und Göttingen Germanistik, Philosophie und Skandinavistik. Nach dem Magisterexamen arbeitete sie in Hannover in einem Schulbuchverlag als Verlagsredakteurin. Seit 1980 lebt sie mit ihrem Sohn in Stuttgart und arbeitet freiberuflich als lektorin, Dozentin und Schriftstellerin. Außerdem gibt sie Kurse in kreativem Schreiben und leitet an mehreren Volkshochschulen im Stuttgarter Raum Schreibwerkstätten.

KRIM.-ERZ.: 2001 *Liebe Ingrid,* in: Teuflische Nachbarn, Hrsg. Ina Coelen u. Ingrid Schmitz, Scherz; 2001 *Beziehungsweisen,* in: Tödliche Beziehungen, Hrsg. Ina Coelen u. Ingrid Schmitz, Emons

SONSTIGE PUBL.: Drehbücher und historische Romane

MITGLIED: SinC

KONTAKT: anneliew@web.de

Werremeier, Friedhelm

Biografie: *30.1.1930 in Witten. F. Werremeier studierte an der Akademie für Publizistik in Aachen und bei der NRZ in Düsseldorf. Er arbeitete als Gerichtsreporter für verschiedene Zeitungen und Zeitschriften und publizierte aus seinem Fachgebiet Serien, Reportagen und Features. Vielfach befasst sich Werremeier in seinen Romanen und Drehbüchern mit Themen, die unmittelbar aus der aktuellen gesellschaftlichen oder politischen Diskussion stammen. Die Neuauflagen und Neuausgaben der Trimmel-Romane erschienen später unter Werremeiers richtigem Namen.

KRIMINALROMANE: 1968 Ich verkaufe mich exclusiv, (als Jacob Wittenbourg), rororo 2151, NA 1980, rororo 2526; 1970 Taxi nach Leipzig, (als Jacob Wittenbourg), rororo 2188, NA 1983, Heyne 2021; 1971 Ohne Landeerlaubnis, rororo 2220, NA Heyne 2009; 1971 Der Richter in Weiß, rororo 2210, NA Heyne 1985; 1972 Platzverweis für Trimmel, rororo 2260; 1972 Ein EKG für Trimmel, rororo 2234, NA Heyne 2088; 1973 Trimmel macht ein Faß auf, rororo 2282, NA Heyne 2131; 1974 Trimmel und der Tulpendieb, rororo 2322; 1976 Hände hoch, Herr Trimmel, rororo 2258, NA Heyne 2046; 1976 Trimmel hält ein Plädoyer, rororo 2395, NA Heyne 2075; 1980 Trimmel und Isolde, Rowohlt, HC, NA Heyne 2063; 1982 Trimmel und das Finanzamt, Heyne 2000

KRIM.-ERZ.: 1974 Treff mit Trimmel, (5 Stories), rororo 2274, NA Heyne 2141; 1977 Trimmel hat Angst vor dem Mond, (3 Stories), rororo 2425; 1986 Trio unter Strom, (5 Stories), Heyne 2159

FUNK: 1985 Trio unter Strom, (Kriminalhörspiel, 45 Min., WDR)

TV: 1970 Tatort: Taxi nach Leipzig, (Serienfilm, 90 Min., NDR), Drehbuch: F. Werremeier nach seinem gleichnamigen Roman, Regie: Peter Schulze-Rohr, EA 29.11.1970 ARD; 1971 Tatort: Exclusiv, (Serienfilm, 100 Min., NDR), Drehbuch: F. Werremeier nach seinem Roman *Ich verkaufe mich exclusiv,* Regie: Peter Schulze-Rohr, EA 11.7.1971 ARD; 1971 Tatort: AE 612 ohne Landeerlaubnis, (Serienfilm, 105 Min., NDR), Drehbuch: F. Werremeier nach seinem Roman *Ohne Landeerlaubnis,* Regie: Peter Schulze-Rohr, EA 12.9.1971 ARD; 1971 Tatort: Der Richter in Weiß, (Serienfilm, 90 Min., NDR), Drehbuch: F. Werremeier nach seinem gleichnamigen Roman, Regie: Peter Schulze-Rohr, EA 10.10.1971 ARD; 1972 Tatort: Rechnen Sie mit dem Schlimmsten, (Serienfilm, 90 Min., NDR), Drehbuch: F. Werremeier nach seinem Roman *Ein EKG für Trimmel*, Regie: Peter Schulze-Rohr, EA 24.9.1972 ARD; 1973 Tatort: Platzverweis für Trimmel, (Serienfilm, 90 Min., NDR), Drehbuch: F. Werremeier nach seinem gleichnamigen Roman, Regie: Peter Schulze Rohr, 19.8.1973 ARD; 1974 Tatort: Gift, (Serienfilm, 90 Min., NDR), Drehbuch: F. Werremeier nach seinem Roman *Trimmel macht ein Fass auf*, Regie: Peter Schulze-Rohr, 21.7.1974 ARD; 1976 Ein Fall für Stein, (Fernsehserie, 13 Teile, ZDF), Drehbuch: Rudolf Nottebohm, F. Werremeier, Herbert Lichtenfeld, Paul Mevissen, Rolf Schulz, Regie: Herbert Ballmann, mit Volker Kraft; 1976 Tatort: Trimmel und der Tulpendieb, (Serienfilm, 90 Min., NDR), Drehbuch: F. Werremeier nach seinem gleichnamigen Roman, Regie: Peter Schulze-Rohr, EA 10.10.1976 ARD; 1978 Tatort: Trimmel hält ein Plädoyer, (Serienfilm, 90 Min., NDR), Drehbuch: F. Werremeier nach seinem gleichnamigen Roman, Regie: Peter Schulze-Rohr, EA 27.3.1978 ARD; 1978/79 Kläger und Beklagte, (Fernsehserie, 13 Teile, ZDF), Drehbuch: Irene Rodrian, F. Werremeier, Ann Ladiges, Regie: Michael Lähn, mit Regine Vergeen EA 16.11.1978 wöchentlich ZDF; 1980 Tatort: Hände hoch, Herr Trimmel, (Serienfilm, 90 Min., NDR), Drehbuch: F. Werremeier nach seinem gleichnamigen Roman, Regie: Carlheinz Caspari, EA 4.5.1980 ARD; 1981 Der Fuchs von Övelgönne, (Fernsehserie, 13 Teile, ZDF), Drehbuch: Harald Philipp, Werner Jörg Lüddecke, F. Werremeier, Regie: Harald Philipp, mit Herbert Fleischmann; 1982 Tatort: Trimmel und Isolde, (Serienfilm, 90 Min., NDR), Drehbuch: F. Werremeier nach seinem gleichnamigen Roman, Regie: Peter Weck, EA 19.9.1982 ARD; 1982 Es muß nicht immer Mord sein: Ein teures Alibi, (Serienepisode, 25 Min., ZDF), Drehbuch: F. Werremeier, Regie: Ulrich Stark; 1985 Tatort: Baranskis Geschäft, (Serienfilm, 90 Min., NDR), Drehbuch: Jochen Wedegärtner und F. Werremeier, Regie: Jürgen Roland, EA 1.12.1985 ARD; 1985 Es muß nicht immer Mord sein: Wo die Liebe hinfällt, (Serienepisode, 25 Min., ZDF), Drehbuch: F. Werremeier, Regie: Kai Borsche; 1985 Paul Trimmel – Hauptkommissar: Wer einmal lügt, (Serienfilm, 60 Min., NDR), Drehbuch: F. Werremeier und Wilfried Dotzel, Regie: Wilfried Dotzel, EA 4.9.1985 ARD; 1986 Paul Trimmel – Hauptkommissar: Eine Bombenstory, (Serienfilm, 58 Min., NDR), Drehbuch: F. Werremeier, Regie: Wilfried Dotzel, EA 13.8.1986 ARD; 1989 Peter Strohm: Tod eines Freundes, (Serienpilot, 85 Min., NDR), Drehbuch: F. Werremeier, Regie: Ilse Hofmann, EA 4.1.1989 NDR; 1989 Peter Strohm: Der zweite Mann, (Serienepisode, 60 Min., NDR), Drehbuch: F. Werremeier, Regie: Sigi Rothemund, EA 13.3.1989 ARD; 1989 Peter Strohm: Grüne Brigade, (Serienepisode, 60 Min., BR), Drehbuch: Norbert Ehry und F. Werremeier, Regie: Lutz Büscher, EA 27.3.1989 ARD; 1989 Großstadtrevier: Tod auf Raten, (Serienepisode, 50 Min., Studio Hamburg für ARD Werbung), Drehbuch: F. Werremeier und Wilfried Dotzel, Regie: Christian Görlitz; 1990 Alles paletti: Das Schlitzohr, (Serien-Pilotfilm, 80 Min., SWF), Drehbuch: F. Werremeier, gem. mit Norbert Ehry Regie: Roland Suso Richter, mit Rolf Becker; 1990 Alles paletti: Timos Flucht, (Serienepisode, 60 Min., SWF), Drehbuch: F. Werremeier, gem. mit Norbert Ehry, Regie: Roland Suso Richter, mit Rolf Becker; 1990 Alles paletti: Ritas Freund, (Serienepisode, 60 Min., SWF), Drehbuch: F. Werremeier, gem. mit Norbert Ehry, Regie: Lienhard Wawrzyn, mit Rolf Becker; 1990 Alles paletti: Die Novia Affäre, Drehbuch: F. Werremeier, Regie: Roland Suso Richter, mit Rolf Becker; 1991 Peter Strohm: Freunde zahlen nie, (2 Teile, Serienepisode, je 50 Min., NDR), Drehbuch: 1. Teil: Peter Reichard, 2. Teil: F. Werremeier und Wilfried Dotzel, Regie: Lutz Büscher, EA 10. und 17.6.1991 ARD; 1991 Großstadtrevier: Menschlich, allzu menschlich, (Serienepisode, 50 Min., Studio Hamburg für ARD-Werbung, Drehbuch: F. Werremeier und Wilfried Dotzel, Regie: Lutz Büscher; 1996 Der König: Die Puppenfalle, (Serienepisode, 60 Min., SAT 1), Drehbuch: F. Werremeier, Regie: Wigbert Wicker, EA 30.4.1996; 1996 Der König: Madonna, (Serienepisode, 60 Min., SAT 1), Drehbuch: F. Werremeier, Regie: Michael Rowitz, EA 14.5.1996

SONSTIGE PUBL.: Zahlreiche weitere Drehbücher, Erzählungen, Übersetzung (gem. mit seiner Frau) mehrerer Bestseller von Joseph Wambaugh

MITGLIED: Syndikat

Wery, Ernestine

Pseud. für: Erna Wery-Fentsch (Erna Fentsch)

Biografie: *1905 (andere Angabe 21.4.1909)

in München, †. E. Fentsch war Schauspielerin. Sie wirkte auf der Bühne und im Film. Später heiratete sie den Schauspieler Carl Wery, gab den Schauspielerberuf auf und widmete sich dem Schreiben.

KRIMINALROMANE: 1979 Auf dünnem Eis, Goldmann 4830; 1979 Die Warnung, Goldmann 4857; 1980 Als gestohlen gemeldet, Goldmann 5602; 1981 Die Hunde bellten die ganze Nacht, Goldmann 5608; 1981 Sie hieß Cindy, Goldmann 5606; 1982 Nachtkerze, Goldmann 5623; 1984 Im kalten Licht des Mondes, Goldmann 5636
TV: 1975 Tatort: Als gestohlen gemeldet, (Serienfilm, 90 Min., BR), Drehbuch: E. Fentsch, Regie: Wilm ten Haaf, EA 16.2.1975 ARD; 1977 Tatort: Das Mädchen am Klavier, (Serienfilm, 90 Min., BR), Drehbuch: E. Fentsch, Regie: Lutz Büscher, EA 2.1.1977 ARD
KINO: 1944 Die falsche Braut, (78 Min., s/w, Bavaria), Drehbuch: E. Fentsch, Regie: Joe Stöckel, mit Joe Stöckel; 1947 Der Millionär, (aka Geld ins Haus, 81 Min., s/w, Bavaria. Fertiggestellt 1945, Premiere 1947), Drehbuch: E. Fentsch, Regie: R. A. Stemmle, mit Hans Moser; 1950 Föhn, (aka Sturm in der Ostwand, 107 Min., s/w, Rolf Hansen), Drehbuch: E. Fentsch nach einer Filmnovelle von Arnold Franck, Regie: Rolf Hansen, mit Hans Albers, Liselotte Pulver; 1952 Ich heiße Niki, (101 Min., s/w, Georg Witt-Film, Deutschland), Drehbuch: E. Fentsch, Regie: Rudolf Jugert; 1952 Der Weibertausch, (92 Min., NDF, Deutschland), Drehbuch: E. Fentsch, Regie: Karl Anton, mit Viktor Staal
SONSTIGE PUBL.: Romane, Drehbücher

Wery-Fentsch, Ernestine → **Wery, Ernestine**

Wes de, Klaus → **Dewes, Klaus**

Wickert, Ulrich
Biografie: *2.12.1942 in Tokio/Japan. U. Wickert ist Journalist. Von 1968 bis 1977 war er für die Redaktion Monitor tätig, 1978–1991 als Auslandskorrespondent der ARD in Washington, New York und Paris. Seit 1991 moderiert er die ARD-Nachrichtensendung Tagesthemen. Er lebt in Hamburg.

KRIMINALROMANE: 2003 Der Richter aus Paris. Eine fast wahre Geschichte, Hoffmann & Campe

SONSTIGE PUBL.: Zahlreiche Bücher über die politische Situation in Deutschland und über das Leben in Frankreich
PREISE: 1990 3. Deutsch-französischer Journalistenpreis; 1991 Mainzer Auslese – Preis der Stiftung Lesen; 1992 Deutsch-französischer Journalistenpreis, 1992 Medien-Mann des Jahres Horizont-Award; 1992 Der Deutsche Fernsehpreis Telestar; 1994 Die Goldene Kamera; 2000 Adenauer-de-Gaulle-Preis; 2002 Orden des »Chevalier du Mérite Agricole«; 2002 Mercator-Professur an der Universität Duisburg, 2004 Honorarprofessur für Journalistik und Gesellschaft an der Hochschule Magdeburg/Stendal
MITGLIED: Syndikat; P.E.N.
homepage: www.ulrichwickert.de

Wiese von, Klaus → **Dewes, Klaus**

Wilbertz, Jutta
Biografie: *7.08.1964 in Dorsten/Westfalen. J. Wilbertz studierte Angewandte Theaterwissenschaft in Gießen und absolvierte außerdem eine Schauspiel- und Gesangsausbildung in Rom und Köln. Neben Kriminalerzählungen schreibt sie auch mörderische und andere Chansons und tritt regelmäßig mit ihrem kabarettistisch-musikalischen Programmen auf. J. Wilbertz lebt in Köln.

KRIM.-ERZ.: 2003 *Morgen kommt der Weihnachtsmann*, in: Leise rieselt der Schnee …, Hrsg. Gisa Klönne, Ullstein 257879; 2004 *Bouillabaisse à la Sabine*, in: Flossen höher! – Kriminelles zwischen Fisch und Pfanne, Hrsg. H. und P. Gerdes, Leda; 2005 *Allerheiligen*, in: Krimikalender vom Niederrhein, Leporello Verlag
SONSTIGE PUBL.: Chansons, Kabarett-Programme, journalistische Beiträge
MITGLIED: SinC

Wildenhain, Michael
Biografie: *1958 in Berlin-Charlottenburg. M. Wildenhain studierte nach dem Abitur Philosophie- und Informatik. Es folgte eine Regiehospitanz am Thalia Theater Hamburg und ein Aufenthalt an der Summer School des Royal Court Theatre London. Neben Arbeiten am Theater war er Mentor der Prosawerkstatt der Neuen Gesellschaft für

Literatur. 2004/2005 bekleidete er eine Gastprofessur am Deutschen Literaturinstitut Leipzig (DLL).

KRIMINALROMANE: 1991 Die kalte Haut der Stadt, Roman. Rotbuch; 1997 Erste Liebe Deutscher Herbst, Fischer; 2000 Wieland, der Meister, Kurzroman, Eichbom

KRIM.-ERZ.: 1983 zum beispiel k., (Erzählung), Rotbuch Berlin; 1987 Prinzenbad, (Erzählung), Rotbuch; 1994 Heimlich, still und leise, (Erzählungen), Fischer; 2005 Russisch Brot, Klett-Cotta

FUNK: 2003 Alle Schwäne sind weiß, (Deutschland Radio)

TV: 2003/04 Gefühl und Härte

THEATER: 1993 Denn es ist die Maschine … Freies Schauspiel, Berlin; 1993 Umstellt, Staatsschauspiel Dresden; 1993 Im Schlagschatten des Mondes, Landestheater Tübingen; 1994 Fotografien, Theater Oberhausen; 1995 Hungrige Herzen. Theater Heilbronn; 1995 Hänsel und Gretel oder Berliner Ensemble; 1996 Enger Ort, Caroussel Theater Berlin; 1996 Ins Offene, Theater am Halleschen Ufer Berlin; 1999 Der Deutsche Zwilling, Staatstheater Saarbrücken

SONSTIGE PUBL.: 2005 Die Schwestern, (Jugendroman), dtv junior; ein Musical; 1989 Das Ticken der Steine, (Gedichte), Rotbuch; 1995 Die Zeit als Wolf, (Gedichte), Landpresse

PREISE: 1987 Förderpreis zum Leonce-und-Lena-Preis; 1988 Ernst-Willner-Preis des Ingeborg-Bachmann-Wettbewerbes; 1997 Alfred-Döblin-Preis für: *Erste Liebe Deutscher Herbst)* Villa-Massimo-Stipendium Rom; 2003 Tankred-Dorst-Drehbuchpreis

Williams, Robert → Schaeffer, Max Pierre

Willschrei, Karl-Heinz

Biografie: *18.3.1939 in Homberg, †25.5.2003 Altea/Alicante. K.-H. Willschrei studierte Theaterwissenschaft, Germanistik, Philosophie und Zeitungswissenschaft. Nach Studium und Promotion arbeitete er als Drehbuchautor und Produzent bei der Münchener Bavaria, wo er von 1970 bis 1973 als Abteilungsleiter für internationale Co-Produktionen tätig war. 1974 machte er sich als freier Schriftsteller selbstständig und gründete 1976 die Firma teamfilm, darüber hinaus beteiligte er sich an der Firma Monaco-Film. Als Drehbuchautor verfasste er Serien wie *Alexander Zwo, Härte 10, Lobster,* zahlreiche *Tatort*-Filme und verschiedene Einzel-Fernsehspiele. Außerdem war er Co-Autor und Produzent der ARD-Vorabendserien *Graf Yoster gibt sich die Ehre* und *Die seltsamen Methoden des Franz Josef Wanninger.* Später arbeitete er zum Teil maßgeblich an der ZDF-Reihe *Ein Fall für Zwei* mit und zeichnete für die SAT 1-Serie *Wolffs Revier* verantwortlich. Für SAT 1 kreierte er auch die Serie *A.S.* mit Klaus J. Behrendt und *Ein Mord für Quandt.*

TV: Das Geheimnis der Flamen, (Serie ORF/BR, Mitarbeit an 4 Folgen); Der Staudamm, (Mitarbeit an 4 Folgen); Die seltsamen Methoden des Franz Josef Wanninger, (Mitarbeit an 10 Folgen); Graf Yoster gibt sich die Ehre, (Mitarbeit an 8 Folgen); Hafen am Rhein, (Mitarbeit an 6 Folgen); Immer die alte Leier, (Mitarbeit an 6 Folgen); Lerchenpark, (Mitarbeit an 4 Folgen; Nachtkurier, (Mitarbeit an 3 Folgen); Okay S.I.R., (Mitarbeit an 2 Folgen); Studenten, (Mitarbeit an 3 Folgen); Heißer Sand, (Fernsehspiel, ZDF), Drehbuch: Georg Althammer und K.-H. Willschrei nach dem Roman von C. C. Bergius, Regie: Günter Gräwert, mit Joachim Fuchsberger, EA 2.1.1971; 1972 Alexander Zwo, (Fernsehfilm, sechs Teile, je 60 Min., WDR), Drehbuch: Oliver Storz, K.-H. Willschrei, (Teil 2 und 5), Wilfried Schröder, Regie: Franz Peter Wirth; 1972 Das Geheimnis des Kupferbechers, (Fernsehfilm, ORTF/SRG/RAI), Drehbuch: K.-H. Willschrei und Andreas Rosgony, nach Jean-Louis Roncoroni, Regie: Robert Valey; 1973 Tatort: Kressin und zwei Damen aus Jade, (Serienfilm, 90 Min., WDR), Drehbuch: K.-H. Willschrei, Regie: Rolf von Sydow, EA 8.7.1973 ARD; 1974 Härte 10, (Fernsehserie, 5 Folgen, WDR), Drehbuch: K.-H. Willschrei, Peter Berneis, Regie: Gordon Flemyng; 1974 Tatort: Acht Jahre später, (Serienfilm, 90 Min., WDR), Drehbuch: K.-H. Willschrei, Regie: Wolfgang Becker, EA 28.4.1974; 1974 Tatort: Zweikampf, (Serienfilm, 90 Min., WDR), Drehbuch: K.-H. Willschrei, Regie: Wolfgang Becker, mit Hansjörg Felmy EA 23.6.1974; 1975 Tatort: Die Abrechnung, (Serienfilm, 90 Min., WDR), Drehbuch: K.-H. Willschrei, Regie: Wolfgang Becker, EA 8.6.1975 ARD; 1975 Tatort: Im Namen des Volkes, (Serienfilm, 90 Min., WDR), Drehbuch: K.-H. Willschrei, Regie: Wolfgang Becker, EA 8.6.1981 ARD; 1975 Tatort: Im Namen des Volkes, (Serienfilm, 90 Min., WDR), Drehbuch: K.-H. Willschrei, Regie: Wolfgang Becker, EA 8.7.1975; 1976 Lobster, (Fernsehserie, 6 Folgen, je 60 Min., WDR), Drehbuch: Peter Berneis, K.-H. Willschrei, Regie: Hans W. Geißendörfer, mit Heinz Baumann; 1976 Tatort: Zwei Leben, (Serienepisode, 90 Min., WDR), Drehbuch: K.-H. Willschrei, Regie: Wolfgang Staudte, EA 14.3.1976 ARD; 1977 Tatort: Drei Schlingen, (Serienfilm, 90 Min., WDR), Drehbuch: K.-H. Willschrei, Regie: Wolfgang Becker, EA 28.8.1977 ARD; 1977 Der Alte: Jack Braun, (Serienepisode, 60 Min., ZDF), Drehbuch: K.-H. Willschrei und Peter Berneis, Regie: Wolfgang Becker; 1977 Der Alte: Toccata und Fuge, (Serienepisode, 60 Min., ZDF), Drehbuch: K.-H. Willschrei und Peter Berneis, Regie: Wolfgang Becker; 1977 Der Alte: Zwei Mörder, (Serienepisode, 60 Min., ZDF), Drehbuch: K.-H. Willschrei, Regie: Alfred Vohrer; 1977 Der Alte: Blütenträume, (Serienepisode, 60 Min., ZDF), Drehbuch: K.-H. Willschrei, Regie: Alfred Vohrer; 1977 Der Alte: Konkurs, (Serienepisode, 60 Min., ZDF), Drehbuch: K.-H. Willschrei, Regie: Alfred Weidenmann; 1977 Der Alte: Verena und Annabelle, (Serienepisode, 60 Min., ZDF), Drehbuch: K.-H. Willschrei, Regie: Alfred Vohrer; 1978 Der Alte: Ein Koffer, (Serienepisode, 60 Min., ZDF), Drehbuch: K.-H. Willschrei, Regie: Michael Braun, EA 17.3.1978 ZDF; 1978 Schwarz und weiß wie Tage und Nächte, (BRD, 103 Min.), Drehbuch: K.-H. Willschrei, Jochen Wedegärtner und Wolfgang Petersen, Regie: Wolfgang Petersen, mit Bruno Ganz TV-EA 13.9.1978; 1978 Tatort: Rot, rot, tot, (Serienfilm, 90 Min., SDR), Drehbuch: K.-H. Willschrei, Regie: Theo Mezger, EA 1.1.1978 ARD; 1979 Der Alte: Neue Sachlichkeit, (Serienepisode, 60 Min., ZDF), Drehbuch: K.-H. Willschrei, Regie: Helmuth Ashley, EA 20.4.1979 ZDF; 1979 Tatort: Zweierlei Knoten, (Serienfilm, 90 Min., SDR), Drehbuch: K.-H. Willschrei, Regie: Theo Mezger, EA 29.7.1979 ARD; 1980 Das Ziel, (Fernsehfilm, Monaco Film für ZDF, 100 Min.), Drehbuch: K.-H. Willschrei, Regie: Hartmut Griesmayr, mit Peter Sattmann EA 14.1.1980 ZDF; 1980 Tatort: Mit nackten Füßen, (Serienfilm, 90 Min., HR), Drehbuch: K.-H. Willschrei, Regie: Franz Peter Wirth, EA 9.3.1980 ARD; 1981 Ein Fall für Zwei: Das Haus in Frankreich, (Serienepisode, 60 Min., ZDF), Drehbuch: K.-H. Willschrei, Regie: Hans

Jürgen Tögel, EA 23.10.1981 ZDF; 1981 Ein Fall für Zwei: Der Erbe, (Serienepisode, 60 Min., ZDF), Drehbuch: K.-H. Willschrei, Regie: Ludwig Cremer, EA 18.12.1981 ZDF; 1981 Ein Fall für Zwei: Die große Schwester, (Serienepisode, 74 Min., ZDF), Drehbuch: K.-H. Willschrei Regie: Wolfgang Storch, EA 11.9.1981 ZDF; 1981 Ein Fall für Zwei: Todfreunde, (Serienepisode, 60 Min., ZDF), Drehbuch: K.-H. Willschrei, Regie: Michael Braun, EA 20.11.1981 ZDF; 1982 Ein Fall für Zwei: Tollwut, (Serienepisode, 60 Min., ZDF), Drehbuch: K.-H. Willschrei, Regie: Theo Mezger, EA 12.3.1982 ZDF; 1983 Ein Fall für Zwei: Das Opfer, (Serienepisode, 60 Min., ZDF), Drehbuch: K.-H. Willschrei, Regie: Michael Lähn, EA 11.3.1983 ZDF; 1983 Ein Fall für Zwei: Der Zeuge, (Serienepisode, 60 Min., ZDF), Drehbuch: K.-H. Willschrei, Regie: H. J. Tögel, EA 6.5.1983; 1983 Ein Fall für Zwei: Strich durch die Rechnung, (Serienepisode, 60 Min., ZDF), Drehbuch: K.-H. Willschrei, Regie: Theo Mezger, EA 21.10.1983 ZDF; 1984 Die andere Seite des Mondes, (Fernsehfilm, ZDF; 90 Min.), Drehbuch: K.-H. Willschrei, Regie: Michael Lähn, mit Gudrun Landgrebe EA 24.3.1984; 1984 Ein Fall für Zwei: 11 Jahre danach/Das Clan, (Serienepisode, 60 Min., ZDF), Drehbuch: K.-H. Willschrei, Regie: Michael Mayer, EA 18.5.1984 ZDF; 1984 Ein Fall für Zwei: Chemie eines Mordes, (Serienepisode, 60 Min., ZDF), Drehbuch: K.-H. Willschrei, Regie: Eugen Yorck, EA 22.6.1984 ZDF; 1984 Ein Fall für Zwei: Die verlorene Nacht, (Serienepisode, 60 Min., ZDF), Drehbuch: K.-H. Willschrei, Regie: Kaspar Heidelbach, EA 24.8.1984 ZDF; 1984 Ein Fall für Zwei: Immer Ärger mit Ado, (Serienepisode, 60 Min., ZDF), Drehbuch: K.-H. Willschrei, Regie: Ilse Hofmann, EA 21.12.1984 ZDF; 1984 Ein Fall für Zwei: Morgengrauen, (3 Teile, Serienepisode, je 60 Min., ZDF), Drehbuch: K.-H. Willschrei, Regie: Michael Mackenroth, EA 16./18./20.11.1984; 1984 Ein Fall für Zwei: Zuckerbrot und Peitsche, (Serienepisode, 60 Min., ZDF), Drehbuch: K.-H. Willschrei, Regie: Bernd Fischerauer, EA 28.9.1984 ZDF; 1985 Das Gespinst, (Fernsehfilm, WDR/ORF, 86 Min.), Drehbuch: K.-H. Willschrei unter Mitarbeit von Herbert W. Franke, Regie: Ilse Hofmann, mit Heiner Lauterbach, EA 20.2.1985 ARD; 1985 Ein Fall für Zwei: Blutsbande, (Serienepisode, 60 Min., ZDF), Drehbuch: K.-H. Willschrei, Regie: Bernd Fischerauer, EA 15.11.1985 ZDF; 1985 Ein Fall für Zwei: Rotkäppchen, (Serienepisode, 60 Min., ZDF), Drehbuch: K.-H. Willschrei, Regie: Michael

Mackenroth, EA 18.10.1985 ZDF; 1985 Tatort: Miese Tricks, (Serienfilm, 93 Min., SDR), Drehbuch: K.-H. Willschrei, Regie: Theo Mezger, EA 26.5.1985 ARD; 1986 Ein Fall für Zwei: T.O.D., (Serienepisode, 60 Min., ZDF), Drehbuch: K.-H. Willschrei, Regie: Kaspar Heidelbach, EA 5.9.1986 (andere Angabe 11.7.1986); 1986 Ein Fall für Zwei: Trixi, auch unter dem Titel: Erben und sterben, (2 Teile, Serienepisode, je 60 Min., ZDF), Drehbuch: K.-H. Willschrei, Regie: Bernd Fischerauer, EA 14./16.2.1986 ZDF; 1987 Die zwei Gesichter des Januar, (Fernsehfilm, 109 Min., Monaco für SDR), Drehbuch: K.-H. Willschrei und Wolfgang Storch nach dem Roman von Patricia Highsmith, Regie: Wolfgang Storch, EA 5.8.1987 ARD; 1987 Ein Fall für Zwei: Tatzeit, (Serienepisode, 60 Min., ZDF), Drehbuch: K.-H. Willschrei, Regie: Michael Mackenroth, EA 10.4.1987 ZDF; 1988 Ein Fall für Zwei: Alte Liebe, (Serienepisode, 60 Min., ZDF), Drehbuch: K.-H. Willschrei, Regie: Kaspar Heidelbach, EA 14.10.1988 ZDF; 1988 Ein Fall für Zwei: Caesars Beute, (Serienepisode, 60 Min., ZDF), Drehbuch: K.-H. Willschrei, Regie: Michael Mackenroth, EA 2.9.1988 ZDF; 1989 Ein Fall für Zwei: Blut, (Serienepisode, 60 Min., ZDF), Drehbuch: K.-H. Willschrei, Regie: Bernd Fischerauer, EA 21.4.1989 ZDF; 1989 Eurocops: Der Schwur, (Serienepisode, 52 Min., ZDF), Drehbuch: K.-H. Willschrei, Regie: Bernd Fischerauer; 1990 Ein Fall für Zwei: Bruderhaß, (Serienepisode, 60 Min., ZDF), Drehbuch: K.-H. Willschrei, Regie: Wolfgang F. Henschel, EA 23.3.1990 ZDF; 1990 Eurocops: Tommys Geschichte, (Serienepisode, 52 Min., ZDF), Drehbuch: K.-H. Willschrei, Regie: Jörg Grünler; 1991 Eurocops: Zocker, (Serienepisode, 52 Min., ZDF), Drehbuch: K.-H. Willschrei, Regie: Kaspar Heidelbach, EA 10.4.1991 ZDF; 1991 Ein Fall für Zwei: Hannas letzte Liebe, (Serienepisode, 60 Min., ZDF), Drehbuch: K.-H. Willschrei, Regie: Kaspar Heidelbach, EA 26.7.19911 ZDF; 1993 Wolffs Revier: Alte Rechnungen, (Serienepisode, 47 Min., SAT 1), Drehbuch: K.-H. Willschrei, Regie: Michael Lähn, EA 14.1.1993 SAT 1; 1992 Wolffs Revier: Geldwäscher, (Serienepisode, 47 Min., SAT 1), Drehbuch: K.-H. Willschrei, Regie: Michael Mackenroth, EA 15.10.1992 SAT 1; 1992 Wolffs Revier: Gesühnt, (Serienepisode, 47 Min., SAT 1), Drehbuch: K.-H. Willschrei, Regie: Ilse Hofmann; 1993 Wolffs Revier: Knast, (Serienepisode, 47 Min., SAT 1), Drehbuch: K.-H. Willschrei, Regie: Michael Lähn, EA 7.1.1993 SAT 1; 1992 Wolffs Revier: Mord ist

strafbar, (Serienepisode, 47 Min., SAT 1), Drehbuch: K.-H. Willschrei, Regie: Kaspar Heidelbach; 1992 Wolffs Revier: Notwehr, (Serienepisode, 47 Min., SAT 1), Drehbuch: K.-H. Willschrei, Regie: Michael Mackenroth, EA 3.12.1992 SAT 1; 1992 Wolffs Revier: Reicher Gigolo, (Serienepisode, 47 Min., SAT 1), Drehbuch: K.-H. Willschrei, Regie: Michael Mackenroth, EA 29.10.1992 SAT 1; 1992 Wolffs Revier: Schwerkraft des Mordes, (Serienepisode, 47 Min., SAT 1), Drehbuch: K.-H. Willschrei, Regie: Michael Mackenroth, EA 5.11.1992 SAT 1; 1992 Wolffs Revier: Verbrecher sind nicht pünktlich, (Serienepisode, 47 Min., SAT 1), Drehbuch: K.-H. Willschrei, Regie: Kaspar Heidelbach, EA 12.11.1992 SAT 1; 1992 Wolffs Revier: Witwe in Weiß, (Serienepisode, 47 Min., SAT 1), Drehbuch: K.-H. Willschrei, Regie: Kaspar Heidelbach, EA 24.9.1992 SAT 1; 1992 Wolffs Revier: Wohnungstod, (Serienepisode, 47 Min., SAT 1), Drehbuch: K.-H. Willschrei, Regie: Michael Mackenroth, EA 8.10.1992 SAT 1; 1992 Wolffs Revier: Mord hat Vorrang/Gute Freunde, (Serienepisode, 47 Min., SAT 1), Drehbuch: K.-H. Willschrei, Regie: Michael Mackenroth, EA 17.9.1992 SAT 1; 1993 Wolffs Revier: Die Wölfin, (Pilotfilm zur 2. Staffel, 90 Min., SAT 1), Drehbuch: K.-H. Willschrei, Regie: Michael Lähn, EA 21.1.1993 SAT 1; 1993 Wolffs Revier: Ich knall dich ab, (Serienepisode, 47 Min., SAT 1), Drehbuch: K.-H. Willschrei, Regie: Michael Mackenroth, EA 23.9.1993 SAT 1; 1993 Wolffs Revier: Doppelt genäht, (Serienepisode, 47 Min., SAT 1), Drehbuch: K.-H. Willschrei, Regie: Peter Fratzscher, EA 16.12.1993 SAT 1; 1994 Wolffs Revier: Geldwäsche, (Serienepisode, 50 Min., SAT 1), Drehbuch: K.-H. Willschrei, Regie: Michael Mackenroth, EA 30.6.1994 SAT 1; 1994 Wolffs Revier: Gesühnt, (Serienepisode, 47 Min., SAT 1), Drehbuch: K.-H. Willschrei, Regie: Silvia Hoffman, EA 20.1.1994 SAT 1; 1994 Wolffs Revier: Love Hotel, (Serienepisode, 50 Min., SAT 1), Drehbuch: K.-H. Willschrei, Regie: Michael Mackenroth, EA 23.6.1994 SAT 1; 1995 A.S.: Der kleine Bruder, (Pilotfilm, 90 Min., SAT 1), Drehbuch: K.-H. Willschrei und Hartmann Schmiege, Regie: Ilse Hofmann, EA 3.1.1995 SAT 1; 1995 Die Falle, (Fernsehfilm, 90 Min., SAT 1), Drehbuch: K.-H. Willschrei, Regie: Michael Lähn, EA 12.2.1995 SAT 1; 1995 Wolffs Revier: Sommersprossen, (Serienepisode, 60 Min., SAT 1), Drehbuch: K.-H. Willschrei, Regie: Michael Löhn, EA 9.3.1995 SAT 1; 1995 A.S.: Ein rabenschwarzer Tag, (Serienepisode, 50 Min.,

SAT 1), Drehbuch: K.-H. Willschrei, Regie: Bernhard Stephan, EA 25.4.1995 SAT 1; 1996 Die Drei – Gelegenheit macht Mörder, (Serienepisode, 50 Min., Nostro für SAT 1), Drehbuch: K.-H. Willschrei, Regie: Michael Lähn, EA 8.5.1996; 1997 Ein Mord für Quandt: Die Reise nach Wien, (Serienepisode, 60 Min., SAT 1), Drehbuch: K.-H. Willschrei, Regie: Rolf Liccini, EA 9.4.1997 SAT 1; 1997 Ein Mord für Quandt: Eiszeit, (Serienepisode, 60 Min., SAT 1), Drehbuch: K.-H. Willschrei, Regie: Michael Steinke, EA 30.4.1997 SAT 1; 1997 Ein Mord für Quandt: Die Schlinge, (Serienepisode, 60 Min., SAT 1), Drehbuch: K.-H. Willschrei, Regie: Michael Mackenroth, EA 7.5.1997 SAT 1; 1997 Ein Mord für Quandt: Ein braver Hund, (Serienepisode, 60 Min., SAT 1), Drehbuch: K.-H. Willschrei, Regie: Michael Mackenroth, EA 21.5.1997 SAT 1; 1997 Umarmung mit dem Tod, (Fernsehfilm, 90 Min., Nostro für SAT 1), Drehbuch: K.-H. Willschrei nach seinem Serienformat A.S., Regie: Kaspar Heidelbach, EA 13.5.1997 SAT 1; 1997 Der Serienkiller – Klinge des Todes, (Fernsehfilm, 90 Min., SAT 1), Drehbuch: K.-H. Willschrei nach seinem Serienformat A.S., Regie: Kaspar Heidelbach, EA 20.5.1997 SAT 1; 1997 Die Drei – Porno, (Serienepisode, 50 Min., Nostro für SAT 1), Drehbuch: K.-H. Willschrei, Regie: Ralph Bohn, EA 22.8.1997 SAT 1; 1997 Die Feuerengel: Im Mittelpunkt, (Serienepisode, 45 Min., RTL), Drehbuch: K.-H. Willschrei, Regie: Petra Haffter, EA 6.10.1997 (andere Angabe 13.10.1997); 1998 Der dreckige Tod, (Fernsehfilm, 90 Min., SAT 1), Drehbuch: K.-H. Willschrei, EA 24.3.1998 SAT 1

SONSTIGE PUBL.: Bühnenstücke, weitere Drehbücher

Windeln, Gabriele

Biografie: *25.7.1955 in Düsseldorf. G. Windeln studierte Anglistik, Geographie, Pädagogik und Philosophie in Aachen. Sie war im kaufmännischen Bereich tätig und machte eine Ausbildungs zur Handelsfachwirtin. Seit 1993 ist die kaufmännische Bereichsleiterin in einem kleinen Unternehmen in Heinsberg. Ihre ersten Veröffentlichungen stammen aus dem Jahr 1996. Ihr zentrales Thema sind verletzliche Menschen und das Unglück, das sie anrichten können, wenn sie sich endlich einmal zur Wehr setzen.

KRIMINALROMANE: 1997 Tod am Burgberg, Meyer & Meyer; 1998 Todesacker, Meyer & Meyer; 1999 Der Tod gibt keinen Kredit, Meyer & Meyer
MITGLIED: Syndikat

Winges, Stefan

Biographie: *17.7.1957 in Rheydt. St. Winges hat in Bonn Philosophie, Germanistik und Komparatistik (MA) studiert. Er war als Antiquar und als Lehrer für Kampfsport tätig. St. Winges lebt in Köln.

KRIMINALROMANE: 2000 Der vierte König – Ein Fall für Sherlock Holmes, Emons; 2002 Honolulu Baby, Emons; 2004 Tod auf dem Rhein – Ein Fall für Sherlock Holmes, Emons
PREISE: 2003 Nominierung für den Glauser-Preis 2003 für *Honolulu Baby*
MITGLIED: Syndikat
KONTAKT: www.stefan-winges.de

Winter, Marcus

Pseud. für: Rüdiger Blomeyer
Biografie: *12.5.1957 in Enger/Westfalen. M. Winter studierte ab 1977 an der Fachhochschule für Öffentliche Verwaltung NRW, die er 1980 als Kriminalkommissar verließ. Er arbeitete anschließend in verschiedenen nordrhein-westfälischen Großstädten, unter anderem in den Bereichen Einbruch, Autodiebstahl, Drogenfahndung und Organisierte Kriminalität. Regelmäßig ist er auch in Mordkommissionen eingesetzt, Erfahrungen, die in seinem Debütroman Eingang fanden. Nebenberuflich war er in den 90er-Jahren zeitweise als Dozent für Kriminalistik tätig und bildet den Kommissars-Nachwuchs aus.

KRIMINALROMANE: 2002 Anruf aus Suite 117, VdC
KRIM.-ERZ.: 2002 Der Goldene Kelch, in: Die Stunde des Vaters, Verlag Ulmer Manuskripte; 2003 Valentins Tag, in: Bayrisches Mordkompott, Hrsg. Billie Rubin, Leda; 2003 Am Ende des Weges, in: Frühling, Sommer, Herbst und Mord, Hrsg. Ralf Kramp, Grenz Echo Verlag; 2004 Der Sprayer, in: Tödliches Berlin, Hrsg. Anna Wolf, Vertigo
MITGLIED: Syndikat

KONTAKT: marwin117@aol.com;
www.Krimi-Homepage.de

Winterberg, Chris → Brömme, Bettina

Winterling, Gisela → Vrowenstein, Elka

Wirth, Renate

Biografie: *28.10.1957 in Bottrop. R. Wirth lebt am linken Niederrhein und führt ein Doppelleben als Heilpädagogin und Künstlerin. Ihre Devise: die vielseitigen Facetten der Krimiwelt durch dunkelbunte Akzente ergänzen.

KRIM.-ERZ.: 2000 *Eiszeit*, in: Mord vor Ort 2, Hrsg. Thomas Hesse u. Thomas Niermann, Emons; 2001 *Auf gute Nachbarschaft*, in: Teuflische Nachbarn, Hrsg. Ina Coelen u. Ingrid Schmitz, Scherz; 2001 *Böses Wort*, in: Tödliche Beziehungen, Hrsg. Ina Coelen u. Ingrid Schmitz; Emons; 2003 *Brückenblues*, in: Mords-Appetit, Hrsg. Ina Coelen u. Ingrid Schmitz, Leporello; 2003 *Odins Gefährten*, in: Tödliche Touren, Hrsg. Ina Coelen u. Ingrid Schmitz, Leporello
MITGLIED: SinC
KONTAKT: remawirth@compuserve.de

Wissdorf, Reinhard Rael

Biografie: *1959. R. R. Wissdorf studierte Konzertgitarre und Komposition in Darmstadt, arbeitete als Bühnenmusiker und -komponist, später neben Jobs als Taxifahrer und Stadtführer in Frankfurt auch als Filmjournalist für die Filmfaust.
1994 gründete er mit Partnern eine Softwarefirma und veröffentlichte 1996 ein Buch über 3-D-Software, (gem mit J. Lotter). Er lebt seit 1996 als freier Autor und Webdesigner in Zwingenberg a.d. Bergstraße. 1996 erschien sein erster Kriminalroman *Shabu*.

KRIMINALROMANE: 1999 Shabu, Elefanten Press; 2001 Downtown, Emons, (gem. mit J. C. Lotter), Frankfurt-Krimi 1
SONSTIGE PUBL.: Ein Sachbuch
KONTAKT: www.wissdorf.com/index.html

Wittenbourg, Jacob → Werremeier, Friedhelm

Wittgen, Tom

Pseud. für: Ingeburg Siebenstädt, geb. Mühlstädt
Biografie: *26.4.1932 in Wittgensdorf bei Chemnitz. I. Siebenstädt besuchte die Grundschule, arbeitete in der Landwirtschaft, bestand im Seminar für soziale Frauenberufe 1950 die Staatsprüfung als Hauswirtschaftsleiterin, wusste damit nichts anzufangen und ging nach Leipzig, um an der Arbeiter- und Bauernfakultät das Abitur abzulegen. In Leipzig studierte sie Germanistik, heiratete, zog mit ihrem Mann nach Berlin und erwarb 1959 an der Humboldt-Universität ihr Diplom als Germanistin. Es folgten Anstellungen im Staatlichen Rundfunkkomitee der DDR als Redaktionsassistentin und 1962 im Das Neue Berlin als Lektorin. Nach der Geburt zweier Söhne und ihrer Scheidung begann sie Kriminalerzählungen und -romane zu schreiben, ab 1970 arbeitete sie freischaffend unter dem Pseudonym Tom Wittgen. Ihre Kriminalromane erschienen in der DIE-Reihe mit einer Erstauflage von 100 000 Exemplaren und erhielten sämtlich Neuauflagen von 60 000. Sie war Auflagenmillionärin und über die DDR hinaus als »Agatha Christie des Ostens« bekannt. Ihre Werke wurden ins Ungarische, Tschechische, Slowakische, Polnische und Russische übersetzt. Nach der Vereinigung trat sie in das Syndikat ein. 1994 wurde sie zur Criminale in Gelsenkirchen als erste Frau und erstes Mitglied aus den neuen Bundesländern mit dem Ehren-Glauser für ihr Gesamtwerk als Kriminalautorin ausgezeichnet. Sie lebt heute als Rentnerin in Berlin.

KRIMINALROMANE: 1970 Der zweite Ring, DIE; 1973 Intimsphäre, DIE; 1975 Das sanfte Mädchen, DIE; 1976 Die singende Taube, Das Neue Berlin, HC; 1978 Tiefenprüfung, DIE; 1981 Herbstzeitlose, DIE; 1982 Die falsche Madonna, DIE; 1983 Das Schwarze-Peter-Spiel, DIE; 1985 Das stille Haus, (Krimi-Kurzroman), Verlag Tribüne; 1986 Das Nest, DIE; 1988 Der Ziegenhirt/Die letzte S-Bahn, DIE; 1990 Nabobs Tochter, DIE, NA VdC 2000; 1991 Eine dreckige Geschichte, Reiher-Verlag; 1992 Staatsjagd, Verlag am Galgenberg; 1992

Pilotenspiel, Verlag am Galgenberg; 1994 Tod im Regen, DIE; 1994 Kathrin und Abeld, Bastei, 1995 … liebes Kind, komm, geh mit mir, Argument; 1996 Crossbody. Der Wrestling-Krimi, Argument; 1996 Rotlicht, Econ; 1999 Miststück, Econ; 1999 Die allerletzte Fahrt des Admirals, (Kettenroman, gem. mit Jürgen Alberts, Jürgen Ebertowski, Jan Eik, Dorothea Kleine, -ky, Wolfgang Kienast, Gerhard Neumann u. Gabriele Wolf), Ullstein 24379
KRIM.-ERZ.: Zwischen 1970 und 1989 erschienen 15 Kriminalerzählungen in der Reihe Blaulicht. Zwischen 1985 und 1995 erschienen Kriminalerzählungen in Sammelbänden bei DIE, Rowohlt, Heyne, Wiener Frauenverlag, Eisbärverlag
TV: 1972 Polizeiruf 100: Ein bißchen Alibi, (nach der Kriminalerzählung *Ein bißchen Alibi hat jeder*); 1978 Kriminalruf 100: Doppeltes Spiel, (nach der Kriminalerzählung *Das sanfte Mäddchen*); 1992 Polizeiruf 110: Blue Dream – Tod im Regen, (Fernsehspiel, Mitarbeit am Szenarium)
SONSTIGE PUBL.: Kinderbücher, darunter 1979 *Der Bruder des Sheriffs*. Kinderkrimi, einen Roman und einen historischen Roman
PREISE: Ehren-Glauser des Syndikats für ihr Gesamtwerk

Wolf, Klaus-Peter

Biografie: *1954 in Gelsenkirchen. K.-P. Wolf lebte mit einer kriminellen Jugendbande und schrieb darüber den nun schon legendären Roman *Dosenbier und Frikadellen*. Wolf gilt als leidenschaftlicher Geschichtenerzähler. Seine Fernsehfilme wurden oft zu Einschaltquotenhits, seine Kinderbücher und Jugendromane in 15 Sprachen übersetzt und über acht Millionen mal verkauft.

KRIMINALROMANE: 1981 Vielleicht gibt's die Biscaya gar nicht, Kindler, HC, NA 1994 Piper 11814; 1985 Der Aphrodite-Club, Bastei 10595; 1985 Neonfische, Spectrum, HC; 1988 Das Werden des jungen Leiters, Moewig 2546; 1988 Die Nervenbrecher von Momodschi, Moewig 2587; 1988 Tödliches Glück, Moewig 2624; 1989 Die Traumfrau, Galgenberg, HC; 1992 Kapuzenmann, Galgenberg, HC, NA 1991 Goldmann 42143; 1994 Samstags, wenn Krieg ist, Hoffmann und Campe, HC; 2000 Karma Attacke, Scherz; 1995 Das Gen des Bösen, Hoffmann und Campe, HC
TV: 1994 Polizeiruf 110: Samstags, wenn Krieg ist, (Serienfilm, 90 Min., SDR), Drehbuch: K.-P. Wolf nach seinem gleichnamigen Roman, Regie: Roland Suso Richter, EA 18.9.1994 ARD; 1995 Svens Geheimnis, (Fernsehfilm, 90 Min., WDR), Drehbuch: K.-P. Wolf, Regie: Roland Suso Richter, EA 27.9.1995 ARD; 1996 Polizeiruf 110: Kleine Dealer, große Träume, (Serienfilm, 90 Min., SDR), Drehbuch: K.-P. Wolf und Friedhelm Zündel, Regie: Urs Odermatt, EA 16.6.1996 ARD; 1997 Polizeiruf 110 – Eine Frau für alle Fälle: Im Netz der Spinne, (Serienfilm, 90 Min., BR), Drehbuch: K.-P. Wolf, Regie: Erwin Keusch, EA 26.10.1997 ARD; 1997 Polizeiruf 110 – Eine Frau für alle Fälle: Feuer, (Serienfilm, 90 Min., BR), Drehbuch: K.-P. Wolf, Regie: Maria Knilli, EA 30.11.1997 ARD; 1998 Polizeiruf 110 – Eine Frau für alle Fälle: Hetzjagd, (Serienfilm, 90 Min., BR), Drehbuch: K.-P. Wolf und Ulrich Bendele, Regie: Ute Wieland, EA 25.1.1998 ARD; 1999 Tatort: Licht und Schatten, (Serienfilm, 90 Min., WDR), Drehbuch: Wolfgang Panzer nach einer Idee von K.-P. Wolf, Regie: Wolfgang Panzer, EA 4.7.1999 ARD; 1999 Ein tödliches Wochenende, (Thriller, 90 Min., NDR), Drehbuch: K.-P. Wolf, Regie: Torsten Fischer; 2001 Das schwangere Mädchen, (Fernsehfilm, 90 Min., RTL), Drehbuch: K.-P. Wolf und Christine Hartmann nach Motiven des Romans *Donnas Baby* von K.-P. Wolf, Regie: Bettina Woernle, EA 3.1.2001 RTL; 2002 … weil ich gut bin, (Krimi, 90 Min., WDR), Drehbuch: K.-P. Wolf, Regie: Miguel Alexandre, EA 3.3.2002 ARD
SONSTIGE PUBL.: Kinderbücher, Jugendromane, Romane, Drehbücher, Geschichten, Gedichte, Hörspiele
PREISE: 1973 Argus-Literaturpreis für die Kurzgeschichte *Warum ich fortging*; 1976 Arbeitsstipendium des Landes NRW; 1975 Kunststipendium für Literatur der Stadt Gelsenkirchen; Förderpreis der Stadt Würzburg; 1985 Anne-Frank-Preis; 1996 Rocky Award for best made TV-movies (Kanada); 1996 Erich-Kästner-Preis der Film- und Fernsehhochschule Babelsberg; 1997 Deutscher Jugendvideopreis; 1997 Kalbacher Klapperschlange; 1998 Magnolia Award Shanghai
KONTAKT: kpwolf@t-online.de; www.klauspeterwolf.de

Wolf, Lea → Keiser, Gabriele u. Polofka, Wolfgang

Wolff, Detlef

Biografie: *30.10.1934 in Thale/Harz, †2004 in Bremen. D. Wolff studierte Publizistik und Germanistik. Er arbeitete zeitweilig in der Landwirtschaft und in der Inneren Mission in Essen, wirkte dann als Redakteur bei verschiedenen Zeitschriften und Zeitungen.

KRIMINALROMANE: 1978 Die ungeliebte Leiche, rororo 2472; 1979 Auch Geld hinterläßt Spuren, rororo 2485; 1980 Ein blondes Risiko, rororo 2532; 1980 Katenkamp sammelt halbe Wahrheiten, rororo 2511; 1981 Katenkamp, dein Freund und Helfer, rororo 2556; 1982 Damenopfer, rororo 2593; 1982 Katenkamp und der tote Briefträger, rororo 2603; 1983 Katenkamp in Kenia, rororo 2634; 1984 Katenkamp und die große Schweinerei, rororo 2689; 1985 Der Richter und sein Fixer, rororo 2708; 1986 Was sagen wir der Witwe, rororo 2740; 1986 Sterben auf eigene Rechnung, rororo 2791; 1989 Zwölf Jahre sind genug, rororo 2912
SONSTIGE PUBL.: Texte für ein Studentenkabarett, vier niederdeutsche Bühnenstücke

Wolff, Gabriele

Pseud. für: Gabriele Gordon
Biografie: *29.11.1955 in Düsseldorf. G. Wolff machte 1974 das Abitur in Düsseldorf, studierte von 1974 bis 1979 Jura in Köln, verbrachte von 1980 bis 1982 ihre Referendariatszeit in Aachen, Köln und Chicago und arbeitete von 1982 bis 1985 als Rechtsanwältin in Köln. Ab 1985 war sie als Staatsanwältin in Duisburg, mit Abordnungen nach Neubrandenburg (1992) und zur Generalstaatsanwaltschaft in Düsseldorf (1993) tätig. 1994 siedelte sie nach Neuruppin über, wo sie, unterbrochen durch eine Abordnung zum Justizministerium in Potsdam in der Zeit von Juli 1999 bis September 2001, als Oberstaatsanwältin arbeitete.
Mit *Kölscher Kaviar* veröffentlichte sie 1990 ihren Krimi-Erstling, in dem sie die Figur der jungen Kölner Staatsanwältin Beate Fuchs einführt, die in den darauffolgenden zwei Romanen *Himmel und Erde* sowie *Armer Ritter* zunächst in Köln ermittelt, um in den nächsten zwei Kriminalromanen *Rote Grütze* und *Tote Oma* in Neubrandenburg und Neuruppin gegen korrupte Ost-West-Seilschaften bzw. gegen das Phänomen der Gewalt in all seinen Spielarten anzutreten. G. Wolffs Romane zeichnen neben ihrer je-

weiligen Kriminalgeschichte ein treffendes, mitunter auch kritisch-ironisches Bild aus dem Innenleben der deutschen Justiz. Mit dem sechsten Roman *Der falsche Mann* wechselt sie die Perspektive: Mit der Ich-Figur Lisa Merker, die unter dem Verdacht steht, ihren Ehemann umgebracht zu haben, wird psychologisch genau die Geschichte einer Liebesbeziehung und diejenige einer Ermittlung nachgezeichnet. Mit dem siebten Roman *Das dritte Zimmer* begibt sie sich in den bürokratischen Dschungel eines Ministeriums, in dem ihr Held, der 55-jährige Ministerialrat Lennart Voßwinkel, fast umkommt, im Gegenzug aber wertvolle Einsichten gewinnt und einer Frau begegnet, die sein Leben von Grund auf verändert.
KRIMINALROMANE: 1990 Kölscher Kaviar, Galgenberg, HC, NA 1993 Fischer 11393; 1991 Himmel und Erde, Galgenberg, HC, NA 1993 Fischer 11394; 1993 Armer Ritter, Fischer 12069; 1994 Rote Grütze, Fischer 12530; 1997 Tote Oma, Fischer 12530; 2000 Der falsche Mann, Fischer 14669; 2000 Kleine Morde in Köln, (Sammelband, enthält: Kölscher Kaviar, Himmel und Erde, Armer Ritter), Fischer 14839; 2003 Das dritte Zimmer, Haymon, HC

KRIM.-ERZ.: 1992 *Alte Schuld*, in: Autorinnen und Autoren in Köln, vorgestellt in Text und Bild, Volksblatt Verlag; 1992 *Kosmalla*, in: Teil meiner Selbst. Niederrhein-Lesebuch, Hrsg. Jochen Arlt u. Irmgard Bernrieder, Rhein-Eifel-Mosel-Verlag; 1992 Lover, (Kriminalerzählungen), Galgenberg, NA 1995 als Liebhaber und andere Opfer, Fischer 12070; 1993 *Grüne Sauce*, in: Der Mörder ist immer der Gärtner, Hrsg. Leo P. Ard, Grafit; 1993 *Perfektes Anspiel*, in: Der Mörder zieht die Turnschuh an, Hrsg. Leo P. Ard, Grafit; 1993 *Falscher Fünfziger*, in: Der Mörder bläst die Kerzen aus, Hrsg. Leo P. Ard, Grafit; 1994 *Blauer Brief*, in: Der Mörder schwänzt den Unterricht, Hrsg. Leo P. Ard, Grafit; 1994 *Mann über Bord*, in: Der Mörder bricht den Wanderstab, Hrsg. Leo P. Ard, Grafit; 1994 *Gelungene Operation*, in: Der Mörder kommt auf Krankenschein, Hrsg. Leo P. Ard, Grafit; 1994 *O Tannenbaum*, in: Still und starr ruht der See, Hrsg. G. Wolff, Fischer 12071 1995 *King*, in: Der Mörder kommt auf sanften Pfoten, Hrsg. Leo P. Ard, Grafit; 1996 Von toten Ratten

und zahmen Tauben, (Stories), Fischer 13413; 1999 *Des Rätsels Lösung*, in: Die allerletzte Fahrt des Admirals. Neun Autoren überführen eine Leiche, Hrsg. Jürgen Alberts, Ullstein 24379; 2000 *Endstation Neuruppin*, in: Bei Ankunft Mord, Hrsg. Andrea C. Busch u. Almuth Heuner, Gerstenberg; 2000 *Gelöscht*, in: Killing him softly, Hrsg. Julia Peters, Knaur; 2000 *Tödlicher Stachel*, in: Mysteriöse Skorpione, Hrsg. Thea Dorn, Uta Glaubitz u. Lisa Kuppler, Eichborn; 2001 *Unter Palmen so grün*, in: Mord im Grünen, Hrsg. Andrea C. Busch u. Almuth Heuner, Gerstenberg; 2001 *Cold Turkey*, in: Mord zwischen Messer und Gabel, Hrsg. Andrea C. Busch, erw. NA Gerstenberg; 2002 *Spuren im Sand*, in: Mord und Steinschlag, Hrsg. Jürgen Ehlers u. Jürgen Alberts, Leda; 2003 *Eine Liebe im Voraus*, in: Mords-Lüste. Erotische Kriminalgeschichten, Hrsg. P. Ott, Scherz 1945; 2003 *Valentinstag, der letzte*, in: Mord zum Dessert, Hrsg. Andrea C. Busch u. Almuth Heuner, Gerstenberg; 2004 *Im Dorfe* und *Wasserflut*, in: Die Winterreise Hrsg. Martina Bick, Gerstenberg
FUNK: 1991 Zugzwang, (Kriminalhörspiel, 25 Min., WDR), EA 17.8.1991; 1995 Kindergeburtstag, (Kriminalhörspiel, 25. Min., ORF), Drehbuch: Ilse Falk nach der Krim.-Erz. *Kindergeburtstag* von G. Wolff, EA 27.8.1995
SONSTIGE PUBL.: 1997 »Die bessere Hälfte der Staatsanwältin«, (Essay), in: *Das Mordsbuch. Alles über Krimis*, Hrsg. Nina Schindler, Claasen; zahlreiche Beiträge in den Veröffentlichungen der Karl-May-Gesellschaft, zuletzt: 2001 »Ermittlungen in Sachen Frau Pollmer. Monographie über Karl Mays ›Frau Pollmer, eine psychologische Studie‹ (1907)«, in: *Jahrbuch der Karl-May-Gesellschaft 2001*, Hrsg. Claus Roxin, Helmut Schmiedt, Reinhold Wolff, Hans Wollschläger, S. 11–307, Hansa
PREISE: 2003 Nominierung für den Wiesbadener Frauen-Krimi-Preis für *Das dritte Zimmer*; 2004 Glauser-Preis für *Das dritte Zimmer*
MITGLIED: Syndikat
KONTAKT: Gordon-Wolff@t-online.de

Wolgarten, Birgit C.

Biografie: *14.9.1961 in Köln. B. Wolgarten hat eine kaufmännische Ausbildung und arbeitete in den verschiedensten Bereichen. Seit 2001 ist sie ausschließlich als Schriftstellerin tätig. Sie ist verheiratet, hat drei mittlerweile erwachsene Kinder und lebt in Troisdorf bei Köln.

KRIMINALROMANE: 2003 Land der Mädchen, Prolibris Verlag; 2004 Und es wurde Nacht, dto
KRIM.-ERZ.: 2002 *Winterbowle*, in: Wie jetzt?, Web Verlag
MITGLIED: Syndikat

Wollenhaupt, Gabriella

auch unter dem Pseud.: Pit Murad
Biografie: *1952. G. Wollenhaupt arbeitete lange Zeit als Journalistin bei einer großen westdeutschen Tageszeitung und veröffentlichte in dieser Zeit unter dem Pseudonym Pit Murad ihren ersten Kriminalroman. 1985 wechselte sie zum WDR nach Dortmund und arbeitet heute dort als Fernsehredakteurin und Filmautorin.
In kurzer Folge erscheinen seit 1993 ihre Krimis um die Abenteuer der quirligen Journalistin Maria Grappa in der fiktiven Ruhrgebietsmetropole »Bierstadt«. In den Romanen greift G. Wollenhaupt neben typischen Lokalintrigen (wie in *Grappa macht Theater*) auch allgemein diskutierte gesellschaftliche Themen wie Kindesmissbrauch (*Grappas Treibjagd*) oder Bauspekulation (*Grappas Versuchung*) auf, aber auch künstlerische und literarische Themen (*Grappa und der Tod aus Venedig*), die nicht unbedingt in »Bierstadt« spielen müssen.

KRIMINALROMANE: 1985 Nächstenliebe zahlt sich aus, (als Pit Murad), Weltkreis; 1993 Grappas Versuchung, Grafit 34; 1993 Grappas Treibjagd, Grafit 38; 1994 Grappa macht Theater, Grafit 42; 1994 Grappa dreht durch, Grafit 046; 1995 Grappa fängt Feuer, Grafit 50; 1996 Grappa und der Wolf, Grafit 61; 1996 Killt Grappa!, Grafit Krimi 66; 1997 Grappa und die Fantastischen Fünf, Grafit 76; 1998 Grappa-Baby, Grafit 207; 1999 Zu bunt für Grappa, Grafit 226; 2000 Grappa und das große Rennen, Grafit 232; 2001 Flieg, Grappa, flieg, Grafit 256; 2002 Grappa und die acht Todsünden, Grafit 267; 2003 Grappa im Netz, Grafit 278, 2004 Grappa und der Tod aus Venedig, Grafit
TV: 1998 Tatort: Voll ins Herz, (Serienfilm, 90 Min., RB), Drehbuch: G. Wollenhaupt, Regie: Ulrich Stark, EA 13.9.1998 ARD
MITGLIED: Syndikat
KONTAKT: www.gabriella-wollenhaupt.de

Wulf, Gina → **Dreyer, Sabine**

Wulff, Rebekka
Biografie: *1962 in Berlin. R. Wulff lebt als freie Schriftstellerin in Flensburg. Sie ist Vorstandsmitglied im VS-Schleswig-Holstein.

KRIMINALROMANE: 2000 Mörderische Flut, Scherz; 2001 Die Fessel, Scherz
KRIM.-ERZ.: 1997 *Der Stoff aus dem die Stories sind,* (Kurzkrimi), in: Mörderisches Flensburg, Husum Verlag; 2000 *Eine Sommergeschichte,* in: 40 Ways to Leave Your Lover, S. Fischer
SONSTIGE PUBL.: Romane, Hörspiele
PREISE: Kandidatin für den 1. Flensburger Krimi-Stadtschreiber- und Kurzgeschichtenpreis des S. Fischer Verlags
SONSTIGE PUBL.: Romane, ein Hörspiel
MITGLIED: SinC; VS
KONTAKT: r-wulff@foni.net

Würth, Petra
Biografie: *18.8.1956 in Saarbrücken. P. Würth studierte in München Betriebswirtschaft und war zwölf Jahre lang in der Werbung tätig. Eher zufällig begann sie 1997 während einer Zugfahrt ihren ersten Roman und schuf mit Pia Petry eine frech-chaotische Privatdetektivin, die sich inzwischen als Serienfigur etabliert hat. Heute lebt P. Würth als freie Schriftstellerin mit ihrem Mann und ihrem Sohn in Hamburg.

KRIMINALROMANE: 1998 Unter Strom. Pia Petrys erster Fall, Hoffmann und Campe, HC; 2000 Frau aus Glas. Pia Petrys zweiter Fall, Heyne, HC
KRIM.-ERZ.: 2000 *Hausputz,* in: Der schönste Platz der Welt: Sylt, Wunderlich; 2000 *Kaffeeklatsch,* in: Das Winterlesebuch, Heyne; 2002 *Kalt ist die Nacht in Fröndenberg,* in: Mord im Hellweg, Hrsg. H. P. Karr, J. Kehrer, H. Knorr, Grafit 271; 2002 *Pusteblume,* in: Annika. Sie ist wie du und ich, Schneekluth
SONSTIGE PUBL.: Kriminalerzählungen in Zeitschriften
MITGLIED: SinC; Syndikat
KONTAKT: mail@petrawuerth.de; www.petrawuerth.de; www.piapetry.de

Yardley, Ysabel
Biografie: Y. Yardley ist gelernte Geschäfts-
führungsassistentin. Sie studierte Deutsch
und Literatur und ist im Bereich Bildungs-
und Gesellschaftspolitik tätig. Sie lebt in
Frankfurt/Main.

Kriminalromane: 1995 Im Killen eine Eins,
Scheffler; 1996 Die Lust auf das Laster und dazwi-
schen die Liebe, Scheffler
Krim.-Erz.: 2000 *Das Waiblinger Superwaib*,
in: Kriminelle Grüße aus Waiblingen, Hrsg. Ralf
Neubohn, BoD; 2001 *Die Fernsehleiche*, in: Morde
mit Biss, Hrsg. Anke Cibach, Hannah; 2004 *Hom-
burger Dreiecksgeschichten oder der Tod hat vier
Seiten*, in: Tatorte Hessen, Hrsg. Karl-Michael
Stöppler, Societäts-Verlag
Sonstige Publ.: Bühnenstücke *Origineller Ab-
gang gefällig?* und *Schwindelerregendes*
Preise: 1996 Kurzgeschichtenpreis für *Tausend-
schönchens Zweitklassiger Einfall*
Mitglied: SinC; Syndikat
Kontakt: Ysabelyardley@web.de

Z., Tommy → Ziegler, Thomas

Zahl, Peter-Paul

Biografie: *14.3.1944 in Freiburg/Breisgau. P.-P. Zahl verbrachte neun Jahre in der DDR, elf in der BRD und lebte dann in Berlin, um der Bundeswehr zu entgehen. 1972 wurde der in der linken Szene aktive Zahl verhaftet und zu vier, später zu 15 Jahren Gefängnis verurteilt. Während seiner Haftzeit schrieb er seinen Schelmenroman *Die Glücklichen*. Nach seiner Entlassung und längeren Aufenthalten in Grenada, auf den Seychellen und in Nicaragua ließ er sich 1985 in Jamaika nieder.

KRIMINALROMANE: 1994 Der schöne Mann, Das Neue Berlin, HC; 1995 Nichts wie weg, Das Neue Berlin, HC; 1995 Teufelsdroge Cannabis, Das Neue Berlin, HC; 1996 Lauf um dein Leben, Das Neue Berlin, HC; 2002 Der Domraub; Im Todestrakt, Fischer Taschenbuch; 2005 Kampfhähne, Fischer Taschenbuch

SONSTIGE PUBL.: Mehrere Romane, Geschichten, Sachbücher, Bühnenstücke, Gedichte und Dub-Lyrik

PREISE: 1980 Förderpreis für Literatur der Freien- und Hansestadt Bremen für *Die Glücklichen*; 1995 Glauser-Preis für *Der schöne Mann*

MITGLIED: Syndikat; P.E.N.-Zentrum für deutschsprachige Schriftsteller im Ausland

KONTAKT: ppzahl@gmx.net

Zahn, Eva und Volker A.

Biografie: Eva Zahn *1960. E. Zahn studierte Geschichte und Sozialpsychologie und arbeitete von 1985–89 als Redakteurin, Autorin und Produktionsleiterin bei einer Kölner Stadtillustrierten. Seit 1989 ist freie Autorin, sie schrieb u.a. für Zeitschriften wie den WIENER, PLAYBOY, PETRA und MARIE CLAIRE. 1992/93 arbeitete sie als Redakteurin und Chefin vom Dienst bei verschiedenen RTL-Sendungen. Seit 1992 ist sie Drehbuchautorin, sie arbeitet zusammen mit Volker A. Zahn. V. A. Zahn studierte Geschichte, Politik und Germanistik. Seit 1982 arbeitete er als freier Autor, u.a. für Stadtmagazine, Konkret und Wiener; Mitarbeit an Buchpro-

jekten. Von 1988 bis 89 Chefredakteur der Kölner Illustrierten, danach Redakteur und Autor beim Wiener. Seit Mai 1992 PLAYBOY-Autor und Textredakteur und Drehbuchautor.

TV: 1995 Friedemann Brix – Eine Schwäche für Mord, (Fernsehserie, je 45 Min., Scorpio für ZDF), Drehbuch 10 Folgen: E. und V. A. Zahn, Regie: diverse; 1994 Ein Fall für Zwei: Tod eines Künstlers, (Serienepisode, 60 Min., ZDF), Drehbuch: E. und V. A. Zahn, Regie: Dagmar Damek, EA 18.3.1994; 1995 Ein Fall für Zwei: Kleiner Bruder, (Serienepisode, 60 Min., ZDF), Drehbuch: E. und V. A. Zahn, Regie: Frank Strecker, EA 14.4.1995; 1995 Die Kommissarin: Hinter Gittern, (Serienepisode, 45 Min., Monaco für ARD Werbung), Drehbuch: E. und V. A. Zahn, Regie: Kaspar Heidelbach, EA 10.10.1995; 1995 Die Kommissarin: Böses Erwachen, (Serienepisode, 45 Min., Monaco für ARD Werbung), Drehbuch: E. und V. A. Zahn, Regie: Charly Weller, EA 7.11.1995; 1995 Die Kommissarin: Ein alter Bekannter, (Serienepisode, 45 Min., Monaco für ARD Werbung), Drehbuch: E. und V. A. Zahn, Regie: Peter Reichelt, EA 14.11.1995; 1995 Die Kommissarin: Familienfest, (Serienepisode, 45 Min., Monaco für ARD Werbung), Drehbuch: E. und V. A. Zahn, Regie: Kaspar Heidelbach; 1995 Die Kommissarin: Säbelrasseln, (Serienepisode, 45 Min., Monaco für ARD Werbung), Drehbuch: E. und V. A. Zahn, Regie: Charly Weller, EA 16.1.1996; 1996 Ein Fall für Zwei: Herzschmerz, (Serienepisode, 60 Min., ZDF), Drehbuch: E. und V. A. Zahn, Regie: Andreas Thiel, EA 22.11.1996 ZDF; 1996 Ein Fall für Zwei: Miese Tricks, (Serienepisode, 60 Min., ZDF), Drehbuch: E. und V. A. Zahn, Regie: Bernhard Stephan, EA 26.1.1996; 1997 Koerbers Akte: Tödliches Ultimatum, (Fernsehfilm, 90 Min., ZDF), Drehbuch: E. und V. A. Zahn, Regie: Bernd Böhlich, EA 3.5.1997 ZDF; 1997 Einsatz Hamburg Süd: Außer Kontrolle, (Serienepisode, 45 Min., Monaco für NDR und ARD Werbung), Drehbuch: E. und V. A. Zahn, Regie: Matthias Glasner) EA 28.10.1997; 1997 Einsatz Hamburg Süd: Der Erzfeind, (Serienepisode, 45 Min., Monaco für NDR und ARD Werbung), Drehbuch: E. und V. A. Zahn, Regie: Hans Schönherr, EA 4.11.1997; 1998 Bella Block: Auf der Jagd, (Serienfilm, 90 Min., ZDF), Drehbuch: E. und V. A. Zahn unter Verwendung der Figur von Doris Gercke, Regie: Markus Imboden, EA 14.11.1998 ZDF; 1998 Mordkommission: Tod eines Biedermanns,

(Serienepisode, 60 Min., Manova für ZDF), Drehbuch: E. und V. A. Zahn, Regie: Dietmar Klein, EA 11.12.1998 ZDF; 1998 Mordkommission: Akt der Barmherzigkeit, (Serienepisode, 60 Min., Manova für ZDF), Drehbuch: E. und V. A. Zahn, Regie: Dietmar Klein, EA 20.11.1998 ZDF; 1998 Ein Fall für Zwei: Die letzte Rate, (Serienepisode, 60 Min., ZDF), Drehbuch: E. und V. A. Zahn, Regie: Jakob Schäuffelen, EA 30.1.1998 ZDF; 1998 Ein Fall für Zwei: Unheimliche Geschäfte, (Serienepisode, 60 Min., ZDF), Drehbuch: E. und V. A. Zahn, Regie: Peter Fratzscher, EA 13.3.1998 ZDF; 1998 Koerbers Akte: Rollenspiele, (Fernsehfilm, 90 Min., ZDF), Drehbuch: E. und V. A. Zahn, Regie: Olaf Kreinsen, EA 21.3.1998 ZDF; 2000 Mordkommission: Der Tote aus der Wagenburg, (Serienepisode, 50 Min., ARD Werbung), Drehbuch: E. und V. A. Zahn, Regie: Charly Weller, EA 4.1.2000; 2000 Mordkommission: Durchgedreht, (Serienepisode, 60 Min., ZDF), Drehbuch: E. und V. A. Zahn, Regie: Nils Wilbrandt, EA 11.2.2000 ZDF; 2000 Mordkommission: Gefallene Engel, (Serienepisode, 60 Min., ZDF), Drehbuch: E. und V. A. Zahn, Regie: Hans-Christoph Blumenberg, EA 30.6.2000 ZDF; 2000 Mordkommission: Chiffre 6969, (Serienepisode, 60 Min., ZDF), Drehbuch: E. und V. A. Zahn, Regie: Hans C. Blumenberg, EA 11.8.2000 ZDF; 2000; 2000 Mordkommission: Familienbande, (Serienepisode, 60 Min., ZDF), Drehbuch: Eva Zahn und Volker A. Zahn, Regie: Michael Mackenroth, EA 24.3.2000 ZDF; 2000 Mordkommission: Unter Strom, (Serienepisode, 60 Min., ZDF), Drehbuch: Eva Zahn und Volker A. Zahn, Regie: Michael Mackenroth, EA 21.7.2000 ZDF; 2000 Mordkommission: Ohne Nebenwirkungen, (Serienepisode, 60 Min., ZDF), Drehbuch: Eva Zahn und Volker A. Zahn, Regie: Nils Wilbrandt; 2001 Die Kommissarin: Tödliches Verlangen, (Serienepisode, 45 Min., Monaco für ARD), Drehbuch: Eva Zahn und Volker A. Zahn, Regie: Cahrly Weller; 2001 Der Ermittler: Alle für einen, (Serienepisode, 60 Min., ZDF), Drehbuch: Eva Zahn und Volker A. Zahn, Regie: Dirk Regel; 2001 SOKO Leipzig: Mädchen, (Serienepisode, 40 Min., ZDF), Drehbuch: Eva Zahn und Volker A. Zahn, Regie: Oren Schmuckler; 2001 SOKO Leipzig: Liebeswahn, (Serienepisode, 40 Min., ZDF), Drehbuch: Eva Zahn und Volker A. Zahn, Regie: Patrick Winczewski; 2002 SOKO Leipzig: Tod einer Diva, (Serienepisode, 40 Min., ZDF), Drehbuch: Eva Zahn und Volker A. Zahn, Regie: Michel Bielawa; 2002 Ein starkes Team: Kinder-

träume, (Serienfilm, 90 Min., ZDF), Drehbuch: Eva Zahn und Volker A. Zahn, Regie: Maries Pfeiffer; 2002 Die Kommisarin: Totgesagte leben länger, (Serienepisode, 45 Min., Monaco für ARD), Drehbuch: Eva Zahn und Volker A. Zahn, Regie: Karola Hotop; 2002 Die Kommisarin: Der falsche Freund, (Serienepisode, 45 Min., Monaco für ARD), Drehbuch: Eva Zahn und Volker A. Zahn, Regie: Charly Weller; 2002 Die Kommisarin: Das traurige Lied, (Serienepisode, 45 Min., Monaco für ARD), Drehbuch: Eva Zahn und Volker A. Zahn, Regie: Rolf Liccini
KONTAKT: www.zahns.com/

Zang, Tina → Spindler, Christine

Zäuner, Günther

Biografie: *27.3.1957 in Wien. G. Zäuner studierte Geschichte, Zeitgeschichte, Klassische Philologie und verfügt über eine musikalische Ausbildung. Er lebt als freier Schriftsteller, Journalist, Publizist, Drehbuch-, Theater- und Kabarettautor, Regisseur und Schauspieler in der Walzerstadt. G. Zäuner ist im Journalismus auf Organisierte Kriminalität, Drogen, Sekten, Politik, Rechtsextremismus und Terrorismus spezialisiert.

KRIMINALROMANE: 2003 Kokoschanskys Instinkt, Schmidt-Verlag; 2004 Kokoschanskys Revanche, Schmidt-Verlag; 2004 Kokoschanskys Schachzug, Schmidt-Verlag; 2005 Kokoschanskys Dämon, Schmidt-Verlag
SONSTIGE PUBL.: Zahlreiche TV- und Hörfunkbeiträge für ORF und verschiedene ausländische Sender; 1998–1999 Erfinder, Gestalter, Moderator, Producer, Regisseur und Kameramann von 133 – Das Polizei- und Sicherheitsmagazin, WIEN 1; regelmäßige Publikationen in der Fachzeitschrift Kriminalpolizei; Theaterstücke, Satiren und Kabarettprogramme
PREISE: 1995 Goldene Ehrennadel der Bundeskriminalbeamten Österreichs für besondere Verdienste

Zeindler, Peter

Biografie: *18.2.1934 in Zürich. P. Zeindler studierte Germanistik und Kunstgeschichte an der Universität Zürich und promovierte bei Emil Staiger mit einer Dissertation über das Thema »Der negative Held im Drama«. Als Dozent für deutsche Sprache arbeitete Zeindler an den Goethe-Instituten von Radolfzell und in Iserlohn und als Deutschlehrer am Gymnasium Biel. Seine journalistische Karriere begann er als Mitarbeiter im Pressedient der Pro Helvetia in Zürich, schließlich wurde er Redaktor und Moderator des Kulturmagazins »Perspektiven« beim Schweizer Fernsehen.

Seit 1974 ist P. Zeindler freier Journalist und Schriftsteller, sowie Redaktor für Literatur bei Radio Zürich und Mitarbeiter des Schweizer Fernsehens, verschiedener Zeitungen und Zeitschriften. In Zeindlers zweitem Roman *Die Ringe des Saturn* trat zum ersten Mal der Berner Antiquar Konrad Sembritzki auf, der auch in Zeindlers folgenden Agententhrillern im Mittelpunkt steht. Sembritzki, retirierter Agent des Bundesnachrichtendienstes und Antiquar aus Leidenschaft, gehört zu den interessantesten Figuren des deutschen Kriminalromans. P. Zeindler führt seinen Helden stets in persönliche und politische Entscheidungssituationen. Er wurde mehrfach mit dem ersten Platz des Deutschen Krimi-Preises ausgezeichnet, 1996 erhielt er für sein Lebenswerk den Ehren-Glauser des Syndikats.

Kriminalromane: 1982 Tarock, Droemer-Knaur 4934; 1984 Die Ringe des Saturn, Droemer-Knaur 4947; 1985 Der Zirkel, Benziger, HC; 1987 Widerspiel, Paul Zsolnay, HC; 1989 Der Schattenagent, Paul Zsolnay, HC; 1991 Feuerprobe, Arche, HC; 1992 Das Sargbukett, Arche, HC; 1993 Der Schläfer, Arche, HC; 1995 Ausgetrieben, Arche, HC; 1998 Eine böse Überraschung, (Kettenroman, gem. mit Gisbert Haefs, Frank Göhre, Janwillem van de Wetering, D. B. Blettenberg, Uta-Maria Heim, Jürgen Alberts, Helmut Ziegler, Gunter Gerlach, Peter Schmidt, Robert Lynn, -ky, Tatjana Kruse, Robert Brack, Daniel Douglas Wissmann, Karr & Wehner, Frank Goyke, Regula Venske, Thea Dorn, Georg M. Oswald, Ann Camones, Hartmut Mechtel, Virginia Doyle und Norbert Klugmann), rororo 43296; 2002 Bratwurst für Prominente, (Gourmet-Crime), Europa Verlag, HC; 2002 Das Lächeln des andern, Arche

Krim.-Erz.: 1987 *Mit Näglein besteckt*, in: Krimimagazin Mordslust Nr. 1; 1987 *Eine Leiche kommt selten allein*, in: Schwarze Beute 2, Hrsg. Norbert Klugmann u. P. Mathews, rororo 2802; 1988 *Ex*, in: Krimimagazin Mordslust Nr. 3; 1991 *Wer liest, überlebt*, in: Schwarze Beute 6, Hrsg. Janwillem van de Wetering, rororo; 1992 Kopfkissenkrimis, (Hrsg.), Sanssouci-Verlag; 1994 Mord im Zug, (Erzählungen), Arche, HC; 1995 Banken, Blut und Berge, (Stories), (Hrsg.) rororo 3158

Funk: 1987 Restrisiko, (Hörspiel, 75 Min., Radio Zürich); 1990 Die Meisterpartie, (Hörspiel, 50 Min., SWF); 1991 Die Kaderakte, (Hörspiel, 55 Min.); 1992 Alte Kameraden, (SWF/Radio Zürich); 1994 Die Austreibung, (Hörspiel, 42 Min., SWF); 1995 Duett in Zürich, (Hörspiel, SWF)

TV: 1989 Der Meister des jüngsten Tages, (Fernsehfilm, 120 Min., ORF/ZDF/SRG), Drehbuch: P. Zeindler nach dem Roman von Leo Perutz; 1991 Die Ringe des Saturn, (2 Teile, Fernsehfilm, je 90 Min., ORF/ZDF/SRG), Drehbuch: P. Zeindler nach seinem gleichnamigen Roman, Regie: Michael Kehlmann; 1993 Tatort: Gehirnwäsche, (Serienfilm, 90 Min., SRG), Idee: P. Zeindler, Drehbuch: P. Zeindler und Bernhard Giger, Regie: Bernhard Giger, EA 6.6.1993 ARD

Sonstige Publ.: Bühnenstücke und Hörspiele, Kurzgeschichten und Kurzromane

Preise: 1986 Deutscher Krimi-Preis für *Der Zirkel*; 1988 Schiller-Preis der Stadt Zürich; 1988 Deutscher Krimi-Preis für *Widerspiel*; 1990 Deutscher Krimi-Preis für *Der Schattenagent*; 1992 Deutscher Krimi-Preis für *Feuerprobe*; 1996 Ehren-Glauser des Syndikats; 2000 Kulturelle Auszeichnung des Kantons Zürich für das literarische Gesamtwerk

Mitglied: Syndikat

Kontakt: pzeindler@access.ch

Zenker, Helmut

Biografie: *11.1.1949 in St. Valentin/Niederösterreich, †7.1.2003 in Wien. H. Zenker war ausgebildeter Lehrer und arbeitete an Haupt- und Sonderschulen in Wien und Tirol, war aber auch in anderen Berufen tätig. Er lebte als freier Schriftsteller bei Wien.

Kriminalromane: 1982 Kottan ermittelt, (Ein Lesebuch), Europaverlag; 1979 Schußgefahr, (Kottan, gem. mit Margit Zenker), Athenäum; 1987 Kottan ermittelt: Der vierte Mann, Piper

5538; 1988 Kottan ermittelt: Geschichte aus dem Wiener Wald, Piper 5540; 1988 Kottan ermittelt: Nachtruhe, (gem. mit Margit Zenker), Heyne 2237; 1989; Minni Mann 1: Minnie Mann, Europaverlag; 1989 Minni Mann 2: Kleiner Mann was nun, Europaverlag; 1990 Minni Mann 3: Die Mann im Mond, Europaverlag; 1990 Minni Mann 4: Die Mann ist tot und läßt Sie grüßen, Europaverlag; 1990 Kottan ermittelt: Alle Morde vorbehalten, Cabal; 1990 Kottan ermittelt: Lonely Boys, Cabal; 1991 Kottan ermittelt: Die Biene Meier, Cabal; 1991 Neon City, Cabal

KRIM.-ERZ.: 1989 Original Wiener Blut, (Kriminalstories), Alekto; 1990 Nichts geht mehr, (Stories mit Rummy Blach), Cabal

FUNK: 1975 Kottan ermittelt, (Hörspiel, SWF/ORF); 1976 Der Vertreter, (Hörspiel, gem. mit Gernot Wolfgruber); 1976 Mutter, Vater, Kind, (Hörspiel, gem. mit Gernot Wolfgruber, SWF); 1977 Das Fenster, (Hörspiel, SR/WDR); 1978 High Noon, (Hörspiel, gem. mit Gernot Wolfgruber); 1979 Angebot und Nachfrage, (Hörspiel, SWF); 1979 Chance, (Hörspiel, ORF-Steiermark)

TV: 1976 Kottan ermittelt: Hartlgasse 16 a, (Fernsehfilm, 91 Min., ORF), Drehbuch: H. Zenker, Regie: Peter Patzak; 1977 Kottan ermittelt: Der Geburtstag, (Fernsehfilm, 87 Min., ORF), Drehbuch: H. Zenker, Regie: P. Patzak; 1978 Kottan ermittelt: Wien-Mitte, (Fernsehfilm, 87 Min., ORF), Drehbuch: H. Zenker, Regie: P. Patzak, EA 19.4.1978 ORF1; 1978 Kottan ermittelt: Nachttankstelle, (Fernsehfilm, 87 Min., ORF), Drehbuch: H. Zenker, Regie: P. Patzak, EA 16.11.1978 ORF 1; 1980 Jetzt oder nie, (Fernsehspiel, 90 Min., ORF/DRS), Drehbuch: H. Zenker, Regie: P. Patzak, EA 11.5.1980 DRS; 1979 Kottan ermittelt: Räuber und Gendarm, (Fernsehfilm, 93 Min., ORF), Drehbuch: H. Zenker, Regie: P. Patzak, EA 31.10.1980 ORF 1; 1980 Match, (Fernsehfilm, 88 Min., ORF/WDR), Drehbuch: H. Zenker, Regie: P. Patzak, mit Thomas Wachauer, EA 20.8.1980 ARD; 1981 Kottan ermittelt: Dem Tüchtigen gehört die Welt, (Fernsehfilm, 110 Min., ORF), Drehbuch: H. Zenker, Regie: P. Patzak, EA 27.10.1983 ORF 1; 1981 Kottan ermittelt: Die Beförderung, (Fernsehfilm, 88 Min., ORF), Drehbuch: H. Zenker, Regie: P. Patzak, EA 25.10.1981 ORF1; 1979 Kottan ermittelt: Drohbriefe, (Fernsehfilm, 88 Min., ORF), Drehbuch: H. Zenker, Regie: P. Patzak, EA 12.9.1979 ORF1; 1982 Kottan ermittelt: So long, Kottan, (Fernsehfilm, 60 Min., ORF), Drehbuch: H. Zenker, Regie: P. Patzak, EA 5.11.1982 ZDF; 1982 Kottan ermittelt:

Die Einteilung, (Serienepisode, 60 Min., ZDF/ORF), Drehbuch: H. Zenker, Regie: P. Patzak, EA 19.11.1982 ZDF; 1982 Kottan ermittelt: Kansas City, (Serienepisode, 60 Min., ZDF/ORF), Drehbuch: H. Zenker, Regie: P. Patzak, EA 3.12.1982 ZDF; 1982 Kottan ermittelt: Entführung, (Serienepisode, 60 Min., ZDF/ORF), Drehbuch: H. Zenker, Regie: P. Patzak, EA 17.12.1982 ZDF; 1983 Kottan ermittelt: Hausbesuche, (Serienepisode, 60 Min., ZDF/ORF), Drehbuch: H. Zenker, Regie: P. Patzak, EA 7.1.1983 ZDF; 1983 Kottan ermittelt: Fühlt wie du, (Serienepisode, 60 Min., ZDF/ORF), Drehbuch: H. Zenker, Regie: P. Patzak, EA 21.1.1983 ZDF; 1984 Kottan ermittelt: Genie und Zufall, (Serienepisode, 60 Min., ZDF/ORF), Drehbuch: H. Zenker, Regie: P. Patzak, EA 15.7.1984 ZDF; 1984 Kottan ermittelt: Die Enten des Präsidenten, (Serienepisode, 60 Min., ZDF/ORF), Drehbuch: H. Zenker, Regie: P. Patzak, EA 12.8.1984 ZDF; 1984 Kottan ermittelt: Smoky und Baby und Bär, (Serienepisode, 60 Min., ZDF/ORF), Drehbuch: H. Zenker, Regie: P. Patzak, EA 21.10.1984 ZDF; 1985 Kottan ermittelt: Mein Hobby: Mord, (Serienepisode, 60 Min., ZDF/ORF), Drehbuch: H. Zenker, Regie: P. Patzak, EA 20.1.1985 ZDF; 1985 Kottan ermittelt: Der Kaiser schickt Soldaten aus, (Serienepisode, 60 Min., ZDF/ORF), Drehbuch: H. Zenker, Regie: P. Patzak, EA 31.3.1985 ZDF; 1985 Kottan ermittelt: Mabuse kehrt zurück, (Serienepisode, 60 Min., ZDF/ORF), Drehbuch: H. Zenker, Regie: P. Patzak, EA 25.8.1985 ZDF; 1985 Der Fahnder, 1. Staffel, (Fernsehserie, 25 Teile, je 50 Min., Bavaria für WWF), Drehbuch: Dieter Lerch, P. Adam, Claus Fischer, Ulrich Limmer, Wolfgang Schweiger, Andreas Lenze, Klaus Sammer, Dominik Graf, Uwe Erichsen, Horst Vocks, Thomas Wittenburg, Christoph Fromm, Reni Fromm, Ulf Miehe, Stephan Meyer, Michael Hild, Klaus Richter, Bernd Schwamm, Walter Weber, H. Zenker, Klaus Bädekerl, Isolde Sammer, Werner Masten, Regie: P. Adam, Werner Masten, Dominik Graf, Stephan Meyer, Helmut Christian Görlitz, Erwin Keusch, Wolfgang Panzer, Martin Gies, Peter Fratzscher, Volker Maria Arend, mit Klaus Wennemann, EA 3.10.1985 wöchentlich ARD Vorabend; 1991 Der vierte Mann, (Serie, ZDF, 4 Folgen, je 65 Min.), Drehbuch: H. Zenker, Regie: Werner Woess, (1995 als Fernsehfilm neu verfilmt); 1995 Der vierte Mann, (Fernsehfilm, ORF, 90 Min.), Drehbuch: Kurt Junek und H. Zenker, Regie: Kurt Junek, EA 28.6.1995 ZDF, (Neuverfilmung der Stoffes der vierteiligen Fernsehserie gleichen Titels)

FILM: 1978 Kassbach, (Österreich, 105 Min.), Regie: P. Patzak, Drehbuch: H. Zenker und P. Patzak nach dem gleichnamigen Roman von H. Zenker, TV-EA 31.3.1981; 1978 Schwitzkasten, Regie: John Cook, Drehbuch: H. Zenker u. John Cook nach dem Roman *Das Froschfest* von H. Zenker, mit Hermann Juranek, Christa Schubert; 1983 Die Artischocke, (Spielfilm, Österreich, 113 Min.), Regie: John Cook, Drehbuch: Helmut Zenker und Dominique Eudes, mit Michael Riebl; 1984 Tiger – Frühling in Wien, Regie: P. Patzak, Drehbuch: Helmut Zenker und P. Patzak, mit Art Metrano, William Berger
SONSTIGE PUBL.: Bühnenstücke, Romane, Hörspiele, Erzählungen, Kinderbücher

Zeyck, Karin, van → Höber, Heinz Werner

Ziegler, Thomas

Pseud. für: Rainer Zubeil; auch unter den Pseud.: Helmut Horowitz, Tommy Z., Henry Quinn, (gem. mit Uwe Anton), Robert Quint, John Spider
Biografie: *18.12.1956 in Niedersachsen, † September 2004. T. Ziegler arbeitete in diversen Berufen, ab lebte er als freier Schriftsteller.

KRIMINALROMANE: 1988 Überdosis, Bastei 19524; 1990 Koks und Karneval, Goldmann 5145; 1991 Tod im Dom, Goldmann 5149; 1991 Was geschah mit Angelika H., Bastei 19561; 1994 Eine Kölner Karriere, Bastei 19571
KRIM.-ERZ.:1990 Des Weibes schärfste Waffe, (Stories), Bastei 19549
SONSTIGE PUBL.: Zahlreiche Science-Fiction- und Fantasy-Romane, Politsatiren und Übersetzungen von Science-Fiction-Romanen und Sachbüchern
PREISE: 1980 und 1984 Kurd-Lasswitz-Preis; 1994 Kurd-Lasswitz-Preis für *Stimmen der Nacht*

Zinger, Neil H. → Heinzerling, Jürgen

Zingler, Peter

Biografie: *5.1.1944 in Chemnitz. P. Zingler avancierte vom kleinen Gelegenheitsdieb zum Spezialisten für schwere Einbrüche. Er wurde insgesamt zu 12 Jahren Haft verurteilt. Ab 1985 war er als Journalist für verschiedene Zeitschriften tätig, heute arbeitet er fast ausschließlich als Drehbuchautor.

KRIMINALROMANE: 1984 Tod in Kingston, extrabuch; 1986 Spur 139, Extrabuch; 1988 Die Seuchs, Eichborn; 1988 Jamaica-Trip, Heyne 7661
TV: 1986 Ein Fall für Zwei: Fasolds Traum, (Serienepisode, 60 Min., ZDF), Drehbuch: P. Zingler, Regie: Hartmut Griesmayr, EA 19.12.1986 ZDF; 1988 Ein Fall für Zwei: Kurz hinter Ankara, (Serienepisode, 60 Min., ZDF), Drehbuch: P. Zingler, Regie: H. Griesmayr, EA 29.1.1988 ZDF; 1989 Ein Fall für Zwei: Gewissensbisse, (Serienepisode, 60 Min., ZDF), Drehbuch: P. Zingler, Regie: Michael Mackenroth, EA 22.9.1989 ZDF; 1990 Tatort: Seven eleven, (Serienfilm, 90 Min., ORF), Drehbuch: P. Zingler, Regie: Kurt Junek, EA 11.11.1990 ARD; 1990 Hüpfendes Fleisch, (Fernsehfilm, 80 Min.,), Drehbuch: P. Zingler, Regie: Sylvia Hofmann); 1991 Tatort: Telephongeld, (Serienfilm, 90 Min., ORF), Drehbuch: P. Zingler, Regie: Hans Noever, EA 15.9.1991 ARD; 1992 Tatort: Kinderspiel, (Serienfilm, 90 Mini., ORF), Drehbuch: P. Zingler, Regie: Oliver Hirschbiegel, EA 16.8.1992 ARD; 1993 Tatort: Stahlwalzer, (Serienfilm, 90 Min., ORF), Drehbuch: P. Zingler, Regie: Hans Noever, EA 24.10.1993 ARD; 1994 Maus und Katz, (Fernsehfilm, 90 Min., WDR), Drehbuch: P. Zingler, Regie: Hajo Gies, EA 1.6.1994 ARD; 1994 Der Bessere gewinnt, (Fernsehfilm, 90 Min., SWF), Drehbuch: P. Zingler, Regie: Kurt Ockermüller; 1995 Die Gerichtsreporterin: Selbstjustiz, (Serienepisode, 50 Min., SR), Drehbuch: P. Zingler nach einer Idee von Martin Buchhorn, Regie: H. Griesmayr, EA 23.8.1994 ARD; 1994 Die Gerichtsreporterin: Mutterfreuden, (Serienepisode, 50 Min., SR), Drehbuch: P. Zingler nach einer Idee von Martin Buchhorn, Regie: H. Griesmayr 30.8. 1994 ARD; 1994 Die Gerichtsreporterin: Totengeld, (Serienepisode, 50 Min., SR), Drehbuch: P. Zingler nach einer Idee von Martin Buchhorn, Regie: H. Griesmayr, EA 6.9.1994 ARD; 1994 Die Gerichtsreporterin: Notwehr, (Serienepisode, 50 Min., SR), Drehbuch: P. Zingler nach einer Idee von Martin Buchhorn, Regie: H. Griesmayr, EA 4.10.1994 ARD; 1994 Die Gerichtsreporterin: Knackis Tod, (Serienepisode, 50 Min., SR), Drehbuch: P. Zingler nach einer Idee von Martin Buchhorn, Regie: H. Griesmayr, EA 11.10.1994 ARD; 1994 Die Gerichtsreporterin: Ludenleben, (Serienepisode, 50 Min., SR), Drehbuch: P. Zingler nach einer Idee von Martin Buchhorn, Regie: H. Griesmayr, EA 18.10.1994 ARD; 1994 Die Gerichtsreporterin: Ehre, wem Ehre gebührt, (Serienepisode, 50 Min., SR), Drehbuch: P. Zingler nach einer Idee

von Martin Buchhorn, Regie: H. Griesmayr, EA 25.10.1994 ARD; 1994 Die Gerichtsreporterin: Fischsterben, (Serienepisode, 50 Min., SR), Drehbuch: P. Zingler nach einer Idee von Martin Buchhorn, Regie: H. Griesmayr, EA 8.11.1994 ARD; 1994 Die Gerichtsreporterin: Der Märchenonkel, (Serienepisode, 50 Min., SR), Drehbuch: P. Zingler nach einer Idee von Martin Buchhorn, Regie: H. Griesmayr, EA 15.11.1994 ARD; 1994 Die Gerichtsreporterin: Der Pflegefall, (Serienepisode, 50 Min., SR), Drehbuch: P. Zingler nach einer Idee von Martin Buchhorn, Regie: H. Griesmayr, EA 22.11.1994 ARD; 1994 Die Gerichtsreporterin: Ordnung muß sein, (Serienepisode, 50 Min., SR), Drehbuch: P. Zingler nach einer Idee von Martin Buchhorn, Regie: H. Griesmayr, EA 29.11.1994 ARD; 1994 Die Gerichtsreporterin: Wer zu spät kommt, (Serienepisode, 50 Min., SR), Drehbuch: P. Zingler nach einer Idee von Martin Buchhorn, Regie: H. Griesmayr, EA 6.12.1994 ARD; 1994 Tatort: Ostwärts, (Serienfilm, 90 Min., ORF), Drehbuch: P. Zingler, Regie: Oliver Hirschbiegel, EA 30.10.1994 ARD; 1995 Bauernschach, (Fernsehfilm, 90 Min., WDR/SDR), Drehbuch: P. Zingler, Regie: Helmut Berger, EA 17.1.1995; 1995 Die Straßen von Berlin: Die Akte Stalin, (Serienfilm, 90 Min., novamedia für Pro 7), Drehbuch: P. Zingler, Regie: Werner Masten, EA 27.12.1995 Pro 7; 1996 Die Straßen von Berlin, Wiener Glut, (Serienfilm, 90 Min., novamedia für Pro 7), Drehbuch: P. Zingler, Regie: Pete Ariel, EA 10.1.1996 Pro 7; 1996 Peter Strohm: Einsteins Erbschaft, (Serienepisode, 45 Min., NDR), Drehbuch: P. Zingler, Regie: Vadim Glowna, EA 16.1.1996 ARD; 1996 Peter Strohm: Der Eierdieb, (Serienepisode, 45 Min., WDR), Drehbuch: P. Zingler, Regie: Hans Noever, EA 23.1.1996 ARD; 1996 Tatort: Kolportage, (Serienfilm, 90 Min., ORF), Drehbuch: P. Zingler, Regie: Hans Noever, EA 19.5.1996 ARD; 1996 Black Jack, (Fernsehfilm, 90 Min., ZDF), Drehbuch: P. Zingler und Angelica Maccarone, nach einer Idee von Udo Lindenberg, Regie: Ulli Baumannn, EA 22.5.1996 ARD; 1996 Der Parkhausmörder, Drehbuch: P. Zingler, Regie: Michael Keusch, EA 26.5.1996 RTL; 1996 Tödliche Wende, (Fernsehfilm, 90 Min., ZDF), Drehbuch: P. Zingler, Regie: Nico Hofmann, EA 15.6.1996 ZDF; 1996 Tresko, Der Maulwurf, (Fernsehfilm, 100 Min., Telefilm Saar für SAT 1), Konzept: Maria Adorf und P. Zingler, Drehbuch: P. Zingler und Ecki Ziedrich, Regie: Hartmut Griesmayr, EA 27.12.1996 SAT 1; 1996 Tresko: Im Visier der Drogenmafia, (Fernsehfilm, 100 Min., Telefilm Saar für SAT 1), Konzept: Maria Adorf und P. Zingler, Drehbuch: Ferdinand Kroh, Regie: Günter Gräwert, EA 29.12.1996 SAT 1; 1997 Tresko: Amigo Affäre, (Fernsehfilm, 100 Min., Telefilm Saar für SAT 1), Konzept: Maria Adorf und P. Zingler, Drehbuch: P. Zingler, Regie: Hajo Gies; 1997 Tatort: Bombenstimmung, (Serienfilm, 90 Min., WDR), Drehbuch: P. Zingler, Regie: Kaspar Heidelbach, EA 12.10.1997 ARD; 1998 Tatort: Schüsse auf der Autobahn, (Serienfilm, 90 Min., NDR), Drehbuch: Raimund Weber nach einer Idee von P. Zingler, Regie: Hartmut Griesmayr, EA 5.7.1998 ARD; 1999 Tatort: Restrisiko, (Serienfilm, 90 Min., WDR), Drehbuch: P. Zingler, Regie: Claus Michael Rohne, EA 14.2.1999 ARD; 1999 Die Straßen von Berlin: Hackfleisch, (Serienfilm, 90 Min., novamedia für PRO 7), Drehbuch: P. Zingler und Ate de Jong, Regie: Ate de Jong, EA 19.10.1999 Pro 7; 2001 Tatort: Nichts mehr im Griff, (Serienfilm, 90 Min., ORF), Drehbuch: P. Zingler, Regie: Walter Bannert, EA 28.1.2001 ARD; 1999 Tatort: Strafstoß; 2000 Tatort: Trittbrettfahrer; 2000 Schimanski: Tödliche Liebe ; 2000 Kommissar Rex: Das Millionenpferd; 2001 Kommissar Rex: Der Mörder und das Mädchen; 2001 Der Fahnder: Schutzlos; 2001 Tatort: Zielscheibe

FILM: 1996 Peanuts – Die Bank zahlt alles, (95 Min., Kinoproduktion/WDR), Drehbuch: P. Zingler und Eberhard Junkersdorf, Regie: Carlo Rola, EA 21.3.1996; 1996 Alles nur Tarnung, (Kinofilm, Deutschland), Drehbuch und Regie: P. Zingler

SONSTIGE PUBL.: Mehrere erotische Romane, Erzählungen, Essays, Reportagen und Kurzgeschichten für Zeitschriften

PREISE: 1989 Ingeborg-Drewitz-Literaturpreis; 1993 Adolf-Grimme-Preis für Tatort *Kinderspiel*; 1996 Goldener Löwe und Goldener Gong für *Tödliche Wende*

KONTAKT: pzingler@t-online.de

Zinth, Sirmione

Pseud. für: Edith Hartmann

Biografie: *15.2.1927 in Karlsbad. S. Zinth studierte nach einer kaufmännischen Ausbildung Musik bei Prof. Walter Goll und Generalmusikdirektor Gerschon in Karlsbad sowie Prof. Freiherr von Waltershausen in München. Bei der Studiengemeinschaft Darmstadt schloss sie eine Ausbildung zur

Grafikerin, Illustratorin und Schriftstellerin ab. Heute ist sie freiberuflich als Schriftstellerin, Grafikerin und Illustratorin tätig. Ihre Kriminalgeschichten, makabren Stories, Hörspiele und Horrorlyrik veröffentlicht sie unter dem Pseudonym Sirmione Zinth, unter ihrem Namen Edith Hartmann Märchen, Märchenspiele, Märchen-Musicals, Lyrik, Erzählungen und Liedtexte.

KRIM.-ERZ.: 1976 *Soirée mit Sirmione Zinth,* (enthält u.a. *Tommy Tom tok tok* und *Moran Pinkas,* Litteraturverlag Karlheinz Hartmann; 1977 *Ruhe Samt,* (enthält u.a. 5 KRIMINALERZÄHLUNGEN: Nummer fünfundachtzig, Abser, Monah, Skaramutz, Fischloch), Litteraturverlag Karlheinz Hartmann; 1989 *Moran Pinkas,* in:Autoren-Drehscheibe Hessen, Anthologie des Freien deutschen Autorenverbandes; 1990 *Ratz oder: Die Masken der Madame Denis,* in: Killerladies, Hrsg. Bernhard Matt, Heyne: 1990 *Ein Sarg für zwei,* in: Heyne Krimi-Jahresband 1990; 1990 *Der Kopflose,* in: Zeitmagazin, Zeit Verlag; 1990 Scaletta, FAZ; 1991 *Scaletta im Nebel,* in: Heyne Krimi-Jahresband 1991; 1991 *Der Kopflose,* in: Anthologie »Das Syndikat«; 1992 *Modiglianis Liebe,* in: Heyne Krimi-Jahresband 1992; 1993 *Spinat,* in: Der Mörder ist immer der Gärtner, Hrsg. Leo P. Ard, Grafit; 1993 *Moran Pinkas Kleiderladen,* in: Der Mörder bläst die Kerzen aus, Hrsg. Leo P. Ard, Grafit; 1994 *Frau Berchelotte,* in: Haffmans Krimi-Jahresband 1994; 1995 *Tommy Tom tok tok,* in: Der Mörder kommt auf sanften Pfoten, Hrsg. Leo P.Ard, Grafit; 1995 *Mit Diamanten spielt man nicht,* in: Haffmans Krimi-Jahresband 1995; 1996 *Bunny Bunny,* in: Der Mörder kennt die Satzung nicht, Hrsg. Leo P. Ard, Grafit; 1996 *Ich will nicht dein Mörder sein,* in: Haffmans Krimi-Jahresband 1996; 1997 *Mein sanfter Geliebter,* in: Haffmans Krimi-Jahresband 1997; 2003 Scaletta, in: Nachtgrauen i, Litteraturverlag KH Hartmann
FUNK: 1980 Ein Sarg für zwei, (Hörspiel, 17 Min., HR); Grausame Gedichte, (Hörfunk-Lesung, HR) TV: 1976 Grausame Gedichte, in Litera-tour III, Lesung durch Friedrich Schütter
SONSTIGE PUBL.: 1972 Grausame Gedichte, Litteraturverlag KH Hartmann; Märchen, Erzählungen, Lyrik; 1995 Der Kopflose, für: Lehrzwecke, Universität Sydney; 2001 Horrorlyrik mit Kriminalcharakter, CD, Litteraturverlag KH Hartmann; 2004 Grauser Wahn, Criminales und Horribles, (enthält u. a. Der Kopflose und Spinat), CD, Litteraturverlag KH Hartmann
PREISE: 1992 Hauptpreis des Ostdeutschen Kulturrats für die Erzählung *Heimkehr nach Sirmio*
MITGLIED: A.I.E.P.; Freier Deutscher Autorenverband; Syndikat

Ziron, Philippe

Pseud. für Peter Niegel
Biografie: *26.6.1945 in Osterhofen/Niederbayern. P. Niegel ist seit 1962 beim Polizeidienst in Stuttgart. Er studierte an der der Polizeihochschule in Villingen-Schwenningen, danach war er in verschiedenen Funktionen und verantwortlichen Positionen in Spezialbereichen der Kriminalitätsbekämpfung tätig. Seit 25 Jahren ist er auf Wirtschaftsspionage(-abwehr) spezialisiert. Aus gesundheitlichen Gründen musste er 2004 den Polizeidienst quittieren. Bis dahin war er Referent an Polizeieinrichtungen, in Wirtschaftsunternehmen und Sicherheitsorganisationen von Wirtschaft und Behörden. P. Niegel lebt in Stuttgart.

KRIMINALROMANE: 1996 Der Fall Schlafkatze, Jasmin Eichner Verlag
SONSTIGE PUBL.: Publikationen Wirtschaftskriminalität und Wirtschaftsspionage, Fachbeiträge für Sicherheitsorganisationen, Kindergeschichten, Mundarterzählungen (Schwäbisch), Lyrik
MITGLIED: Syndikat

Zubeil, Rainer → Ziegler, Thomas

Zweyer, Jan

Pseud. für Rüdiger Richartz
Biografie: *12.12.1953 in Frankfurt/M. J. Zweyer wuchs in Bad Oeynhausen auf. Mitte der Siebzigerjahre zog er ins Ruhrgebiet, studierte zuerst Architektur in Bochum und Dortmund, dann Sozialwissenschaften in Bochum. Er arbeitete unter anderem als freier Mitarbeiter bei der WAZ, wissenschaftlicher Mitarbeiter an der Universität und zuletzt in der Verwaltung eines Bergbauunternehmens im Ruhrgebiet.

In seinen ersten sechs Kriminalromanen verfolgte J. Zweyer die Entwicklung seiner Protagonisten Rainer Esch und Cengiz Kaya. Die Romane um das Duo beschrieben ganz im Stil der Revierkrimis, mit denen der Grafit-Verlag zu Beginn der 90er-Jahre bekannt wurde, das kleinstädtische Lebensumfeld am Rande der Revier-Metropolen – in diesem Fall ist es J. Zweyers Wohnort Herne, der das Lokalkolorit liefert. J. Zweyers Geschichten vermitteln außerdem sachkundige Einblicke in den Bergbau.

Kriminalromane: 1998 Glück auf, Glück ab, Grafit 212; 1999 Alte Genossen, Grafit 221; 1999 Siebte Sohle, Querschlag West, Grafit 230; 1999 Tödliches Abseits, Grafit 234; 2000 Georgs Geheimnis, Grafit 242; 2001 Tatort Töwerland, Grafit 253; 2001 Glänzender Tod, Grafit 263; 2004 Verkauftes Sterben, Grafit 289

Kontakt: Ruediger.Richartz@t-online.de